NUEVAS POLÍTICAS JURÍDICAS PARA EL CAMBIO MIGRATORIO

Tutela jurídico-social de los trabajadores emigrantes

JOSÉ ANTONIO FERNÁNDEZ AVILÉS
(Director)

MANUELA DURÁN BERNARDINO
(Coordinadora)

NUEVAS POLÍTICAS JURÍDICAS PARA EL CAMBIO MIGRATORIO

Tutela jurídico-social de los trabajadores emigrantes

THOMSON REUTERS
ARANZADI

Primera edición, 2017

La presente obra se publica en el marco de los resultados del Proyecto de I+D+i Es-MIGRA (Referencia DER2014-56019-P): *Nuevas políticas jurídicas para el cambio migratorio: tutela jurídico-social para los trabajadores emigrantes.*
Nuestro agradecimiento a las entidades que cofinancian la obra la Facultad de Ciencias del Trabajo de la Universidad de Granada (en el marco de la Línea de Investigación: *Movimientos transnacionales de trabajadores y derechos socio-laborales*), así como el Instituto de Migraciones de la Universidad de Granada.

Editorial Aranzadi, S.A.U.
Camino de Galar, 15
31190 Cizur Menor (Navarra)
ISBN: 978-84-9152-364-2
DL NA 1170-2017
Printed in Spain. Impreso en España
Fotocomposición: Editorial Aranzadi, S.A.U.
Impresión: Rodona Industria Gráfica, SL
Polígono Agustinos, Calle A, Nave D-11
31013 – Pamplona

Índice General

7

9

Página

PARTE IV

POLÍTICA DE EMPLEO Y PROTECCIÓN SOCIAL PARA EMIGRANTES

CAPÍTULO 17

Estudio introductorio

¿Qué tutela jurídico-social para los trabajadores emigrantes?

«En nuestra economía global enfrentamos un problema formidable: el surgimiento de nuevas lógicas de expulsión. Las últimas dos décadas han presenciado un fuerte crecimiento del número de personas, empresas y lugares expulsados de los órdenes sociales y económicos centrales de nuestro tiempo».

SASSEN, S.: *Expulsiones. Brutalidad y complejidad en la economía global*, Katz, Madrid, 2015, P. 11.

Hasta tiempos muy recientes, la preocupación de la comunidad científica que aborda la problemática de las migraciones económico-laborales ha venido centrada preponderantemente en el análisis del fenómeno «inmigratorio», que caracterizó la última gran etapa de crecimiento económico en nuestro país. Los esfuerzos científicos se centraron en su análisis, así como en las dificultades presentes en los procesos de integración social de la población inmigrante en España y los instrumentos para hacerla realidad desde una perspectiva de carácter transversal (mercado de trabajo y empleo, educación, protección social, etc.). El cambio migratorio justifica el reclamo de un nuevo marco epistemológico para analizar la nueva complejidad de la realidad migratoria –de entrada y salida– presente en nuestro país, con el uso de una perspectiva más holística en el estudio de las nuevas constelaciones de la movilidad y sus impactos sociales[1].

---

1. LÓPEZ-SALA, A., OSO, L.: «Inmigración en tiempos de crisis: dinámicas de movilidad emergentes y nuevos impactos sociales», *Migraciones*, n. 37, 2015, p. 10.

Es observable un caída drástica de los flujos de inmigración en nuestro país durante los años de la crisis[2]. La emigración ha devenido en los últimos años el fenómeno dominante en el terreno de la movilidad, de hecho, ya arrastramos una buena serie de años –desde 2010– en los que en España se registra un saldo migratorio negativo, en el que el número de salidas de españoles y extranjeros superó al de llegadas. Así, España está consolidándose como país de emigración, al tiempo que de modo paralelo se produce un descenso significativo de los flujos de llegadas a nuestro país, hasta el punto de registrar un saldo migratorio deficitario. Aunque también parece que es una situación con tendencia hacia la desaceleración frente al comportamiento general de los flujos migratorios que ha caracterizado los años de la prolongada crisis económica.

El nuevo panorama de cambio en el flujo migratorio hace también necesario el estudio de las «emigraciones» desde nuestro país. Y ello por varios motivos, en primer lugar, para determinar su verdadera dimensión y naturaleza (vertiente socio-demográfica), más allá del alarmismo con que las naturales dinámicas migratorias suelen aparecer tratadas en los medios de comunicación y en algunos sectores políticos; pero también para analizar sus causas, esto es, los *push/pull factors* presentes nuestros mercados de trabajo, pues quizá el fenómeno en sí muestre los caminos hacia nuevas políticas sociales que no conlleven el «desarraigo» social de algunas capas de la población; ello debiera culminar en la necesaria revisión de las virtudes y disfunciones del conjunto de las políticas y marcos normativos que abordan –de manera más o menos directa– esta nueva cuestión social. Este bagaje previo permitirá situarnos también en una perspectiva futura –y renovada– de políticas que fomenten las garantías de retorno de los «nuevos» ciudadanos emigrantes. Podríamos decir que ahora se trata de abordar el fenómeno desde la «otra cara de la moneda», esto es, cuando el fenómeno emigratorio aflora en nuestro país tras un largo periodo donde era claramente preponderante el flujo inmigratorio, sin dejar de desconocer que la nueva emigración también es –en gran medida– hija de la etapa previa de inmigración que caracterizó los flujos migratorios en nuestra sociedad.

A pesar de constituir las migraciones un fenómeno «total» en la dinámica histórico-social, el punto de inflexión en el flujo migratorio –propiciado la crisis económica– no ha venido acompañado –hasta tiempos recientes– del estudio científico sobre el tratamiento político-jurídico de la emigración de trabajadores españoles. Mantenemos instituciones y

---

2. THOMSON, L.: «Migración en Europa: tendencias actuales y retos emergentes», en AA.VV, *Flujos cambiantes, atonía institucional. Anuario de la Inmigración en España 2014*, CIDOB, 2015, p. 33.

regulaciones jurídicas que no se adaptan bien a esta nueva realidad migratoria. La situación de cambio migratorio que hemos vivido en nuestro país, con un fenómeno emergente de emigración nada irrelevante, no cuenta de momento con unas políticas específicas, coherentes y estructuradas, y por ende, tampoco con un marco jurídico-normativo actualizado para dar una respuesta adecuada a esta nueva realidad desde el punto de vista jurídico-social. Esta obra colectiva, en clave de garantismo jurídico, amén del conocimiento de este nuevo fenómeno, busca también el planteamiento propuestas de *lege ferenda* de cara a una reordenación normativa actualizada de mejora de los aspectos relativos a la tutela jurídico-social de los trabajadores españoles que emigran.

Entendíamos necesario el tratamiento científico-jurídico sobre la emigración española, sus causas y las políticas y régimen jurídico-social más adecuado para la tutela del ciudadano incurso en tales procesos y la garantía de los derechos socio-laborales que debe llevar aparejada. Esta necesidad trata de cubrirse, al menos en sus aspectos fundamentales y con la pretensión de sistematicidad, en la presente obra, caracterizada por una amplia interdisciplinariedad en el estudio de este fenómeno emigratorio –de naturaleza económica– de nuevo cuño.

Uno de los importantes retos de la sociedad española deriva de un –ya identificable– cambio en los flujos migratorios en nuestro país: se trata de la nueva emigración de jóvenes y profesionales cualificados hacia otros Estados. Este cambio, derivado de las dificultades presentes en nuestro sistema productivo para la generación de empleo, plantea un nuevo reto de política normativa y de instrumentación técnico-jurídica de propuestas y modelos de regulación que ofrezcan la necesaria tutela jurídico-social a los españoles que emigran, así como a un diseño de políticas de retorno que permitan recuperar capital humano para nuestro sistema productivo.

La pretensión metodológica, de carácter interdisciplinar, integradora y sistemática, abarcará tanto la vertiente técnico-jurídica del derecho vigente relacionado con este fenómeno social, como también la perspectiva funcional o de político-jurídica, de modo que permite identificar las disfunciones y carencias del modelo regulador vigente. Dividida en objetivos y aspectos precisos, el trabajo aporta claves relevantes para la necesaria reconstrucción de nuevas opciones de política jurídica que debiern presentar una cierta unidad teleológica y que dote, a todas las dimensiones de tratamiento del fenómeno, pues no debemos olvidar la transversalidad de cualquier política migratoria (también las de «emigración»), de la mayor coherencia posible.

El estudio presente se sistematiza fundamentalmente en base a los aspectos que paso a exponer resumidamente. En primer término, se trata de

27

ofrecer un análisis de la dimensión real del fenómeno «emigratorio» tanto en clave socio-demográfica como en relación a las causas y factores económico-sociales (factores «expulsivos») que están en su base, con especial atención a los mercados de trabajo. La investigación se centrará también en la situación de las políticas e instrumentos normativos existentes en los diferentes niveles decisionales (Unión Europea, Estado y Comunidades Autónomas), para llevar a cabo una adecuada política emigratoria desde la perspectiva de la garantía de los derechos sociales de los trabajadores implicados en tales procesos. Ello abarcará el estudio de la normativa europea, estatal y de las CCAA en relación a la ciudadanía española en el exterior, así como de los convenios internacionales que afectan a la emigración laboral española. El análisis se centrará en aspectos tales como la ordenación y funcionalidad de los servicios públicos de empleo para la emigración, el asesoramiento en la búsqueda de empleo en el exterior, el marco normativo e institucional de apoyo a los trabajadores españoles en exterior, la libre circulación de trabajadores en la UE y sus disfunciones, etc. Por último, es una idea-fuerza del estudio la formulación de propuestas de política legislativa y de modelos normativos que se consideren más adecuados para el tratamiento de un fenómeno que se erige en un reto clave la sociedad española. Ello incluye especialmente las relativas al fomento de políticas de retorno de los emigrantes españoles con el objetivo de re-fortalecer nuestro sistema productivo en el nuevo proceso de «recuperación» económica, que debería venir acompañado también de una nueva dirección en materia político-social.

En este sentido, la presente obra pretende dar respuesta, desde la perspectiva político-jurídica, a la necesaria tutela y acompañamiento en los procesos de emigración laboral presentes en nuestro país (la tutela de la ciudadanía trabajadora española en el exterior). Se trata de un reto global de la sociedad científica española, dada la situación actual y las expectativas de nuestros mercados de trabajo. Ello requiere de una revisión profunda de los marcos normativos e institucionales que garanticen una adecuada tutela de los derechos sociales de los trabajadores nacionales incursos en procesos migratorios.

En la actualidad, no disponemos de un marco jurídico-normativo actualizado para dar una respuesta adecuada a la nueva emigración (repárese, por ejemplo, que la Ley de Ciudadanía Española en el Exterior es del año 2007, promulgada en un contexto migratorio muy diferente del actual). Por ello, es necesaria una investigación que profundice en la búsqueda de propuestas de *lege ferenda* para la reordenación de los aspectos relativos a la tutela jurídico-social de los trabajadores españoles que emigran (asesoramiento en materia de búsqueda de empleo en otros Estados, acompañamiento en los procesos migratorios, derechos de Seguridad Social y protección social, etc.). En definitiva, el estudio de un nuevo régimen normativo para los trabajadores emigrantes, que en nuestro país no ha sido objeto de una necesaria revisión en relación a los ciudadanos que afrontan procesos emigratorios (fundamentalmente de tipo «económico-laboral»).

El objetivo general de la obra es pertrechar de un análisis de la realidad del fenómeno emigratorio actual, transfiriendo así a las instituciones públicas y al resto de operadores jurídicos las posibilidades de avance en la tutela jurídico-social de los derechos de los trabajadores emigrantes españoles.

A continuación se exponen algunos de los resultados más relevantes de este esfuerzo conjunto, así que la exposición es, en gran medida, tributaria de las aportaciones individuales de cada uno de los investigadores que han contribuido a la elaboración de esta obra. La obra ofrece un balance de conjunto con unas claras dimensiones propositivas en orden a clarificar la teoría y la *praxis* del conjunto de políticas jurídicas ante el poliédrico reto del cambio migratorio.

* * *

El *prius* ineludible de cualquier análisis político-jurídico es el conocimiento de la realidad social concreta a la que debe venir referida y que constituirá su ámbito aplicativo. Los análisis sociológicos, demográficos y económicos son la base analítica para formular las propuestas de cambio legislativo a fin de garantizar una atención adecuada y omnicomprensiva del nuevo fenómeno migratorio. Conocer el fenómeno que tratamos, y los factores sociales y económicos que están en su base, es el paso necesario para la formulación de posibles propuestas de cambio de la política que la aborda y de su instrumentación institucional y normativa.

La emigración es un fenómeno que cobra relevancia especialmente a raíz del año 2011, en plena efervescencia e incidencia social de la grave crisis económica, que ha afectado –y lo sigue haciendo– especialmente a la población juvenil. Ello ha caracterizado a nuestro país como el europeo con mayores tasas de emigración en los últimos tiempos. Aunque se trate de un fenómeno de muchas caras[3], estadísticamente se ha demostrado que jóvenes y adultos son los que más emigran, prevalentemente población en edad activa (25-44 años) y sin una finalidad necesariamente

---

3. *Vid.* los trabajos publicados en ARANGO, J., MOYA MALAPEIRA, D., OLIVER ALONSO, J. (dirs.): *Inmigración y emigración: mitos y realidades*, Bellaterra, 2014.

educativa o formativa, sino en la búsqueda de un empleo de mayor calidad o simplemente de un empleo.

Ahora bien, los datos disponibles en base a las estadísticas que elabora el Instituto Nacional de Estadística (INE) se basan en las altas y bajas padronales recogidas en las Estadísticas de Variaciones Residenciales (EVR) que se aplican a la Estadística de Migraciones (EM). Por lo tanto, las cifas anuales del Patrón de Españoles Residentes en el Extranjero (PERE), o del CERA (Censo Electoral de Residentes Ausentes) son instrumentos muy limitados metodológicamente, porque no son un indicador preciso ni de cuántos españoles se marchan ni en qué momento lo hicieron, dado que no hay registros fiables en los Consulados. Así pues, deben remarcarse las considerables dificultades a las que se enfrenta la medición de las salidas y ello arroja sombras sobre la exactitud de las cifras, de manera que los datos recogidos por los países a los que se dirigen los que abandonan España hacen pensar en una probable subestimación de las cifras oficiales, habida cuenta de la limitada propensión de los que emigran a inscribirse en los registros consulares[4]. Las falta de inscripción en los registros consulares ya hace sospechar que no se percibe beneficios de la acción diplomática lo que debería hacer replantear el apoyo real de la acción publica en tutela de la ciudadanía española en el extanjero.

La «incerticumbre» o «"borrosidad" estadística» compromente seriamente la percepción y correcta estimación de la múltiples tipologías emigratorias existentes, necesarias para valorar adecuadamente el peso de la emigración de autóctonos no relacionados con la previa inmigración extranjera en general (y de jóvenes en particular, que es la que más atención mediática ha recibido). Es por ello que las limitaciones en cobertura y fiabilidad de los datos registrados permite la construcción de relatos políticamente orientados e interesados, y no siempre asentados sobre verdadera realidad socio-demográfica del fenómeno.

En general, también la «emigración desde Europa» durante la crisis (a países no miembros de la UE) ha sido un fenómeno hasta ahora poco analizado, siendo España el país de la UE donde se han registrado mayores flujos de emigración a terceros países, aunque conviene matizar que –en una buena medida– en el caso español se trataba de migrantes que retornaban a sus países de origen (principalmente de América Latina), lo que no excluye el incremento significativo del desplazamiento de ciudadanos españoles a países como Argentina o Brasil.

---

4. *Vid*. GONZÁLEZ-FERRER, A.: «La nueva emigración española. Lo que sabemos y lo que no», *Zoom Politico*, n. 18, 2013, pp. 1-20.

Frente al «alarmismo» que ha caracterizado el tratamiento del fenómeno en los medios, y reconociendo la falta de precisión de los datos disponibles, los resultados que arrojan las estadísticas sobre flujos de emigracion desde España nos indican que siguen siendo mayoritariamente protagonizados por población «directamente relacionada» con la reciente inmigración internacional. Se ha tratado en buena medida de problación extranjera que regresa a sus países de origen (y que encaja en la figura migratoria del *retorno*) o de fenómenos de *reemigración* hacia un tercer país (con unos destinos bien diferenciados en función del originario país de origen); o de emigración que se ha denominado «*neohispánica*», en referencia a la población inmigrada que ha obtenido la nacionalidad española (facilitada, para descendientes de emigrados y exiliados, por la aplicación de la Ley 52/2007, de 26 de diciembre, por la que se reconocen y amplían derechos y se establecen medidas en favor de quienes padecieron persecución o violencia durante la guerra civil y la dictadura), o de «población de arrastre», compuesta por los menores y adultos con nacionalidad española nacidos en España, descendientes y cónyuges, respectivamente, de los anteriores inmigrados extranjeros[5]. Resulta así patente que se estarán produciendo también fenómenos de *transmigración* y la correlativa creación de «espacios sociales transnacionales» específicos, en los que se mantendrán los vínculos con los países de origen y de destino. Pero sobre estas últimas cuestiones no hay datos estadísticos, tal como sucede con la temporalidad de las salidas, lo que nos informaría sobre la diversificación de formas pendulares o circulares de las realidades migratorias.

La situación parece confirmar, a pesar de una intensa resiliencia inicial de los extranjeros frente a la crisis, la conocida como *buffer theory*, según la cual la vulnerabilidad de los inmigrantes en el contexto de crisis hace que se vean expulsados del mercado de trabajo liberando puestos de trabajo para los autóctonos[6].

A pesar de la presumible subestimación, los flujos de jóvenes españoles siguen por detrás, a mucha distancia, de la emigración de retorno de los extranjeros. Por tanto, la cuestión de la «nueva» emigración española no se ciñe a la emigración de los españoles, sino que se combina con otras

---

5. *Vid.* GONZÁLEZ ENRÍQUEZ, C.: «La emigración desde España, un amigración de retorno», *Revista ARI*, 2012, pp. 1-20; DOMINGO, A., BLANES, A.: «Inmigración y emigración en España: estado de la cuestión y perspectivas de futuro», en AA.VV, *Flujos cambiantes, atonía institucional. Anuario de la Inmigración en España 2014*, CIDOB, 2015, p. 107; DOMINGO, A., SABATER, A., ORTEGA, E.: «¿Migración neohispánica? El impacto e la crisis económica en la emigración española», *Empiria*, n. 29 (1), 2014, pp. 39-66.
6. *Vid.* AYSA-LASTRA, M., CACHÓN, L. (eds.): *Inmigrant Vulnerability and Resilience. Comparative Perspectives on Latin American Inmmigrants during the Great Recessión*, Springer, Basilea, 2015.

realidades migratorias (emigración de inmigrantes y neohispánicos). Asimismo, tampoco responde al extendido arquetipo de emigración juvenil cualificada y de caracter masivo hacia países centrales europeos[7]. Por ello se hablado de una «mirada distorsionada», que también se explica por lo alarmante de la situación socio-laboral de los jóvenes en España. Se ha considerado también que esa fijación produce un «efecto contagio», de manera que con o sin proyecto, con o sin posibilidades reales, la emigración se impone –y se percibe– como un recurso[8].

Dentro de su complejidad, lo cierto es que –en cuanto a su teleología– hay un cierto patrón que domina y es el de la migración por riesgo de desempleo («migrantes *económicos*») a los que se presupone la existencia de un entorno de libertad y movilidad social. Dentro de la misma, no deben desdeñarse los volumenes de emigración por *sobrecalificación laboral relativa*. Este grupo se corresponde con la emigración forzada por un mercado laboral precario y de segmentado, apoyos institucionales limitados, debilitados sistemas de innovación, así como un infraestructua económica deficiente, lo que ha conformado un excedente de población con un importante grado de cualificación que no encuentra en nuestro país una ocupación adecuada a sus capacidades y formaciones. El hecho de que se trate de trabajadores cualificados y de que recurran a la emigración como opción para realizar sus potencialidades laborales e intelectuales, tampoco les libra del riesgo de infraempleo, subempleo, degradación de las condiciones de trabajo y de la discriminacion en sus diferentes formas. Se trata de uno de los nuevos rostros de la movilidad y de la denominada *migración «forzada»*, para diferenciarla de la migración como acto voluntario y libre. Esta noción alude al «desplazamiento de personas que son literalmente expulsadas de sus territorios y que buscan acceder a medios de subsistencia y oportunidades de movilidad social, en su propio país o fuera de él, o bien personas que no encuentran condiciones de empleo acordes a su capacidad y formación en sus lugares de origen»[9].

Ello tiene poco que ver con las denominadas «nuevas movilidades», migraciones de trabajadores altamente cualificados que se hubieran producido incluso al margen de la situación de crisis económica. Estas

---

7. Cfr. OBSERVATORIO PERMANENTE ANDALUZ DE LAS MIGRACIONES: *España, ¿País de emigración?: la imagen de éxodo, a prueba de la evidencia estadística*, Tema OPAM n. 8, 2013.
8. DOMINGO, A., BLANES, A.: «Inmigración y emigración en España: estado de la cuestión y perspectivas de futuro», *cit.*, p. 119.
9. *Vid.* DELGADO WISE, R.: «Globalización neoliberal y migración forzada: una mirada desde el Sur», en AA.VV., BLANCO, C. (dir.), *Movilidad humana y diversidad social en un contexto de crisis económica internacional*, Trotta, Madrid, 2014, pp. 35-37.

movilidades son las protagonizadas por los estudiantes, los trabajadores de alta cualificación laboral (calificadas como «*movilidades de élites*» con destino en países de alto nivel tecnológico y de rentas) y las personas mayores con alto poder adquisitivo[10]. Tampoco debe desdeñarse que, en proceso de globalización tecnológica y cultural, aflora y cobra auge una nueva cultura juvenil de la movilidad, que ya no justifica su emigración únicamente en factores laborales y cada vez son más importantes cuestiones educativas, de tiempo libre, de búsqueda de nuevas experiencias y enriquecimiento cultural.

En todo caso, conocemos los límites de la perspectiva neoclásica («cosificadora» del trabajo humano) en migraciones, que simplifica la misma a una decisión individual tomada por actores nacionales que buscan su bienestar emigrando a regiones donde la recompensa de su trabajo es mayor que en su lugar de origen; dado que ignora el papel de las «redes migratorias», como el conjunto de relaciones interpersonales que vinculan a los inmigrantes, a emigrantes retornados o a candidatos a la emigración con familiares, amigos o compatriotas, tanto en el país de origen como en el de destino[11].

En especial la *teoría de las redes* es altamente explicativa de la migración cualificada en el contexto de la nueva división internacional del trabajo, donde la redes de colaboración entre profesionales cualificados crean economías de escala que motivan a los talentos a cambiar de red geográfica[12]. La nueva sociedad del conocimiento, asentada sobre una base técnico-científica de la producción, genera más empleos cualificados y especializados, mientras que los países que no sean capaces de incorporarse a la misma, van a seguir dependiendo de actividades y empleos más precarios (turismo, construcción, etc.). El resultado es una presión en los jóvenes más cualificados a emigrar hacia aquéllos sectores y/o lugares donde se concentra esta economía del conocimiento, que genera más puestos de trabajo especializados o de carácter estable (o donde la rotación laboral no es problemática desde el punto de vista de la duración de los períodos de transición o inactividad).

---

10. PIQUERAS HABA, J.: «El mundo en movimiento. Migración internacional y globalización», *Cuadernos de Geografía*, n. 90, 2011, p. 12.
11. *Vid.* ARANGO VIDA-BELDA, J.: «La explicación teórica de las migraciones: luz y sombra», *Migración y Desarrollo*, n. 1, pp. 2-30.
12. *Vid.* DEL RÍO DUQUE, M. L.: «Un análisis de la fuga de cerebros desde la teoría de las redes sociales», Sociedad y Economía, n. 17, 2009, pp. 89-113; POCHMANN, M.: «La fuga de cerebros y la nueva división internacional del trabajo», *Nueva Sociedad*, n. 233, 2011, pp. 98-113.

Una consideración global es que el efecto de la crisis y de la globalización ha generado en España una *emigración bimodal* en términos de cualificación profesional y educativa, esto es, de un lado se produce la emigración de trabajadores con escasa cualificación y salarios bajos, mientras que, por otro, también se ha producido una emigración importante de personas altamente cualificadas. La emigración ha sido considerada como una opción para escapar de una difícil situación económica. En definitiva, es el reflejo de la consolidación de un mercado laboral transnacional, complejo y flexible, compuesto de profesionales muy cualificados para la prestación de servicios empresariales avanzados y expertos en nuevas tecnologías, pero también por trabajadores menos cualificados dentro del ámbito de la industria de servicios.

Siendo «económica» la fisonomía prevalente de las salidas, el retorno es un fenómeno muy caracterizado por tener como protagonistas a personas en edades no activas (esto es, en edades de jubilación o cercanas a la misma), y que, en el contexto de ralentización de las llegadas a España, debe de considerarse la posible demora del retorno de los españoles residentes en el exterior.

* * *

La reciente crisis económica española, de la que parece que salimos en términos ecónomicos, pero no en términos «sociales», ha influido de una manera directa en el sensible aumento de la emigración española hacia el extranjero y, aunque parece comenzar a remitir según las últimas cifras, aún puede considerase un fenómeno socio-demográfico nada desdeñable en España. El período más «crítico» aparece entre 2008 y 2013, principalmente en los años 2012 y 2013, como se refleja en todos los indicadores, especialmente en la tasa de emigración. El comportamiento de la emigración española en función de los países de destino no tiene el mismo comportamiento siempre si analizamos a los hombres y a las mujeres por separado, mientras en los países de la UE presenta una dinámica similar, en los países africanos y asiáticos la diferencia es considerable.

Los efectos de la crisis en España han resultado devastadores en términos sociales. La situación socioeconómica y laboral es insostenible para las familias pero también para el país en su conjunto. El problema añadido consiste en que la consolidación de una cierta tasa de crecimiento económico ya no provee de empleos decentes y bien remunerados, asi como tampoco permite la reducción de los niveles de pobreza en España[13], lo

---

13. *Vid.* el reciente *Estudio de la OCDE sobre España*, marzo de 2017, donde se pone especial énfasis, no sólo en el crecimiento del empleo, sino también en la mejora de la «calidad del trabajo» para favorecer un crecimiento más inclusivo.

34

que conforma la debilidad de nuestro modelo de crecimiento, muy ligado a empleos precarios de bajos salarios, empleo de baja calidad (factores inducidos también por las propias reformas laborales), con una productividad que se adapta inversamente al ciclo económico, y con elevados índices de sobrecualificación entre los trabajadores ocupados.

Precisamente, en este contexto económico y laboral, debe de enmarcarse el análisis de los flujos migratorios de la población española en busca de nuevas oportunidades de empleo (y de «mejores» empleos) en los países de destino. El «mercado» de trabajo en España es el ámbito que más ha sufrido la recesión económica, en términos de destrucción de empleo, de caída de la población activa y de escalada del paro. Y este deterioro del mercado laboral ha tenido y sigue teniendo un efecto claro como factor expulsivo en el fenómeno de la nueva emigración española. Los trabajadores extranjeros representan una pequeña proporción de la población activa, y una parte importante de ellos ocupan trabajos de menor cualificación, por tanto, los efectos de la crisis han sido especialmente graves en este colectivo, con tasas de desempleo sensiblemente superiores a los sufridos por la población nacional (de promedio en torno a diez términos porcentuales superior). Además, se ha producido un fuerte descenso de los salarios medios de los trabajadores extranjeros, al mismo tiempo que el número de ocupados se ha reducido notablemente. No es de extrañar que una buena parte de esa nueva «emigración» hacia el exterior –a pesar de un primer período inicial de resiliencia y de estrategias familiares para permanecer en España– venga compuesta precisamente de inmigrantes que vinieron a España en el periodo de bonanza económica, así como de los hijos de los mismos (lo que supone también la pérdida de un capital humano, dado que se han formado en nuestro sistema educativo, en sus diversos niveles). El desempleo ha crecido de forma importante entre los trabajadores inmigrantes, más incluso que en el caso de los españoles, aunque lo cierto es que el gasto en prestaciones no ha sido significativo, dado que representan una pequeña proporción del total de beneficiarios de prestaciones, y también por el aumento de la emigración, e incluso el aumento del auto-empleo en este colectivo. Asimismo, la menor disponibilidad de renta implica una reducción del consumo y un aumento de la pobreza relativa en el caso de los extranjeros, especialmente si son de países de fuera de la UE. Todo ello ha llevado a una contracción del impacto de los inmigrantes en la economía, que suponía al comienzo de la crisis aproximadamente un diez por ciento del PIB, y también, a un empeoramiento del nivel de vida de este colectivo. Desde el punto de vista de la emigración, tras la recesión en España se ha reducido la salida de capitales en forma de Inversión Directiva Extranjera (IDE) y de remesas pagadas al extranjero.

La IDE hacia España se ha convertido en una cuestión crucial, y ésta proviene de aquellos países donde los españoles emigran, especialmente de Europa y América Latina. También la reciente emigración implica un aumento de las remesas recibidas. Ingresos que luego no suelen revertir en servicios y prestaciones sociales para los no residentes en nuestro país, dadas las limitaciones de la acción social prestacional pública en el exterior. En España se ha observado que la proporción de emigrantes cualificados ha aumentado significativamente en los últimos años y, aunque puede tener algunos efectos positivos como la transferencia de conocimientos y remesas, es importante para el desarrollo económico establecer incentivos para promover el retorno de los españoles más cualificados. Se debería favorecer la atracción del talento perdido como consecuencia de la crisis económica, necesarios para la modernización de nuestro sistema productivo.

Los esfuerzos deberían dirigirse a asentar unas bases realmente sólidas que permitan ofrecer alternativas eficaces para encarar los nuevos desafíos a los que se enfrenta nuestra realidad económico-social (la transición hacia una economía más basada en el conocimiento y en sectores de alto valor añadido), con el fin de gestionar adecuadamente los movimientos migratorios, a pesar de ser un camino trillado de obstáculos. El proceso de recuperación económica exigirá, sin duda, la contratación futura de trabajadores, de modo que la pérdida de un contingente de capital humano no debe ser infravalorada.

Bien es cierto que deben de tenerse en cuenta, sin posicionamientos interesados, todas las posibles manifestaciones y motivaciones que presenta la emigración española para poder ofrecer otras alternativas. Hay que deslindar aquellos casos en los que las personas que deciden emigrar lo hacen por voluntad propia y no porque les «inviten a marcharse» (dadas las limitadas posibilidades de desarrollo profesional en nuestro país). Se trata de una decisión lo suficientemente importante para que, como mínimo, pueda tomarse libre y voluntariamente, pero que en ningún caso debiera encajar en la denominada migración «forzosa». En esta dirección, los poderes públicos cumplen un papel fundamental, pero con el incesante empeño de llevar a cabo equivocadas políticas de austeridad no hacen sino fomentar la desigualdad, exacerbando la situación de los más débiles, en lugar de optar por la senda del crecimiento. El Estado cuenta con una serie de mecanismos y de recursos con los que puede corregir las deficiencias y las debilidades que se han detectado en nuestro sistema, con el fin de articular soluciones más integradoras de la ciudadanía en la sociedad española.

Afortunadamente el nivel formativo, en líneas generales, es notablemente mayor que en épocas pasadas, lo cual es todo un logro y un avance que enriquece al conjunto de la sociedad, pero si después de todos los esfuerzos empleados, del trascurso del tiempo y de contribuir en la inversión de la formación de sus ciudadanos no es capaz de encajarlos en el mercado de trabajo, lamentablemente, se convierte en un verdadero fracaso. Lo cierto es que este es un elemento diferencial importante respecto de la emigración de tiempos pretéritos. De todos modos, se ha generado un *gap* científico-generacional, ante la progresiva pérdida del talento en gran medida motivada por los recortes en I+D+i, con el efecto de que muchos investigadores desarrollan sus carreras profesionales en instituciones o empresas extranjeras, lo que muy dudosamente conllevará una ganancia para nuestro país. Lo cierto es que –en términos globales– no debiera considerarse como el fracaso de nuestro sistema universitario, sino de la desafortunada «política industrial» y de una clase empresarial que hasta el momento –y siempre con notables excepciones– ha sido incapaz de promover una estructura económica moderna y competitiva, capaz de generar empleo estable y de calidad y de amortiguar los efectos socio-económicos de las crisis económicas.

En consecuencia, nuestra política de emigración se encuentra en una difícil encrucijada, deberíamos replantearnos seriamente lo realizado hasta el momento, o mejor dicho, la prevalente «inacción» de nuestros Poderes públicos al respecto, si realmente queremos evitar el caudal de consecuencias negativas que todo ello puede acarrear en un futuro no muy lejano. Probablemente, el capital humano que necesitamos para poder avanzar mañana, hoy lo estamos perdiendo en el camino. Lo evidente es que hemos salido del juego de la competencia por la atracción de nuevos migrantes altamente cualificados (la denominada clase «creativa»), para pasar a convertirnos en un país *exportador de talento*. ¿Cómo se compensa en el país de origen la *fuga de cerebros*? No hay ningún marco que permita ese tipo de planteamientos, de nuevo a merced de la «mano invisible» del mercado. Y esa no es una situación ideal para un país con pretensiones de mejora dentro del mercado global del trabajo[14].

* * *

En nuestro país, la rémora de una relegación de la función investigadora (la crisis de la inversión en I+D) y una desconexión entre las estructuras educativas respecto a las exigencias sociales y económicas ya proviene de tiempos pretéritos[15], pero se sigue perpetuando. En este sentido, un informe reciente del CES-España ponía de manifiesto que

---

14. *Vid.* KUPTSCH, CH., PANG., E. F.: *Competing for global talent*, OIT, Ginebra, 2006.
15. Cfr. CÍRCULO DE EMPRESARIOS: *Una Universidad al servicio de la sociedad*, Círculo de Empresarios, Madrid, 2007, p. 37.

España se incluye entre los países alejados del objetivo de gasto en I+D respecto al PIB para 2020. En el mismo se señala que la insuficiente financiación de la I+D+i, sin ser el único problema, es una de las debilidades más evidentes del sistema español de ciencia y tecnología, y un importante escollo para mejorar la competitividad estructural de la economía. Advirtiéndose además de que este retraso «se ha agudizado a raíz de la crisis económica de los últimos años, debido a la reducción de fondos, tanto públicos como privados, que ha truncado la tendencia al incremento sostenido que venía produciéndose en los años previos»[16]. El CES-España recuerda la necesidad de reforzar la investigación, la formación específica de profesionales claves en el desarrollo científico y tecnológico, así como la conexión de la investigación con la innovación y la empresa[17]. Paradógicamente, en los ránkings internacionales de atracción de talento global, a España se le achaca la inadecuación de la formación universitaria en relación a la estructura económica de nuestro país[18].

El contexto de la nueva «sociedad del conocimiento» y la demanda creciente de todo tipo de servicios (en un entorno de cambios tecnológicos y de la información)[19], hace que incluso se reclame la conversión de la universidad en una empresa de servicios múltiples (incluso alguien se ha atrevido a calificarla como *broker* del conocimiento y de las competencias profesionales)[20]. Se suele acusar a la universidad de la falta de respuesta (formación universitaria adaptada) a las respuestas del tejido productivo (del entorno económico-social). Hoy se demandan más las competencias que los conocimientos. Lo cierto es que hay un desajuste entre la formación universitaria y las ofertas en los puestos de trabajo. Según los datos disponibles, sólo seis de cada diez titulados universitarios cree que su formación responde a las exigencias del trabajo que desempeña; mientras que los cuatro restantes vienen a constatar la disonancia entre las competencias que se adquieren en el entorno académico y las necesidades del mundo laboral: el 30%

---

16. CONSEJO ECONÓMICO Y SOCIAL – ESPAÑA: *La situación de la I+D+i en España y su incidencia sobre la competitividad y el empleo*, Informe 02/2015, CES, Madrid, 2015, p. 133.

17. *Ibid.*, p. 146.

18. Cfr. IMD WORLD COMPETITIVENESS CENTER: *IMD World Talent Report 2016*, Lausanne, 2016, p. 7, con una posición muy baja en «readiness» (disponibilidad de habilidades y competencias en la oferta de talento).

19. *Vid.* SCOTT, P.: «University governance and management. An analysis of the system and institutional level changes in Western Europe», en AA.VV., *Inside Academia*, De Tidjstroom, Utrecht, 1996.

20. Cfr. MONASTA, A: «Higher education as the producer, transmitter, and broker of knowledge as web as competence», *Higher Education in Europe*, vol. XXII, n. 3, 1997, pp. 293-302.

por sobrecualificación, y el 10% restante, por infracualificación[21]. La OCDE tambien indica que un gran número de estudiantes obtiene un título en ámbitos de estudio que no responde a las exigencias del mercado laboral; así como que un gran número de titulados tiene dificultades para encontrar un trabajo[22].

Conviene recordar que el sistema educativo y formativo es, además de garante del cumplimiento del *derecho constitucional a la educación*, el principal mecanismo para la provisión y el desarrollo de competencias y cualificaciones profesionales, con proyección en el *derecho constitucional al trabajo*. Por ello, como señala el CES-España, «sería deseable que los instrumentos de gobernanza del sistema de educación y formación incorporasen en mayor medida la dimensión del empleo y la empleabilidad en el desarrollo de las políticas educativas, contando con mecanismos de participación y de búsqueda del consenso entre distintos actores para la planificación y definición de objetivos y orientaciones en este ámbito»[23].

En todo caso, el llamado exceso de titulados universitarios (o «excedente» de profesionales cualificados) no debiera de considerarse un fracaso de nuestro sistema universitario, más bien es el fracaso de nuestra clase dirigente y empresarial para aprovechar ese «potencial humano», en el contexto del vaticinado «nuevo modelo económico y productivo» que no termina de despegar en nuestro país y del que no conocemos cuáles serán sus líneas maestras. Visto de otra manera, lo que no está a la altura parece que no es tanto nuestra institución universitaria, sino nuestra estructura económica y productiva, que se muestra una incapacidad para absorber el número de titulados altamente cualificados que genera el sistema universitario, o lo que es casi lo mismo, incapaz de renovarse y adaptarse al nuevo contexto económico globalizado (el verdadero problema no sería el «exceso de cualificación», sino la «escasez de empleos cualificados»). El «destierro» (eufemísticamente llamado «movilidad externa») reciente de

---

21. OBSERVATORIO DE EMPLEABILIDAD Y EMPLEO UNIVERSITARIOS: *Barómetro del Observatorio de Empleabilidad y Empleo de los Universitarios. 2015. Primer Informe de Resultados,* Observatorio de Empleabilidad y Empleo Universitarios, Madrid, 2016.

22. *OECD Skills Strategy Informe de Diagnóstico España 2015,* OECD, 2015; el *Financial Times,* en un artículo de T. BUCK, de 1 de marzo de 2016, titulado: «The fear and despair of Spain's Young jobseekers» se hacía eco de esta situación y los expertos ya advierten de los problemas psicológicos que acarrea la situación que atraviesa esta generación frustrada y perdida que va desde los 16 hasta los 34 años (hablándose de la misma como generación «marcada por la crisis» o como la «generación perdida mejor formada de la historia»).

23. CONSEJO ECONÓMICO Y SOCIAL-ESPAÑA: *Competencias profesionales y empleabilidad, cit.,* p. 145.

parte de nuestros jóvenes mejor formados será una pesada rémora para nuestra propia recuperación económica.

* * *

¿Hay actualmente una «Política de Emigración»? Entendemos que no, al menos con unos objetivos claramente definidos, con el diseño de medidas coherentes y coordinadas y la correlativa infraestructura normativa e institucional actualizada a las nuevas –y heterogéneas– realidades emigratorias y sus correspondientes necesidades.

En general, las migraciones son un fenómeno difícilmente gestionable por parte de los poderes públicos, pues desborda el marco de actuación de un Estado individualmente considerado. La pérdida de centralidad del Estado para la gobernanza de los procesos socio-económicos es un hecho sobradamente conocido[24]. En todo caso, el Estado puede tener un papel, si no planificador, al menos de tutela y acompañamiento de los procesos e/migratorios.

Evidentemente, la orientación de esta política pasará por el crisol de la «visión política» –más o menos real o «construida»– sobre fenómenos para los cuales se tiene una capacidad de influencia limitada en el marco de un modelo de Estado democrático. La «emigración» –nos referimos ahora a la reciente– no está exenta de una construcción «política» de fondo, de la que dependeran las opciones en el terreno de la acción política.

En este sentido, puede considerarse como una vergonzante prueba del declive económico en general, así como de la incapacidad para amortizar la inversión realizada en formación en particular (especialmente cuando afecta a los trabajadores altamente cualificados –la denominada «fuga de cerebros»–). Aunque también se ha mostrado como «la solución», reflejo de la eficacia de un mercado global de trabajo y testimonio de resiliencia del factor trabajo frente a las coyunturas económico-sociales (de ahí la conocida denominación del fenómeno mediante el eufemístico término de «movilidad exterior»). En consecuencia, también se ha podido jalear la emigración como «valvula de escape» de una crisis ocupacional (en el marco de una sociedad del trabajo más precarizada) que ha situado en el «terreno del desarraigo» a muchos de los recién llegados y a una parte de los «autóctonos». En todo caso, ha generado la idea de la necesidad de nuestra economía debilitada de exportar a los trabajadores cualificados

---

24. *Vid.* la obra ya clásica de HELD, D.: *La democracia y el orden global. Del Estado moderno al gobierno cosmopolita*, Paidós, Barcelona, 1997.

excedentes (la imagen de «fábrica de profesionales cualificados» cuyo sistema productivo es incapaz de asumir).

El Derecho, más allá de definir comportamientos prohibidos con su correlativa sanción, también tiene una función «promocional» (Bobbio). El asunto central aquí: ¿Qué es lo que debería promoverse? ¿Cómo re-adaptar el despliegue institucional y jurídico frente a este fenómeno socio-demográfico?

La nueva cuestión emigratoria se enfrenta a tres cuestiones centrales, sobre las que la asignatura –todavía pendiente– es diseñar una política, lo más coherente y transversal posible, que abarque fundamentalmente tres elementos:

a) Articular los mecanismos para retener talento y garantizar que la emigración sea una opción verdaderamente voluntaria en términos socioeconómicos.

b) Gestionar adecuadamente los procesos emigratorios, para que se realicen con las adecuadas garantías jurídico-sociales (el reforzamiento de los que podría denominarse la «ciudadanía social extraterritorial»).

c) Diseñar una política de retorno lo suficiente atractiva para los flujos de emigracion y el capital humano perdido.

Tanto la dejación del fenómeno en manos de la iniciativa y la empresa privada (la «mano invisible» del mercado) como la atribución de toda la responsabilidad sobre su suerte a los propios emigrados (o en vías de serlo) individualmente considerados no hace sino exponerlos a nuevas situaciones de riesgo.

En apariencia pudiera existir una tensión interna en el plano de los principios constitucionales, que, de un lado establecen elementos de «retención» [v. gr. por lo que respecta al terreno económico-laboral, el derecho al trabajo (art. 35.1 CE), combinado con la política económica orientada al pleno empleo (art. 40.1 CE)], frente a otros que promueven la tutela y el adecuado acompañamiento de los procesos de emigración: «*El Estado velará especialmente por la salvaguardia de los derechos económicos y sociales de los trabajadores españoles en el extranjero...*» (art. 42 CE).

En realidad, esa contradicción es más ficticia que real, pues no deben de ser orientaciones incompatibles, dado que ambas se re-conectan tanto con el valor superior de nuestro ordenamiento jurídico –la libertad– (art. 1.1, en conexión con el art. 17 CE), así como muy estrechamente con el principio constitucional de «*libre desarrollo de la personalidad*» (art. 10.1 CE) y al derecho a «*salir libremente de España*» (art. 19 CE). La migración es un aspecto importante del desarrollo humano, idea que se corresponde con el principio de desarrollo como libertad[25].

La movilidad es una libertad fundamental, bien que solo se haya construido jurídicamente en el plano internacional un derecho a «emigrar», que no a residir efectivamente en el Estado de la elección individual. Debe de ser universalizable el objetivo «moral» de que los individuos puedan desarrollar libremente sus propios planes de vida (para ello, los derechos fundamentales son el instrumento político-jurídico idóneo). Por lo tanto, el derecho de a la libre circulación como *derecho a emigrar* debería considerarse como un derecho universal (derecho a no emigrar/ a emigar/ a inmigrar-asentarse). Pero el Derecho Internacional general no reconoce un verdadero «derecho de migración internacional». No tiene un reconocimiento completo en el art. 13 de la Declaracion Universal de Derechos Humanos (1948), que solamente consagra como derecho universal el derecho a salir del propio Estado y a regresar a ese mismo Estado. Por lo tanto, no hay verdaderamente un derecho a asentarse en el Estado que uno elija libremente, porque se reconoce que es competencia soberana de cada Estado permitir las condiciones para ese asentamiento. Hay un «derecho a migrar» pero no un derecho a ser «inmigrante». El Pacto Internacional de Derechos Civiles y Políticos (1966) tampoco lo reconoce, pues se limita a señalar que: «*Toda persona que se halle legalmente en el territorio de un Estado tendrá derecho a circular libremente por él y a escoger libremente en él su residencia*» (art. 12.1). El Comité de Derechos Humanos ha avalado la interpretación de que el precepto no atribuye el derecho a los extranjeros a entrar en el territorio de un Estado Parte ni residir en él, sino que «corresponde al Estado decidir a quién ha de admitir en su territorio…». En consecuencia, los Estados son soberanos para decidir quiénes entran o no en su territorio (como elemento de su «soberanía territorial»); así como para no consentir la permanencia en su territorio de los que hayan penetrado en el contraviniendo las leyes de admisión. Incluso se reglamenta la expulsión en el PIDCP con la prohibición de expulsiones colectivas, garantías procesales y prohibición de discriminación entre las diversas categorías de extranjeros, entre otras cuestiones. Lo cierto es que sólo los que se hallen legalmente –o cuando sea controvertida la licitud de su estancia– tienen una cierta protección frente a las expulsiones arbitrarias (cfr. art. 13 PIDCP). Su desarrollo –como derecho universal de libre circulación– por la Resolución 45/158, 18 diciembre 1990 (Convención Internacional sobre la protección de los derechos de todos los trabajadores migratorios y su sus

---

25. *Vid.* SEN, A.: *Development as Freedom*, Oxford University Press, Oxford, 2001.

familias), adolece de un escaso número de ratificaciones (especialmente por parte de los países receptores de inmigración)[26].

La concepción restringida o «ciudadana» del reconocimiento de derechos se encuentra vinculada a la nacionalidad (en base a la dicotomía jurídica entre nacional/extranjero–). La tenencia de la «nacionalidad» (no la residencia –regular o *de facto*–) es el referente de pertenencia a la comunidad política organizada y, por tanto, del goce pleno de derechos. Y nuestra emigración también se ve afectada por esta concepción poco acorde con la concepción universalista de los derechos fundamentales (incluidos especialmente los sociales).

1º. Por lo tanto, el primer objetivo de toda política de emigración es garantizar la libertad real y efectiva en la toma de la decisión, esto es, atender a la faceta negativa del derecho, traducida en unas adecuadas condiciones económicas y sociales que hagan innecesario el proyecto emigratorio para aquellos que no deseen salir de su país. Ello implicaría incidir en los factores que están en la base de las formas de emigración «forzada». Además supondría introducir en la agenda política, de manera decidida, las «políticas de redistribución del bienestar», el correlativo «pacto fiscal» que hiciera un reparto más equitativo de las cargas economicas derivadas de la crisis, en términos sociales.

Los índices de pobreza y de la desigualdad han alcanzado sus niveles más altos de las últimas tres décadas (la crisis no ha sido igual para todos). La desigualdad en España se ha caracterizado por la reducción de las rentas mínimas y el hundimiento de las rentas más pobres; los efectos de la recesión no se han distribuido equitativamente entre los grupos de la población, hecho que ha provocado que la pobreza aumente y se dificulte la salida de la pobreza y de la exclusión[27]. Diversas instituciones internacionales ya han llamado la atención a España sobre estos asuntos[28].

---

26. Algo muy similar sucede con los Convenios de la OIT sobre la materia: el Convenio n. 97 (1949) sobre los trabajadores migrantes, trata de garantizar la igualdad de trato en las condiciones de trabajo, libertad sindical y Seguridad Social, así como el Convenio n. 143 (1975) de disposiciones complementarias.

27. Cfr. COMITÉ TÉCNICO DE LA FUNDACIÓN FOESSA: «Un país a dos velocidades. Un análisis territorial de la desigualdad, la pobreza y el desempleo», en AA.VV., 2016. *Análisis y Perspectivas. Expulsión Social y Recuperación Económica*, Fundación Foessa, pp. 8 y 13.

28. *V. gr.* España está entre los principales países en los que los trabajadores han visto afectados gravemente los ingresos derivados del trabajo como consecuencia de las medidas anti-crisis, OIT: *Global Wage Report 2016/17. Wage inequality in the workplace*, OIT, Ginebra, 2016, p. 20; por otra parte, también se han incrementado las formas de lo que la OIT denomina «empleo atípico», asociado estrechamente al riesgo de déficit

43

En materia de políticas de empleo, un reciente informe de la OCDE sobre España señala con claridad que debe incidir más en la creación de empleo, y especialmente en «empleo de calidad» (que ha sido un objetivo abandonado por la política laboral, más obsesionada por coyunturales medidas «anti-crisis» basadas en el incremento de todo tipo de flexibilidad laboral, lo que ha culminado con un incremento generalizado de la precariedad y de la segmentación laboral). España lidera junto a Grecia el ránking de países con mayores tasas de paro de larga duración. El «Sistema Nacional de Garantía Juvenil» en España ha sido un fiasco (tratándose del país con la segunda tasa de desempleo juvenil más alta de la UE), ya ha sido evaluada –a nivel europeo– y los resultados son bastante decepcionantes[29]. Por otro lado, nos encontramos con una «huída hacia delante» a través de la subjetivización de las políticas de empleo. Pero la subjetivización tiene límites, el tratamiento específico para los diversos colectivos termina por generalizarse (la consecuencia es el «efecto suma cero»); así como los límites de la acumulación en un sujeto de diversos criterios de vulnerabilidad (emigrante, mujer, discapacidad, etc.).

En todos estos factores son fácilmente identificables de las causas y motivaciones que subyacen a los movimientos migratorios de trabajadores españoles, esto es, de los factores expulsivos de nuestro mercado de trabajo nacional aparece la decisión de emigrar. El estudio del fenómeno emigratorio hace también aflorar el conocimiento relativo a los procesos de desigualdad, exclusión y pobreza que estan presentes en la base de la aventura emigratoria. Así pues, es necesario incidir especialmente en los elementos o factores expulsivos de la mano de obra, las políticas públicas –tanto de empleo, de movilidad de trabajadores, así como las migratorias– desarrolladas tanto a nivel de la UE, del Estado o a nivel autonómico para tratar el fenómeno del desempleo y la posibilidad de dinamizar los mercados de trabajo (y favorecer los procesos migratorios) que alivien las elevadas tasas de desempleo.

Es necesario que los poderes públicos –legislativos y gubernativos– tomen en serio y sean consciente de que unas elevadas cifras de desempleo, como resultado de unas políticas de empleo disfuncionales, así como la falta de reconsideración del modelo productivo, no produce otra cosa

---

de trabajo decente, *vid.* OIT: *Non-Standard Employment around the World,* OIT, Ginebra, 2016, especialmente pp. xxii, 52, 55-58 y 79.

29. El Informe del Tribunal de Cuentas Europeo: *¿Han sido determinantes las políticas de la UE en cuanto al desempleo juvenil? Evaluación de la Garantía Juvenil y de la Iniciativa de Empleo Juvenil,* Informe especial n. 5/2017, Luxemburgo, 2017, p. 35, señala que el 47% de los jóvenes españoles que ni estudian ni trabajan –los denominados «ninis»– y participaron en el programa en 2015, se encontraban en situación de inactividad pasados seis meses.

44

que personas con un elevado potencial de emigración laboral. Sobre estas cuestiones han de incidir las políticas de empleo: detectar, desde la reciente experiencia española en emigración, los sectores de población que principalmente se han venido encontrando afectados por ella, en aras de proponer, dirigir, orientar y poner en marcha políticas de empleo adaptadas a sus necesidades particulares a fin de ocuparlos en nuestro territorio. Ésta sería la mejor política activa de empleo posible frente a la emigración, frente al colectivo de potenciales emigrantes laborales.

2°. El segundo elemento clave es la atención a la decisión y el proceso de emigrar. Siendo la emigración prevalentemente –aunque no en exclusiva– económica, la movilidad tiene el potencial de conducir al logro de mayores capacidades humanas, por lo que debe garantizarse que los emigrantes puedan desarrollar su proyecto migratorio con garantías (también jurídico-sociales). Ello supone plasmar el conjunto de los derechos sociales de la ciudadanía –en el plano *extraterritorial*– también a esta opción de la persona. Una vez producida ya la emigración laboral, en aras del favorecimiento de la integración sociolaboral de la persona en el país de destino, la misma debe favorecerse mediante medidas jurídico-políticas orientadas a tal fin desde la tutela de los derechos sociales y económicos, que también gozan de la cualidad de «derechos sociales fundamentales» en el marco de los diferentes instrumentos internacionales y europeos de reconocimiento de derechos fundamentales, y que deben garantizarse plenamente en los procesos emigratorios de la ciudadanía trabajadora. Hay todavía mucho margen para implementar medidas renovadoras y de refuerzo del *status* jurídico de protección social de los trabajadores españoles incursos en proyectos de emigración, tendiendo a la mejora de la efectividad del mismo, conforme al mandato del propio art. 42 CE, por el que el Estado ha de velar por la salvaguardia de los derechos económicos y sociales de los trabajadores españoles en el extranjero. Se trata de un mandato que debe entenderse renovado en conexión con la nueva realidad migratoria en España. Y para ello habrá de abandonarse el viejo estereotipo del migrante no especializado cuyo destino es ocupar los puestos menos calificados[30], pues esa realidad se combina con otras muy diferentes en los que nuestros emigrantes portarán y aplicarán sus competencias profesionales.

En este sentido, se puede constatar la falta de desarrollo de una auténtica política de empleo para emigrantes, aquejada también de la escasa financiación pública, que se refleja tanto para la inmigración –y su integración social– como para emigración. Se demuestra así la incoherencia del

---

30. Cfr. CASTLES, S.: «Las fuerzas tras la migración global», *Revista Mexicana de Ciencias Políticas y Sociales*, n. 220, 2014, p. 244.

discurso político, aparentemente sensible al fenómeno, aunque en la *praxis* política se actúa reduciendo la inversión para la atención a los emigrantes.

Así pues, la otra gran asignatura pendiente es el diseño de una adecuada tutela para las personas que inician proyectos migratorios, con apoyo real y efectivo en la búsqueda de empleo, servicios efectivos de información y asesoramiento sobre –y en– el país de acogida seleccionado. Los programas en el marco de la Ciudadanía Española en el Exterior no abordan la problemática específica del empleo. Estas actuaciones deberían ir complementadas por un conjunto de ayudas –de tipo asistencial– para mejorar las condiciones en los países de destino, en los casos en que sea necesario, esto es, la extensión del Estado de bienestar también en el exterior. No se debe dejar de ser «ciudadano» –tampoco en la perspectiva de la «ciudadanía social»– cuando se reside en el exterior, lo que obliga a una acción extra-territorial del Estado social.

Se impone una re-lectura actualizada de marco constitucional y sus correlativas implicaciones, reformulando, en su caso, los derechos sociales presentes en la legislación estatal y autonómica sobre ciudadanía en el exterior. Proceso que debe implementarse también con el análisis de los planes y programas –estatales y de CCAA– específicos para apoyar y tutelar la emigración de ciudadanos nacionales. Es necesario revisar el papel institucional de la red diplomática y su funcionalidad para el apoyo en la búsqueda de empleo y apoyo a los trabajadores emigrantes nacionales (en sus proyectos migratorios profesionales), así como actualizar las medidas de fomento de la acogida de los emigrantes por parte de los agentes implicados en los países de destino.

Los acuerdos internacionales –bilaterales o multilaterales– para promover los flujos emigratorios a países con déficits de determinados tipos de profesionales cualificados también deben ser objeto de atención, con una evaluación del impacto real de tales acuerdos y sus resultados. Hasta ahora quizá lo único que ha operado es la «bilateralidad» con países que tenían déficits de cierto tipo de profesionales en sectores como la sanidad y la ingeniería, lo que recuerda al modelo del «trabajador invitado» (*Gastarbeiter*). Es una estrategia que solo «aparentemente» beneficia al país emisor y receptor, pues aunque drena el mercado de trabajo de aquél, le priva de una fuerza de trabajo que sería beneficiosa para su sistema productivo (le encierra en la trampa del «infra-desarrollo»). Además, es un modelo que tambien profundiza en la promoción de la migración «selectiva» y que ahonda la diferencia de tratamiento entre los grupos «buscados» y las categorías de personas «no deseadas».

3°. El tercer elemento sería la existencia de una política coherente y coordinada de retorno, para los que decidan volver a España, y no meramente dependiente de los programas específicos y dispares que desarrolle cada una de las CCAA (que muestren algo de interés en este asunto). Se muestra necesario implementar estrategias para tratar de recuperar el capital humano necesario para reactivar una economía más competitiva en el contexto global y hacer que nuestro país compita por la atracción del talento global.

* * *

Los españoles oriundos de España se han dirigido preferentemente a países como el Reino Unido, Francia (seguida de los Estados Unidos), Alemania y muy por detrás se sitúa Suiza (conviene recordar que también una buena parte de esos flujos se relacionan con descendientes de inmigrantes). La libertad de movimiento –y especiamente la libre circulación de trabajadores (LCT)– serían un espacio migratorio idóneo, ahora bien, en estadio actual de la construcción europea, surgen serias dudas sobre si verdaderamente en UE existe un espacio para la movilidad de trabajadores o solamente funciona para las élites profesionales.

El principio de la libertad de movimiento, derivado de la ciudadanía europea –y no vinculado exclusivamente con personas económicamente activas que fueran capaces de mantenerse económicamente en en el país de destino– es central al proyecto europeo[31], pero implica retos difíciles para su implementación práctica y oculta fuertes divergencias entre los Estados miembros de la UE.

Fundamentalmente han sido los Estados miembros del norte de Europa los que han mostrado sus reticencias ante este principio, aduciendo que facilita el trasvase de ciudadanos de otros estados miembros, atraídos por sus generosos estados del bienestar (los largos períodos transitorios para la plena aplicación de la LCT a los trabajadores de nuevos Estados miembros del este son un claro ejemplo de ello). El problema es la concepción de los ciudadanos europeos que emigran a tales países –en uso de su libertad fundamental– como una «carga excesiva» para sus estados del bienestar. Ello ha espoleado los discursos excluyentes y las medidas proteccionistas (con Alemania y Gran Bretaña en la avanzadilla). Frente al denominado «turismo del bienestar» –más construido que real– se ha reaccionado con el endurecimiento de los requisitos de acceso a prestaciones sociales, así como la invocación de «primero los de casa» –sospechosamente recuerda

---

31. *Vid.* art. 49 Tratado de Funcionamiento de la Unión Europea (TFUE); cfr. Directiva 2004/38/CE, del Parlamento Europeo y del Consejo, de 29 de abril de 2004, relativa al derecho de los ciudadanos de la Unión y de sus familias a cirular y residir libremente en el territorio de los Estados miembros.

también a la ya célebre *America first*– como justificación de las medidas que reducen tanto la movilidad como el acceso a derechos sociales.

El acceso a los derechos vinculados con la libertad de movimiento, *per se*, no debe ser considerado un abuso[32]. La construcción jurídica del ejercicio de una libertad no puede recubrirse de la sospecha de fraude. En este sentido, resultan muy inquietantes los pronunciamientos judiciales que han hecho «concesiones» a políticas estatales de limitación de las ayudas sociales a los ciudadanos comunitarios no nacionales, a los que –de forma más o menos mediata– se les acusa de «abusar» de los sistemas de protección social (que suele instrumentarse técnicamente a través de la exigencia de largos períodos previos de residencia o bien de la imposibilidad de acceso una vez transcurrido un cierto tiempo tras el último empleo desarrollado en el Estado de que se trate).

Necesariamente, la nueva emigración española debe ponerse en correlación con las políticas sociales de la UE, y ello requeriría reforzar efectivamente la LCT y la coordinación de los servicios públicos de empleo, tanto a nivel nacional como de la UE. Como ya se ha indicado, de los ámbitos donde debería desarrollarse con mayor facilidad la emigración de trabajadores españoles vendría constituido precisamente por los países de la UE (y del Espacio Económico Europeo), donde rige la libertad fundamental de LCT. La verdadera consolidación de esta libertad debería abrir espacios para la «emigración no forzada», y con garantías, para los trabajadores que decidan buscar empleo y ejercer su actividad en otros países de la UE con mejores expectativas de desarrollo profesional. Es por ello central analizar en qué medida el ejercicio de dicha libertad supone un verdadero encauzamiento para emigrantes españoles y cuáles son las dificultades presentes.

Como resulta bien conocido, el contenido de la LCT se estructura en torno a tres ámbitos basilares, tal como se configura en el propio Tratado de Funcionamiento de la Unión Europea (TFUE):

a) El primero guarda relación con las condiciones de entrada y permanencia de los trabajadores nacionales de un Estado miembro en otro Estado miembro, cuestión que, tras la superación de una concepción netamente economicista de la libre circulación, aparece regulada actualmente, con carácter general, tanto para trabajadores y sus familias como para cualquier ciudadano de la UE bajo el referido principio de libre circulación de personas.

---

32. Cfr. COMISIÓN EUROPEA: *Comunicación Libre circulación de los ciudadanos de la UE y de sus familias: cinco medidas clave*, COM(2013) 837 final, Bruselas, 25.11.2013.

b) El segundo grupo de contenidos es el orientado a conseguir la eliminación de toda clase de discriminaciones y obstáculos en el acceso efectivo al trabajo y a su disfrute en igualdad de condicionales con los nacionales del país anfitrión, habiéndose elaborado a estos efectos un elevado número de directivas.

c) El tercer grupo normativo relacionado con la libre circulación es el atinente al mantenimiento de los derechos conexos en materia de Seguridad Social[33].

Al servicio del derecho de la LCT –y de su mayor efectividad– se han articulado diversas herramientas desde instancias comunitarias, entre las que destaca la Red Eures, reformada y reestructurada en 2016 como herramienta de búsqueda activa de empleo a nivel europeo, entre cuyos objetivos está el de apoyar una movilidad laboral equitativa y voluntaria dentro de la Unión. Instrumentos que deberían mejorar la transparencia de los mercados de trabajo así como superar las asimetrías de información que caracterizan a los mismos.

La situación que, a efectos migratorios, se está viviendo en la UE, principalmente derivada de la crisis de los refugiados provenientes del cercano oriente y oriente medio, al que se suman también migrantes económicos, europeos o de otros países, no puede esconder que, a efectos numéricos, otros países menos desarrollados la están sufriendo con mayor intensidad y sobre todo, que no se trata de una cuestión transitoria o cíclica, sino que, por un motivo u otro, los movimientos migratorios van a ser un factor caracterizador del siglo XXI. La consecuencia es que en el futuro se van a conformar nuestras sociedades en una senda más multicultural. El problema a enfrentar es las tendencias proteccionistas de los Estados miembros, pues la LCT debe de quedar garantizada, a pesar de restricciones indirectas con políticas restrictivas de acceso a prestaciones sociales validadas por el Tribunal de Justicia de la Unión Europea (TJUE). Asimismo, a nivel de la UE se está produciendo un peligroso confusionismo entre refugiados e inmigrantes económicos (intra o extra-comunitarios), en el contexto de la neo-retórica antiinmigratoria.

La UE se ha dotado de un importante arsenal normativo en materia de LCT, basada en el principio de igualdad entre nacionales comunitarios, así como en relación a los inmigrantes nacionales de terceros países y asilados, lo que se fundamenta en los principios de solidaridad, trato equitativo a los nacionales de terceros países y de dignidad para todos,

---

33. En esta vertiente, cobra especial protagonismo el Reglamento (CE) n. 883/2004, del Parlamento Europeo y del Consejo, de 29 de abril de 2004, sobre coordinación de los sistemas de Seguridad Social.

valor en el que se ancla la UE, que implica colocar a la persona en el centro de sus actuaciones.

La aplicación efectiva de algunos de dichos valores queda en entredicho a través de los actos adoptados por la UE, de forma visible el relativo a la solidaridad entre Estados miembros, la constatación de una falta de vocación por los Estados miembros por políticas comunes de asilo e inmigración, así como la restricción en una política comunitaria en favor de la migración económica junto a la rigidez y dispersión de las medidas normativas adoptadas hasta el momento.

En todo caso, los valores de solidaridad que debieran inspirar el tratamiento al conjunto de ciudadanos europeos son los que están en riesgo, a tenor de ciertas actuaciones de los Estados miembros de la UE ante los movimientos migratorios, tanto de ciudadanos de la UE en su acceso a otros Estados miembros, como de extranjeros en búsqueda de refugio político, y es en el respeto a dichos valores a lo que no se debe ceder si la UE quiere ser reconocible. Se puede estar perdiendo la oportunidad de reforzar estos valores en el complejo panorama político y de «crisis de solidaridad» que vive la UE.

Tanto ciertas normas como prácticas restrictivas de los Estados miembros[34], así como ciertos pronunciamientos del TJUE en relación a medidas nacionales que se convalidan parecen marcar una línea de tendencia más restrictiva en relación al derecho a la LCT. Esto ya viene sucediendo a raíz de la una serie de sentencias, como la STJUE de 11 de noviembre de 2014, dictada en el caso *Dano* (asunto C-333/13), en la que el TJUE admitió que los Estados miembros pueden tomar medias contra los abusos, y denegar la solicitud de subsidios sociales a ciudananos de otros países miembros que no desarrollen una actividad económica y que ejerzan su libertad de circulación con el único objetivo de percibir la ayuda social –prestación especial en metálico no contributiva– en el otro Estado miembro; la STJUE de 15 de septiembre de 2015, en el caso *Alimanovic* (asunto C-67/14), donde se admite que un Estado miembro pueda excluir de ciertas prestaciones sociales de carácter no contributivo a ciudadanos de la UE que se desplazan a ese país para buscar trabajo. Más recientemente, de nuevo otro pronunciamiento restrictivo puede verse en la STJUE de 25 de febrero de 2016, caso *García Nieto* (asunto C-299/14). Pronunciamientos que parecen

---

34. *V. gr.* ahora de actualidad el asunto de la cláusula *Molière* en Francia, por la que –en ciertas regiones– se obliga a hablar frances a los trabajadores que presten servicios en las empresas que realizan obras de licitación pública, en realidad, una «medida de efecto equivalente» de «preferencia nacional» –tanto de contratistas como de trabajdores– frente a la LCT, bajo la coartada de la seguridad en el trabajo y combatir el *dumping social*.

cambiar el rumbo de una jurisprudencia que hasta tales precedentes había mantenido una interpretación más extensiva del derecho de LCT de los ciudadanos miembros de la UE[35].

De hecho, podría afirmarse que, hasta que se dicta la STJUE de 19 de septiembre de 2013, caso *Brey* (asunto C-140/12), el criterio interpretativo había favorecido la ampliación del ámbito subjetivo del derecho de libre circulación y residencia de los ciudadanos de la UE. Las limitaciones establecidas por estos nuevos precedentes jurisprudenciales parecen anticipar –y convalidar– una nueva época regresiva, en la que se incrementan las posibilidad de que las personas que se trasladan, con la intención de encontrar trabajo dentro del marco de la UE, tengan un tiempo limitado de caducidad para su opción migratoria, en la que la falta de recursos económicos puede erigirse como un factor determinante para excluir su derecho a fijar la residencia y buscar trabajo en un país distinto a aquel del que se procede.

Lo cierto es que la proyección de las políticas de austeridad no hace previsible el pensar que las nuevas doctrinas en las que se asienta el TJUE –con especial tutela de los equilibrios financieros de los sistemas de protección social de los Estados, esto es, la *ratio* economica frente a la *ratio* social– constituya un mero paréntesis. El viento a favor que corría en los años previos de consolidación del derecho de libertad de circulación y residencia en la UE parece haber cambiado de sentido. La interpretación que ahora se impone deja fuera a los colectivos más débiles, hoy en buena medida imposibilitados de tener acceso a una segunda oportunidad. Las recientes respuestas normativas y jurisprudenciales ante la situación de los colectivos más vulnerables muestran escasa sensibilidad hacia graves situaciones de necesidad que agrietan la solidez –política y moral– del proceso de construcción europea.

Frente a esta tendencia, la doctrina del TEDH (Estrasburgo) se mueve en una línea contraria, reforzando la no discriminación por razón de nacionalidad a un terreno –como el las prestaciones asistenciales o no contributivas– que apenas penetra en el Derecho de la UE[36].

Lo más preocupante es que, como se ha puesto de manifiesto, no existe evidencia empírica, a pesar del eco que el discurso del turismo asistencial

---

35. El mensaje era claro: los ciudadanos de la Unión Europea que no ejerzan una actividad económica y que se trasladen a otro Estado miembro con el único objetivo de obtener una ayuda social pueden ser excluidos de la percepción de determinadas prestaciones sociales, incluso pueden ser excluidos de ciertas prestaciones sociales cuando se desplacen para buscar trabajo (*vid.* TRIBUNAL DE JUSTICIA DE LA UNIÓN EUROPEA: *Comunicado de Prensa n. 146/14*, Luxemburgo, 11 de noviembre de 2014; *Comunicado de Prensa n. 101/15*, Luxemburgo, 15 de septiembre de 2015).

36. *Vid.* STEDH de 8 de abil de 2014 (caso *Dhahbi v. Italia*).

ha encontrado en los medios, de que los ciudadanos europeos en situación de movilidad abusen de las prestaciones sociales. Los estudios indican que el impacto real de la movilidad intraeuropea en las sociedades del norte de Europa es modesto y dista mucho de ser motivo de alarma. Entre otras cuestiones, porque una mayoría de los ciudadanos de la UE que residen en otros Estados miembros son jóvenes, lo que implica que no recurren a pensiones de vejez y hacen un menor uso de los servicios sanitarios, lo que tiene también como consecuencia la contribución neta de los inmigrantes comunitarios residentes en otros estados miembros[37].

A este contexto «enrarecido» se le une la problemática del «Brexit», lo que nos plantea qué va a suceder con los españoles en Gran Bretaña y con los británicos que ejercen su actividad profesional aquí, o que deciden residir en España una vez que se jubilan, etc. A priori, podrían dibujarse diferentes escenarios, el primero, menos traumático, como que el Reino Unido se mantenga en el Espacio Económico Europeo, aunque también cabría la posibilidad de un Acuerdo bilateral específico con la UE, que mantenga un régimen similar a la LCT; pero también es posible que todo concluya con una especie de Acuerdo de libre comercio, en cuyo caso se abriría el panorama más sombrío de que recobraran plena virtualidad las normas de extranjería de cada país. Hemos visto que el inicio de las negociaciones no ha sido «idílico» y previsiblemente en un futuro se suavizarán las posiciones y sería deseable la imposición de estrategias *win win*. De momento, solo cabe esperar que los trabajadores afectados –de una y otra nacionalidad– no terminen siendo «rehenes» de la actividad diplomática ya activada para culminar la salida del Reino Unido de la UE.

* * *

Si nos centramos en nuestro ordenamiento interno, un balance general arroja el resultado de que se hace necesario el perfeccionamiento de la tutela social de la ciudadanía española en el exterior. La crisis económica y la transformación en la que España se encuentra inmersa ha puesto de manifiesto, entre otros muchos aspectos, un fenómeno que hace algunos años fue cuantitativamente importante, pero que posteriormente fue sobrepasado de forma preclara por el aumento del número de inmigrantes llegados a nuestro país. Pero lo cierto es que la emigración de españoles (o de nacionales otros estados que residían y trabajaban en nuestro país),

---

37. Cfr. BRUQUETAS, M., CLARO, I., GARCÍA, E.: «Evolución política y normativa sobre inmigración y asilo en la Unión Europea», en AA.VV, *Flujos cambiantes, atonía institucional. Anuario de la Inmigración en España 2014, cit.*, pp. 84-85 y la bibliografía allí citada.

52

mayoritariamente por motivos laborales, también denominada eufemísticamente «movilidad internacional», es una realidad de nuestro panorama demográfico. Este fenómeno parece que irá en aumento, aunque probablemente no de manera tan significativa como algunos afirman, dado que en los análisis estadísticos se engloban tanto a los españoles de origen como a aquellos que han adquirido la nacionalidad española (y que en puridad también mejor podrían ser considerados como «retornados»). En todo caso el fenómeno, en su conjunto, no deja de ser sino un «drenaje forzoso» de nuestro mercado de trabajo.

De no darse aquí las condiciones para el desarrollo personal y profesional habrá de favorecerse la emigración como «válvula de escape»; esto es, la visión positiva alentada desde algunas instituciones públicas (propiciada desde el discurso político). El importante papel económico de las remesas de emigrantes es un factor que cobra relevancia en esta solución. La visión contrapuesta es la concepción de la emigración como «expulsión», vinculada a las situaciones de vulnerabilidad social[38]. Entre estas dos concepciones se mueve lógica de la medidas adoptadas en este terreno.

Conviene tener presente la falta de uniformidad del fenómeno de la emigración, en la que no hay una dimensión exclusivamente laboral, de ahí que pueda ser preferible el término de «movilidad internacional» sobre el más clásico de «emigración», por la variedad de finalidades y situaciones posibles (no estrictamente reconducibles a la típica emigración del trabajador asalariado).

En este contexto, la normativa general sobre emigrantes españoles que se contiene en la Ley 40/2006, de 14 de diciembre, del Estatuto de la ciudadanía española en el exterior (LECEX)[39], no se adecúa a la realidad actual. Frente al emigrante en el que pensaba el mandato el poder constituyente, y al que se adapta la referida Ley, surge ahora un nuevo perfil que responde a las nuevas manifestaciones de la «movilidad internacional». Resulta necesaria la modificación de la LECEX para incluir disposiciones que, con

---

38. Un ejemplo extremo viene constituido por la consideración de la emigración/movilidad de talento científico como una especie de «diplomacia científica española», enmascarando la situación de *brain drain* y la diáspora científica española como una estrategia diplomática deliberada, *vid.* ELORZA MORENO, A., *et altri*: «Spanish Science Diplomacy: A Global and Collaborative Bottom-Up Approach», *Science & Diplomacy*, v. 6., n. 1, 2017; y que ha obtenido oportuna respuesta en el artículo de MORO-MARTÍN, A.: «How dare you call us diplomats», *Nature*, v. 543, 2017, p. 289.

39. *Vid.* PÉREZ GÁLVEZ, J. F.: *Estudios jurídicos sobre la organización administrativa de la emigración: génesis del Derecho emigratorio español y Derecho comparado*, MTAS, Madrid, 2007.

carácter de mínimo, amparen las nuevas realidades y contemple también expresamente la expatriación por motivos laborales.

En esta dirección, se hace necesario diferenciar al menos dos fenómenos que confluyen en la salida de trabajadores. De un lado, la emigración económica «forzosa», donde ciertamente el papel del Estado es limitado para abordar el fenómeno (en general, para abordar cuestiones económicas globales y sus correlativas consecuencias sobre los movimientos de personas). Lo cierto es que la crisis, combinada con la globalización económica, también ha inducido procesos de deslocalización/desterritorialización –e internacionalización– de muchas empresas que desempeñan su actividad en mercados extranjeros. Por tanto, la emigración cualificada en España también ha venido propiciada porque las empresas se focalizan cada vez más en mercados con mayor potencial de crecimiento (mayor volumen de negocio fuera de España).

Es muy necesaria la revisión de las políticas jurídicas socio-protectoras del desplazamiento transnacional de trabajadores y del marco normativo de tutela de los derechos de los trabajadores en el marco de prestaciones transnacionales de servicios. La vertiente de la «expatriación» de trabajadores (y del agente «empresa», en gran medida «autorregulado» para estas cuestiones) en el fenómeno de emigración no cuenta con referencias o bases normativas en la LECEX, al menos un conjunto principios que guiasen el estatuto jurídico-laboral de los expatriados. Esta dimensión no está presente en la LECEX, y debería reformularse como apoyo a las experiencias de internacionalización de empresas españolas en el exterior. La internacionalización y globalización de las actividades económicas y empresariales, y la correlativa apertura a mercados internacionales de la empresa española, también conlleva el desplazamiento o traslado de trabajadores nacionales a los países donde se desarrolla las prestaciones de servicios. Surge la exigencia de garantizar la tutela jurídico-social para los ciudadanos trabajadores desplazados en dichos procesos.

Así pues, la expatriación en el marco de una relación laboral que se mantiene es un subtipo de emigración –o desplazamiento, si tiene carácter más temporal o coyuntural– donde la tutela debe centrarse en que no conlleve una degradación de condiciones laborales. Esta es una dimensión –abandonada en gran medida a la propia política empresarial– a reforzar en el Estatuto de la Ciudadanía Española en el Exterior (ECEX); más allá de las limitadas previsiones del Estatuto de los Trabajadores (art. 1.4 LET), o de los condicionantes derivados de la Directiva sobre desplazamiento de trabajadores en el marco de una prestación transnacional de servicios, que solamente tiene aplicación en el ámbito de los que se produzcan en el seno de la UE (cfr. Ley 45/1999, de 29 de noviembre, sobre el desplazamiento de trabajadores en el marco de una prestación de servicios transnacional)[40].

La actuación de las CCAA en la politica de emigración es fundamental por el heterogéneo conjunto de competencias que tienen asumidas. No obstante, las funciones que las CCAA[41] puedan asumir en este ámbito deben de entenderse como complementarias –y no como sustitutivas– de las que le corresponde el Estado, en el ejercicio de la competencia exclusiva (como en la práctica se viene produciendo hoy día, generando la impresión de que la materia viene regida por un hipotético principio de subsidiariedad), a excepción de que se modifique nuestra Carta Magna. A pesar del deber de colaboración interadministrativa que debería regir la materia, cada territorio desarrolla su actuación de forma unilateral e independiente, lo que provoca que los servicios, prestaciones y ayudas que vienen prestando a los españoles en el exterior sean igualmente dispares y heterogéneas, muchas veces no acompañadas de un análisis introspectivo de la incidencia real de este fenómeno en cada territorio, lo que facilitaría la armonización de la intensidad y extensión de las medidas a adoptar en este ámbito. Los motivos de regulación presentes en las actuaciones autonómicas son diferentes, en algunos casos, se limita prevalentemente al reconocimiento de prestaciones asistenciales. Pero no hay verdadera coordinación y cooperación entre las CCAA y el Estado en esta materia y los órganos previstos en la LECEX han resultado en la práctica inoperativos (la Conferencia y el Consejo General de la Ciudadanía Española en el Exterior). Es necesario dotar al sistema de mayor coordinación entre los diversos servicios públicos implicados en una política *transversal* como es la referida a la ciudadanía española en el exterior.

Esta situación, a la postre, como sucede en otras muchas vertientes de la tutela social pública en el marco del «Estado social autonómico», genera discriminación *de facto* –al menos– para el emigrante en función de la pertenencía o no a una Comunidad determinada; asimismo, condiciona las posibilidades de que su retorno se produzca a la misma y no a otra Comunidad, debido a que algunas ofrecen una panoplia de opciones prestaciones de carácter social, económico o laboral más favorables que las que brindan los que tengan la vecindad administrativa en otro territorio diferente. Además, la mayoría de las ayudas ofertadas son puntuales y extraordinarias, destinadas a cubrir situaciones de emergencia social en el país de

---

40. Norma interna de transposición de la Directiva 96/71/CE, del Parlamento Europeo y del Consejo, de 16 de diciembre, sobre el desplazamiento de trabajadores efectuado en el marco de una prestación de servicios.

41. Para esta cuestión, *vid.* Pauner Chulvi, C.: *La ciudadanía autonómica en el exterior: Comunidades Autónomas y emigración*, Tirant lo Blanch, Valencia, 2013.

emigración, vitales para la subsistencia, o bien, de retorno para mitigar los primeros gastos de establecimiento. Sin perjuicio del carácter asistencial de estas heterogéneas medidas, lo deseable sería que se transformaran en prestaciones periódicas, que palien la carencia inicial de recursos económicos hasta que aquéllos puedan acceder a una pensión de jubilación en su modalidad no contributiva, o bien que se flexibilice el requisito de residencia que condiciona su acceso para este colectivo vulnerable.

La aprobación del ECEX supuso un avance notable en el reconocimiento y sistematización de los derechos sociales de los españoles residentes en el exterior y retornados. Su ratio político-jurídica manifiesta la necesidad de la *«extraterritorialización del Estado social»* y la exigencia de tutela social fuera del territorio español, puesto que no hay razón para no extender el principio de igualdad en este tipo de situaciones.

Sin embargo, en lo que a la protección social de carácter asistencial se refiere, sus efectos siguen siendo limitados por destinarse a una realidad emigratoria diferente a la que existe en nuestros días. En el caso de las *prestaciones por razón de necesidad*, éstas han estado diseñadas para su aplicación en países muy concretos donde los sistemas de protección social son bastante precarios[42]. Asimismo, la regulación de las prestaciones asistenciales (ancianidad, incapacidad absoluta para todo tipo de trabajo y asistencia sanitaria) dispensa un trato discriminatorio a los españoles que hayan adquirido la nacionalidad frente a los que la ostentan de origen (al impedir a los primeros el acceso a las prestaciones por razón de necesidad). Tampoco está demasiado justificado el requisito adicional de residencia que tienen que cumplir los españoles de origen no nacidos en territorio nacional para el acceso a la pensión; se trata de un requisito de difícil o imposible cumplimiento para muchos de estos emigrantes y que presenta una evidente orientación racionalizadora del gasto público. Las limitaciones en el acceso a la pensión asistencial no acaban aquí, ya que el legislador ha optado por establecer una única edad de jubilación, la de 65 años, cuando en muchos países de residencia de los emigrantes españoles existen jubilaciones a edades más tempranas, lo que puede resultar perjudicial para los intereses de éstos; tampoco la norma toma en cuenta la situación de desamparo económico en la que puede quedar la familia más cercana del emigrante que venía percibiendo la pensión asistencial por ancianidad, en el momento de su fallecimiento. Las críticas vertidas por los emigrantes en relación a las mismas pivotan básicamente en relación a esta prestación de ancianidad, ya que, una vez fallecido el

---

42. *Vid.* RD 8/2008, de 11 de enero, por el que se regula la prestación por razón de necesidad a favor de los españoles residentes en el exterior y retornados.; cfr. Fernández Avilés, J.A: «Las prestaciones de "asistencia social" del Estado», *Revista de Información Laboral*, n. 21, 2008, pp. 2 ss.

56

causante y beneficiario, debido al carácter personal e intransferible de la prestación, los miembros de su unidad familiar económicamente dependientemente del mismo quedan desprotegidos en algunas situaciones. Asimismo, en relación a la situación de incapacidad, resulta criticable que no se contemple por la norma reguladora la previsión de protección también en los supuestos de incapacidad temporal.

Es destacable la inexistencia de ayudas pro-activas orientadas a la formación, recualificación y búsqueda de empleo en el país de destino. Por tanto, las prestaciones asistenciales se caracterizan por ser una tutela minimalista, orientada a personas inactivas y sin elementos proactivos que puedan favorecer su integración sociolaboral (esto es, al margen de la política de empleo). Las nuevas emigraciones que se están dando en nuestro país pueden suponer un buen momento para repensar la política de asistencia social adoptada hasta el momento, la cual ha estado muy vinculada a la realidad de la emigración económica anterior a la democracia. Quizás sea pronto para diseñar un conjunto de medidas asistenciales de acuerdo a las necesidades de una realidad migratoria todavía joven y poco consolidada. En todo caso, lo que sí resulta obligado de aquí en adelante es reformular una política asistencial que, aunque ambiciosa, sigue estando en exceso condicionada y limitada.

En síntesis, a pesar de la amplitud de posibilidades que ofrece el marco pertrechado por la legislación estatal, y quizá por su misma indefinición, las políticas y actuaciones que se llevan en este ámbito, en la práctica, vienen prevalentemente realizadas por las CCAA, que son las que realmente se vienen preocupando por la integración, acogida, empleo y vivienda, en la mayoría de las ocasiones, puesto que la labor del Estado en este campo continua siendo secundaria y su prioridad parece (o parecía, pues no se han renovado los planes de integración social de los inmigrantes) dirigirse más a la inmigración que a la emigración, a la que solo parece que se le presta cierta atención política en los procesos electorales.

Específicamente con respecto a la asistencia sanitaria hemos asistido una transformación del concepto «beneficiario», que deja de ser un concepto «universalizador», para pasar a vincularse con el desarrollo de una actividad profesional (cfr. Real Decreto-Ley 16/2012 de 20 de abril). Conviene además señalar que, en base a un criterio de racionalización economica, y bajo la coartada de evitar el «turismo sanitario», a partir del 1 de enero de 2014, como consecuencia de la entrada en vigor de la LPGE para 2014, se priva del derecho a la cobertura sanitaria a las personas desempleadas que, habiendo agotado la prestación o subsidio de desempleo permanecen residiendo, a lo largo de un año natural, fuera de nuestro país por un período superior a los noventa días naturales (la tarjeta sanitaria se desactivaría a partir de la no residencia en territorio nacional). La consecuencia práctica es que esta reforma excluye la asistencia sanitaria para los emigrantes españoles también; se cuestiona así gravemente el derecho a la salud del ECEX (el art. 17.1 LECEX establece que los españoles residentes en el exterior «*tendrán derecho a la protección a la salud… que, en todo caso, tendrá por finalidad la equiparación con las prestaciones del Sistema Nacional de Salud*»). Realmente noventa días no es un tiempo excesivamente amplio como para considerar que ya se tiene residencia en otro país, ni que sea un tiempo muy dilatado como para permitir encontrar un empleo adecuado en otro Estado. También se cubre la asistencia sanitaria en caso de que carezcan de la cobertura de la misma en el país de residencia o cuando su contenido y alcance fueran insuficientes (siempre que se resida en un país no comunitario) sin perjuicio de poder suscribir convenios, en relación a la prestación de asistencia sanitaria y su financiación. En el terreno sanitario, la experiencia en la UE también ha mostrado las dificultades para articular un sistema de coordinación, en cuanto a la ley aplicable a la asistencia sanitaria y a los mecanismos de reembolso de gastos médicos (la heterogeneidad de las formas de gestión y financiación de los sistemas sanitarios introducen una elevada complejidad e inseguridad jurídica en algunos casos).

En materia de acción prestacional, resulta poco congruente el mantenimiento de ciertas prestaciones asistenciales de mínimos (tanto en el plano estatal como de CCAA), pero por otro lado se ha recortado la protección sanitaria, desvirtuando aplicativamente el derecho a la salud.

Especial atención merece el tratamiento de la emigración juvenil. Tanto la percepción pública, como la correlativa ordenación jurídico-normativa del fenómeno migratorio juvenil, dista de forma importante según el ámbito geopolítico que se tome como referencia.

A nivel mundial, los estudios realizados muestran que la emigración de este colectivo es consecuencia de la ausencia de un proyecto de futuro prometedor en los países de origen, lo que actúa como el principal factor expulsivo. En este contexto, y aun a pesar de los abrumadores datos, no se han adoptado todavía iniciativas legislativas internacionales que garanticen, al menos, un proceso emigratorio digno (como por otra parte, tampoco sucede con la migración económica en general).

En Europa, por el contrario, la emigración de los jóvenes también se percibe como clave para triunfar en mercados de trabajo globalizados. Por ello, desde la *Estrategia para el crecimiento y el empleo Europa 2020* se prevé que la «movilización interestatal europea» de la juventud sea una obligación vinculada a los propios planes de estudio. España, por su parte, y tomando como referencia los errores y aciertos de su tradición como país de emigrantes, ha elaborado una serie de normas que tratan de hacer de la política migratoria una red de seguridad para aquellos que deciden marcharse. En este sentido, la lectura conjunta de la LECEX y de la Orden ESS/1650/2013 que ordena el Programa de Jóvenes emigrantes y retornados, a la luz de otras disposiciones con las que guardan una estrecha relación, arroja la conclusión de que, a pesar de los intentos por crear una política estructural e integradora, los resultados apuntan, más bien, a una política coyuntural de inserción y ello debido a dos motivos fundamentalmente:

– La naturaleza exclusivamente económica de las medidas contenidas en el Programa de Jóvenes emigrantes y retornados, las cuales se configuran bajo la fórmula de subvención.

– La falta de ordenación de un modelo estándar de interacción público-privado en materia de inclusión socio-laboral de los jóvenes emigrantes.

Todo ello nos conduce a concluir que, muy a pesar de los esfuerzos políticos, normativos y económicos, la política española de emigración juvenil y los programas de subvenciones en que consiste no están cumpliendo con una adecuada función de tutela de este fenómeno inducido por la situación económico-productiva del país.

La LECEX constituyó, sin duda, una apuesta clara acerca del reconocimiento del capital social que suponen los emigrados españoles para España. Pero se debe evitar que los recursos de apoyo con los que cuentan las personas españolas que residen de forma habitual en el extranjero y que emigraron –o emigran– por razones socio-económicas (de forma preferente) sea meramente formal o aparente. En este contexto, la función que corresponde a los consulados y oficinas diplomáticas españolas en el exterior es (o debería ser) fundamental, al tratarse del cauce a través del cual se lleva a cabo esta política española de protección y salvaguardia de los derechos de las personas emigradas españolas en el extranjero. En particular, cuando se trata de sus funciones relacionadas con el empleo y con la protección social, tienen atribuidas una importante misión conforme a los actuales arts. 18 y sigs. LECEX. Sin las funciones de información, asesoramiento y canalización de las ayudas que se ponen en marcha por el Gobierno de España que desempeñan las citadas oficinas, no sería ni tan siquiera viable articular la citada política. Ahora bien, no pueden considerarse suficientes a día de hoy, al haber cambiado de forma importante las circunstancias socio-económicas de España (a partir de 2008) y, por tanto, encontrarse un número cada vez más importante de españoles, en especial, jóvenes, en el extranjero, en busca de las oportunidades laborales que no encuentran en España. En este sentido, deben ponerse de manifiesto los déficits que presenta el funcionamiento de las citadas oficinas diplomáticas y consulares, más preocupadas, en ocasiones, por las cuestiones que tienen lugar en el ámbito local (del Estado extranjero en el que se encuentran) que por cumplir las funciones que tienen encomendadas como integrantes de la Administración General del Estado y entre las que se incluyen estas de tutela «social» de los emigrantes españoles.

El ECEX supuso, sin duda, un paso importante en la reformulación de la política de retorno tanto por el reconocimiento legal del conjunto de derechos reconocidos a los emigrantes nacionales, como del resto de instrumentos y mecanismos de coordinación que configuran la dimensión operativa de esta política pública. Sin embargo, se debe destacar también el escaso desarrollo que, desde su aprobación, se ha hecho de los mismos, y la práctica ausencia de elementos novedosos. Este proceso de mantenimiento de esta intervención pública y escaso desarrollo nos permite seguir considerando el ECEX como una regulación eminentemente programática, todavía necesitada de impulsos para su desarrollo efectivo. Los recursos a los que se tiene acceso a través del Portal de la Ciudadanía Española en el Exterior, que recibió regulación en el Estatuto, son meramente informativos.

Por otro lado, es considerable la importancia que institucionalmente se otorga a las asociaciones de emigrantes españoles en el exterior o retornados, al convertirlos en actores privilegiados que canalizan demandas, actualizan información sobre la situación y características de las comunidades de españoles emigrados y son sujetos principales de las ayudas y subvenciones para la promoción y ejercicio de sus funciones. Ciertamente, la acción no debe limitarse a los poderes públicos, sino integrar a los agentes del tercer sector. Ello ha producido la canalización de subvenciones vía asociacionismo donde aparece el binomio entre destinatario (el colectivo de emigrantes) y el beneficiario (la entidad gestora) en el régimen de ayudas[43]. Sin negar la virtualidad del asociacionismo como un importante elemento de acompañamiento y de apoyo en los procesos migratorios[44], no resulta aceptable que se aproveche de esas redes –que pueden

---

43. *Vid*. la Orden ESS/1613/2012, de 19 de julio, por la que se establecen las bases reguladoras de la concesión de subvenciones destinadas a los programas de actuación para la ciudadanía española en el exterior y retornados.

44. *Vid*. BLANCO, J. A., DACOSTA, A. (eds.): *El asociacionismo de la emigración española en el exterior: significación y vinculaciones*, Silex, 2014.

60

estar más o menos institucionalizadas, o tener unos relativos índices de afiliación– para dejar de asumir verdaderas funciones «públicas» que corresponden a nuestra Administración.

* * *

Los desplazamientos internacionales de personas influyen de manera decisiva en los derechos de Seguridad Social. En caso de que tenga carácter temporal, supone un ánimo de retorno del desplazado, y el mantenimiento de la relación laboral con el empresario original que evita la ruptura del vínculo contractual primero conservando el centro de gravedad de la actividad en el país de origen.

La igualdad de trato entre nacionales y extranjeros en materia de Seguridad Social debe de contemplarse desde dos planos diferentes, uno atiende al Derecho internacional y otro se refiere al Derecho interno. Desde la perspectiva del Derecho internacional, nuestro Estado debe respetar la igualdad de trato en materia de Seguridad Social, según lo dispongan los tratados y Convenios internacionales, tanto bilaterales como multilaterales, que se hayan ratificado.

Pero las migraciones deben venir acompañadas de medidas específicas de Seguridad Social, al objeto de que la falta de cooperación a este nivel sea un factor disuario para los proyectos migratorios individuales. En este sentido, cobran especial importancia de los convenios bilaterales y multilaterales que permitan: el cómputo de las cotizaciones en los diversos Estados donde se ha trabajado a la hora de generar derechos prestacionales; la posibilidad de exportación de tales prestaciones; así como permitir el cobro de prestaciones en el país de elección del beneficiario.

El Derecho internacional que coordina estas cuestiones relativas a la Seguridad Social de los emigrantes parte de la necesidad de regular sus situaciones al objeto de –a pesar de su periplo profesional internacional– sean protegidos, al menos, del mismo modo que los nacionales y que su emigración no produzca una disminución o pérdida de sus derechos adquiridos (o por adquirir). En este sentido, el *mantenimiento de los derechos adquiridos* constituye un principio esencial de la coordinación de las legislaciones de Seguridad Social. Es el principio que permite a los migrantes beneficiarse, además del principio de igualdad de trato, de las prestaciones que tienen reconocidas, cuando dejen de residir en el territorio del país deudor y cuando sus derechohabientes no residan o dejen de residir en ese país.

De todos modos, el principio tiene sus límites, y respecto a las prestaciones asistenciales (no contributivas), difícilmente podrán exportarse, ya que, al ser sufragadas por la solidaridad de los ciudadanos y financiadas vía impositiva, sólo podrán disfrutarse cuando se reside efectivamente en el país que las concede. Éstas se encuentran directamente vinculadas, para poder exigirse, a la residencia en el país que las otorga.

La conservación de derechos en vías de adquisición presenta una problemática peculiar, pues, cuando se refieren a prestaciones contributivas se exige una carrera de cotización para tener acceso a las mismas. Si el reconocimiento de la totalidad de los periodos de cotización depende del cómputo acumulado de cotizaciones en el país de origen y en uno o más países de destino, la solución más común viene dada por el *principio pro rata temporis*, según el cual el pago se llevará a cabo en cuantía proporcional a los periodos cumplidos por el trabajador migrante en cada uno de los Estados.

Desde que se empieza a aplicar el principio de LCT en el seno de la UE (reconocido en el actual art. 45 TFUE), dicha libertad ha tenido que venir acompañada de un conjunto de medidas de Seguridad Social que hagan plenamente efectiva la libertad, esto es, que las expectativas en dicha materia no trunquen la libertad fundamental. Respecto a nuestro sistema interno de protección social de los ciudadanos extranjeros, éste viene condicionado por la normativa comunitaria y, en concreto, por lo establecido en el Reglamento CEE n. 1408/1971 [derogado y sustituido desde el 1 de mayo de 2010 por el Reglamento (CE) n. 883/2004 del Parlamento Europeo y del Consejo, de 29 de abril de 2004, sobre la coordinación de los sistemas de seguridad social].

Este Reglamento establece el principio de igualdad de trato de los ciudadanos de la UE que residan en alguno de los Estados que la componen, y tiene como principio básico la coordinación, facilitando la totalización de periodos para la generación de derechos de Seguridad Social y el cálculo de prestaciones, lo que facilita tanto el derecho a la conservación de derechos, como a la exportación de los mismos.

A nivel comunitario se han promulgado diversos reglamentos de coordinación de las diferentes legislaciones nacionales de Seguridad Social, con el fin de aplicar un Derecho Comunitario a este respecto similar en las relaciones entre los distintos Estados miembros de la Unión Europea. Pese a estos intentos, no se puede afirmar que exista un Derecho de la Seguridad Social unitario o unificado jurídicamente desde una perspectiva internacional, ni siquiera comunitaria, sino que los sistemas de protección social siguen siendo una cuestión diferente e interna de cada país, estando regulados por tanto por la propia legislación de cada uno de ellos.

De ahí la necesidad de la coordinación de distintos sistemas nacionales mediante normas convencionales, con el fin de evitar que el trabajador o trabajadora que se desplaza de un país a otro por motivos profesionales, vea suprimidos sus derechos en materia de prestaciones sociales, sin que esto afecte a las legislaciones internas de dichos países. Al respecto, España es uno de los países que más Convenios tiene firmados en materia de Seguridad Social, concretamente con 23 países no comunitarios, y aunque todos ellos adoptan una estructura bastante similar, este elevado número de Convenios implica la existencia de lógicas diferencias en sus contenidos, y por tanto, que los mismos tengan un mayor o menor alcance en cuanto a los niveles de protección de emigrantes españoles o emigrantes de los otros países firmantes.

En este sentido, sería conveniente tratar de establecer un «modelo tipo» (una norma convencional única y uniforme en cuanto a la extensión de la protección social dispensada y las prestaciones reconocidas), cuyas disposiciones y configuración fuesen comunes y extensibles a todos los países con los que España tiene firmados Convenios bilaterales, y cuyo contenido estuviese en armonía con las directrices contenidas en los Reglamentos de coordinación del Derecho Comunitario.

Aspirar a una unificación del Derecho de la Seguridad Social no es una labor nada baladí, de momento los esfuerzos no han culminado con éxito, pues los sistemas de Seguridad Social obedecen a diversas tradiciones, se estructuran históricamente de manera diversa y se encuentran muy condicionadas por las disponibilidades económicas de cada Estado. En todo caso, el establecimiento de un único tipo de Convenio suprimiría las diferencias y desequilibrios actuales, evitando así la dispersión existente en materia de Seguridad Social, siendo una garantía social para los trabajadores españoles que trasladen su domicilio a alguno de estos países por motivos profesionales.

Una especial mención merece la cuestión de la protección de los desempleados. Toda la UE ha sufrido –cierto que especialmente los paises del Sur– el azote del desempleo, lo que ha puesto en peligro la estabilidad política de la eurozona y su cohesión social. Ello ha suscitado una preocupación a nivel comunitario, que ha tenido su respuesta en la adopción de diversas estrategias coordinadas entre los países miembros en materia de Seguridad Social. En relación con el *desempleo*, el régimen de «exportación» se desarrolla en los arts. 63-65 del Reglamento (CE) núm. 883/2004 y en los arts. 55 y 56 del Reglamento (CE) núm. 987/2009. Las normas de Seguridad Social supeditan el derecho a la protección por desempleo al principio de territorialidad, por lo que se condiciona su aplicación al hecho de que sus destinatarios deban cumplir con los requisitos que se encuentran previstos en cada uno de los Estados miembros. Ello ha planteado en la práctica multitud de conflictos entre los Estados miembros a la hora de determinar quién es el país competente para abonar dichas prestaciones, lo que ha limitado gravemente el principio de libre circulación al desincentivar a los migrantes a retornar por miedo a no poder obtener una prestación por desempleo que cubra sus necesidades básicas. Debieran superarse las insuficiencias del régimen regulador de la Seguridad Social comunitaria a fin de mejorar su alcance para la remoción de obstáculos que favorezcan la movilidad intracomunitaria de los trabajadores.

Se debe llamar la atención sobre la necesidad de plantear un verdadero *sistema común europeo de protección por desempleo* a escala de la UE, que incremente la solidaridad entre los Estados, como herramienta también de estabilización económica, especialmente para afrontar –de manera más redistributiva entre los Estados– los efectos sociales asimétricos de los *shocks* económicos[45]. Ello promovería una mayor cohesión social y territorial y sería un paso importante para consolidar una mayor «Europa social», sin desconocer que requeriría de las correspondientes reformas del Derecho primario de la UE, que pertrechara de las bases jurídicas necesarias para su implantación. Sería el correlato de las crecientes exigencias de mayor coordinación en materia de política y objetivos de empleo que se integra en los nuevos métodos de gobernanza económica a escala europea.

Este sería un debate mucho más amplio, y conllevaría una profunda reforma del propio Derecho originario de la UE[46], pero supondría elevar al plano de la UE –como verdadera política de la misma– una problemática que afecta muy gravemente a un cierto grupo de países socios, entre los que se encuentra muy significativamente el nuestro. En todo caso, conviene recordar que la Carta de Derechos Fundamentales de la UE reconoce tanto el derecho de los ciudadanos a la protección en caso de pérdida del empleo (art. 38.1 CDFUE) como el derecho a una ayuda social para garantizar una existencia digna a todos aquellos que no dispongan de recursos suficientes (art. 38.3 CDFUE) y que es obligación de los Estados miembros y de las instituciones de la UE garantizar su efectividad.

* * *

La política migratoria en nuestro país, tal como se ha venido conformando a través de su devenir histórico, se ha mostrado estrechamente

---

45. Sobre sus posibles modalidades de implementación, *vid.* DULLIEN, S.: *A euro-area wide unemployment insurance as an automatic stabilizer: Who benefits and who pays?*, Comisión Europea, diciembre 2013; «An unemployment insurance scheme for the euro area», *Trésor-Economics*, n. 132, junio 2014.

46. Como reconoce la propia COMISIÓN EUROPEA: *Strengthening the social dimension of the Economic and Monetary Union: frequently asked questions*, Bruselas, 2 de octubre de 2013.

vinculada con los objetivos de política de empleo y de equilibrio de nuestro mercado de trabajo, hasta el punto de quedar aquélla configurada – aunque de forma externa– como un elemento estructural de la misma. Esta tradicional vinculación resulta aún más evidente en los últimos años, en los que estamos asistiendo a profundos cambios de orientación que afectan a nuestra política migratoria.

De forma coetánea al desarrollo de la política de inmigración, hemos podido comprobar cómo se está produciendo en nuestro país, una tendencia de signo opuesto, caracterizada por el «fomento» de la salida de flujos migratorios que abandonan España, en muchos casos ante la falta de oportunidades que les ofrece nuestro mercado de trabajo. Se trata de un nuevo fenómeno que ha de invitarnos a una reflexión más profunda sobre las posteriores consecuencias que conllevarán estos movimientos migratorios para el futuro crecimiento de nuestra economía, dado que la pérdida de este talento y el consiguiente envejecimiento poblacional en que se traduce, representa un evidente riesgo para la pérdida de nuestra capacidad de desarrollo y competitividad y por tanto, de empobrecimiento social de nuestro país.

Esta nueva realidad «emigratoria» ha empezado a provocar también nuevos problemas y desafíos para nuestro país, entre los que destaca la necesidad de dar respuesta a las propias dificultades que encuentran los españoles para acceder al empleo en los países de acogida, lo que ha motivado la puesta en práctica de nuevas actuaciones dirigidas a facilitar la integración de los jóvenes españoles en el exterior y su acceso al empleo. A esta nueva finalidad se orientan la puesta en prácticas de iniciativas como el «Programa de inserción socio laboral de jóvenes en el exterior» o la conocida como «Tu primer trabajo Eures» (ésta última inspirada en esta misma finalidad de facilitar la integración socio laboral de jóvenes españoles pero en este caso en los países miembros de la Unión Europea, además de Noruega e Islandia).

El fenómeno de la emigración representa en nuestros días una nueva realidad y todavía es muy insatisfactoria la política de empleo específica para este colectivo. De momento, es un reto que reclaman una profunda reflexión y debate, sin que exista una orientación precisa de los objetivos generales a los que debiera responder esta política, de la que por el momento carecemos en nuestro país (es como si no se quisiera visibilizar políticamente el fenómeno, esto es, introducirlo de manera decidida en la agenda política).

Desde la consideración del trasfondo laboral que está presente en todo movimiento migratorio de emigración, se hace necesario, de forma decidida y expresa, incorporar a la política de empleo medidas orientadas no sólo al freno de ésta, sino a erradicarla ofreciendo oportunidades laborales cuantitativa y cualitativamente diferencias de conformidad a las particularidades del colectivo y su sesgo, así como introducir, como parte de la política de empleo, un conjunto de actuaciones de distinto calado que fomenten e impulsen claramente una efectiva integración sociolaboral de las personas integrantes del colectivo o el retorno, haciendo de nuevo atractivo nuestro mercado laboral y nuestro país para el desarrollo vital y el crecimiento personal.

La atención al colectivo de emigrantes laborales y la necesidad políticas articuladas y eficaces de empleo y emigración que requieren, en aras de su integración sociolaboral, deben de dejar de ser residuales y asistemáticas en la agenda político-jurídica del Gobierno de turno de que se trate, pasando a constituirse en centrales, por su impacto inmediato en el desarrollo económico, social y político de nuestro país.

La labor de los Servicios Públicos de Empleo, en lo relativo a la emigración de los trabajadores nacionales, se ha venido incrementando de manera importante en los últimos años, sobre todo atendiendo a los nuevos perfiles de nuestra emigración y a las necesidades en materia de empleo que afecta a colectivos concretos como los jóvenes. Pero se trata de una acción pública, en una buena medida, «pendiente de construir». En cualquier caso, destacan, por encima de otros instrumentos, las herramientas informativas que han puesto en marcha dichos servicios que, si bien, se suponen que deben de actuar en esta materia, como en otras, de manera coordinada, ésta consiste, en gran medida, en la remisión de los organismos autonómicos a lo previsto por el Servicio Público de Empleo Estatal (SEPE). Sin embargo, lo que sí parece que es absolutamente necesario, y que aparenta dar pasos en una buena dirección, es la coordinación entre las distintas instancias competentes, fundamentalmente la Dirección General de Migraciones y el SEPE.

Por otra parte, existe una clara distinción entre las medidas destinadas para los emigrantes en el exterior y los retornados, pero siendo todavía mucho más destacado el peso de las medidas pasivas frente a las activas. Estas últimas, que se concentran en el impulso de la búsqueda de empleo y la movilidad laboral, tienen su máxima expresión en la red Eures, en la que el SEPE adquiere un papel protagonista, más aún desde el último impulso que le ha dado desde el Reglamento 2016/589/UE, de 13 de abril. El conjunto de la red de servicios de empleo (Eures, nacional y autonómica) tiene el importante reto de mejorar su eficacia para un mejor tratamiento de la información sobre oferta y demanda de empleo que favorezca la movilidad de los trabajadores en el seno de la UE (y hacia terceros países).

En todo caso, los datos estadísticos son muy inquietantes, pues el porcentaje general de trabajadores empleados a través de los servicios públicos de empleo es significativamente bajo (cae al 1,7 % en las últimas estadísticas; sin que existan datos de su intermediación para la búsqueda de empleo en el exterior). Debería profundizarse en los motivos de esta situación para introducir las reformas necesarias o reforzar los recursos disponibles para dicha actividad que, no debe de olvidarse, es de «servicio público». Entendemos que no hay un verdadero esfuerzo público por ayudar a encontrar a los residentes un empleo «decente» en el exterior si así lo desean. Al final, son los agentes privados o las redes familiares o informales los sujetos con un papel más activo y relevante en este terreno. No hay un verdadero desarrollo de políticas activas de empleo para este colectivo, sino instrumentos meramente informativos y orientativos que se muestran claramente insuficientes. Aunque puede valorarse la mejora de la coordinación de nuestros servicios públicos de empleo (al menos en lo relativo al portal de internet), las medidas concretas se desarrollan a nivel autonómico son muy insuficientes y solo en muy pocas CCAA hay ayudas específicas para jóvenes.

*   *   *

Una adecuada política de apoyo a los emigrantes no puede desatender la perspectiva de promover –o al menos «facilitar»– el retorno de los trabajadores que abandonaron nuesto país en la búsqueda de mejores oportunidades. Desde la teoría del *capital humano*, la salida de trabajadores cualificados se percibe como una pérdida de capital cualificado necesario para el desarrollo económico. Ello solamente puede ser beneficioso si se producen las condiciones necesarias para que retornen, ya que volverían con más experiencia, conocimientos y formación, aportando nuevas capacidades a los mercados laborales del país del que se era originario. Hasta ahora, las ayudas para el retorno se han dirigido básicamente a fomentar la salida de nuestros inmigrantes hacia sus países de origen, en lugar de incentivar el regreso de los nacionales emigrados. La principal dificultad que encuentran los nacionales españoles que retornan es su desconexión con el mercado de trabajo local, así como la ausencia de recursos suficientes para hacer frente a las necesidades vitales más elementales. Por esta razón, las medidas de empleo deberían ir dirigidas a facilitar el acceso o reinserción laboral en el mercado de trabajo, a fin de favorecer su participación en la creación del producto social, al tiempo que se eliminan los obstáculos que dificultan su integración laboral plena en España. Ciertamente, se precisa de una innovadora normativa comunitaria que ordene adecuadamente y centre la orientación de esas políticas de empleo migratorias en un sentido más protector con los derechos de los trabajadores en situación de desempleo.

La política de retorno se conforma como un imperativo constitucional de la política migratoria (*ex* art. 40.2 CE), y su base legislativa se contempla en el art. 28 LECEX. Asímismo, a nivel autonómico –y en el marco de las «ciudadanías» autonómicas– se promueve mediante ayudas y subvenciones, la elaboración de guías y otro tipo de medidas. Se debería hacer especial hincapié en la recuperación de personas en edad activa, favoreciendo su inserción en nuestro mercado de trabajo. Las medidas adoptadas en el plano autonómico son prevalentemente programáticas e informativas (salvo excepciones, *v. gr.* en Andalucía se ha desarrollado el *Programa de Retorno de Talento Joven*, así como el *I Plan Integral de Andaluces por el mundo*). También en este plano se observan diferencias muy significativas en cuanto a la «sensibilidad» política en cada una de las CCAA (actuando de nuevo como un factor desparificador de la tutela). En todo caso, debe advertirse la necesidad de una mejora de la información sobre nuestro mercado de trabajo –y aquí el papel de los servicios públicos de empleo es central–. Por otra parte, la medida estatal de subsidio por desempleo para emigrantes retornados presenta rigurosos requisitos como para considerarla un apoyo fácilmente utilizable por una buena parte de población que ha emigrado; así como puede constatarse que la política nacional de atracción de talento científico tampoco se ha mostrado especialmente relevante ni exitosa.

La lenta y poco coordinada construcción del *status* de nuestros ciudadanos en el exterior –en gran medida– ha dejado en el olvido la tutela económico-social en su proceso retorno, lo que evidencia una importante carencia de respaldo público a la «nueva» emigración. Lo fundamental sería incluir en la agenda política una verdadera voluntad por visibilizar y entender el fenómeno, así como de intervenir sobre él. Proporcionar información sobre la situación del mercado laboral, sobre los servicios para la búsqueda de empleo disponible, incentivar la contratación de personas retornadas y facilitar y mejorar los conocimientos y recursos para el emprendimiento y la creación de empresas, parecen mejoras razonables a sabiendas de que el éxito en el proceso de retorno de los emigrantes depende también en gran medida de que se produzca su efectiva integración en el mundo laboral. Ante este escenario, resulta necesario y urgente diseñar y ejecutar una *política de retorno integral*, para lo que será indispensable el compromiso de las instituciones a nivel estatal, sin dejar recaer todo el peso en la acción autonómica (dados los problemas de disparidad en el tratamiento que genera), lo que requeriría de un especial esfuerzo de coordinación en materia de empleo y atención social.

68

Además, el diseño de esta política integral –y su correlativa instrumentación normativa– que promueva el retorno de emigrantes a nuestro sistema productivo, puede nutrirse el método comparado de *benchmarking* para asumir las fórmulas más exitosas de atracción de talento global, previo análisis de la viabilidad de implementación de aquellas que se consideren más adecuadas para nuestro sistema institucional y socio-económico.

José Antonio Fernández Avilés

Instituto de Migraciones

Universidad de Granada

PARTE I
Cambios en el flujo migratorio

Capítulo 1

Perfil demográfico de la emigración española desde la crisis económica de 2008

Juan Antonio Marmolejo Martín

Universidad de Granada

1. INTRODUCCIÓN

1.1. PRIMEROS CONCEPTOS. TÉRMINO EMIGRACIÓN

Antes de presentar el perfil demográfico de la emigración española más reciente consideramos que es necesario aclarar el título de este capítulo. Cuando nos referimos a perfil demográfico, lo que realmente queremos decir es que realizaremos un estudio estadístico de una población, en este caso de la población emigrante en España, según su estado y distribución en un momento determinado o según su evolución histórica, en este caso, basándonos en los datos más recientes de los que disponemos.

La demografía estudia estadísticamente la estructura y la dinámica de las poblaciones, así como los procesos concretos que determinan su formación, conservación y desaparición. Realmente nos basaremos en lo que se conoce como demografía dinámica puesto que la emigración pertenece a este tipo de demografía.

Aunque parezca un fenómeno actual debido a los acontecimientos acaecidos, en toda Europa en general y en España en particular, la emigración española es un fenómeno del que se tienen precedentes ligados al proceso repoblador peninsular que fue siguiendo a la Reconquista en la Edad Media. En el siglo XX la dirección principal de este fenómeno fue Europa e incluso América, con un punto y aparte, en término de cifras similares, consecuencia de la crisis de 1973. Gracias a la entrada en la Unión Europea y el auge económico que generó en España desde 1986[1] no volvimos a tener movimientos importantes relacionados con la emigración española hasta hace unas fechas con motivo de la importante crisis económica que ha vivido España estos últimos años y que continúa en estos días.

Como hemos resaltado en esta introducción, si bien el fenómeno de la emigración española está motivado por aspectos muy diferentes históricamente, salvo ese espacio de tiempo que lleva desde 1986 hasta el comienzo de la crisis mencionada, el concepto de emigración siempre ha estado ligado a la población española. Pero ¿cuál es el concepto exacto del término emigración? O mejor dicho ¿qué significa emigrar?

El diccionario de la Real Academia de la Lengua Española, cuando nos referimos a personas, recoge la siguiente definición del concepto emigrar:

1. Abandonar su propio país para establecerse en otro extranjero.

2. Abandonar la residencia habitual en busca de mejores medios de vida dentro de su propio país.

1.2. CRISIS ECONÓMICA Y SOCIAL EN ESPAÑA

Nos centraremos, en consecuencia, en el perfil del emigrante español, en términos demográficos, desde el estallido de la crisis económica, es decir, en el año 2008, cuyos efectos se han prolongado durante más de seis años siguiendo, en menor medida en la actualidad, no sólo en el plano económico sino también en el político y en el social. Esta crisis se enmarca dentro de la crisis económica mundial de 2008 que afectó a la mayor parte de países del mundo, en especial a los países desarrollados.

Es bien conocido que esta crisis económica, en España, vino acompañada de lo que se llamó final de la «burbuja inmobiliaria», que dio lugar a un importantísimo aumento del desempleo.

No podemos dejar de señalar otro problema que se encuentra en España ligado a la crisis económica, la crisis bancaria de 2010 que generó una sensible disminución del crédito a las familias y pequeños empresarios por

---

1. Pueden consultarse otros trabajos relacionados con los fenómenos migratorios, en este caso inmigración legal o ilegal por efecto llamada, entre otros, en:– MARMOLEJO-MARTÍN, J.A. Y HUETE-MORALES M.D.: «Análisis y modelización de la inmigración legal en Melilla», en AA.VV., *Actas I Congreso Internacional sobre Migraciones de Andalucía*, GARCÍA-CASTAÑO F.J. Y KRESSOVA, N. (Coord.), 2012.– MARMOLEJO-MARTÍN, J. A.: «La inmigración ilegal en Melilla: Flujos migratorios», en AA. VV. GARCÍA LORCA, A. (Cood.), *Inmigración y Desarrollo Regional*, Universidad de Almería, 2009, pp. 305-336.– MARMOLEJO-MARTÍN, J.A. Y HUETE-MORALES, M.D.: «Cambios demográficos en la inmigración ilegal de la Ciudad Autónoma de Melilla», *Entelequia, Revista Interdisciplinar*, n. 8, 2008, pp. 139-164.

parte del sector bancario. Si unimos este problema con los mencionados anteriormente comprenderemos algo mejor el motivo de la aparición de los movimientos sociales que promovían y promueven un cambio del modelo económico en España.

Todo esto ha dado lugar a que la crisis no sólo sea económica puesto que también afectó a ámbitos políticos, sociales e incluso institucionales: la crisis española que comenzó en 2008. Crisis que, aunque parecía que comenzaba a remitir, continúa en la actualidad.

Consideramos fundamental incluir esta reflexión porque de otra manera difícilmente podrían entenderse los datos que comenzaremos a analizar a partir de ahora. Recordemos que la población española ralentizó su crecimiento a partir de 2008 y empezó a descender en 2012. El motivo principal fue un aumento de la emigración, más de medio millón de personas en 2013, principalmente extranjeros.

2. ANÁLISIS DEL PERFIL DEMOGRÁFICO DE LA EMIGRACIÓN ESPAÑOLA DESDE EL COMIENZO DE LA CRISIS ESPAÑOLA DEL AÑO 2008

Para poder entender el perfil demográfico es necesario apoyarnos en una serie de tablas y gráficos que expresen con claridad el fenómeno que estamos analizando. Estas tablas aparecen al final de cada uno de los epígrafes que consideraremos y darán sentido a las conclusiones que indicamos en los mismos.

Cuando comenzamos esta investigación nos planteamos estudiar tanto la emigración interior como la exterior pero una vez que accedimos a los datos desechamos la posibilidad del análisis interior puesto que la emigración exterior nos aportaba tal cantidad de resultados que hubiesen hecho este estudio demasiado extenso al considerar ambas posibilidades. Adelantamos, por tanto, una futura vía de investigación, los movimientos de emigración española dentro del país.

Hemos considerado las migraciones exteriores desde 2008 y hasta el primer semestre de 2015 puesto que son los datos oficiales que están disponible en el momento de este estudio, si bien hay que dejar claro, como se indica en la propia fuente, que los del primer semestre de 2015 no dejan de ser provisionales.

2.1. ANÁLISIS DE LA VARIABLE EMIGRACIÓN DESTINO AL EXTRANJERO

En primer lugar analizaremos el flujo de la emigración con destino al extranjero año a año, sin distinguir sexo, ni edades, es decir, el grueso de los datos puesto que en sí mismo ya reflejan un resultado realmente sorprendente y a tener en consideración.

Como se puede observar en las tabla 1 y en los gráficos 1 y 2 la serie temporal flujo de emigración con destino al extranjero, incluyendo hombres y mujeres, tiene una tendencia siempre al alza salvo en el año 2014 en el que tiene un sensible descenso que nos acerca al año 2010 ó 2011. Los datos provisionales de 2015 parecen indicar que el descenso continuará pero si comparamos, insistimos un dato provisional, el número de emigrantes españoles en sólo el primer semestre del primer año la tendencia parece indicar que aunque descenderá en relación a 2014 estará muy próximo a las cifras de los años 2008-2011. Todos estos resultados son oficiales y publicados en la Web del Instituto Nacional de Estadística (INE)[2]. No hay más datos oficiales y, en consecuencia, el análisis de este trabajo finaliza en ese periodo.

Tal y como refleja la serie, el mayor número de emigrantes españoles con destino al extranjero se produce durante el año 2013 con 532303. La misma es una evidente constatación de la crisis económica y social que está sufriendo España desde el año 2008 puesto que los datos de 2014 siguen reflejando una importante emigración española. Los datos de 2015 sólo corresponden al primer semestre y son provisionales, en consecuencia, hemos preferido no incluirlos en los gráficos para no generar resultados desde los que se puedan emitir conclusiones sesgadas o erróneas. Si los incluiremos en todas las tablas para que sirvan de referencia y den sentido a las conclusiones que adelantamos en estos párrafos.

Tabla 1. Flujo de emigración con destino al extranjero por año (todas las edades).

Año	2008	2009	2010	2011	2012	2013	2014	2015[3]
Total	288432	380119	403379	407034	446606	532303	400430	164606

Elaboración propia en base a datos del INE.

Presentamos un segundo gráfico, en este caso un diagrama de barras, para hacer más visual el incremento, año a año, de la variable.

2.2. ANÁLISIS DE LA VARIABLE EMIGRACIÓN DESTINO AL EXTRANJERO POR SEXO

Una vez analizados los datos totales, es necesario, hacer una comparativa por sexo que puede aportarnos conclusiones que datos globales puedan

---

2. Instituto Nacional de Estadística. Dirección web: www.ine.es
3. Dato no incluido en el gráfico.

Gráfico 1. **Serie temporal flujo total de emigración 2008-2014 con destino al extranjero.**

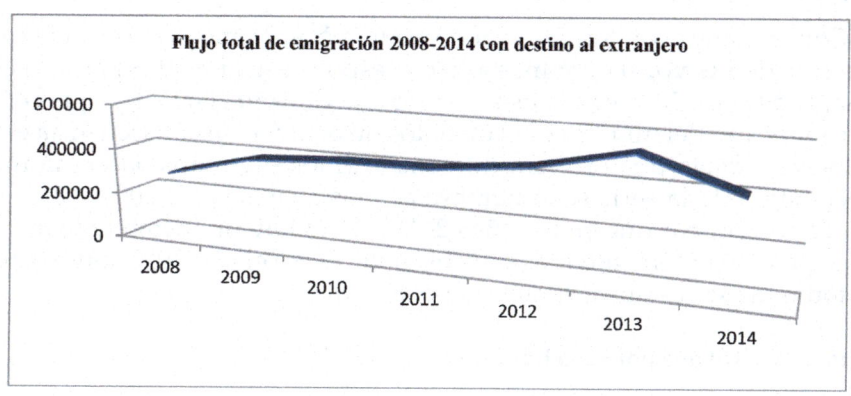

Fuente: Elaboración propia en base a datos del INE

Gráfico 2. **Diagrama de barras para el flujo total de emigración 2008-2014 con destino al extranjero.**

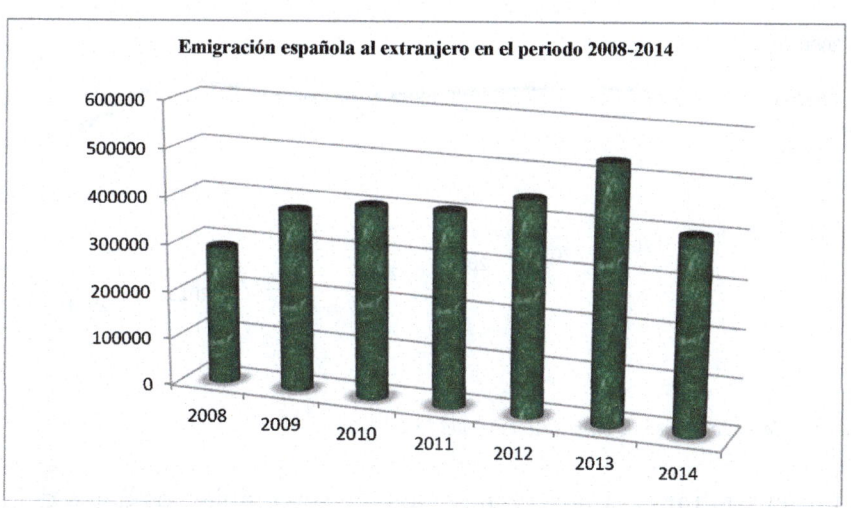

Fuente: Elaboración propia en base a datos del INE.

camuflar puesto que el comportamiento de los mismos, de manera independiente, puede reflejar comportamientos muy distintos.

En primer lugar presentaremos los datos en forma de tabla y los acompañaremos del correspondiente gráfico para que se observe, de manera clara, la tendencia de las distintas series.

Comenzamos con los datos del sexo hombre. Como ocurría en la serie anterior, de nuevo, el dato más alto corresponde al año 2013 pero, en este caso, la cifra de 2014 es incluso inferior a la del año 2009, algo que con la consideración del número total de datos no ocurría. En consecuencia estos datos ya reflejan una primera diferencia. Si los seguimos observando, el crecimiento de la serie sexo hombre es más suave, entre 2009 y 2011. Se puede comprobar que en los años 2011 y 2012 hay un incremento importante pero el incremento más sensible aparece en el año 2013 como ocurre en todas las series que estamos considerando.

Gráfico 3. **Totales por sexo hombre.**

Año	2008	2009	2010	2011	2012	2013	2014	2015
Total	169456	226133	238195	240971	260039	299592	222784	91804

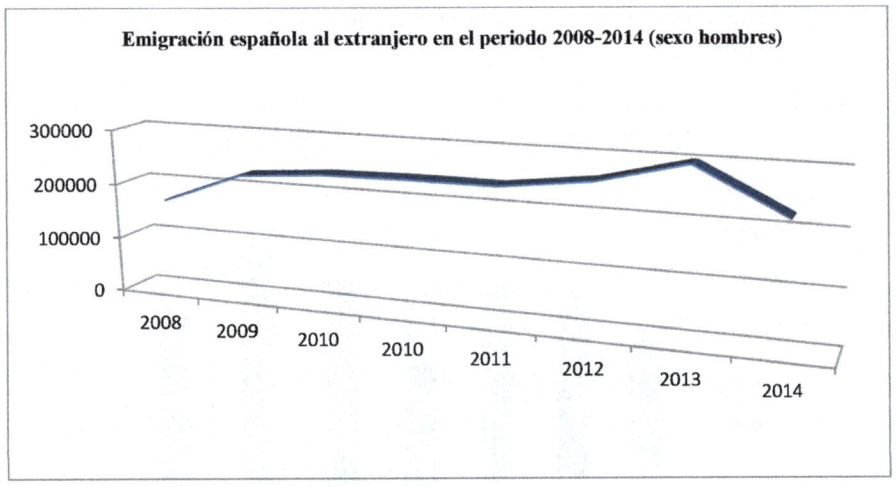

Fuente: Elaboración propia en base a datos del INE.

Por el contrario, si observamos la serie sexo mujer los datos del año 2014 están más cercanos a los del año 2012. Esto significa que el comportamiento ha sido completamente distinto, en relación a la emigración extranjera, si consideramos la variable sexo hombre o la variable sexo mujer. El crecimiento de la serie sexo mujer es mucho más suave, prácticamente constante entre 2009 y 2011. En 2012 hay un incremente importante pero el incremento más sensible aparece en el año 2013 como ya podíamos esperar.

Gráfico 4. **Totales por sexo mujer**

	2008	2009	2010	2011	2012	2013	2014	2015
Total	118976	153986	165184	166063	186567	232711	177646	72802

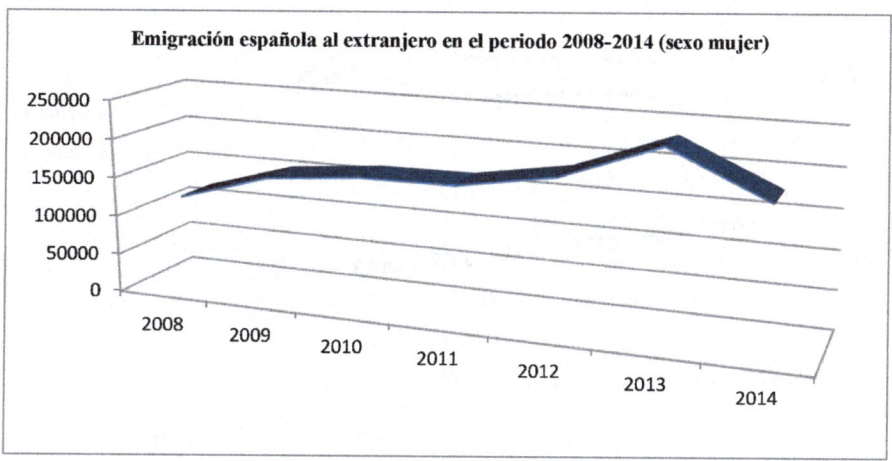

Fuente: Elaboración propia en base a datos del INE.

Finalmente, realizaremos una comparativa de ambas series en un mismo gráfico para que se puedan ver, con claridad, las diferencias que hemos indicado durante el análisis anterior.

Una vez realizado el análisis por sexo es importante también conocer cómo se han sucedido los movimientos de emigración nacional al extranjero, provincia por provincia, por año y por sexos.

Como indican Faura-Martínez y Gómez-García[4] *«una medición de la migración se puede obtener utilizando los censos de población desde el momento que se conoce la localización de los individuos en una fecha anterior al momento de la observación, como lugar de nacimiento, lugar de residencia en el momento del*

---

4. FAURA MARTÍNEZ, U. Y GÓMEZ GARCÍA, J.: «¿Cómo medir los flujos migratorios?», *Papers*, n. 66, 2002, pp. 15-44.

79

Gráfico 5. **Comparativa hombre-mujer mediante serie temporal y diagrama de barras.**

	2008	2009	2010	2011	2012	2013	2014
Hombre	169456	226133	238195	240971	260039	299592	222784
Mujer	118976	153986	165184	166063	186567	232711	177646

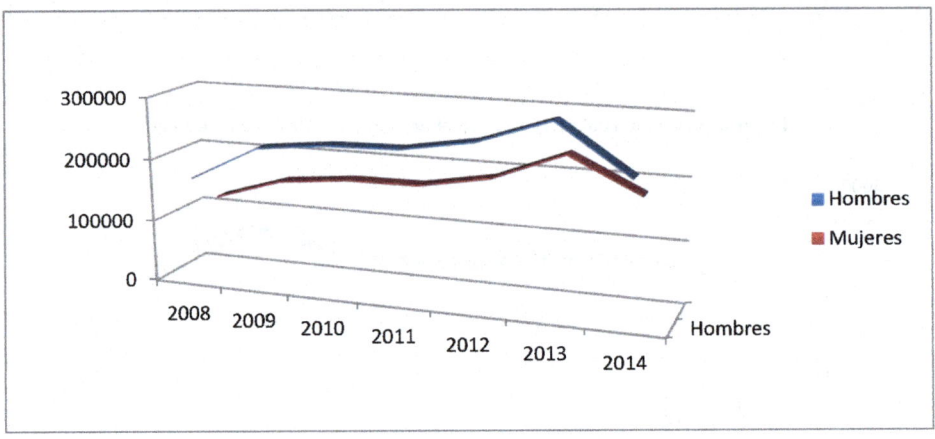

Fuente: Elaboración propia en base a datos del INE.

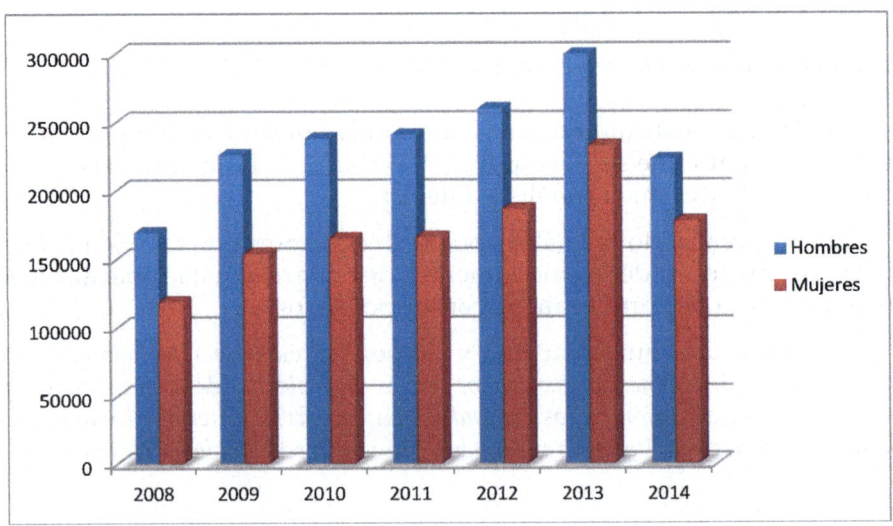

Fuente: Elaboración propia en base a datos del INE.

80

censo precedente (o en un momento dado cualquiera anterior al censo) y de la duración de la residencia».

Para ello se han considerado las cincuenta y dos provincias españolas y los datos desde 2008 hasta el primer semestre de 2015, insistimos estos últimos datos provisionales, diferenciando entre el sexo hombre y el sexo mujer, como se puede observar en la tabla 2 (hombres) y en la tabla 3 (mujeres). Como se puede comprobar se produce un comportamiento general similar por sexos pero con importantes diferencias si lo observamos año a año. En las tablas 2 y 3 figuran en verde aquellos datos en los que la emigración española al extranjero ha disminuido en un sexo u otro y en rojo cuando ha aumentado. Si no hay diferencias de color el comportamiento de los datos es el mismo que en el año anterior, es decir continúa subiendo o bajando el número de emigrantes nacionales.

Analicemos, en primer lugar, el comportamiento de los datos para el sexo hombre. Observando la tabla se puede comprobar que:

– Entre 2008 y 2009 sólo desciende la emigración en una provincia: Soria aunque es casi imperceptible.

– Entre 2009 y 2010, las migraciones aumentan en 27 provincias.

– Entre 2010 y 2011 disminuye en 29 provincias.

– Entre 2011 a 2012, también disminuye sólo en 15 provincias.

– Entre 2012 a 2013, esa bajada ya sólo ocurre en 11 provincias.

– En 2014, sin embargo, sólo hay dos provincias en las que sigue aumentando el número de emigrantes hacia el extranjero: Alicante y Santa Cruz de Tenerife.

¿Qué ocurre con el sexo mujer?

En principio, como decíamos al comienzo del párrafo el comportamiento es similar pero el aumento o disminución es más acusado:

– De 2008 a 2009 sólo bajan los datos en una provincia: la Ciudad Autónoma de Ceuta.

– De 2009 a 2010, los datos aumentan en 29 provincias.

– De 2010 a 2011, lo hacen 35 provincias.

– De 2011 a 2012, sólo bajan en 13 provincias.

Tabla 2. Flujo de emigración con destino al extranjero por provincia, año y sexo hombre (todas las edades).

Provincia	2008	2009	2010	2011	2012	2013	2014	2015
Albacete	1292	1693	1337	1240	1435	1590	934	444
Alicante	8868	11094	11469	9624	11964	14956	17192	5315
Almería	3790	4789	5019	4731	5065	8376	5281	1481
Álava/Vitoria	1125	1763	2461	3066	2492	1955	1831	656
Asturias	1071	1600	1841	2025	2223	2883	2529	1105
Ávila	271	391	350	322	320	441	360	127
Badajoz	837	936	877	847	836	1445	1170	433
Islas Baleares	4514	6214	6442	6514	5537	7782	5038	3104
Barcelona	36110	48206	53580	56190	53169	60850	44437	15734
Bilbao/Vizcaya	2373	4382	4552	5860	6644	6553	3650	785
Burgos	1271	1875	1885	1836	1975	1594	1198	487
Cáceres	289	394	522	401	542	472	445	210
Cádiz	970	1300	1427	1601	1698	2072	1669	1064
Cantabria	976	1444	1443	1499	1956	1836	1308	733
Castellón	2937	4090	3941	3971	6656	5740	3778	1215
Ceuta	105	86	102	142	197	679	369	138
Ciudad Real	1416	2144	1832	1702	1682	2084	1476	1117
Córdoba	616	862	747	758	1211	1154	1003	552
La Coruña	1685	2157	1994	2097	2177	2634	2040	947
Cuenca	512	595	753	620	614	789	572	366
Guipúzcoa/ San Seb.	2046	2822	3468	3484	3560	3871	2921	1479
Gerona	5357	7252	7156	6901	7137	8506	6191	2650
Granada	1360	1502	1601	1559	2002	2782	2582	1407
Guadalajara	898	1341	1562	1227	1649	1668	1043	413
Huelva	1114	1468	1665	1598	1325	1544	1481	780
Huesca	734	1058	942	938	830	1032	908	323
Jaén	696	963	980	1670	1679	1584	862	355
León	463	567	504	660	630	900	827	400
Lérida	2202	3172	3087	2798	3233	3815	2972	1266
Lugo	410	544	575	610	567	675	446	202
Madrid	32133	41447	48077	48390	57227	64970	47249	17972
Málaga	5022	6128	5585	5016	6271	7519	6575	3624
Melilla	147	181	281	330	1098	1462	900	233

Provincia	2008	2009	2010	2011	2012	2013	2014	2015
Murcia	6587	8770	9341	9990	9334	9349	7006	2431
Navarra	1987	2781	3513	3647	4091	3781	2894	1293
Orense	576	822	920	975	981	1231	887	452
Palencia	236	316	243	406	280	321	205	106
Las Palmas	2435	3216	3118	3515	3029	5559	4199	2049
Pontevedra	1256	1577	1751	1801	1940	2236	1644	971
La Rioja	1791	2443	1928	1879	2267	2636	1562	745
Salamanca	664	762	641	739	871	909	601	303
Sta. Cruz de Tenerife	2089	2347	2542	2560	2249	3311	3861	3293
Segovia	745	920	623	569	620	866	461	122
Sevilla	2033	2683	2894	3239	3773	4340	3262	1503
Soria	217	215	273	202	314	304	198	80
Tarragona	5268	6535	6039	5652	6496	7716	4394	1876
Teruel	651	684	552	573	802	736	624	278
Toledo	2043	2660	2400	2391	3054	4046	2532	777
Valencia	13075	18713	17646	16765	18374	19583	12539	5613
Valladolid	927	1177	1079	1120	1099	1351	963	478
Zamora	269	367	326	278	283	376	265	173
Zaragoza	2989	4684	4308	4448	4585	4731	3446	2145
Totales	169456	226133	238195	240971	260039	299592	222784	91804

Fuente: Elaboración propia en base a datos del INE.

Tabla 3. Flujo de emigración con destino al extranjero por provincia, año y sexo mujer (todas las edades).

Provincia	2008	2009	2010	2011	2012	2013	2014	2015
Albacete	760	998	729	710	844	1095	644	316
Alicante	6401	8030	8624	7413	9327	12707	14356	4040
Almería	1768	2327	1939	1943	2181	4869	3092	937
Álava/Vitoria	549	842	1113	1569	1272	1067	1000	279
Asturias	1034	1166	1381	1544	1655	2236	2278	908
Ávila	216	244	208	214	227	434	301	127
Badajoz	528	681	672	592	603	1055	883	360
Islas Baleares	3689	4636	4854	4613	4407	6084	3927	2180
Barcelona	25114	32446	35588	36059	35217	44659	34116	11242
Bilbao/Vizcaya	1767	2944	3287	4072	4522	4906	2966	610

Provincia	2008	2009	2010	2011	2012	2013	2014	2015
Burgos	780	959	1167	1028	1132	1159	809	372
Cáceres	248	291	533	351	340	433	331	158
Cádiz	873	1076	1116	1132	1344	1605	1343	751
Cantabria	786	897	1049	1144	1394	1431	1138	567
Castellón	1760	2524	2543	2726	4893	4183	2798	1084
Ceuta	95	47	71	116	125	510	264	74
Ciudad Real	900	1236	1056	1090	1120	1487	1044	832
Córdoba	361	525	510	521	859	800	774	426
La Coruña	1513	1870	1817	1846	1797	2243	1743	734
Cuenca	267	379	431	450	482	553	406	261
Guipúzcoa/San Seb.	1388	1743	1984	2322	2359	2807	2139	920
Gerona	3271	4218	4180	4321	4218	6019	4363	1760
Granada	894	931	998	1042	1197	1777	1784	931
Guadalajara	586	868	976	875	879	1108	797	371
Huelva	858	1198	1143	1048	1134	1025	1425	660
Huesca	486	644	575	478	539	666	627	294
Jaén	395	476	513	510	529	648	544	201
León	375	368	430	453	455	772	576	264
Lérida	1171	1819	1761	1741	2021	2454	1985	846
Lugo	317	378	374	415	450	524	372	166
Madrid	26228	33011	39347	40505	49837	60898	43664	17253
Málaga	3864	4795	4466	4071	5201	6666	5506	3303
Melilla	94	130	135	173	460	752	530	161
Murcia	3241	4527	5126	5294	4974	5547	4667	2029
Navarra	1226	1829	2053	2268	2535	2682	2158	1028
Orense	520	586	758	718	745	1014	679	357
Palencia	168	256	188	215	162	188	178	83
Las Palmas	1716	2323	2412	2483	2362	4579	2496	1550
Pontevedra	1072	1462	1433	1476	1474	1743	1329	753
La Rioja	898	1184	1076	1101	1545	1802	1118	506
Salamanca	557	593	499	633	586	729	467	240
Sta. Cruz de Tenerife	1842	2089	2255	2474	2082	3156	3622	3248
Segovia	494	522	400	369	480	705	340	115
Sevilla	1760	2078	2401	2766	3055	3814	2781	1364
Soria	142	148	168	139	183	197	159	79
Tarragona	3128	3803	3565	3623	4103	4996	3253	1154

Provincia	2008	2009	2010	2011	2012	2013	2014	2015
Teruel	321	382	294	379	416	458	413	167
Toledo	1204	1531	1462	1638	2029	2875	1901	589
Valencia	8651	12228	11798	11543	12990	13918	9374	4203
Valladolid	775	860	783	923	938	1258	801	478
Zamora	166	174	217	187	198	269	185	141
Zaragoza	1758	2711	2724	2751	2689	3149	2202	1332
Totales	118976	153986	165184	166063	186567	232711	177646	72802

Fuente: Elaboración propia en base a datos del INE.

- De 2012 a 2013, esa bajada ya sólo es en 4 provincias: Álava, Castellón, Córdoba y Huelva.

- En 2014, sin embargo, ya sólo hay cuatro provincias en las que sigue aumentando el número de emigrantes hacia el extranjero: Alicante, Asturias, Granada y Huelva.

Estos datos vuelven a indicar la tendencia que ya avanzamos cuando realizamos el análisis de los datos totales, sin distinción de sexo. El incremento de la emigración española hacia el extranjero es constante hasta el año 2014 que es cuando realmente disminuye el número de personas emigrantes. A continuación presentamos las tablas flujo de emigración con destino al extranjero tanto para hombres como para mujeres, por provincias y años, incluyendo los datos provisionales del primer semestre de 2015.

2.3. TASA DE EMIGRACIÓN

Para relativizar la información consideramos que puede ser de gran interés el cálculo de la tasa de emigración al extranjero que se define como el total de emigraciones con destino al extranjero, de individuos que salen de un determinado ámbito a lo largo del año objeto de estudio, por cada 1.000 habitantes de dicho ámbito.

Esta tasa (TE) se formula de la siguiente manera:

$$TE(\textit{Tasa de emigración al extranjero}) = \left(\frac{\textit{número de emigrantes por sexo}}{\textit{población media por sexo}}\right) x\,1000$$

85

Tabla 4. Tasa de emigración al extranjero (TE).

	2008	2009	2010	2011	2012	2013	2014
H	9,75986468	13,0955092	11,297321	10,4320926	10,3340744	9,83945364	7,40612085
M	7,52003798	9,84614257	7,86866138	7,00120371	6,99407707	6,55138332	5,09342629
H	22.880.534	22.982.272	23.049.476	23.099.009	23.017.758	22.877.461	22.826.546
M	23.358.736	23.504.349	23.617.698	23.719.207	23.710.132	23.634.738	23.623.019
H	169456	226133	238195	240971	260039	299592	222784
M	118976	153986	165184	166063	186567	232711	177646

Fuente: Elaboración propia en base a datos del INE.

En la tabla 4, filas primera y segunda, reflejamos la Tasa de emigración al extranjero (TE) por sexo, en las tercera y cuarta, la población media por sexo. Las filas quinta y sexta corresponden al número de emigrantes por sexo que se pueden consultar en las tablas 2 y 3.

Si analizamos la tasa año a año, cantidades como hemos indicado que figuran en las filas primera para el sexo hombre y segunda para el sexo mujer, obtenemos las siguientes conclusiones:

- De 2008 a 2009 la tasa se incrementa tanto en hombres como en mujeres, siendo mucho más elevado el aumento de la tasa en el sexo hombre.

- De 2009 a 2010 disminuye en ambos casos, llegando además en el caso del sexo mujer a casi igualarse con la de 2008.

- Para el resto de años la tasa no deja de disminuir de manera suave hasta el año 2014 cuyo descenso es bastante más brusco.

2.4. ANÁLISIS DE LA VARIABLE EMIGRACIÓN DESTINO AL EXTRANJERO POR SEXO Y PAÍS DE DESTINO

Para finalizar, consideramos que es importante analizar los destinos de la emigración española en el extranjero tanto en el número total como distinguiendo por sexos. Para ello presentaremos, en primer lugar, la tabla seis que contiene todos los datos y la acompañaremos de varios gráficos que hacen más visual este análisis.

Como era de esperar, al ser España un país de la Unión Europea, el destino preferente tanto de hombres como de mujeres durante toda la serie 2008-2015 es otro país miembro de la Unión Europea. De igual forma, entendemos que por la facilidad en el idioma y la importante comunidad sudamericana residente en España, el segundo lugar como destino de la emigración española al extranjero son países de esta zona, en algunos años muy próximo, en cifras, al destino países de la Unión Europea. Cuando analizamos el tercer grupo de países como destino de este tipo de emigración aparece una significativa diferencia entre hombres y mujeres. África es también frontera natural con España y, por tanto, es normal que sea otro continente que tenga un gran número de emigrantes españoles. La diferencia que indicábamos, tal y como se puede observar en la tabla, ocurre todos los años y cuadruplica el número de emigrantes que son hombres al número de emigrantes que son mujeres. La conclusión que obtenemos es que muchos de estos hombres son de origen africano, principalmente magrebí, que se han dirigido a estos países principalmente por lazos familiares, esperando el paso de la crisis para volver a España.

Siguiendo el orden nos encontramos como destino siguiente los países asiáticos pero ya con cifras bastante menores que las de otros grupos de países. El motivo puede ser la importante comunidad asiática que existe en nuestro país que, debido al fuerte impacto de la crisis, volviese a su país de origen esperando su finalización. Aquí también encontramos un dato que debe mencionarse. Es posiblemente el grupo de países en el que no se ha notado el descenso de inmigrantes, la serie no ha dejado de subir entre 2009 y 2013 y sufre un descenso entre 2013 y 2014 pero mucho menor que lo que ocurre en otro grupo de países. También observamos un fenómeno similar al de los países africanos y es el de una mayor movilidad por parte de los hombres, casi se duplica, en comparación con las mujeres.

Para finalizar, el comportamiento del movimiento hacia los países que denominamos «Resto de Europa«, América del Norte, Centroamérica y Caribe y Oceanía es similar al del resto de grupos. Son los lugares menos «atractivos« como destino migratorio destacando de manera clara, entendemos que por su lejanía, los países de Oceanía.

Esta distribución por países corrobora lo que indican Valero[5] y otros «para analizar la emigración española en la historia contemporánea han de tenerse en cuenta las diferencias coyunturales socio-económicas: factores de expulsión de España y factores de atracción de los países de destino. Según esto, comprender el pasado reciente y el presente de la emigración española obliga a abordarla diferenciando cuatro hitos de

---

5. VALERO MATAS, J.A., MEDIAVILLA, J.J., VALERO OTEO, I. Y COCA, J.R.: «El pasado vuelve a marcar el presente: la emigración española», *Papeles de población*, vol. 21, n. 83, 2015, pp.41-74.

localización importantes: la emigración al norte de África, la emigración a Iberoamérica, la emigración a Europa y la emigración globalizada.

En el gráfico 6, se puede observar con bastante claridad todo lo que hemos indicado y fundamentalmente las diferencias existentes, en temas de emigración, entre hombres y mujeres, tanto en países africanos, como en países asiáticos aunque en este último caso algo menos apreciable debido a que el número total de migraciones de este grupo de países es muy inferior al de los africanos.

Por último, hemos querido incluir un gráfico radial, gráfico 7, porque es muy aclaratorio a la hora de visualizar los destinos y los años en los que mayor número de personas han realizado una emigración en España con destino al extranjero. Destacan claramente como destino la Unión Europea y los años 2013 y 2014.

Hemos incluido el porcentaje de cada grupo de países por año para que se pueda tener una comparativa aún más clara de los movimientos migratorios de los ciudadanos españoles hacia el extranjero desde 2008 hasta incluso el primer semestre de 2015. Hemos resaltado también los porcentajes más significativos en el sentido de volumen de movilidad por grupo de países por lo sorprendente de alguno de

Gráfico 6.1.   **Total hombre y mujeres por año y país de destino.**

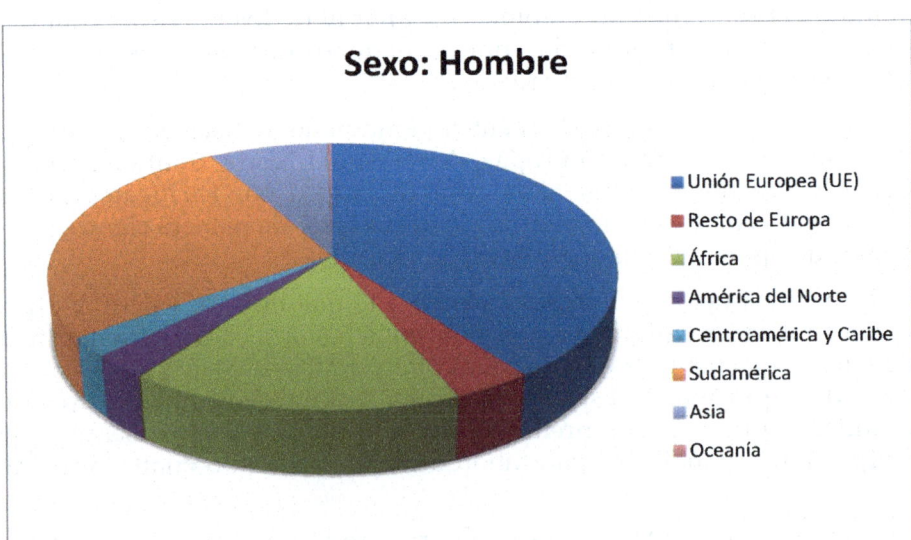

Fuente: Elaboración propia en base a datos del INE.

Tabla 6. Emigración española con destino al extranjero por año, sexo y país de destino (agrupación de países).

	Unión Europea	Resto Europa	África	América del norte	Centroamérica y Caribe	Sudamérica	Asia	Oceanía
AÑO 2008								
Hombres	65540	7872	28464	5659	3512	47213	10833	364
Mujeres	46908	6020	7957	5537	3891	43670	4659	335
Total	112448	13892	36421	11196	7403	90883	15492	699
%	38,99%	4,82%	12,63%	3,88%	2,57%	31,51%	5,37%	0,24%
AÑO 2009								
Hombres	91406	8531	35262	5704	4651	65843	14399	338
Mujeres	65012	6509	9337	5758	4815	56245	5923	387
Total	156418	15040	44599	11462	9466	122088	20322	725
%	41,15%	3,96%	11,73%	3,02%	2,49%	32,12%	5,35%	0,19%
AÑO 2010								
Hombres	93378	8678	40778	5651	5055	67143	17057	456
Mujeres	70027	7149	10361	5557	5234	59334	7127	396
Total	163405	15827	51139	11208	10289	126477	24184	852
%	40,51%	3,92%	12,68%	2,78%	2,55%	31,35%	6,00%	0,21%
AÑO 2011								
Hombres	83353	9160	45942	6761	5600	67435	22308	412
Mujeres	64380	7480	11205	6523	5950	62295	9812	417
Total	147733	16640	57147	13284	11550	129730	32120	829
%	36,12%	4,07%	13,97%	3,25%	2,82%	31,72%	7,85%	0,20%

	Unión Europea	Resto Europa	África	América del norte	Centroamérica y Caribe	Sudamérica	Asia	Oceanía
AÑO 2012								
Hombres	98817	9389	46647	6346	6022	70553	21761	504
Mujeres	76413	8419	11160	6625	7145	66844	9532	427
Total	175230	17808	57807	12971	13167	137397	31293	931
%	39,24%	3,99%	12,94%	2,90%	2,95%	30,76%	7,01%	0,21%
AÑO 2013								
Hombres	119143	11884	47386	9061	7954	78980	24652	534
Mujeres	96219	10962	14069	9518	9951	79849	11466	677
Total	215362	22846	61455	18579	17905	158829	36118	1211
%	40,46%	4,29%	11,55%	3,49%	3,36%	29,84%	6,79%	0,23%
AÑO 2014								
Hombres	103735	9140	30203	8038	5494	48327	17300	546
Mujeres	89210	8322	8645	8376	6577	47813	8109	595
Total	192945	17462	38848	16414	12071	96140	25409	1141
%	48,18%	4,36%	9,70%	4,10%	3,01%	24,01%	6,35%	0,28%
AÑO 2015 (SÓLO PRIMER SEMESTRE)								
Hombres	42771	3859	12224	4559	2462	17918	7692	320
Mujeres	36684	3601	3246	4433	3090	18065	3423	261
Total	79455	7460	15470	8992	5552	35983	11115	581
%	48,27%	4,53%	9,40%	5,46%	3,37%	21,86%	6,75%	0,35%

Fuente: Elaboración propia en base a datos del INE.

90

Gráfico 6.2. Total mujer por año y país de destino.

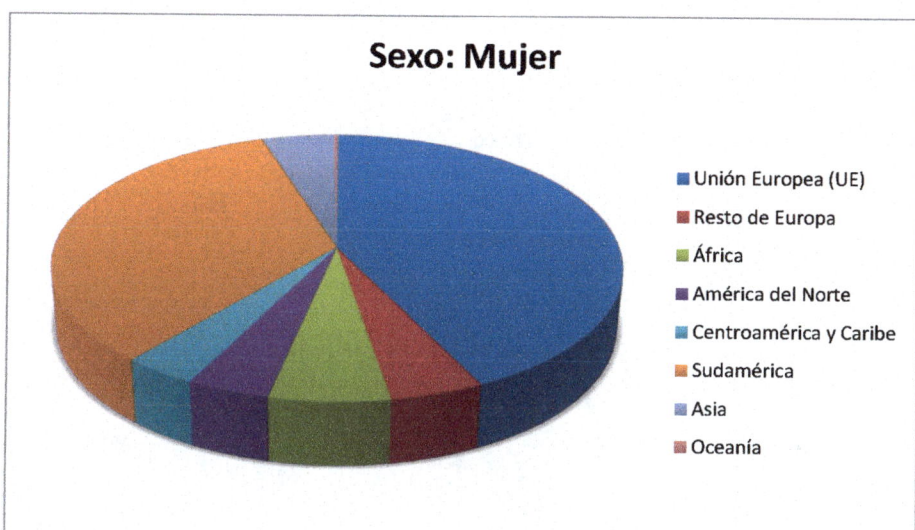

Fuente: Elaboración propia en base a datos de INE.

ellos. En concreto, llama la atención que el mayor porcentaje de toda la serie para países de la Unión Europea corresponda al año 2014, tal y como ocurre con América del Norte. Nos referimos, obviamente a todos los años de las serie salvo 2015 puesto que si consideramos también el primer semestre de este año, cuatro de los resultados más destacables corresponderían a él. Por este motivo figuran en un tono de color verde.

3. CONCLUSIONES

Una vez realizado este análisis consideramos que las principales conclusiones que se pueden extraer del mismo son las siguientes:

— Queda de manifiesto, de manera muy clara, que la importante crisis española ha influido de una manera directa en el sensible aumento de la emigración española hacia el extranjero.

— Los datos también indican que aunque la crisis parece comenzar a remitir, aún tiene una importante presencia en España. Los datos de 2014 y del primer semestre de 2015 así lo avalan pero siguen estando lejos de las cifras de 2008 y de los años anteriores al comienzo de

Gráfico 7. Radial para el sexo hombre por años y país de destino.

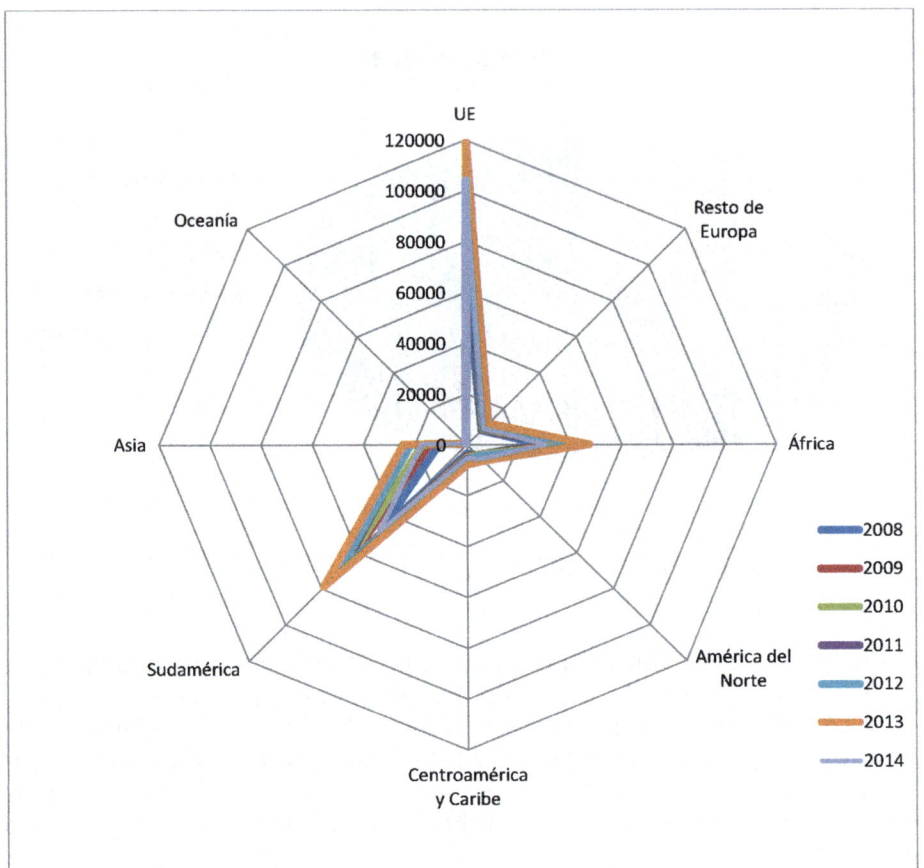

Fuente: Elaboración propia en base a datos del INE.

la crisis, en consecuencia, la crisis persiste aunque con algo menos de intensidad.

— El comportamiento de la emigración española en función de los países de destino no tiene el mismo comportamiento siempre si analizamos a los hombres y a las mujeres por separado. Si bien en los países de la Unión Europea sí es así, en los países africanos y asiáticos la diferencia es considerable.

— De igual forma, en algunas provincias tampoco el comportamiento es el mismo, además en algunas de ellas el fenómeno de la emigración

Gráfico 8. Radial para el sexo mujer por años y país de destino.

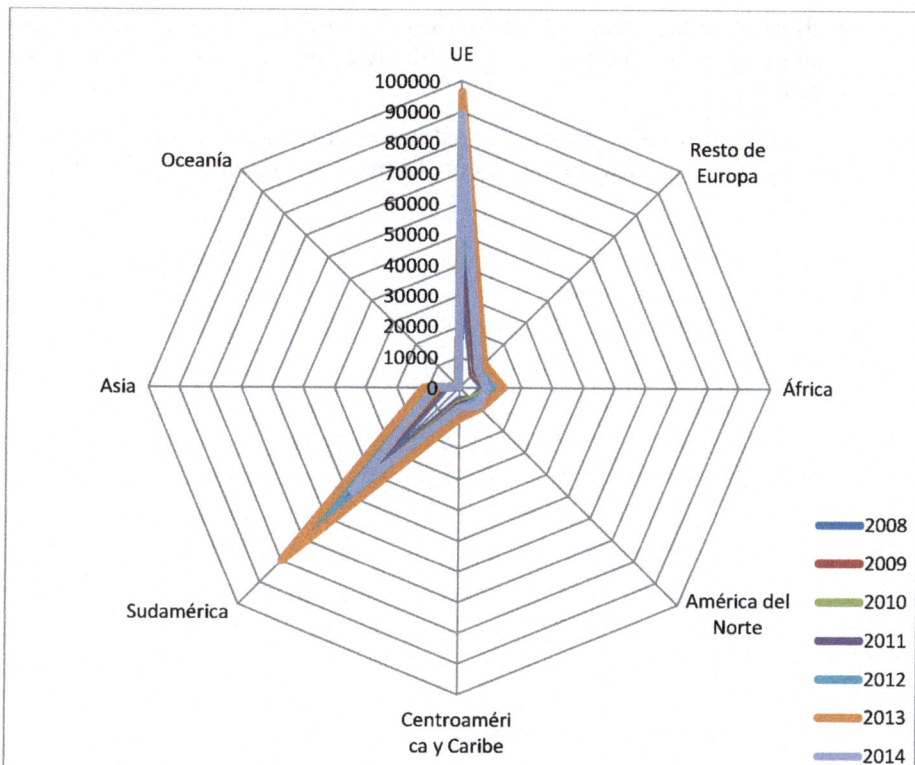

Fuente: Elaboración propia en base a datos del INE.

hacia el extranjero es más acusado en mujeres que en hombres, en función del año.

– El período más «crítico» aparece entre 2008 y 2013, principalmente en los años 2012 y 2013, como se refleja en todos los indicadores, incluida la tasa de emigración.

También consideramos interesantes las siguientes vías de investigación que podrían realizarse en un futuro:

– Sería interesante contrastar los resultados de este estudio con los de la emigración española interior, es decir, entre ciudades de las misma provincia e interprovinciales.

93

- También se podría realizar un análisis por rangos de edad tanto para la emigración al extranjero como la interior.

- Deberían analizarse los resultados de 2015 y 2016 para sacar conclusiones más precisas sobre el alcance, en esos años, de la crisis española.

- Sería de gran valor comparar estos resultados con los de otros países que han sufrido la crisis con la misma fuerza o similar que en España.

Capítulo 2

Factores económicos determinantes de la emigración española

ELENA CACHÓN GONZÁLEZ

Universidad Autónoma de Madrid

1. INTRODUCCIÓN

En otoño de 2008 se desencadenó una crisis financiera internacional sin precedentes. Se desestabilizaron los mercados de capitales y se contrajo el crédito. Esta situación afectó a las inversiones debido a la incertidumbre generada, dando lugar a la paralización de la demanda y a la consecuente paralización de la actividad económica, y por tanto, a la demanda de empleo. Y todo esto ocurrió en la economía mundial, en economía europea y también en la economía española.

Pero en este último caso a la paralización de la actividad económica real asociada a la crisis financiera internacional, se unieron dos hechos diferenciales con otros países: el estallido de la burbuja inmobiliaria, y la consecuente pérdida de valor patrimonial para las familias y las empresas, y el excesivo endeudamiento privado, que no público, que soportaban las familias en España. Los efectos de la conjunción de estas tres circunstancias se trasladaron de inmediato al mercado español.

A lo largo de estos años, el devenir de la actividad económica y el empleo han ido acompañados de medidas de política económica de diversa índole y distinto calado[1]. En España, se pueden establecer cuatro fases según la política económica adoptada para sortear las crisis y sus efectos. La primera fase (2008-2009) se caracterizó por una política fiscal expansiva, con medidas destinada a aumentar el gasto público productivo y a la

---

1.   BLYTH, M.: *Austeridad. historia de una idea peligrosa*, Crítica, Barcelona, 2014.

protección social, en especial aquellas destinadas a paliar los efectos del desempleo. Pero la segunda fase (2009-2010) se caracterizó por una política fiscal de signo contrario, es decir, contractiva, con medidas de recorte tanto del gasto social como del gasto productivo, con incrementos de determinados impuestos (como el IVA), y con un giro brusco hacia el cumplimiento del Pacto de Estabilidad y Crecimiento. Además, ya en 2010 aparecen las primeras reformas laborales y de las pensiones en España en esta crisis, reformas que en la tercera fase (2011) se profundizan. Se reforma la Constitución Española para incorporar las obligaciones derivadas del Pacto de Estabilidad y Crecimiento, se reforma la negociación colectiva, se congelan los salarios de los empleados públicos, el Salario Mínimo Interprofesional (SMI) y el IPREM, y se aumentan impuesto como el IRPF y el IBI. A partir de ese momento, ya en la cuarta fase (2012 hasta hoy) la política económica vigente es la caracterizada por las medidas de austeridad. Se recortan el gasto público en sanidad y educación y los salarios de los empleados púbicos, aumenta de nuevo el IVA, aparecen más recortes en el techo de gasto y los PGE, y se imponen la ley de estabilidad presupuestaria y una nueva reforma laboral[2].

En este escenario de políticas económicas contractivas tanto por el lado de los ingresos como por el lado de los gastos, aflora la crisis del déficit público y de la deuda pública como resultado del desarrollo de la propia recesión económica en la actividad y en el empleo. Las consecuencias de estos años de crisis son claras: se ha reducido la renta y la capacidad adquisitiva de las familias y los trabajadores, han aumentado los niveles de pobreza y de desigualdad, y se ha deteriorado la calidad de vida y trabajo en España[3]. Los detalles y la secuencia completa, a continuación.

2. EVOLUCIÓN DE LA ACTIVIDAD ECONÓMICA

Hace ocho años que estalló la crisis económica internacional, y a día de hoy en España no puede darse por concluida, puesto que sus consecuencias aún perduran. En el ámbito europeo, a lo largo de estos años, las distintas economías han transitado por escenarios diversos, desde etapas recesivas del ciclo, hasta etapas de recuperación, incluso por largos periodos de estancamiento económico.

En los países europeos el comportamiento de la actividad económica ha sido muy diverso. Si se analiza la tasa de variación interanual del PIB,

---

2. ESTEFANÍA, J.: «Intervenir sin intervenir», en GARCÍA Y RUESGA (Coord.): ¿Qué ha pasado con la economía española? La gran recesión 2.0, Pirámide, Madrid, 2014, pp. 301-306.

3. GARCÍA, N. Y RUESGA, S. (Coord.): ¿Qué ha pasado con la economía española? La gran recesión 2.0, Pirámide, Madrid, 2014.

Tabla 1.   PIB real (% variación interanual), Europa, 2007-2015

	2007	2008	2009	2010	2011	2012	2013	2014	2015 (p)
EU28	3,1	0,5	−4,4	2,1	1,8	−0,5	0,2	1,4	1,9
EZ19	3,1	0,5	−4,5	2,1	1,6	−0,9	−0,3	0,9	1,6
Alemania	3,3	1,1	−5,6	4,1	3,7	0,4	0,3	1,6	1,7
Grecia	3,3	−0,3	−4,3	−5,5	−9,1	−7,3	−3,2	0,7	−0,2
España	3,8	1,1	−3,6	0,0	−1,0	−2,6	−1,7	1,4	3,2
Francia	2,4	0,2	−2,9	2,0	2,1	0,2	0,7	0,2	1,2
Italia	1,5	−1,1	−5,5	1,7	0,6	−2,8	−1,7	−0,3	0,8
Portugal	2,5	0,2	−3,0	1,9	−1,8	−4,0	−1,1	0,9	1,5
Reino Unido	2,6	−0,5	−4,2	1,5	2,0	1,2	2,2	2,9	2,3

Fuente: Elaboración propia a partir de Eurostat. (p): datos provisionales.

se constata que ya en el año 2008 se ralentiza la variación del PIB real en todos los países, llegando incluso a situarse en tasa negativas (como es el caso de Grecia (−0,3%), Reino Unido (−0,5%) e Italia (−1,1%), y un año más tarde todas la economías está «en rojo».

A partir del año 2010, casi todas ellas vuelven a recuperar la actividad económica (excepto Grecia), de manera que tanto la Unión Europea de los 28 (UE) en su conjunto como la Euro Zona (EZ) presentan tasa de variación anual del PIB positivas (y coincidentes, del 2,1%), para continuar por esta senda un año más, si bien en 2011 las economías europeas comienzan a dar signos de ralentización.

Tanto es así que de nuevo en 2012 la recesión vuelve a ensombrecer la economía en el UE, y de nuevo presenta tasa de crecimiento negativas (−0.5% en la UE y −0.9% en el EZ) especialmente en países como Grecia, España, Portugal e Italia. A partir de ese momento, y en sobre todo desde el año 2014, las economías europeas, cada una a un ritmo y con unos desequilibrios propios, logran avanzar en la recuperación de su actividad económica, hasta alcanzar en 2015 tasas de crecimiento positivas (excepto Grecia de nuevo), tasa de cre4cimiento de distinta intensidad que van, por ejemplo, desde el 0,8% de Italia, pasando por el 1,7% de Alemania, hasta el 3,2% de España.

Antes estos datos, en relación a la actividad económica, Europa se muestra optimista. Tanto es así que las previsiones para el conjunto de la UE como para sus economías nacionales mejoran notablemente. Según las previsiones de invierno 2016 de la Comisión Europea, todas las economías europeas tienen previsiones de crecimiento positivas, excepto Grecia, si bien muchas de ellas a un ritmo menor que el previsto para 2015.

Tabla 2. Previsiones económicas del PIB real (% variación anual)

	2015	2016	2017
EU28	1,9	1,9	2,0
EZ19	1,6	1,7	1,9
Alemania	1,7	1,8	1,8
Grecia	0,0	–0,7	2,7
España	3,2	2,8	2,5
Francia	1,1	1,3	1,7
Italia	0,8	1,4	1,3
Portugal	1,5	1,6	1,8
Reino Unido	2,3	2,1	2,1

Fuente: Elaboración propia a partir de Comisión Europea, febrero 2016.

En el caso de España, este escenario de crecimiento presentado por la Comisión Europea resulta más optimista si tenemos en cuenta las previsiones del Gobierno de España, que según la última actualización del cuadro macroeconómico (de julio de 2015), prevé un crecimiento del PIB real del 3,0% en 2016. Efectivamente, la tendencia del PIB en los años 2014 y 2015 señala una mejoría tanto en términos intertrimestrales como interanuales: la evolución de la producción muestra que España creció un 0,9% en el cuatro trimestre de 2015 y un 4,3% en el último año. De este modo la tasa de variación del PIB en 2015 se situó en el 3,8%.

Ahora bien, los datos de la evolución del crecimiento PIB en España a lo largo de estos últimos años, junto con las políticas adoptadas para superar la crisis en el marco de la Gobernanza Económica Europea, especialmente las derivadas de las obligaciones del cumplimiento del Pacto de Estabilidad y Crecimiento (sobre todo el objetivo de 3% de déficit), han generado una realidad laboral y social que a día de hoy aún está muy lejos de la recuperación.

3. EVOLUCIÓN DEL MERCADO DE TRABAJO

Esta crisis económica no tuvo un origen laboral, pero sí ha tenido, y sigue teniendo, graves repercusiones en el empleo. Tanto es así que en España en el mercado de trabajo, tanto desde el lado de la oferta de trabajo como desde el lado la demanda de trabajo.

Gráfico 1. PIB a precios de mercado en España. Tasas de variación (%), 2008-2015

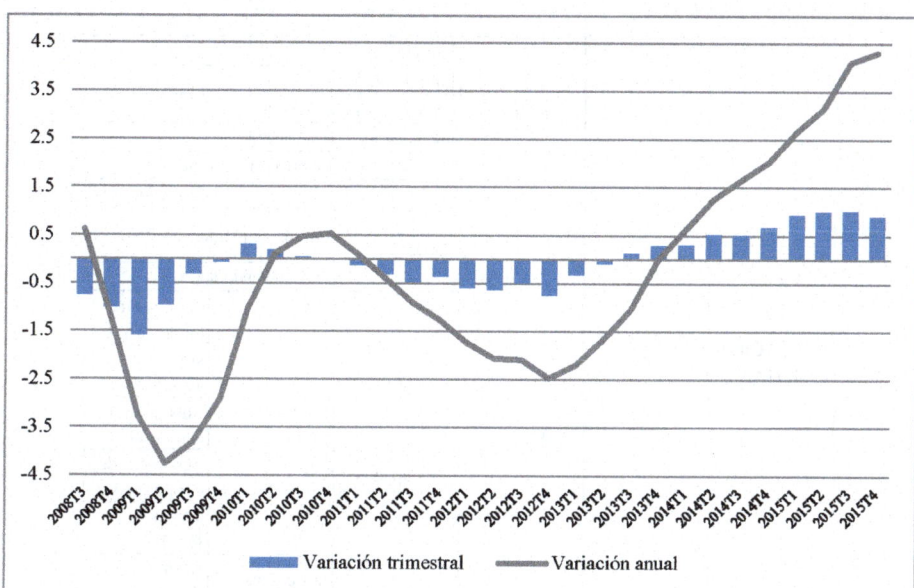

Fuente: Elaboración propia a partir de CNT– INE. Datos corregidos de efectos estacionales y de calendario.

Desde que se inició la crisis a mediados de 2008, se ha desencadenado una espiral de destrucción de empleo que ha dado lugar a unas tasas de paro insostenibles, cuyo límite máximo se alcanzó en 2013 cuando se superó el 26%. Por su parte, la tasa de actividad ha ido cayendo hasta situarse por debajo del 60% en 2014 y 2015, lo mismo que ha ocurrido con la tasa de empleo, que ha descendido sistemáticamente a lo largo de estos años, alcanzando su mínimo en 2013, con un 55,6%.

Si bien es cierto que los datos del mercado de trabajo apuntan una ligera mejoría de la situación laboral en nuestro país, no es menos cierto que esta mejoría cuantitativa está sustentada en un deterioro cualitativo del empleo. Es decir, mientras los grandes números avanzan, la calidad del empleo retrocede[4].

---

4. MERINO, M.C., SOMARRIBA, N. y NEGRO, A.: «Un análisis dinámico de la calidad del trabajo en España. Los efectos de la crisis económica», *Estudios de Economía Aplicada*, 30-1, 2012, pp. 261-282.

Recordatorio 1.   La población según la Encuesta de Población Activa (EPA)

POBLACIÓN TOTAL	MAYORES 16 AÑOS	Inactivos	Estudiantes		
			Labores de hogar		
			Jubilados y pensionistas		
			Incapacitados para trabajar		
			Otros (rentistas y otras situaciones)		
		Activos	*Desanimados*		
			Parados	buscan su primer empleo	
				han trabajado antes	
			Ocupados	por cuenta propia	empleadores
					empresarios sin asalariados
					trabajadores autónomos
					miembros de cooperativas
					ayudas familiares
				por cuenta ajena (asalariados)	Sector privado
					Sector público
	MENORES 16 AÑOS				

Fuente: Viñas, Pérez y Sánchez (2013)[5].

Recordatorio 2. Conceptos clavel del mercado de trabajo.

- Oferta de trabajo ≈ población activa
- Demanda de trabaj = oblación ocupada
- Exceso de ofert = oblación desem pleada

Recordatorio 3. Indicadores del mercado de trabajo (I)

- *Tasa de actividad*: activos/población económicamente activa (> 16 años) x 100
- *Tasa de paro*: parados/población activa x 100

---

5.   Viñas, A.i., Pérez, L. Y Sánchez, A.: *Análisis del entorno económico internacional. Instrumentos y políticas*, Ed. Garceta, Madrid, 2013.

> • *Tasa de empleo* o de ocupación: ocupados/población económicamente activa (> 16 años) x 100

Tabla 3. **Tasa de actividad, empleo y paro en España (en %), 2008-2015**

	2008	2009	2010	2011	2012	2013	2014	2015
Tasa actividad	60,1	60,2	60,3	60,3	60,4	60,0	59,6	59,5
Tasa empleo	65,4	60,8	59,7	58,8	56,5	55,6	56,8	59,5
Tasa paro	11,3	17,9	19,9	21,4	24,8	26,1	24,4	22,1

Fuente: Elaboración propia a partir a partir de EPA, INE.

3.1. LA OFERTA DE TRABAJO: LA POBLACIÓN ACTIVA

A lo largo de esta crisis España ha ido perdiendo población activa. Según los datos de la EPA en 2015 la tasa de actividad se situó por debajo del 60%, lo que supone que el mercado de trabajo en España cuenta con más 500.000 activos menos y casi 170.000 inactivos más. Esto es consecuencia de dos fenómenos que se han consolidado en el comportamiento de la participación en el mercado laboral: el efecto desánimo y un nuevo proceso de emigración laboral. De este modo, la mejoría de la tasa de paro desde finales de 2013 se debe al descenso de la población activa, si bien la decisión de participar o no en el mercado de trabajo ha seguido un comportamiento distinto en función de sexo.

Dadas las características iniciales de la crisis en nuestro país, muy ligada al sector de la construcción, altamente masculinizado en términos de ocupación, desde el año 2008 la tendencia es a la baja, es decir, a abandonar la participación en el mercado de trabajo, debido principalmente al efecto desánimo, tendencia que solo se invierte tímidamente a partir de 2014. En el caso de las mujeres, la tendencia desde el inicio de la crisis en 2008, y hasta 2012, es la inversa, es decir, las mujeres se han ido incorporando al mercado de trabajo como contrapartida a la pérdida de empleo masculino[6]. Pero a partir de 2012, dada la coyuntura de la actividad económica y la propia dinámica del mercado de trabajo, el efecto desánimo se contagia al colectivo de las mujeres trabajadoras, ralentizando también su participación.

---

6.   IZQUIERDO, M. Y LACUESTA, A. (2010): «Desarrollos recientes ene l mercado de trabajo», *Papeles de Economía Española*, 124, pp. 2-16.

Si se atiende a la edad de la población activa, en España se observa como los mayores de 55 años mantienen su participación en el mercado

Tabla 4. Tasa de actividad, por sexo y edad (%), 2009-2015

	2008	2009	2010	2011	2012	2013	2014	2015
Total	60,1	60,2	60,3	60,3	60,4	60	59,6	59,5
Hombres	69,5	68,6	68,1	67,6	67,1	66,4	65,8	65,7
Mujeres	50,9	52,0	52,7	53,4	54,0	53,9	53,7	53,7
De 55 a 65 años	48,6	49,6	50,3	51,8	52,7	53,1	54,2	56,4
De 16 a 29 años	61,4	59,3	57,8	56,4	55,3	54,5	53,1	52,3

Fuente: Elaboración propia a partir de EPA-INE.

de trabajo, mientras que los jóvenes muestran una tendencia progresiva a abandonar el mercado de trabajo dada la generalización del efecto desánimo entre este colectivo, dando lugar o bien a la vuelta a los estudios, o bien a la emigración en busca de nuevas oportunidades de empleo.

3.2. LA DEMANDA DE TRABAJO: LA POBLACIÓN OCUPADA

Desde el estallido de la crisis en España se ha reducido el número de ocupados un 13%. Entre los años 2008 y 2015 se ha perdido más de 2,6 millones de ocupados en España, de los cuales algo más de dos millones son hombres (–17%) y 560.000 son mujeres (–6,5%). Entre los jóvenes menores de 30 años se han perdido 724.00 ocupados (–48%), lo que supone que en 2015 solo hay la mitad de ocupados menores de 30 años respecto a 2008.

Si se atiende al tipo de contrato, entre los años 2008 y 2015 hay 900.000 asalariados menos con contrato indefinido (–7,5), y 1,2 millones de asalariados menso con contrato temporal (–24,3%). y si se centra la atención en el tipo de jornada, la situación es distinta entre los ocupados a tiempo completo y a tiempo parcial: mientras los primeros han caído 16,7%, esto es, más de tres millones de ocupados menso a tiempo completo, los segundos han aumentado un 17%, es decir, 406.000 ocupados más.

Pero a pesar del efecto cuantitativo de la crisis es términos de destrucción de empleo, la crisis está teniendo un efecto aún más devastador en términos cualitativos. La calidad de empleo se ve afectada en todas sus vertientes, y afecta tanto a los que han mantenido su empleo durante la crisis y ven deteriorarse sus condiciones laborales, como los que consiguen un nuevo empleo a lo largo de estos años. Y hay dos hechos que evidencian de manera rotunda el deterioro de la calidad del empleo en España: la temporalidad y el trabajo a tiempo parcial.

Tabla 5. Número de ocupados, por sexo, edad, tipo de contrato (asalariados) y jornada (miles), 2008-2015

	2008	2009	2010	2011	2012	2013	2014	2015
Total	20.477	19.107	18.725	18.421	17.633	17.139	17.344	17.866
Hombres	11.805	10.733	10.424	10.152	9.608	9.316	9.443	9.760
Mujeres	8.665	8.374	8.301	8.269	8.025	7.823	7.902	8.106
De 55 a 65 años	1.115	1.092	1.095	1.137	1.144	1.147	1.198	1.297
De 16 a 29 años	1.517	1.251	1.124	1.013	875	797	788	793
Indefinidos	11.955	11.878	11.735	11.525	11.162	10.814	10.857	11.059
Temporales	4.906	4.003	3.858	3.869	3.411	3.256	3.429	3.714
Tiempo completo	18.064	16.710	16.286	15.923	15.078	14.432	14.586	15.053
Tiempo parcial	2.406	2.397	2.438	2.498	2.555	2.707	2.759	2.812

Fuente: Elaboración propia a partir de EPA-INE.

Recordatorio 4. Indicadores del mercado de trabajo (II)

- *Tasa de temporalidad*: asalariados con contrato de duración determinada/población asalariada x 100

- *Tasa de parcialidad*: ocupados a tiempo parcial/población ocupada x 100

3.2.1. El empleo temporal

A pesar de que al comienzo de la crisis se perdió masivamente empleo temporal, la temporalidad en la contratación sigue enquistada en el mercado de trabajo en España. Incluso aumenta cuando mejoran los datos de empleo, es decir, la temporalidad puede considerarse como un elemento estructural del mercado de trabajo en España, situándose sistemáticamente por encima del 25%.

Tanto es así que en 2015 España, según datos de Eurostat, abandera una tasa de temporalidad que sigue siendo la más alta de la EZ, con un 25,2% (si exceptuamos Polonia, con un 28%), duplicando la tasa de sus socios europeos, que es del 14,2% en la UE y del 15,6% en la EZ.

Según datos de la EPA, en los trimestres en los que en España se ha dado cierta recuperación del empleo, éste ha sido temporal, dando lugar a nuevos incrementos de la tasa de temporalidad, de manera que desde el

Gráfico 2. **Número de ocupados (eje izdo.) y de la tasa de temporalidad (eje dcho.), 2008-2015**

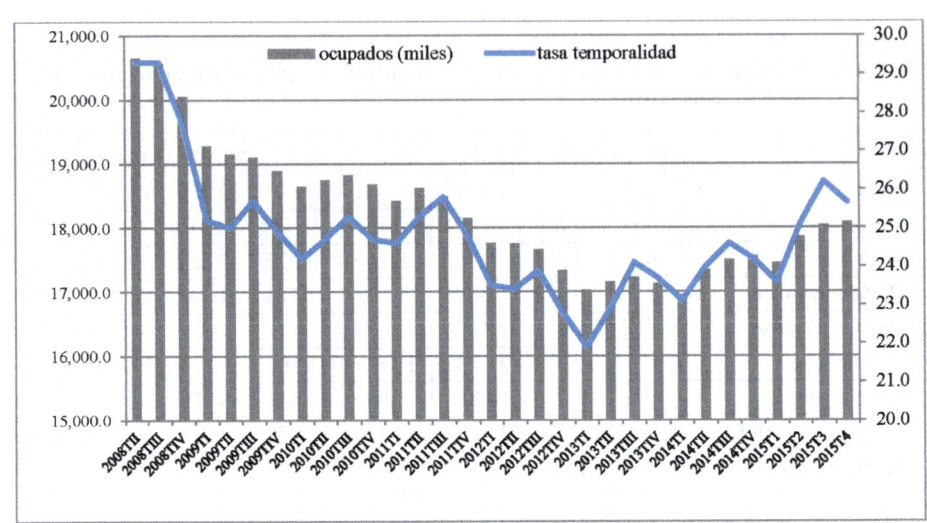

Fuente: Elaboración propia a partir de EPA-INE.

año 2013 la tasa se ha ido incrementado, hasta alcanzar la cifra más elevada desde el año 2009.

3.2.2. El empleo a tiempo parcial

El otro elemento característico de la calidad del empleo en España en esta crisis está relacionado con la jornada de trabajo, y se trata de la tasa de empleo a tiempo parcial. A pesar de que esta tasa sigue estando muy por debajo de los niveles europeos, la diferencia clave está en la voluntariedad a la hora de elegir la jornada a tiempo parcial.

En España la tasa de empleo a tiempo parcial se situó en 2015 en el 20,2%, lejos del 22,0% de la UE o el 23,6% de la EZ, y muy por debajo de países como Alemania (26,5%), Italia (26,4%), Austria (29,9%) o los Países Bajos (42,9%).

Pero si se atiende a la voluntariedad del empleo a tiempo parcial, la tendencia se invierte. Frente al 29,2% de la UE o el 31,4% de la EZ, en España seis de cada diez ocupados a tiempo parcial lo es de manera involuntaria (63,2% en 2015), y además en es España donde más a ha crecido esta tendencia a lo largo de la crisis, superando los 27 puntos desde el año 2008, cuanto la tasa de empleo parcial involuntario se situó en el 36%.

104

Gráfico 3. Empleo parcial sobre total del empleo y empleo parcial involuntario sobre total del empleo parcial (en %), 2015

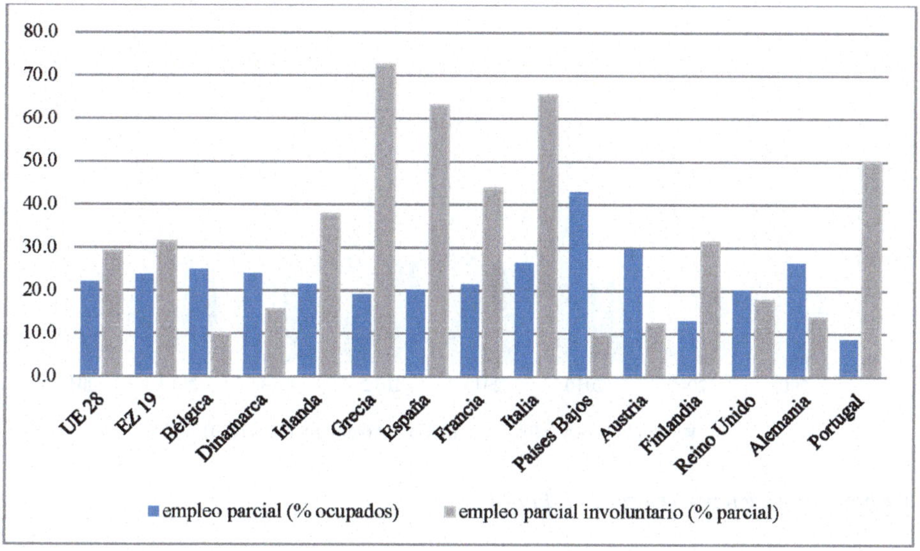

Fuente: Elaboración propia a partir de Eurostat.

Es decir, esta tendencia se consolida como un elemento más de la estructura del mercado de trabajo en España, con crecimiento de parcialidad involuntaria cada vez mayores.

3.3. EL DESEQUILIBRIO DEL MERCADO DE TRABAJO: LA POBLACIÓN DESEMPLEADA

A pesar del deterioro de los datos de actividad y ocupación, son los datos del paro donde mejor se sitúa la gravedad de la crisis en España: en 2015 había más de cinco millones de personas desempleadas. Desde que estalla la crisis en 2008, el número de parados en España ha seguido una senda ascendente, de modo que la tasa de paro se ha duplicado desde el 11,2% en 2008 hasta el 22,1% en 2015, si bien la situación peor tuvo lugar en el año 2013, con un 26,1% de tasa de paro. Lo preocupante es que en 2015 en un contexto de crecimiento económico, en España había casi dos millones y medio más de parados en que 2008.

Según datos de Eurostat, en 2015 solo Grecia superaba la tasa de paro de España, con un 24,9%. La media de la EZ fue del 10,9%, y de la UE del 9,4%. Es decir, España más que duplica la tasa de paro de esta dios regiones, y

105

Gráfico 4. Empleo parcial y empleo parcial involuntario sobre total del empleo parcial en España (en %), 2008-2015

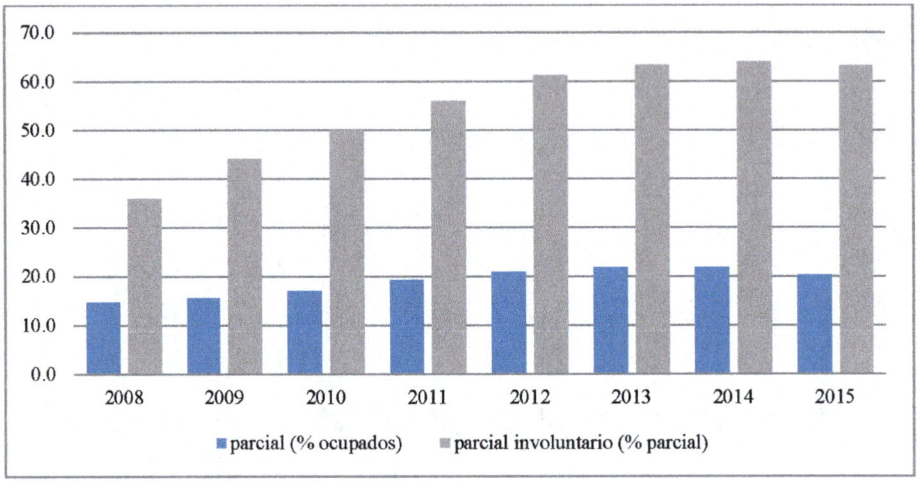

Fuente: Elaboración propia a partir de Eurostat.

este hecho se repite sistemáticamente, puesto que España supera con creces ambas tasas media de paro, y la de todos sus socios europeos (excepto Grecia, pero solo a partir de 2013).

Tabla 6. Tasa de paro en algunos países de la UE28 y al EZ19 (%), 2008-2015

	2008	2009	2010	2011	2012	2013	2014	2015
Grecia	7,8	9,6	12,7	17,9	24,5	27,5	26,5	24,9
España	11,3	17,9	19,9	21,4	24,8	26,1	24,5	22,1
Portugal	8,8	10,7	12,0	12,9	15,8	16,4	14,1	12,6
Italia	6,7	7,7	8,4	8,4	10,7	12,1	12,7	11,9
EZ 19	**7,6**	**9,6**	**10,2**	**10,2**	**11,4**	**12,0**	**11,6**	**10,9**
Francia	7,4	9,1	9,3	9,2	9,8	10,3	10,3	10,4
UE 28	**7,0**	**9,0**	**9,6**	**9,7**	**10,5**	**10,9**	**10,2**	**9,4**
Irlanda	6,4	12,0	13,9	14,7	14,7	13,1	11,3	9,4
Finlandia	6,4	8,2	8,4	7,8	7,7	8,2	8,7	9,4
Países Bajos	3,7	4,4	5,0	5,0	5,8	7,3	7,4	6,9
Reino Unido	5,6	7,6	7,8	8,1	7,9	7,6	6,1	5,3
Alemania	7,4	7,6	7,0	5,8	5,4	5,2	5,0	4,6

Fuente: Elaboración propia a partir de Eurostat.

Gráfico 5. Tasa de paro en algunos países europeos (%), 2008-2015

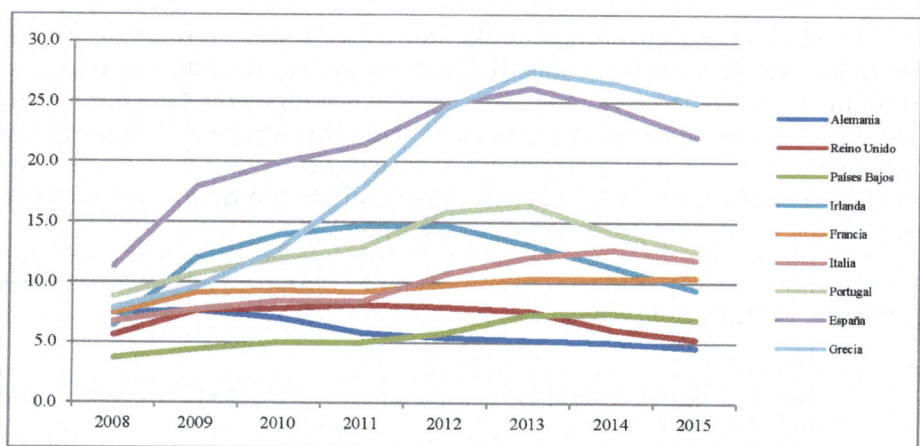

Fuente: Elaboración propia a partir de Eurostat.

En el caso de España, el desempleo se extiende entre todos los colectivos. Los datos muestran cómo de los 2.460.000 parados más que hay en España en 2015 respecto a 2008, la mitad corresponde a hombres (50,4%) y la otra mitad a mujeres (49,6%). por edades, un 6,3% son menores de 25 años y un 17 % mayores de 55 años.

Tabla 7. Número de parados en España, por sexo y edad (miles), 2008-2015

	2008	2009	2010	2011	2012	2013	2014	2015
Total	2.596	4.154	4.640	5.013	5.811	6.051	5.611	5.056
Hombres	1.320	2.300	2.536	2.706	3.131	3.206	2.917	2.559
Mujeres	1.276	1.854	2.104	2.307	2.680	2.846	2.694	2.497
Menores de 25 años	595	847	858	894	956	951	851	751
Mayores de 55 años	181	304	367	408	510	584	605	599

Fuente: Elaboración propia a partir de EPA– INE.

Con estos datos, entres 2008 y 2015, la tasa de paro de todos los colectivos se ha duplicado, o más que duplicado a lo largo de esto años, alcanzando todos ellos sus máximos en 2013, en línea con la evolución general. Cabe destacar que al inicio de la crisis, dado que el aumento del paro fue más pronunciado entre los hombres, se redujo la brecha de desempleo entre géneros, pero según ha ido avanzando la crisis y con ella una mayor reducción del paro masculino, la brecha ha reaparecido y está recobrando el carácter estructural que tenía antes del 2008, cuando la tasa de paro entre las mujeres era el doble que la masculina[7].

Por edades, los datos muestran la preocupante situación de los grupos de menos de 25 años y de más de 55, entre los que se extiende el efecto desánimo. Como he ha visto en el apartado de ocupación, la mejor evolución del paro no se compensa con la creación de empleo en este grupo, y esto solo tiene una explicación: la tasa de actividad entre los trabajadores de 16 a 35 años como consecuencia de la emigración de los trabajadores jóvenes en busca de oportunidades de empleo.

Recordatorio 5. Tipos de desempleo.

1. Estructural

- Demanda de trabajo insuficiente por cambios en la demanda de productos o en la tecnología

- Aumento significativo de la oferta de trabajo por cambios socioeconómicos (incorporación mujer, aumento inmigración…) o por desplazamientos de población

- Asociado a la baja movilidad de la mano de obra y a las rigideces del mercado de trabajo

- No desaparece en épocas de auge

2. Estacional

- Vinculado a la reducción de la actividad en determinados momentos del año en ciertos sectores

3. Cíclico o Coyuntural

- Aparece en momentos de crisis económica porque el crecimiento económico no es capaz de absorber la oferta de trabajo

- Surge en el corto plazo y es muy sensible a la regulación del mercado

4. Friccional

- Tiempo que transcurre desde el momento en que se comienza a buscar trabajo hasta que se encuentra

- El ciclo económico modifica la permanencia en esta situación

---

Fuente: Viñas, Pérez y Sánchez (2013).

Por su parte, entre los mayores de 55 años el desempleo corre el riesgo de convertirse en estructural, dada la extensión de efecto desánimo como consecuencia de las dificultades que presentan a la hora de reincorporarse

---

7. LÓPEZ, E. Y MALO, M.A.: «El mercado de trabajo en España. El contexto europeo, los dos viejos desafíos y un nuevo problema», *Ekonomiaz*, n. 87, 2015, pp. 32-59.

a un empleo debido a su edad y a las desfavorables expectativas que tiene en este sentido. De ahí un doble fenómeno: por un lado, la reducción del número de parados debido a la caída de la población activa por el efecto desánimo y, por otro lado, extensión del paro de larga duración.

Tabla 8. Tasa de paro por sexo, edad y duración del paro (%), 2008-2015

	2008	2009	2010	2011	2012	2013	2014	2015
Total	11,3	17,9	19,9	21,4	24,8	26,1	24,4	22,1
Hombres	10,1	17,6	19,6	21,0	24,6	25,6	23,6	20,8
Mujeres	12,8	18,1	20,2	21,8	25,0	26,7	25,4	23,6
Menores 25	24,5	37,7	41,5	46,2	52,9	55,5	53,2	48,4
Mayores 55	7,1	11,5	13,5	14,4	17,3	19,4	19,3	17,9
Más de 1 año	21,5	28,4	42,6	48,1	52,3	58,4	61,8	59,5
Más de 2 años	10,0	10,4	17,0	24,6	29,9	36,1	42,5	43,6

Fuente: Elaboración propia a partir de EPA– INE.

3.3.1. El paro de larga duración

El paro de larga duración es otro fenómeno vinculado a la crisis y su voracidad con el mercado de trabajo en España, de manera que a lo largo de esto años se ha ido extendiendo. En 2008 la tasa de paro de los desempleados que llevaban más de un año buscando empleo era del 21,5%; en 2015 es casi del 60% (38 puntos más; y los que llevan en paro más de dos años han pasado del 10% en 2008 al 44% en 2015, es decir, 34 puntos más.

Los datos de Eurostat muestran que, excepto en Alemania, la tasa de paro de larga duración (medido como porcentaje de personas que lleva más de un año en desempleo sobre el total de desempleo) señala aumentos significativos en la UE desde el año 2008. En muchos de ellos, las tasas más que se duplican.

Lo mismo ocurre con el desempleo de muy larga duración (entendido como el porcentaje de personas desempleadas que llevan buscando empleo más de dos años), que se duplicado entre 2008 y 2015 en el conjunto de la UE, desde el 1,5% en 2008 al 3,1% en 2015. En el caso de España la evolución es mucho más desfavorable: del 0,9% de 2008 se ha pasado al 8,2% en 2015. En cambio, en países como Alemania la evolución es la inversa: desde 2,9% en 2008 ha caído al 1,5% en 2015.

3.3.2. La tasa de cobertura

Al elevado número de parados y de parados de larga duración, hay que sumar la precariedad en el propio desempleo. Esta precariedad se

Tabla 9. Paro de larga duración en la UE28 (%), 2008-2015

	2008	2009	2010	2011	2012	2013	2014	2015
Grecia	47,1	40,4	44,6	49,3	59,1	67,1	73,5	73,1
Italia	45,2	44,3	48,0	51,4	52,6	56,4	60,8	58,1
Portugal	47,3	44,0	52,0	48,4	48,8	56,4	59,6	57,4
Irlanda	26,1	28,8	48,7	58,6	61,2	59,9	58,2	56,2
España	18,0	23,8	36,6	41,6	44,4	49,7	52,8	51,6
EZ 19	38,7	35,1	42,2	45,1	46,2	49,5	52,3	51,2
UE 28	36,9	33,2	39,8	42,8	44,3	47,1	49,3	48,2
Alemania	51,8	44,9	46,8	47,6	45,1	44,4	44,0	43,6
Países Bajos	34,0	24,4	27,1	32,3	32,9	34,9	39,2	42,9
Francia	36,6	34,5	39,5	40,7	39,6	40,2	42,5	42,6
Reino Unido	24,1	24,5	32,5	33,4	34,7	36,1	35,8	30,7
Finlandia	18,2	16,7	23,8	22,0	21,2	20,6	22,1	24,4

Fuente: Elaboración propia a partir de Eurostat.

manifiesta a través de la evolución de la tasa de cobertura, que se calcula como el porcentaje de personas desempleadas (con experiencia laboral) que están cobrando algún tipo de prestación por desempleo, ya sea contributiva o asistencial.

Los datos muestran que en España esta cobertura cada vez es menor. En 2008, el 73,6% de los desempleados registrados tenía una prestación

Gráfico 6. Tasa de cobertura (%), 2008-2015

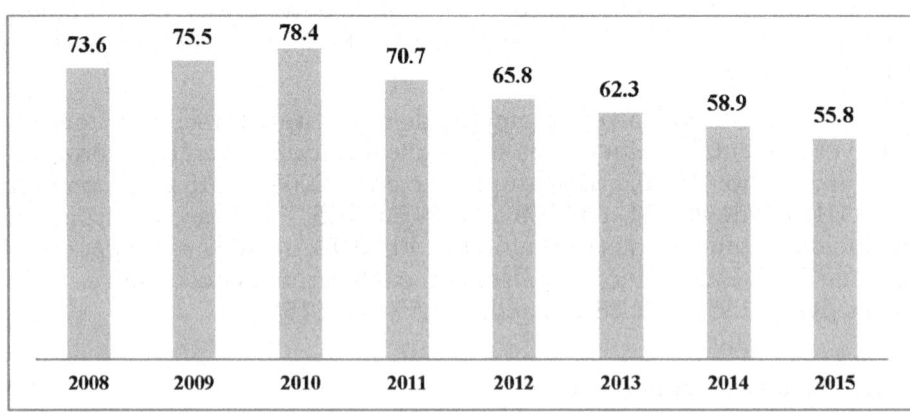

Fuente: elaboración propia a partir de Estadísticas de Prestaciones– MEYSS.

por desempleo. En 2015 la cobertura ha descendido por debajo del 56%, 18 puntos por debajo de la tasa al inicio de la crisis, y casi 23 puntos menos que en 2010, cuando alcanza su máximo (78,4%).

Esta tendencia a la baja en la tasa de cobertura es el resultado conjunto de la extensión del paro de larga y muy larga duración, y el consecuente agotamiento de las prestaciones contributivas, pero también del endurecimiento de las condiciones de acceso a prestaciones y subsidios[8].

4. RENTA Y DESIGUALDAD

Durante estos ocho años de crisis económica, la extensión del paro y del paro de larga duración, la precariedad en el propio desempleo dada la caída de la tasa de cobertura, la devaluación de los salarios, y la peor calidad del empleo (temporalidad y parcialidad involuntaria) han tenido y siguen teniendo consecuencias sobre la capacidad adquisitiva de las familias en España, y están aumentando del niveles de pobreza y de desigualdad[9].

4.1. SALARIOS Y RENTAS

Los salarios son la fuente principal de ingresos de las familias en España. La Encuesta de presupuestos familiares del INE refleja la estructura de los hogares españoles según su principal fuente de ingresos. Según sus datos, en España en 2014 (último dato disponible) había 10,5 millones de hogares cuya renta depende íntegramente de su salario, es decir, 51,1% de la población en nuestro país.

Parte de la evolución de esos salarios se conoce a través de la Encuesta Trimestral de Costes Laborales del INE, que muestra cómo los costes laborales y salariales en España han seguido una senda descendiente desde el año 2008 hasta la actualidad, tanto en términos ordinarios como totales.

Según estos datos, en España se ha producido un descenso de los salarios reales de 2011 a 2014 de 4,2 puntos porcentuales. De hecho, en los tres últimos años cayó el salario en términos nominales, aunque la existencia de un IPC negativo desde 2014 ha evitado una pérdida mayor.

---

8. PÉREZ INFANTE, J.I.: «La (des)protección por desempleo: análisis de la cobertura por colectivos desde una perspectiva económica», en AA.VV: *Estudio sobre la viabilidad jurídica y económica de la ampliación de la cobertura por desempleo: Jóvenes y parados de larga duración*, Proyecto Empleoconred, Universidad Carlos III de Madrid, 2015.

9. OTERO-GARCÍA, L. Y MONTANER, C.: *El impacto de la crisis en las familias y en la infancia*, Observatorio Social de España, Ariel, Barcelona, 2014.

Gráfico 7. Costes laborales y salariales en España, variación interanual (%), 2008-2015

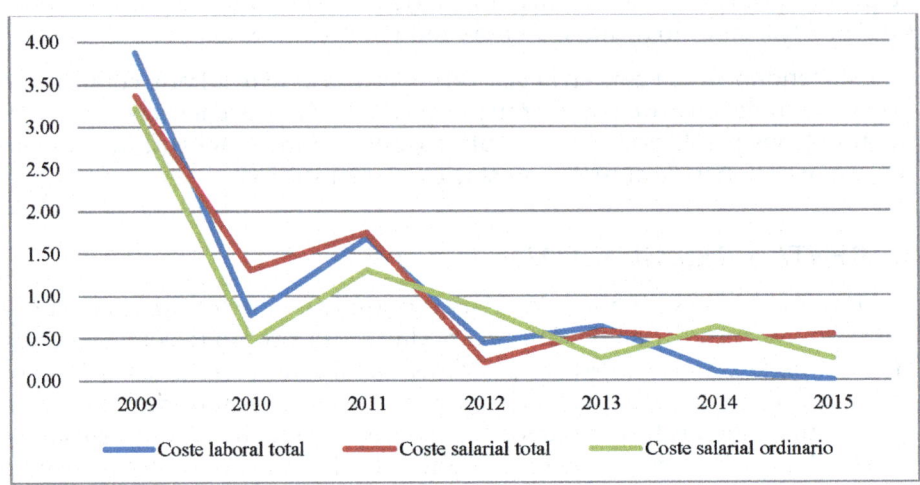

Fuente: elaboración propia a partir de EPF-INE.

Al descenso nominal del coste salarial general de la economía, se une la variación de los precios de consumo (IPC). Hasta el año 2013, la caída salarial junto al aumento de precios, generó a una continua pérdida de poder adquisitivo para las familias y los trabajadores en España. Pero a partir de 2014, dada la evolución general de los precios, con un IPC negativo, se ha recuperado parte del poder adquisitivo perdido.

Pero si se atiende al coste laboral unitario que refleja el coste laboral por unidad de producto, y se calcula como la relación entre la remuneración por cada trabajador y la productividad del factor trabajo, entre los años 2008 y 2014 en la EZ aumentaron un 4,2% mientras que en España cayeron un 6,4%, como resultado de la congelación salarial en términos nominales y el aumento de la productividad dado el volumen de destrucción de empleo en España.

Esta devaluación salarial, junto a la escalda en la precariedad del empleo materializada en mayores niveles de temporalidad y parcialidad involuntaria, tiene un claro reflejo en los ingresos recibidos por los asalariados, y el resultado último es un retroceso en los salarios medios en el mercado de trabajo en España.

Por otro lado, según los datos de la renta anual neta de la Encuesta de Condiciones de Vida, publicada por el INE, de media en 2015, los hogares en España obtuvieron una renta de 26.092 euros, mientras los individuos

Gráfico 8. **Costes laborales salariales en UE, EZ y España, variación interanual, 2008-2015 (%)**

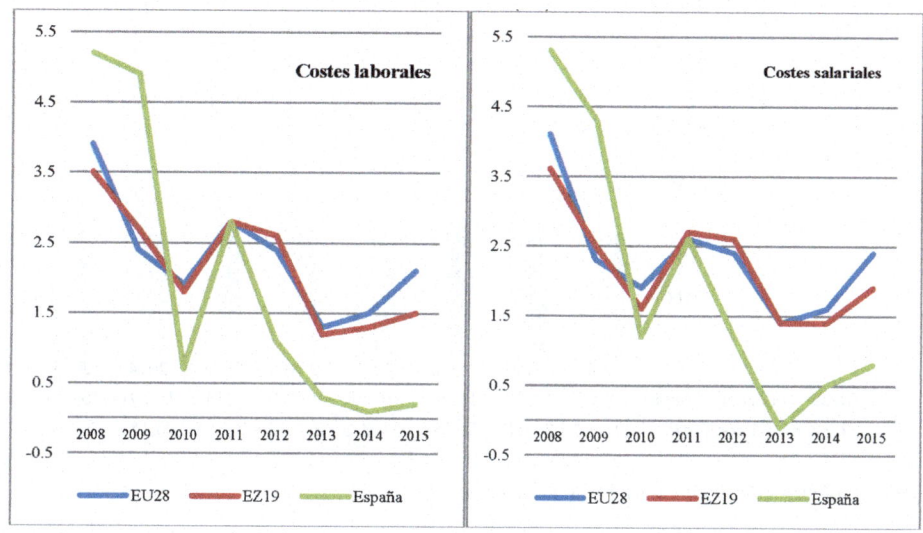

Fuente: elaboración propia a partir de Eurostat.

alcanzaron una renta de 10.419 euros. En ambos casos la renta ha caído respecto a años previos, siguiendo la tendencia de descenso de esta variable durante la etapa de recesión: entre 2008 y 2015 la renta media por persona ha caído un 3% (318 euros), y la renta media por hogar ha caído más del triple, un 9,4%, es decir, 2.695 euros por hogar al año.

Tabla 10. **Costes laborales y salariales, variación interanual, 2008-2015 (%)**

	2008	2009	2010	2011	2012	2013	2014	2015
Costes laborales								
EU28	3,9	2,4	1,9	2,8	2,4	1,3	1,5	2,1
EZ19	3,5	2,7	1,8	2,8	2,6	1,2	1,3	1,5
España	5,2	4,9	0,7	2,8	1,1	0,3	0,1	0,2
Costes salariales								
EU28	4,1	2,3	1,9	2,6	2,4	1,4	1,6	2,4
EZ19	3,6	2,5	1,6	2,7	2,6	1,4	1,4	1,9
España	5,3	4,3	1,2	2,6	1,2	−0,1	0,5	0,8

Fuente: elaboración propia a partir de Eurostat.

Gráfico 9. Renta anual media por persona y hogar en España, 2008-2015 (euros)

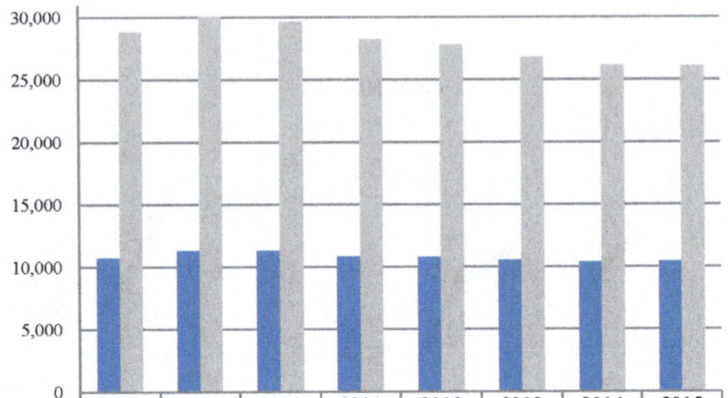

	2008	2009	2010	2011	2012	2013	2014	2015
Renta media por persona	10,737	11,318	11,284	10,858	10,795	10,531	10,391	10,419
Renta media por hogar	28,787	30,045	29,634	28,206	27,747	26,775	26,154	26,092

Fuente: Elaboración propia a partir de ECV–INE.

Además, según los últimos datos de Eurostat, España se encuentra por debajo de la media de renta por habitante de todo el conjunto de la UE y de la EZ. A lo largo de la crisis, España ha ido distanciándose cada vez

Gráfico 10. Renta anual media por persona, 2008-2014, en euros

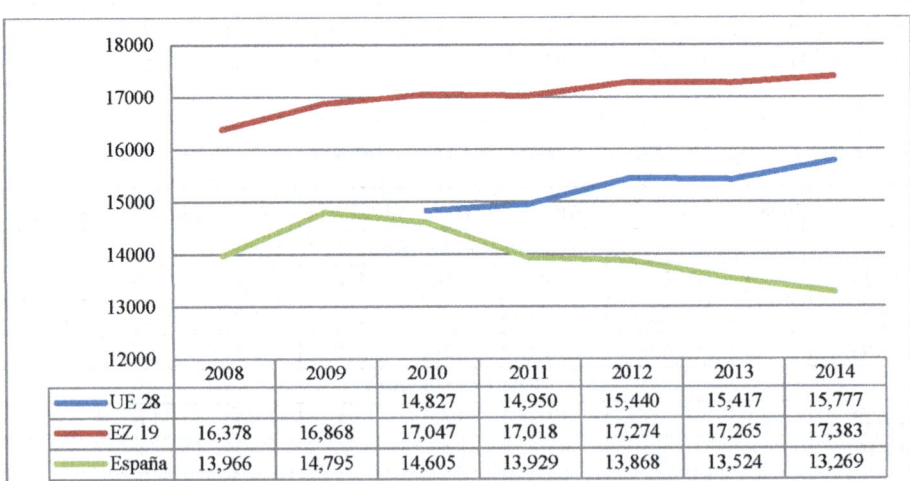

	2008	2009	2010	2011	2012	2013	2014
UE 28			14,827	14,950	15,440	15,417	15,777
EZ 19	16,378	16,868	17,047	17,018	17,274	17,265	17,383
España	13,966	14,795	14,605	13,929	13,868	13,524	13,269

Fuente: Elaboración propia a partir de EU SILC–Eurostat.

114

más de estas medias, y la brecha en términos de renta cada vez en mayor. Mientras que en la Eurozona entre los años 2008 y 2014 la renta media por habitante ha aumentado un 6,1%, en España ha descendido un 5%. Si se toma como referencia la UE, entre 2010 y 2014 la renta ha aumentado un 6,4%, en España ha caído un 9,1%.

4.2. POBREZA Y DESIGUALDAD

Dada la evolución de los niveles de renta, según los datos de la Encuesta de Condiciones de Vida publicada por el INE, en 2015 la tasa de riesgo de pobreza o exclusión social en España se situó en el 28,6% de población total. Esto se traduce en que un 22,1% de la población está en riesgo de pobreza, un 6,4% sufre carencia material severa y un 15,4% vive en hogares con baja intensidad en el empleo.

Recordatorio 6. Definición de pobreza.

Para definir cuánta población se identifica como pobre, se establece un **umbral de pobreza**: nivel de renta que se necesita para cubrir las necesidades mínimas de vida. Una persona es pobre si su renta está por debajo de ese umbral. Se distingue entre distintos *tipos* de pobreza:

- **Pobreza objetiva:** son pobres los individuos u hogares menos favorecidos desde el punto de vista de los ingresos que perciben o los gastos que realizan; se divide en dos tipos:

1. Pobreza absoluta: supone carencia de bienes y servicios considerados esenciales, tales como alimentación, vivienda o vestido; esta pobreza se puede erradicar con crecimiento económico

2. Pobreza relativa: son pobres los que, aun con capacidad para cubrir sus necesidades básicas, sus recursos son insuficientes para conseguir las condiciones de vida que son habituales en la sociedad a la que pertenecen; este concepto está muy relacionado con la desigualdad

- **Pobreza subjetiva:** se basa en cómo perciben los propios individuos u hogares su situación económica y social en relación con la del entorno

---

Fuente: Elaboración propia a partir de Viñas, Pérez y Sánchez (2013).

Y lo que es peor: entre los años 2008 y 2015, la situación ha empeorado. La tasa de riesgo de pobreza o exclusión social ha aumentado casi cinco puntos, la población en riesgo de pobreza más de dos, la población con carencia material severa casi tres puntos y la población viviendo en hogares con baja intensidad en el empleo casi nueve puntos, frutos de la situación en el mercado de trabajo en España.

Gráfico 11. Indicadores de pobreza y exclusión social en España, 2008-2015

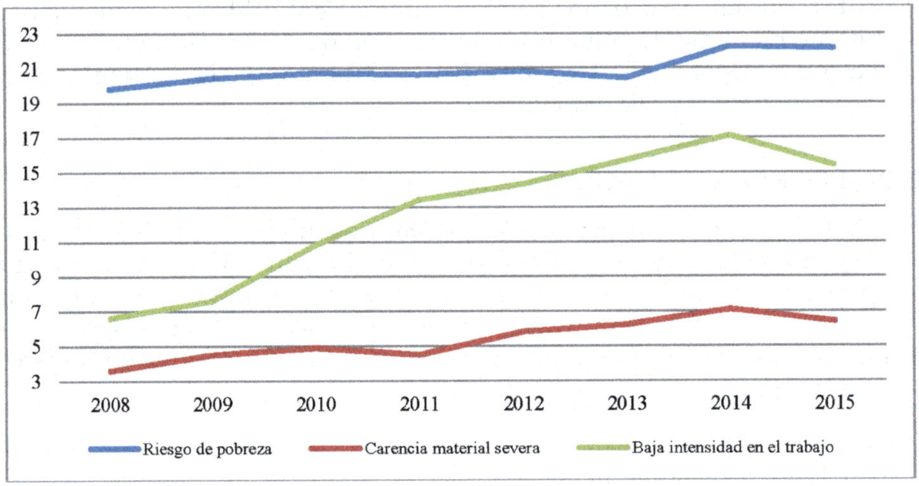

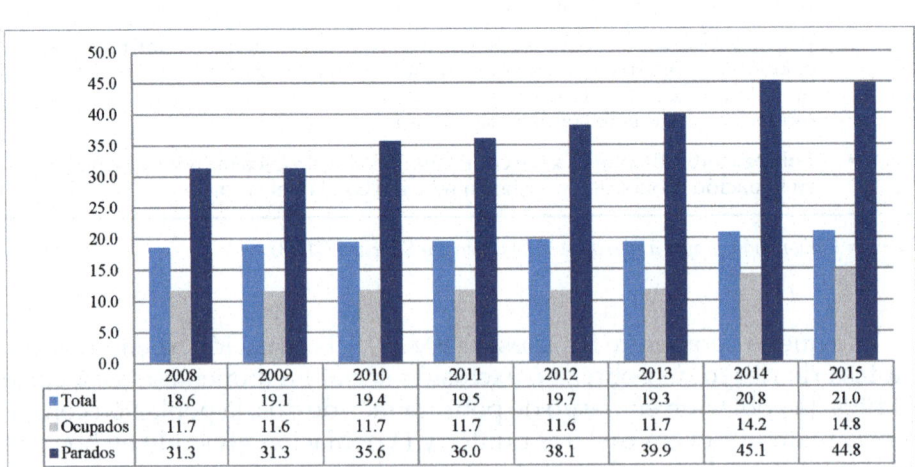

Fuente: Elaboración propia a partir de ECV– INE.

Tal es el efecto contagio de la precariedad laboral en los indicadores de pobreza y exclusión social que según los datos del INE, en 2015 había un 14,8% de población ocupada pobre, frente al 11,7% del 2008 (tres puntos más) y un 44,8% de población parada pobre, frente al 31,3% de 2008 (más de 13 puntos por encima).

Gráfico 12. Tasa de riesgo de pobreza por relación con la actividad en España (2008-2015)

	2008	2009	2010	2011	2012	2013	2014	2015
Total	18.6	19.1	19.4	19.5	19.7	19.3	20.8	21.0
Ocupados	11.7	11.6	11.7	11.7	11.6	11.7	14.2	14.8
Parados	31.3	31.3	35.6	36.0	38.1	39.9	45.1	44.8

Fuente: Elaboración propia a partir a partir de ECV, INE.

116

Asimismo el indicador de población en riesgo de pobreza o exclusión social contenido en la Estrategia Europa 2020, indica que España se encuentra en una situación preocupante: el 29,2% de la población se encuentra en riesgo de pobreza o exclusión social, cinco puntos y medio por encima de 2008 y con una distancia que va ampliándose. El porcentaje es notablemente más elevado que en el conjunto de la UE (24,4%) y de la EZ (23,5%).

Todo este escenario de renta y pobreza además se enmarca en unos niveles de desigualdad crecientes en España, donde todos los indicadores muestran un claro empeoramiento. El índice de Gini ha crecido más de dos puntos, desde el 32,4 en 2008 hasta el 34,6 en 2015, mientras que la ratio S80/20 ha crecido 1,3 puntos, desde el 5,6 en 2008 al 6,9 en 2015.

Tabla 11. Población en riesgo de pobreza o exclusión social, sobre población total (Europa 2020), 2008-2014

	2008	2009	2010	2011	2012	2013	2014
Grecia	28,1	27,6	27,7	31,0	34,6	35,7	36,0
España	23,8	24,7	26,1	26,7	27,2	27,3	29,2
Italia	25,5	24,9	25,0	28,1	29,9	28,5	28,3
Irlanda	23,7	25,7	27,3	29,4	30,0	29,5	27,6
Portugal	26,0	24,9	25,3	24,4	25,3	27,5	27,5
UE 28	nd	nd	23,8	24,3	24,7	24,6	**24,4**
Reino Unido	23,2	22,0	23,2	22,7	24,1	24,8	24,1
EZ 19	21,7	21,6	22,0	22,9	23,3	23,1	**23,5**
Alemania	20,1	20,0	19,7	19,9	19,6	20,3	20,6
Francia	18,5	18,5	19,2	19,3	19,1	18,1	18,5
Finlandia	17,4	16,9	16,9	17,9	17,2	16,0	17,3
Países bajos	14,9	15,1	15,1	15,7	15,0	15,9	16,5

Fuente: Elaboración propia a partir de EU SILC– Eurostat. (nd): dato no disponible.

Recordatorio 7. Indicadores de desigualdad: el Índice de Gini y S80/S20

- El **índice Gini** es un índice de concentración de la riqueza. Su valor estará entre cero y uno. Cuanto más próximo a uno sea el índice Gini, mayor será la concentración de la riqueza; cuanto más próximo a cero, más equitativa es la distribución. El valor 1 representa la desigualdad máxima.

- La **ratio S80/S20** es una medida de la desigualdad de la distribución del ingreso. Se calcula como la proporción de los ingresos totales percibidos por el 20% de la población con mayores ingresos (quintil superior) a la que recibe el 20% de la población con menores ingresos (quintil inferior).

Tabla 12.   Indicadores de desigualdad en Europa y España, 2008-2014

		2008	2009	2010	2011	2012	2013	2014
Gini	UE 28	nd	nd	30,5	30,8	30,4	30,5	30,9
	EZ 19	30,5	30,3	30,3	30,6	30,4	30,7	31,0
	España	32,4	32,9	33,5	34,0	34,2	33,7	34,7
S80/S20	UE 28	nd	nd	4,9	5,0	5,0	5,0	5,2
	EZ 19	4,9	4,9	4,9	5,0	5,0	5,0	5,2
	España	5,6	5,9	6,2	6,3	6,5	6,3	6,8

Fuente: Elaboración propia a partir de EU SILC– Eurostat. (nd): dato no disponible.

Si se analizan los datos en términos europeos, España tiene un reparto muy desigual en la distribución de la renta, que además se encuentra en aumento, puesto que se observa un incremento de las desigualdades en nuestro país a lo largo de la etapa de crisis: tanto el índice de Gini como la ratio S80/20 han ido creciendo, mientras en otros países se han mantenido o se han reducido. Así las desigualdades aparecen como ejes centrales en la economía, tanto si se atiende al factor remunerado (capital o trabajo) como a las distintas fuentes de remuneración del trabajo (salarios, pensiones)[10].

En muchos de estos países la desigualdad surge de la precariedad del mercado laboral, por la pérdida de empleo y las divergencias salariales, y este es el caso de España, tal y como señala la propia Organización Internacional del Trabajo[11], donde advierte de las crecientes desigualdades en España se están convirtiendo en estructurales, destacando como clave de esta creciente desigualdad la devaluación salarial que se ha registrado a lo largo de la crisis.

5.   A MODO DE CONCLUSIÓN

Los efectos de la crisis en España están resultando devastadores para la sociedad. La situación socioeconómica y laboral es insostenible para las familias pero también para el país en su conjunto. Además el crecimiento económico ya no provee buenos empleos decentes ni bien remunerados, y tampoco la reducción de los niveles de pobreza en España, lo que conforma la debilidad de nuestro modelo de crecimiento, muy ligado a empleos

---

10.   PIKETTY, T. (2015): *L'économie des inégalités*, La Découverte, Paris.
11.   ORGANIZACIÓN INTERNACIONAL DEL TRABAJO: Perspectivas sociales y del empleo en el mundo – Tendencias 2015.

precarios de bajos salarios, empleo de baja calidad, con una productividad que se adapta inversamente al ciclo económico, y con elevados índices de sobrecualificación entre los trabajadores ocupados[12].

Y es en este contexto económico y laboral en el que debe enmarcarse el análisis de los flujos migratorios de la población española en busca de nuevas oportunidades de empleo (y de mejores empleos) en los países de destino[13]. El mercado de trabajo en España es el *mercado* que más ha sufrido la recesión económica, en términos de destrucción de empleo, de caída de la población activa y de escalada del paro. Y este deterioro del mercado laboral ha tenido y sigue teniendo un efecto claro en la migración española.

12. TOHARIA, L. (Dir.): *El problema de la temporalidad en España: un diagnóstico*, Madrid: Ministerio de Trabajo y Asuntos Sociales, 2005.
13. CACHÓN, L.: «La nueva emigración desde España y Cataluña en al Gran recesión. Una reflexiones provisionales», en *L´emigració a Catalunya, España i Unió Europea*, CIDOB, Barcelona, 2013.

Capítulo 3

El impacto económico de la migración en España tras la crisis de 2008

Margarita Navarro Pabsdorf

Antonio Mihi Ramírez

Universidad de Granada

1. INTRODUCCIÓN

Al contrario que en épocas anteriores, actualmente el desarrollo natural de la población[1] tiene un impacto limitado en los cambios demográficos en España.

Tal como se puede observar en la figura 1, hoy en día el crecimiento de la población española se debe a los flujos migratorios, puesto que la tasa natural de la población se ha mantenido sin grandes cambios en torno al 2%, e incluso, se espera que sea negativa en los próximos años.

Además, la migración afecta al tamaño de la fuerza de trabajo, a la composición y edad de la población, ayuda a generar transferencias de ingresos para la población vía remesas e impuestos, puede ayudar a mitigar la escasez de mano de obra que se produzca en determinadas actividades del mercado laboral y, asimismo, afecta al progreso científico y tecnológico[2].

No obstante, conocer el impacto de los flujos migratorios es un tema complejo pues no existe una teoría única sobre la migración, sino que son diversos los enfoques utilizados a la hora de tratar esta cuestión, entre otros: la sociología, la geografía, la economía, la historia, las ciencias políticas, etc.

---

1. Tasa natural de la población: nacimientos menos defunciones.
2. Nordregio, D.R. (2013). *Demographic and migratory flows affecting European regions and cities*, ESPON, Luxemburgo.

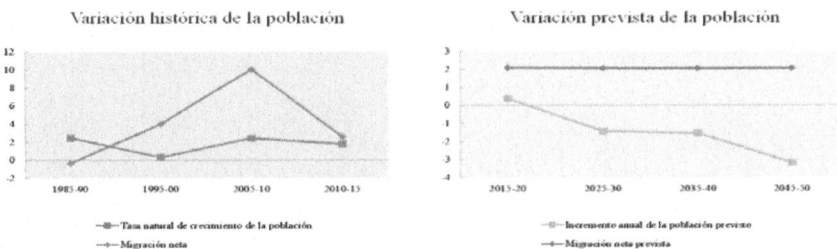

Figura 1. Migración neta[3] y tasa de crecimiento de la población, por cada 1000 habitantes, en España. Adaptado de Naciones Unidas (2013)[4]

A pesar de ello, hay numerosos trabajos realizados desde una perspectiva económica dada la importancia de los factores económicos como determinantes de los flujos migratorios[5] y también debido a los importantes efectos que tienen en cualquier economía[6] y que serán analizados en este capítulo.

Asimismo, debemos tener en cuenta que no todos los mercados laborales son iguales y que las habilidades, el conocimiento y la movilidad de los trabajadores varían según la industria, el sector de actividad y la situación económica.

Un buen ejemplo de esto es el caso de España, donde en la última década pasó de una fuerte expansión económica en la que se produjo una recepción masiva de inmigrantes, a una grave recesión, especialmente desde 2008, que ha supuesto una gran disminución del número de inmigrantes recibidos y, al mismo, el comienzo de una creciente emigración desde España hacia otros países, hecho que no ocurría con tal intensidad desde los años 80.

Esta situación ha provocado grandes cambios para el país. Por tanto, teniendo en cuenta la relevancia de esta cuestión, en el presente capítulo se analizará el impacto económico de la migración en España.

---

3. Migración neta: inmigración menos emigración (NACIONES UNIDAS, 2013)
4. UNITED NATIONS (2013). *World Population Prospects: The 2012 Revision.* Department of Economic and Social Affairs, Population Division.
5. MIHI, A.; CUENCA, E.; & MIRANDA, M.J. (2016). Is there a causality between emigration and other mobility factors? A panel VAR models approach for Baltic and Scandinavian countries. *Inzinerine Ekonomika-Engineering Economics*, 27 (3), pp. 1-10.
6. METELSKI, D. & MIHI, A. (2015). The Economic Impact of Remittances and Foreign Trade on Migration. Granger-Causality approach. *Inzinerine Ekonomika-Engineering Economics*, 26(4), pp. 364-372.

122

Para ello, en primer lugar realizaremos un breve análisis de los antecedentes y de la situación actual de los flujos migratorios en España, teniendo en cuenta el stock de población extranjera y los flujos migratorios de España y sus regiones.

Posteriormente, examinaremos el impacto económico de la migración en España en base a los cambios acontecidos en los últimos años y sus efectos en los salarios, Producto Interior Bruto (PIB), mercado de trabajo, nivel de vida y prestaciones sociales.

Además, analizaremos los resultados de la emigración en la inversión extranjera directa, el comercio y las remesas.

Asimismo, dada la importancia de la investigación y la innovación para el desarrollo económico de un país, reflexionaremos sobre el fenómeno conocido como «la fuga o ganancia de cerebros» en España.

Y finalmente, expondremos las conclusiones más relevantes de este análisis.

2. ANTECEDENTES Y SITUACIÓN ACTUAL DE LOS FLUJOS MIGRATORIOS EN ESPAÑA

El fenómeno de la migración no es nuevo en España, siendo decisiva la influencia de los ciclos económicos en los flujos migratorios, tal y como se muestra en la figura 2, que representa el número de emigrantes e inmigrantes en el eje de la izquierda, y el porcentaje de variación del Producto Interior Bruto en el eje de la derecha.

Puede verse que la emigración en España crece hasta la mitad de los años 80. A partir de este momento, una mayor estabilidad y crecimiento de la economía termina prácticamente con la misma. Desde ese período, la inmigración a España comienza a crecer y se vuelve masiva, especialmente en los años 90, en un contexto de integración europea, liberalización económica y de gran inversión exterior. A mitad de la década de 2000, la emigración vuelve a crecer ligeramente, y tras el comienzo de la crisis económica experimenta el crecimiento más intenso de todo el período observado. Asimismo, la crisis económica ha supuesto una fuerte reducción en el número de inmigrantes[7].

La gran intensidad de los cambios en los flujos migratorios en los últimos años podría suponer también que los efectos en la economía serán

---

7. INE, INSTITUTO NACIONAL DE ESTADÍSTICA DE ESPAÑA (2016). *Estadísticas sobre Demografía y Población*. Disponible en línea. Consultado el 01.04.016 www.ine.es

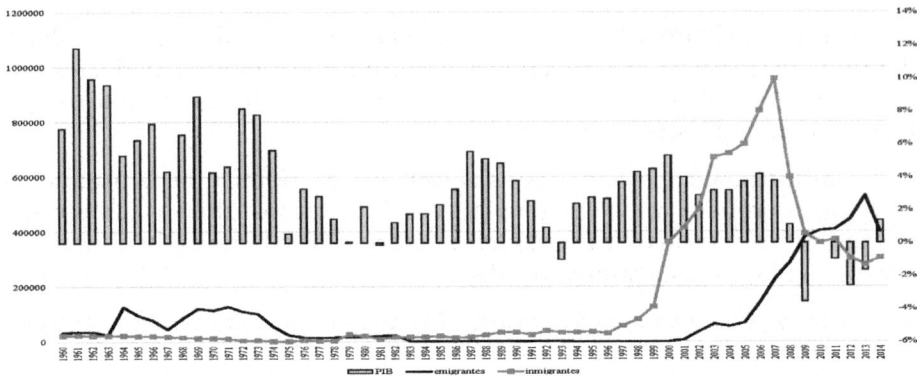

Figura 2. Emigración e inmigración en España, 1960-2014. Adaptado de INE (2016).

mucho mayores que en períodos anteriores. Es por ello que en este capítulo nos centramos en el análisis tras la crisis económica de 2008.

Para esta etapa, la figura 3 muestra con mayor detalle el aumento generalizado en todas las Comunidades Autónomas del número de emigrantes tras el inicio de la crisis y en el último año del que se disponen datos completos, esto es, 2008 y 2014. En total, España ha pasado de 288.432 emigrantes en 2008 a 400.429 en 2014[8].

De acuerdo con la literatura sobre migración, los flujos migratorios suelen concentrarse en mayor medida en aquellas regiones donde la actividad económica es más intensa o existe un mayor stock de inmigrantes, dado que la existencia previa de redes implica más facilidades y un mayor apoyo para los nuevos inmigrantes[9]. En este sentido, en España las Comunidades Autónomas de Cataluña, Madrid, Comunidad Valenciana y Andalucía son las que han experimentado un mayor aumento en el número de emigrantes, e igualmente la mayor disminución en el número de inmigrantes. En total, el número de inmigrantes en España ha descendido de 599.073 en 2008 a 305.453 en 2014[10].

3. LA INMIGRACIÓN Y LA ACTIVIDAD ECONÓMICA

Diversos trabajos analizan el impacto económico de la migración aunque su estimación es compleja. En general, la inmigración por motivos

---

8. Ibid, p. 2.
9. NORDREGIO, D.R., op, cit., p. 1.
10. INE, INSTITUTO NACIONAL DE ESTADÍSTICA DE ESPAÑA (2015). *Encuesta de Población Activa*. Disponible en línea. Consultado el 01.04.016 www.ine.es

124

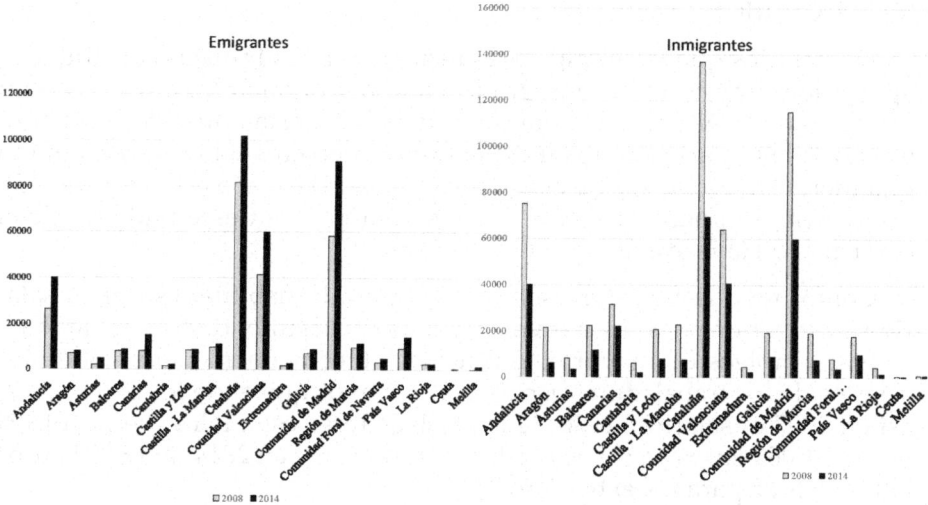

Figura 3. Número de emigrantes e inmigrantes en España por CC.AA., 2008 y 2014. Adaptado de INE (2016).

laborales/económicos supone pequeñas ganancias netas para el país receptor de inmigrantes[11].

Desde la perspectiva de la teoría macroeconómica neoclásica de la migración, la inmigración promueve el crecimiento económico.

La teoría migratoria del mercado laboral dual añade que para el crecimiento se necesita, por una parte, un incremento de la tecnología y de los trabajadores altamente cualificados y, por otro lado, también es necesaria la mano de obra poco cualificada que realice el trabajo que no se quiere hacer y unos salarios menores. De forma que para incrementar el crecimiento se podría sustituir mano de obra por capital, o en sectores intensivos en mano de obra, se podrían contratar más inmigrantes para lograr este crecimiento.

La teoría de la nueva economía de la migración laboral señala que los inmigrantes trabajarán en el país de destino en sectores donde la concentración de inmigrantes es más alta. Estos sectores suelen ser donde los nativos no quieren trabajar, aunque ofrecen salarios mayores que en el país de origen, por lo que son atractivos para los inmigrantes. No obstante, los bajos salarios en el país de destino suponen una baja contribución de los inmigrantes vía impuestos, pero también las transferencias que puedan recibir por parte del Estado son menores que en el caso de los nativos.

---

11. Ibid, p. 4.

125

3.1. SALARIOS

Los salarios que los inmigrantes reciben por sus trabajos constituye la aportación directa de los inmigrantes a una economía[12]. De acuerdo con los datos de la Agencia Tributaria[13] y de la encuesta anual de estructura salarial[14], los salarios de los trabajadores extranjeros han experimentado una fuerte reducción desde el comienzo de la crisis (véase la figura 4 y 5). En general, se puede observar que los salarios han descendido desde el comienzo de la recesión.

Conforme a la literatura sobre migración, lo habitual es que el salario sea superior para los nativos del país de destino, dado que también ocupan empleos de mayor cualificación[15]. Efectivamente, el nivel de los salarios de los trabajadores españoles es mayor que el de los extranjeros, así en 2007 el salario medio de los trabajadores españoles fue de 19.999 euros (11.062 euros en el caso de los extranjeros) y en 2014 de 19.294 euros (10.070 euros para los extranjeros)[16].

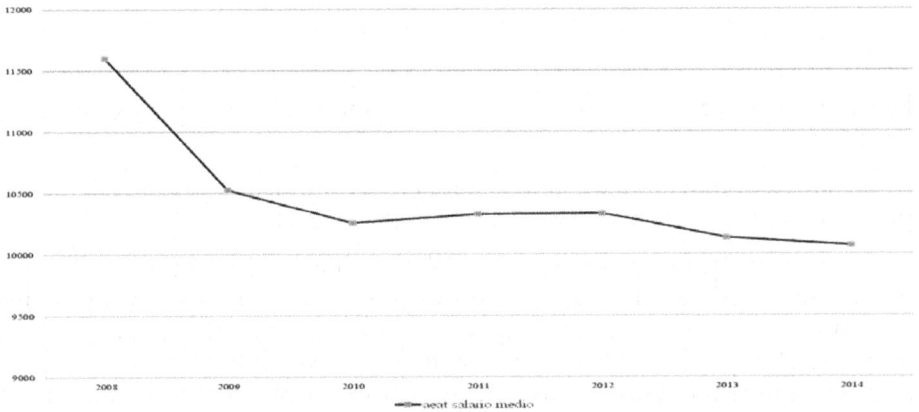

Figura 4. Salario medio de los trabajadores extranjeros en España 2008-2014. Adaptado de AEAT (2015).

---

12. Arce, R. (2010). El impacto económico de la inmigración en España, 2000-2009: antes y después de la crisis. Retos económicos derivados de la inmigración económica en España, n° 854, *Economistas*, 854, pp. 23-35.
13. AEAT, Agencia Tributaria Española (2015). *Mercado de Trabajo y Pensiones en las Fuentes Tributarias*. Disponible en línea. Consultado el 01.04.2016 www.aeat.es
14. INE, Instituto Nacional de Estadística de España (2013). *Encuesta anual de estructura salarial*. Disponible en línea. Consultado el 02.04.016 www.ine.es
15. Nordregio, D.R., op, cit., p. 1.
16. AEAT, Agencia Tributaria Española (2015), op.cit., p. 4.

126

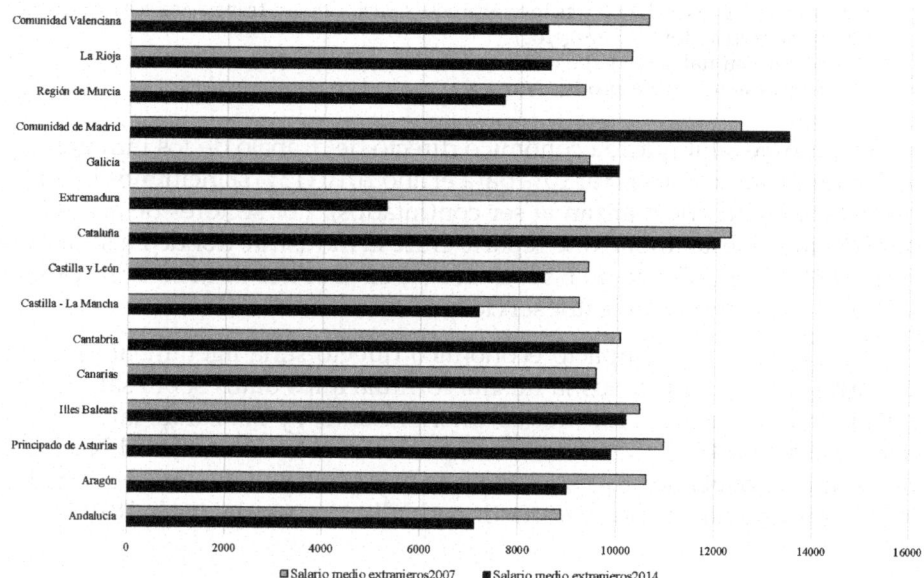

Figura 5. Salario medio de los trabajadores extranjeros en España por CC.AA. 2007 y 2014. Adaptado de AEAT (2015).

Esta disminución afecta a la evolución del PIB. Desde un punto de vista microeconómico, la reducción de los costes laborales de las empresas puede favorecer la contratación de trabajadores y el aumento de la producción. Sin embargo, desde la perspectiva macroeconómica, para el conjunto de la economía la reducción de los salarios puede suponer la reducción del nivel de vida, del poder adquisitivo de los trabajadores y del consumo privado de los trabajadores[17].

La caída de los salarios de los inmigrantes ocurre prácticamente en todas las regiones de España. Este descenso es más acusado en Extremadura, Castilla La Mancha, Comunidad Valenciana y Andalucía, Comunidades Autónomas donde las actividades económicas son más intensivas en mano de obra poco cualificada.

Conforme al trabajo de Arce[18] y del Sistema Europeo de Cuentas, SEC 2010, se puede calcular el impacto económico de la inmigración mediante la siguiente fórmula:

---

17. Arce, R. (2010), op.cit., p. 4.
18. Ibid, p. 5.

Masa salarial de los trabajadores inmigrantes (salarios de los trabajadores extranjeros x número de trabajadores extranjeros)
+ Rentas del capital (excedente bruto empresarial, EBE)
+ Los impuestos sobre la producción

Según Arce, el impacto económico directo del trabajo de los inmigrantes en España estaría en torno al 10% para el año 2010 (13% si incluimos los efectos del consumo que realizan al ser contratados). Por sectores de actividad, históricamente este impacto se reparte entre la industria, donde ha supuesto entre el 16% y el 20%; de un 6,5% a un 11% en el sector de la construcción, y de un 46% a 47% para el sector servicios.

En el año 2014, el impacto económico directo sería ligeramente menor, en torno al 8% si aplicamos la misma fórmula a los datos sobre salarios de trabajadores extranjeros mostrados anteriormente[19], y utilizando también los datos sobre el EBE y los impuestos disponibles en la Contabilidad Nacional de España para el año 2014[20], puesto que hay que tener en cuenta que todos los indicadores analizados han continuado disminuyendo desde 2010.

3.2. MERCADO DE TRABAJO

Para completar esta información es relevante incluir el análisis del mercado de trabajo. La figura 6 muestra los trabajadores extranjeros afiliados a la Seguridad Social en alta laboral, esto es, la creación de empleo nuevo puesto que se tiene en cuenta a aquellos trabajadores que por primera vez realizan una actividad laboral incluida en el sistema de la Seguridad Social. Como se puede observar, la caída del número de afiliados extranjeros es generalizada, pasando de un total de 1.981.106 de trabajadores en 2007 a 1.529.349 en 2014. Por tanto, en general la disminución salarial no se ha traducido en un aumento de las contrataciones de inmigrantes.

Es evidente que el número de contrataciones de trabajadores extranjeros no ha aumentado, sino que se ha producido un descenso de forma generalizada, por ello se podría afirmar que los beneficios que podría tener la inmigración para el caso de España se han reducido con la crisis económica.

En cuanto al número de trabajadores extranjeros, la disminución comentada anteriormente (un total de –451.757 afiliados entre 2007 y 2014) lógicamente también repercute en los ingresos vía impuestos y en las cotizaciones a la Seguridad Social.

---

19. AEAT, Agencia Tributaria Española (2015), op. cit., p. 4.
20. INE, Instituto Nacional de Estadística de España (2016), op. cit. p. 4.

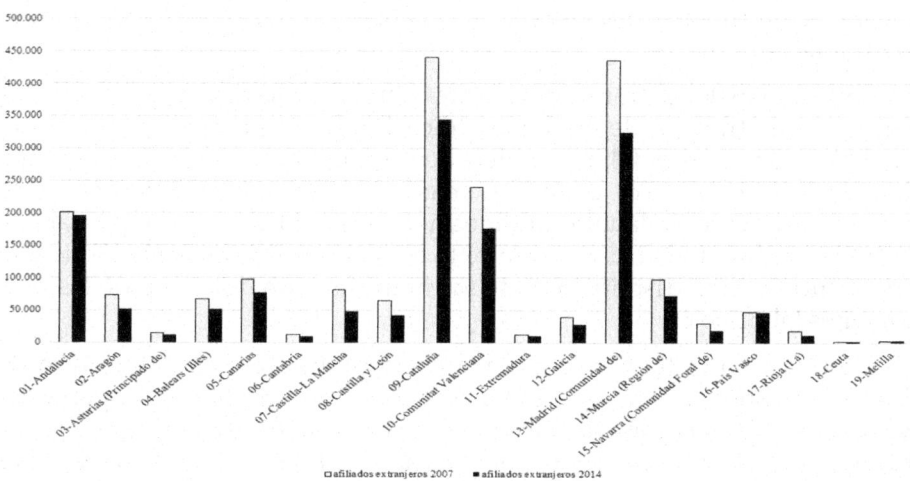

□ afiliados extranjeros 2007   ■ afiliados extranjeros 2014

Figura 6. Trabajadores Extranjeros Afiliados a la Seguridad Social en alta laboral por CC.AA. de España. 2007 y 2014. Ministerio de Empleo y Seguridad Social (2015).

Así, si tomamos el ejemplo del Impuesto de la Renta de las personas físicas, IRPF, las retribuciones dinerarias declaradas por los trabajadores extranjeros para este impuesto eran de un total de 14.895.188.175 de euros en 2008, disminuyendo a un total de 12.732.710.916 euros en 2014, es decir, –2.162.477.259 euros[21].

Asimismo, sólo el año 2013 supuso un descenso en el pago de cotizaciones a la Seguridad Social con respecto al año anterior de 693.546.076 euros a 677.297.482, esto es, –16.248.594 euros[22].

Por tanto, los ingresos del Estado percibidos por estos conceptos son menores.

Podemos completar este análisis con la figura 7, que representa la inserción laboral de los extranjeros en base a varios indicadores del mercado laboral: la tasa de actividad de los trabajadores extranjeros en España, el porcentaje de extranjeros ocupados con respecto al total de ocupados, la tasa de paro de los trabajadores extranjeros, el porcentaje de extranjeros con un contrato temporal o a tiempo parcial, el porcentaje de extranjeros que trabajan en puestos de inferior cualificación en cuanto a nivel de estudios, y finalmente, el porcentaje de ocupados en trabajos de baja

---

21.   AEAT, Agencia Tributaria Española (2015), op. cit, p.4.
22.   Ibid, p.4.

129

cualificación (niveles 5 a 9 según la clasificación nacional de actividades económicas).

Para el caso de los trabajadores extranjeros, la tasa de actividad y de los ocupados en trabajos de menor cualificación ha disminuido como consecuencia del aumento del desempleo, de la emigración (figura 2) y también por el menor número de ocupados en general. Asimismo, se ha originado un gran aumento de la temporalidad y de los contratos a tiempo parcial. Además, se ha producido un aumento en la sobre-cualificación. Todo ello se traduce en una disminución de los ingresos y un deterioro de las condiciones laborales.

Conforme a la teoría neoclásica de la migración, este deterioro de las condiciones laborales y el aumento del desempleo en España llevaría a los trabajadores a buscar la maximización de sus beneficios a otros países, hecho que se ha constatado desde el comienzo de la crisis económica y también en las previsiones negativas del flujo inmigratorio (véase la figura 1), lo que afecta negativamente al desarrollo económico a largo plazo. En conjunto, estos desequilibrios conforman una fuerte sinergia negativa que provoca el crecimiento de la emigración, haciendo el mercado laboral español poco atractivo como destino para nuevos inmigrantes.

Además, las proyecciones demográficas dibujan un panorama de reducción moderada de la población residente en España, lo que tendrá como resultado un menor número de población activa y envejecimiento de esta población[23].

Por otro lado, es revelador analizar la importancia de los emprendedores extranjeros. El porcentaje de autónomos extranjeros en España está en torno al 8% en 2015[24]. Probablemente, la situación de precariedad del mercado de trabajo les condujo en un primer momento a la creación de estas pequeñas empresas, pero también es cierto que su crecimiento ha sido continuado desde el comienzo de la crisis. Así que, mientras el número de autónomos españoles entre 2008 y 2015 ha disminuido, el número de extranjeros de esta categoría no ha parado de crecer desde entonces, y es especialmente intenso en el caso de inmigrantes procedentes de Asia y África (figura 8).

Relacionado con lo anterior, podemos hablar del índice de libertad económica.

---

23. United Nations (2013), op. cit, p. 1.
24. MINISTERIO DE EMPLEO Y SEGURIDAD SOCIAL DE ESPAÑA (2015). *Estadísticas sobre Inmigración y Emigración*. Disponible en línea. Consultado el 03.04.2016

130

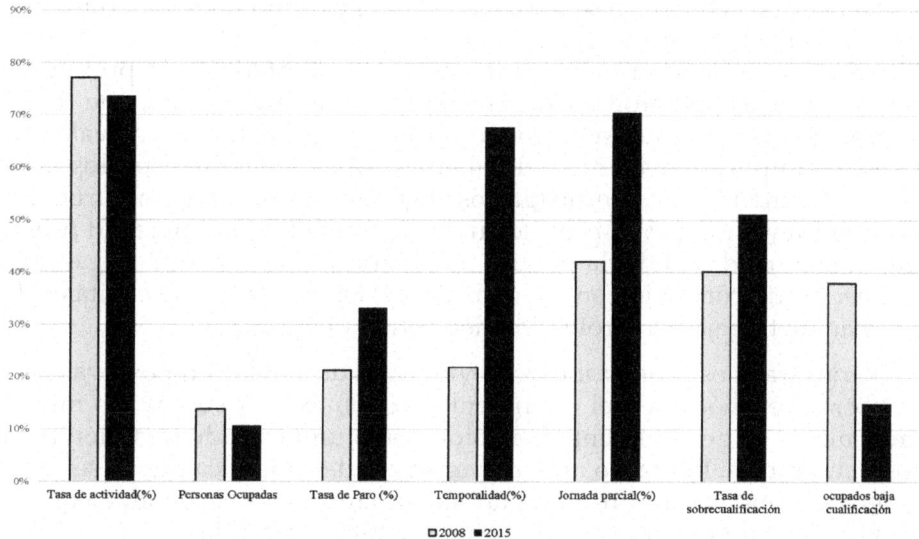

Figura 7. La inserción laboral de los trabajadores extranjeros en España. 2008 y 2015. Encuesta de Población Activa. INE (2015).

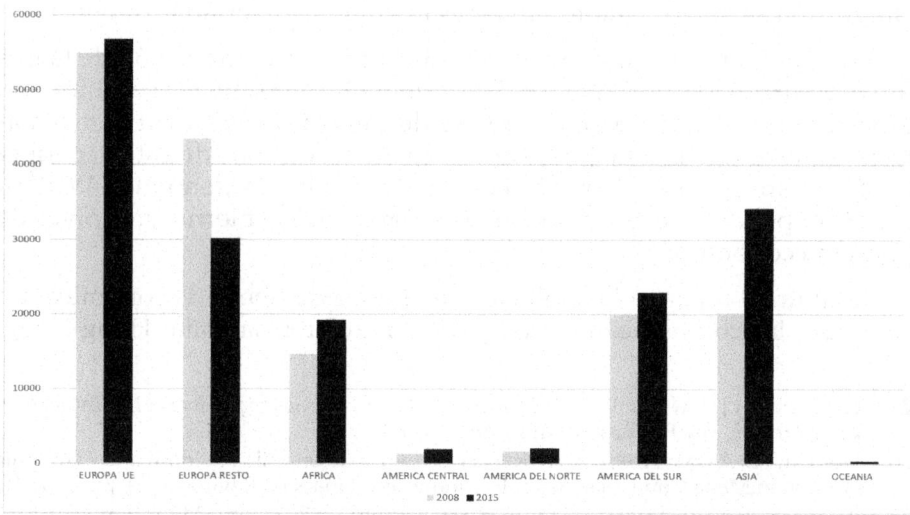

Figura 8. Trabajadores autónomos por nacionalidad en España. 2008 y 2015. Ministerio de Empleo y Seguridad Social (2015).

131

La libertad económica se recoge en el Índice Mundial de Libertad Económica (EFW) publicado por el Instituto Fraser, y se define como la combinación de la libertad de las transacciones voluntarias y la protección de los derechos de propiedad privada[25]. Este índice se compone de 23 subcategorías a las que se atribuye un valor de 0 a 10. Mayor valor en la escala implica mayor nivel de libertad. El índice mide aspectos tales como: el tamaño del gobierno (gastos, impuestos, empresas), la estructura económica y jurídica y la protección de la propiedad (la propiedad privada), una moneda sólida, la política monetaria y la estabilidad de precios, la libertad de comercio con los extranjeros, los mercados de capitales, la libertad de trabajo y la protección del crédito de negocios.

Varios trabajos proporcionaron evidencias de la relación positiva entre la libertad económica y el crecimiento económico[26]. A su vez, un mayor crecimiento es generalmente percibido como un factor de atracción para los inmigrantes. Por tanto, una mayor libertad económica puede ser considerada como razón directa de un mayor crecimiento económico que, a su vez, tiene un impacto positivo en inmigración recibida.

Además, la libertad económica suele tener efectos positivos en los ingresos y en el crecimiento del empleo. Los países con un mayor grado de libertad económica también suelen ofrecer mejores condiciones para que prosperen los inmigrantes. Diferentes estudios demuestran que se puede atribuir un mejor entorno para las innovaciones y el crecimiento a los países en los que la gente encuentra más libertad económica. Por ello, la emigración es mayor cuanto menor es el grado de libertad económica.

Esto también está en línea con el concepto de maximización de la utilidad desarrollada por Wallace, DeLorme y Kamerschen[27]. La ubicación específica de determinados productos de consumo se encuentra en instalaciones vinculadas a mejores estilos de vida. Algunos de estos «paquetes de consumo específicos de la ubicación» como los denomina Wallace et al[28]. dependen de las políticas y acciones del gobierno y el nivel de libertad económica.

La figura 9 muestra la evolución del índice de libertad económica. En este caso, las comparaciones con países de referencia como Hong Kong,

---

25. GWARTNEY, J.; LAWSON, R.A.; & NORTON, S. (2016). *Economic freedom of the world: 2016 annual report.* The Fraser Institute, Vancouver, BC.
26. PANAHI, H.; ASSADZADEH, A.; & REFAEI, R. (2014). Economic Freedom and Economic Growth in Mena Countries. Asian Economic and Financial Review, 4 (1), pp. 105-116.
27. WALLACE, S.B.; DELORME, C.D.; & KAMERSCHEN, D.R. (1997). Migration as a consumption activity. *International Migration*, 35 (1), pp. 37-58.
28. Ibid, p. 10.

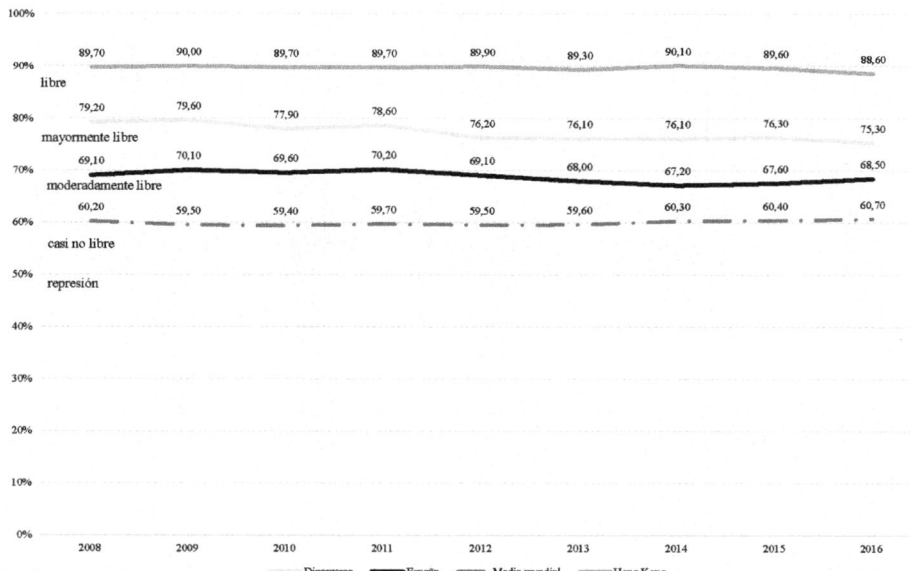

Figura 9. Índice de Libertad Económica 2008-2011. Adaptado Gwartney, Lawson y Norton (2016)[29].

a nivel mundial, y Dinamarca, a nivel europeo, y también con la media mundial permiten hacerse una mejor idea del nivel que presenta España, que se encuentra entre los países con índice de libertad económica moderado.

El nivel de libertad económica de España ha sido uno de los factores de atracción en épocas de recepción masiva de inmigrantes, especialmente tras la integración Europea. Teniendo en cuenta la situación económica actual, es necesario al menos poder mantener el nivel de libertad económica existente en España para que los trabajadores extranjeros puedan seguir emprendiendo y creando empresas para hacer frente a la mala situación del mercado laboral. Asimismo, la libertad económica es relevante para atraer nuevos inmigrantes.

3.3. NIVEL DE VIDA: PODER ADQUISITIVO, GASTO MEDIO, RIESGO DE POBREZA Y EXCLUSIÓN SOCIAL

En cuanto al poder adquisitivo de los trabajadores extranjeros y el consumo privado, la figura 10 muestra como la renta media anual y el gasto

---

29. GWARTNEY, J.; LAWSON, R.A.; & NORTON, S. (2016), op. cit, p. 9.

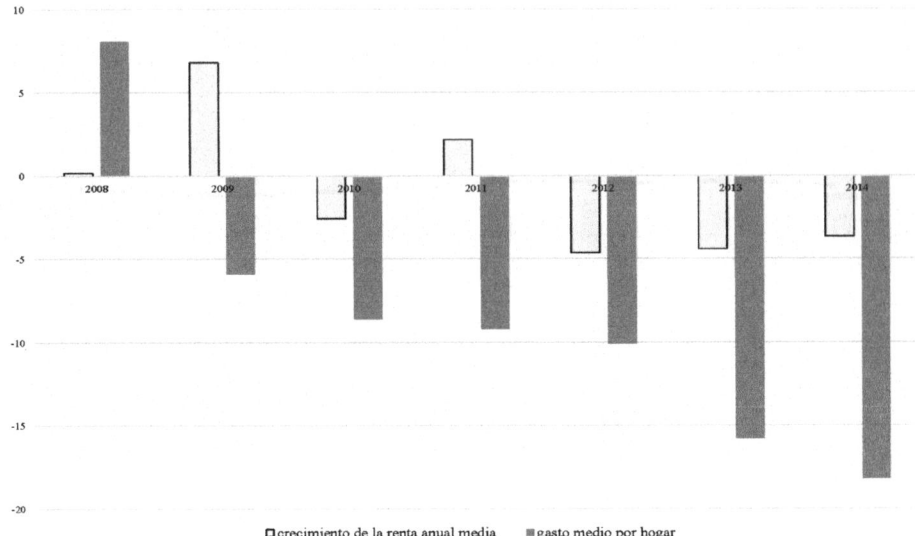

☐ crecimiento de la renta anual media   ■ gasto medio por hogar

Figura 10. Crecimiento de la renta media y del gasto medio anual de los trabajadores extranjeros en España Renta media. 2008-2014. INE (2015).

medio anual de los trabajadores extranjeros tiende a disminuir en el período considerado. La disminución de los salarios y el desempleo conducen a una situación en la que la confianza del consumidor y sus expectativas son negativas. De hecho el índice de confianza del consumidor, ICC, elaborado por el centro de investigaciones sociológicas, CIS, pasó de cerca de un 70% en 2010 a un 37% en 2012 (aunque actualmente está en torno al 100%).

Debido a esta situación, el gasto medio de los trabajadores extranjeros se contrajo, lo que contribuye a la reducción de la producción y de los niveles de renta del país. A su vez, los ingresos impositivos, que dependen de la evolución macroeconómica, se verán mermados, especialmente los impuestos de carácter progresivo, mientras que algunas partidas de gasto (como el gasto en desempleo) aumentarán, actuando como mecanismo estabilizador de las rentas.

Cabría preguntarse si el deterioro de las condiciones laborales y la disminución del poder adquisitivo de los trabajadores extranjeros han provocado cambios en su nivel de vida. Junto con el poder adquisitivo, el nivel de vida puede medirse conociendo si la población dispone de los recursos para satisfacer sus necesidades básicas.

134

La encuesta de condiciones de vida del INE estudia el indicador Arope que mide el riesgo de pobreza. De acuerdo con el INE (2016): «La población en riesgo de pobreza o exclusión social es aquella que está en alguna de estas situaciones: En riesgo de pobreza (60% mediana de los ingresos por unidad de consumo). En carencia de material severa (con carencia en al menos 4 conceptos de una lista de 9). En hogares sin empleo o con baja intensidad en el empleo (hogares en los que sus miembros en edad de trabajar lo hicieron menos del 20% del total de su potencial de trabajo durante el año de referencia)».

El porcentaje de inmigrantes por debajo del umbral de riesgo de pobreza en España pasó de un total de 18,6% en 2008 a un 20,8% (figura 11). Desglosando esta información por nacionalidad, se observa que en el caso de los españoles ha aumentado de un 15,6% en 2008 a un 18.4%, tras el deterioro de la situación económica.

Para extranjeros de otros países de la Unión Europea, UE, este riesgo es mucho mayor, aunque ha disminuido de un 41,5% en 2008 a un 35,7% en 2014. La mejor situación económica de otros países de la UE, junto a una mayor cercanía y la libre movilidad proporcionada por el Tratado Schengen,

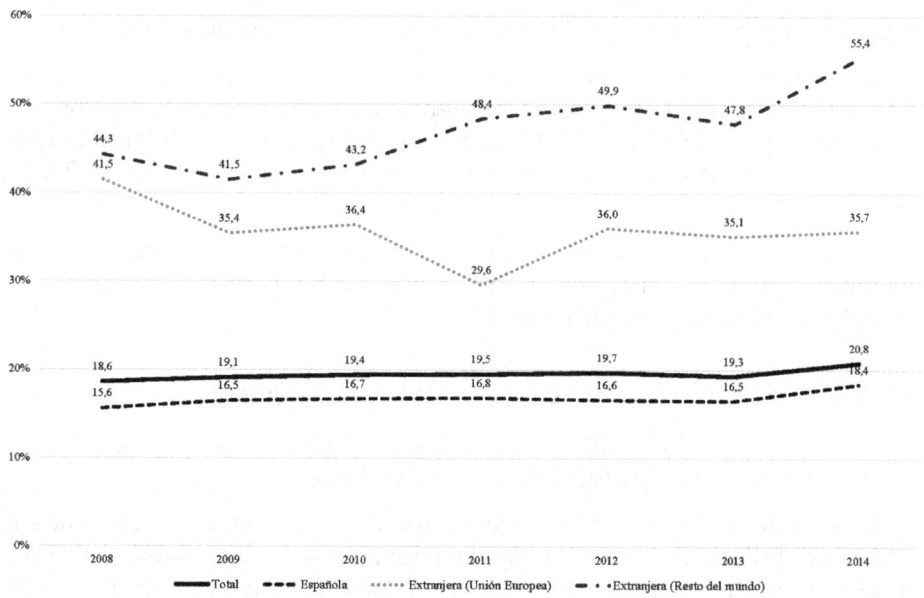

Figura 11. Riesgo de pobreza y exclusión social en España por nacionalidad. 2008-2014. INE, 2016.

135

ha propiciado que el número de emigrantes de otros países europeos haya aumentado tras la crisis económica.

Por otro lado, los extranjeros de países de fuera de la UE son los que tienen un mayor riesgo de pobreza y exclusión social. En este caso, se ha pasado de un 44,3% en 2008 a un 55,4% en 2014, señalando que este colectivo es el más vulnerable al deterioro de la situación económica en España.

3.4. PRESTACIONES SOCIALES

Hay que indicar que los beneficiarios de prestaciones sociales extranjeros no superan el 15% del total en España desde el comienzo de la crisis económica.

El aumento del desempleo tras 2008 supuso automáticamente el número de perceptores de prestaciones sociales (tabla 1), por lo que el gasto aumentó especialmente en los años 2008, 2009 y 2010. No obstante, si tenemos en cuenta los bajos salarios y la precariedad de las condiciones laborales de los extranjeros analizadas anteriormente, las prestaciones sociales para este grupo han sido también limitadas (en derecho a percepción, en cuantía y en duración de la prestación). A esto hay añadir el menor gasto que implica el crecimiento de la emigración y la creación de pequeñas empresas por parte de extranjeros en los últimos años.

En general, el gasto total anual por prestaciones sociales en España desde el comienzo de la crisis se encuentra en torno a un 25% del PIB (por ejemplo, supuso 264.577.878.000 euros en 2013), y los extranjeros beneficiarios de estas prestaciones fueron en promedio un 11,6% desde 2008 a 2014.

La tabla 1 muestra el desglose de los beneficiarios extranjeros de prestaciones sociales en base a los datos del Ministerio de Empleo y Seguridad Social para el período analizado[30].

4. LA EMIGRACIÓN Y LA ACTIVIDAD ECONÓMICA

4.1. FACTORES DE MOVILIDAD: LA INVERSIÓN EXTRANJERA DIRECTA, EL COMERCIO Y LAS REMESAS

El estudio de la movilidad internacional de los factores comprende el análisis detallado del comercio internacional, que incluye la exportación/importación de productos y servicios; asimismo se analiza la movilidad

---

30. MINISTERIO DE EMPLEO Y SEGURIDAD SOCIAL DE ESPAÑA (2015), op. cit, p. 9.

Tabla 1. Extranjeros beneficiarios de prestaciones sociales. 2008-2014

	2007	2008	2009	2010	2011	2012	2013	2014
PORCENTAJE SOBRE EL TOTAL DE BENEFICIARIOS	7,8	11,2	13,9	14,8	13,6	11,7	10,4	9,6
Nivel contributivo	11,5	14,8	14,8	13,0	12,3	11,1	10,3	10,5
Nivel asistencial	3,5	5,7	13,0	17,2	14,9	11,9	10,2	8,8
Subsidio	4,8	7,7	16,0	19,1	16,9	13,7	11,8	10,2
Subsidio trab. eventuales agrarios	1,2	1,4	1,4	1,4	1,4	1,3	1,2	1,2
Renta Agraria	0,2	0,3	0,4	0,7	0,9	1,4	1,6	1,8
Programa temporal de protección por desempleo e inserción			20,3	22,0	23,5	29,0		
Renta activa de inserción	2,4	4,6	6,5	9,4	12,9	13,9	11,2	10,2

Fuente: Adaptado del Ministerio de Empleo y Seguridad Social, 2015.

137

internacional del factor trabajo, especialmente en el caso de los flujos migratorios; y también la movilidad del capital, donde la inversión extranjera directa y las remesas tienen un papel muy importante[31].

Por lo general, hay dos formas de interacción entre la inversión extranjera directa, IDE, y los flujos migratorios. La primera está relacionada con un impacto directo de la IDE en el mercado laboral y la segunda puede ser consecuencia de los efectos que la IDE ejerce sobre el crecimiento, lo que lleva indirectamente a un cambio significativo en el flujo migratorio.

La IDE, el comercio y la migración fueron percibidos como complementarios en términos de la teoría de Heckscher-Ohlin. Esta teoría se basa en la ventaja comparativa que se deriva de las diferencias en la reducción de los precios de los factores internacionales. Se puede argumentar que los países ricos importan bienes intensivos en trabajo, lo que provoca un aumento en el empleo de trabajadores no cualificados en los países pobres. Ello implica ciertas inversiones directas en estos países pobres con el fin de ajustar su capacidad de producción a la creciente demanda de bienes. Una mayor demanda de bienes y una IDE superiores por lo general conducen a disminuir el flujo de salida de los trabajadores emigrantes.

La teoría de sistemas mundiales de la migración aporta una explicación del papel de los flujos de inversiones de capital y su asociación con los procesos de migración. Según este enfoque, la emigración es una consecuencia natural de la evolución del capitalismo y los avances del mercado global. En cuanto las materias primas en los países ricos empiezan a agotarse y los costes laborales suben, las empresas comienzan a buscar materias primas y menores costes laborales en el extranjero. En realidad, esto conduce a un flujo de capital (en parte en forma de IDE) hacia los países pobres que a su vez reciben los productos de los países ricos.

Una mayor tasa de emigración de cualquier país de origen por lo general conduce también a una mayor IDE como resultado de la creación de redes de inmigrantes y viceversa.

En el caso de España esto también es cierto. Si comparamos el año 2008 y el 2014, podemos ver en la figura 12 la tasa de variación con respecto al año anterior de la IDE y de la emigración, siendo en ambos casos decreciente, dicho en otras palabras, gráficamente se observa que, tanto en 2008 como en 2014, se produce un descenso en la emigración y un descenso en la IDE con respecto al año anterior.

---

31.   MIHI, A.; CUENCA, E.; Y MIRANDA, M.J. (2016), op. cit, p. 1.

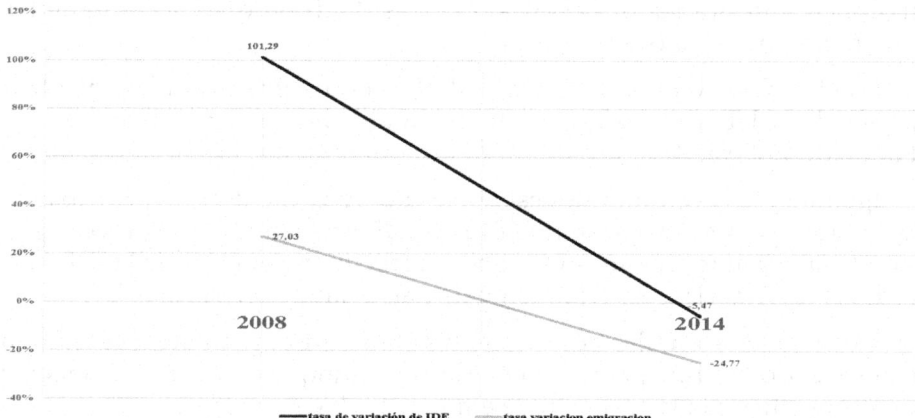

Figura 12. Tasa de variación con respecto al año anterior de la IDE y la emigración en España. 2008 y 2014. Adaptado de DataInvex, Ministerio de Economía y Competitividad (2015) e INE (2016).

Al respecto, Buch, Kleinert y Toubal[32] demostraron que si un país recibe numerosos inmigrantes de cualquier país en particular, lo más probable es que también implique mayores flujos de capital hacia el mismo país de origen. Esto se denomina el efecto de aglomeración[33].

En pocas palabras, la presencia de los inmigrantes puede estimular la IDE mediante el fomento de los flujos de información a través de las fronteras internacionales.

Aubry, Kugler y Rapoport (2012)[34] encontraron que la emigración tiene un impacto positivo en la IDE. Así, un aumento de la IDE en el país emisor de emigrantes conduce a una mayor emigración hacia el país inversor. El capital simplemente procede de los países donde van los emigrantes, que también ofrecen salarios más altos. Por tanto, la emigración y la IDE pueden ser entendidos como complementarios.

En el caso de España se puede ilustrar esta cuestión con los datos representados en las figuras 13 y 14. La figura 13 representa la proporción por regiones del mundo de la IDE en España en el año 2008 y 2014. La

32. BUCH, C.; KLEINERT, J.; & TOUBAL, F. (2006). Where Enterprises Lead, People Follow? Links between Migration and German FDI. *European Economic Review*, 50 (8), 2017-2036.

33. Ibid, p. 15.

34. AUBRY, A.; KUGLER, M.; & RAPOPORT, H. (2012). *Migration, FDI and the Margins of Trade*. Boston: Center for International Development, Harvard University; Barilan University and University of Lille.

figura 14 muestra las principales regiones de destino de los emigrantes españoles para el año 2008 y 2014.

En el comienzo de la recesión, la IDE procede prácticamente de otros países de la UE, especialmente de los fondos regionales (FEDER, FSE y Fondo de Cohesión).

Igualmente los emigrantes españoles tienen como destino principal en 2008 otros países europeos. En 2014, la IDE procedente de Europa sigue siendo la más importante, aunque se aprecia un incremento de la IDE procedente de América, especialmente de países latinoamericanos[35].

Una situación similar ocurre con los emigrantes, para quienes Europa sigue siendo la principal región de destino, aunque en ligero descenso, y con aumento de la proporción de emigrantes hacia América.

Podemos decir que la recepción masiva de inmigrantes en España hasta mediados de 2000 (véase la figura 2) implicó también un aumento progresivo de la IDE de España en los países de origen de estos inmigrantes, los cuales contaban con recursos naturales y materias primas abundantes.

Sin embargo, tras la recesión se produce una fuerte disminución de la inmigración y de las inversiones en el exterior. Al mismo tiempo, el deterioro económico supuso una importante reducción de los ingresos por lo que la IDE hacia España se convierte en una cuestión primordial. También, como hemos analizado anteriormente, la emigración comenzó a crecer, y de acuerdo con los datos del INE (2016), se dirige hacia otros países.

Por otra parte, de acuerdo con la teoría neoclásica de la migración[36] se nuestra que el comercio internacional reduce el alcance de la emigración y viceversa. En este sentido el comercio internacional ayuda a la convergencia de los precios, por lo que la eliminación de las diferencias entre países reduce los incentivos para la emigración y aumenta el alcance del comercio internacional.

Según la perspectiva de Heckscher-Ohlin, la emigración es consecuencia del intercambio de los recursos de la producción, especialmente del capital y del trabajo. El comercio internacional sería una especie de complemento de la migración. El flujo de emigrantes desde los países pobres a los más ricos puede entenderse como un resultado directo del comercio internacional entre países. El capital fluye en dirección contraria a la emi-

---

35. DATAINVEX (2015). *Estadísticas de Inversión Extranjera en España*. Ministerio de Economía y Competitividad. Disponible en línea. Consultado el 15.03.2016 http://datainvex.comercio.es/

36. AUBRY, A.; KUGLER, M.; & RAPOPORT, H. (2012), op. cit, p. 15.

140

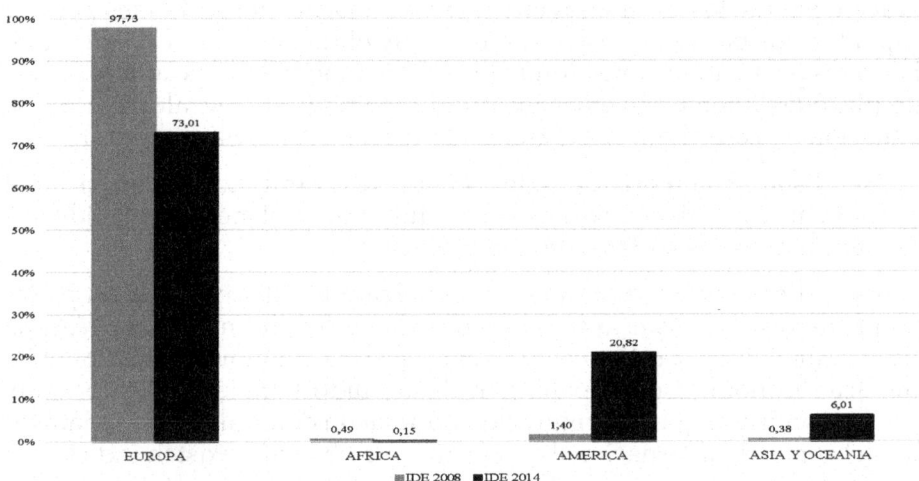

Figura 13. IDE en España por regiones mundiales. 2008 y 2014. Adaptado de DataInvex, Ministerio de Economía y Competitividad (2015).

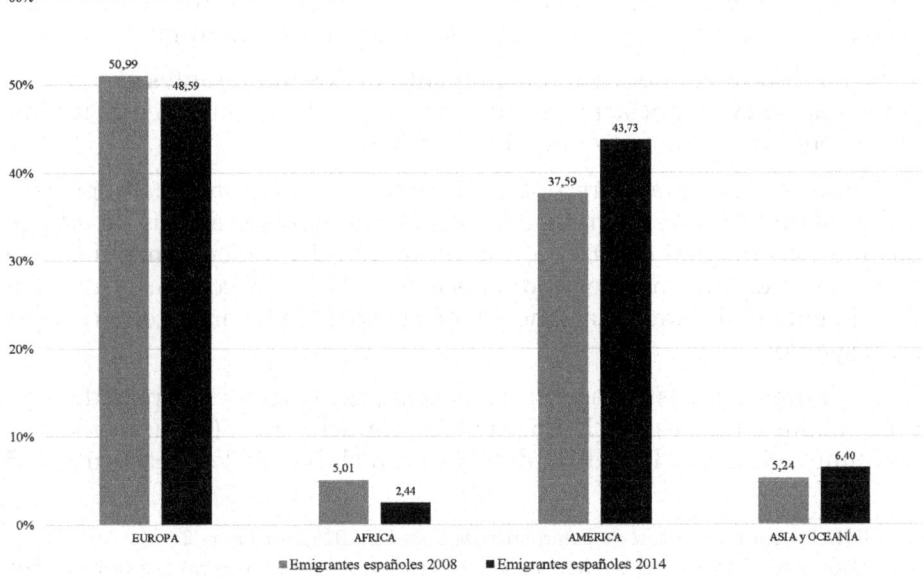

Figura 14. Principales destinos de los emigrantes españoles. 2008 y 2014. Adaptado de INE (2016).

141

gración ya que los inversores encuentran mejores oportunidades para su capital en los países intensivos en mano de obra. La emigración se dirige hacia los países inversores donde los salarios son más altos, aunque a largo plazo las diferencias entre los salarios se reducen y se alcanzaría una situación de equilibrio, desapareciendo los incentivos para emigrar.

No obstante, la teoría de redes señala que la migración internacional continúa incluso cuando se alcanza el equilibrio en el mercado debido a la existencia de redes sociales de inmigrantes.

Para el caso de España, tal como analizamos anteriormente, el poder adquisitivo y el consumo se han reducido en los últimos años (véase la figura 10). Además, sabemos que tanto el stock de inmigrantes como su impacto económico en España han disminuido también[37]. Por lo tanto, podemos afirmar que la inmigración no sería un determinante fundamental del comercio internacional en España. No obstante, existen indicios de que la inmigración tiene cierta influencia en el comercio exterior. Esto se puede observar en el aumento del número de acuerdos comerciales y la mayor integración comercial de España en Europa en los últimos años. También porque los costes de las transacciones comerciales internacionales se reducen gracias a la información que los inmigrantes residentes en España tienen del mercado del país de origen y del de destino. Otro indicio se encuentra en la existencia de redes sociales de inmigrantes, que igualmente reducen los costes de transacción de los productos típicos de las regiones de origen que son demandados por los inmigrantes[38].

Según Madrazo[39], por cada incremento de los inmigrantes en un 10% aumentarían las exportaciones entre un 1% y 1,4%, mientras que las importaciones crecerían entre un 2,1% y un 3,3%.

Asimismo, una mayor recepción de emigrantes supone una importante fuente de financiación mediante el envío de remesas al país de origen. Las remesas pueden contribuir a la reducción del déficit comercial si se emplean en el consumo de productos locales. Si por el contrario suponen un aumento de las importaciones, el efecto sobre la balanza comercial sería negativo.

La figura 15 muestra las remesas netas (recibidas menos pagadas) representadas en el eje de la izquierda y la migración neta (inmigración menos emigración) en el eje de la derecha para el caso de España entre 1975

---

37. INE, Instituto Nacional de Estadística de España (2016), op. cit, p. 2.
38. MADRAZO, R. (2009). El impacto de la inmigración sobre el comercio exterior español. *Tribuna de Economía*, 849, pp. 179-202.
39. Ibid, p. 18.

142

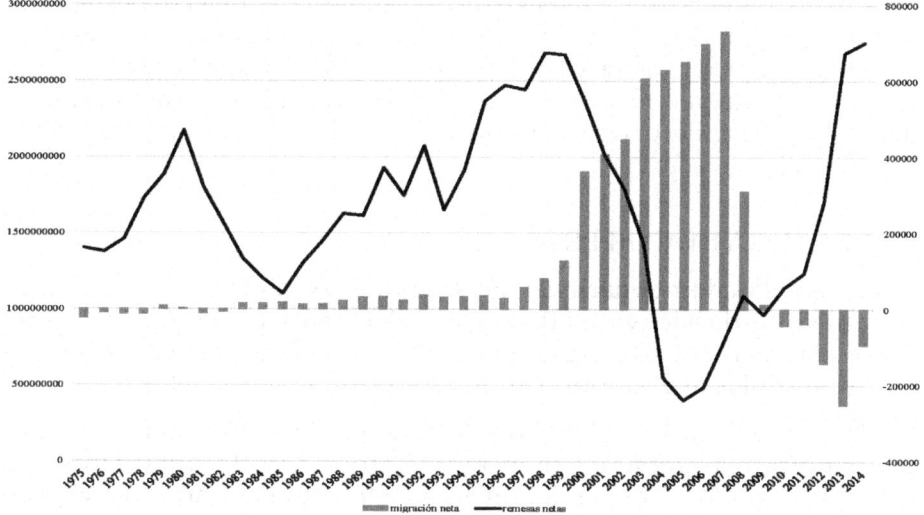

Figura 15. Remesas netas (recibidas–pagadas) y migración neta (inmigración-emigración) en España. 1975-2014. Adaptado del Banco Mundial (2015) y de INE (2016).

y 2014. La migración masiva anterior a la recesión supuso una gran salida de capitales por el aumento de las remesas pagadas al exterior, sin embargo, tras 2008 la situación se invierte, el número de inmigrantes se redujo drásticamente así como las remesas pagadas. Además, el crecimiento de la emigración española fue acompañado de un aumento de las remesas recibidas desde el exterior.

El crecimiento de las remesas recibidas en España supuso un saldo positivo de la sub-balanza de transferencias, que en determinadas etapas de la economía española compensó parcialmente el tradicional déficit por cuenta corriente.

Las remesas de los emigrantes tienen efectos positivos en el empleo y en el crecimiento económico si se emplean en aumentar la productividad y el emprendimiento. Es más, las remesas podrían ayudar a la reducción de la pobreza, aumentar el consumo privado y la inversión en el país receptor.

Sin embargo, aunque las remesas son importantes[40], la IDE es la fuente de capital más relevante. Las remesas son transferencias de tipo privado que pertenecen a las familias, y aunque han aumentado en los últimos

---

40. METELSKI, D. & MIHI, A. (2015), op. cit, p. 1.

143

años, la mayoría de estas remesas no se emplean en inversiones relacionadas con la productividad, sino en gastos relacionado con el consumo, la compra de propiedades y también en productos de ahorro. Por tanto, el desarrollo de un país no puede basarse en la recepción de remesas, sino en una política macroeconómica que promueva la estabilidad y el desarrollo económico[41].

4.2. LA FUGA DE CEREBROS

La movilidad internacional de trabajadores altamente cualificados constituye desde hace varias décadas un elemento esencial para cualquier economía. A su vez, el nivel de innovación está estrechamente relacionado con los flujos migratorios de trabajadores altamente cualificados[42].

De acuerdo con la OCDE[43], desde el año 2000 a 2011 los inmigrantes con educación terciaria se han incrementado en un 70% a nivel mundial (cerca de 35 millones de inmigrantes con educación terciaria en países de la OCDE. Además, la cooperación científica internacional casi se ha duplicado desde 1996[44].

La inmigración altamente cualificada se considera por los distintos países y empresas como una fuente de recursos y fortalezas que posibilitan, junto con otros factores de la innovación, un crecimiento presente y futuro sostenible, aspecto especialmente importante en épocas de recesión y de competencia global como la actual[45].

La llamada «sociedad del conocimiento» y su infraestructura tecnológica han contribuido a incrementar el deseo de obtener un nivel adecuado de trabajadores altamente cualificados en los distintos países y, en relación a dichos niveles formativos, el término «fuga de cerebros» alude a la emigración de profesionales y científicos formados universitariamente en sus países de origen a otras naciones, fundamentalmente por la falta de oportunidades de desarrollo de sus áreas de investigación, motivos económicos o conflictos políticos en su país natal (generalmente sin regreso).

41. NORDREGIO, D.R., op, cit., p. 1.
42. GARCÍA, Y.; MIHI, A.; & NAVARRO, M. (2015). Highly-Skilled Migration, Migrant Networks and the Prestige of Academic Institutions. *Inzinerine Ekonomika-Engineering Economics*, 26(5), pp. 500-506.
43. OCDE (2014). *International Migration Outlook 2014*. Paris: OECD Publishing. IOM Manila Administrative Centre, Ginebra.
44. OCDE (2015). *Gross Domestic Spending on Research and Development*. Disponible en línea. Consultado 03.04.2016 https://data.oecd.org/rd/gross-domestic-spending-on-r-d.htm
45. GARCÍA, Y.; MIHI, A.; & NAVARRO, M. (2015), op. cit, p. 19.

Si bien este fenómeno se acentúa en países en desarrollo, en muchas ocasiones se produce también entre países industrialmente desarrollados con motivo de diferencias salariales o impositivas[46].

Esta fuga de cerebros preocupa especialmente a los países menos desarrollados[47], que temen la pérdida de trabajadores altamente cualificados en beneficio de países más desarrollados que pueden ofrecer salarios acordes a su cualificación, incrementando con ello su riqueza a partir del desarrollo de la investigación y la tecnología que dichos trabajadores aportan (técnicas y habilidades avanzadas, patentes, propiedad intelectual, etc.). Al respecto, se pone de manifiesto la necesidad global de innovar en las políticas sociales para que la búsqueda de prosperidad por parte de los emigrantes cualificados pueda conciliarse con el derecho de los países a no perder su desarrollo económico y social.

Recientemente han surgido argumentos que defienden que la emigración cualificada produce también efectos positivos para el país emisor, dado que la fuerza laboral que permanece en el mismo se ve motivada a recibir una mayor educación, se reciben transferencias monetarias y de conocimientos gracias a la mejora de las comunicaciones, y se fomentan y mejoran los flujos de información y conocimiento entre los países emisores y receptores.

Desde la primera perspectiva, la «fuga de cerebros» («brain drain») supone una pérdida neta para el país emisor, dado que se pierde la inversión en educación superior de esa persona y se reduce el capital social del que formaba parte, generando una «transferencia inversa de tecnología» desde los países más pobres a los más ricos.

Sin embargo, a finales de los 80 surge un nuevo enfoque sobre la movilidad de Recursos Humanos en Ciencia y Tecnología, denominada ganancia de cerebros, «brain gain», «brain mobility» o «diaspora option», que asume el diagnóstico de que los científicos y tecnólogos producen conocimiento a escala global en el marco de redes de cooperación presenciales y virtuales. En este sentido, el capital humano emigrado no se considera una pérdida, sino un patrimonio potencial a ser explotado por el país emisor, dado que si se logra su retorno o el uso de su cualificación,

---

46. BARRERE, R., LUCHILLO L. & RAFFO, J. (2004). Highly Skilled Labour and International Mobility in South America. *OECD Science, Technology and Industry Working Papers, 2004/10*, OECD Publishing. Beatriz, P. (2010). Some reflections on highly skilled migration: policies, labour markets and constraints.

47. UNESCO (2009). *Annual Report*. United Nations Educational, Scientific and Cultural Organization. Disponible en línea. Consultado el 03.03.2016 http://unesdoc.unesco.org/images/0018/001849/184967s.pdf

se habrá logrado una gran capitalización. De ahí que este enfoque, muy presente en la agenda internacional de desarrollo, promueva la creación de redes de investigación (presenciales o virtuales) entre científicos emigrados y locales.

En suma, los efectos de la emigración en los salarios y el desempleo dependerán teóricamente de la selección de los emigrantes. Si los emigrantes tienen una cualificación avanzada el desempeño económico del país emisor se resentirá. Y si los emigrantes tienen poca cualificación, el efecto podría ser positivo para el país emisor.

Existen pocos datos fiables sobre la emigración cualificada, sólo en ciertos casos se pueden encontrar datos sobre emigración, pero como mucho vienen desglosados por edad o por género. No obstante, dado que un gran porcentaje de emigrantes españoles eligen como destino un país europeo (figura 14) se podría analizar la migración cualificada para el caso de España mediante las estadísticas que la Comisión Europea recopila sobre el número de profesionales cualificados que solicita el reconocimiento de su cualificación obtenida en España en otro país europeo, pues esto implica la decisión de emigrar[48].

De acuerdo con estas estadísticas en 2008, el número de españoles que solicitaron el reconocimiento de sus títulos y cualificaciones en otro país de Europa fue de 1.591, esto supone un 9% del total de españoles que emigraron a Europa en ese mismo año (figura 14). Para el año 2015 este porcentaje sube hasta el 72% del total de españoles que emigraron a Europa.

Por último, si consideramos el total de españoles que han solicitado este reconocimiento desde 2008 y hasta 2015, la cifra es de 28380 personas, es decir, supone un incremento con respecto al año 2008 de un 1.684%.

La figura 16 muestra los destinos más solicitados por los españoles para la homologación de títulos y cualificaciones en todo el período analizado, 2008 a 2015, donde Reino Unido y Francia destacan especialmente.

Por profesiones, la mayoría pertenecen al sector de la sanidad y la educación[49]. Algunos autores argumentan que la emigración de profesionales de la sanidad y la educación contribuiría al deterioro del sistema sanitario y de la formación de los futuros trabajadores cualificados.

Por otra parte, las profesiones relacionadas con la medicina, la educación y las carreras técnicas se han convertido rápidamente en profesiones

---

48. COMISIÓN EUROPEA (2015). Regulated professions database. Disponible en línea. Consultado en 01.02.2016 http://ec.europa.eu/growth/tools-databases/regprof/
49. Ibid, p. 23.

146

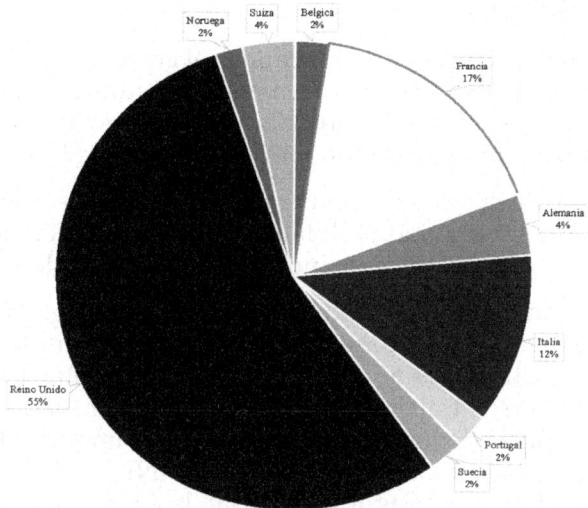

Figura 16. Solicitud de reconocimiento de títulos académicos y cualificaciones de españoles a otros países Europeas. 20008-2015. Adaptado de la Comisión Europea (2015).

globales con una alta demanda en los países de destino[50]. La formación en estas carreras tiende a ser más costosa, por lo que cada vez con mayor frecuencia se recomienda, por cuestiones de eficiencia, que el estudiante se haga cargo de una parte de estos costes, especialmente cuando la proporción de trabajadores cualificados aumenta. No obstante, el aumento del precio de las matrículas en estos estudios restringiría el exceso de oferta de graduados, pero también limitaría la posibilidad de estudiar estas carreras según el nivel de renta. Por tanto, la mayoría de los esfuerzos para hacer frente a la fuga de cerebros se ha centrado en ayudas para compensar el retorno de los emigrantes cualificados, tales como costes de viaje, ayudas con el alojamiento, etc.

Aunque esta solución sería adecuada siempre que se tomara la decisión de retornar al país de origen en función del entorno de investigación, de los incentivos profesionales y del acceso a equipos y material de investigación.

Además, el uso de otro tipo de incentivos económicos puede crear distorsiones, como por ejemplo, penalizar a los profesionales que nunca emigraron o financiar el retorno de los menos cualificados, mientras que los que poseen mayor cualificación permanecerían en el extranjero.

---

50. García, Y.; Mihi, A.; & Navarro, M. (2015), op. cit, p. 19.

147

5. CONCLUSIONES

Los flujos migratorios van a determinar el crecimiento de la población de España en los próximos años. Teniendo en cuenta el deterioro de la economía mundial y española y sus efectos sobre los flujos migratorios, es necesario analizar el impacto económico de la migración en España.

La aproximación a esta cuestión es compleja dada la existencia de distintas teorías, la escasa disponibilidad de datos y también porque existen diferencias por regiones, tipos de industria y situación de la economía.

Este trabajo analiza el impacto económico de la migración en España tras la reciente recesión económica. Para ello se han tenido en cuenta las aportaciones de diferentes teorías migratorias, y también los resultados empíricos de diversos trabajos destacados en el campo de la migración, junto con un análisis de los datos disponibles de importantes fuentes de información de instituciones oficiales como el INE, la Comisión Europea, el Ministerio de Empleo y Seguridad Social, la AEAT, etc.

El trabajo se ha centrado en el impacto de los trabajadores extranjeros en base a los indicadores económicos más relevantes con el fin de poder analizar específicamente su impacto en la economía. No obstante, en algunos casos también se realizan algunas comparaciones con los trabajadores españoles.

Los flujos migratorios en España no son un fenómeno nuevo, aunque los efectos son distintos según el ciclo económico. En general, las aportaciones teóricas sobre la migración se cumplen para el caso de España.

En cuanto a la inmigración y su impacto en la economía, podemos decir que los trabajadores extranjeros representan una pequeña proporción de la población activa, y una parte importante de ellos ocupan trabajos de menor cualificación, por tanto los efectos de la crisis han sido especialmente graves en este colectivo.

Se ha producido un fuerte descenso de los salarios medios de los trabajadores extranjeros. Al mismo tiempo, el número de ocupados se ha reducido notablemente. Además, el desempleo ha crecido de forma importante, más incluso que en el caso de los españoles. Y aunque el número de beneficiarios de prestaciones aumentó en los peores años de la crisis, no podemos decir que el gasto en prestaciones haya sido significativo, dado que representan una pequeña proporción del total de beneficiarios de prestaciones, y también por el aumento de la emigración, e incluso el aumento del auto-empleo en este colectivo. Asimismo, la menor disponibilidad de renta implica una reducción del consumo y un aumento de

148

la pobreza relativa en el caso de los extranjeros, especialmente si son de países de fuera de la UE.

En suma, todo ello ha llevado a una contracción del impacto de los inmigrantes en la economía, que suponía al comienzo de la crisis aproximadamente un 10% del PIB, y también, a un empeoramiento del nivel de vida de este colectivo, por lo que España ha dejado de ser un receptor de inmigrantes de forma masiva para convertirse en un país de emigración, hecho que no ocurría desde los años 80.

Desde el punto de vista de la emigración, tras la recesión España se ha reducido la salida de capitales en forma de IDE y de remesas pagadas al extranjero. Asimismo, la IDE hacia España se ha convertido en una cuestión crucial, y ésta proviene de aquellos países donde los españoles emigran, especialmente de Europa y América Latina. También la reciente emigración implica un aumento de las remesas recibidas.

Por último, es importante tener en cuenta la emigración de los trabajadores altamente cualificados, dada su estrecha relación con la innovación y el desarrollo, y también porque puede suponer un deterioro de los servicios básicos como la sanidad y la formación de futuros profesionales. En el caso de España, se ha observado que la proporción de emigrantes cualificados ha aumentado significativamente en los últimos años y, aunque puede tener algunos efectos positivos como la transferencia de conocimientos y remesas, es importante para el desarrollo económico establecer incentivos para promover el retorno de los españoles más cualificados.

Capítulo 4

Diversidad religiosa y emigración: el caso español

PILAR RIVAS VALLEJO

*Profesora Titular acreditada a catedrática.
Universidad de Barcelona*

ALBERT TOLEDO OMS

Abogado de Roca Junyent, doctor en Derecho

1. INTRODUCCIÓN

Desde el prisma del Derecho del Trabajo el impacto del fenómeno de la emigración, con el consecuente aumento de la riqueza religiosa que ha comportado, puede ser analizado en relación a numerosas vertientes. Resulta empíricamente indiscutible que la evolución y acrecentamiento de las relaciones sociales de naturaleza intercultural ha afectado a diversas de las instituciones y figuras más características del Derecho laboral, todo ello en íntima conexión con los derechos fundamentales inespecíficos, cuales son señeramente el derecho a la libertad religiosa (art. 16 CE) y el derecho a la intimidad (art. 18. CE), y asimismo la prohibición de conductas discriminatorias en el marco de la relación laboral (art. 14 CE).

Como consecuencia del gran número de posibilidades de aproximación a esta temática, por razones de espacio se centrará el foco de atención a ciertos aspectos especialmente sobresalientes[1]. En particular, merecen interés especial las necesidades religiosas de las y los trabajadores por

---

1. Para un tratamiento *in extenso vid.* TOLEDO OMS, A.: *Relación laboral y libertad religiosa*. Tesis doctoral. Universidad de Barcelona, 2016. Dirigida por PILAR

cuenta ajena en materia de descanso semanal y festividades (incluida la especial relevancia del Ramadán como festividad significativa en el ámbito laboral); el descanso diario para la oración; el consumo de productos alimentarios y las necesidades dietéticas de dichos trabajadores; y la estética, indumentaria y utilización de símbolos en el puesto de trabajo. Tales aspectos, a su vez, serán puestos en relación con la necesaria perspectiva de género, que no resulta inocuo en el ámbito del trabajo, especialmente considerando el origen nacional interaccionando con otro hecho diferencial como las creencias religiosas o cultura no occidental. Finalmente, resulta imprescindible el análisis del deber empresarial de llevar a cabo ajustes razonables de las condiciones de trabajo como garantía de la efectividad de los derechos fundamentales en juego y asegurar que la colisión con las facultades empresariales no rebaja su alcance en el ámbito del contrato de trabajo pero que el despliegue de los actos inherentes al ejercicio efectivo en el ámbito laboral de la libertad religiosa tampoco perjudique la organización del trabajo.

2. DIVERSIDAD DE CREENCIAS RELIGIOSAS Y DEBER DE AJUSTE RAZONABLE

El origen de buena parte de las y los trabajadores extranjeros del mercado de trabajo español concurre en muchos casos con unas creencias religiosas divergentes respecto del credo religioso imperante en nuestro país, aparentemente laico pero heredero de ciertas tradiciones culturales que tienen un claro origen católico. Entre ellas se encuentran precisamente los descansos y festividades.

Por otra parte, el derecho fundamental a la libertad religiosa reconocido en el art. 16 CE implica, a la luz de la Directiva 2000/78, del Consejo, de 27 de noviembre de 2000, *relativa al establecimiento de un marco general para la igualdad de trato en el empleo y la ocupación*, no impone obligaciones activas en relación con el respeto al derecho que impliquen un deber de hacer para el empresario (v.g. si se considera que la práctica de la oración debe realizarse en ciertas condiciones, tanto de ubicación física como de higiene, es decir, en un lugar o instalaciones apropiadas y tras la ablución previa obligatoria), sí dispuestas para la integración laboral de personas con discapacidad. Esta falta de positivización provoca que este contenido quede deferido al entendimiento mutuo entre las partes y en su caso a las obligaciones dimanantes del convenio colectivo aplicable, si existiere en este punto, y, en todo caso, a la buena voluntad del empresario o la

---

RIVAS VALLEJO. Consultable en línea en http://www.tesisenred.net/bitstream/handle/10803/378026/ATO_TESIS.pdf?sequence=1.

empresaria. Por tal razón Vickers[2] prefiere emplear la expresión «intereses religiosos», que se ajusta mejor al alcance real derecho que hablar de «derechos» perfectos o absolutos, dado su necesaria acomodación a los condicionantes laborales. Por consiguiente, no puede hablarse en puridad de la existencia de un deber de ajuste razonable, el deber de observar una conducta específica para satisfacer en su plena integridad el derecho individual, lo que no significa que el respeto del derecho fundamental no implique ciertas obligaciones activas del empleador, aunque éstas no sean identificables con la acción positiva para subvertir una situación de desigualdad de oportunidades.

Aquí se aprecia una neta separación entre aquello que puede ser impuesto por la empleadora al trabajador o trabajadora (imposición de indumentaria activa u omisiva –p.ej. no llevar velo–, de ajuste de comportamiento a un credo o a una ideología...), y aquellos otros derechos que aquéllos están legitimados para exigir a la empresa y ésta está obligado a permitirles como manifestación religiosa necesaria (día festivo específico[3], pausas concretas con finalidad de dedicación a la oración... uso de velo... o de indumentaria...). En este último caso, la respuesta no es unívoca, ya que en realidad estamos ante un supuesto polémico, que plantea la exigencia de una diferencia de trato hacia el empresario, inexigible con carácter individual según el parecer de algunos autores (Hernández Vitoria[4]), y según se desprende del art. 4.2 de la Directiva, *que no exige obligación de adaptación del empleo a las creencias religiosas del/la trabajador/a*, como sí lo impone, según se ha visto ya, respecto de los trabajadores con discapacidad en el art. 5 (la obligación de *ajuste razonable*).

Sin embargo, se trata de cuestiones que se citan entre las que pudieran fomentar el mutuo entendimiento en lugares de trabajo donde exista una considerable población musulmana[5], y, condicionados en todo caso a la

---

2. VICKERS, L.: *Religious Freedom, Religious Discrimination and the Workplace*. Oxford, Hart Publishing, 2008.

3. Sobre este tema, vid. la respuesta negativa del TJCE en la sentencia 12 de noviembre de 1996, Reino Unido-Consejo, sobre anulación de la Directiva 93/104/CE, del Consejo, de 23 de noviembre, sobre determinados aspectos de la ordenación del tiempo de trabajo.

4. HERNÁNDEZ VITORIA, M.J.: «Religión y creencias», Ponencia al Seminario de la Red Europea de Formación Judicial «La transposición de las Directivas anti-discriminación en los Derechos internos y los colectivos especialmente afectados en el ámbito del empleo», Escuela Judicial, Barcelona, 20 a 22 de octubre de 2008.

5. El referido estudio propone las siguientes acciones relacionadas con la organización y condiciones de trabajo: periodos vacacionales y permisos: hacer coincidir el periodo de vacaciones y facilitar permisos en el periodo del Ramadán, modificación del horario de la jornada laboral: jornada intensiva, adelanto de la jornada laboral, redistribución horaria desplazando horas de trabajo a otros meses, disposición de

previa puesta en conocimiento a la entidad empleadora de la condición musulmana del trabajador o trabajadora[6], por tanto, a la «autodefinición» por parte del individuo, lo que en el caso de la trabajadora portadora de hiyab tiene lugar de forma tácita. Obsérvese que la protección frente a la discriminación puede no operar igual entre géneros o incluso más estrictamente en función del atuendo, pues de no existir signo externo de la profesión de la religión musulmana (por ejemplo, por no portar hiyab), no se activaría dicha condición (la religión) como discriminadora por no haber sido alegada por la persona interesada para procurar una respuesta igualitaria o no discriminatoria por el sujeto discriminador (Hernández Vitoria[7]).

Observado desde el prisma puro de la libertad religiosa, el derecho tiene un contenido activo o positivo y un contenido pasivo o negativo, que opera frente al empresario y a los compañeros de trabajo. En el primer caso, implica la realización de *acciones que evidencien las creencias religiosas* y que se opongan frente los terceros mencionados, mientras que en el segundo caso significa el *derecho a no confesar las propias creencias* (vid. Sentencias del Tribunal Europeo de Derechos Humanos *Alexandridis contra Grecia,* causa núm. 19516/2006, y *Sinan Isik contra Turquía,* causa núm. 21924/2005).

Desde la perspectiva del contenido positivo, la práctica activa de una religión exige cumplir con ciertos deberes que pueden tener incidencia sobre el ámbito del trabajo en diversos aspectos, tanto de tiempo de trabajo, como de descansos, indumentaria o incluso espacios físicos (v.g. comedores laborales), al chocar las prácticas religiosas no cristianas, como es el caso de la musulmana, con la regla general, pues la legislación laboral tiene raíces cristianas[8], que han penetrado las normas relativas a tiempo de trabajo, festivos, descansos, etc., y que han solidificado unas costumbres al respecto pese al actual carácter laico de dicha normativa. Estas prácticas pueden requerir de la empresa una acción concreta dirigida a facilitarlas,

---

instalaciones, habilitación de espacios adaptados: duchas o lugares donde refrescar el cuerpo, zonas de sombra con toldos y similares, reparto o modificación de la carga de trabajo: reducción de la penalidad del trabajo, desplazamiento de la carga de los trabajos al resto de trabajadores y posterior compensación previa negociación, trabajo a destajo, formar grupos de trabajo homogéneos en idioma y costumbres, y mayor observancia de las recomendaciones respecto al golpe de calor.

6. STEDH de 13 abril 2006 (*Caso Kosteski contra la Antigua República Yugoslava de Macedonia*).

7. Hernández Vitoria, M.J.: «Religión y creencias», op.cit., p. 25.

8. Alidadi, K: «Religion and the Workplace». RELIGARE *Working paper* núm. 3, septiembre 2010, p. 7, en http://www.religareproject.eu/system/files/WP4_State_of_the_art_Religion_%2526_the_Workplace_e-version_0.pdf.

no encontrando dicha acción cobertura legal específica en nuestro país que permita inferir un deber exigible al empresario más allá de los que se deriven de la interpretación constitucional del alcance del derecho (pues la LO 7/1980 de 5 de julio, *de Libertad Religiosa*, no se refiere a los espacios de trabajo). No obstante, como reseña la OIT en su Informe *La igualdad en el trabajo: un objetivo que sigue pendiente de cumplirse*[9], en algunos países como Canadá, Estados Unidos, Nueva Zelanda y Perú, sí se encuentra positivizado (*obligación de acomodación razonable*).

3. LAS NECESIDADES RELIGIOSAS EN MATERIA DE DESCANSO DIARIO Y SEMANAL Y LAS FESTIVIDADES

3.1. EL DESCANSO SEMANAL Y LAS FESTIVIDADES

Las controversias a que ha hecho frente la jurisprudencia española en relación con las festividades de naturaleza religiosa hasta ahora están relacionadas con el establecimiento del domingo (*día de la Resurrección del Señor*, según el catecismo de la Iglesia Católica, que sustituye al Sabático bíblico) como día preferente de descanso semanal, que se han venido resolviendo en clave secularizada para ignorar su carácter religioso, ignorando en consecuencia su sustitución por otra festividad alternativa en día correspondiente a distinto calendario religioso, así como la posible significación que pueda tener para personas de otras creencias religiosas disfrutar de su propio día de descanso. Secularización que ha afectado a otras tradiciones o ritos, como el del juramento de un cargo, no exento de claras connotaciones religiosas (en esta línea, la STEDH de 18 de febrero de 1999, *caso Buscarini y otros contra San Marino*, sobre la imposición a dos diputados de San Marino del juramento sobre los Evangelios para poder acceder al cargo de Diputados).

En lo que respecta a la institucionalización del descanso dominical como día preeminente para el descanso semanal en la ley del Estatuto de los Trabajadores, y sin soslayar que este día ha perdido en las sociedades occidentales su carácter religioso para ser sustituido por un acuerdo social tácito de interrupción de la actividad industrial y comercial, no es menos cierto que en España el domingo no posee ni muchos menos una significación neutra. Resulta paradójico que, por un lado, se afirme que el descanso en domingo es una figura totalmente secular y, por otro, se acuerde internacionalmente con la Santa Sede respetarlo como día de descanso de

---

9. OIT: *La igualdad en el trabajo: un objetivo que sigue pendiente de cumplirse. Informe Global con arreglo al seguimiento de la Declaración de la OIT relativa a los principios y derechos fundamentales en el trabajo*. Conferencia Internacional del Trabajo. Ginebra, 100.ª reunión, 2011. P. 45.

forma privilegiada. Tampoco parece muy aceptable que el descanso dominical se haya secularizado de un día para el otro de forma total teniendo en cuenta los factores históricos y legislativos por todos conocidos[10].
Ni el domingo es un término religioso neutro, por ejemplo, para la Iglesia
Católica; ni lo es el sábado para los judíos y adventistas, o el viernes para
los musulmanes, ni en general para los no creyentes o ateos. Es cierto que
hay símbolos y tradiciones que se han secularizado casi totalmente, aunque siempre quedará algo del sustrato religioso, por ejemplo, la paga de
San Honorato del convenio colectivo de trabajo de las panaderías. El patrón del oficio no tiene ya sentido religioso para casi nadie en la profesión,
simplemente representa al gremio, oficio o profesión, aunque sigue siendo motivo de festividad académica en numerosas universidades españolas; es más una cuestión cultural, tradicional, que religiosa. Pero todo ello
no puede servir de excusa para cercenar el derecho a la libertad religiosa
de quienes creen y desean cumplir con las exigencias religiosas del día
en cuestión, pues lo contrario implicaría un abandono de la neutralidad
religiosa que se le supone a nuestro Estado.

Sin embargo, desde un punto de vista pragmático, esta unificación secular del día de descanso conviene socialmente a la organización administrativa, industrial y comercial del país, razón que justifica la opción legislativa en toda Europa por el descanso semanal en domingo, regulándolo
como derecho disponible en términos de preferencia y no de prohibición[11].
Multiplicar el día semanal del descanso por comunidades religiosas sería,
desde esta perspectiva, de todo punto inoperativo en términos generales, lo que resulta plenamente compatible con la posibilidad de convenir
otro día de descanso semanal alternativo cuando la situación lo requiera[12],
como es el caso de presencia de trabajadores de otras minorías religiosas

---

10. BENASULY, A.: «Asistencia religiosa, alimentos y festividades en los Acuerdos de
    cooperación de 1992», en AAVV: *Pluralismo religioso y Estado de derecho*. 1.ª edición.
    Madrid: Consejo General del Poder Judicial, 2004, pp. 365-366.

11. VALDÉS DAL-RÉ, F.: «Libertad religiosa y contrato de trabajo», en AAVV: *Las transfor-
    maciones del derecho del trabajo en el marco de la Constitución Española: estudios en home-
    naje al Profesor Miguel Rodríguez-Piñero y Bravo-Ferrer*. 1.ª edición. Madrid: La Ley,
    2006, p. 579.

12. Aunque la realidad demuestra que los negociadores de los convenios colectivos
    suelen ser hombres, blancos, afiliados a sindicatos mayoritarios, con contrato indefi-
    nido, de mediana edad, etc. Así, muchas veces los convenios colectivos optan por el
    domingo como día de descanso semanal, de forma totalmente ajena a la problemática
    que dicha opción pueda causar a los trabajadores con creencias religiosas minori-
    tarias, que por lo demás suelen ser también minoría en la empresa y no disponen
    precisamente de mucho poder de negociación. Y la autonomía individual en materia
    de descansos no deja de ser en la actualidad una mera ficción, excepto para los tra-
    bajadores cuya prestación de servicios goce de una gran autonomía, por lo que, en
    parte, ven configuradas sus jornadas según objetivos o proyectos.

156

para las que el día de descanso no sea una cuestión de mera conveniencia. Entramos, pues, en el terreno de los llamados «ajustes razonables». En esta línea se sitúa la OIT en su Convenio sobre el descanso semanal (comercio y oficinas), 1957 (núm. 106), cuyo art. 6. dispone que «*el período de descanso semanal coincidirá, siempre que sea posible, con el día de la semana consagrado al descanso por la tradición o las costumbres del país o de la región*» (apartado tercero) y que «*las tradiciones y las costumbres de las minorías religiosas serán respetadas, siempre que sea posible*» (apartado cuarto).

Desde un punto de vista práctico tampoco resulta tan complejo encontrar soluciones en esta materia, dado que el legislador disfruta de margen de maniobra (la Constitución poco dice al respecto y la normativa internacional de aplicación es flexible y se muestra precisamente favorable a tener en cuenta las necesidades religiosas de las minorías) y además la cuestión presenta un lado pragmático fuente de soluciones organizativas, que permite realizar una combinación eficaz, dentro de una misma organización empresarial, especialmente comercial e industrial, con la que dar cobertura a todos los días de la semana si existe producción continuada o non-stop, dado que precisamente cada una de estas minorías tiene señalado como día de descanso un día alternativo al domingo (sábado judíos y adventistas, viernes musulmanes).

Así, en general el disfrute del descanso dominical es un tema más o menos poco problemático para aquellos trabajadores que desde un punto de vista religioso han de librar dicho día. No obstante, sí existen ciertos colectivos para los que el deber de ajuste razonable pueda cobrar en este terreno una singularidad especial, por ser la festividad de descanso particularmente significativa para ellos. Así sucede con el sábado para los trabajadores adventistas y judíos[13], con las corrientes que también concurren dentro de este colectivo, no sometido tampoco a una ortodoxia única, especialmente en materia de dieta o celebración del Sabbat (en la que existe una clara diferencia entre judíos ortodoxos, conservadores y liberales o reformistas[14]) o con el viernes para los musulmanes (si bien en este

---

13. Los términos de la prohibición de trabajar durante el Sabbat no son pacíficos dentro del judaísmo. La *Mishná* (primera parte del Talmud) relaciona treinta y nueve tareas que no se pueden llevar a cabo; entre ellas cultivar la tierra, cocinar o comerciar. Los comentarios rabínicos han ido añadiendo nuevas tareas. Al tratarse el texto base de un documento del siglo V existen muchas discusiones doctrinales sobre los límites de la prohibición. AAVV: *Las otras religiones. Minorías religiosas en Cataluña.* 2.ª edición. Barcelona: Icaria, 2007, p. 35. En un sentido parecido *vid.* DIEZ DE VELASCO, F.: *Introducción a la historia de las religiones.* 3.ª edición. Madrid: Trotta, 2002, p. 337.

14. DIEZ DE VELASCO, F.: *Introducción a la historia de las religiones,* op.cit., pp. 363-364. Los ortodoxos son es un grupo heterogéneo y minoritario dentro del judaísmo mundial (15% del total). Su apego a la literalidad de los preceptos religiosos es alto y conforman un grupo

caso no se trata tanto de un día de descanso como del tiempo necesario para cumplir con la oración del viernes[15], mientras el resto de la semana no existen obstáculos para el trabajo en ninguno de los días laborables o festivos, pues no es tradicional para el Islam la institucionalización de un día de descanso semanal para cumplir con las obligaciones religiosas como ocurre con cristianos o judíos[16], aunque muchos países islámicos fijan el viernes como día de descanso semanal, ya que es preferible que otros días[17])[18].

Aunque se trate de un colectivo porcentualmente poco significativo en el marco de nuestro mercado de trabajo, no es menos cierto que la presencia intensiva de trabajadores musulmanes puede determinar la necesidad de ajustar el calendario en ciertas actividades para garantizar el derecho a la oración o el mes de Ramadán y la organización del trabajo (v.g. trabajos agrícolas de temporada). No debiera ser, sin embargo, el acuerdo ad hoc el que solucionara este tipo de conflictos, más allá de darle contenido y concreción al derecho, sino la legislación laboral, la que tomara en consideración las festividades alternativas a las de la confesión mayoritaria. Especialmente si tomamos en consideración la ineficacia de los Acuerdos

---

de presión importante que, por ejemplo, puede influenciar en el gobierno israelí para que el transporte público no funcione los sábados en Israel. Siguen de modo estricto la Torá y la interpretación rabínica. Tienden a la segregación, incluida respecto a su indumentaria, y en ocasiones se enfrentan con otros judíos por no cumplir estrictamente el precepto sabático. Los conservadores son más flexibles que los ortodoxos y, a diferencia de ellos, son partidarios de la crítica textual bíblica siempre que los puntos considerados esenciales permanezcan invariables. Son laxos a la hora de cumplir con el precepto sabático si estiman que el mal acarreado por su incumplimiento es mayor que el beneficio alcanzado. Asimismo, tienen una posición más flexible respecto los ortodoxos respecto las normas alimentarias; así, puede que no separen estrictamente las vajillas entre las destinadas a carne y las usadas para la leche o sean laxos en el consumo de comida no kosher. Asimismo, son flexibles respecto al papel de la mujer y, por ejemplo, hay rabinas conservadoras desde 1985. Finalmente, los liberales o reformistas son racionalistas y partidarios de adaptar el judaísmo al mundo actual. Aceptan el contexto laico de los Estados donde residen y la moral común. Tienden a una práctica privada del judaísmo y no se autosegregan, por lo que es difícil distinguirlos de otros ciudadanos. Aceptan el rabinado femenino desde 1972.

15. En tal sentido *vid.* BENASULY, A.: «Asistencia religiosa, alimentos y...», op.cit., p. 371.

16. GARCÍA-PARDO GÓMEZ, D.: «Descanso semanal y festividades religiosas islámicas», en AAVV: *Los musulmanes en España. Libertad religiosa e identidad cultural.* 1.ª edición. Madrid: Trotta, 2004, pp. 172-173.

17. TATARY BAKRY, R.: «El Islam en España», en AAVV: *La nueva realidad religiosa española: 25 años de la Ley Orgánica de Libertad Religiosa.* 1.ª edición. Madrid: Ministerio de Justicia, 2006, p. 141.

18. Vid. STSJ del País Vasco núm. 1760/2013, de 15 octubre, en la que se analiza precisamente el caso de un trabajador musulmán que es despedido por abandonar su puesto de trabajo antes de la hora algunos viernes.

de 1992 en la materia[19], sino también porque entonces muchas empresas unilateralmente tendrían en cuenta la diversidad religiosa, siguiendo el modelo estadounidense. No cabe duda de que la conjunción del marco legal con una cultura atenta y sensible a la diversidad facilita la proactividad de las empresas en este terreno.

A título de ejemplo, este ajuste facilitaría el debido encaje de la institución musulmana de la peregrinación a la Meca (denominado *Hajj* o *Haj* en árabe, es el quinto de los pilares del islam y sólo requiere ser realizado una vez en la vida sin fecha determinada). La propia legislación laboral facilita herramientas para su debido encaje sin perjuicio para ninguna de las partes, como es la figura de las vacaciones anuales retribuidas (art. 38 ET 2015), cuyo empleo para tal fin no precisaría siquiera de ajuste del calendario más allá de una adaptación de la fecha de vacaciones (o en su caso al mes de du l-hiyya, el duodécimo del año musulmán, en el que se acostumbra a realizar el Hajj), como sí precisa el cumplimiento del mes del Ramadán (en la práctica también consensuado en ámbitos de trabajo con presencia mayoritaria de trabajadores musulmanes), sobre el que se tratará a continuación. Existen algunas experiencias documentadas en esta línea. Así, según se relata en el informe de la Agencia Europea para los Derechos Fundamentales *Community cohesion at local level: addressing the needs of Muslim Communities. Examples of local initiatives* (2008)[20], el ayuntamiento de Bradford adapta los horarios y calendarios laborales de sus empleados musulmanes al *Hajj*, así como festividades como el *Eid al-Fitr*.

Respecto a los trabajadores de otras confesiones religiosas difícilmente surgirán controversias jurídicas en esta materia, aunque quizás sí respecto a otros ámbitos. Por ejemplo, el sijismo no prevé un día de congregación obligatoria en el templo. El devoto puede acudir cuando quiera y con la frecuencia que elija, y por ello el grueso del culto tiene lugar en el hogar (no obstante, se recomienda al sij visitar las *gurduaras* con regularidad, que conforman uno de los focos de vida religiosa del sijismo[21]).

---

19. Por ejemplo, los musulmanes han criticado precisamente la falta de desarrollo legislativo de cuestiones incluidas en el Acuerdo de 1992, como la celebración de fiestas, extremo que impide su aplicación práctica. ESCUDERO, M.: «El islam, hoy en España», en AAVV: *La nueva realidad religiosa española: 25 años de la Ley Orgánica de Libertad Religiosa*. 1.ª edición. Madrid: Ministerio de Justicia, 2006, pp. 170-171.
20. Op.cit., p. 19.
21. PÁNIKER, A.: *Los sikhs*. 1.ª edición. Barcelona: Kairós, 2007, pp. 268-269.

3.2. LA INCIDENCIA DEL AYUNO POR MOTIVOS RELIGIOSOS. ESPECIAL RELEVANCIA DEL RAMADÁN EN EL ÁMBITO LABORAL

La singularidad del Ramadán y su incidencia en el ámbito laboral español exige su tratamiento diferenciado en estas páginas, sin olvidar otras festividades similares que comportan también ayuno.

Se trata de un tema que desde el laboralismo español ha recibido escasa atención, pero que en el Derecho comparado cuenta con una tradición mucho más asentada (v.g. la doctrina alemana ya analizó en los años sesenta del siglo XX los conflictos causados por la festividad del Ramadán en la ejecución del contrato de trabajo en el contexto de los denominados *Gastarbeiter*[22]). En cualquier caso, tanto desde el punto de vista de ordenación de las relaciones de trabajo como especialmente desde la perspectiva de la salud laboral, sobre todo si nos fijamos en ciertas áreas geográficas y actividades con gran presencia de trabajadores musulmanes, requiere de una respuesta específica que por el momento están anticipando algunos convenios colectivos y muchos acuerdos espontáneos *ad hoc*.

El examen de la cuestión requiere de una previa contextualización de la figura del Ramadán. El Ramadán es el noveno mes de los doce meses lunares islámicos. El Corán, afirma en la Sura 2, 185: «*Ramadán (el mes del ayuno) es el mes en que fue (iniciada) la revelación del Corán: guía universal con evidencias que aclararán la verdad y el Criterio (que discierne entre lo justo y lo injusto). Observar el ayuno de este mes es una obligación de todo residente apto. Sin embargo, los que no puedan hacerlo o se sientan indispuestos o los que se encuentren de viaje deberán ayunar (cuando puedan) los días perdidos. (Ved que) Dios, lejos de agobiaros, más bien os da facilidades. Cumplid, pues, el cómputo fijado (para el ayuno), para que seáis dignos de ensalzar y agradecer a Dios (por haberos dado la oportunidad de ayunar)*». Como se puede observar, el mes del Ramadán viene caracterizado por la obligación de ayunar, aunque se trata de una obligación sometida a excepciones. En la Sura 2, 187 se preceptúa a partir de qué momento se puede ingerir alimentos y tomar líquidos. En lo que aquí interesa se dice que «*solicitando (la descendencia) que Dios ha prescrito, podéis comer y beber hasta el albor del amanecer. A partir de entonces, absteneos hasta la desaparición del sol en el horizonte (…)*». Al mismo tiempo, es interesante tener en cuenta la Sura 2, 183, que explica la finalidad del ayuno en general: «*¡Creyentes! Se os ha prescrito el ayuno, tal como fue prescrito a comunidades precedentes, para que seáis disciplinados*». Y en la Sura 2,

---

22. SCHEUNER, U.: «Die Religionsfreiheit im Grundgesetz», en AAVV: *Zur Geschichte der Toleranz und Religionsfreiheit*. 1.ª edición. Darmstadt: Wissenschaftliche Buchgesellschaft, 1977, p. 373.

184 se introducen excepciones al deber del ayuno: «*Son días señalados. Sin embargo, los enfermos y los viajeros (están exentos del ayuno, a condición de que) ayunen posteriormente los días perdidos. Si a un residente le resulta penoso ayunar, deberá alimentar a un pobre en sustitución de cada día no ayunado, y cuanto más generoso sea mejor para él. Pero sabed que, en todo caso, el ayuno es más provechoso para vosotros*».

En pocas palabras, existe un deber general de ayunar para todos los creyentes, salvo algunas excepciones, y asimismo se prevé el deber específico de ayunar en el mes lunar del Ramadán, mes en el que Mahoma tuvo su primera revelación. La característica más relevante es que, dada su naturaleza lunar, el mes puede coincidir según las épocas en meses más o menos calurosos, lo que agrava sus efectos sobre las condiciones físicas para prestar el trabajo de coincidir con los meses de verano. Si se considera que en el islam es muy relevante la disciplina y el sometimiento a Dios, por lo que es importante para el trabajador musulmán poder cumplir con los preceptos religiosos, la consecuencia es que su seguimiento es masivo para estos trabajadores y su incidencia sobre la salud difícilmente evitable.

La cuestión puede analizarse desde dos perspectivas: el derecho a la libertad religiosa y el derecho a la salud y la prevención de riesgos laborales. Por lo que respecta al primer aspecto, el art. 12.1 del Acuerdo de Cooperación del Estado con la Comisión Islámica de España, aprobado por la Ley 26/1992, prevé expresamente las necesidades religiosas inherentes al Ramadán, pero no deja de ser una declaración de buenas intenciones al condicionar toda aplicabilidad real del precepto al acuerdo entre empresa y trabajador, que sería lo deseable, pero desgraciadamente no es siempre lo más frecuente. Asimismo, de forma tímida algunos convenios colectivos han afrontado el reto de facilitar la acomodación de las condiciones de trabajo por causa del Ramadán, por ejemplo, a través de la previsión de una jornada intensiva. En muchos otros casos ha sido el pacto con el empleador el que ha facilitado su cumplimiento efectivo (v.g. en trabajos agrícolas).

Muchos trabajadores musulmanes prefieren poder pasar el Ramadán con la familia si es que tal posibilidad está a su alcance. Desde dicho punto de vista, es posible que algunos de ellos opten directamente por solicitar las vacaciones anuales en un período coincidente con dicho mes lunar, que cambia por ello de año a año, lo cual no resulta problemático desde la perspectiva del calendario laboral si se tiene en cuenta que éste se adopta y organiza con periodicidad anual. En el caso de los trabajadores extranjeros, que son la mayoría, lo más frecuente es que sus familias sigan residiendo en el país de origen, lo que introduce un grado de complejidad mayor en orden a organizar esta reunificación familiar alrededor del mes de Ramadán. No obstante, la figura de las vacaciones puede servir a este fin, pero el problema surge de aquellos casos en los que el empleador no garantiza el disfrute de las vacaciones en la fecha solicitada coincidente con el mes de Ramadán, ya sea por imposibilidad técnica (v.g. calendario único de vacaciones), ya sea por otras razones, entre ellas la mera negativa injustificada. La cuestión es que, si el cumplimiento del mes de Ramadán encaja en el ámbito de cobertura del derecho fundamental a la libertad religiosa, no ocurre lo mismo con la forma o compañía específica en la que aquél quiere ser disfrutado por el trabajador solicitante, pues éste excede de los límites del derecho y, por tanto, quedará al libre arbitrio de las partes y sometido, pues, al acuerdo entre ellas, en el marco de la regla general de fijación de la fecha de disfrute de vacaciones del art. 38 ET 2015.

La cuestión tiene una perspectiva de género, pues, como señalan Oso Casas y Ribas Mateos, la flexibilidad horaria, mayor durante el mes del Ramadán, es la característica común a las mujeres musulmanas, lo que determina, según los citados autores, la búsqueda de empleos en puestos de mercado[23]. La introducción de mayor flexibilidad en este caso, por tanto, probablemente ayudaría a incrementar la participación de les mujeres musulmanas en el mercado de trabajo.

La segunda de las perspectivas anunciadas, la prevención de riesgos laborales, sin duda constituye el núcleo central del derecho analizado. La prestación de servicios en ayuno puede suponer riesgos para la salud de los trabajadores, cuya gravedad puede ser mayor tratándose de actividades de mayor esfuerzo físico o prestadas en ciertas condiciones de trabajo, como trabajos en altura, exposición solar o a altas temperaturas, o manejo de maquinaria pesada, entre otras. El mes de Ramadán deja de centralizar el derecho fundamental a la libertad religiosa para ocupar un primer puesto en las obligaciones preventivas empresariales, operándose por tanto una traslación de protagonismo a otro sujeto distinto, amén de a otro cuerpo legislativo distinto, la Ley de Prevención de Riesgos Laborales.

Por tales razones en determinadas zonas donde la población musulmana es elevada, como es el caso de ciertos núcleos en la Comunidad Autónoma de Murcia, se ha estudiado en particular esta incidencia, que

---

23. Por ejemplo, en un estudio empírico se ha detectado que algunas mujeres musulmanas trabajan en puestos de mercado porque les ofrece una mayor flexibilidad horaria, especialmente importante durante el Ramadán (Oso CASAS, L. y RIBAS MATEOS, N.: «Empresariado étnico y relaciones de género: mujeres dominicanas y marroquíes en Madrid y Barcelona», en AAVV: *Empresariado étnico en España*. 1.ª edición. Madrid: Ministerio de Trabajo y Asuntos Sociales, 2006, p. 225).

cuenta con escasa bibliografía española[24]. El estudio de *Aspramur (Seguridad y salud laboral entre la población musulmana durante el Ramadán, Informe sobre los riesgos laborales del trabajador musulmán durante el mes de Ramadán en la Región de Murcia)* señala que determinadas causas presentes durante el Ramadán son susceptibles de aumentar los riesgos laborales: falta de ingesta de líquidos y alimentos, cambio de costumbres: horario del sueño e ingesta abundante de alimentos fuera del horario de sol, no seguimiento de los tratamientos durante el día, lo que implicar mayor propensión a sufrir cansancio, desmayos, dolores de cabeza, calambres, debilidad, bajadas de tensión, deshidratación, lipotimias, golpes de calor, falta de atención y concentración, empeoramiento en caso de enfermedades o patologías previas (como la diabetes), o mayor riesgo en la conducción de maquinaria y vehículos. Por ello, los sindicatos CCOO[25] y UGT (Centro de Información a Trabajadores Extranjeros (CITE) de CC.OO. y la Asociación de Ayuda Mutua entre Inmigrantes, AMIC, de UGT de Catalunya) creen necesario llevar a los convenios colectivos la cuestión en el capítulo de prevención de riesgos laborales, mediante la figura de la flexibilización de la jornada, para acomodarla a las exigencias físicas del ayuno durante el mes del Ramadán (a fin de evitar las horas de más calor y por tanto los golpes de calor)[26].

En la práctica, la conciliación de ambos intereses resulta harto difícil. Por otra parte, y al margen del crecimiento del absentismo y las bajas médicas durante dicho periodo, se constata en el estudio señalado una mayor productividad de los trabajadores, si bien con una reducción en ciertos sectores como el comercio, así como en número de horas.

En cuarto y último lugar, como señala también el estudio citado, la seguridad y salud en el trabajo pasa por el entendimiento de las propias personas afectadas sobre los riesgos que corren en el trabajo, por lo que su falta de comprensión total del idioma en el caso de trabajadoras migrantes

---

24. ASPRAMUR: *Seguridad y salud laboral entre la población musulmana durante el Ramadán, Informe sobre los riesgos laborales del trabajador musulmán durante el mes de Ramadán en la Región de Murcia*. Murcia, 2012. Versión en línia disponible en http://www.aspramur. com/noticias/19/07/2012/general/146/presentacin_del_estudio_sobre_las_seguridad_laboral_de_los_trabajadores_musulmanes_durante_el_ramadn.

25. Vid. las propuestas de CCOO en *Introducción a las cláusulas en convenios colectivos que afectan a los trabajadores extranjeros*, http://www.rioja.ccoo.es/comunes/recursos/17/doc15454_Clausulas_en_convenios_colectivos_que_afectan_a_trabajadores_extranjeros.pdf.

26. Vid. la noticia en http://www.redinmigrante.es/index.php/vidacotidiana/46-economiaytrabajo/laboral/469-los-sindicatos-proponen-regular-la-practica-del-ramadan-en-el-trabajo.

procedentes mayoritariamente del Magreb puede comprometer tal seguridad, lo que significaría para las empresas la necesidad de garantizar la perfecta inteligencia de los riesgos y las normas de seguridad, si es necesario en el idioma de quienes deban comprenderlos[27].

Pero también es cierto que pueden encontrarse algunas buenas prácticas al respecto, como recoge el estudio de Aspramur, entre ellas precisamente las referidas a la práctica del Ramadán. En la citada zona, los casos de Agrar System, Hoteles Majestic, Terra Fecundis o Verdimed, y entre los convenios colectivos que prevén este derecho los del sector Agrícola, Forestal y Pecuario de la Región de Murcia, los del sector del campo de Almería[28] y de las Islas Baleares, que se refieren en particular al Ramadán, y el de la empresa Matadero de Girona[29], o el que se cita como paradigmático en la escasa bibliografía sobre el tema, la cadena hotelera NH[30]. Otros ejemplos no citados en dicho estudio son dignos de mención. Es el caso del convenio colectivo de la construcción de Melilla, declarando inhábiles dos días por la fiesta del Ramadán (Eid al-Fitr), y otros dos por la fiesta del Cordero, Aid El Kebir (diciembre). Resulta destacable, desde la perspectiva de género, que en todo momento el estudio parece estar orientado

---

27. TOLEDO OMS, A.: «Las dificultades idiomáticas y el accidente de trabajo», en *Gestión práctica de riesgos laborales: Integración y desarrollo de la gestión de la prevención*, ISSN 1698-6881, núm. 52, 2008, pp. 58-59.

28. El convenio de 2004 (BOP 10-VIII-2004) regulaba en su art. 23 el permiso especial por Fiestas con motivo del Ramadán: «Todos los trabajadores sujetos al presente Convenio y siempre que la situación del trabajo lo permita, tendrán derecho a un mes por año de permiso sin retribuir, por motivos plena y claramente justificados, según la casuística del artículo anterior. Este permiso especial habrá de ser solicitado previamente y justificado adecuadamente con posterioridad. Durante la duración de este permiso, el trabajador que lo disfrute, no podrá realizar ningún tipo de trabajo retribuido como asalariado por cuenta ajena. Fiestas con motivo del Ramadán. a) Los trabajadores que, por sus ideas religiosas, celebren "la Fiesta Chica" y "la Fiesta del Cordero", disfrutarán de un día de permiso no retribuido coincidiendo con la fecha en que cada una de ellas tengan lugar. b) Así mismo, durante la celebración del Ramadán, los trabajadores que profesen esta confesión religiosa, previo acuerdo entre la empresa y los representantes legales o, en su defecto, por acuerdo entre la empresa y los trabajadores del centro de trabajo afectado, podrán fijar su jornada de forma continuada, con una disminución de una hora al comienzo y otra al término de la misma. Dicha reducción se recuperará en la forma que, igualmente, se acuerde. A falta de acuerdo, los trabajadores podrán solicitar el arbitraje de la Comisión Paritaria del Convenio, cuya decisión, que deberá adoptarse por unanimidad de sus miembros, tendrá carácter vinculante para la empresa y los trabajadores afectados».

29. ASPRAMUR, op.cit., p. 54.

30. Cfr. PIN, J. R. (dir.): *Libro Blanco sobre las mejores prácticas para la integración del trabajador inmigrante en las empresas españolas*. Pamplona: IESE; Creade; Sagardoy Abogados. 2004.

hacia el trabajador masculino y que aún en estas buenas prácticas se pasa por alto la hipotética presencia femenina en el mercado de trabajo.

Las herramientas preventivas adecuadas no han de ser de gran complejidad ni precisan de grandes sacrificios más allá de la cooperación entre ambas partes, lo que, unido a la obligatoriedad de la adopción de medidas preventivas, convierte este ítem en necesario en la política preventiva de la empresa cuando, realizada la evaluación de riesgos, se determine la existencia de su despliegue por presencia de trabajadores que practiquen el Ramadán. Lo que desemboca de nuevo en el ámbito de los derechos fundamentales, pues, para conocer este extremo, el empleador deberá recibir la pertinente comunicación por parte del trabajador o bien desplegar la correspondiente indagación de riesgos a la que se encuentra obligado legalmente *ex* art. 15 LPRL. En el primer caso, partiendo de que, de acuerdo con el contenido del derecho, el trabajador no se encuentra obligado a manifestar sus convicciones religiosas *ex* art. 16.2 CE, pero sí tiene la obligación de cooperar con el empresario y su servicio de prevención en materia de prevención de riesgos laborales, nos encontramos con la disyuntiva propia del alcance del deber empresarial cuando se encuentra condicionado por los propios límites de los derechos fundamentales del trabajador. Como sucede en estos casos, el problema pasa a ser de propia exposición al riesgo por parte del trabajador, quien, si ayuna y es consciente del riesgo por la naturaleza del puesto de trabajo, debe ponerlo en conocimiento de la empresa o del servicio de prevención conforme a su deber de cooperación en materia de prevención de riesgos laborales, dada la imposibilidad material del empleador de conocer quién de sus trabajadores va a seguir el deber de ayuno. En cualquier caso, lo que sí es indiscutible es que, detectado el riesgo, por los medios por los que esto suceda, la empresa deberá actuar en consecuencia, en aplicación del art. 25.1 LPRL.

Finalmente, debe mencionarse el ayuno propio de la fe Baha'í. En ésta también es obligatorio ayunar durante diecinueve días al año, pero se exceptúan los creyentes que deban realizar trabajos físicos muy duros, por lo que en este caso la obligación jurídica y los deberes preventivas coinciden parcialmente[31]. Como en el caso del Ramadán, también puede conlle-

---

31. AAVV: *Las otras religiones. Minorías religiosas en Cataluña*. 2.ª edición. Barcelona: Icaria, 2007, p. 227. SALADRIGAS RIERA, R.: *Las confesiones no católicas de España*. 1.ª edición. Barcelona: Edicions 62, 1971, pp. 261-262. Como los fieles de la fe Baha'í acatan siempre las normas jurídicas emanadas del Estado donde residan, las consideren justas o injustas, favorables o desfavorables, si se considera que en un momento determinado dicha conducta colisiona con la normativa de prevención de riesgos laborales quizás se podría evitar todo riesgo.

var cierta trascendencia laboral al incrementar eventualmente los riesgos laborales si no se actúa preventivamente. Como en el Ramadán, también cabe la posibilidad de que el ayuno pueda tener una repercusión disciplinaria, como podría ser el caso en el que se aplicaran especiales medidas de seguridad (por ejemplo, en el caso de ciertos puestos de trabajo como el de los tripulantes de líneas aéreas).

4. JORNADA DIARIA Y ORACIÓN

Como se indicó anteriormente, es el colectivo de los trabajadores musulmanes el que presenta una especial singularidad en cuanto a la adaptación del tiempo de trabajo como consecuencia del cumplimiento del deber de oración diario y semanal.

La ausencia de racionalidad en la ordenación de los horarios de trabajo en España, comparativamente hablando con el resto de países europeos, dificulta en mayor medida la compatibilidad entre tales deberes religiosos y las obligaciones laborales. A las largas jornadas de trabajo y la baja productividad hay que añadir la sobrevaloración en muchos puestos de trabajo de un «presencialismo» totalmente ineficiente y anacrónico desde el prisma productivo y organizativo.

El respeto del Salah requiere determinadas interrupciones en la jornada, amparadas legalmente por la Ley 26/1992, de 10 de noviembre, que aprueba el *Acuerdo de Cooperación entre el Estado Español y la Comisión Islámica de España* de 28 de abril de 1992, basado a su vez en la Ley Orgánica 7/1980, de 5 de julio, *de libertad religiosa*. Según éste, en los centros de trabajo, si lo solicitan los musulmanes, se deberá facilitar a éstos el cumplimiento de las obligaciones religiosas, lo que supone poder interrumpir el trabajo los viernes de cada semana durante tres horas (entre las 13:30 y las 16:30) para acudir al rezo colectivo, y terminar su jornada una hora antes durante el Ramadán (art.12)[32].

---

32. El citado precepto reza literalmente: «1. Los miembros de las Comunidades Islámicas pertenecientes a la *Comisión Islámica de España* que lo deseen, podrán solicitar la interrupción de su trabajo los viernes de cada semana, día de rezo colectivo obligatorio y solemne de los musulmanes, desde las trece treinta hasta las dieciséis treinta horas, así como la conclusión de la jornada laboral una hora antes de la puesta del sol, durante el mes de ayuno (Ramadán). En ambos casos, será necesario el previo acuerdo entre las partes. Las horas dejadas de trabajar deberán ser recuperadas sin compensación alguna. 2. Las festividades y conmemoraciones que a continuación se expresan, que según la Ley Islámica tienen el carácter de religiosas, podrán sustituir, siempre que medie acuerdo entre las partes, a las establecidas con carácter general por el Estatuto de los Trabajadores, en su artículo 37.2, con el mismo carácter de

Se trata de un derecho que en efecto tiene rango legal, si bien sólo significa para las empresas la obligación de tenerlo en consideración y observar con *buena voluntad* la consecución de un acuerdo con los/las trabajadores/as musulmanes/as para llevarlo a término[33]. Sin este acuerdo, el derecho queda vacío de contenido, lo que requeriría de un pleito para que por medio de una sentencia se fijaran los límites de esta obligación. En la práctica, estos pleitos no se plantean (téngase en cuenta que buena parte de la contratación de personal musulmán se realiza en situación de irregularidad, por lo que esta reclamación no está entre las prioridades de los trabajadores afectados[34]), y en algunos casos se convierten en buenas prácticas por parte de ciertos convenios colectivos y/o empresas que muestran su buena disposición a permitir la interrupción del trabajo para permitir el rezo. Esta tendencia es común en toda la Unión Europea[35].

Sin embargo, estos deberes religiosos serían perfectamente encajables en los derechos de conciliación de la vida privada y la profesional, pues de obligaciones inherentes a la esfera de la vida privada se trata, ineludibles para cualquier musulmán, que podría interpretarse incluido en el ámbito del art. 34.8 ET.

Si la legislación laboral vigente se declara tácitamente laica y por tanto no soporta la interferencia de deberes de naturaleza religiosa (aunque sí otras injerencias en el marco de las llamadas empresas de tendencia),

---

retribuidas y no recuperables, a petición de los fieles de las Comunidades Islámicas pertenecientes a la *Comisión Islámica de España*:
- AL HIYRA, correspondiente al 1° de Muharram, primer día del Año Nuevo Islámico.
- ACHURA, décimo día de Muharram.
- IDU AL-MAULID, corresponde al 12 de Rabiu al Awwal, nacimiento del Profeta.
- AL ISRA WA AL-MI'RAY, corresponde al 27 de Rayab, fecha del Viaje Nocturno y la Ascensión del Profeta.
- IDU AL-FITR, corresponde a los días 1°, 2° y 3° de Shawwal y celebra la culminación del Ayuno de Ramadán.
- IDU AL-ADHA, corresponde a los días 10°, 11° y 12° de Du Al-Hyyah y celebra el sacrificio protagonizado por el Profeta Abraham».

33. En el mismo sentido, ARASTEY SAHÚN, L.: «Diversidad religiosa y trabajo: el ayuno del mes de ramadán». *Revista de Jurisprudencia* n° 2, febrero 2008. El Derecho Editores, p. 5.
34. Según constata la AGENCIA DE LOS DERECHOS FUNDAMENTALES DE LA UNIÓN EUROPEA en *Encuesta de la Unión Europea sobre las minorías y la discriminación: Informe «Data in Focus»: Muslims*, 2009, p. 3 (disponible en castellano en http://fra.europa.eu/sites/default/files/fra_uploads/448-EU-MIDIS_MUSLIMS_ES.pdf), «el principal motivo argumentado para no denunciar … fue que "no habría pasado nada ni se habría cambiado nada" por denunciar su experiencia de discriminación (59 %), mientras que para muchos de los entrevistados (38 %) no tenía sentido denunciar el caso por considerarlo "parte de la vida diaria"».
35. ALIDADI, K: «Religion and the Workplace». Op.cit., 11.

históricamente la legislación obrera sí se vinculaba a la formación moral, especialmente en el caso de mujeres y niños, incluyendo la garantía de formación religiosa católica[36]. Lo que el Derecho del Trabajo del siglo XXI debe buscar, por el contrario, es el respeto a la diversidad religiosa y por tanto la pacífica convivencia entre individuos de distintas creencias religiosas, al mismo tiempo que garantice la ausencia de conflicto en el entorno laboral cuando la práctica de los postulados religiosos pueda provocar algún tipo de interferencia sobre la relación de trabajo. Éste es el caso de la oración diaria, como lo sería también el derecho individual, conforme a las propias convicciones personales, de asistir, si ello fuera posible, a la formación religiosa de la confesión que se trate (grupos de oración, universidades teológicas, etc.). Pero en estos supuestos la práctica de estas actividades puede colisionar con los horarios de trabajo, lo que convierte la cuestión en un problema de flexibilidad o adaptación de los horarios y las jornadas de trabajo para conciliar ambos intereses.

De un modo u otro, la oración y el rezo están presentes en la gran mayoría de confesiones religiosas, igual que la oferta de formación religiosa, de carácter más informal, o totalmente reglada en caso de las facultades de teología[37]. Ahora bien, también existen muchas diferencias entre las confesiones, y aún más entre sus fieles, respecto a los requerimientos de la oración: individual o en comunión, en silencio o en voz alta, en cualquier lugar o en un templo habilitado para ello, larga duración del servicio religioso o poca duración, horarios preestablecidos por la existencia de un servicio oficiado por un ministro de culto o totalmente informal que permita más flexibilidad horaria, etc.

Pero, como en el caso de las festividades, se trata de dividir el tiempo entre lo sagrado y lo profano, y para el Derecho del Trabajo, entre tiempo de trabajo y tiempo no remunerado. En algunos casos la fórmula puede simplificarse, destinando las llamadas pausa para el bocadillo a tales fines oratorios, mientras en otros la combinación de tiempos puede ser más compleja si no puede cubrirse con el descanso semanal.

En el caso de los musulmanes, la oración (que forma parte de los cinco pilares de su moral, que en conjunto puede calificarse de sencilla[38]) se

---

36. MONTOYA MELGAR, A.: *Ideología y lenguaje en las leyes laborales de España (1873-2009)*. 2.ª edición. Pamplona: Aranzadi, 2009, pp. 45-46.

37. A modo de ejemplo, pueden examinarse los Acuerdos firmados con las confesiones minoritarias en 1992. Por ejemplo, es de interés el art. 10, apartados quinto y sexto, del Acuerdo de Cooperación del Estado con la Federación de Entidades Religiosas Evangélicas de España, aprobado por la Ley 24/1992.

38. SANS SANS, I. M.: «Síntesis de historia de las religiones», en AAVV: *Filosofía de la religión. Estudios y textos*. 3.ª edición. Madrid: Trotta, 2005, p. 63.

repite durante cinco veces al día, a la que se añade la oración comunitaria masculina del viernes[39]. Salvando la oración del viernes, aquélla se puede realizar individualmente, pero es preferible llevarla a cabo en comunidad, y necesita de poca infraestructura (es necesaria una alfombra para que el fiel pueda separarse del suelo de forma simbólica). Si viene requerido por las circunstancias, a veces se pueden fusionar las cinco oraciones diarias en dos[40], pues al ser cinco rezos diarios, probablemente siempre habrá alguno que quede dentro de la jornada laboral.

En el supuesto de los sijs han de rezar tres veces al día, si es posible en el templo (*gundwara*), y en su defecto en privado[41].

Según la fe baha'í, el fiel ha de orar también tres veces al día. La primera oración se debe realizar en cualquier momento propicio de la mañana; la segunda a las 13:00 en punto, rogando por la unidad de los creyentes; y la tercera por la noche[42]. En todo caso, los fieles de la fe baha'í acatan siempre las normas jurídicas emanadas del Estado donde residan, las consideren justas o injustas, favorables o desfavorables, por lo que, en teoría, los conflictos jurídicos deberían ser mínimos.

En todos estos casos, la flexibilidad a la que se ha hecho referencia anteriormente, en el marco de la ordenación de la jornada de trabajo, permitiría compatibilizar sin problemas los deberes de contenido religioso con los laborales.

5. CONSUMO DE PRODUCTOS ALIMENTARIOS EN EL ÁMBITO DEL TRABAJO

Desde la Antigüedad las religiones han prescrito prohibiciones de ingerir ciertos alimentos, por motivos muy diversos, de forma parcial o absoluta (ayuno), a todos los fieles o sólo a algunos de ellos, en determinados momentos o épocas del año, etc. Tal era el caso de las más primitivas religiones totémicas, y es el caso de muchas de las religiones que se pueden encontrar en los centros de trabajo españoles. Determinados alimentos se consideran sagrados, hay otros que están prohibidos, otros se permiten, pero siempre que se encuentren tratados de una determinada manera, otros no se pueden consumir en una franja de

---

39. Diez de Velasco, F.: *Introducción* ...op.cit, p. 493.
40. García-Pardo Gómez, D.: «Descanso semanal y festividades religiosas islámicas», op.cit, p. 193.
41. AAVV: *Las otras religiones. Minorías religiosas en Cataluña.* 2.ª edición. Barcelona: Icaria, 2007, pp. 320-321.
42. Saladrigas Riera, R.: *Las confesiones...*, op.cit., p. 261.

edad determinada, o respecto a hombres o mujeres. Un esquema simplificado y no exhaustivo, pero útil a los presentes efectos, podría ser el siguiente: 1) *Regla general*: prohibición de ingerir un producto (por ejemplo, carne en general o de determinados animales) o sustancia (alcohol); 2) *Regla temporal*: ayuno o prohibición de ingerir alimentos y/o bebidas en un determinado lapso de tiempo o festividad (v.g., durante el Ramadán; 3) *Regla de manipulación/preparación/conservación*: se puede ingerir un alimento siempre que esté preparado o conservado de determinado forma (*Kosher* judío/*Halal* musulmán); 4) *Regla de contacto*: el precepto religioso prohíbe el mero contacto físico o visual con cierto animal o planta considerados impuros (o el contacto entre alimentos, como la leche con la carne en la regla *kosher*). La limitación también puede relacionarse con animales o plantas sagrados con las que sólo pueden entrar en contacto ciertas personas, en ciertos momentos, o de ciertas maneras. La prohibición de fumar en los centros de trabajo ha facilitado paradójicamente de forma indirecta la acomodación laboral en este terreno, ya que muchas confesiones religiosas establecen la prohibición de fumar y beber alcohol, lo que beneficia a los fumadores pasivos, en tanto que esta situación también cae bajo la misma prohibición religiosa.

En relación a los aspectos que puedan afectar al ámbito del trabajo, los Acuerdos de 1992 se han limitado a reconocer la comida *Kosher* y la comida *Halal*. El art. 14 del Acuerdo de Cooperación del Estado con la Federación de Comunidades Israelitas de España, aprobado por la Ley 25/1992, reconoce la particularidad de la comida preparada según las prescripciones religiosas judías. De hecho, se pueden encontrar muchos ejemplos de reglas dietéticas en el Antiguo Testamento. El art. 14 Acuerdo de Cooperación del Estado con la Comisión Islámica de España, aprobado por la Ley 26/1992, sigue el mismo esquema.

En términos generales la normativa laboral no prevé ningún supuesto relacionado con la alimentación o la ausencia de ella, o con el contacto con ciertos productos alimentarios, todo ello en relación a las convicciones religiosas de los trabajadores. La jurisprudencia española en la materia es asimismo escasa, aunque existen algunos ejemplos dignos de mención, como el de la STSJ de Madrid de 27 octubre 1997 (que analiza el supuesto de una trabajadora musulmana que una vez iniciada la relación laboral y, sin haber exteriorizado nunca sus convicciones, pretende varias acomodaciones de diversa índole, siendo una de ellas que no se le traslade a ningún establecimiento en el que haya que manipular o vender alcohol o productos derivados del cerdo).

En cuanto a la ingesta de la comida o su manipulación, no todas las diferentes corrientes del judaísmo (como acontece en el Islam[43]) interpretan los preceptos dietéticos de igual modo, como sucede respecto del Sabbat (así, hay comunidades que puede que no separen estrictamente las vajillas entre las destinadas a carne y las usadas para la leche, o que son más laxos en el consumo de comida no *Kosher*, mientras otras son muy estrictas). Lo mismo sucede respecto de las comunidades musulmanas, pues la secularización y la adaptación de los preceptos a las nuevas realidades sociales provoca que una vez más las convicciones religiosas se conviertan en más flexibles y adaptables.

Lo anterior tiene una clara relevancia laboral, aplicable al ámbito de los comedores de empresa, que pudiera condicionar la oferta de menús diferenciados para otros trabajadores de distintas confesiones con especialidades o condicionamientos alimentarios, especialmente musulmanes, por su mayor presencia en España. Ahora bien, a menos que las convicciones religiosas de dichos trabajadores sean muy evidentes y por todos conocidas, sería necesario que los trabajadores procedieran a manifestar formalmente tal necesidad religiosa a la empresa. Aunque su derecho fundamental ex art. 16.2 CE ampare su negativa a facilitar tal información, se trata de un caso de efectos negativos directos consecuencia del propio ejercicio del derecho, pues, de no manifestarse

---

43. En el caso del islam, la existencia de varias escuelas jurídicas también puede provocar que los preceptos religiosos se interpreten de forma diferente en un momento concreto por dichas escuelas, o en diferentes momentos históricos, extremo que ha afectado con frecuencia, por ejemplo, los intercambios económicos transculturales (HALEVI, L.: «Religion and cross-cultural trade. A framework for interdisciplinary inquiry», en AAVV: *Religion and trade. Cross-cultural exchanges in world history, 1000-1900*. 1.ª edición. Nueva York: Oxford University Press, 2014, pp. 58-59). En todo caso, desde el prisma islámico hay que tener en cuenta la Sura 2, 172, que contiene la regla general: «¡*Creyentes! Alimentaos de lo lícito y apetecible con que os hemos favorecido y mostraos agradecidos a Dios, si realmente sois sus (fieles) servidores*». La Sura 2, 173 contiene ya reglas concretas: «*Él sólo os veda tomar lo mortecino, la sangre, la carne porcina y toda ofrenda idolátrica. Pero (y a pesar de esta prohibición) quien, sin intención de infringir ni abusar, se vea compelido a ello, no será recriminado. Dios es indulgente y misericordioso*». La Sura 5, 3 completa las prescripciones en esta materia: «*Os ha sido proscrito (comer de) lo mortecino, la sangre de porcino o las oblaciones no ofrendadas a Dios. También os está vedada la carne del animal estrangulado, golpeado, despeñado, acorneado o devorado por una fiera (hasta la muerte), a menos que lo degolléis antes. Os ha sido prescrito también comer carne de lo ofrendado sobre los altares (de los dioses) o echar suertes por medio de los cálamos. (Una violación de cualquiera de las disposiciones anteriormente mencionadas) es considerado un acto de desacato. (…) No obstante, si alguien se ve forzado (a tomar algo de lo proscrito) a causa de una hambruna y sin ningún ánimo de transgredir (la Ley, sepa que) Dios es indulgente y misericordioso*». Sobre los productos *halal* se puede examinar AAVV: *Los musulmanes en España. Libertad religiosa e identidad cultural*. 1.ª edición. Madrid: Trotta, 2004, pp. 205-227.

las creencias y su relación con la ingesta de comida, no será exigible al empresario adaptación o acomodación alguna. Lo que no significa, *a sensu contrario*, que la mera manifestación de esta condición alimentaria imponga deber de acomodo concreto por parte del empleador, pues en todo caso deberá realizarse la oportuna ponderación de derechos y bienes, y, si procede, adaptarse el servicio de comedor laboral a las necesidades religiosas concurrentes.

Por otra parte, la necesidad de que las comidas se elaboren de una determinada manera (v.g. sacrificio de animales en dirección a la Meca) puede condicionar la ingesta de la misma cuando la empresa cuente con comedor o se encargue de cubrir las comidas en jornadas partidas o incluso continuadas. ¿Constituye en este caso un deber empresarial garantizar que los alimentos que deban ingerir sus trabajadores cumplan con las condiciones marcadas por la religión musulmana? Si se considera que la configuración comunitaria del derecho de ajuste razonable no alcanza a las manifestaciones del derecho de libertad religiosa, seguramente la respuesta será negativa, pero ello no impediría concluir en sentido diverso respecto de las alternativas que la empresa debiera facilitar a sus trabajadores para garantizar la alimentación conforme a sus convicciones religiosas, v.g. la aplicación de un turno de trabajo distinto que permita al trabajador comer en su domicilio o al menos fuera del centro de trabajo si en éste no pudiera acceder a los alimentos que precisa ni tampoco existieran lugares cercanos apropiados para ello por la ubicación del centro de trabajo (v.g. polígono industrial), respuesta obviamente condicionada por los parámetros de la razonabilidad y la proporcionalidad, así como por el concepto de «carga excesiva» tomado de la doctrina del ajuste razonable propia de la discapacidad.

Para los adventistas, el precepto judío de guardar el Sabbat como un día sagrado no ha sido cancelado o revocado; por lo que son especialmente conocidos por guardar estrictamente el Sabbat como séptimo día de la semana. Asimismo, sus miembros profesan reglas dietéticas muy severas, deben evitar ingerir carne (propugnan un vegetarianismo «equilibrado»[44], que puede ser eximido si es necesario), alcohol, café, té o fumar[45]. El tabaco es considerado una droga contraria a la prohibición de no matar contenido en el Sexto Mandamiento[46].

---

44. AAVV: *Creencias de los Adventistas del Séptimo Día*. 3.ª edición. Madrid: Safeliz, 1989, p. 329.

45. Utilizan el concepto de «droga» en un sentido muy amplio. AAVV: *Creencias de los Adventistas...* op.cit., z, 1989, p. 326.

46. AAVV: *Creencias de los Adventistas ...* op.cit., p. 326. El legislador, sin saberlo, con la normativa que prohíbe fumar en los sitios cerrados, ha permitido que

Restricciones parecidas existen en la fe Baha'í, que prohíbe principalmente alcohol y drogas[47]. Los sijs, por su parte, suelen ser vegetarianos y la mayoría de ellos tienden a un vegetarianismo estricto, aunque realmente no exista un precepto religioso claro en la materia[48]. Lo que sí es del todo claro es que no pueden comer la carne obtenida de animales sacrificados, troceada y preparada al modo musulmán (halal) y tienen prohibido fumar. Asimismo, está prohibido relacionarse con sijs que fuman o beben alcohol[49]. Esta última prescripción puede ser más problemática en el trabajo. Si un trabajador se niega a prestar servicios junto a otro trabajador porque bebe o fuma fuera de su jornada laboral no parece que pueda acomodarse la situación, pues para ello la empresa debería inmiscuirse de manera indebida en la vida privada del trabajador supuestamente bebedor y fumador, lo que vulneraría claramente su derecho fundamental a la intimidad (art. 18 CE). Así pues, o bien empresa y trabajador alcanzan algún tipo de acuerdo para solucionar el problema (por ejemplo, la recolocación del trabajador que no quiere prestar servicios), o el trabajador deberá dimitir.

La eventual exigencia de ajuste razonable en esta materia deberían tener en cuenta una eventual conducta de mala fe del trabajador que conociendo que no puede entrar en contacto con productos derivados del cerdo, otorga su consentimiento a un contrato para trabajar de matarife en un matadero; o para prestar servicios de carnicero en una carnicería donde se venden todo tipo de productos. Ahora bien, el escenario es distinto si el trabajador presta servicios en un supermercado en la sección de frutería y se ve sujeto a una reubicación en la carnicería en contacto con productos cárnicos porcinos. Asimismo, han de tenerse en cuenta con precaución los casos de cambio sobrevenido de convicciones y la firma por parte del trabajador de un contrato no especialmente claro al respecto de aspectos relacionados con las funciones laborales que le están prohibidas desde un punto de vista religioso. La proliferación de comercios en España que venden productos kosher y halal es un buen indicativo de las necesidades religiosas de un sector de la población en relación a los productos alimentarios.

---

trabajadores con creencias religiosas contrarias al tabaco puedan prestar servicios sin colisiones con sus códigos de conducta en sectores donde antes era habitual trabajar en una atmósfera llena de humo: restaurantes, bares, cafeterías, discotecas, casinos, etc.

47. AAVV: *Las otras religiones. Minorías religiosas en Cataluña*. 2.ª edición. Barcelona: Icaria, 2007, p. 227.
48. AAVV: *Las otras religiones. ...*, op.cit., p. 329.
49. PÁNIKER, A.: *Los sikhs*. 1.ª edición. Barcelona: Kairós, 2007, p. 109.

6. ESTÉTICA, INDUMENTARIA Y UTILIZACIÓN DE SÍMBOLOS RELIGIOSOS EN EL PUESTO DE TRABAJO. LA NECESARIA PERSPECTIVA DE GÉNERO

6.1. INDUMENTARIA Y SIMBOLOGÍA

El aspecto exterior del trabajador ya es de por sí un ámbito de polémica habitual en España, que, combinado con el elemento religioso, determina un resultado especialmente conflictivo cuando se une a elementos culturales y de origen étnico.

El fenómeno imparable de la globalización y el incremento de la inmigración[50] está llamado a provocar un aumento de conflictos jurídicos relacionados con el aspecto físico y la indumentaria, aunque hasta el momento, y a diferencia de otros Derechos comparados occidentales (v.g. estadounidense o canadiense), la jurisprudencia laboral española al respecto es escasa. La verdadera cuestión es si nuestro ordenamiento y acervo jurídico-laboral está preparado para ir resolviendo las controversias jurídicas ponderando correctamente y en su justa medida los derechos y bienes en juego, y si debiera replantearse un derecho a la *libertad estética* al amparo del art. 18.1 CE, en cuanto puede constituir factor de discriminación[51] (*lookism*[52]) con sesgo de género[53], pues su repercusión negativa se

---

50. El factor de la inmigración ha sido un factor determinante para la materialización de conflictos relacionados con simbología religiosa: «*Tales desencuentros han estado presididos por el deseo de los inmigrantes de ejercer, en las diversas facetas que componen el tejido social, su derecho a la libertad religiosa frente a las tradiciones mayoritarias del país de acogida, que se concreta, entre otras facultades en el empleo de signos distintivos con que manifestar su adscripción religiosa*». CAÑAMARES ARRIBAS, S.: «Tratamiento de la simbología religiosa en el Derecho español: propuestas ante la reforma de la Ley Orgánica de Libertad Religiosa», en AAVV: *La libertad religiosa y su regulación legal. La Ley Orgánica de Libertad Religiosa*. 1.ª edición. Madrid: Iustel, 2009, p. 522. En el mismo sentido: CAÑAMARES ARRIBAS, S.: «Las manifestaciones externas de la religiosidad en el Ordenamiento jurídico español: el empleo de la simbología religiosa», en AAVV: *El ejercicio de la libertad religiosa en España. Cuestiones disputadas*. 1.ª edición. Madrid: Ministerio de Justicia, 2003, pp. 177-178.

51. RHODE, D.L.: *The Beauty Bias: The Injustice of Appearance in Life and Law*. New York: Oxford University Press, 2010. HAMERMESH, D. S.: *Beauty Pays: Why Attractive People Are More Successful*. Princeton.

52. WARHURST, C. VAN DEN BROEK, D. HALL, R. NICKSON, D.: «Great expectations: Gender, looks and lookism at work». *International Journal of Work Organisation and Emotion*, núm. 8, 2012; 5(1):72-90. DOI:10.1504/IJWOE.2012.048593.

53. Lo que no excluye su presencia también entre los trabajadores de sexo masculino, al permitir englobar todo tipo de característica estética diferencial que determine igual exclusión en el ámbito del empleo. Vid. artículo de Blog OCCMundial titulado «Profesionistas consideran que el uso de tatuajes genera discriminación laboral», en Boletín de Prensa, Recursos Humanos, Vida Laboral, http://blog.occ.com.mx/

proyecta especialmente sobre el sexo femenino[54], del que constituye una manifestación singular, por sus connotaciones religiosas y culturales, el velo islámico (concebido occidentalmente como un yugo simbólico de la mujer en la cultura musulmana, explicación que sirve para justificar que otros símbolos indumentarios masculinos no hayan encontrado tales resistencias). Comparativamente, *la incidencia de la discriminación por el uso de indumentaria simbólica es mucho más elevada entre mujeres que entre hombres*, como evidencia el caso de hombres *sijs* que usan turbante[55].

La primera de las dificultades en este campo es la propia inexistencia de normas expresas aplicables y menos aún que tengan en cuenta el factor religioso. Pero debe partirse de una premisa diferencial respecto de la estética e indumentaria de los trabajadores en otros supuestos. Como contenido del derecho de libertad religiosa, el derecho del trabajador o trabajadora a adecuar su conducta a sus convicciones religiosas, ampara la exteriorización de sus creencias a través de la utilización de indumentaria y símbolos externos. Desde el punto de vista de la vertiente negativa del derecho, no cabe imponer por parte del empresario, como regla general, la utilización de prendas o una indumentaria que colisionen con tales convicciones. La cuestión clave es, sin duda, establecer los límites exactos del ejercicio del derecho, considerando la confluencia de dos derechos, el de libertad religiosa y el derecho a la intimidad (art. 18.1 CE), que comprende la libertad de elección de los elementos integrantes de su imagen externa, su corporeidad y sus posibles transformaciones y elementos añadidos. Ambos derechos, libertad religiosa e intimidad, van además estrechamente ligados con la dignidad humana (art. 10.2 CE), como es pacífico en la doctrina[56]. En este terreno el Estatuto de los Trabajadores se encuentra huérfano de toda regulación más allá del art. 4.2.e) ET que reconoce el derecho de los trabajadores *«al respeto de su intimidad y a la consideración debida a su dignidad»*.

---

profesionistas-consideran-que-el-uso-de-tatuajes-genera-discriminacion-laboral/#. VikS5n7hBD8.

54. En uno de los escasos casos donde se encuentra legislado el derecho a no ser discriminado por el aspecto físico, el Estado de Victoria en Australia, la estadística de reclamaciones femeninas registradas duplica la masculina (WARHURST, C. VAN DEN BROEK, D. HALL, R. NICKSON, D.: «Great expectations: Gender, looks and lookism at work», op.cit., p. 81).

55. Colectivo contra la Islamofobia en Francia (Collectif contre l'Islamophobie en France): *Rapport sur l'Islamophobie en France 2010,* http://www.islamophobie.net/ sites/default/files/rapport-ccif-2010.pdf.

56. VILLALBA SÁNCHEZ, A.: «Los derechos fundamentales inespecíficos como límite al poder de dirección del empresario: cuestiones relativas a la imagen del trabajador», Comunicación al XXIV Congreso Nacional de Derecho del Trabajo y de la Seguridad Social, Pamplona, 29 y 30 de mayo de 2014, p. 4.

En todo caso, el desarrollo del art. 18 CE mediante la Ley Orgánica 1/1982, de 5 de mayo, sobre protección civil del derecho al honor, a la intimidad personal y familiar y a la propia imagen, lo caracteriza como irrenunciable e inalienable (art. 1.2) y adapta sus contornos a su ámbito de ejercicio y a los usos sociales (art. 2.1). Por lo que, en caso de no existir colisión alguna con otro derecho fundamental o bien constitucional protegido, el trabajador creyente podrá ejercer su derecho a la libertad religiosa en toda su extensión, reforzado por su derecho a la intimidad, y de este modo podrá utilizar los símbolos, la indumentaria o configurar su estética de acuerdo con los postulados de sus convicciones religiosas. Esto es pacífico de no existir colisión alguna con intereses empresariales (cfr. STSJ de Madrid núm. 309/2002, de 7 mayo, sobre teleoperador despedido por vestir pantalones cortos en el ejercicio de su trabajo, a puerta cerrada y por tanto sin contacto directo con clientes, y sin normas de uniformidad de empresa), pero causará conflicto de intereses de quedar afectada la imagen de empresa o *marca empresarial* (cfr. Sentencia del Tribunal Europeo de Derechos Humanos de 15 de enero de 2013, *Caso Eweida y otros contra Reino Unido*), en el que por otra parte tienden a diluirse otros criterios realmente discriminatorios, o sobrepasarse el código de indumentaria empresarial si éste se hubiera dispuesto en la empresa[57].

El uso de simbología religiosa puede requerir adaptaciones compatibles con el ya analizado deber de ajuste razonable realizado el juicio de ponderación preciso[58] para dejar paso a la tutela antidiscriminatoria si la situación lo requiere.

Pero desde esta perspectiva de la tutela antidiscriminatoria, debe analizarse la posibilidad de limitar el alcance del derecho, y en este caso pueden plantearse dos respuestas, una en clave preventiva y otra en clave de elemento inherente a la realización del trabajo o profesión (art. 4.1 de la Directiva 2000/78, que establece que la diferencia de trato basada, en este caso en la *religión*, es legítima si corresponde a un requisito profesional esencial y determinante, siempre y cuando el objetivo sea legítimo y el requisito proporcionado), exigencia que raramente podrá ser cumplida y que requerirá que se trate de una condición imprescindible para el ejercicio de la profesión en cuestión; no obstante, sí cabe admitirlo en supuestos

---

57. Las fuentes de eventuales limitaciones son variadas en esta materia. GIL Y GIL, J.L.: «Poder directivo y apariencia externa del trabajador», en AAVV: *El poder de dirección del empresario: nuevas perspectivas*. 1.ª edición. Madrid: La Ley 2005, pp. 111-112.

58. CAÑAMARES ARRIBAS, S.: «Tratamiento de la simbología religiosa ...», op.cit., p. 526.

específicos, como es el caso de profesiones que exijan apariencia de neutralidad por ejercer potestades de función pública[59].

En cuanto a los motivos relativos a la prevención de riesgos laborales, el carácter imperativo de la norma y la protección del bien mayor, la seguridad y la salud (laboral y pública), justifican la limitación del derecho por la prevalencia del derecho a proteger, concurriendo los requisitos de razonabilidad y proporcionalidad exigidos por la doctrina constitucional (cfr. STSJ de Madrid núm. 256/2001, de 18 abril), en la línea de la STEDH de 15 de enero de 2015, *caso Eweida y otros contra Reino Unido*, que admite la limitación, por razones de seguridad e higiene, del uso de simbología o indumentaria religiosa.

Respecto a la condición inherente al ejercicio de la profesión, y la preceptiva uniformidad más allá de razones de imagen de empresa, los intereses en juego necesitan idéntica ponderación, para determinar precisamente el carácter de inherente y necesario (cfr. STSJ de Cataluña núm. 6979/1999 de 13 octubre, sobre la uniformidad de los guardias de seguridad del metro, y la dispensa de portar gorra por incompatibilidad con enfermedad del cuero cabelludo). Desde la óptica contraria, la falta de indicación expresa de uniformidad no impide el uso de prendas «fuera» del uso estético estandarizado y excluyente de las singularidades de las minorías[60] (cfr. STSJ de Islas Baleares núm. 457/2002, de 9 septiembre, sobre conductor de autobús que conduce con gorra, no prohibida en la norma de uniformidad de la empresa, resolviendo el Tribunal a favor de la identificación entre tolerancia y autorización, y que en este terreno está admitido lo que no está expresamente prohibido[61], en el marco del art. 18.1 CE o derecho de autodeterminación estética, lo que desde luego sería aplicable a prohibiciones sorpresivas del uso de ciertas prendas como el hiyab).

No existe, pese a alguna jurisprudencia al efecto, un *corpus* sistemático aplicable en este campo, debido especialmente a su inherente casuismo y

---

59. COMISARIO DE DERECHOS HUMANOS DEL CONSEJO DE EUROPA: *Human Rights in Europe: no grounds for complacency*, «The burqa and privacy», p. 39, http://www.coe.int/t/commissioner/Viewpoints/ISBN2011_en.pdf.

60. HICKS, D. A.: *Religion and the workplace. Pluralism, spirituality, leadership*. 1.ª edición. Cambridge: Cambridge University Press, 2003, p. 68.

61. En un sentido parecido: CASTRO JOVER, M. A.: «La función de la laicidad en una sociedad plural», en AAVV: *Derechos humanos, minorías culturales y religiosas en Colombia y en España*. 1.ª edición. Bilbao: Universidad del País Vasco, 2008, pp. 146-147. Un comentario de la sentencia puede examinarse en ROSSEL GRANADOS, J.: «Improcedencia de sanción laboral por uso de vestimenta religiosa: Comentario a la STSJ de Baleares, de 9 septiembre 2002». *Revista Doctrinal Aranzadi Social*, 2003, núm. 1, pp. 2809-2812.

a la escasa jurisprudencia al respecto[62], desde la conocida STC 170/1987, de 30 de octubre (interpuesta contra la STS de 12 de febrero de 1986), sobre el caso de la barba del barman, cuya actualidad se vincula al tema analizado en cuanto es propia de algunos usos religiosos (c.g. el sijismo o en menor medida el islam), que pondera el derecho a la libertad de empresa y las facultades inherentes al empresario en la conformación del comportamiento exigido a los trabajadores y en concreto a su adaptación a los usos y costumbres inherentes al correcto desempeño de la actividad económica o profesional en cuestión (en aquel caso, la hostelería), junto con el derecho a portar barba (aseada) que no interfiera en la ejecución del trabajo, lo que sin duda ampararía el uso de la barba por motivos no meramente estéticos. Por otra parte, no debe olvidarse que éste podría chocar al mismo tiempo con normativa de prevención de riesgos laborales, de salubridad, al margen de códigos de imagen empresariales (en algunos casos, como el que recoge la STSJ de la Comunidad Valenciana núm. 1450/1996, de 29 mayo, incluso objeto de cláusula específica en el contrato, lo que resultaría más dudoso en el caso que se analiza, concurriendo circunstancias religiosas que limiten el derecho, como sería la adición de esta cláusula impeditiva del uso del hiyab por la trabajadora contratante).

Desde la perspectiva de la activación del derecho en aras a su «blindaje» jurídico, la comunicación expresa por parte del trabajador a la empresa permitiría oponerse a una eventual negativa empresarial por la vía de la tutela de derechos fundamentales al amparo de los arts. 16.1 y 18.1 CE. Desde la perspectiva opuesta, la falta de comunicación de esta particular circunstancia es entendida por la STSJ de Madrid de 27 octubre 1997, anteriormente citada, como obstáculo para rechazar la uniformidad empresarial por parte de una trabajadora musulmana que una vez iniciada la relación laboral y, sin haber exteriorizado nunca sus convicciones, pretendía varias acomodaciones de diversa índole, una de ellas que se le permitiera utilizar un uniforme que no incluyera el uso de falda corta, contraria a sus creencias religiosas.

En cualquier caso, son elementos instrumentales a la ponderación la coherencia con los propios actos o tolerancia empresarial previa, la coherencia entre convicciones internas y los símbolos externos, y la importancia creciente del derecho de imagen y prestigio de la empresa

---

62. Más prolija y sólida es en esta materia la jurisprudencia estadounidense, con una tradición bastante mayor en la interpretación de la libertad y pluralidad religiosa. A título de ejemplo, el caso Christine L. Wilson contra U.S. West Communications, United States Court of Appeals, Eighth Circuit (1995), basada en un supuesto de convicciones religiosas de signo cristiano (concretamente el caso de una trabajadora que llevaba siempre un pin con una foto de un feto y un mensaje antiabortista y que fue instaba por la empresa a quitárselo, despidiéndola ante su negativa).

(el derecho a configurar una imagen empresarial acorde con la cultura corporativa), que puede estar íntimamente ligada a la uniformidad o normas sobre indumentaria[63].

6.2. LA NECESARIA PERSPECTIVA DE GÉNERO EN MATERIA DE INDUMENTARIA: EL USO DE HIYAB

En el caso del hiyab, la propia trabajadora exterioriza sus convicciones, y más allá de ello, una identidad cultural, la musulmana, a través de un símbolo externo y visible, al servicio de una autoafirmación cultural[64], identitaria[65], más allá simplemente de su gran relevancia religiosa[66].

La autoidentificación mediante el hiyab implica mostrar a la sociedad, y por consiguiente también en el trabajo, las creencias y la identidad cultural de quienes lo portan, sin desplegar mayores actuaciones encaminadas a facilitar tal información, como sucedería en el caso de los trabajadores musulmanes o de las trabajadoras que no porten velo islámico. Los estereotipos sociales que le asocian llevan inmediatamente a una ulterior identificación como extranjero o emigrante (y simultánea asociación a otras etnias), ignorando la posibilidad de que su portadora sea española, de primera, de segunda o de más generaciones. Pero la pureza religiosa que el uso creciente del hiyab quiere demostrar al mundo occidental, en ocasiones como signo de rebeldía y rechazo de los aspectos más negativos de este tipo de Sociedad, ha extendido su empleo más allá de la población emigrante.

---

63. DE VICENTE PACHÉS, F.: «El derecho a la libre apariencia física-estética en las relaciones de trabajo: una aproximación desde una perspectiva de sexo-género», Comunicación al XXIV Congreso Nacional de Derecho del Trabajo y de la Seguridad Social, Pamplona, 29 y 30 de mayo de 2014, p. 4.

64. CIAURRIZ, M.ª. L.: «La situación jurídica de las comunidades islámicas en España», en VV.AA. (Motilla, A., dir.): *Los musulmanes en España. Libertad religiosa e identidad cultural*, Trotta, Madrid, 2004.

65. El Corán dedica algunos preceptos a la vestimenta de la musulmana, pero la indumentaria está muy influida por la tradición y cultura, por lo que en la práctica la musulmana vestirá asimismo según las costumbres de la zona de donde sea oriunda. La Sura 24, 31 contiene preceptos en materia de moralidad que incluye reglas generales sobre el modo preceptivo de vestir. Asimismo, la Sura 33, 59 realiza una alusión genérica en la materia.

66. MOTILLA DE LA CALLE, A.: «La libertad de vestimenta: el velo islámico», en AAVV: *Los musulmanes en España. Libertad religiosa e identidad cultural*. 1.ª edición. Madrid: Trotta, 2004, p. 108. Sobre el significado cultural y religioso del velo integral islámico (burka y niqab) *vid*. ARECES PIÑOL, M. T.: *La prohibición del burka en Europa y en España*. 1.ª edición. Pamplona: Aranzadi, 2014, pp. 67-79. Asimismo, sobre el significado del velo y del pañuelo en el mundo islámico *vid*. PÉREZ ÁLVAREZ, S.: «Retos de la gestión de la diversidad cultural en el ámbito educativo francés. El caso del velo y del pañuelo islámicos», en AAVV: *Gestión de la diversidad cultural en las sociedades contemporáneas*. 1.ª edición. Valencia: Tirant lo Blanch, 2014, pp. 449-478, especialmente pp. 455-463.

Sin embargo, como se ha indicado, las sociedades occidentales siguen identificando esta simbología con el fenómeno migratorio, con el consiguiente rechazo a lo que perciben como binomio emigrante-musulmán, y, aún peor, la tríada emigrante-musulmán-mujer, caldo de cultivo para la discriminación social y laboral en particular[67]. El rechazo a la migración y especialmente de ciertas culturas diferentes se nutre en este caso de un símbolo claramente identificador de la cultura musulmana, que fácilmente expone a situaciones de discriminación laboral, comenzando por las especiales dificultades de inserción laboral. En esta actitud están presentes prejuicios como la identificación de las mujeres islámicas con la sumisión y otros estereotipos que les perjudican especialmente en el acceso al empleo (cfr. «Desafíos que enfrentan las mujeres musulmanas que trabajan»[68]; Estudio del *Center for Women's Rights* egipcio, 2008, según el cual las mujeres que respetaban el código de vestimenta islámica sufrían un mayor acoso sexual).

Desde la perspectiva de la libertad religiosa, el elemento interseccional singular con el género puede determinar un resultado específico de género[69] (cuya invisibilidad también impregna toda la doctrina teológica[70]) del

67. Esta relación entre género e Islam en el ámbito laboral fue analizada en trabajos anteriores: RIVAS VALLEJO, P.: «Trabajo, islam y género», XVIII Jornades Catalanes de Dret Social, Barcelona, 1 y 2 de marzo de 2007; RIVAS VALLEJO, P.: «Sesgos de género en el trabajo de las mujeres musulmanas en España». En Carballeira, Ana M. (dir.): *Islam: pasado, presente y futuro: ¿hacia una sociedad intercultural?* Consejo Superior de Investigaciones Científicas. Monográfico editado por la Escuela de Estudios Árabes-CSIC. Madrid, 2016; y RIVAS VALLEJO, P.: «Género, religión y discriminación: las trabajadoras islámicas». *Derecho de las Relaciones Laborales* (Francis Lefebvre), número 3/2016.

68. «Desafíos que enfrentan las mujeres musulmanas que trabajan», http://www.islamweb.net/esp/index.php?page=articles&id=148824 y http://www.islamweb.net/womans/nindex.php?page=readart&id=148822, publicado el 9-3-2011.

69. Algunos estudios evidencian esa correlación de factores como origen de una realidad específica en todas las religiones. Así, en el caso de la católica, vid. BLASCO HERRANZ, I.: «Género y religión: de la feminización de la religión a la movilización católica femenina. Una revisión crítica», *Historia Social*, núm. 53 (2005), pp. 119-136, disponible en http://www.jstor.org/stable/40340959. A estos efectos resulta oportuno citar el reciente Informe de 25 de junio de 2015, sobre la aplicación de la Directiva 2006/54/CE del Parlamento Europeo y del Consejo, de 5 de julio de 2006, relativa a la aplicación del principio de igualdad de oportunidades e igualdad de trato entre hombres y mujeres en asuntos de empleo y ocupación (2014/20160(INI)), que consta en la Propuesta de Resolución del Parlamento Europeo (apartado Q) que «determinadas categorías mujeres se encuentran en peligro de sufrir una discriminación múltiple profesional y laboral, entre ellas las mujeres de minorías étnicas, lesbianas, bisexuales, transgénero, solteras, con discapacidad y las mujeres de edad avanzada».

70. SALOMÓN CHÉLIZ, M.P.: «Laicismo, género y religión. Perspectivas historiográficas», *Ayer, núm. 61, La representación política en la España liberal*, 2006, pp. 291-308, disponible en la URL http://www.jstor.org/stable/41324965.

180

que cabe inferir a su vez una estrecha relación de conexión entre discriminación y libertad religiosa[71]. Por ello, el examen con perspectiva de género de la libertad religiosa es indispensable cuando analizamos el fenómeno migratorio, y en particular respecto de las ciudadanas residentes en España que profesan el Islam.

Desafortunadamente, el enfoque de la problemática anudada a la indumentaria de las trabajadoras musulmanas no siempre ha ido priorizada por un análisis riguroso de los derechos, libertades y bienes en juego, sino por discursos politizados dirigidos a otros fines extrajurídicos, en los que no ayuda tampoco los debates caldeados seguidos de cerca por la opinión pública y los medios de comunicación por medio de simples titulares.

Aunque el ordenamiento jurídico deba garantizar la pluralidad cultural y religiosa, también ha de garantizar la convivencia y especialmente los derechos fundamentales de las trabajadoras. En la plaza pública es el Estado el sujeto legitimado y obligado a ello. En el centro de trabajo la empresa ha de respetar la pluralidad, pero ha de garantizar la convivencia, y al mismo tiempo ha de adecuar las circunstancias para que la actividad económica se desarrolle de forma óptima (libertad de empresa *ex* art. 38 CE).

Como ámbito de necesaria convivencia y sociabilidad se hace difícil acomodar en el ámbito laboral piezas de ropa que oculten parcialmente o totalmente el rostro de forma continuada. Es cierto que en este ámbito se utilizan habitualmente prendas que impiden ver el rostro: cascos, protecciones contra las inclemencias climatológicas, las mascarillas de los médicos y enfermeros cuando operan un paciente, etc., pero su uso no es continuado y además su utilización es meramente finalista.

El entorno laboral exige a trabajadoras y a trabajadores la interactuación personal, constante y visual, con superiores, compañeros de trabajo, clientes, trabajadores de otras empresas, proveedores, pacientes; físicamente o digitalmente (videoconferencias); y el contacto visual se produce en distintos momentos y lugares a lo largo de la jornada, como pasillos, salas de reuniones, etc. En dichas circunstancias resulta difícil adaptar, al menos en la mayoría de casos, el empleo inflexible, reiterado y rígido, durante toda la jornada laboral, de piezas de ropa que cubran total o parcialmente el rostro. Estas circunstancias inherentes al ejercicio del trabajo obligan a considerar otros aspectos además de la interactuación visual con clientes o con terceros, y a valorar otros aspectos relacionales del entorno de trabajo, pues al menos como regla general el trabajo no se ejecuta

---

71. Cfr. TAMAYO ACOSTA, J.J.: «Discriminación de las mujeres y violencia de género en las religiones». *El Rapto de Europa: crítica de la cultura*, núm. 18, pp. 47-54.

en régimen de aislamiento social. Ahora bien, debe ponderarse el alcance de la organización del trabajo en la empresa a la luz del derecho de libertad religiosa y cultural que envuelve al uso de prendas como el hiyab y, especialmente, la tipología de empresa y de servicio que ésta ofrece (v.g. en el caso del empresariado étnico esta circunstancia puede ser incluso inherente a la prestación del servicio).

Dos son las situaciones a las que debe darse respuesta: a) la de la empresa que exige el ocultamiento del rostro; b) la de la empleadora que exige descubrir el rostro como condición de acceso al empleo.

En el primer caso, parece claro que la conducta en cuestión vulneraría los derechos fundamentales de las candidatas, especialmente se vulneraría el derecho a la intimidad (art. 18.1 CE) y la prohibición de discriminación (en este supuesto la trabajadora musulmana no elegiría libremente cubrirse el rostro, sino que vendría obligada por un requisito empresarial).

En el segundo caso, ha de valorarse la que por otra parte viene siendo tendencia habitual en nuestro mercado de trabajo: el condicionamiento de la contratación laboral a la supresión del hiyab de la indumentaria habitual. Esta segunda situación merece una respuesta diferente: que la utilización del pañuelo musulmán u otra indumentaria similar para cubrirse el cabello y que no oculte el rostro como regla general ha de ser aceptada como manifestación del derecho a la libertad religiosa (siempre que se corresponda a una opción tomada libremente por la trabajadora, aunque no se trata de circunstancia que deba valorarse en el ámbito del trabajo). Como el uso de dicha prenda encuentra su razón de ser en el derecho fundamental a la libertad religiosa, y en una medida similar en el derecho a la intimidad y a la propia imagen, las condiciones de trabajo deberán en principio acomodarse a dicha necesidad religiosa. Al mismo tiempo, el derecho generaría un deber de ajuste razonable para el empresario, pues la hipotética instauración de un código de vestimenta deberá tener en cuenta dichas necesidades, y su restricción deberá ser especialmente motivada.

Además, en estos supuestos cualquier orden o medida empresarial tomada en el contexto del poder de dirección deberá superar los oportunos filtros de la tutela antidiscriminatoria, pues la utilización de dicha prenda va ligada al hecho de ser mujer, y frecuentemente a un cierto origen, lengua, etnia o cultura (en el caso del hiyab, a la cultura y las tradiciones de la trabajadora con la formación de su identidad[72]). En consecuencia,

---

72. Desde el prisma sociológico se ha enfatizado dicha noción en PÉREZ-AGOTE POVEDA, A.: «Los límites de la secularización: hacia una versión analítica de la teoría», en

una política de empresa que prohíbe llevar prendas de ropa en la cabeza puede ser discriminatoria en el momento que no se tienen en cuenta las convicciones religiosas.

El test de razonabilidad sí podría superarse si el uso de una prenda como el hiyab estuviera contraindicado por razones de seguridad, higiene... en el desempeño correcto del trabajo, en el sentido marcado por la Directiva 2000/43, porque en este caso constituiría requisito esencial de la profesión. El marco normativo internacional avala la posibilidad de negar el acceso al empleo por tales razones. En los debates de la 83.ª conferencia de la OIT en 1996, que dio lugar al convenio número 111, se afirmaba (párr. 42) que «las obligaciones que imponen un oficio o profesión pueden obstaculizar el libre ejercicio de una práctica religiosa. Así ocurre [...] cuando la práctica de determinada religión prescribe el uso de una indumentaria particular o condiciones de trabajo particulares [...] En tales casos, hay que sopesar entre el respeto del derecho de la persona que trabaja a practicar su propia fe o creencia y la necesidad de cumplir con las exigencias inherentes al empleo o las necesidades de la empresa. Pero estos derechos pueden restringirse dentro de los límites impuestos por el principio de proporcionalidad, procurando evitar las consecuencias arbitrarias en el empleo y la ocupación, señaladamente en el sector público»[73]. Y en esta misma línea se encuentra el art. 4.1 de la Directiva 2000/78, ya analizado.

Por otra parte, se ha admitido también como válida la imposición de un *código de uniformidad* si el objetivo del código es legítimo, es decir, comunicar una cierta imagen de la empresa y promover el reconocimiento de su marca y su personal, pero bajo el criterio de la ponderación de los derechos e intereses confrontados, el del trabajador, «debido al valor que tiene para un individuo que ha hecho de la religión un principio fundamental de su vida el poder comunicar esa creencia a otros», y el «deseo de la empresa de proyectar una cierta imagen corporativa». Así es cómo el criterio de la imagen de la empresa ha sido rechazado como argumento prevalente sobre el derecho individual a portar símbolos religiosos, por no causar una invasión real de intereses de terceros, por el Tribunal Europeo de Derechos Humanos en la STEDH de 15 de enero de 2013, *Caso Eweida y otros contra Reino Unido* (sobre trabajadora de compañía aérea a la que le fue negado el derecho a portar una cruz cristiana por la empresa, por considerarlo contrario a la regla de uniformidad aplicable, cuando la misma empresa había tolerado el uso de turbantes y hijabs y había quedado acreditado que éstos

---

AAVV: *Sagrado/Profano. Nuevos desafíos al proyecto de la Modernidad.* 1.ª edición. Madrid: Centro de Investigaciones Sociológicas, 2010, p. 318.

73. Vid. Estudio General de la OIT sobre igualdad en el empleo y la ocupación, 83.ª Conferencia Internacional del Trabajo, 1996.

ningún perjuicio habían causado anteriormente sobre la imagen o marca de la empresa).

La mayor dificultad que la tutela de hipotéticas situaciones de discriminación plantea en la fase de reclutamiento y por tanto antes de producirse la contratación es la ausencia de normativización de las obligaciones empresariales en los tratos preliminares, pues, como bien subrayan Alameda[74] y Serrano[75], no existe obligación empresarial alguna de justificar la elección de un/a trabajador/a u otro/a y por tanto esta carente motivación complica la protección, aunque no la impide (por improbable que pueda ser en la práctica), como muestra el caso *Feryn*, aunque, como esta misma sentencia (STJUE de 10 de julio de 2008, petición de decisión prejudicial planteada por el Tribunal Laboral de Bruselas, en asunto *Centro para la Igualdad de Oportunidades y Lucha contra el Racismo v. Firma Feryn NV*, C-54/07[76]) afirma, lo que sí resulta descartable como causa justificada es la hipotética preferencia del cliente, en aquellos empleos en los que sea consustancial al servicio prestado la relación directa con éste (por tanto no pudiendo admitirse como requisito esencial de la profesión). La misma sentencia rechaza asimismo que la hipotética ventaja competitiva empresarial pueda ser argumento esgrimible para la defensa de una política de contratación basada en prejuicios.

Del mismo modo, y en el plano de la tutela judicial instada a partir de este supuesto de discriminación, la autodefinición mediante el uso del hiyab implica asimismo que la trabajadora sea portadora del indicio de discriminación que invertirá la carga probatoria en un procedimiento por discriminación, por lo que la hipotética proclamación, en cuanto identifica *ab initio* y sin necesidad de indagación alguna las creencias y cultura musulmanas, las sitúa por igual en el disparadero del trato desigual pero procesalmente también de la garantía de la carga probatoria (*ex* art. 179 LRJS).

Finalmente, por lo que respecta a otras indumentarias islámicas, el velo integral o niqab o burka, su impacto en las sociedades occidentales y en la nuestra en particular es especialmente menor, por tratarse de una cuestión singularmente minoritaria respecto del hiyab, aunque no es menos cierto que en estos contextos genera notables dificultades de integración cultu-

---

74. ALAMEDA CASTILLO, M.ª.T.: *Estadios previos al contrato de trabajo y discriminación*, Cuadernos de Aranzadi Social, Pamplona, 2013.

75. SERRANO FALCÓN, C.: «Musulmanes y libertad religiosa en el trabajo asalariado en España». En Carballeira, Ana M. (dir.): *Islam: pasado, presente y futuro: ¿hacia una sociedad intercultural?* Consejo Superior de Investigaciones Científicas, cit.

76. Consultable en http://eurlex.europa.eu/LexUriServ/LexUriServ.do?uri=OJ:C:2008:223:0011:0012:ES:PDF.

184

ral y social[77], si bien no se han planteado (o al menos no se han constatado) problemas de integración laboral en nuestro país por dicho motivo. No obstante, la interpretación de la cuestión a la luz del Pacto Internacional de Derechos Civiles y Políticos y el Comité de Derechos Humanos de la ONU, en sus Comentarios Generales números 22, 27, 28 y 34, en cuanto entiende que semejante prohibición juega en contra del derecho al trabajo, avalaría la tesis contraria a su restricción. Sin duda el criterio del «objetivo legítimo» ha de ser el *test de idoneidad* a aplicar a una restricción de este tipo aún en este ámbito (*razonabilidad y objetividad*).

---

77. Vid. LÓPEZ SIDRO, A.: «Restricciones al velo integral en Europa y España: la pugna legislativa para prohibir un símbolo», *Revista general de derecho canónico y derecho eclesiástico del estado*, núm. 32, 2013.

Capítulo 5

La incidencia de la centralidad del trabajo en las tendencias más recientes de la emigración española

Farah Amaadachou Kaddur

Universidad de Granada

1. INTRODUCCIÓN

En un contexto de grave y profunda crisis económica como en el que lamentablemente nos hallamos inmersos, asistimos no solo a un notable descenso de la llegada de inmigrantes a nuestro país, sino también, a un aumento progresivo de una nueva o renovada emigración española principalmente motivada por la necesidad de encontrar un puesto de trabajo en el extranjero, ante la elevada y alarmante tasa de desempleo que en estos momentos España presenta.

De ahí que, en estos últimos años venimos asistiendo a un nuevo panorama migratorio en España que de nuevo ha pasado de ser uno de los principales países receptores de inmigrantes a uno de los estados potencialmente emisores de emigrantes, y todo ello a pesar de que, a diferencia de lo sucedido en tiempos pasados, en la actualidad contamos con unas generaciones mucho más formadas y cualificadas, pero desgraciadamente las expectativas laborales en nuestro país continúan siendo realmente escasas.

En primer lugar, es fundamental la visibilización de este fenómeno junto con la búsqueda correlativa de nuevas fórmulas capaces de intervenir de manera más eficaz con el propósito de ofrecer soluciones que eviten principalmente un éxodo masivo de la población juvenil, y dentro de este colectivo especialmente afectado por la crisis, aquellos que se marchan y no porque realmente tengan una voluntad de hacerlo sino más bien porque se sienten obligados a abandonar nuestro país puesto que, a día de hoy, no se les ofrece otras alternativas.

El tema concreto de la fuga de cerebros es una cuestión que requiere una atención especial por ser un síntoma de uno de los problemas que más nos deben preocupar, sobre todo, debido a las consecuencias negativas que puede desencadenar para el avance, desarrollo y progreso del presente y futuro más cercano de nuestro país. Este fenómeno social y laboral también se encuentra estrechamente vinculado con la distribución a nivel internacional del conocimiento y de la necesidad de mano de obra en países centrales.

Además de tratarse de un tema de gran relevancia social y de candente actualidad, su análisis requiere una investigación mucho más profunda de la que en estas líneas se intenta ofrecer.

Con este fin, los pilares fundamentales sobre los que se asienta el contenido de este estudio son, en líneas generales, la transformación del panorama migratorio en España y la trascendencia de la situación de crisis económica y financiera, especialmente su repercusión en el ámbito socio-laboral, dada la incuestionable importancia o influencia del factor trabajo a la hora de tomar la decisión de emigrar o no. Seguidamente trataré de abordar algunos de los principales rasgos característicos de la emigración actual, puesto que se han detectado diferencias sustanciales entre los emigrantes españoles en épocas pasadas y los de hoy, y es que, aunque el fenómeno de la emigración se repite una vez más dentro de la trayectoria migratoria de nuestro país, no se proyecta o se desarrolla en idénticos términos. El hecho de identificar esa diferencia de matices que han caracterizado y caracterizan el perfil del emigrante español sirve de valiosos indicadores y portadores de información para pronosticar su posible orientación y las consecuencias que puede acarrear. Y, por último finalizaré con unas reflexiones conclusivas.

2. UN NUEVO EPISODIO EN LA TRADICIÓN MIGRATORIA ESPAÑOLA

El conocimiento de la trayectoria histórica de un país, y en el caso que nos ocupa España, es fundamental para contextualizar y poder comprender el fenómeno migratorio como hecho que ha marcado y sigue marcando el devenir de nuestro país, así como para analizar sus efectos[1].

---

1. GIL, A. Y FERNÁNDEZ, M. J.: «Los discursos sobre la emigración española en perspectiva comparada. Principios del siglo XX– principios del siglo XXI», *Instituto de Estudios Latinoamericanos-Universidad de Alcalá*, n. 73, 2015, p. 5.

Desde un punto de vista histórico, es cierto que España ha sido un país de emigración en tiempos pasados, aunque como bien es sabido en etapas posteriores esa realidad fue transformándose hasta el punto de convertirse en uno de los principales estados de acogida de inmigrantes y en unas proporciones impensables hasta hace unos años. Paralelamente, la sociedad española iba superando su situación de estancamiento y subdesarrollo económico-social, existente en el s. XX, hasta llegar a una añorada y esperada etapa de prosperidad socio-económica[2].

En la actualidad se vuelve a añadir un nuevo episodio en nuestra tradición migratoria, principalmente caracterizado por una notable disminución de las llegadas de inmigrantes y un aumento del flujo de emigrantes y, por consiguiente, España vuelve a ser un país exportador de emigrantes.

En el cambio de tendencia que en estos últimos años ha experimentado el panorama migratorio español han influido, con mayor o menor calado, múltiples factores de distinta naturaleza. No obstante, uno destaca sobre el resto por su propia magnitud, por los efectos devastadores que ha conllevado en todos los niveles y porque ha sido realmente determinante, y no es otro que el período de profunda crisis económica en el que lamentablemente nos hallamos inmersos.

Precisamente, centrando la atención en este último, no cabe la menor duda sobre la posición de centralidad que ocupa el trabajo, y no solo en el momento presente sino también ha sido clave en etapas anteriores. En líneas generales, la situación económica explica en gran medida tanto la llegada como la salida de emigrantes en nuestro país. Dicho de otro modo si se prefiere, como ha quedado ampliamente demostrado en la actualidad y en épocas pasadas, el nivel de desarrollo del país[3] junto con la situación económica y la posibilidad de inserción en el mercado laboral actúan como un potente factor de atracción o expulsión.

Así como en tiempos de crecimiento y prosperidad socioeconómica las ofertas de empleo operan como un factor de atracción o como efecto llamada, en períodos de recesión con repercusiones directas en el ámbito socio-laboral no solo se reducen considerablemente las ofertas de empleo,

---

2. MONEREO PÉREZ, J.L. Y TRIGUERO MARTÍNEZ, L.A.: «El modelo de protección jurídico-legal del trabajador extranjero. Análisis a la luz de la reforma realizada por la Ley Orgánica 2/2009, de 11 de diciembre», en AA.VV.: *Protección jurídico-social de los trabajadores extranjeros*, MONEREO PÉREZ, J.L. (Dir.), Comares, 2010, p.1.

3. FERNÁNDEZ, F. Y SANTIAGO, M.J.: «Niveles de desarrollo e inmigración: "efecto expulsión" versus "efecto llamada"», en AA.VV.: *I Congreso Internacional sobre Migraciones en Andalucía. Resúmenes de ponencias y comunicaciones. 16-18 de febrero de 2011*, GARCÍA CASTAÑO, F.J. Y KRESSOVA, N. (Coords.), Universidad de Granada: Instituto de Migraciones *Granada*, 2011, p. 208.

sino que además se destruye un volumen importante de los ya existentes, lo cual contribuye a un aumento de la tasa de desempleo y con ello se estimula la salida de emigrantes, en estos términos ejerce como factor de expulsión y es en esta situación en la que a día de hoy nos encontramos. Desde esta perspectiva aquí en examen y llegado este momento preciso se debe de advertir sobre el nivel de emigración española difícilmente sostenible que ya se ha instalado en nuestra sociedad[4].

Por supuesto, también influye la capacidad que ostentan los gobiernos para condicionar a través de sus políticas legislativas la decisión de desplazarse o no al extranjero, como por ejemplo, los efectos negativos ocasionados por la última reforma laboral introducida a raíz de la Ley 3/2012, de 6 de julio, de medidas urgentes para la reforma del mercado laboral, las políticas de austeridad, el deterioro social, el aumento de la pobreza[5], la precariedad laboral, entre otros factores.

3. ALGUNOS DE LOS PRINCIPALES RASGOS CARACTERÍSTICOS DE LA EMIGRACIÓN ACTUAL

La diáspora producida en épocas pasadas, como la acaecida en el s. XX, significó un éxodo masivo de trabajadores especialmente de baja cualificación, lo cual no quiere decir que las motivaciones fuesen distintas entre los que decidieron marcharse por aquel entonces y los que ahora se desplazan al extranjero. Al igual que sucedió en el pasado, la emigración española actual además de estar estrechamente vinculada a la situación de nuestro mercado laboral, responde a un impulso político en el que se conjuga un discurso, especialmente dirigido a los jóvenes bien formados, que promueve y habla de la movilidad como un aspecto fundamental a reforzar, y para ello establece, por ejemplo, como competencia del Servicio Púbico Estatal el desarrollo de una labor de coordinación e impulso de una serie de acciones de movilidad en el ámbito estatal y europeo, así como ostentar la representación de España en la red EURES[6]. El propio texto del Real Decreto 1674/2012, de 14 de diciembre, por el que se establecen las bases reguladoras para la concesión de subvenciones públicas destinadas a la financiación de la acción «Tu primer trabajo EURES» dice así:

---

4. MONTESERIN, S.A., FERNÁNDEZ, A. Y MARTÍNEZ, U.: «Crisis económica y nuevo panorama migratorio en España», *Fundación 1° de Mayo*, n. 65, 2013, pp.7-9.

5. MONTESERIN, S.A., FERNÁNDEZ, A. Y MARTÍNEZ, U.: «Crisis económica y nuevo panorama migratorio en España», *cit.*, p.12.

6. MONTESERIN, S.A., FERNÁNDEZ, A. Y MARTÍNEZ, U.: «Crisis económica y nuevo panorama migratorio en España», *cit.*, pp.17-19.

La actual situación de globalización de los mercados y el rápido cambio de los medios tecnológicos y los procesos productivos hace que las estrategias coordinadas para el empleo que postula la Unión Europea contemplen la movilidad laboral como una oportunidad de encuentro entre oferta y demanda de empleo entre los distintos territorios que coadyuva a la cohesión social en la construcción europea.

Así lo contempla también la Ley 3/2012, de 6 de julio, de medidas urgentes para la reforma del mercado laboral, que en su exposición de motivos hace especial referencia a la necesidad de que muchos jóvenes bien formados abandonen el mercado de trabajo español y busquen oportunidades en el extranjero, motivada por la incertidumbre a la hora de entrar en el mercado de trabajo, los reducidos sueldos iniciales y la situación económica general de nuestro país.

Asimismo, en la actual redacción de la Ley 56/2003, de 16 de diciembre, de Empleo, se regula en el artículo 4 bis «La Estrategia Española de Empleo», la cual constituye un reflejo de las políticas activas de empleo para el conjunto del Estado y para cada una de las Comunidades Autónomas, en cuyo desarrollo actual se ha incluido la movilidad como un aspecto determinante a reforzar. Asimismo, en el artículo 13 se establece como una competencia del Servicio Público de Empleo Estatal coordinar e impulsar acciones de movilidad en el ámbito estatal y europeo, así como ostentar la representación del Estado español en la red EURES. (B.O.E. 15 de diciembre de 2012).

Partiendo de estas consideraciones generales sobre el renovado interés del tema en cuestión, es conveniente advertir desde el principio sobre la dificultad de encontrar datos que permitan realizar un análisis pormenorizado no solo de los factores que condicionan la movilidad[7], sino también de las cifras reales de españoles que han tomado la decisión de emigrar, puesto que los datos oficiales se basan en las bajas padronales que se producen solo cuando los emigrados proceden a darse de alta en los consulados de España situados en el exterior, de ahí la imprecisión a la hora de cuantificar el número real de españoles que se marchan y el momento en que lo hicieron.

Como bien es sabido, en muchas ocasiones esta inscripción no llega a producirse a pesar de que la persona pasa varios años viviendo fuera de España. La razón principal es porque el hecho de proceder a efectuar la correspondiente inscripción no va a suponer un impedimento a la hora

---

7. ALAMINOS, A. Y SANTACREU, O.: «La emigración cualificada española en Francia y Alemania», *Papers*, n. 95/1, 2010, p. 201.

191

de llevar una vida plena y normal en el extranjero. En este sentido, como la inscripción apenas conlleva beneficios, y además del coste que implica el desplazamiento a la ciudad donde esté el consulado, supone la baja en el padrón de España y, por consiguiente, conlleva una serie de consecuencias como, por ejemplo: no tener médico de cabecera, el emigrante no podrá continuar inscrito para obtener una vivienda de protección oficial, etcétera. Además en ocasiones ni siquiera depende de la voluntad del emigrante sino de la posibilidad de acreditar el traslado de su residencia habitual de forma permanente y para ello generalmente se exige un permiso de trabajo de al menos un año de duración, por tanto, estos requisitos no siempre se cumplen desde el primer momento en el que el emigrante español llega el extranjero.

Todo este cúmulo de circunstancias hace que las cifras proporcionadas por las fuentes oficiales españolas sean solo una muestra pequeña y sesgada sobre la envergadura real del fenómeno de la emigración. Estas deficiencias detectadas en la contabilización de la emigración española son aún mayores cuando el destino elegido es dentro de la Unión Europea por las facilidades de circulación y residencia para los ciudadanos comunitarios[8], y también debido a la escasez de incentivos para darse de alta[9].

Hoy día la emigración española se consolida como un fenómeno demográfico de intensidad creciente, estrechamente vinculado a la situación de crisis en la que nos encontramos y a los problemas que presenta nuestro mercado de trabajo[10]. Tal es así que, en estos últimos años la emigración española ha crecido a un ritmo bastante más intenso que, por ejemplo, otros países de la Unión Europa, hasta el punto de ocupar uno de los primeros puestos como emisor de emigrantes laborales. También se ha podido constatar que con la crisis ha incrementado la emigración de personas en edad de trabajar lo que confirma la laboralización de los flujos y anuncia una posible mayor duración de las ausencias. Este hecho ha ido aparejado de una disminución del número de retornados españoles del extranjero[11].

---

8. GONZÁLEZ-FERRER, A.: «*La nueva emigración española. Lo que sabemos y lo que no*», 2013, pp. 4-5. Recuperado el 15 de mayo de 2015 del sitio web de la Fundación Alternativas: file>zoompol18>http://www.falternativas.org>file>zoompol18

9. MONTESERIN, S.A., FERNÁNDEZ, A. y MARTÍNEZ, U.: «Crisis económica y nuevo panorama migratorio en España», *cit.*, p. 37.

10. GIL, A. y FERNÁNDEZ, M.J.: «Los discursos sobre la emigración española en perspectiva comparada. Principios del siglo XX– principios del siglo XXI», *Instituto de Estudios Latinoamericanos-Universidad de Alcalá*, n. 73, 2015, p.10.

11. GONZÁLEZ-FERRER, A.: «*La nueva emigración española. Lo que sabemos y lo que no*», 2013, p. 1. Recuperado el 15 de mayo de 2015 del sitio web de la Fundación Alternativas: file>zoompol18>http://www.falternativas.org>file>zoompol18

Una de las diferencias especialmente remarcable entre el perfil del emigrante español en etapas anteriores y en la actual, es que en el caso de éste último se ha forjado como estereotipo los emigrantes jóvenes españoles con una alta cualificación, como es el caso de los investigadores, aunque no es el único. Ello se debe al acceso y extensión de la educación durante la etapa democrática[12]. De modo que, el contingente migratorio actual difiere del existente en otros momentos de nuestra historia, básicamente por su composición social, su alta cualificación, lo que provoca en la opinión pública percibir los desplazamientos de emigrantes españoles como una gran pérdida de capital humano y, por último, también se diferencia por la propia experiencia vital[13].

En este contexto se instala el debate sobre la existencia del fenómeno denominado fuga de talentos o fuga de cerebros, y advirtiendo a los poderes públicos de dos extremos, por un lado, de la cantidad de tiempo que requiere la contratación de buenos investigadores y, por otro lado, la facilidad y la rapidez de perderlos[14], aunque también es cierto que no solo se trata de una cuestión de tiempo sino también una pérdida de los recursos empleados para adquirir una formación cualificada. Sobre esta cuestión precisa se han introducidos ciertos eufemismos aludiendo al «espíritu aventurero» de los jóvenes[15], o como movilidad exterior[16], movilidad laboral[17], movilidad del talento, movilidad internacional[18], con la que se pretende extraer o al menos esquivar el sentido negativo de la emigración como resultado de un sistema que al final no ha sido capaz de ofrecer soluciones alternativas para aquellos emigrantes españoles que se han marchado y siguen marchándose no porque tengan una verdadera

---

12. MONTESERIN, S.A., FERNÁNDEZ, A. Y MARTÍNEZ, U.: «Crisis económica y nuevo panorama migratorio en España», *Fundación 1° de Mayo*, n. 65, 2013, pp. 5-9 y 21.
13. GIL, A. Y FERNÁNDEZ, M.J.: «Los discursos sobre la emigración española en perspectiva comparada. Principios del siglo XX– principios del siglo XXI», *Instituto de Estudios Latinoamericanos-Universidad de Alcalá*, n. 73, 2015, p. 24.
14. GARCÍA, J.: «*¿Fuga de cerebros?*», 2013, p. 1. Recuperado el 9 de mayo de 2015 del sitio web el Periódico: http://www.elperiodico.com
15. GONZÁLEZ-FERRER, A.: «*La nueva emigración española. Lo que sabemos y lo que no*», 2013, p. 16. Recuperado el 15 de mayo de 2015 del sitio web de la Fundación Alternativas: file>zoompol18>http://www.falternativas.org>file>zoompol18
16. MONTESERIN, S.A., FERNÁNDEZ, A. Y MARTÍNEZ, U.: «Crisis económica y nuevo panorama migratorio en España», *cit.*, p. 34.
17. GIL, A. Y FERNÁNDEZ, M.J.: «Los discursos sobre la emigración española en perspectiva comparada. Principios del siglo XX– principios del siglo XXI», *Instituto de Estudios Latinoamericanos-Universidad de Alcalá*, n. 73, 2015, pp. 17-18.
18. SANTOS, A: «Fuga de cerebros y crisis en España: los jóvenes en el punto de mira de los discursos empresariales», *Revista Internacional de Ciencias Sociales*, n. 32, 2013, p. 126.

voluntad de desplazarse fuera del país, sino porque se sienten realmente forzados a tomar esa dura decisión.

En cualquier caso y a pesar de la insistencia en mostrar solo la cara positiva del incremento de los flujos de emigración española, lo cierto es que, detrás de muchas de esas situaciones se pretende esconder las debilidades de nuestro modelo económico, social y laboral, que han quedado al descubierto, invitando a los trabajadores españoles a marcharse al extranjero, y especialmente a los jóvenes, sobre todo como una fórmula alternativa de inserción en el mercado de trabajo del exterior[19].

Si bien es cierto que comparto la opinión de que formarse o trabajar en el extranjero no es un drama[20], también hay que subrayar que se trata de una afirmación que requiere no de pocos matices, entre los que destacaría al menos los siguientes: siempre y cuando las personas que tomen la decisión tengan una voluntad real, plena libertad y las posibilidades necesarias para emprender el camino hacia ese nuevo horizonte. En este sentido, resulta fundamental establecer las bases necesarias para que nuestro mercado laboral ofrezca oportunidades de trabajo tanto para los que no deseen emigrar, como para los emigrantes que quieren retornar a España.

Aproximadamente desde finales del año 2011, los medios de comunicación se hacen eco de las reivindicaciones formuladas por diferentes instancias vinculadas a la investigación científica y al ámbito universitario, ante la preocupación por las consecuencias que acarrean los recortes en los programas de financiación de I+D+i[21]. En los tiempos que corren, el presupuesto dedicado a Investigación, Desarrollo e Innovación española está bajo mínimos, y en los últimos 4 años ha caído hasta un 40%[22], razón por la cual la ciencia española ha retrocedido una década hasta alcanzar los niveles del año 2005[23]. A la vista de esta realidad, es conveniente advertir que sin ciencia no hay futuro, y sin el más mínimo atisbo de duda,

---

19. MONTESERIN, S.A., FERNÁNDEZ, A. Y MARTÍNEZ, U.: «Crisis económica y nuevo panorama migratorio en España», *cit.*, pp. 19-20.

20. ARMORA, E.: «*Investigadores españoles reclaman más mecenazgo para retener el talento*», 2013, pp. 37-38. Recuperado el 17 de mayo de 2015 del sitio web del periódico ABC: http://www.abc.es/ciencia/20130820/abci-investigadores-espanoles-mecenazgo-talento-201308192108.html

21. SANTOS, A: «Fuga de cerebros y crisis en España: los jóvenes en el punto de mira de los discursos empresariales», *Revista Internacional de Ciencias Sociales*, n. 32, 2013, p. 128.

22. BALAGUER, C.: «*¿Conseguirán que no investiguemos?*», 2015. Recuperado el 21 de abril de 2015 del sitio web del periódico El País: http://www.elpais.com/m/elpais/2015/04/14/ciencia/1429025025_170948.html

23. CORRAL, M.G.: «Política científica. Análisis de los Presupuestos Generales del Estado para I+D+i. La ciencia española retrocede una década, hasta niveles de 2005», 2014.

la solución no pasa por asfixiar económicamente a la ciencia española ocasionando daños irreparables[24], que más pronto que tarde todos acabaremos lamentándonos, y entonces quizás ya sea demasiado tarde para recuperar todo el talento perdido.

En cualquier caso, ante la alarmante tasa de desempleo juvenil que en estos momentos España presenta, no se puede desviar la atención sobre un problema preexistente pero al mismo tiempo agravado por la crisis, ante la urgente necesidad de abordar esta preocupante situación, la cual ha alcanzado un nivel verdaderamente insostenible[25].

Otro dato revelador que nos proporciona la consulta de algunos indicadores estadísticos, es que los destinos preferidos por los nuevos emigrantes españoles dentro de la Unión Europea son: en primer lugar Francia, como segunda opción el Reino Unido y en tercer lugar Alemania, en este último caso es posible que influya la barrera idiomática. Mientras que fuera del Espacio Europeo, el destino preferido son los Estados Unidos[26].

Pese a la incertidumbre de los datos oficiales, se ha podido constatar que no solo emigran los españoles que tienen una alta cualificación. Ni tampoco el hecho de que emigren españoles altamente cualificados implica conseguir un puesto de trabajo acorde con su formación en el país de destino, por tanto, no es una garantía absoluta. En muchas ocasiones, a pesar del elevado nivel formativo los españoles emigrantes no solo trabajan de lo que sea, sino en condiciones laborales peores en comparación con los trabajadores locales, y esta dura y cruda realidad ha provocado ciertas movilizaciones a través de los representantes de los trabajadores en los países de destino para poder así reivindicar y defender sus derechos[27].

Con acierto se ha señalado que la realidad laboral en los países de destino es bastante más diversa, porque no solo se restringe la demanda de mano de obra para cubrir puestos de trabajo que requieren perfiles

---

Recuperado el 25 de abril de 2015 del sitio web del periódico El Mundo: http://www.elmundo.es/ciencia/2014/03/05/5317517e268e3e34238b4580.html

24. A.L.: «*Los recortes en I+D y la fuga de cerebros aumentan el riesgo de una "generación perdida"*», 2012. Recuperado el 5 de mayo de 2015 del sitio web del periódico 20 minutos: http://m.20minutos.es/noticia/1672885/0/ciencia/amenazada/recortes/

25. Santos, A: «Fuga de cerebros y crisis en España: los jóvenes en el punto de mira de los discursos empresariales», *cit.*, p. 136.

26. Monteserin, S.A., Fernández, A. y Martínez, U.: «Crisis económica y nuevo panorama migratorio en España», *cit.*, p. 25.

27. Gil, A., Fernández, M. J.: «Los discursos sobre la emigración española en perspectiva comparada. Principios del siglo XX– principios del siglo XXI», *Instituto de Estudios Latinoamericanos-Universidad de Alcalá*, n. 73, 2015, p. 26.

altamente cualificados, sino que se ha producido una diversificación en cuanto al nivel de la cualificación requerida[28].

Otro de los argumentos esgrimidos por quienes intentar restar dramatismo a la situación es que una parte importante de los emigrantes españoles son inmigrantes nacionalizados o sus hijos nacidos en España[29]. Vale la pena antes de avanzar, recordar que ante tal afirmación cabría hacer notar que resulta, cuanto menos, irrelevante distinguir en términos migratorios entre españoles por nacimiento o por adquisición de la nacionalidad española, porque en definitiva todos son españoles y no sólo han contribuido al desarrollo de nuestro país, sino que su ausencia comporta importantes consecuencias económicas y demográficas. Por consiguiente, es una absurda falacia afirmar que no hay por qué preocuparse puesto que la mayoría de los que emigran no son españoles de nacimiento sino aquellos que adquirieron la nacionalidad[30].

En cualquier caso, es oportuno subrayar la idea de que el Estado social ha sido fundamental para afrontar la cuestión social, aminorando los riesgos de desconexión o de ruptura del vínculo social[31], y bajo tales coordenadas un elemento nuclear de ciudadanía es el trabajo, que en sí mismo es un factor de integración en la sociedad, pero también como se ha podido constatar puede ser un factor de exclusión, razón por la cual se alza como un presupuesto indispensable para la participación en un Estado social y democrático de derecho como el nuestro[32].

28. MONTESERIN, S. A., FERNÁNDEZ, A. Y MARTÍNEZ, U.: «Crisis económica y nuevo panorama migratorio en España», cit., pp. 26-27.

29. GONZÁLEZ-FERRER, A.: «La nueva emigración española. Lo que sabemos y lo que no», 2013, p. 9. Recuperado el 15 de mayo de 2015 del sitio web de la Fundación Alternativas: file>zoompol18>http://www.falternativas.org>file>zoompol18

30. GIL, A. Y FERNÁNDEZ, M.J.: «Los discursos sobre la emigración española en perspectiva comparada. Principios del siglo XX– principios del siglo XXI», Instituto de Estudios Latinoamericanos-Universidad de Alcalá, n. 73, 2015, p. 18.

31. MONEREO PÉREZ, J.L.: «Derecho al Desarrollo», en AA.VV.: El sistema universal de los derechos humanos. Estudio sistemático de la declaración universal de los derechos humanos, el pacto internacional de derecho civiles y políticos, el pacto internacional de derechos económicos, sociales y culturales y textos internacionales concordantes, MONEREO ATIENZA, C. Y MONEREO PÉREZ, J.L. (dir. y coord.), Comares, 2014, p. 971.

32. MONEREO, J.L.: «Derecho al trabajo, derecho a trabajar y derecho a libre elección del trabajo», en AA.VV.: El sistema universal de los derechos humanos. Estudio sistemático de la declaración universal de los derechos humanos, el pacto internacional de derecho civiles y políticos, el pacto internacional de derechos económicos, sociales y culturales y textos internacionales concordantes, MONEREO ATIENZA, C. Y MONEREO PÉREZ, J.L. (dir. y coord.), Comares, 2014, p. 788.

4. A MODO DE REFLEXIÓN FINAL

Y ya para ir concluyendo, termino como empecé, advirtiendo que el tema abordado a lo largo de estas páginas excede del objeto del presente análisis, por su magnitud y por la confluencia de factores de muy diversa índole, así como por su contextualización en tiempos de fuerte crisis económica y financiera con profundas connotaciones y repercusiones sociales, económicas y, por supuesto, laborales, que inciden de manera decisiva en el trazo de esta nueva o renovada trayectoria por la que discurren los flujos de la emigración española en la actualidad. No obstante, si bien es cierto que el propósito principal de estas páginas no es realizar una exposición completa ni tampoco un comentario exhaustivo, al menos se ha tratado de hacer una mínima aproximación de este fenómeno, hoy de nuevo en alza, y aportar una reflexión general sobre el estado de la cuestión, centrando la atención en los aspectos sustanciales.

Precisamente en estos tiempos tan difíciles es fundamental que todos los esfuerzos deban dirigirse para asentar unas bases realmente sólidas que permitan ofrecer alternativas eficaces para encarar los nuevos desafíos a los que se enfrenta nuestra realidad social más cercana, con el fin de gestionar adecuadamente los movimientos migratorios, a pesar de ser un camino trillado de obstáculos.

De ningún modo, no nos podemos olvidar que el proceso de recuperación económica exigirá, sin duda, la contratación futura de trabajadores, de modo que la pérdida del contingente del capital humano no debe ser infravalorada.

Más allá de recurrir a un lenguaje colmado de eufemismos con el que se pretende instalar un discurso en el que se exalta, en ocasiones, de forma excesivamente desmesurada, las virtudes de la emigración para instalarse en la conciencia colectiva española, obviando de este modo o al menos tratando de invisibilizar la otra cara menos amable de este fenómeno migratorio. A tales efectos, es necesario mostrar, sin ningún tipo de restricciones interesadas, todas las posibles manifestaciones y motivaciones que presenta la emigración española para poder ofrecer otras alternativas.

La razón de todo esto es bastante sencilla, como ya he tenido ocasión de hacer notar en párrafos anteriores, hay que deslindar aquellos casos en los que las personas que deciden emigrar lo hacen por voluntad propia y no porque les «inviten a marcharse». Es obvio que poder formarse o trabajar en el extranjero es una muy buena oportunidad para cualquier persona, con la que no solo se brinda la posibilidad de enriquecerse profesionalmente sino también desde el punto de vista personal, pero también creo firmemente que hay que respetar profundamente la decisión o la situación de aquellos que o bien no desean o no tienen la posibilidad de afrontar ese reto. Se trata de una decisión lo suficientemente importante para que, como mínimo, pueda tomarse libre y voluntariamente, pero en ningún caso se debe forzar.

En esta dirección, como se ha podido comprobar, los poderes públicos cumplen un papel fundamental, por ejemplo, en la orientación de las políticas migratorias, económicas y en el marco de la legislación socio-laboral, pero con el incesante empeño de llevar a cabo equivocadas políticas de austeridad no hacen sino fomentar la desigualdad, exacerbando la situación de los más débiles, en lugar de optar por la senda del crecimiento. El estado cuenta con una serie de mecanismos y de recursos con los que puede corregir las deficiencias y las debilidades que se han detectado en nuestro sistema, con el fin de articular soluciones que permitan integrar a la ciudadanía en la sociedad española. Afortunadamente el nivel formativo, en líneas generales, es notablemente mayor que en épocas pasadas, lo cual es todo un logro y un avance que enriquece al conjunto de la sociedad, pero si después de todos los esfuerzos empleados, del trascurso del tiempo y de contribuir en la inversión de la formación de sus ciudadanos no es capaz de encajarlos, lamentablemente, se convierte en un verdadero fracaso. Y qué se puede decir ante la progresiva pérdida del talento en gran medida motivada por los recortes en I+D+i, pues que desde luego el talento no está para ser desperdiciado, pero si no se rectifica ya habrá tiempo para lamentarlo. De modo que, deberíamos replantearnos seriamente lo hecho hasta el momento, y si realmente queremos evitar el caudal de consecuencias negativas que todo ello puede conllevar en un futuro no muy lejano. Y es que lo que necesitamos para poder avanzar mañana, hoy lo estamos perdiendo.

PARTE II
Emigración y políticas sociales de la Unión Europea

Capítulo 6

Movilidad territorial en la Unión Europea. El contexto económico y de apoyo a las políticas de empleo de los trabajadores italianos en el exterior[1]

Patrizia Tullini

Università di Bologna

1. LA MOVILIDAD DENTRO DE LA UNIÓN EUROPEA DE LOS TRABAJADORES ITALIANOS: UNA TÍMIDA LEGISLACIÓN NACIONAL EN EL MARCO DE LA NORMATIVA EUROPEA

Las políticas nacionales de apoyo a la libre circulación y la movilidad dentro de la UE de los trabajadores italianos se centran principalmente en la aplicación de la normativa específica de origen europeo. La atención de las instituciones (y de la doctrina científica) se centra casi exclusivamente en los efectos (a menudo dramáticos) de los fenómenos migratorios de los Terceros países, en los profundos cambios provocados en la composición de la fuerza de trabajo, los riesgos competitivos (reales o presuntos) en el funcionamiento del mercado de trabajo local, en particular hacia los grupos marginados y desfavorecidos[2].

No es sorprendente que, a nivel nacional, las intervenciones dirigidas a la promoción de la movilidad geográfica por motivos de trabajo se traduzcan

1. Capítulo original en italiano, traducido al castellano por Manuela Durán Bernardino.
2. Vease M. Pilati, H. Sheikh, F. Sperotti, C. Tilly.: *How Global Migration Changes The Workforce Diversity Equation*, ADAPT Labour Studies Book, Cambridge Scholars Publishing, UK, 2015; L. Calafà, *Migrazione economica e contratto di lavoro degli stranieri*, Bologna, Il Mulino, 2012.

–como se verá más adelante– en un simple ajuste en el marco de las fuentes europeas, sin el esfuerzo necesario para desarrollar una adecuada política jurídico-social de apoyo y de fortalecimiento de la legislación nacional.

En base a la Directiva 2004/38/CE relativa al derecho de circulación de los ciudadanos de la Unión y de sus familiares (implementada en Italia por la Ley n. 30/2007), la libertad de entrar y residir está garantizada por tres meses (con la simple posesión del documento de identidad), pero –después del primer trimestre– la libre circulación está asegurada exclusivamente a las personas que tienen un vínculo económico-social estable y relevante con el País de origen (no sólo a los trabajadores, también estudiantes, familiares y personas que tengan suficientes recursos económicos para no suponer una carga para el sistema de asistencia social del Estado de acogida: véase el art. 7 dir 2004/38 / CE).

Como se indica en el 5° apartado de la última Directiva 2014/54 / UE (relativo a las medidas para facilitar el ejercicio de los derechos reconocidos a los trabajadores en el ámbito de la libre circulación de los trabajadores), el ejercicio efectivo de la libre circulación en el territorio de la Unión todavía no es una realidad, y muchos trabajadores están mal informados con respecto a sus derechos reconocidos por la normativa europea. Aun así, hay «restricciones y obstáculos injustificados en el ejercicio del derecho a la libre circulación, tales como la falta de reconocimiento de las titulaciones, la discriminación basada en la nacionalidad» y peligros reales de explotación laboral: «entre la ley y su aplicación práctica existe una brecha que debe ser abordada».

La movilidad dentro de la UE tiene también importantes limitaciones relacionadas con raíces nacionales y las exigencias de la estabilidad financiera de los sistemas de bienestar de los Países miembros, por el temor a que podría ocasionar desequilibrios a consecuencia de la entrada de los migrantes que no son económicamente autosuficientes. Un temor que induce a prestar una atención especial a los flujos de movilidad geográfica de los trabajadores que resultan ser de bajo nivel de cualificación y poco profesional respecto a las características del mercado de trabajo nacional y a las necesidades expresadas por la demanda en los países de destino. Estos trabajadores, de hecho, son más propensos a permanecer durante mucho tiempo en la condición de desempleo, lo que exige la provisión de prestaciones sociales asumidas por el país de acogida.

Según los análisis de la Comisión Europea, sin embargo, no parece que exista un riesgo real de «turismo para las prestaciones de *Welfare*». Los flujos de movilidad dentro de la UE afectan a una pequeña proporción de la población que se beneficia de prestaciones de seguridad social, ya que normalmente «es población joven y económicamente activa». De acuerdo con el retrato robot del «ciudadano de la Unión móvil» formulada en documentos oficiales, los parados constituyen un pequeño porcentaje del total de trabajadores y tienen poca importancia respecto al número total de beneficiarios (por debajo del 1%) y respecto al presupuesto total de las prestaciones sociales. En resumen, la conclusión a la que llegan los estudios publicados por la Comisión Europea es que «no existe una relación estadística entre la generosidad de los sistemas de seguridad social y el flujo de los ciudadanos de la UE»[3].

Las regulaciones europeas (Reg. 883/2004 y 987/2009) aseguran que, como consecuencia de la movilidad geográfica, los ciudadanos de la UE no pierden sus derechos adquiridos en materia de seguridad social. Sin embargo, la falta de una verdadera armonización entre los estados miembros y el derecho a beneficiarse es variable. Un problema particular surge especialmente para la cobertura de la seguridad social en favor de los desempleados.

Según la legislación europea, las prestaciones y ayudas en caso de desempleo, serán pagadas por los sistemas nacionales de protección social en beneficio de los ciudadanos o residentes que cumplan con los requisitos, principalmente de carácter contributivas según lo dispuesto en la legislación de los países miembros. El Reg. 883/2004 –relativo a la coordinación de los sistemas de seguridad social en la UE– permite la posibilidad de exportar la prestación por desempleo en el país de destino sólo por períodos limitados de tiempo (ver arts. 61 y ss.).

En el reciente debate italiano se discute la posibilidad de introducir una forma de «Seguro de Desempleo Europea», destinado a mitigar los efectos de la crisis económica sin sobrecargar gravemente las finanzas de los Estados miembros[4]. Esta medida podría ser un paso importante para la construcción de un mercado europeo de trabajo, dentro de la cual las personas que buscan empleo pueden moverse sin obstáculos legales y sociales.

Como ya se ha indicado, una perspectiva favorable a la movilidad laboral en la Unión viene apoyada principalmente por la Comisión que,

---

3. En este sentido la Comunicación de la Comisión COM (2013) 837, del 25 noviembre 2013, «Libre circulación de los ciudadanos de la Unión e de sus familiares: cinco acciones que marcan la diferencia».

4. I. MASELLI, lavoce.info, 4 junio 2015, http://www.lavoce.info/archives/35537/contro-la-disoccupazione-serve-unassicurazione-europea/. Para profundizar sobre el desarrollo de los sistemas de welfare desde una prespectiva europea y nacional, véase, G. CANAVESI (a cargo de), *Dialoghi sul Welfare*, Quaderni della sussidiarietà, año 2015, Milano.

especialmente en los últimos años, ha desarrollado una serie de documentos para analizar las necesidades y los desafíos emergentes con los nuevos tipos de movilidad laboral, con finalidad propositiva y de estímulo de las políticas desarrolladas por los Estados miembros[5]. En particular, en la Comunicación titulada «Hacia una recuperación generadora de empleo» (llamadas paquete para el empleo de 18 de abril de 2012), se ha anunciado el lanzamiento de una propuesta legislativa para apoyar el ejercicio de los derechos de los llamados trabajadores móviles en el marco del TFUE (ver específicamente el art. 45) y el Reglamento n. 492/2011 (sobre la libre circulación de los trabajadores dentro de la UE).

En las repetidas intervenciones de la Comisión Europea destaca sobre todo la preocupación por la falta de información, falta de conocimiento[6] y, en consecuencia, la reducción de la aplicación de la ley nacional del derecho común sobre la libre circulación y la protección de los trabajadores, que se destina principalmente a asegurar la igualdad de género y la prohibición de cualquier forma de discriminación en el sentido del art. 21 de la Carta de los Derechos Fundamentales[7].

Como era de esperar, la Directiva 2014/54 / UE ha hecho un llamamiento para una mejor protección de los Estados miembros contra las prácticas discriminatorias basadas en la condición de nacionalidad, asegurando «protección jurídica eficaz y eficiente» «herramientas y la preparación de asistencia independiente» por parte de organismos nacionales con competencias específicas en la materia (por ejemplo, apartados 13 ° y 14 °). Sin perjuicio de las disposiciones nacionales relativas a la representación y la negociación colectiva, se han animado a los interlocutores sociales para mejorar el nivel de protección de los trabajadores «móviles», lo que permite acciones legales en nombre de los intereses colectivos y

---

5. Véase, por ejemplo, la Comunicación titulada «Reafirmando la libre circulación de trabajadores: derechos y avances importantes» (julio de 2010); El Informe sobre la ciudadanía de la UE de 27 de octubre de 2010 («La eliminación de los obstáculos a los derechos de los ciudadanos de la UE»); Los ciudadanos de la UE 2013 titulada «Informe ciudadanos de la UE: sus derechos, su futuro»; La Comunicación de la Comisión de 25 de noviembre 2013, titulada «La libre circulación de ciudadanos de la UE y sus familiares: cinco acciones hacen la diferencia»; el estudio encargado por DG Justicia titulado «Evaluación del impacto de la libre circulación de ciudadanos de la UE a nivel local», Informe Final, enero de 2014.

6. Los Estados miembros están invitados a promover «sinergias con los instrumentos de información y la existencia de apoyo en toda la Unión Europea... en estrecha colaboración con los servicios de inteligencia y los servicios existentes, tales como la propia Europa, SOLVIT, la red Enterprise Europe, EURES, incluyendo, en su caso, las asociaciones transfronterizas EURES» (21°, Dir. 2014/54 / UE).

7. Para profundizar en la materia consultese O. BONARDI, *Sistemi di Welfare e principio di uguaglianza*, Torino, Giappichelli, 2012.

«mecanismos de reparación colectiva de naturaleza inhibidora y resarcitoria» (ver apartado 15a).

Sigue siendo, sin embargo, una evaluación muy positiva de los efectos económicos y sociales generados por los procesos de movilidad por motivos de negocios, ya que –como se ha señalado por la Comisión Europea– producirá beneficios para las economías y los mercados de trabajo de los Estados miembros, creando las condiciones para una asignación más eficiente de los recursos en el mercado único e interno de la Unión. De hecho, dadas las considerables diferencias entre los sistemas nacionales y la disminución de la población en edad de trabajar en la Unión, si fluye la movilidad geográfica puede cerrar la brecha entre la demanda y la oferta de mano de obra. Implican una ventaja definitiva para los países de origen, ya que la elección de la movilidad geográfica de carácter temporal supone, principalmente a su regreso, que los trabajadores migrantes aumentan los recursos en términos de habilidades y capital humano en su territorio.

En esta perspectiva, por lo tanto, la libre circulación de los trabajadores –verdadera piedra angular de la integración europea– debe estimular el crecimiento económico global de la Unión (según las estimaciones de la Comisión, el PIB de la UE-15 aumentó en casi un 1% a largo plazo con la ampliación 2004-2009)[8].

2. INSTRUMENTOS Y POLÍTICAS PARA APOYAR LA MOVILIDAD REGIONAL DE TRABAJADORES DE LA UNIÓN

En los límites de las competencias de la Unión en materia de política social (art. 153 TFUE), son también numerosos los instrumentos que con el paso del tiempo se han puesto en marcha para realizar una «infrastrutturazione» del mercado de trabajo europeo, con la finalidad de aumentar la transparencia de los flujos laborales.

Deben ser señaladas las intervenciones de refuerzo de la red EURES y su adaptación a las dinámicas de la web, la creación de la Red europea de los servicios para el empleo, los Informes europeos («European Vacancy Monitor»; «EU Skill Panorama») que ofrecen informaciones sobre las tendencias del empleo, permitiendo la identificación de los aspectos críticos también en términos de skills mismatches. La Unión interviene además estableciendo un sistema común de clasificación de las competencias profesionales (European Skills, Competences, Qualifications and Occupations – ESCO), aprovechando el Centro Europeo para el desarrollo

---

8.   Comunicación de la Comisión europea de 25 noviembre 2013 – COM (2013) 837, cit.

de la formación profesional (CEDEFOP) y proporcionando un marco reglamentario de referencia para el reconocimiento de las calificaciones profesionales y su «exportabilidad» en un Estado miembro distinto de aquel en el que se obtuvo (cfr. Dir. 2005/36/Ce, modificada por la Dir. 2013/55/UE del 17 enero 2014)[9].

En el ámbito de la iniciativa «An Agenda for new skills and jobs», promovida en el marco de la Estrategia Europea 2020, la Unión tiene por objeto incentivar «la movilidad de la mano de obra dentro de la UE y garantizar un mejor equilibrio entre la oferta y la demanda de mano de obra, con el apoyo financiero adecuado de los fondos estructurales... y promover una política de migración laboral que sea integral y orientada hacia el futuro, para responder con la flexibilidad necesaria a las prioridades y necesidades de los mercados de trabajo». En el mismo marco estratégico, la iniciativa «Youth on the move» quiere mejorar las oportunidades de trabajo y de estudio de los jóvenes, facilitando la adquisición de experiencias profesionales y de *stage* en el extranjero.

Además, en relación a la realidad italiana, se puede afirmar que está aún poco difundido el conocimiento de las iniciativas y de las políticas europeas en apoyo a la movilidad territorial para fines laborales, como también está poco desarrollado el uso de los instrumentos y de las medidas de apoyo al funcionamiento del mercado del empleo europeo.

El tema está presente en la «Agenda nacional», aunque las instituciones políticas italianas parecen considerar que el ámbito de actuación más apropiado, desde el punto de vista normativo y operativo, es el supranacional. En un reciente documento que proporciona directrices nacionales en materia de Unión monetaria y política económica (Completing and strengthening the EMU, Italian contribution, Mayo 2015) el Gobierno italiano ha pedido la adopción, por parte de la Unión, de unas acciones más eficaces en lo que respecta al fortalecimiento del mercado del empleo y del modelo social europeo.

Las medidas previstas en el documento nacional se refieren en particular a: a) la promoción de los derechos sociales come «derecho de ciudadanía europea»; b) el desarrollo de un único plan de intervención económica contra el desempleo para una mejor convergencia entre los sistemas de

---

9. Trasposición de la Directiva en Italia con la Ley n. 206/2007. Se puso en marcha en 2014 una *Guía para el usuario en la Directiva 2005/36 / CE*, por el Consejo de Ministros, Departamento de Asuntos Europeos, que describe la legislación europea y los procedimientos para los ciudadanos de la UE que deseen obtener el reconocimiento de su cualificación profesional en Italia y los italianos interesados en trasladarse a uno de los países miembros, para establecerse o para ejercer la libre prestación

seguridad sociales de los países miembros (como ocurrió por la Unión Bancaria europea); c) una mejor exportabilidad de los derechos y de la protección para mejorar la integración y la movilidad territorial: d) la promoción de programas de lucha contra la pobreza, utilizando recursos europeos gestionados a nivel europeo atendiendo a las orientaciones comunes (como ocurrió con la Youth Guareantee). En última instancia, lo que se requiere a la Unión Europea es una mejor asunción de responsabilidad, además de un compromiso financiero más significativo para ganar credibilidad ante los ojos de los ciudadanos y permitir ahorrar en el gasto social.

En definitiva, los procesos de convergencia y armonización de las políticas de apoyo a la migración económica y laboral todavía parecen inspirados y guiados por el proyecto de la Unión Monetaria Europea.

3. LA BRECHA ENTRE LAS POLÍTICAS EUROPEAS Y LAS POLÍTICAS NACIONALES EN APOYO DE MOVIMIENTO DE PERSONAS EN EL MERCADO LABORAL EUROPEO. EL CASO DE ITALIA

Si se tiene en cuenta el nivel nacional, es fácil encontrar una tendencia a la separación entre las políticas para combatir el desempleo y la promoción de la movilidad geográfica de los trabajadores italianos. Ya se ha señalado que en Italia el apoyo a la libertad de movimiento dentro de la UE se plantea principalmente como una estrategia de adaptación al marco regulador europeo, mientras que no parece importante la contribución de su derecho nacional.

En realidad, las acciones de promoción de empleo y las intervenciones estructurales recientes sobre la organización del mercado de trabajo italiano[10] no invierten de manera significativa en la libre circulación dentro de la UE y la movilidad geográfica de los trabajadores. Una reforma legislativa reciente ha tenido por finalidad la introducción de «medidas y acciones para lograr un mercado de trabajo dinámico e inclusivo, capaz de contribuir a la creación de empleo, en cantidad y calidad, al crecimiento social y económico

---

10. Véase específicamente l. 28 junio 2012, n. 92 – «Disposiciones sobre la reforma del mercado de trabajo en una perspectiva de crecimiento»; l. 10 diciembre 2014, n. 183 – «Delegación en el Gobierno sobre la reforma de las prestaciones por desempleo, los servicios de empleo y las políticas activas, y en relación con la reorganización de la ley de relaciones laborales y de la inspección y la protección y la conciliación de las necesidades de atención, estilo de vida y de trabajo»; AG 158 – «Proyecto de decreto ley que contiene el texto orgánica de los tipos de contratos y revisión de la disciplina de trabajo, de conformidad con el art. 1, párrafo 7, de la Ley núm. 183 de 2014».

y a la reducción continuada de la tasa de desempleo» (art. 1, apartados. 1, l. n. 92/2012). Pero, más allá de la falta de éxito en términos de impacto positivo sobre las tasas de empleo, el hecho es que esta reforma considera casi exclusivamente el escenario nacional y el mercado laboral interno.

La tendencial impermeabilidad de las políticas nacionales con respecto a las oportunidades de empleo en Europa sólo está en parte condicionada por los límites a la dimensión social y la solidaridad de la Unión, y es principalmente el resultado de la tendencia a mantener una cierta separación entre los mercados de trabajo (y los diferentes modelos de organización) bajo la dirección de los respectivos niveles de gobierno.

De ello se desprende, en relación con el escenario italiano, que los fenómenos de movilidad laboral dentro de la UE tienden a referirse principalmente (aunque no exclusivamente) a las decisiones de cada trabajador y al ejercicio de las libertades individuales de la persona (como la exportabilidad de las prestaciones de seguridad social o la libertad de circulación de los miembros de la familia de los trabajadores).

Esta circunstancia aparece confirmada también por un análisis cualitativo y cuantitativo de los datos relativos a los flujos de movilidad territorial hacia los demás Estados miembros. En el contexto actual, de hecho, emerge una clara preferencia por una movilidad laboral sectorial y preferiblemente limitada a grupos de trabajadores con altas habilidades profesionales o especialistas, así como a los jóvenes que han llevado a cabo experiencias de movilidad en el extranjero mientras cursaban sus estudios. Esto confirma que se trata sobre todo de trayectorias individuales y de decisiones laborales o profesionales, influenciados por las posibilidades socioeconómicas que disfruta la persona.

Cabe tal vez preguntarse si estos fenómenos de movilidad territorial no se oponen totalmente a la consecución de los objetivos de cohesión social y de crecimiento inclusivo que promueve la Estrategia Europa 2020.

4. LA CRISIS DEL EMPLEO JUVENIL Y LOS FLUJOS DE MOVILIDAD TERRITORIAL (Y SOCIAL) DE LOS TRABAJADORES JÓVENES

La movilidad territorial en Europa, particularmente la de los jóvenes trabajadores, parece más facilitada que en el pasado a causa de nuevos factores incentivadores y de condiciones generales más favorables (como, por ejemplo, desplazamientos más fáciles, la capacidad de adaptación a otros estilos de vida, la posibilidad de mantener más de un domicilio en lugares diferentes).

Los nuevos trabajadores «móviles» de la Unión poseen, en general, un mayor grado de educación y de formación, competencias profesionales y (en algunos casos) capacidades más avanzadas, si se comparan con las anteriores generaciones[11]. Las investigaciones de la Comisión Europea (COM (2013) 837 final) confirman que el nivel de educación de las personas que se desplazan por fines laborales ha aumentado considerablemente (en el periodo 2004-2009 solamente el 27% había concluido la educación superior, mientras en el periodo 2009-2013 el porcentaje se eleva al 41%). La tendencia resulta más pronunciada si se considera el fenómeno migratorio de los jóvenes, en búsqueda de mejores oportunidades laborales sobre todo desde el punto de vista salarial y de crecimiento profesional[12].

Los análisis estadísticos desde el punto de vista funcional, centrados en la movilidad europea de los jóvenes que poseen unos estudios elevados, han mostrado un flujo de movilidad más o menos constante y en crecimiento hacia el extranjero (anualmente el 7% del total de los graduados y, principalmente, la movilidad se refiere al mercado de trabajo europeo: 82%)[13]. Germania, Francia y Reino Unido se han convertido, en

---

11. En este sentido F. QUADRELLI, *Una nuova fase per l'immigrazione italiana* en *Le migrazioni internazionali al tempo della crisi*, a cargo de C. BONIFAZI y M. LIVI BACCI, Neodemos, 2014, p. 97.

12. Véase M.C. BRANDI, M.L. SEGNANA, *Lavorare all'estero: fuga o investimento ?*, en X Rapporto Almalaurea sulla condizione occupazionale dei laureati. Formazione universitaria ed esigenze del mercato del lavoro, Il Mulino, Bolonia, 2008; S. BACCI, B. CHIANDOTTO, A. Di Francia, S. GHISELLI, *Graduates job mobility: a longitudinal analysis*, en *Statistica*, anno LXVIII, 2-3; Euroguidance Italy, *Indagine sulla mobilità. Atteggiamenti e comportamenti degli italiani nei confronti della mobilità per motivi di studio e di lavoro*, 2010.

13. Consultese XVII Indagine Almalaurea sulla condizione occupazionale dei laureati, 2015 – *I laureati tra (im)mobilità sociale e mobilità territoriale*, mayo 2015, www.almalaurea.it. Le precede la XVI Indagine Almalaurea sulla condizione occupazionale dei laureati, marzo 2014, se había detectado un porcentaje de trabajadores que salía de Italia igual al 6%. De acuerdo con estos análisis, la movilidad principal fluye a otros países con fines comerciales relevantes para los jóvenes que viven en el norte del país. En Italia, la proporción de trabajadores empleados en ocupaciones de alta cualificación parecen haber revertido la tendencia negativa, pasando de 16,9% en 2013 a 17,4% en 2014. Queda, sin embargo, la diferencia en comparación con la media europea de alrededor de 7 puntos porcentuales.

los últimos años, en los principales destinos de los flujos de movilidad laboral para los jóvenes italianos[14].

Esto se debe, en gran parte, a las consecuencias producidas por la crisis económica que afecta sobre todo a los Países miembros del área mediterránea. Sin embargo, la movilidad dentro de la UE de los jóvenes italianos en posesión de un título de educación elevado se vincula preferiblemente con el fenómeno de la movilidad social[15]. Los graduados italianos que trabajan en el extranjero, según lo revelan las estadísticas, «provienen la mayoría de familias favorecidas económicamente, residen y han estudiado en el norte y ya durante la Universidad han tenido experiencias de estudio fuera de su país»[16].

Si se considera el mercado del trabajo italiano, los efectos de la movilidad territorial dentro del territorio nacional resultan todavía más evidentes, pero con características mucho menos favorables para los jóvenes trabajadores implicados. Las consecuencias de la recesión económica, de hecho, se reflejan fuertemente en las formas de movilidad geográfica y social, con direcciones opuestas.

La importante disminución de las oportunidades laborales –sobre todo para los jóvenes de alto nivel educativo– se ha distribuido de manera desigual con respeto a las áreas territoriales y a los diferentes grupos sociales, provocando fenómenos de elevada segmentación y de polarización. Las economías regionales capaces de combatir el efecto recesivo han desarrollado una importante capacidad atractiva e incrementado la movilidad de entrada, a expensas de los territorios y de los distritos económicos en dificultad.

Los informes nacionales sobre el empleo juvenil subrayan los efectos negativos a largo plazo causados por la reducción de las posibilidades de crecimiento global del País y, especialmente, de algunas áreas desfavorecidas del territorio nacional. Los flujos unilateral de la movilidad geográfica y la reducida movilidad social de los jóvenes trabajadores tienen efectos retroactivos «mediante las expectativas de inserción laboral, sobre las elecciones que se refieren a la educación de los grupos sociales

---

14. Véase. XVII Indagine Almalaurea sulla condizione occupazionale dei laureati, mayo 2015 – *I laureati tra (im)mobilità sociale e mobilità territoriale*, cit., según el cual los porcentajes están muy distribuidos: Reino Unido (17%), Francia (15%), Alemania (12%) y Suiza (11%).

15. S. GALEAZZI, S. GHISELLI, E. MESCHI, *La mobilità sociale tra i laureati*, 28 mayo 2015, ww.almalaurea.it

16. Véase XVI Indagine Almalaurea sulla condizione occupazionale dei laureati, marzo 2014, cit.

desfavorecidos, bloqueando también la estructura social» y determinando un endurecimiento de las desigualdades entre los territorios y los estatus sociales. Los datos de la educación y del empleo, de hecho, resultan complementarios: para garantizar un igual acceso a la formación avanzada se necesita al mismo tiempo garantizar la igualdad de oportunidades de acceso al mercado de trabajo[17].

Desde este punto de vista, la evidencia empírica en el contexto italiano confirma la urgencia de elaborar y adoptar medida destinadas a favorecer la igualdad de oportunidades en el plano formativo, económico-social y laboral (así como de género), para el desarrollo de una estrategia de equidad y de eficiencia capaz de beneficiar a todo el sector europeo.

---

17. Così XVII Indagine Almalaurea sulla condizione occupazionale dei laureati, mayo 2015 – *I laureati tra (im)mobilità sociale e mobilità territoriale, cit.*; M. MEZZANZANICA, D. CRISTOFORI, *La mobilità territoriale dei laureati*, 28 mayo 2015, www.almalaurea.it.

Capítulo 7

Empleo en la Unión Europea: libre circulación de trabajadores y servicios de empleo

Faustino Cavas Martínez

Catedrático de Derecho del Trabajo y de la Seguridad Social

Universidad de Murcia

1. EL PRINCIPIO DE LIBRE CIRCULACIÓN DE TRABAJADORES EN EL ÁMBITO DE LA UNIÓN EUROPEA

1.1. DE LA LIBRE CIRCULACIÓN DE TRABAJADORES A LA LIBRE CIRCULACIÓN DE PERSONAS

En el espacio común europeo, la libre circulación de personas y de trabajadores representa uno de los pilares fundamentales de la Unión, al tiempo que se erige en un derecho fundamental de los ciudadanos comunitarios junto con la libre circulación de bienes, servicios y capitales.

El Título I de la Carta Comunitaria de los derechos sociales de los trabajadores, de 9 de diciembre de 1989, establece que todo trabajador tiene derecho a la libre circulación en todo el territorio de la Comunidad, sin perjuicio de las limitaciones justificadas por razones de orden público, de seguridad pública y de salud pública.

Por su parte, el artículo 45 del Tratado de Funcionamiento de la Unión Europea (TFUE) convierte este derecho en uno de los básicos de los trabajadores, disponiendo expresamente que la libre circulación de trabajadores supone la prohibición de toda discriminación por razón de nacionalidad entre los trabajadores de los Estados miembros respecto al empleo, la retribución y demás condiciones de trabajo. El TFUE, que presenta aquí redacción coincidente con el artículo 39 del Tratado CEE, se está refiriendo a trabajadores por cuenta ajena, en el sentido comunitario que el término tiene y sobre el que más adelante se volverá[1]; los trabajadores por cuenta propia se encuentran protegidos por el régimen de libre prestación de servicios, que regulan los artículos 56 a 62 del TFUE, o, en su caso, por el de libertad de establecimiento regulado en sus artículos 49 a 55. Y para que la libre circulación sea un derecho efectivo, el art. 46 del TFUE prevé que el Parlamento Europeo y el Consejo, basándose en el procedimiento «*legislativo y ordinario y previa consulta al Comité Económico y Social, adoptarán, mediante directivas o reglamentos*» de obligatorio cumplimiento por parte de los Estados «*las medidas necesarias a fin de hacer efectiva la libre circulación de los trabajadores*», con la finalidad de eliminar o no establecer obstáculos que puedan perjudicar o incluso impedir la práctica del derecho a la libre circulación.

Queda así consagrada la equiparación entre los trabajadores comunitarios o de la Unión, y de los asimilados a éstos, en el acceso al empleo y durante el empleo, para los que deriva un régimen jurídico muy distinto al de los trabajadores extranjeros «ordinarios», es decir, nacionales de terceros Estados que no forman parte de la Unión Europea ni han suscrito con ésta Acuerdos de Libre Comercio.

La principal diferencia que presenta el estatuto jurídico de los trabajadores comunitarios y asimilados respecto de los simples trabajadores extranjeros radica, por supuesto, en que, a la hora de trabajar en un país de la Unión Europea, entre los que se cuenta España, aquellos trabajadores, los comunitarios y asimilados, no están sometidos a límites y cortapisas comparables a las que operan para estos últimos (visados, autorizaciones para residir y trabajar, etc.).

La libertad de circulación se configura como un derecho esencial de los trabajadores y de sus familias, que se inscribe entre los pilares o fundamentos de la Comunidad Europea. Su carácter de derecho fundamental se resalta asimismo en la Exposición de Motivos del Reglamento (UE) n.° 492/2011, del Parlamento Europeo y del Consejo de 5 de abril de 2011, que regula actualmente la libre circulación de trabajadores dentro de la Unión. Se trata de un derecho que ha ido evolucionando no solo en la línea de intensificar su alcance y eficacia, sino también como consecuencia y reacción frente a los cambios producidos en otros sectores del ordenamiento comunitario[2].

---

1. GALIANA MORENO, J.M.ª., «La libre circulación de trabajadores en el ámbito comunitario europeo», en VV.AA., *Libertad de circulación de trabajadores. Aspectos laborales y de Seguridad Social comunitarios. Presente y futuro*, Cuadernos de Derecho Judicial, VII-2002, CGPJ, Madrid, 2002, p. 17.

2. PÉREZ CAMPOS, A.I., «Libre circulación de trabajadores y búsqueda de empleo: balance y perspectivas», en *Revista de Derecho Migratorio y Extranjería*, n. 37, 2014, p. 2.

214

Junto a esta vertiente jurídica, el derecho de libre circulación de trabajadores posee asimismo una vertiente económica, en cuanto la abolición de los obstáculos a la libre circulación de personas, mercancías, servicios y capitales se configura desde el nacimiento de la Comunidad Económica Europea como un conjunto de acciones específicas que debe llevar a cabo la Comunidad para poner en práctica los objetivos previstos en el artículo 2 del Tratado CEE, dirigido fundamentalmente en sus orígenes a la instauración del llamado Mercado Común Europeo. La dimensión mercantil o productiva de la libre circulación de personas resulta particularmente evidente en sus primeros estadios, en los que la libertad comunitaria de circulación de personas se presenta como una libertad de actividad profesional sin fronteras, es decir, como una libertad cuyo núcleo viene constituido por la circulación sin obstáculos por el mercado común de un sujeto que presenta la calidad de agente económico, sea en condición de empresario, sea en condición de autónomo o profesional, sea en condición de trabajador asalariado que busca un empleo retribuido a lo largo y ancho del espacio europeo.

Tal situación experimenta cambios a finales de los años ochenta, cuando se postula la construcción de una *Europa de los ciudadanos* con la consiguiente dimensión social, a partir, sobre todo, del Acta Única Europea de 1986, de la Carta Comunitaria de los Derechos Sociales Fundamentales de 1989 y del Tratado de la Unión Europea de Maastricht de 1992, que dan paso al principio de libre circulación de personas como nuevo principio estructural de organización de la Unión Europea conectado al estatuto de ciudadanía de la Unión.

Este cambio de enfoque, que antepone el estatuto de persona-ciudadano de la Unión al de trabajador en el reconocimiento del derecho de libre circulación, se aprecia sobre todo en la Directiva 2004/38, de 29 de abril, que se ocupa, en efecto, del derecho de los *ciudadanos de la Unión* (en abstracto, sin referencia a su condición de trabajadores, en activo o retirados), a *circular y residir* (no propiamente a trabajar), en el territorio comunitario (no en el del país en el que hayan trabajado o en el que hayan adquirido la condición de pensionistas).

La ampliación de los sujetos de la libre circulación a las personas, así como las dimensiones de esa libertad (los derechos de ciudadanía), determina de paso el salto de la consideración de la misma como un criterio económico de organización del mercado común a su reputación como auténtico derecho social de los individuos. La prueba más clara de ello es el revestimiento de la libre circulación de personas de la condición de *derecho fundamental*, y no tanto en la Carta Comunitaria de los Derechos Sociales Fundamentales de los Trabajadores de la CE de 1989 (art. 1), que sigue pensando solo en los trabajadores como titulares exclusivos del derecho de libre circulación, como en la Carta de Derechos Fundamentales de la UE de 2000 (arts. 15.2, 21.2 y 45.1).

1.2. EL DERECHO REGULADOR DE LA LIBRE CIRCULACIÓN DE TRABAJADORES

Más allá de las referencias contenidas en el Derecho comunitario originario, en el nivel del Derecho derivado nos encontramos con normas relativas a libre circulación de trabajadores por cuenta ajena, normas relativas a la libre circulación de trabajadores autónomos y empresarios, y normas relativas tanto a la libre circulación de trabajadores asalariados y trabajadores autónomos (o empresas) como a la libre circulación de personas en general.

Normas exclusivamente referida a la libre circulación de trabajadores por cuenta ajena son: el Reglamento 492/2011, del Parlamento y del Consejo Europeo, de 5 de abril de 2011, relativo a la libre circulación de los trabajadores dentro de la Unión (texto codificado); y la Directiva 2014/54/UE, del Parlamento Europeo y del Consejo, de 16 de abril de 2014, sobre medidas para facilitar el ejercicio de los derechos conferidos a los trabajadores en el contexto de la libre circulación de los trabajadores. En cambio, la Directiva 2004/38/UE, del Parlamento Europeo y del Consejo, de 29 de abril de 2004, referida a la libre circulación de personas –no ya sólo de trabajadores, asalariados o autónomos–, se encarga de ofrecer una regulación general sobre el derecho de los ciudadanos de la Unión y los miembros de sus familias a circular y residir libremente en el territorio de los Estados miembros.

Por su parte, la Directiva 96/71/CE, del Parlamento Europeo y del Consejo, de 16 de diciembre de 1996, sobre desplazamiento de trabajadores efectuado en el marco de una prestación trasnacional de servicios, tiene por finalidad garantizar a dichos trabajadores la aplicación de determinadas condiciones de trabajo y empleo que rijan en el Estado anfitrión, evitando de este modo el dumping social. Para impedir, evitar y combatir cualquier abuso o cualquier elusión de las normas aplicables por parte de las empresas que sacan un provecho indebido o fraudulento de la libre prestación de servicios consagrada en el TFUE o por la aplicación de la Directiva 96/71/CE, en el año 2014 se aprobó la Directiva 2014/67/UE, del Parlamento Europeo y del Consejo, relativa a la garantía de cumplimiento de la Directiva 96/71/CE, sobre el desplazamiento de trabajadores efectuado en el marco de una prestación de servicios, y por la que se modifica el Reglamento (UE) n° 1024/2012 relativo a la cooperación administrativa a través del Sistema de Información del Mercado Interior (Reglamento «IMI»). La nueva directiva, que entró en vigor el 17 de junio de 2014 y cuyo plazo de trasposición expira el 18 de junio de 2016, tiene como objetivo mejorar la aplicación y el cumplimiento en la práctica de la Directiva 96/71, garantizando así una mayor protección de los trabajadores desplazados y un marco legal más transparente y predecible para los proveedores de servicios.

Por descontado, dada la riqueza de contenidos e implicaciones, por su «transversalidad», de la libre circulación de personas, ésta se refleja también en otras muchas disposiciones al margen de las citadas. Por ejemplo, en tanto que la libre circulación requiere un sistema adecuado de reconocimiento de títulos y diplomas, para evitar que por esa vía los Estados puedan obstaculizar la libre circulación de profesionales en la Comunidad, han sido dictadas la Directiva 89/48/CEE, de 21 de diciembre de 1988, relativa a un sistema general de reconocimiento de títulos de enseñanza superior que sancionan formaciones profesionales de una duración mínima de tres años, y la Directiva 92/51/CEE de 18 de junio de 1992, relativa a un segundo sistema general de reconocimiento de formaciones profesionales, aunque debe tenerse en cuenta que ambas han sido derogadas, con efectos a partir del 20 de octubre de 2007, por la Directiva 2005/36/CE, de 7 septiembre, relativa al reconocimiento de diplomas y títulos adquiridos en otros Estados miembros para el acceso y ejercicio de una profesión.

Por otra parte, en tanto que la decisión de circulación comunitaria puede verse negativamente condicionada por el temor a no cumplir los requisitos de cotización precisos para generar prestaciones sociales en ninguno de los Estados implicados, se han dictado normas para permitir la acumulación y el cómputo recíproco de las cotizaciones, el cobro de las prestaciones en el país en el que resida el trabajador aunque no coincida con el de reconocimiento de la prestación (exportabilidad de las prestaciones), etc. Este sistema, que no aspira a configurar un ordenamiento uniforme de Seguridad Social para todos los ciudadanos de la Unión, sino que prevé reglas de coordinación entre los distintos sistemas nacionales de Seguridad Social, se regula en el Reglamento (CE) n.° 883/2004, del Parlamento Europeo y del Consejo, de 29 de abril de 2004, sobre coordinación de sistemas de Seguridad Social y en el Reglamento (CE) n.° 987/2009, de 16 de septiembre de 2009, que adopta las normas para la aplicación del Reglamento anterior. Como complemento a estos reglamentos cabe citar la Directiva 2014/50/UE, del Parlamento Europeo y del Consejo, de 16 de abril de 2014, relativa a los requisitos mínimos para reforzar la movilidad de los trabajadores entre Estados miembros mediante la mejora de la adquisición y el mantenimiento de los derechos complementarios de pensión.

De la misma manera, dado que la circulación por los distintos países del espacio europeo puede resultar negativamente condicionada tanto por la inseguridad derivada de la incertidumbre de la legislación aplicable cuanto por la que puede producirse como consecuencia del desconocimiento de la jurisdicción competente para resolver un posible litigio, puede decirse que conectan también con el principio de libre circulación de personas el Convenio de Roma de 19 de junio de 1980, sobre ley aplicable a las obligaciones contractuales –que ha sido sustituido en los países de la UE (con algunas excepciones) por el Reglamento 593/2008, de 17 de junio, conocido como Roma I– y el Reglamento UE/1215/2012, de 12 de diciembre, sobre competencia judicial y reconocimiento y ejecución de sentencias judiciales en materia civil y mercantil.

Asimismo, debe acudirse a lo establecido en las normas internas de cada uno de los Estados miembros, los cuales, más allá de las obligaciones de trasposición del Derecho comunitario sobre la materia, siguen manteniendo importantes competencias en lo que se refiere al control de la estancia y la residencia de personas no nacionales dentro de su territorio, pese a los avances en la eliminación de fronteras interiores y la creación de la ciudadanía comunitaria. Dentro del sistema español, esa función es desempeñada por el RD 240/2007, de 16 de febrero, sobre entrada, libre circulación y residencia en España de ciudadanos de los Estados miembros de la Unión Europea y de otros Estados parte en el Acuerdo sobre el Espacio Económico Europeo, modificado por RD 1161/2009, de 10 de julio, que incorpora al ordenamiento español lo dispuesto en la Directiva 2004/38/CE, relativa al derecho de los ciudadanos de la Unión y de los miembros de su familia a circular, residir libremente en el territorio de los Estados miembros.

1.3. LA LIBRE CIRCULACIÓN COMO DERECHO SUBJETIVO DE LOS TRABAJADORES ASALARIADOS: TITULARIDAD Y CONTENIDO

Según se afirma en el Preámbulo del Reglamento 292/2011, la libre circulación constituye un derecho fundamental para los trabajadores y su familia. La movilidad de la mano de obra en la Unión debe ser para el trabajador uno de los medios que le garanticen la posibilidad de mejorar sus condiciones de vida y de trabajo, y facilitar su promoción social, contribuyendo al mismo tiempo a satisfacer las necesidades de la economía de los Estados miembros. Y sigue diciendo: «*Conviene afirmar el derecho de todos los trabajadores de los Estados miembros a ejercer la actividad de su elección dentro de la Unión*». Como se dice en el preámbulo de la la Directiva

218

2014/54/UE, la libre circulación de los trabajadores es «*un elemento clave para el desarrollo de un verdadero mercado de trabajo de la Unión, ya que permite que los trabajadores se desplacen a zonas con carencia de mano de obra o en la que hay mayores oportunidades de empleo, ayuda a más personas a encontrar un empleo que se adapte mejor a sus aptitudes y contribuye a superar los estrangulamientos del mercado de trabajo*».

Pese a que la movilidad genera indiscutibles ventajas económicas y sociales, la movilidad laboral dentro de la UE es relativamente baja si se compara con las dimensiones del mercado de trabajo y la población activa de la UE. De hecho, tan solo unos 6,9 millones de personas de la población activa europea son económicamente activas en otro Estado miembro. Las encuestas muestran que las dificultades prácticas más comunes previstas o halladas son la ausencia de conocimientos lingüísticos o las dificultades para hallar un empleo en otros Estados. La UE, como se verá más adelante, puede contribuir a rebajar estos obstáculos incrementando la sensibilización sobre las oportunidades de empleo en toda la Unión y desarrollando servicios de apoyo adecuados para fomentar las contrataciones dentro del Espacio Económico Europeo, a través de herramientas de gestión de empleo como la red EURES.

Con carácter previo a cualquier consideración sobre el ejercicio del derecho de libre circulación, se impone precisar quiénes pueden hacer uso de ese derecho.

Los titulares del derecho a la libre circulación son los trabajadores nacionales de los Estados miembros de la UE y sus familiares, pero también los nacionales de Estados pertenecientes a la Asociación Europea del Libre Comercio, como Noruega, Islandia, Liechtenstein o Suiza. En definitiva, la libre circulación opera en el ámbito del Espacio Económico Europeo y en Suiza (que forma parte de la AELC pero no del EEE).

Al establecer la libre circulación de trabajadores, el Tratado de la CEE confirió alcance comunitario a dicho término (trabajador), ya que, en el supuesto de que tuviera que regirse por el Derecho interno, cada Estado tendría entonces la posibilidad de modificar el contenido del concepto de «trabajador emigrante», y de privar a su arbitrio a determinadas categorías de personas de la protección del Tratado[3]. Cabe preguntarse entonces qué entiende por *trabajador* el Derecho comunitario.

---

3. PALOMEQUE LÓPEZ, M.C., «El ámbito subjetivo de aplicación de la libre circulación de trabajadores (el concepto de trabajador en el Derecho Comunitario Europeo: la jurisprudencia del Tribunal de Justicia)», en VV.AA., *Libertad de circulación de trabajadores. Aspectos laborales y de Seguridad Social comunitarios. Presente y futuro*, cit., p. 42.

Según el art. 1.1 del Reglamento 249/2011, «*todo nacional de un Estado miembro, sea cual fuere su lugar de residencia, tendrá derecho a acceder a una actividad por cuenta ajena y a ejercerla en el territorio de otro Estado miembro, de conformidad con las disposiciones legales, reglamentarias y administrativas que regulan el empleo de los trabajadores nacionales de dicho Estado*».

En relación a la cuestión de los requisitos que son necesarios para entender que el trabajador es «*comunitario*», como esta condición viene dada en función de la posesión de la nacionalidad de uno de los Estados miembros, la STJCE de 7 de julio de 1992 (*asunto Micheletti*) aclara que, en efecto, serán las normas internas las que deberán ser tenidas en cuenta para establecer cuando se tiene la nacionalidad de un Estado miembro, con independencia de que ello determine que la adquisición de la condición de comunitario varíe según el Estado de pertenencia de cada persona.

En relación a la cuestión de cuándo puede entenderse que el trabajador comunitario es *trabajador asalariado o por cuenta ajena*, la jurisprudencia comunitaria ha elaborado una noción general y más amplia que la dispuesta en el Derecho interno de algunos Estados miembros, cifrada en esencia en la existencia de una prestación de servicios con valor económico, realizada bajo la dirección de otra persona y por la que se recibe una remuneración (SSTJCE de 3 junio 1986, asunto Lawrie-Blum, 66/85; de 21 junio 1988, asunto Brown, 197/86; de 26 febrero 1992, asunto Raulin, C-357/89; de 27 junio 1996, asunto Asscher, C-107/94; de 12 mayo 1998, asunto Martínez Sala, C-85/96; de 8 junio 1999, asunto Meeusen, C-337/97; y de 31 mayo 2001, asunto Leclere y Deaconescu, C-43/99). Resulta indiferente la naturaleza de la relación jurídica que une a trabajador y a empresario. Así, por ejemplo, para el Derecho comunitario, tienen la condición de trabajador los funcionarios públicos, que en España no gozan de tal consideración, y ello sin perjuicio de las limitaciones que luego veremos para que los nacionales de otros Estados puedan ocupar determinados puestos en la Administración pública. La ocasionalidad o discontinuidad de la actividad tampoco impiden considerar trabajador a la persona que la realiza a efectos del Derecho comunitario (SSTJCE de 6 junio 1985, *asunto Frascogna*, 157/84 y 26 febrero 1992, *asunto Raulin*, C-357/89), aunque se perciba una remuneración inferior al salario mínimo por realizar un trabajo a tiempo parcial (STJCE de 23 marzo 1982, *asunto Levin*, 53/81). Se ha considerado igualmente que el concepto de trabajador incluye, en determinadas circunstancias, a las personas que emprenden un período de aprendizaje profesional (STJCE de 19 de noviembre de 2002, *asunto Bülent Kurz*, C-188/00) o de prácticas (SSTJCE de 26 febrero 1992, *asunto*

Bernini/Minister van Onderwijs en Wetenschappen, C-3/90, y de 17 marzo 2005, *asunto Karl Robert Kranemann/Land Nordrhein-Westfalen*, C-109/04).

Ahora bien, si el Derecho de la UE se aplicase solo a quienes previamente han obtenido una oferta de trabajo en firme antes de desplazarse a otro Estado miembro, se pondría en duda el principio fundamental de libre circulación. De ahí que la STJCE de 12 de mayo de 1998 (*asunto Martínez Sala*, C 85/96) haya establecido que puede entrar dentro del concepto de trabajador manejado por el Derecho comunitario a efectos del reconocimiento de los derechos de libre circulación quien pueda ser considerado como real demandante de empleo en el país de destino, sin necesidad de estar ocupado. Sin embargo, con carácter general, no se reconocen los mismos derechos en el país de destino a quien ya tiene concertado un contrato de trabajo que a quien simplemente ostenta la posición de demandante de empleo. Por supuesto, ello debe entenderse sin perjuicio de los derechos de libre circulación (residencia, acceso a prestaciones sociales, etc.) que quepa reconocer en función del estatuto de ciudadano de la Unión, según han establecido, por ejemplo, las STJCE de 7 de septiembre de 2004 (*asunto Trojani*), o de 23 de marzo de 2004 (*asunto Collins*).

La jurisprudencia comunitaria también se ha pronunciado sobre la movilidad en busca de empleo del colectivo de trabajadores fronterizos. Así, la STJCE de 6 noviembre 2004 (Asunto C-311/01) señala que los trabajadores fronterizos conservan el derecho a las prestaciones por desempleo cuando se desplazan a un Estado miembro para buscar un trabajo. Por su parte, la STJUE, de 19 de junio de 2014, considera que la condición de trabajador a efectos de la libre circulación de trabajadores y del derecho de residencia reconocido en el art. 7 Directiva 2004/38, se mantiene cuando se deja de trabajar o de buscar empleo debido a las limitaciones físicas relacionadas con la última fase del embarazo y el período subsiguiente al parto, siempre que se reincorpore a su trabajo o vuelva a encontrar empleo dentro de un período de tiempo razonable tras el nacimiento del hijo.

El derecho a la libre circulación alcanza también, de forma derivada, a los familiares del trabajador comunitario, independientemente de su nacionalidad. Se entienden incluidos en este concepto el cónyuge o, en su caso, pareja de hecho registrada (siempre que el Estado de acogida otorgue a estos un trato equivalente a los matrimonios), descendientes menores de 21 años o mayores de esa edad a su cargo, tanto propios como del cónyuge o pareja de hecho y los ascendientes propios del trabajador y los de su cónyuge o pareja de hecho que estén a su cargo (arts. 2 y 3 Directiva 2004/38/CE). Al margen de ello, el art. 3.2 de la Directiva establece que el Estado miembro de acogida «*facilitará la entrada y residencia de otros familiares*», distintos de los mencionados anteriormente, cuando éstos vivan con el trabajador o estén a su cargo, o deba atenderles personalmente por motivos graves de salud. Se asimila a «otros familiares» la pareja de hecho con la que el trabajador mantenga una relación estable debidamente probada (aunque no esté registrada). Se reconoce expresamente el derecho de los familiares, aunque tenga la nacionalidad de un Estado no miembro, a trabajar por cuenta propia o ajena en el país de acogida (art. 23 Directiva 2004/38/CE).

* * *

En cuanto al **contenido** del derecho a la libre circulación de trabajadores, el art. 45 del TFUE dispone en su número 2 que «*la libre circulación supondrá la abolición de toda discriminación por razón de nacionalidad entre los trabajadores de los Estados miembros con respecto al empleo, la retribución y las demás condiciones de trabajo*». Y en su número 3 establece que «*sin perjuicio de las limitaciones justificadas por razones de orden público, seguridad y salud públicas, la libre circulación de los trabajadores implicará el derecho: (a) de responder a ofertas efectivas de trabajo; (b) de desplazarse libremente para este fin en el territorio de los Estados miembros; (c) de residir en uno de los Estados miembros con objeto de ejercer en él un empleo, de conformidad con las disposiciones legales, reglamentarias y administrativas aplicables al empleo de los trabajadores nacionales; (d) de permanecer en el territorio de un Estado miembro después de haber ejercido en él un empleo, en las condiciones previstas en los reglamentos de aplicación establecidos por la Comisión*».

Ahora bien, el TFUE precisa que esos derechos no son absolutos, y contempla expresamente dos *límites* a los mismos: (1) la posibilidad de disponer «*limitaciones justificadas por razones de orden público, seguridad y salud pública*», previsión desarrollada por el art. 27 de la Directiva 38/2004, que dice, en ese sentido, que las razones de orden público, seguridad pública o salud pública «*no podrán alegarse con fines económicos*» (art. 27.1); es decir, el hecho de que un Estado tenga un elevado nivel de desempleo no puede justificar una limitación al derecho de libre circulación de trabajadores ni consagrar una preferencia de empleo para los nacionales respecto de otros ciudadanos de la Unión. También supone que las medidas de limitación de la entrada y la residencia por las citadas razones «*deberán ajustarse al principio de proporcionalidad y basarse exclusivamente en la conducta personal del interesado*», sin que «*la existencia de condenas penales anteriores constituya por sí sola una razón para adoptar dichas medidas*». Según el art. 29 de la Directiva 38/2004, las únicas enfermedades que podrán justificar una medida que limite la libre circulación serán las enfermedades con potencial epidémico, infeccioso o parasitario contagiosas; (2) el segundo límite viene determinado por la no aplicación de la libre circulación, en los términos en que ese derecho se reconoce en el art. 45 TFUE, a los empleos en el sector público, siempre que, según la jurisprudencia comunitaria, tales empleos impliquen el ejercicio del poder público o se trate de funciones que tengan por objeto la salvaguarda de intereses generales del Estado (sentencias TJCE de 17 de diciembre de 1980 y de 26 mayo 1982, *asunto Comisión contra Bélgica*, 149/79). No se trata, con todo, de una obligación, de modo que los Estados miembros pueden permitir una mayor movilidad y abrir todos sus empleos en el sector público a los trabajadores migrantes sin restricciones.

El listado de puestos de trabajo para los que se requiere nacionalidad española está contenido en el Anexo del RD 543/2001, sobre acceso al empleo público de la Administración General del Estado y sus Organismos públicos de nacionales de otros Estados a los que es de aplicación el derecho a la libre circulación de trabajadores (Diplomáticos, Inspectores de Hacienda, Abogados del Estado, Habilitados de la Administración Local, etc.)

El núcleo de las facultades que integran ese complejo de derechos que es la libre circulación viene constituido, así pues, por facultades directamente vinculadas a la actividad laboral. Tales facultades, que en síntesis consisten en un principio de no discriminación por razón de nacionalidad (art. 45.2 TFUE), se materializan en campos diversos. Uno de ellos es el de la colocación. Reflejada en ese campo, la libre circulación significa que el intercambio de ofertas y demandas de trabajo debe darse a escala comunitaria, de manera que la información sobre las mismas fluya por encima de las fronteras de los diversos Estados, suprimiéndose todos los obstáculos y cortapisas que lo impidan. Se volverá sobre este tema más adelante, al tratar de la coordinación de los servicios nacionales de empleo, como herramienta al servicio de la libre circulación de trabajadores, a través de la red EURES.

Otro campo a considerar es el de las condiciones de acceso al empleo. En ese ámbito, la libertad de circulación determina la necesidad de que las condiciones de empleabilidad establecidas para los extranjeros comunitarios no sean distintas de las dispuestas para los nacionales del Estado de acogida. El Reglamento 492/2011 dispone en ese sentido que el emigrante comunitario «*se beneficiará en el territorio de otro Estado miembro de las mismas prioridades que los nacionales de dicho Estado en el acceso a los empleos disponibles*» (art. 2), prohíbe el establecimiento de cupos o porcentajes máximos en la contratación de extranjeros comunitarios (art. 4), establece la necesidad de que cuando el nacional de un Estado miembro busque un empleo en el territorio de otro Estado miembro, la asistencia dada en las oficinas de empleo sea equivalente a la que disfrutan los nacionales del país (art. 5) o limita la posibilidad de que los exámenes médicos, profesionales o de otro tipo para acceder al empleo puedan resultar discriminatorios por razón de nacionalidad (art. 6).

Dando aplicación a esas reglas, el Tribunal de Justicia de las Comunidades Europeas ha reputado contrarias a la libre circulación de trabajadores las reservas de cuotas de empleo en un sector de actividad a favor de los nacionales de un Estado miembro (STJCE de 4 abril 1974, Comisión contra Francia, asunto 167/73). En el específico ámbito del deporte profesional, se ha pronunciado sobre la ilegalidad de algunas de las normas federativas que ponen algún tipo de obstáculo (límites en las alineaciones, derechos de traspaso, etc.) a los no nacionales (STJCE de 15 diciembre 1995, *asunto Bosman*; STJCE de 13 abril 2000, *asunto Lehtonen*)[4].

Facultades de libre circulación directamente vinculadas a la actividad laboral son también, por supuesto, los derechos que se reconoce al trabajador en el marco de la relación de trabajo, una vez celebrado el contrato. En este punto, donde la libre circulación se traduce de nuevo esencialmente en un principio de no discriminación por razón de nacionalidad (el art. 45.2 TFUE dice expresamente que supone no discriminación en *«la retribución y las demás condiciones de trabajo»*), la citada libertad presenta el siguiente contenido. Conforme a lo dispuesto en el Reglamento 492/2011, supone que *«el trabajador nacional de un Estado miembro no podrá ser tratado de forma diferente que los trabajadores nacionales en cuanto se refiere a las condiciones (...) de trabajo, especialmente en materia de retribución (y) de despido»* (art. 7). Forman parte asimismo de este haz de facultades de la libre circulación el derecho del trabajador a acceder *«a las escuelas de formación profesional y a los centros de readaptación o de reeducación en base al mismo derecho y en las mismas condiciones que los trabajadores nacionales»* (art. 7.3). También el derecho del trabajador a disfrutar en igualdad de condiciones los derechos de *«afiliación a organizaciones sindicales y ejercicio de los derechos sindicales, incluyendo el derecho de voto y acceso a los puestos de administración o de dirección de una organización sindical»* y *«la elegibilidad a los órganos de representación de los trabajadores en la empresa»* (art. 7). El Reglamento 492/2011 dispone que las cláusulas contractuales o convencionales contrarias a estas reglas de

---

4. Sobre este tema, vid. GONZÁLEZ DEL RÍO, J.M.ª., «Libre circulación de deportistas profesionales en la Unión Europea: el caso de los deportistas extracomunitarios», en VV.AA., ARETA MARTÍNEZ, M. Y SEMPERE NAVARRO, A-V. (dirs.), *Cuestiones actuales sobre Derecho Social Comunitario*, Laborum, Murcia, 2009, pp. 127-140.

equiparación en derechos laborales (retribución, condiciones de trabajo, despido) serán nulas (art. 7.4).

La STJCE de 1 de julio de 2004 (*asunto Wallentin*) declara contrario a la libre circulación que un Estado miembro obligue a quienes no tienen su domicilio fiscal en el mismo, pero perciban en él sus rendimientos del trabajo, a que tributen mediante una retención en la fuente que excluya deducciones vinculadas a la situación personal del contribuyente, cuando estas deducciones son reconocidas a los nacionales de ese Estado. La STJCE de 16 de septiembre de 2004 (*asunto Mérida*) declara que es contrario a la libre circulación de trabajadores una práctica de doble imposición sobre el salario de un trabajador fronterizo, en la medida en la que se le exija pagar un tributo salarial tanto en el país donde efectivamente trabaja y cobra su retribución (Alemania) como en el país donde reside (Francia). No cabe de ese modo que el convenio colectivo de un Estado miembro permita calcular el salario del trabajador deduciendo el impuesto sobre el salario que ficticiamente habría de pagarse en ese Estado (Alemania) tratándose de un trabajador fronterizo que por residir en otro Estado miembro (Francia) está sometido a la obligación de pagar ese tributo sobre el salario en este Estado.

Con las salvedades a las que ya se ha hecho referencia, relacionadas con el principio de igualdad de trato, contenidas en el art. 24 de la Directiva, la libre circulación de trabajadores determina también el reconocimiento de un principio de no discriminación en el disfrute de los beneficios o ventajas sociales que están vigentes para los nacionales del país en el que se presta la actividad laboral. El Reglamento 492/2011 dispone en ese sentido que los trabajadores comunitarios deben disfrutar en el país de acogida de las mismas condiciones que disfrutan los nacionales de éste en materia de «*reintegración profesional o de nuevo empleo*» en el caso de que el trabajador hubiera visto extinguido su contrato y quedado en situación de desempleo (art. 7.1). El art. 7.2 del mismo Reglamento dispone que el trabajador «*se beneficiará de las mismas ventajas sociales y fiscales que los trabajadores nacionales*». El art. 7.3 establece que «*también tendrá acceso a las escuelas de formación profesional y a los centros de readaptación de enseñanza en base al mismo derecho y en las mismas condiciones que los trabajadores nacionales*». Por su parte, el art. 9 del Reglamento 492/2011 determina que «*el trabajador nacional de un Estado miembro empleado en el territorio de otro Estado miembro se beneficiará de todos los derechos y ventajas concedidos a los trabajadores nacionales en materia de alojamiento, incluyendo el acceso a la propiedad de la vivienda que necesite*». La Directiva 77/486/CEE, de 25 de julio, sobre escolarización de los hijos de trabajadores migrantes, establece medidas de garantía de escolarización a favor de los hijos de los trabajadores comunitarios que realizan su actividad y residen en un país comunitario distinto del de su nacionalidad (gratuidad, enseñanza de la lengua del país de acogida, de la del país de origen).

*   *   *

Junto a estas facultades que conforman el que podemos denominar *contenido esencial* del derecho a la libre circulación, existen otras que constituyen, o eran en origen, *libertades instrumentales* a la libre circulación de trabajadores, y que se concretan en los derechos de desplazamiento, residencia y permanencia en un Estado miembro distinto al de origen. Los derechos de entrada y residencia en el Estado comunitario de acogida constituyen así un presupuesto indispensable para la materialización del derecho a realizar un trabajo en un país comunitario distinto a aquél del que el trabajador es nacional. Su regulación se contiene tanto en el TFUE como, sobre todo, en la Directiva 38/2004.

El TFUE establece en ese sentido, como parte de la libre circulación de los trabajadores por cuenta ajena, el derecho de éstos a *«desplazarse libremente para este fin en el territorio de los Estados miembros»* [art. 45.3 b)] y a *«residir en uno de los Estados miembros con objeto de ejercer en él un empleo»* en las mismas condiciones que los nacionales del país de acogida [(art. 45.3 c)].

La Directiva 2004/38 diferencia tres situaciones fundamentales: (1) la salida, entrada y estancia por un periodo de hasta tres meses; (2) la residencia temporal; y (3) la residencia permanente.

Comenzando por la primera de las situaciones –*salida, entrada y estancia por un periodo de hasta tres meses*–, señala la norma que *«sin perjuicio de las disposiciones que regulan los documentos de viaje en controles fronterizos nacionales»*, los ciudadanos comunitarios no precisarán más que un documento de identidad o un pasaporte válidos para salir de su territorio y desplazarse a otro país de la Comunidad. Si se tratara de familiares del ciudadano de la Unión no pertenecientes a la Comunidad, será suficiente un pasaporte válido, sin ningún visado de salida ni obligación equivalente (art. 4). Tratándose de familiares no comunitarios, bastará un pasaporte válido. En este caso es posible, sin embargo, que el Estado de acogida pueda exigir un visado de entrada, que no hará falta, por supuesto, en el caso de que el familiar no comunitario tuviera tarjeta de residencia (arts. 5 y 6). Los ciudadanos de la Unión y los miembros de sus familias gozarán del derecho de residencia por tiempo no superior a 3 meses, mientras no se conviertan en una carga excesiva para la asistencia social del Estado miembro de acogida.

226

En relación a la segunda situación indicada –*residencia temporal*–, dice la Directiva que el ciudadano comunitario tiene derecho a una residencia no permanente por tiempo superior a tres meses en un Estado distinto del de origen si (alternativamente): (1) son trabajadores por cuenta ajena o propia en el Estado miembro de acogida; (2) cuando, no siendo trabajador, disponga para sí y para su familia de recursos suficientes para no convertirse en carga para la asistencia social del Estado miembro de acogida durante su periodo de residencia, así como de un seguro de enfermedad que cubra todos los riesgos en el Estado miembro de acogida, si bien la Directiva precisa (art. 14) que el recurso a la asistencia social del Estado miembro de acogida de un ciudadano de la Unión o de un miembro de la su familia no tendrá por consecuencia automática una medida de expulsión (habrá que valorar la duración de la residencia, sus circunstancias personales, así como la cuantía de la ayuda concedida); los ciudadanos de la Unión o los miembros de sus familias no podrán ser expulsados mientras los ciudadanos de la Unión puedan demostrar que siguen buscando empleo y que tienen posibilidades reales de ser contratados; (3) está matriculado cursando estudios en el Estado de acogida, cuenta con un seguro de enfermedad y declara que posee recursos suficientes para sí y para su familia; o (4) es familiar, en el grado definido por la Directiva, de un ciudadano de la Unión que tiene derecho de residencia por encontrarse en uno de los casos que acaba de señalarse.

La norma se encarga de precisar que la condición de trabajador, por cuenta ajena o propia, se mantiene en los siguientes casos: (i) padecimiento de incapacidad laboral temporal resultante de enfermedad o accidente; (ii) padecimiento de desempleo involuntario, tras haber estado empleado durante más de un año, siempre que el desempleado esté inscrito como demandante de empleo; (iii) padecimiento de desempleo involuntario, una vez concluido un contrato de duración inferior a un año, siempre que el trabajador esté inscrito como demandante de empleo (en este caso la condición de trabajador se mantendrá al menos por seis meses); (iv) cuando el trabajador siga una acción de formación profesional, siempre relacionada con el empleo previo (art. 7).

Sin perjuicio de la posibilidad de exigir al interesado la notificación de su presencia en el territorio (art. 5.5), el Estado de acogida podrá exigir a los ciudadanos comunitarios el *registro* ante las autoridades competentes. Para tal registro, por el que se expedirá el correspondiente certificado, sólo podrá exigirse la presentación de los documentos en cuya virtud haya tenido lugar la entrada y la acreditación de los requisitos materiales que según la directiva den derecho a la residencia temporal en el país comunitario de acogida: vgr., una declaración de contratación del empleador o

227

un certificado de empleo, o una prueba de que se trabaja por cuenta propia (si se quiere residir como trabajador); la prueba de que se dispone de seguro de enfermedad y suficiencia de recursos (si se quiere residir en ese concepto); la prueba de que se es estudiante y la declaración de suficiencia de recursos (si se quiere residir como estudiante); la prueba de que se mantienen los vínculos de familiaridad, dependencia económica, etc. que exige la norma (si se quiere acceder por esa vía) (art. 8).

Tratándose de familiares que no tengan la condición de ciudadanos de la Unión, será precisa la obtención de la *tarjeta de residencia*, para cuya expedición deberán presentarse los documentos que hayan servido de título para entrar (pasaporte y visado, en su caso) así como probarse las condiciones materiales que exige la directiva para reconocer ese derecho (parentesco, dependencia económica) (arts. 8 y 9). La tarjeta de residencia, que deberá expedirse en seis meses desde su solicitud, tendrá una validez de cinco años, o contraída al periodo previsto de residencia del ciudadano de la Unión, compatible con ausencias temporales de seis o hasta doce meses (art. 11). La norma regula el derecho al mantenimiento del derecho de residencia de los familiares en casos de fallecimiento o partida del ciudadano comunitario (art. 12), divorcio, anulación del matrimonio o fin de la unión registrada (art. 13) y en general (arts. 14 y 15).

La tercera de las situaciones a las que alude la Directiva 2004/38 es la de *residencia permanente*, derecho que, una vez adquirido, podrá perderse en caso de ausencia del Estado miembro de acogida durante más de dos años consecutivos (art. 16.4). Adquieren tal derecho los ciudadanos de la Unión que hayan residido legalmente durante un periodo de 5 años en el Estado miembro de acogida, así como los familiares no comunitarios que hayan residido legalmente durante un periodo continuado de 5 años consecutivos con el ciudadano de la Unión en el Estado miembro de acogida. La continuidad en la residencia es compatible con ausencias de seis meses y hasta de doce o más meses, en función de ciertas causas (cumplimiento de obligaciones militares, embarazo y parto, enfermedad grave, estudios y formación, trabajo) (art. 16). Sin embargo, no será necesario totalizar un periodo de residencia de 5 años para obtener la residencia permanente en los siguientes casos: (1) tratándose de un trabajador que en el momento de cesar su actividad haya alcanzado la edad prevista por el Estado de acogida para causar pensión de jubilación (o que pase a jubilación anticipada con ciertas condiciones); (2) tratándose de un trabajador que, habiendo residido en el Estado de acogida durante más de dos años, cese en su actividad a causa de incapacidad laboral permanente (si es por contingencias profesionales no se exige residencia mínima); (3) tratarse de un trabajador que, después de tres años consecutivos de actividad y residencia en un Estado miembro, ejerza una actividad en otro Estado miembro, pero conserve su residencia en el primero, regresando al menos una vez por semana. Los requisitos de residencia no se exigen cuando el cónyuge del trabajador tenga –o haya tenido– la nacionalidad del Estado de acogida (art. 17); esta norma, por cierto, incorpora, con algunos retoques, las reglas contenidas desde hace tiempo en el Reglamento 1251/70.

Los ciudadanos comunitarios no necesitan ningún documento especial para acreditar su situación de residencia permanente, pero tienen derecho a que se les expida un documento que lo certifique, previa verificación de la duración de la residencia (art. 19). Tratándose en cambio de familiares de ciudadanos de la Unión que no sean ciudadanos comunitarios, los Estados expedirán, en el plazo de seis meses, una tarjeta de residencia permanente renovable automáticamente cada diez años. La tarjeta de residencia permanente, que deberá solicitarse antes de que expire la primera tarjeta de residencia, es compatible con interrupciones de residencia de hasta dos años consecutivos (art. 20). La continuidad de la residencia podrá ser acreditada mediante cualquier medio de prueba vigente en el estado miembro de acogida (art. 21).

En general, la Directiva dispone que el derecho de residencia, temporal o permanente, se extenderá a todo el territorio del Estado, de modo que sólo cabrá establecer limitaciones territoriales cuando las mismas estén previstas también para los propios nacionales (art. 22). Los familiares del ciudadano de la Unión beneficiarios del derecho de residencia por derivación, con independencia de su nacionalidad, tendrán derecho a trabajar por cuenta propia o ajena (art. 23).

Los ciudadanos comunitarios, así como los familiares que sean nacionales de países terceros no miembros, disfrutarán de igualdad de trato en el Estado de acogida con los nacionales de éste. No obstante, durante el periodo inicial de la residencia, antes de adquirir la condición de residente permanente y durante el período de búsqueda de empleo, el Estado de acogida no estará obligado a conceder prestaciones de asistencia social –Sentencias del TJUE de 11 noviembre 2014, *asunto Dano*, y 15 septiembre 2015, *asunto Amilanovic*– ni estará obligado, antes de la adquisición del derecho de residencia permanente, a conceder ayudas de manutención consistentes en becas o prestamos de estudios, incluidos los de formación profesional a quienes no sean trabajadores por cuenta ajena o propia (art. 24). El TJUE considera que el hecho de denegar a los ciudadanos de la UE, cuyo derecho de residencia en el territorio de un Estado miembro de acogida sólo se justifica por estar buscando trabajo, ciertas prestaciones especiales en metálico no contributivas, que también constituyen una prestación de asistencia social (caso del seguro básico alemán, «*Grundsicherung*»), no es contrario al principio de igualdad de trato. Esta situación jurídica que supone admitir una situación de desigualdad de trato entre ciudadanos de la UE desparece cuando acceden al estatuto de residentes permanentes, esto es, tras haber residido legalmente por tiempo superior a cinco años en otro Estado miembro de la UE.

La exigencia de ciertos documentos para acreditar la residencia en el país de acogida no impedirá que el derecho pueda acreditarse por cualquier otro medio de prueba (art. 25). Los Estados podrá practicar controles de documentación para verificar las condiciones de estancia de los extranjeros a los que se aplica la Directiva 2004/38, a condición de que impongan la misma obligación a sus propios nacionales por lo que se refiere al documento de identidad (art. 26).

Ha de decirse que la supresión de las trabas al desplazamiento y residencia de los trabajadores, en situación activa o pasiva, y de los familiares de los mismos, ha terminado desbordando el horizonte exclusivamente profesional en el que nacieron las libertades de referencia, de modo que éstas han terminado pasando a ser predicadas, con carácter más general, de las personas o ciudadanos comunitarios en abstracto.

En virtud de sus derechos de ciudadanía europea, los nacionales de un país comunitario son libres de deambular y residir en los Estados miembros de su preferencia sin condicionamiento de realización de trabajo presente o pasado en el Estado en el que se opte por entrar o residir, siempre y cuando –eso sí– estén en condiciones de acreditar que tienen un seguro de enfermedad y disponen de recursos suficientes, para sí mismos y sus familiares, de modo que se asegure que el ejercicio de tales derechos no supondrá una carga para la asistencia social del Estado de destino.

De este modo, la libre circulación de personas y, especialmente, el derecho de residencia en otro Estado miembro de la UE, se encuentra directamente relacionado con el factor trabajo o con la disposición de recursos económicos suficientes.

2. LA COORDINACIÓN DE LOS SERVICIOS PÚBLICOS DE EMPLEO COMO INSTRUMENTO DINAMIZADOR DE LA LIBRE CIRCULACIÓN DE TRABAJADORES EN EL EEE. LA RED EURES

Como se ha visto, uno de los principios del Espacio Económico Europeo (EEE) es el de la libre circulación de personas y trabajadores. Este derecho fundamental permite a sus ciudadanos establecerse libremente y trabajar en cualquier Estado miembro, garantizando la igualdad de derechos con los nacionales del país anfitrión. Este derecho se hace extensivo, como hemos visto, a sus familiares, cualquiera que sea su nacionalidad.

Pero el derecho a la libre circulación de trabajadores sería un derecho ineficaz si los ciudadanos que pretenden acceder a un empleo en otro Estado no tuvieran cumplida información sobre las oportunidades de empleo existentes en esos otros Estados y de las condiciones de vida y de trabajo que se van a encontrar en el Estado de acogida.

Es por ello que en el Reglamento 492/2011 se afirma que «*(l)os mecanismos de contacto y compensación, especialmente mediante la colaboración directa entre los servicios centrales de empleo, así como entre los servicios regionales, por medio de la coordinación de la acción informativa, garantizan de modo general una mayor transparencia del mercado de trabajo. Los trabajadores que deseen desplazarse deben igualmente ser informados con regularidad sobre las condiciones de vida y de trabajo*».

En este contexto cabe situar la creación de la red EURES (*European Employment Services*), que es es una red de cooperación entre la Comisión Europea y los servicios públicos de empleo europeos de los Estados miembros del EEE (los países de la UE, Noruega, Islandia y Liechtenstein) y otras organizaciones asociadas. Suiza también participa en la cooperación EURES. La red EURES se concibe como una red de colocación en el mercado de trabajo europeo, con el propósito de garantizar el derecho a la libre circulación reconocido a los trabajadores comunitarios desde el Tratado constitutivo de la Comunidad Económica Europea. Entre las funciones de la red EURES destacan las de fomentar la movilidad laboral y ajustar el mercado de trabajo europeo para conseguir el equilibrio entre las ofertas y las demandas de empleo en el interior de la Unión.

La Red EURES se creó en 1993 para sustituir al inicial Sistema Europeo de Difusión de Ofertas y Demandas (SEDOC)[5], previsto en el Reglamento CEE núm. 1612/1968, de 15 de octubre, del Consejo, relativo a la libre circulación de trabajadores dentro de la Comunidad. El SEDOC se creó con el objetivo de garantizar la movilidad de mano de obra en Europa, para lo que resultaba necesario que el flujo de información sobre ofertas y demandas de empleo no se estancase en el nivel nacional, estableciendo mecanismos que las hicieran llegar a los trabajadores y empresarios situados en otros Estados, teniendo en cuenta la prioridad en el empleo que debe darse a los trabajadores comunitarios respecto de terceros no comunitarios. Pero los resultados obtenidos no fueron cualitativamente

---

5. Sobre el SEDOC, vid. DE VAL TENA, A.L., «La intermediación en el mercado de trabajo comunitario», en *Revista de Estudios Europeos*, n. 7, 1994, pp. 75 y ss.

importantes, entre otras razones, por la obsolescencia tecnológica del sistema y su débil base documental[6]; fue por ello que el Reglamento CEE núm. 2434/1992, del Consejo, modificó algunos artículos del Reglamento de 1968 y dispuso la creación de la red EURES, que se implantó mediante Decisión 93/569/CEE, de la Comisión, de 22 de octubre. Posteriormente el Reglamento (UE) n.º 492/2011 estableció mecanismos para la compensación y el intercambio de información, y la Decisión de Ejecución 2012/733/UE de la Comisión, de 23 de diciembre de 2012, estableció disposiciones relativas a la aplicación del Reglamento (CEE) del Consejo núm. 1612/68, por lo que se refiere a la puesta en relación y la compensación de ofertas y demandas de empleo.

El deficiente funcionamiento de la Red EURES ha propiciado diversas iniciativas a fin de reforzar y modernizar el servicio que la misma presta para facilitar la libre circulación de trabajadores dentro de la UE, contribuyendo así a la constitución de un mercado laboral más integrado. Entre las actuaciones emprendidas destaca la aprobación del Reglamento (UE) 2016/589, del Parlamento Europeo y del Consejo, de 13 de abril de 2016, relativo a una red europea de servicios de empleo (EURES), al acceso de los trabajadores a los servicios de movilidad y a la mayor integración de los mercados de trabajo y por el que se modifican los Reglamentos (UE) n.º 492/2011 y 1296/2013. El Reglamento viene a sustituir al precedente marco normativo de EURES, contenido en el capítulo II del Reglamento 492/2011 y en la Decisión de Ejecución 2012/733/UE adoptada con arreglo al artículo 38 de dicho Reglamento.

En la estructura interna de EURES destaca la Oficina Europea de Coordinación, establecida dentro de la Comisión, que es la responsable de asistir a la red EURES en el desempeño de sus actividades. También forman parte de la red las Oficinas Nacionales de Coordinación (ONC), designadas por los Estados miembros; los servicios públicos de empleo (SPE); otras organizaciones que sean admitidas como socios de EURES y los agentes sociales.

A fin de ofrecer los mejores servicios posibles a todos los trabajadores y empresarios, se ha ampliado la gama de miembros y socios de EURES, dando cabida a las agencias privadas de empleo, cuyas ofertas se anunciarán en el Portal EURES junto con las de los servicios públicos, siempre que se comprometan a realizar al menos una de estas tres tareas (previstas en el artículo 12 del Reglamento): contribuir al conjunto de ofertas de empleo,

---

6.   COMISIÓN DE LAS COMUNIDADES EUROPEAS: «EURES. Informe sobre el periodo 1994-1995 de conformidad con el artículo 19 (3) del Reglamento (CEE) n. 1612/68», DO C 3 (1996), art. 1.2.

contribuir al conjunto de demandas de empleo y de CV y prestar servicios de apoyo a trabajadores y empresarios. A los miembros de EURES se les exige el cumplimiento de todas las obligaciones que les incumben según el Reglamento 2016/589, mientras que con los socios se es menos exigente, pues sólo están obligados a realizar una o dos de las tareas recogidas en aquel precepto, sea por razones de escala, disponibilidad de recursos financieros o por la naturaleza de los servicios que prestan, incluida la condición de organización sin ánimo de lucro.

La red EURES viene a suponer la realización de uno de los derechos sociales reconocidos en el seno de la Unión, como es el que asiste a toda persona a acceder a los servicios gratuitos de colocación, tal como se establece en el art. 29 de la Carta de Derechos Fundamentales de la Unión Europea, que surgió como una declaración solemne e institucional, no vinculante para los Estados miembros, hasta que el Tratado de Lisboa, por el que se modifican el Tratado de la Unión Europea y el Tratado constitutivo de la Comunidad Europea, y entró en vigor en diciembre de 2009, le atribuyó fuerza jurídica vinculante[7].

Ahora bien, este reconocimiento del derecho de los ciudadanos europeos a acceder a un servicio público de colocación y de carácter gratuito no ha supuesto un cambio radical, porque la totalidad de los Estados miembros disponen de un servicio público y gratuito de colocación, realidad que se cuestiona, planteada a nivel internacional desde hace mucho tiempo a partir del Convenio 88 OIT[8].

Por otro lado, dicho reconocimiento a nivel comunitario no se ha traducido en la creación de un servicio de empleo común para todos los Estados miembros, sino que se trata de una llamada que se hace a cada de los Estados miembros para que éstos implanten en sus respectivos territorios un servicio público y gratuito de colocación.

Pero, a pesar de que los servicios públicos de empleo están estructurados de forma distinta en cada país (como ocurre con los sistemas de seguridad social, de salud, etc.), todos los servicios nacionales de empleo comparten, en el marco de la red Eures, la misma tarea específica de contribuir a la adaptación recíproca de la demanda y la oferta en el

---

7. La *non nata* Constitución Europea garantizaba el derecho a acceder por toda persona a un servicio gratuito de colocación (art. II-29) en el Título IV relativo a la Solidaridad.

8. El Servicio Público de Empleo surge a impulso del Convenio n° 88 de la OIT, adoptado en San Francisco el 9 de julio de 1948, como organismo estatal garante de un servicio público, gratuito y abierto a todos los ciudadanos, y que simboliza el intento de los países basados en una Constitución social y democrática de asegurar un empleo digno a sus ciudadanos.

mercado laboral europeo, suministrando información, mediación y apoyo activo tanto a oferentes como a buscadores de empleo. A tal efecto, desarrolla una serie de actividades dirigidas a la puesta en relación de oferta y demanda de empleo, la cooperación transnacional, sectorial y transfronteriza y el seguimiento, evaluación y eliminación de las barreras a la movilidad.

La Carta de EURES exige que la información sobre las ofertas de empleo deberá ser válida, precisa y suficiente para que los solicitantes de empleo puedan decidir con conocimiento de causa si solicitan el puesto de trabajo. Deberá prestarse especial atención a las ofertas de empleo en las que el empresario esté específicamente interesado en contratar trabajadores de otros países europeos.

La Ley de Empleo 56/2003, establece entre los objetivos de la política de empleo, el de «asegurar la libre circulación de trabajadores y facilitar su movilidad geográfica, tanto en el ámbito estatal como en el europeo, de quienes deseen trasladarse por razones de empleo» [art. 2.f)], de lo que parece desprenderse un fuerte compromiso por el desarrollo y profundización de la participación de nuestro Sistema Nacional de Empleo en esta red.

La coordinación de la Red EURES corre a cargo de una pluralidad de órganos bajo los que se estructura todo el sistema europeo de empleo: la Comisión, la Oficina Europea de Coordinación, los Euroconsejeros, el Grupo de Trabajo EURES y el Grupo Estratégico de Alto Nivel. La red opera con dos bases de datos: una sobre ofertas de empleo (sita en Bruselas), posteriormente sustituida por el portal de movilidad profesional EURES, y otra sobre legislación laboral y condiciones de vida y de trabajo en los distintos Estados miembros (sita en Luxemburgo).

En los últimos tiempos el sistema EURES ha tenido que adaptarse a las sucesivas ampliaciones de la UE con la incorporación de nuevos Estados miembros, que ha traído consigo un incremento del número de usuarios y de ofertas de empleo intercambiadas. De ahí que la red haya tenido que ser reformada y modernizada de forma casi constante, sin que, desde luego, pueda descuidarse la continua mejora técnica.

Uno de los obstáculos que impedían a la red EURES realizar una intermediación más eficaz era que, en un principio, no le llegaban todas las ofertas de empleo, sino tan sólo aquellas que los Estados consideraban «de vocación comunitaria», esto es, aquellas que pudieran resultar lo suficientemente interesantes como para justificar la emigración del trabajador. Se trataba de ofertas de trabajos de cualificación media-alta, por lo general. Aunque el número de colocaciones realizadas a través de la red

EURES ha experimentado un crecimiento paulatino desde su creación, los resultados serían mejores si la red disponía de mayor información sobre las ofertas de empleo generadas en el mercado de trabajo de los Estados miembros[9]. Las Directrices para el desarrollo estratégico de la red en el período 2004-2007 incluyeron actuaciones en esta dirección, para conseguir que los ciudadanos de la UE pudieran acceder a todas las ofertas de empleo registradas en los servicios de colocación de todos los países participantes[10].

Actualmente, el artículo 17 del Reglamento 2016/589 establece que cada Estado miembro publicará en el portal EURES todas las ofertas y demandas de empleo y todos los CV que publiquen los SPE, así como los que comuniquen los demás miembros y socios de EURES. Asimismo, se regulan las condiciones de acceso a la información disponible en una plataforma informática común a escala nacional; la puesta en correspondencia automatizada a través de dicha plataforma de las ofertas y demandas de empleo que se reciban, así como la habilitación de mecanismos que garanticen el acceso de trabajadores y empleadores a los servicios de apoyo disponibles, tantos antes como después de la contratación.

La red EURERS se nos presenta bajo la fórmula de un portal web en la que los ciudadanos pueden consultar los puestos de trabajo vacantes que los empresarios hayan comunicado a los servicios de colocación de sus respectivos países. Los empresarios también pueden publicar directamente en ese portal sus ofertas de empleo, indicando el perfil demandado al trabajador que esté dispuesto a ocuparlo, y tendrán acceso asimismo al perfil profesional de los trabajadores que hayan registrado su *curriculum*

---

9. Cfr. en este sentido SOBRINO GONZÁLEZ, G.M.ª.: «La red eures: un instrumento para la movilidad europea», en VV.AA. (VALDÉS DAL-RÉ Y ZUFIAUR NARVAIZA, dirs.): *Hacia un mercado europeo de empleo*, MTAS, Madrid, 2006, p. 161.

10. La Directriz 2 de las Directrices Eures para el período 2004-2007 se propone conseguir que en 2005 los usuarios de la red EURES puedan consultar todas las ofertas de empleo publicadas en todos los SPEs en el territorio de la UE y del EEE. A tal efecto, durante el periodo 2004-2005 se procedió a sustituir la base de datos central, en la que los Estados miembros habían estado introduciendo ofertas de empleo nacionales seleccionadas, por un nuevo sistema descentralizado que proporciona virtualmente acceso directo a todas las ofertas nacionales de todos los países participantes. El nuevo sistema de intercambio, denominado Portal de movilidad profesional EURES, se inauguró oficialmente en la Conferencia de apertura del Año europeo de la movilidad de los trabajadores celebrada en Bruselas en febrero de 2006. Desde entonces, el número de ofertas disponibles en cualquier momento ha crecido hasta aproximadamente 1.000.000. Cfr. «Informe sobre las actividades de EURES durante el periodo 2004-2005 presentado por la Comisión con arreglo al artículo 19, apartado 3, del Reglamento (CEE) 1612/68: hacia un único mercado de trabajo europeo: la contribución de EURES», Bruselas 16-3-2007, COM(2007) 116 final, p. 6.

en la Red. Otro importante instrumento informativo es la base de datos de información sobre el mercado laboral, que contiene información sobre las tendencias actuales del mercado laboral europeo por país, región y sector de actividad.

La red EURES en internet se visualiza a través de dos sitios web: El Portal Europeo de Movilidad Profesional (Job Mobility Portal), accesible en 26 idiomas, y el portal del Servicio Público de Empleo Estatal, en el apartado EURES– Trabajar en Europa (www.sepe.es).

Es destacable la labor que realizan los Consejeros Eures, que suministran la información requerida por los solicitantes de empleo y los empresarios mediante un contacto personal. Existen más de 900 consejeros EURES en toda Europa, y su número sigue en aumento. Los consejeros EURES son especialistas formados que prestan los tres servicios básicos de EURES de información, orientación y colocación, tanto a los solicitantes de empleo como a los empresarios interesados en el mercado laboral europeo. Han adquirido conocimientos especializados en cuestiones prácticas, jurídicas y administrativas relacionadas con la movilidad a escala nacional y transfronteriza. Trabajan en el marco del servicio público de empleo de cada Estado miembro o de otras organizaciones asociadas en la red EURES.

Se trata, en definitiva, de una herramienta común y obligatoria a todos los Estados miembros, que tiene por finalidad la coordinación entre sus respectivos SPE, y en la que podemos encontrar el germen de un futuro servicio público de empleo europeo, como gran observatorio del mercado de trabajo, apoyado en una estructura compleja, compuesta por agencias públicas de diferentes niveles y territorios y agencias u organizaciones privadas, a través de la cual fuera posible dispensar con transparencia toda la información necesaria sobre formación y empleo y lograr la eficaz conexión entre demandas y ofertas de trabajo.

Además del Reglamento 2016/589, recientemente se han adoptado varias iniciativas por las autoridades comunitarias dirigidas a mejorar el funcionamiento y la eficacia de la Red EURES:

a) Adopción de acciones como «TU PRIMER TRABAJO EURES». Se trata de una de las principales medidas establecidas en «Juventud en Movimiento», una de las iniciativas emblemáticas de la *Agenda Europea 2020* y de la *Iniciativa de Oportunidades para la Juventud*. El programa se inscribe en el marco de las acciones de la Comisión encaminadas a hacer frente al desempleo juvenil, con arreglo a lo establecido en el paquete de medidas sobre el empleo juvenil de 2012, con el que se pretende impulsar la movilidad laboral de los jóvenes dentro de la Unión Europea reduciendo los obstáculos para trasladarse y contratar en otro Estado miembro y facilitar las transacciones en el mercado laboral. Se trata de una medida dirigida a proporcionar financiación a los jóvenes que deseen trabajar en otro Estado miembro de la UE y a las PYMES que pretendan contratarlos.

El TPTE está dirigido a los ciudadanos de la UE que tengan entre 18 y 30 años de edad y que residan en un país de la UE, y a todos los empresarios establecidos legalmente en un país de la UE y que ofrezcan contratos de 6 meses de duración, como mínimo, cuyo salario y condiciones se ajusten a la legislación laboral nacional.

El programa financia cursos de idiomas y formación de otro tipo. También subvenciona los gastos de viaje de los jóvenes para asistir a entrevistas de procesos de selección y/o incorporarse a un puesto de trabajo en otro país de la UE. Las empresas con un máximo de 250 empleados pueden solicitar una subvención que cubra parte de los gastos de formación de los becarios, aprendices o trabajadores recientemente contratados y de las ayudas que se les concedan para instalarse en el nuevo país. En el caso de España, estas ayudas se concretan y regulan en el RD 1674/2012, de 14 diciembre.

De la aplicación de TPTE se encargan los servicios de empleo y otras organizaciones del mercado laboral con experiencia en actividades de colocación que estén establecidos en cualquier Estado miembro. Estas organizaciones pueden ser servicios de empleo públicos, privados o del tercer sector, que hayan sido seleccionados y hayan recibido ayudas o subvenciones de la Comisión Europea (a estas organizaciones se las denomina «servicios de empleo de TPTE»).

b) En el Programa de Trabajo de la Comisión para el año 2014 (Bruselas, 22.10.2013; COM(2013) 739 final, pp. 6), se alude a la necesidad de aumentar la movilidad de la mano de obra, inclusive mediante una cooperación reforzada entre los servicios públicos de empleo de los diferentes países y la supresión de obstáculos injustificados o desproporcionados al acceso y libre circulación de servicios regulados y profesionales.

3. LOS SERVICIOS DE EMPLEO EN LA UNIÓN EUROPEA

Desde hace varios años venimos asistiendo en Europa a una transformación en el modelo de colocación, que está pasando de una gestión de los SPE en régimen de monopolio, a un modelo de colocación más complejo y descentralizado, en el que se acepta y valora la intervención de la iniciativa privada en el mercado de trabajo y la competencia.

Hace ya tiempo que se informó a los Estados miembros de la situación de los Servicios Públicos de Empleo (Comunicación de la Comisión de 13 noviembre 1998: Modernización de los Servicios Públicos de Empleo para apoyar la estrategia Europea de Empleo (COM (98) 641 final), indicando que éstos intervenían en un porcentaje comprendido entre el 10% y el 30% del total de las contrataciones, siendo necesaria una modernización en los Estados miembros realizando una descentralización territorial y abriendo paso a la regulación de las agencias privadas. En este sentido, la práctica totalidad de los Estados miembros ha llevado a la práctica la descentralización territorial de sus servicios de empleo, principalmente para favorecer la transparencia del mercado de trabajo, facilitar el encuentro entre ofertas y demandas y llevar a cabo el desarrollo de una red integrada de servicios que responda más a las exigencias de los ciudadanos.

El reconocimiento del papel que tienen que desarrollar los servicios públicos de empleo está presente en las distintas formulaciones de la Estrategia Europea de Empleo –inclusive y especialmente la actual Estrategia Europa 2020– del trascendental papel que los servicios públicos de empleo juegan en la implementación de las políticas de empleo –y no sólo de la reducción de los niveles de desempleo–.

En cuanto a la posición que mantiene la UE sobre la posibilidad de creación de intermediarios privados además del SPE que se encarguen también del ajuste entre ofertas y demandas de empleo en el mercado de trabajo, esta fue una cuestión inicialmente tratada por la TJCE, a partir de la suscripción por muchos Estados miembros de los Convenios 34 y 96 de la OIT, que prohibían la existencia de agencias de colocación lucrativas y se proponía eliminarlas lo antes posible (debido a la explotación que éstas habían cometido en el tráfico de trabajadores). La normativa de la OIT ha evolucionado posteriormente hacia planteamientos más liberalizadores, con la suscripción del Convenio 181 y la Recomendación 188, sobre Agencias de Empleo Privadas de 1997, que aceptan la conveniencia de regular las agencias retribuidas de colocación, sometiéndolas a unas reglas específicas para asegurar el respeto a los derechos de los trabajadores que utilicen sus servicios.

Todas las sentencias del TJCE que tratan el tema de la intermediación tienen un rasgo común y es que todas ellas han considerado la actividad de colocación como una actividad económica y, por tanto, sometida al derecho de la competencia, a pesar del claro componente social y laboral de la materia. Así, en las Sentencias dictadas en los Asuntos Höfner y Elser, Macrotron, Job Centre I y Job Centre II y Carra, se considera que la obligatoriedad de acudir a los servicios públicos de empleo afecta a una acti-

238

vidad económica sometida al Derecho de la competencia. En aras a la salvaguarda del derecho a la libre competencia se prohíbe cualquier práctica monopolística, independientemente de quién sea el titular del monopolio, que interfiera bien en la libertad de establecimiento o bien en la libertad de prestación de servicios. Situaciones éstas que se admiten, con excepciones, en el caso de los servicios de interés económico general –Sentencia del TJCE de 23 abril 1991, *Asunto Macrotron*–, o cuando no pueda satisfacerse la demanda concreta que se solicita –Sentencias del TJCE de 19 octubre 1995, *Asunto Job Centre*, y de 8 junio 2000, *Asunto Giovanni Carra*–. Sería el principio de eficacia el que justificaría esta excepción, puesto que, una vez demostrada la capacidad del servicio público para atender a las necesidades de los usuarios, dejaría de existir una posición de abuso en el mercado, para pasar a otra de liderazgo, justificado en la rotunda elección por parte de los usuarios ante los buenos resultados de la gestión pública.

A través de los pronunciamientos emitidos por el TJCE hemos asistido a la ruptura del monopolio público de la colocación y a expansión creciente de las agencias de empleo privadas, lo que ha provocado que la actividad de colocación quede reducida en el ámbito de la UE a una actividad económica, regida por las reglas del mercado, lo que ha redundado en una pérdida progresiva de la función tuitiva que al Derecho Social del Trabajo le corresponde desarrollar.

España es un buen ejemplo de este fenómeno de despublificación y mercantilización creciente de los servicios de empleo y, en concreto, de la actividad de intermediación laboral, pues hemos pasado de una etapa, anterior a la reforma laboral de 1994, de monopolio exclusivo de los SPE (INEM) en la que las agencias de colocación estaban drásticamente prohibidas, a otra, iniciada con la reforma laboral de 1994, en la que el Estado renuncia al monopolio de la colocación al aceptar la existencia de agencias privadas de colocación no lucrativas y ETTs (Ley 10/1994 y Ley 14/1994). Este proceso liberalizador de los intermediarios privados en el mercado de trabajo prosigue en 2010 con la legalización de todas las agencias de colocación, también las retribuidas cuya actividad prohibía la normativa anterior, y la eliminación de buena parte de las restricciones que pesaban sobre la actuación de las ETTS (Ley 35/2010); la potenciación de la intermediación privada se acentúa a partir del año 2012 con la autorización a que las ETTs actúen como agencias de colocación (Ley 3/2012), y el último paso lo ha dado el Real Decreto Ley 8/2014, de 4 julio, de aprobación de medidas urgentes para el crecimiento, la competitividad y la eficiencia, que ha suprimido la obligación de solicitar autorización al SPEE para actuar como agencia de colocación, sustituyéndola por la presentación de una declaración responsable (art. 21 bis LE).

239

La entrada en juego de estos entes privados no parece responder a un proyecto o plan de coordinación, cooperación o interactuación definido por las Administraciones Públicas. Su función queda limitada a la intermediación o a la efectiva colocación, y tampoco se destinan los recursos a la implementación de las políticas activas de empleo.

Debería configurarse un modelo o régimen de relaciones entre servicios públicos de empleo y entes privados, capaz de ordenar jurídicamente su interacción en modo que se garanticen los aspectos subrayados desde instancias internacionales y europeas como fundamentales para la pervivencia del derecho de los ciudadanos a un servicio público gratuito y en condiciones de igualdad, que con la colaboración de agentes privados incremente las oportunidades de inserción laboral de las personas desempleadas. Este modelo relacional que proponemos debe partir de la consideración de la actividad de intermediación y colocación como un servicio público indeclinable, y habría de tomar como punto de partida el dispar entramado de relaciones existente actualmente a nivel regional europeo, regional autonómico, y la iniciativa privada. A la vez, debería ser cometido esencial tratar de forma personalizada a los trabajadores, incluyendo la faceta preventiva de las políticas activas de empleo y las medidas de inserción, destinadas no sólo a desempleados, sino también a trabajadores en riesgo de exclusión.

4. CONCLUSIONES

El contenido de la libre circulación de trabajadores se estructura en torno a tres polos según el TFUE. El primero guarda relación con las condiciones de entrada y permanencia de los trabajadores nacionales de un Estado miembro en otro Estado miembro, cuestión que tras la superación de una concepción netamente economicista de la libre circulación aparece regulada actualmente, con carácter general, tanto para trabajadores y sus familias como para cualquier ciudadano de la Unión Europea bajo el principio de libre circulación de personas, en la Directiva 2004/38/CE, de Parlamento Europeo y del Consejo, de 29 de abril de 2004, relativa al derecho de los ciudadanos de la Unión de los miembros de sus familias a circular y residir libremente en el territorio de los Estados miembros.

El segundo grupo de contenidos es el orientado a conseguir la eliminación de toda clase de discriminaciones y obstáculos en el acceso efectivo al trabajo y a su disfrute en igualdad de condicionales con los nacionales del país anfitrión, habiéndose elaborado a estos efectos un elevado número de directivas.

El tercer grupo normativo relacionado con la libre circulación es el atinente al mantenimiento de los derechos anejos en materia de Seguridad Social. En este aspecto cobra especial protagonismo el Reglamento (CE) n.º 883/2004, del Parlamento Europeo y del Consejo, de 29 de abril de 2004, sobre coordinación de los sistemas de Seguridad Social.

Al servicio del derecho de libre circulación de trabajadores y de su mayor efectividad se han articulado diversas herramientas desde instancias comunitarias, entre las que destaca la red EURES, restablecida y reorganizada en 2016 como herramienta de búsqueda activa de empleo a nivel europeo, entre cuyos objetivos está el de apoyar una movilidad laboral equitativa y voluntaria dentro de la Unión.

Capítulo 8

Política migratoria en la Unión Europea y derechos socio-laborales

Ferran Camas Roda

Catedrático de Derecho del Trabajo y de la Seguridad Social

Director de la Cátedra de Inmigración, Derechos y Ciudadanía en la Universidad de Girona.

1. MOVIMIENTOS MIGRATORIOS, PERCEPCIONES, RECETAS COMUNES E IMPORTANCIA DE LO LABORAL

1. Los grandes movimientos de personas en el ámbito mundial son y serán, al margen cuál sea el motivo que les impulsa a ello, uno de los elementos claves que caracterizarán el S. XXI. Esta afirmación derivada de lo que está aconteciendo en el mundo pero que aún va a ir a más, puede fundamentarse en una constatación de autoridad como la emanada del Secretario General de las Naciones Unidas en su Informe «In Safety and Dignity: Adressing Large Moviments of Refugees and Migrants» (de traducción libre: *Con Seguridad y Dignidad: Abordando los grandes movimientos de refugiados y migrantes*) de mayo de 2016, en el que se parte de la base de que dado nuestro mundo globalizado e interdependiente, la migración internacional devendrá probablemente mucho más prevalente en el futuro. Cómo razones que contribuyen a dicha movilidad se encuentran el incremento de mercados de trabajo integrados y los bajos costes de transporte, la difusión de información con un gran alcance, las comunicaciones fáciles y las redes sociales, pero a ello se debe sumar la previsión de crecimiento de la población mundial ya que se espera que alcance los 9.7 billones de personas para el 2050, por cierto, más de la mitad del crecimiento de la población global entre ahora y el 2050 (2.4 billones) se predice que ocurrirá en África (1.3 billones). Como el Informe de Naciones Unidas advierte, si la proporción de migrantes internacionales en el total de la

población se mantiene constante, la población inmigrante global alcanzaría los 321 millones de personas para 2050, mucha de ella de población joven del continente africano que buscará oportunidades en el extranjero, lo que se debe conjugar con el hecho de que un creciente número de países, especialmente aquellos sin una inmigración sostenida, harán frente a una población rápidamente envejecida, la declinación de su población y una reducción de su fuerza de trabajo.

De hecho, según las estimaciones de Eurostat sobre las proyecciones de la población hasta 2060, se calcula que el aumento de la población en Europa de los 501 actuales a los 526 alrededor de 2040 para acabar estabilizándose en 517 millones en 2060, irá parejo a un envejecimiento de su población, pasando la parte de 65 años o más del 17% localizada en 2010 al 30% en 2060, y aquella de 80 años o más progresará del 5% al 12% en el curso del mismo período, lo cual será especialmente significativo en España ya que en esta última franja será del 14%, superando con ello la media de la UE[1]. El cambio demográfico puede tener un impacto extraordinario no solo en los servicios sociales y el mercado de trabajo, aumentando la tasa de dependencia entre la población pensionista y la que está en edad de trabajar ya que en 2060 se podría llegar en nuestro país a que sólo hubiese dos personas activas, hasta 64 años, por cada una de la tercera edad. Las políticas públicas sobre el mercado de trabajo y protección social no pueden cegarse a la constatación de la realidad derivada de dicho envejecimiento junto a la llamada a las puertas de Europa de un creciente número de migrantes provenientes de otros continentes.

El Informe que se está reseñando expresa que los grandes movimientos de personas continuarán y posiblemente se incrementarán como resultado de conflictos violentos, pobreza, desigualdad, cambio climático, desastres y degradación ambiental. Para demostrarlo, ahí se encuentran los datos que muestran como en el año 2015 el número de migrantes internacionales y de refugiados alcanzó la cifra de 244 millones, un incremento de 71 millones o del 41%, comparado con el año 2000. Los migrantes internacionales en comparación con la población global aumentó del 2'8% en el 2000 al 3'3% en el 2015; de ellos, la mayoría de los migrantes internacionales eran trabajadores migrantes, 1.580 millones, representando el 72'7% de los 206.6 millones de la población migrante en edad de trabajar (15 años y más); alrededor de la mitad de los migrantes internacionales en el mundo son mujeres y un tercio son jóvenes, con edades comprendidas

---

1. Véase Boletín núm. 80/2011, de 8 de junio de 2011.

entre los 15 y los 34 años^2. Por lo demás, si nos centramos en el flujo de personas que buscan asilo o refugio, en el año 2014 se alcanzó la cifra de 59.5 millones de personas desplazadas en el mundo por comparación a los 40 constatados durante la Segunda Guerra Mundial^3.

Estos datos nos hacen ver que pese a la comprensión que se hace sobre la crisis europea que se está viviendo derivada de la llegada de refugiados a las islas griegas principalmente provenientes de conflictos políticos y bélicos en el cercano oriente, el reto respecto de estas personas es global ya que hay muchas otras regiones afectadas por esta situación, las cuales por cierto la viven con mayor intensidad disponiendo por lo demás de un nivel de desarrollo inferior al europeo.

2. Así se presiente ya por la población mundial en función de las encuestas que se han realizado por organizaciones internacionales, incluidas la Unión Europea.

En este sentido, debe traerse a colación los datos derivados de sendos informes del Fórum Económico Mundial de diciembre de 2015 en los que se contienen los resultados de encuestas realizadas a miembros de entidades y asociaciones de ámbito mundial sobre los principales riesgos a los que se enfrenta el mundo, a corto plazo (hasta mediados del 2017) y a más largo plazo, en los próximos diez años^4. De los resultados obtenidos se deriva que la primera de las cinco principales preocupaciones para los próximos 18 meses son las migraciones involuntarias a gran escala, donde se incluyen las inducidas por conflictos, desastres, medio ambiente o por razones económicas. De hecho, al expresar los riesgos específicos que se prevén a 10 años, si bien no aparece los movimientos involuntarios en masa, los que se elevan son justamente las causas que los pueden provocar, por orden la crisis del agua (39.8%), el fracaso en la mitigación del cambio climático (36.7%), las situaciones climatológicas extremas (26.5%), las crisis alimentarias (25.2%) y las crisis profundadas de inestabilidad social (23.3%).

---

2. UNITED NATIONS. GENERAL ASSEMBLY. *In Safety and Dignity: Addressing Large Movements of Refugees and Migrants.* Report of the Secretary-General. 09 May 2016.
3. WORLD ECONOMIC FORUM: *Europe: What to watch out for in 2016-2017* [publicado en Diciembre de 2015] en: https://www.weforum.org/events/world-economic-forum-annual-meeting-2016/sessions/the-future-of-europe-c530363c-915a-4ce0-9b55-bd342ded8ff9 En el marco del encuentro de esta asociación se ha publicado también el informe: *The Global Risc Report 2016* http://www3.weforum.org/docs/Media/TheGlobalRisksReport2016.pdf (última consulta de ambos artículos, en febrero de 2016).
4. *Idem.*

Si el análisis estadístico se centra en la Unión Europea, debe recordarse como a finales de 2015 la preocupación más importante de los europeos a la que debe hacer frente la Unión es la inmigración (alcanzando el 58% de las respuestas en este sentido, si bien era España el país con nivel más bajo respecto de esta preocupación, con un 39% de los encuestados), resultado que la Comisión Europea, autora de este Eurobarómetro, hace derivar de la llamada crisis de refugiados que estalló con fuerza a partir del verano de aquel año[5]. Esta percepción ante la inmigración probablemente no disminuirá en los próximos años ante la sensación que nos encontramos ante la apertura de un eón derivado de la situación social y política en muchos países de oriente o África, así como por el propio movimiento de personas que uniéndose a los flujos de los que buscan de asilo provenientes de aquellos otros continentes, desean permanecer en Europa por razones económicas.

Los sentimientos emergidos de las encuestas europeas mencionadas anteriormente deben también tenerse en cuenta a la hora de adoptar las políticas públicas relacionadas con la inmigración en el ámbito de la Unión Europea. Cómo se va a ver con posterioridad, considero que se deben adoptar enfoques abiertos en materia migratoria que vayan acompañados de discursos pedagógicos sobre los inmigrantes, los cuales, como advierte el Secretario General de Naciones Unidas, deben desplazarse de una visión de amenaza a otra de solidaridad internacional, protección de la dignidad y reconocimiento de sus contribuciones positivas, si bien considero que dicha política también debe llevarse a cabo asumiendo la complejidad de estos movimientos y la diferente óptica que se debe aplicar en función de cuál sea la razón de la emigración o desplazamiento de las personas, y hacerse además de forma realista y a través de un pacto social en cada una de las sociedades presionadas por los movimientos migratorios.

3. En lo que sí parece haberse aceptado comúnmente aunque de forma tácita es que ningún país, por sí solo, puede ni podrá hacer frente a las grandes migraciones y que por tanto se imponen soluciones de carácter internacional.

Así, por ejemplo, el Fórum Económico Mundial ha reconocido en su reunión anual de diciembre de 2015 que la arquitectura humanitaria global no es capaz de responder satisfactoriamente a este reto de las migraciones involuntarias a gran escala; de hecho, como ejemplo de esta quiebra el Fórum se centra a los movimientos de personas que buscan refugio y re-

---

5.　COMISIÓN EUROPEA: *Standard Eurobarometer 84. Autumn 2015* http://ec.europa. eu/COMMFrontOffice/PublicOpinion/index.cfm/Survey/getSurveyDetail/year-From/1973/yearTo/2015/surveyKy/2098 (última consulta: marzo de 2016).

cuerda que numerosos países no han firmado la Convención de Ginebra sobre refugiados, con los diferenciales de tratamiento respecto de estas personas y de la influencia que ello puede suponer respecto a la dirección de sus desplazamientos.

Pero también la Comisión Europea, en el marco del programa político concretado en la *Agenda Europea sobre Migración*, adoptado en mayo de 2015 que va a ser objeto de comentario con posterioridad, reconoce que ningún Estado miembro puede abordar la migración por sí sola con eficacia y que se necesita «un nuevo enfoque, más europeo»[6], lo que debe pasar por fortalecer los principios que, fijados en los propios Tratados originarios, deben por ello constituir el numen de la actuación de la UE en el desarrollo de sus políticas de asilo y migraciones.

Frente a esta constatación en el ámbito internacional, Naciones Unidas va a proponer en su reunión de Alto Nivel para septiembre de 2016 una serie de recomendaciones dirigidas a los Estados miembros para fortalecer las respuestas a los grandes movimientos de refugiados y migrantes que es oportuno tomar en consideración. El Secretario General de dicha organización mantiene que las medidas que se deben tomar ante las migraciones internacionales a gran escala deben basarse en tres pilares (también con traducción libre por mi parte): I. «Respetar la seguridad y la dignidad en los grandes movimientos de refugiados y migrantes». Naciones Unidas recuerda la necesidad de abordar las causas que fuerzan a las personas a abandonar sus hogares y sus países, a la aplicación completa de la *Agenda para el Desarrollo sostenible 2030*, incluyendo medidas que alivien la pobreza; también a aplicar el principio de la protección de las personas en los grandes movimientos migratorios cualquiera que sea su estatuto jurídico, con pleno respecto a los derechos humanos y al Derecho del Trabajo y finalmente, a abordar el principio de no discriminación e inclusión de los migrantes y refugiados, aspecto en el que también emerge como factor clave el empleo y los medios de vida de las personas. De hecho, el Secretario Genera apela en este sentido al apoyo de los gobiernos, empleadores y organizaciones sindicales y de otros actores del mundo del trabajo en a bordar el impacto significativo del largo influjo de migrantes y refugiados en el mundo del trabajo.

---

6. COMISIÓN EUROPEA: *Communication from the Commission to the European Parliament, the Council, the European Economic and Social Committee and the Committee of the Regions a European Agenda on Migration.* 13/05/2015. http://ec.europa.eu/dgs/home-affairs/what-we-do/policies/european-agenda-migration/background-information/docs/communication_on_the_european_agenda_on_migration_en.pdf (última consulta: febrero de 2016).

El Pilar II de las propuestas que Naciones Unidas dirige a los Estados miembros es a adoptar «Un Pacto global para el reparto de responsabilidades sobre los refugiados», haciendo hincapié entre otros aspectos en la necesidad de reconocer que los grandes movimientos de refugiados son el resultado de conflictos no resueltos que afectan personas y Estados miembros muchas veces por largos períodos de tiempo así como la adecuada implementación de la Convención de 1951 sobre el Estado de Refugiados y su protocolo de 1967. Finalmente, como Pilar III, «Asegurar una migración segura, regular y ordenada», en la que el Secretario General de Naciones Unidas apela a los Estados miembros a desarrollar un Pacto mundial con dichos objetivos con la premisa de que todo migrante tienen derecho a la protección y goce de sus derechos humanos al amparo de las tratados de Derechos humanos, cualquiera que sea el estatuto jurídico que disponga; en este sentido, el Secretario General utiliza como instrumentos para anclar dicho Pacto aquellos que tienen por objeto los derechos de los trabajadores migrantes como la Convención internacional de 1990 sobre la protección de los derechos de todos los trabajadores migratorios y de sus familiares, el Convenio de la Organización Internacional del Trabajo núm. 143 sobre los trabajadores migrantes, de 1975, así como el núm. 189 sobre las trabajadoras y los trabajadores domésticos, de 2011

4. Centrando el objeto de atención en los migrantes por razones económicas, la Organización Internacional del Trabajo (en adelante, OIT) ha publicado en el mes de diciembre de 2015 el informe «Estimaciones mundiales de la OIT sobre los trabajadores migrantes»[7], en el que con datos de 2013 se ponen cifras al perfil de los trabajadores migrantes en el ámbito mundial, entendiendo por tales a todos aquellos migrantes internacionales que tienen empleo o que están desempleados y buscan trabajo en el país que residen. Dicho estudio tiene un subtítulo que por sí solo ya da a entender la importancia de un colectivo específico de entre el conjunto de trabajadores migrantes: «Un enfoque especial sobre las trabajadoras y los trabajadores domésticos migrantes».

Los principales resultados del informe, expuestos de forma esquemática, son los siguientes: en primer lugar, de entre un total de 207 millones de migrantes internacionales de 15 o más años, 150 millones son trabajadores, de los cuales 11,5 millones son trabajadores domésticos; en segundo

---

7.   ORGANIZACIÓN INTERNACIONAL DEL TRABAJO: *Estimaciones mundiales de la OIT sobre los trabajadores y las trabajadoras migrantes. Resultados y metodología. Un enfoque especial sobre las trabajadoras y los trabajadores domésticos migrantes*: http://www.ilo.org/global/topics/labour-migration/publications/WCMS_436339/lang--es/index.htm?shared_from=shr-tls (última consulta: 15 de mayo de 2016).

lugar, la importancia de la feminización de los movimientos migratorios laborales, en particular con destino al trabajo en el hogar ya que del total de trabajadores migrantes, el 55,7% son hombres, mientras el 44,3% son mujeres, en todo caso la mayor parte de quienes desempeñan trabajos domésticos son estas últimas, alcanzando el 73,4% (8,5 millones) del total de trabajadores migrantes del servicio doméstico.

En tercer lugar, del Informe se extrae la motivación esencialmente laboral de los inmigrantes, ya que si bien las personas migrantes representan el 3,9% de la población mundial total (de 15 años o más), lo cierto es que la proporción de trabajadores migrantes en el total de trabajadores es mayor (4,4%). Como expresa el informe, esto indica una tasa de participación laboral más elevada entre los migrantes (72,7%) que entre los no migrantes (63,9%), principalmente por qué hay más mujeres migrantes que trabajan que mujeres no migrantes que trabajan (67% frente al 50,8%).

En cuarto lugar, la migración laboral es una cuestión que incumbe a todas las regiones del mundo, aunque del informe de la OIT se constata que casi la mitad de los trabajadores migrantes se concentra en dos amplias subregiones en el mundo: América del Norte, donde se concentra un 24,7% de los trabajadores migrantes y Europa meridional, septentrional y occidental (23,8%).

Finalmente, cabe resaltar en quinto y último lugar que la población trabajadora migrante se concentra en determinados sectores económicos, en concreto el 71,1% se emplean en el sector servicios, dentro del cual se incluyen los trabajadores migrantes domésticos en un 7,7%. Si ponemos en conexión el hecho de que 11,5 millones de trabajadores migrantes domésticos junto al dato de que en el mundo se ocupan 67,1 millones de personas en el servicio doméstico, se concluye que en 2013, de cada seis trabajadores domésticos uno es un migrante internacional.

Para la OIT, estos datos deben servir para contribuir al objetivo de un trabajo decente para todos los trabajadores domésticos en el mundo, incluidos los trabajadores y las trabajadores domésticos migrantes, «cuyas necesidades y vulnerabilidades son específicas». En este marco y en relación a nuestro país, conviene recordar que el Convenio n.° 189 de la OIT de 2011 sobre el trabajo decente para las trabajadoras y los trabajadores domésticos, que entró en vigor el 5 de septiembre de 2013, no ha sido ratificado por España.

Con estas cifras en la mano, la OIT consta la relevancia de la magnitud de la migración laboral en las diferentes regiones y sectores productivos, y espera «que contribuyan a comprender mejor la interrelación entre migración, políticas del mercado de trabajo, y el futuro del trabajo de modo más general».

La crisis que está afectando a las puertas de Europa en materia de refugiados no puede borrar el hecho de que son las migraciones de carácter económico y laboral las que van a caracterizar la adopción de las políticas migratorias en general por parte de las organizaciones internacionales y de los Estados miembros –a este tema por lo demás es a lo que se va a dedicar el último apartado de este trabajo–. Respecto de este tipo de movimientos migratorios debe llevarse a cabo una política con visión de futuro que replantee la óptica restrictiva que, en particular en Europa, están llevando a cabo sus Estados miembros. En todo caso, las cuestiones específicas de acceso al empleo y de respeto del Derecho del trabajo no corresponde únicamente al ámbito de las migraciones laborales, sino que su tratamiento debe estar presente cualquiera que sea la razón que haya llevado a los migrantes a desplazarse. Cuándo se habla de políticas migratorias y su vinculación con los derechos laborales, también se está haciendo referencia a que el respeto al Derecho del trabajo y de las condiciones mínimas que regula, vale para cualquier inmigrante, al margen de su estatuto, pero especialmente cualquiera que sea el motivo de su desplazamiento a otro país, ya sea justamente por factores económicos, ya sea por la búsqueda de asilo o por otras razones que le han obligado a migrar. Como se ha visto anteriormente en las propuestas de Naciones Unidas, ya sea en relación al Pilar consistente en apoyar la seguridad y la dignidad en los grandes movimientos de refugiados y migrantes como en el relativo a la necesidad de garantizar unas migraciones seguras, regulares y ordenadas, el respeto a los derechos en el trabajo constituyen unos factores esenciales para el cumplimiento de dichos objetivos.

Con las premisas enunciadas anteriormente, me propongo comentar en este trabajo hasta qué punto son necesarias las políticas de migración comunitarias, recordar a partir de los Tratados originarios cuáles son los principios que debe seguir la Unión en su adopción y ejecución, que políticas se prevén y bajo que perspectiva principal deben abordarse.

2. LA URGENCIA DE POLÍTICAS COMUNES DE INMIGRACIÓN E INTEGRACIÓN DE LA UNIÓN EUROPEA

De entrada, es conveniente deslindar el objeto de este trabajo al recordar que el objeto de las políticas de inmigración previstas por los Tratados europeos no incluyen los movimientos migratorios dentro de la Unión Europea de nacionales de Estados miembros de esta organización. Si bien históricamente el porcentaje relativo de personas que disponiendo de la nacionalidad de un país de la UE vivían en otro Estado miembro se acerca al 3% aunque con una tendencia al aumento en los últimos años, no cabe pasar por alto que eso suponía en 2014 un total de 14,3 millones de personas que disponiendo de la nacionalidad de un Estado miembro residían en otro[8]. Estas personas disfrutan del principio de libre circulación de personas que es fundamento de la Unión, y en especial una de sus derivaciones, la propia de los trabajadores que está recogida al máximo nivel normativo en los artículos 45 a 48 del Tratado de Funcionamiento de la Unión Europea como manifestación básica de no discriminación por razón de nacionalidad en la entrada, permanencia o salida de los Estados miembros por motivos laborales (sus principales concreciones normativas son el Reglamento 492/2011 del Parlamento Europeo y del Consejo, de 5 de abril de 2011, relativo a la libre circulación de los trabajadores dentro de la Unión, y la Directiva 2004/38/CE del Parlamento Europeo y del Consejo, de 29 de abril de 2004, relativa al derecho de los ciudadanos de la Unión y de los miembros de sus familias a circular y residir libremente en el territorio de los Estados miembros).

Es importante enfatizar este principio de libre circulación ante las tensiones que está sufriendo, por un lado por la exclusión por los Estados miembros de beneficios sociales a los ciudadanos comunitarios no nacionales de dichos países que no dispongan de recursos, como al efecto acepta la Sentencia del TJUE de 11 de noviembre de 2014 (Asunto C-333/13, Dano v. Jobcenter Leipzig), en la cual, al amparo de la Directiva 2004/38/CE, admite que Alemania deniegue prestaciones de asistencia social a los ciudadanos de la Unión que habiéndose desplazado a su territorio, no dispongan de recursos, no acrediten voluntad de encontrar trabajo y no ejerzan actividad económica, a fin de preservar equilibrio financiero de la Seguridad Social. A ello se ha de sumar el acuerdo adoptado entre los Jefes de Estado o de Gobierno y el Consejo Europeo concerniente a un nuevo estatuto para el Reino Unido dentro de la Unión Europea, de 2 de febrero de 2016, cuyo punto de partida es la limitación de flujos de trabajadores ejercientes de su libertad de circulación con un impacto negativo en los países receptores y de origen, ya que con esa motivación se establecen, entre otras propuestas, la modificación del Reglamento 492/2011 de forma que se permita la restricción a los trabajadores comunitarios que hubieran accedido al mercado de trabajo a la obtención de prestaciones sociales hasta un período de 4 años desde la consecución de un empleo[9].

---

8. Eurostat: *Statistiques sur la migration et la population migrante* (Mai 2015).
9. Véase CONSEJO EUROPEO: *Draft Decision of the Heads of State or Government, meeting within the European Council, concerning a New Settlement for the United Kingdom within the European Union.* 2 February 2016.

Ambos casos el rango preferente que se otorga a los fundamentos anclados en las libertades económicas de la normativa europea respecto a los derechos sociales de los ciudadanos que ejercen su libre circulación y por tanto, su expectativa a recibir un trato igual que los ciudadanos nacionales. Es a partir de la igualdad entre los ciudadanos, en particular, entre los trabajadores de la UE, así como al disfrute de sus derechos laborales y sociales, reconocidos al amparo del Título de «Solidaridad» en la Carta de Derechos Fundamentales de la Unión Europea, como se avanza hacia una mayor integración europea y no al contrario, como al efecto impulsan las tendencias mencionadas.

La conclusión que debe realizarse antes de pasar al auténtico núcleo de este trabajo es que las personas nacionales de un Estado miembro de la UE que se mueven a otro país de esta organización no tienen la calificación de inmigrantes, y por tanto, se debe ser prudente al calificar su movilidad como propia de las políticas de inmigración, ya que éstas están pensadas para las personas extracomunitarias. Por esa razón no cabe asimilar las causas migratorias de ambos colectivos, aunque puedan compartir el mismo trasfondo económico en muchos casos, ya que debe salvaguardarse el principio de igualdad que, particularmente en materia laboral gozan los ciudadanos de la Unión, aunque ello no tiene porqué significar una restricción de los derechos de los extranjeros no comunitarios, que como se pasa a exponer requieren de una mayor amplitud de miras de la UE.

Respecto de los nacionales de terceros países, Eurostat nos muestra que a 1 de enero de 2014, se encontraban en la UE-28 un total de 33,5 millones de personas que habían nacido fuera de su territorio y 19,6 millones nacionales de terceros países que residían en él, es decir el 3,9% de la población total[10]. Los ciudadanos extracomunitarios, siempre que estén autorizados a trabajar del derecho a unas condiciones laborales equivalentes a aquellas que disfrutan los ciudadanos de la Unión así como, de conformidad con el Tratado constitutivo de la Comunidad Europea, podrán obtener la libertad de circulación y residencia si residen legalmente en un Estado miembro (arts. 15.3 y 45.2 de la Carta de los Derechos Fundamentales de la Unión Europea, además de la normativa derivada prevista en la Directiva 2011/98 por la que se establece un procedimiento único de solicitud de un permiso único que autoriza a los nacionales de terceros países a residir y trabajar en el territorio de un Estado miembro y por la que se establece un conjunto común de derechos para los trabajadores de terceros países que residen legalmente en un Estado miembro y respecto de los nacionales de terceros países con residencia de larga duración, la Directiva 2003/109).

---

10.   Eurostat: *Statistiques sur la migration et la population migrante* (Mai 2015).

En este sentido, tras la atribución por el Tratado de Ámsterdam en 1999 de determinadas competencias a la Comunidad en materia de asilo y cuestiones migratorias, y su reformulación posterior por el Tratado de Lisboa en 2007, el TFUE delimita el marco de actuación de la UE respecto de los extranjeros extracomunitarios en función básicamente de los arts. 67 y ss. de dicha norma originaria atribuyendo a la Unión la garantía de ausencia de controles de las personas en las fronteras interiores y el desarrollo de una política común de asilo, inmigración y control de las fronteras exteriores que esté basada en la solidaridad entre Estados miembros y sea equitativa respecto de los nacionales de terceros países.

El común denominador que une las políticas comunes de asilo, inmigración y control de las fronteras exteriores es la adopción como referente de dos principios vinculantes, el de la «solidaridad entre los Estados miembros» y que la política adoptada sea «equitativa respeto de los nacionales de terceros países». Así lo enfatiza el art. art. 80 del TFUE por el cual estas políticas así como su ejecución «se regirán por el principio de solidaridad y de reparto equitativo de la responsabilidad entre los Estados miembros, también en el aspecto financiero», y añade un aspecto que debería ser activado por la Unión, ya que establece que «cada vez que sea necesario, los actos de la Unión adoptados en virtud del presente capítulo contendrán medidas apropiadas para la aplicación de este principio». A los principios de solidaridad, responsabilidad y trato equitativo se imantan al valor de la dignidad humana intrínseco a la Unión Europea por cuanto sitúa a la persona, cualquiera que sea su nacionalidad, en el centro de su actuación, y que, por añadidura, se vincula directamente de forma expresa con la política exterior de la Comunidad y por tanto a la acción de esta en el ámbito internacional.

Con estos fundamentos, el Tratado originario otorga al Consejo Europeo y al Parlamento la competencia para adoptar medidas en determinadas áreas pertenecientes al asilo, la inmigración y el control de las fronteras exteriores, si bien en este ámbito la UE restringe su capacidad de actuación en un campo específico, el de la integración, y se autoexcluye en su capacidad de abordar un ámbito importante en inmigración, el del establecimiento de contingentes de acceso.

Respecto a la política de integración, el TFUE excluye que de ella puedan derivarse legislaciones armonizadoras entre los Estados miembros pero permite al Parlamento Europeo y el Consejo la posibilidad de adoptar medidas para fomentar y apoyar la acción de los Estados miembros destinada a propiciar la integración de los nacionales de terceros países que residan legalmente en su territorio (art. 79.4). La importancia que los movimientos migratorios están suponiendo, en particular el volumen de refugiados a las puertas de Europa que como se ha dicho anteriormente se prevén para los próximos años, llevan a concluir que las políticas de integración van a configurarse como un eje esencial de la inmigración, ello haría necesario una reformulación del Tratado para otorgar a la Unión mayor posibilidades de actuación en este ámbito.

Por otra parte, la UE se autolimita en el propio TFUE respecto del establecimiento de volúmenes de admisión en el territorio de cada Estado miembro de nacionales de terceros países procedentes de terceros países con el fin de buscar trabajo por cuenta ajena o por cuenta propia, lo cual se residencia exclusivamente en la potestad soberana de aquellos. En todo caso, este límite a la legislación europea no debería ser un obstáculo, como al efecto señala el Comité Económico y Social Europeo que comparto, para «que la Unión alcance un alto grado de armonización legislativa para la admisión de inmigrantes económicos, que puede ser progresiva, permitiendo a los Estados períodos de adaptación»[11].

Debe afirmarse que al margen de lo certero de las ópticas adoptadas que van a ser objeto de comentario a continuación, la labor de la UE a través del procedimiento legislativo adoptado en el TFUE ha ido aumentando progresivamente en la ejecución de las competencias que le dispensa el Tratado, tanto en materia de asilo como de materias propias de la inmigración.

2.1. POLÍTICAS SOBRE CONTROL DE FRONTERAS INTERIORES Y EXTERIORES

Respecto de las políticas sobre ausencia de control de las fronteras interiores y su activación en las exteriores (art. 77 del TFUE), la norma germinal de la que derivan no sólo estas cuestiones, sino la política de inmigración en general es el Tratado de Schengen, en vigor desde el 14 de junio de 1985 y su derivada, el Reglamento 2016/399 del Parlamento Europeo y del Consejo, de 9 de marzo de 2016, por el que se establece un Código de normas de la Unión para el cruce de personas por las fronteras (Código de fronteras Schengen), que adoptan dos ejes básicos, la supresión de las fronteras interiores para permitir la libre circulación a través del territorio de la Unión y el control común de las personas que entran en el territorio europeo a través de sus fronteras exteriores.

---

11. Dictamen del COMITÉ ECONÓMICO Y SOCIAL EUROPEO *sobre el Libro Verde: El planteamiento de la UE sobre la gestión de la inmigración económica»* COM(2004) 811 final, de 9 de junio de 2005: http://eurored.ccoo.es/comunes/recursos/99999/doc1754_Dictamen_del_CESE_694-2005.pdf

La situación que desde el 2015 se está viviendo con la denominada crisis de los refugiados ha llevado a algunos Estados miembros a cerrar sus fronteras al amparo de lo alegado por ellos como una situación excepcional. No sólo se ha producido ese cierre sino que está yendo acompañado de medidas tendentes al levantamiento de muros en respuesta al gran movimiento de refugiados y migrantes. Ante estas iniciativas impulsadas, no sólo por los Estados miembros de la Unión Europea, el Secretario General de Naciones Unidas ha afirmado que no sólo se trata de medidas inefectivas para contrarrestar el tráfico de seres humanos, ya que provocan la desviación del movimiento migratorio en busca de otras vías, sino que son también *en y por sí* mismas perjudiciales para la protección de la dignidad y la seguridad de los migrantes y refugiados, ya que son forzados a embarcarse en viajes o en trayectos con condiciones de tránsito más peligrosas. Como expresa además el Secretario General de Naciones Unidas aquellas medidas refuerzan la xenofobia y la hostilidad hacia los migrantes y refugiados en nuestras sociedades y ser contraproducentes a la ambición global de acoger una mayor integración y cooperación i interestatal. Afirma, en este sentido que, este mundo interconectado necesita de una perspectiva de dignidad en la movilidad humana más que la construcción de fronteras cerradas y de una visión de criminalización de los migrantes[12].

En todo caso, la medida consistente en cierres de fronteras no solo debe ampararse en una situación crítica comúnmente aceptada por los Estados miembros, sino que debería encuadrarse en el debate para poner en marcha una solución global adoptada por éstos, solución que tampoco debiera pasar por el cierre temporal de fronteras sino por otras medidas, entre las que podrían emerger la concesión de visados, aún de corta duración, para rebajar la presión de un gran movimiento de personas ante las fronteras exteriores.

Los puntos críticos en política de fronteras devienen por la necesidad de fortalecer los países que por su situación geográfica tienen que hacer frente a emergencias relativas a flujos migratorios o refugiados, tema en el cual resulta necesario la concurrencia del principio de solidaridad entre los Estados miembros, y derivado de ello, la asunción de una responsabilidad compartida sobre su control y vigilancia y la salvaguarda de los principios y derechos en su administración.

Elemento decisivo debería ser la atribución a la Agencia de Fronteras Exteriores (FRONTEX) de un nuevo estatuto: de su configuración como

---

12. UNITED NATIONS. GENERAL ASSEMBLY. *In Safety and Dignity: Addressing Large Movements of Refugees and Migrants*. Report of the Secretary-General. 09 May 2016.

ente de apoyo a los Estados miembros a su configuración como servicio común de guardia de fronteras compuesto por un contingente europeo de agentes de guardia de fronteras[13], con el otorgamiento de un mayor equilibrio en sus objetivos, de vigilancia de las fronteras exteriores hacia el salvamento y rescate.

2.2. PROPUESTAS EN EL MARCO DE LA POLÍTICA COMÚN EURO-PEA EN MATERIA DE ASILO

El art. 78 del TFUE prevé el desarrollo de una política común en materia de asilo, protección subsidiaria y protección temporal destinada a ofrecer un estatuto apropiado a todo nacional de un tercer país que necesite protección internacional y a garantizar el respeto del principio de no devolución. El precepto garantiza que esta política se ajuste a la Convención de Ginebra de 28 de julio de 1951 y al Protocolo de 31 de enero de 1967 sobre el Estatuto de los Refugiados, verdadero punto débil en el ámbito internacional para garantizar una protección adecuada a los refugiados por los Estados que no han ratificado dicha Convención.

La UE ha adoptado un arsenal de Directivas y otras medidas normativas en el marco de las competencias que aquel precepto prevé, una de las cuales el Reglamento n.° 604/2013 del Parlamento Europeo y del Consejo de 26 de junio de 2013, por el que se establecen los criterios y mecanismos de determinación del Estado miembro responsable del examen de una solicitud de protección internacional presentada en uno de los Estados miembros por un nacional de un tercer país o apátrida, conocido como Convenio de Dublín, está atravesando por momentos de contestación ante los movimientos masivos de personas en busca de refugio que se está viviendo, que afectan al sistema de asilo diseñado por la UE en su conjunto. Las críticas a esta normativa venían siendo objeto de tratamiento por propias instituciones comunitarias[14] que insistían en la discrecionalidad de los Estados miembros en la aplicación de dicha normativa, lo que no permite alcanzar altos niveles de protección, los obstáculos a un acceso a la tutela judicial efectiva por parte de los solicitantes de asilo de manera que los derechos y principios sean accesibles en la práctica, o también la discordancia entre los Estados en relación a la determinación por el Convenio de Dublín sobre el Estado que es responsable de examinar las solicitudes de asilo. En este punto, a los problemas de gestión que se pueden producir ante la complejidad la complejidad del flujo migratorio, por

---

13. COMITÉ ECONÓMICO Y SOCIAL EUROPEO (CESE): *Las políticas europeas de inmigración*. Dictamen de 3 de septiembre de 2014. REX: 414.
14. *Idem.*

ejemplo en supuestos en los que una persona se registra en un primer país pero continua su camino y finalmente pide el asilo en otro, se une el hecho de que sólo un único Estado ha de ser el responsable de conceder el asilo, directriz que se adoptó por la creencia de que todos los sistemas de asilo eran similares cuando esto no es así, lo que provoca la soledad del Estado que recibe más solicitudes ante la indiferencia o ya más directamente falta de solidaridad de los restantes.

Ante la crisis desatada en el 2015 en relación a los movimientos de personas que desde Turquía, país receptor de un ingente número de personas provenientes de países en conflicto como Siria, empezaban a llegar a las costas griegas a través del Mar Egeo, y la ausencia de una gestión adecuada a su llegada de su registro y posterior tramitación de su solicitud, su ascenso a través de los Balcanes hacia el norte de Europa, la Comisión Europea aprobó ya en mayo de dicho año la Agenda Europea de Inmigración[15], donde proponía varias medidas, entre ellas la activación por vez primera del mecanismo de emergencia en virtud del artículo 78.3 del TFUE, de forma que el Consejo adoptase medidas provisionales para ayudar a los Estados miembros que se vean enfrentados a afluencias repentinas de migrantes, a través de la adopción de un mecanismo de distribución temporal para las personas en clara situación de necesidad de protección internacional dentro de la UE. En todo caso, en su Agenda la Comisión se dirigía a los Estados para que aceptasen una reubicación de un numero prefijado de personas refugiadas, es decir, la asunción de personas ya asiladas de un Estado miembro a otro de la UE, así como también de las personas que ya hayan realizado su solicitud en el Estado miembro de llegada hacia otro Estado que resuelva su demanda de protección internacional, así como la previsión de un programa de reasentamiento en toda la UE para ofrecer 20.000 plazas (debe entenderse a refugiados establecidos en países terceros) distribuidas en todos los Estados miembros para las personas desplazadas en clara necesidad de protección internacional dentro de Europa con una financiación adicional de 50 millones de euros para 2015 y 2016.

La quiebra de estas propuestas, entre otras cuestiones principalmente por la disposición voluntaria de los Estados miembros a aceptarlas, así como la incesante llegada de personas con riesgo para sus vidas, llevaron finalmente a la UE a llegar a un acuerdo con Turquía el 18 de marzo de 2016 en el que se incluyen como cláusulas el retorno a este país tercero de «todos los migrantes irregulares que pasen de Turquía a las islas griegas

---

15. COMISIÓN EUROPEA: *Communication from the Commission to the European Parliament, the Council, the European Economic and Social Committee and the Committee of the Regions a European Agenda on Migration. op. cit*, de 13/05/2015.

a partir del 20 de marzo de 2016»; en segundo lugar, la cláusula *one-in, one-out*, por la cual «a cada sirio retornado a Turquía desde las islas griegas, se reasentará a otro sirio procedente de Turquía en la UE»; también, la previsión de que una vez cesado el paso irregular entre Turquía y la UE se ponga en marcha un régimen un régimen voluntario de admisión humanitaria y, por último, *last but not least*, la previsión de un régimen de liberalización de visados para los ciudadanos turcos a más tardar a finales de junio de 2016.

Al margen de los problemas de aplicación que un Acuerdo como este puede conllevar ante la posible deficiencia de los recursos técnicos y humanos que ello supone, debe hacerse una valoración crítica por permitir una mescolanza entre migraciones económicas y por asilo, lo cual se plasma en la asimilación entre la denominada inmigración irregular y las llegadas de personas por motivos de refugio, lo que puede dar a entender que estas últimas no tienen derecho a ser protegidas cuando ello no es así; también, por la lesión que se puede producir en el principio de no devolución reconocido en el propio Tratado como antes se ha hecho mención, que implica la necesidad de estudiar cada situación de búsqueda de refugio de forma individual, así como la imposibilidad de expulsiones colectivas. Finalmente, no cabe pasar por alto la importancia que puede tener para la UE la liberalización de visados para los ciudadanos turcos y con ello la movilidad de personas turcas hacia Europa al margen de procedimientos de asilo.

La política de asilo requiere hacerse común, solidaria entre los Estados miembros y equitativa con los extranjeros en búsqueda de refugio, primero garantizándoles el respeto a sus derechos fundamentales enmarcados en el valor de la dignidad como principio de actuación de la UE. Para solventar la actual situación, debe replantearse la normativa sobre asilo adoptada por la Unión Europea de forma que se aplique el principio de solidaridad con los Estados que mayor presión sufren así como solventar la asimetría en la aplicación de la normativa de asilo por parte de los Estados miembros.

Finalmente, también ha de tenerse en cuenta que las personas solicitantes de asilo, o a las que se concede el Estatuto de refugiados pueden pasarse un largo plazo en los países de acogida, lo que activa la necesidad de políticas de integración. La Comunicación de la Comisión Europea ante el desafío de los desplazamientos forzados de personas en el ámbito mundial titulada «Lives in Dignity: from Aid-dependence to Self-reliance» (de traducción libre, Vivir con dignidad: de la dependencia a ayudas sociales a la autosuficiencia) de abril de 2016, incluye como factores básicos para la autonomía de las personas desplazadas en los países de acogida el favorecimiento de su acceso a la educación, a los servicios y a los mercados de trabajo[16]. Para la Comisión Europea éste último ámbito es especialmente favorecedor para la integración, ya que impulsa la participación de los inmigrantes en las comunidades de acogida y el aprendizaje del idioma correspondiente, además de visualizar que las personas desplazadas son trabajadores potenciales, profesionales y agentes de desarrollo. La Comisión erige como una de sus acciones principales en este ámbito la de proveer políticas de apoyo y experiencia para ayudar a los gobiernos que acojan personas desplazadas a adoptar legislaciones que les permitan acceder a los mercados de trabajo y a disponer de un trabajo decente, así como protegerlos frente a los riesgos de explotación laboral.

2.3. LA POLÍTICA COMÚN DE INMIGRACIÓN DE LA UNIÓN EUROPEA

El art. 79 del TFUE prevé que la Unión desarrolle una política común de inmigración destinada a garantizar, «en todo momento, una gestión eficaz de los flujos migratorios, un trato equitativo de los nacionales de terceros países que residan legalmente en los Estados miembros, así como una prevención de la inmigración ilegal y de la trata de seres humanos y una lucha reforzada contra ambas», base de la que deriva la atribución a la Unión de competencias normativas sobre aquellos que han sido concretadas con la adopción de directivas de carácter fragmentado y disperso.

En relación a la política adoptada tras la *Agenda Europea de Inmigración* del 2015 respecto a la trata de seres humanos el enfoque adoptado es el de luchar contra estas situaciones desde una óptica de Seguridad y Defensa, abogando incluso por operaciones en el Mediterráneo para identificar, capturar y destruir barcos usados por traficantes, de conformidad con el Derecho internacional. Como ya se advierte desde diferentes foros, es probable que una acción de estas características no influya decisivamente en el desvío de rutas de inmigración hacia otras vías, y en todo caso, para evitar que esta medida fuese vista como la prueba de una política europea zangolotina, debería complementarse con el aumento del grado de cooperación con los países de origen o tránsito de los migrantes en su desarrollo y en la reducción de las condiciones que facilitan el desplazamiento intenso de personas hacia el norte. En todo caso, en este ámbito

---

16. Communication from the Commission to the European Parliament, the Council, the European Economic and Social Commitee and the Commitee of the Regions. Lives in Dignity: from Aid-dependence to Self-reliance". Brussels, 26.4.2016. COM (2016) 234 final.

debería fortalecerse la necesidad del respeto a la legislación humanitaria y de protección de las personas, ya sean víctimas de tráfico o trata, ya sean también inmigrantes irregulares.

En relación a la lucha contra la inmigración irregular, el referente política lo ha constituido la preferencia por las medidas de expulsión cuyo principal exponente es la Directiva 2008/115/CE, relativa a normas y procedimientos comunes en los Estados miembros para el retorno de los nacionales de terceros países en situación irregular. Al margen de que en otras Directivas se pueden encontrar previsiones antidiscriminatorias y ciertas garantías jurídicas para el inmigrante irregular, por ejemplo para denunciar a su empleador (Directiva 2009/52/CE), lo cierto es que no se ha realizado una sola norma cuyo objeto exclusivo sea la cuestión de la protección de los derechos del trabajador inmigrante en situación irregular[17]. En este ámbito, debe recordarse la necesidad del respeto a la legislación humanitaria y de protección de las personas, ya sean víctimas de tráfico o trata, ya sean inmigrantes irregulares.

Respecto de la gestión de los flujos migratorios y el trato equitativo respecto de los nacionales de terceros países, la realidad de la que ha de partirse es, por un lado la crisis económica que asola a Europa, lo que habría provocado una contracción de los Estados miembros en la aceptación de reglas robustas en materia de migración laboral[18], pero también la previsión de que el principal factor de las migraciones es, y continuará estando relacionada con el empleo[19], dicho de otra forma, lo que mueve a los inmigrantes a irse de su país es la búsqueda de trabajo y derivado de ello de la perspectiva de unas mejores condiciones de vida. Pese al indudable impacto que estamos viviendo respecto de la crisis de los refugiados así como la constatación en algunos países como en España en estos últimos años de la entrada de personas por razones no laborales (como la reagrupación familiar), ello no debe hacernos perder de vista que las políticas migratorias deben tener como eje básico la vinculación de las migraciones con el empleo. Las políticas migratorias de la UE deben asumir la evidencia de las migraciones económicas y reformular el carácter restrictivo en materia de dotación de derechos sobre el empleo y el trabajo

---

17. INTER-PARLIAMENTARY UNION: *Migration, human rights and governance*. Handbook for Parlamentarians N° 24. 2015.

18. *Idem*.

19. INTERNATIONAL LABOUR ORGANISATION; ORGANISATION FOR ECONOMIC CO-OPERATION AND DEVELOPMENT; WORLD BANK GROUP: «The contribution of Labour Mobility to Economic Growth». September 2015. La contribución de la movilidad laboral al crecimiento económico). http://www.ilo.org/wcmsp5/groups/public/---dgreports/---dcomm/---publ/documents/publication/wcms_398078.pdf (última consulta: febrero de 2016).

de los inmigrantes extracomunitarios, más aún ante el desafío que todos los datos de futuro constatan del declive demográfico en Europa.

Los movimientos migratorios de carácter laboral han emergido como la mayor cuestión global, y en este sentido, añado, no sólo deben ser objeto de las agendas de las organizaciones internacionales sino que las políticas nacionales deben hacerse eco de ello, tanto en los acuerdos que pueden acordar con otros países como también para plantearse las medidas restrictivas que, como es el caso de España, fundamentan la base de su política migratoria.

En todo caso, la UE está respondiendo desde el Plan de política en materia de migración legal de 2005 ante la situación planteada con un enfoque sectorial más que horizontal, es decir frente a la posibilidad de una directiva única aplicable a todas las categorías de trabajadores migrantes, optó por una estrategia progresiva y diferenciada, basada en cuatro directivas sectoriales que definieran las condiciones y procedimientos de admisión de unas categorías determinadas de inmigrantes[20], los altamente cualificados (Directiva 2009/50/CE), los estacionales (Directiva 2014/36/UE), trabajadores trasladados por sus empresas(Directiva 2014/66/UE) y en prácticas remuneradas (en fase de propuesta que puede acabar cristalizando en función de lo que dice la Agenda Europea de Inmigración de 2015, como se verá posteriormente, aunque véanse algunas previsiones sobre trabajo por cuenta ajena se reconocen a extranjeros a efectos de estudios o practicas no remuneradas en la Directiva 2004/114/CE). Ante esta situación, se debería apostar por un marco legislativo global (horizontal) por ejemplo, como propone el Comité Económico y Social, incluyendo las condiciones de entrada y residencia de los inmigrantes que ejercen un trabajo por cuenta ajena, trabajo por cuenta propia u otras actividades económicas durante más de tres meses en el territorio de un Estado miembro[21].

Frente a esa previsión, la *Agenda Europea de Inmigración* de 2015 mantiene la estrategia diseñada apostando, en particular, por la inmigración cualificada. La Comisión europea parte del mantenimiento de una Europa en declive demográfico así como una progresiva escasez de mano de

---

20. Véase un estudio de este Plan en AAVV: *Inmigración y mercado de trabajo en la era de la globalización* (Coordinador: E. ROJO TORRECILLA), Editorial Lex Nova, 2006, o también M.L. RODRÍGUEZ COPÉ: «La política comunitaria de inmigración. Los extranjeros en el marco de la legislación laboral europea», en AAVV. (Coordinado por F. NAVARRO, M.C. RODRÍGUEZ-PIÑERO y J.M. GÓMEZ): *Manual de Derecho Social de la Union Europea*, Tecnos 2011.

21. Véanse las propuestas del CESE en su Dictamen, ya citado, sobre *Las políticas europeas de inmigración*, de 3 de septiembre de 2014.

obra cualificada en el mercado de trabajo, en particular en sectores como la ciencia, la tecnología, ingeniería y sanidad. Por esta razón, la Comisión Europea presentará un «Paquete de Movilidad de los Trabajadores» y una nueva iniciativa sobre «Cualificaciones» en 2015, cuestión que a mi modo de ver es trascendental para promover el acceso al mercado de trabajo y la integración laboral no solo de personas migrantes por motivos económicos, sino también por otras causas, como las derivadas de asilo o refugio. En todo caso, hay que destacar que la Comisión pondrá en marcha una consulta pública de la Directiva sobre la Tarjeta Azul para atraer a un mayor número de nacionales de terceros países altamente cualificados, así como se impulsará una Directiva sobre Estudiantes e Investigadores con el objetivo de dar a estos grupos una nueva movilidad y «oportunidades laborales».

De hecho, la Comisión plantea la posibilidad de desarrollar, conjuntamente con los Estados miembros, un «sistema de manifestación de interés» donde se crearía una bolsa de potenciales candidatos a migrar y se la vincularía a empresarios interesados en seleccionarlos de toda la UE. En la Comunicación publicada por la Comisión Europea de 13 de mayo de 2015, también se prevé el desarrollo de una nueva política de migración legal con el objeto de modernizar a Política de visados, y en este sentido se propondrá el establecimiento de un nuevo tipo de visado para personas que tengan interés legítimo en viajar por más de 90 días en un período de 180. Desde luego esta expresión no es un ejemplo de laya, pero debería profundizarse más en este concepto y abrirse a la posibilidad de estos visados, pensando, también, en que sirviesen para encontrar trabajo.

En mi opinión esta visión sigue sin ver los intereses a medio y largo plazo de la Unión Europea en materia de recepción de migrantes en función del declive demográfico europeo, así como también he de mostrar mi disconformidad en el hecho de que la Comisión enfoque la mejora de las vías de migración legal de forma sectorial, es decir, pensando en determinados colectivos de migrantes (cualificados, o investigadores), y no de forma horizontal, facilitando también la posibilidad de que otros trabajadores tengan oportunidades de buscar trabajo tanto de alta, media como baja cualificación.

3. CONCLUSIONES

Este trabajo ha empezado poniendo de manifiesto la elevación a un primer plano social, político y jurídico de las migraciones a gran escala de carácter involuntario o derivadas de desplazamientos forzados, cuestión que está resultando ser una de las preocupaciones principales de la población mundial para los próximos años a tenor de las encuestas realizadas por organizaciones internacionales. Particular relevancia van a tener las migraciones de carácter económico, y más en particular, la respuesta que se ofrezca a los inmigrantes en materia de garantía de acceso al empleo y de respeto a los derechos laborales cualquiera que sea la razón de la que derive su desplazamiento. Las medidas que se deben adoptar deberían complementar una visión de solidaridad internacional, protección de la dignidad y reconocimiento de sus contribuciones positivas, con una asunción de la complejidad de los movimientos migratorios, una óptica diferenciada en función de cuál sea la razón de la emigración o desplazamiento de las personas, y hacerse además de forma realista, principalmente a través de pactos internacionales vista la imposibilidad del Estado como agente que puede enfrentarse solo ante aquellos, pero también de pactos sociales en cada una de las sociedades que pueden verse presionadas ante movimientos migratorios.

La situación que a efectos migratorios se está viviendo en la Unión Europea, principalmente derivada de la crisis de los refugiados provenientes del cercano oriente y oriente medio, al que se suman también migrantes económicos, europeos o de otros países, no puede esconder que a efectos numéricos otros países menos desarrollados la están sufriendo con mayor intensidad y sobre todo, que no se trata de una cuestión transitoria o cíclica, sino que, por un motivo u otro, los movimientos migratorios van a ser un factor caracterizador del Siglo XXI, y derivado de ello, van a modular enormemente nuestras sociedades.

La Unión Europea se ha dotado de un arsenal legislativo en materia de libre circulación de trabajadores de la Unión Europea, basada en el principio de igualdad entre nacionales comunitarios, así como de inmigración de nacionales de terceros países y asilo que se fundamentada en los principios de solidaridad, trato equitativo a los nacionales de terceros países y de dignidad para todos, valor en el que se ancla la UE, que implica colocar a la persona en el centro de sus actuaciones.

La insuficiencia en la aplicación de algunos de dichos valores a través de los actos adoptados por la UE, de forma visible el relativo a la solidaridad entre Estados miembros, la constatación de una falta de vocación por los Estados miembros por políticas comunes de asilo e inmigración, así como la restricción en una política comunitaria en favor de la migración económica junto a la rigidez y dispersión de las medidas normativas adoptadas hasta el momento, llevan a dar la razón a lo que el Comité Económico y Social ha señalado su Dictamen de 3 de septiembre de 2014 ya mencionado anteriormente en el sentido que que muchas veces las ambiciones y los valores europeos se quedan en grandes palabras, y que las prácticas y las leyes contradicen dichos valores.

En todo caso, esos valores son los que están en riesgo a tenor de las actuaciones de los Estados miembros de la UE ante los movimientos migratorios, tanto de ciudadanos de la UE en su acceso a otros Estados, como de extranjeros en búsqueda de refugio político, y es en el respeto a dichos valores a lo que no se debe ceder si la UE quiere ser reconocible. Llegar a asumirlos legislativa y políticamente no fue fácil, ahí está el S. XX para demostrarlo.

Capítulo 9

La doctrina del TJUE en la aplicación del principio de libre circulación de personas

José Sánchez Pérez

Universidad de Granada

La libre circulación de trabajadores es un principio fundamental establecido en el artículo 45 del Tratado de Funcionamiento de la Unión Europea y desarrollado en el Derecho derivado europeo y la jurisprudencia del Tribunal de Justicia. Los ciudadanos de la UE incorporan una serie de derechos entre los que se encuentra: buscar empleo en otro país de la UE, trabajar en otro país sin necesidad de permiso de trabajo, residir en otro país por motivos de trabajo, permanecer en el mismo cuando hayan dejado de trabajar, recibir el mismo trato que los ciudadanos de ese país en lo que respecta al acceso al empleo, las condiciones de trabajo y las ventajas sociales y fiscales. En este contexto, en la frontera común Schenguen se ha diseñado un auténtico espacio de libertad y seguridad jurídica que se traduce en el derecho a la libre circulación de personas.

1. LA LIBRE CIRCULACIÓN DE TRABAJADORES Y DE PERSONAS

El estatuto de los trabajadores comunitarios implica que la normativa aplicada al trabajo de los extranjeros resulta de aplicación –tal y como se deriva del artículo 1.2 LOEX– sin perjuicio de lo establecido en los «*Tratados Internacionales en los que España sea parte*». De tal forma la normativa aplicable resulta ser la procedente de la Unión Europea con la excepción de los aspectos en que pueda resultar más favorable la norma nacional (artículo 1.3 LOEx).

Los trabajadores comunitarios ofrecen la particularidad frente a los trabajadores extranjeros simples de que no les resultan de aplicación las

265

limitaciones que afectan a éstos últimos, entre las que destacan las autorizaciones de residencia y trabajo o los visados. El objetivo que persigue el Derecho comunitario reside en equiparar a los trabajadores comunitarios cuando deseen llevar a cabo actividades económicas en cualquiera de los Estados de la Unión Europea. Se persigue al fin expuesto suprimir las fronteras existentes entre los países miembros aspirando a la consolidación de un mercado único.

La finalidad referente que ha perseguido la Comunidad Europea se fijó en el establecimiento de un mercado único para todos los países miembros de la misma, tal y como se desprende de la identificación de las cuatro libertades características de este mercado: libre circulación de personas, de bienes, de servicios y de capitales. En una primera fase la libertad de circulación de personas se muestra como una *libertad de actividad profesional sin fronteras* persiguiendo que quienes actúan como agentes económicos, ya ostenten la condición de empresarios o bien sean autónomos o profesionales o tengan la condición de trabajadores por cuenta ajena que traspasen fronteras en la búsqueda de empleo. En la dirección pretendida la Europa de los ciudadanos toma forma a través del Acta Única Europea, de la Carta Comunitaria de los Derechos Sociales Fundamentales y del Tratado de la Unión Europea de Maastricht aprobado en 1992. Este cuerpo normativo contribuye decisivamente a articular el principio de libre circulación de personas que se erige como el principio rector alrededor del cual se define la nueva identidad de la Unión Europea.

Al hilo del nuevo estatus de ciudadanía europea creado se produce una ampliación de carácter subjetivo de los migrantes comunitarios que pueden reclamar el derecho de entrada, de residencia y de libre circulación tanto de trabajadores como de personas en una situación que pretende equiparar o poner al mismo nivel de derechos a los ciudadanos europeos y los nacionales del país de acogida. Este grupo de derechos no sólo va a integrar los que tienen una dimensión específicamente laboral sino también los derechos de la ciudadanía y los de carácter político y electoral. Se articula en consecuencia una situación alrededor del derecho de ciudadanía que se identifica como un derecho abstracto de los ciudadanos a circular y residir figurando el derecho a trabajar en el nuevo país de residencia como un derecho accesorio o complementario de aquel derecho básico de los ciudadanos comunitarios.

De forma más específica el Reglamento 492/2011, de 5 abril, que contempla la libre circulación de trabajadores en el interior de la Unión Europea se muestra en un principio como un derecho exclusivo de los trabajadores no extensible a las personas en general y mostrando por tanto unos contenidos que desarrollan facultades o derechos de índole laboral. El artículo 1 de la citada norma contempla que «*todo nacional de un estado miembro, sea cual fuere su lugar de residencia, tendrá derecho a acceder a una actividad por cuenta ajena y a ejercerla en el territorio de otro Estado miembro*».

En cualquier caso para que el derecho a libre circulación pueda hacerse efectivo se hace preciso que no encuentre obstáculos que impidan su ejercicio. A tal fin las disposiciones del Tratado de Funcionamiento de la Unión Europea se oponen a las medidas que puedan colocar a estos nacionales en una situación desfavorable en el supuesto de que deseen ejercer una actividad económica en otro Estado miembro (STJCE 11/01/2007, asunto ITC). De este modo no puede aplicarse al trabajador o al demandante de empleo un trato menos favorable del que pudiera disfrutar de no haber hecho uso de las facilidades concedida por el Tratado en materia de circulación.

Por otra parte la sentencia TJCE, de 17 de marzo de 2005, asunto Kraneman, mantiene que una medida que limita la libre circulación de trabajadores solo podría admitirse para el supuesto de que persiga un objetivo legítimo que resultara compatible con el Tratado o bien si ofrece justificación por motivos imperiosos de interés general. En tal supuesto sería preciso que la aplicación restrictiva del derecho no vaya más allá de lo necesario para alcanzar dicho objetivo.

2. LA JURISPRUDENCIA DERIVADA DE LA APLICACIÓN DEL PRINCIPIO DE LIBRE CIRCULACIÓN DE TRABAJADORES

La jurisprudencia que emana del Tribunal Superior de Justicia de la Unión Europea en lo que se refiere a la interpretación del principio de libre circulación de trabajadores se puede clasificar en varios grandes apartados. En primer término, se puede hacer referencia a las materias relacionadas con los derechos de seguridad social de los trabajadores comunitarios desplazados. En segundo lugar, podríamos hablar del ámbito subjetivo del derecho: cuál el concepto de trabajador, a quienes afecta la aplicación del derecho discutido. En tercer lugar, tratamos el alcance objetivo del derecho, hasta donde llega, en qué situaciones concretas materializa sus efectos. En cuarto lugar, haremos mención a los supuestos de no aplicabilidad del derecho y las excepciones concretas que se plantean en su ejercicio.

2.1. DERECHOS DE SEGURIDAD SOCIAL

La sentencia TJCE de 15 de enero de 2002, vino a dar lugar a la conocida como jurisprudencia Gottardo, en virtud de la cual debe concederse a los

267

trabajadores nacionales de otros Estados miembros las mismas ventajas que ostentaran los trabajadores nacionales a tenor de un convenio bilateral de seguridad social que este hubiera concertado con un tercer Estado. El supuesto analizado describe la situación de la Sra. Gottardo, la cual renunció a su nacionalidad italiana, adquiriendo de forma obligada la nacionalidad francesa de su marido en el año 1953 tal y como exigían las leyes francesas de aquel tiempo. Con posterioridad la trabajadora prestó servicios en Italia, Suiza y Francia, obteniendo la pensión de jubilación procedente en Suiza y Francia. Sin embargo el organismo italiano de Seguridad Social procedió a denegar la prestación a tenor de la condición de nacional de un país tercero (Francia) entendiendo que no cabía la acumulación de los períodos trabajados en Suiza e Italia que procedía aplicar a los nacionales de estos países a tenor del acuerdo bilateral ítalo-suizo. La Sra. Gottardo entendió que tratándose de un nacional de un Estado miembro el organismo italiano debía reconocerle la pensión en los mismos términos que a los nacionales de éste país.

El Tribunal resolvió que cuando un Estado miembro de la Unión Europea lleva a cabo un convenio internacional bilateral de Seguridad Social que contempla el cómputo de los períodos de seguro cubiertos respecto de un tercer Estado para acceder a las prestaciones de jubilación, ha de operar el principio de igualdad de trato obligando al Estado miembro a otorgar a los nacionales de los demás Estados miembros las mismas ventajas otorgadas a los propios nacionales a tenor de dicho convenio, salvo que dicho Estado miembro pudiera ofrecer justificación adecuada y en términos objetivos de tal denegación.

En lo que se refiere a la asistencia sanitaria el TJCE ha concretado que cuando un Estado miembro rechaza la petición de reembolso de los gastos que un particular ha generado en el acceso a los servicios sanitarios no hospitalarios producidos en otro Estado miembro, no habiendo mediado la correspondiente autorización, se vulnera la libre prestación de servicios (artículo 56 TFUE). Esta precepto establece que *quedarán prohibidas las restricciones a la libre prestación de servicios dentro de la Unión para los nacionales de los Estados miembros establecidos en un Estado miembro que no sea el del destinatario de la prestación*. De este modo constituye un obstáculo a la libertad de circulación en cuanto tiene un efecto disuasorio respecto del desplazamiento, según jurisprudencia consolidada, la sujeción a la autorización previa para el reembolso de tales gastos sanitarios cuando queda sujeto a autorización previa el reembolso de los costes asumidos en otro Estado miembro (sentencias TJUE de 28 de abril de 1998, asunto Decker y asunto Kohll)[1].

---

1. RODDRÍGUEZ-RICO ROLDÁN, V.: «Turismo sanitario tras la STJUE de 27 octubre 2011», *Revista Doctrinal Aranzadi Social* n. 8/2012 parte Fichas de Jurisprudencia, BIB 2012, 3371, p. 4.

El criterio mantenido respecto a la asistencia hospitalaria es bien distinto argumentando la jurisprudencia comunitaria (sentencias TJUE de 12 de julio de 2001, asunto Smits y Peerbooms; de 13 de mayo de 2003, asunto Müller-Fauré y Van Riet, y de 16 mayo 2006, asunto Watts) que «*si muchos asegurados decidieran recurrir a la asistencia de otros Estados miembros (...) este flujo de pacientes podría poner en peligro (...) todos los esfuerzos de planificación y de racionalización efectuados en dicho sector vital para evitar el fenómeno del exceso de capacidad hospitalaria, del desequilibrio en la oferta de asistencia médica hospitalaria, de derroche y de deterioro, tanto logísticos como financieros*» (sentencias TJUE de 12 de julio de 2001, asunto Smits y Peerbooms, y de 13 de mayo de 2003, asunto Müller-Fauré y Van Riet). En tal caso, pues, el Derecho comunitario no es contrario a un sistema de autorización previa, siempre que los requisitos para la concesión de la autorización aparezcan justificados a tenor de razones que contemplen la salvaguarda del equilibrio financiero del sistema de Seguridad Social del país afectado, así como con el mantenimiento de un sistema sanitario equilibrado y accesible a todos (sentencia TJUE de 13 de mayo de 2003, asunto Müller-Fauré y Van Riet)[2].

La argumentación que se esgrime alrededor del planteamiento expuesto determina que si la planificación en asistencia hospitalaria obedece al «*objetivo de garantizar en el territorio del Estado miembro de que se trate un acceso suficiente y permanente a una gama equilibrada de prestaciones hospitalarias de calidad*», así como a «*la voluntad de lograr un control de los gastos y evitar, en la medida de lo posible, cualquier derroche de medios financieros, técnicos y humanos*», la condición de supeditar a autorización previa la cobertura del gasto sanitario por asistencia hospitalaria prestada en otro país miembro resulta ser «*una medida a la vez necesaria y razonable*» (sentencia TJUE, de 12 de julio de 2001, asunto Smits y Peerbooms).

2.2. DELIMITACIÓN SUBJETIVA DEL DERECHO

Para identificar el contenido de la libre circulación de trabajadores se hace preciso determinar quién ostenta esta condición. Sin embargo las normas que perfilan el nuevo marco legislativo no entran a definir con precisión el concepto de trabajador comunitario. Es necesario, por tanto, recurrir al TJCE. De entrada se ha de partir de la posesión de la nacionalidad de un país de la Unión Europea. Partiendo de la premisa aludida el TJCE interpreta en su sentencia de 7 de julio de 1992 (asunto Micheletti) que han de ser las normas internas de cada país las que delimiten los criterios a tener en cuenta para determinar cuando se tiene la nacionalidad de

---

2. Ibidem, cit., p. 6.

un Estado miembro. El TJCE ha ofrecido una noción general de trabajador asalariado más amplia que la ofrecida por alguno de los Estados integrantes de la Unión Europea, definida con carácter básico por la concurrencia de una prestación de servicios con valor económico y bajo la dirección de otra persona que ocupa la posición de empresario (sentencia TJCE de 23 de marzo de 1982, Levin, asunto 53/81 y de 3 de julio de 1983, Lawrie-Blum, asunto 66/85). En sentido contrario se ha de precisar que no se ha considerado trabajador a aquel que lleva a cabo una actividad de carácter irregular, temporal, accesorio y marginal (TJCE, de 26 de febrero de 1992, Raulin, asunto C 357/89).

Para el TJCE si el significado de la expresión «*trabajador*» derivara en cada caso del derecho interno, cada Estado podría modificar el alcance de la misma y excluir a tenor de su criterio a determinadas categorías de personas de las garantías ofrecidas por el Tratado (sentencia TJCE, de 19 de marzo de 1964, asunto Unger).

En definitiva, la noción de trabajador asalariado responde en esencia a la existencia de una prestación de servicios con valor económico bajo la dirección de otra persona (sentencia TJE 23 de marzo de 1982, asunto Levin y de 3 de julio de 1987, asunto Lawrie-Blum). Es por los motivos expuestos que ni la expresión «*trabajador*» ni la «*actividad subordinada*» pueden definirse a través de remisiones a la normativa de los Estados miembros, toda vez que tienen un alcance comunitario (sentencia TJCE, de 23 de marzo de 1982, asunto Levin). Así pues, el TJCE definió el concepto de trabajador asalariado y actividad subordinada con criterio amplio, y se pronunció en el sentido de que a efectos de la libertad de circulación trabajadores subordinados son tanto los permanentes, los trabajadores eventuales o de temporada, los trabajadores fronterizos y los que desarrollen su actividad mediante prestaciones de servicios. No concurre, por otra parte, condicionamiento alguno vinculado al tipo de trabajo ni a la entidad de los ingresos que se obtienen por el mismo.

Por su parte la sentencia TJCE de 6 de noviembre de 2003 (asunto Ninni-Orasche) ha establecido la extensión de determinados derechos vinculados a la condición de trabajador aún a pesar de que se hubiera producido la extinción del vínculo contractual laboral, y en el mismo sentido se resuelve cuando se trata de personas que mantienen una actitud activa de cara a la búsqueda de trabajo, incluyendo a trabajadores inactivos o sin trabajo (sentencia TJCE, de 19 de marzo de 1964, asunto Unger). Con más precisión se también considera trabajador por el Derecho comunitario, en relación a los derechos de libre circulación, a aquel que se encuentre buscando empleo en el país de destino. Precisa la sentencia TJCE de 26 de febrero de 1991, asunto Antonissen, que la libre circulación alcanza al derecho de dirigirse a un país de la Unión Europea con la intención de buscar trabajo, aún en el supuesto de que no se hubiera producido oferta previa de colocación. Pese a que la anterior distinción entre demandante de empleo y trabajador no excluye la aparición del derecho a la libertad de circulación, lo cierto es que el abanico de derechos es más amplio para aquellos supuestos en que se ha iniciado la relación laboral (TJCE de 21 de junio de 1988, asunto Lair).

2.3. ALCANCE DEL DERECHO DE LIBRE CIRCULACIÓN

El derecho a la libre circulación se identifica como el derecho a trabajar en un país de la Unión Europea diferente de aquel del que procede el trabajador, motivo por el que los derechos anudados al ejercicio de esa libertad de circulación aparecen directamente vinculados a la actividad de carácter laboral.

El derecho de libre circulación de trabajadores dentro de la Unión se traduce con carácter principal en el principio de no discriminación por razón de la nacionalidad que figura en el artículo 45.2 del Tratado de Funcionamiento de la Unión Europea. Este precepto persigue la eliminación de las legislaciones de los Estados miembros de todas aquellas disposiciones que, en lo referente al empleo, a la retribución y a las demás condiciones de trabajo, reserven a los ciudadanos de los restantes Estados miembros un tratamiento más rígido, o los coloquen en una situación de derecho o de hecho desventajosa en relación con la que se pudiera encontrar en las mismas condiciones un trabajador nacional (sentencia TJCE, de 28 de junio de 1983, asunto Moser).

El derecho a la libertad de circulación se extiende a la fase previa precontractual. En tal momento, el derecho implica la obligatoriedad de que las condiciones de empleo fijadas para los extranjeros comunitarios se equiparen a las dispuestas para los nacionales del Estado de destino, gozando de las mismas prioridades (artículo 2, Reglamento 492/2011) y prohibiendo el establecimiento de cupos o porcentajes máximos en las contrataciones que afecten a extranjeros comunitarios (artículo 4).

No caben por tanto y son consideradas contrarias a derecho las reservas de cuota de empleo en un determinado sector de actividad fijadas a favor de los nacionales de un determinado Estado miembro, tal y como se declaró en un asunto procedente de Francia (sentencia TJCE de 4 de abril de 1974).

Es relevante en este contexto la sentencia TJCE, de 21 de septiembre de 2006, asunto Comisión de las Comunidades Europeas c. República de Austria. En la misma se entiende no ajustada a derecho la normativa en virtud de la cual una empresa establecida en otro Estado miembro mantiene la condición obligada para la posibilidad de contratación de trabajadores de la obtención de una autorización administrativa previa, llamada *«confirmación de desplazamiento europeo»*, para cuya expedición se requieren requisitos adicionales como la preexistencia de contrato indefinido, la contratación previa en la empresa por tiempo superior a un año, etc.

También ofrece interés la sentencia TJCE, de 14 de abril de 2005, asunto Comisión de las Comunidades Europeas c. República Federal de Alemania, en la que se declara no ajustada a derecho la falta de reconocimiento del derecho a la percepción de determinados complementos salariales a trabajadores del sector de la construcción desplazados a Alemania, al incurrirse en incumplimiento de lo previsto en el artículo 3 de la Directiva 96/71/CE.

Un precedente particularmente mediático y que ha sido referente en el derecho de libre circulación fue el asunto Bosman (sentencia TJCE, de 15 de diciembre de 1995) a partir del cual se procedió a declarar la ilegalidad de diversas normas de la UEFA declarándose la ilegalidad de aquellas que establecían limitaciones en las alineación de futbolistas comunitarios. Se interpreta que las disposiciones del Tratado relativas a libre circulación de personas tienen por objeto facilitar a los nacionales de los Estados miembros de la Comunidad el ejercicio de cualquier tipo de actividad profesional en el territorio comunitario, oponiéndose a las medidas nacionales que puedan colocar a estos nacionales en una situación desfavorable para la hipótesis de que deseen ejercer su actividad económica en el territorio de otro Estado miembro.

Se aprecia que los nacionales de los Estados miembros disfrutan de un derecho que deriva directamente del Tratado, de abandonar su país de origen para desplazarse hacia el territorio de otro Estado miembro, permaneciendo en él con la finalidad de poder ejercer allí su actividad económica. La eliminación de obstáculos a la libre circulación –observa el TJCE– correría peligro si fuese neutralizada con obstáculos derivados de actos realizados en ejercicio de su autonomía por asociaciones y organismos que no están sometidos al Derecho público. Es por lo anterior que para la aplicación de las disposiciones comunitarias relativas a la libre circulación de trabajadores, no resulta preciso que el empleador tenga la condición de empresa, dado que el único elemento exigible no es otro que la existencia de una relación laboral o la voluntad de establecer una relación de este tipo.

De la misma manera se ha considerado discriminatorio que un Estado miembro someta a una condición de reciprocidad el acceso de nacionales de otros Estados miembros a los empleos tales como capitán y primer oficial de buque mercante (sentencia TJCE, de 30 de septiembre de 2003, asunto Colegio Oficiales Marina Mercante Española).

En consideración a lo expuesto, las disposiciones que impidan o disuadan a un trabajador nacional de un Estado miembro de abandonar su país de origen para ejercer su derecho a la libre circulación configuran obstáculos a dicha libertad, aun en el supuesto de que se apliquen con independencia de la nacionalidad de los trabajadores afectados (STJCE 26/01/1999, asunto Terhoeve).

Una vez iniciada la relación laboral se afianza la idea de que no cabe establecer ningún tipo de discriminación por razón de la nacionalidad, sin que quepa aplicar criterios discriminatorios a la remuneración, despido u otras condiciones laborales. Dentro del abanico de derechos que se despliega aparece la facultad de acceso en condiciones de igualdad a las «escuelas de formación profesional y a los centros de readaptación o de reeducación» (artículo 7.3 del Reglamento citado), así como a las organizaciones de carácter sindical.

Las normas nacionales no solo no pueden implicar una discriminación de carácter directo, sino que también se considerarán prohibidas aquellas que impliquen una discriminación indirecta como las de carácter tributario que obligan a pagar impuestos derivados de la percepción de renta cuando se trabaja en un país y se reside en otro —supuesto de trabajador fronterizo que presta servicios en Alemania y reside en Francia— (sentencia TJCE de 16 de septiembre de 2004, asunto Mérida). No resulta procedente en el caso descrito que la empresa empleadora (alemana) practique retenciones al trabajador que desde que reside en Francia debe afrontar este tributo en el Estado en que reside.

La jurisprudencia del Tribunal de Justicia de la Comunicad Europea ha ido concretando el sentido amplio con el que hoy queda configurado el principio de igualdad de trato. Entre la casuística que merece destacarse ha de reseñarse que el cómputo del tiempo de prestación del servicio militar a efectos de antigüedad en la empresa no puede considerarse con exclusión de los trabajadores comunitarios no nacionales (sentencia TJCE, de 15 de octubre de 1969, asunto Ugliola). También se ha de tener presente que el reconocimiento de mejoras retributivas acordadas por el empresario, aunque no estuviera obligado a ellas, una vez que se reconocen a los trabajadores que alcancen determinados requisitos, deben extenderse necesariamente a todos aquellos que cumplan los mismos, con carácter independiente a su nacionalidad (sentencia TJCE, de 12 de febrero de 1974, asunto Sotgiu). Sería extensible asimismo al reconocimiento de efectos económicos de los servicios prestados en la función pública de otro Estado miembro, en los supuestos en que un nacional de un Estado miembro accede al empleo público de otro Estado (sentencia TJCE, de 23 de febrero de 2006, asunto Comisión-España), finalizando la relación que exponemos con la imposibilidad de excluir la percepción de un complemento especial de antigüedad, que viene a recompensa la fidelidad del profesor universitario, cuando los períodos de actividad laboral se han desempeñado en otro Estado miembro (sentencia TJCE, de 30 de septiembre de 2003, asunto Gerhard Köler).

Se ha tener presente, en cualquier caso, que la casuística vinculada a la libertad de circulación de trabajadores ha desbordado en la actualidad el concepto estricto de trabajador ampliándose hacia personas o ciudadanos comunitarios en abstracto. Tal criterio interpretativo se ha aplicado para actividades en que se produce una simple recepción de servicios tales como cuidados médicos, viajes de estudios o turismo (casuística contemplada en las sentencias TJCE, de 2 de febrero de 1988, asunto Blaizot y de 2 de febrero de 1989, asunto Cowan).

El Estatuto de derechos de los ciudadanos de la Unión Europea se extiende a *«circular y residir libremente en el territorio de los Estados miembros»* (artículo 20 Reglamento) no existiendo condicionamiento relativo a la prestación de servicios laborales en el país en que se decida residir (sentencia TJCE de 17 de diciembre de 2002, asunto Baumbast). Ha de tenerse en cuenta a tenor de lo expuesto que la Directiva 90/364 no fijó un contenido incondicional del derecho de residencia, toda vez que para disfrutar de este derecho los nacionales de un Estado miembro han de disponer para sí mismos y para su familia de recursos suficientes. Precisa la sentencia TJCE, de 7 de septiembre de 2004, asunto Trojani, que el derecho de residencia de los ciudadanos comunitarios en el ámbito de la Unión no es incondicional, sino sometido a la condición dispuesta en la Directiva 90/364 de que los Estados de acogida podrán exigir a los nacionales de un Estado miembro que quiera disfrutar del derecho de residencia en su territorio que dispongan para sí mismos y para los miembros de su familia de recursos suficientes al objeto de que no se acaben convirtiendo en una carga para la asistencia social del Estado miembro de acogida. Todo ello se deberá aplicar con carácter proporcional y sin que ello implique la exclusión de los trabajadores comunitarios del acceso a las prestaciones sociales (TJCE de 20 de septiembre de 2001, asunto Grzelczyk).

2.4. SUPUESTOS DE NO APLICABILIDAD DEL DERECHO A LA LIBRE CIRCULACIÓN: EXCEPCIONES AL MISMO

El Tratado permite a los Estados miembros denegar el derecho de entrada o de residencia a un nacional de la Unión Europea apelando a razones de orden público, de seguridad pública o de salud pública. Las medidas limitativas que se refieren a la libertad de circulación y de residencia deben estar fundamentadas en el comportamiento personal del individuo al que se apliquen, de modo que tal comportamiento debe representar una amenaza lo suficientemente grave y real que afecte a los intereses fundamentales del Estado.

En cualquier caso la decisión denegatoria del aludido derecho debe interpretarse de forma restrictiva. El Estado miembro de acogida debe valorar una serie de elementos antes de tomar una decisión de expulsión, de modo que bajo ninguna circunstancia cabe la adopción de una medida de exclusión vitalicia del territorio recogiendo en este sentido, la Directiva 2004/38/CE una relación de garantías procesales a tal efecto. En tal sentido se expresa la sentencia TJCE, de 9 de noviembre de 2000, asunto Yiadom, en virtud de la cual el principio de la libre circulación de trabajadores debe ser interpretado con amplitud de criterio, en tanto que las excepciones a dicho principio deben interpretarse de modo restrictivo.

La libre circulación de trabajadores no implica la aplicación de valores absolutos. Antes al contrario se trata de uno de los principios sobre los que se pretende articular la Unión Europea. Sin embargo, ello no impide que la libertad de circulación pueda enfrentarse con algunas limitaciones derivadas de la soberanía de los Estados miembros. Las limitaciones expuestas (artículo 45.3 Reglamento) pueden articularse por «razones de orden público, seguridad y salud públicas», extendiéndose asimismo a «los empleos en la administración pública» o si se tratara de actividades relacionadas «con el ejercicio del poder público».

Los Estados de la Unión a tenor de lo expuesto pueden acordar la denegación de la entrada o bien la estancia dentro de sus fronteras a trabajadores que tengan la nacionalidad de un país de la Unión Europea. Esta posibilidad, configurada con carácter excepcional y articulada en la Directiva 2004/38, habilita la acción de los Estados miembros para limitar la entrada y residencia en su territorio de ciudadanos comunitarios o bien los miembros de sus familias atendiendo a razones de orden público, seguridad pública o salud pública.

275

2.4.1. Las razones de seguridad pública

Las razones de seguridad pública deben ajustarse «al principio de proporcionalidad» y fundamentarse de forma exclusiva «en la conducta personal del interesado», no pudiendo constituir razón suficiente la mera existencia de condenas de orden penal. Así pues, la orden de expulsión de un ciudadano de la Unión Europea no puede basarse exclusivamente en una condena penal, sino que resulta exigible la concurrencia de razones de orden público, seguridad y/o salud pública en el sentido que deriva de la propia normativa comunitaria (sentencia TJCE, de 7 de junio de 2007).

Debe apreciarse en consecuencia que (artículo 27.2) «la conducta personal del interesado deberá constituir una amenaza real, actual y suficientemente grave que afecte a un interés fundamental de la sociedad», no pudiendo aducirse argumentaciones que se refieran a motivos preventivos generales o sin vinculación concreta con el caso específico que se discuta.

A tenor de lo resuelto en la sentencia TJCE, de 24 de abril de 2004, asunto G. Orfanopoulos, la excepción que se fundamenta en motivos de seguridad debe valorarse de forma restrictiva, de modo que de producirse la concurrencia de una condena penal, esta situación solo podría justificar una expulsión en tanto que las circunstancias que dieron lugar a dicha condena evidenciaran la existencia de un comportamiento personal que constituye una amenaza actual y presente para el orden público.

2.4.2. Exigencias de salud pública

La Directiva 2004/38 también establece reglas específicas relativas a la limitación del derecho de desplazamiento y residencia por razones de salud pública. Contempla que las únicas enfermedades que podrían justificar una medida limitativa de la libertad de circulación serían (artículo 29.1) las «enfermedades con potencial epidémico como se definen en los instrumentos correspondientes de Organización Mundial de la Salud, así como otras enfermedades infecciosas o parasitarias contagiosas, siempre que sean, en el país de acogida, objeto de disposiciones de protección para los nacionales»).

3. LA LIBRE CIRCULACIÓN Y LA FUNCIÓN PÚBLICA

En lo que afecta a la Administración Pública el artículo 45.4 el Tratado de Funcionamiento de la Unión Europea establece otro relevante límite a la libre circulación de trabajadores al contemplar que la misma no será de aplicación «a los empleos en la administración pública».

Para el TJCE la excepción aludida debe recibir una interpretación restrictiva sin que exceda la finalidad en su día contemplada. De otro lado se requiere una interpretación uniforme que excluya la interpretación discrecional de los Estados miembros, no pudiendo prevalecer las interpretaciones de la noción de Administración Pública derivadas de los Derechos Nacionales (sentencia TJCE, de 10 de julio de 1980, asunto Comisión-Reino de Bélgica).

De lo anterior no se desprende que los trabajadores comunitarios tengan excluida la posibilidad de acceso al empleo en la Administración española. En primer término, se ha de tener presente que la jurisprudencia comunitaria ha ofrecido una interpretación restrictiva de la norma, de tal forma que, en su consideración sólo procede rechazar el acceso al empleo público cuando la función característica del empleo implique el ejercicio de autoridad pública, pudiendo quedar afectada la tutela de los intereses generales del Estado, quedando al margen de la excepción actividades tales como la investigación, la docencia, la asistencia sanitaria, etc. (sentencias TJCE, de 17 de diciembre de 1980, asunto Comisión contra Bélgica y de 30 de mayo 1989).

A título de ejemplo, un empleo de director de un hospital público no estaría comprendido en la excepción prevista pues el mismo no implica una participación directa o indirecta en el ejercicio del poder público ni en las funciones que tienen por objeto la salvaguardia de los intereses generales del Estado o de otras entidades públicas (sentencia TJCE de 9 de septiembre de 2003, asunto Burdaud).

La excepción comentada podría resultar de aplicación en supuestos en los que pueden desempeñar funciones públicas personas empleadas por una persona física o jurídica de Derecho privado, como el caso de los capitanes de buques, que pueden actuar como representantes del poder público, en atención a los intereses generales del Estado del pabellón, ejerciendo sus prerrogativas de forma habitual (sentencia TJCE 30 de septiembre de 2003, asunto AKlaas Ras).

En segundo término, la limitación ha de venir referida con carácter estricto al empleo público pero no a la contratación laboral, de tal forma que concurre el derecho al acceso al empleo público constituido por el personal laboral para todos aquellos extranjeros residentes (artículo 10.2 LOEx), no pudiendo existir, por tanto limitación mayor para los trabajadores comunitarios. En alusión al criterio comentado la sentencia TJCE, 23 de febrero de 2006, en relación a la normativa española declara que existía discriminación de los trabajadores en el acceso al empleo y a las condiciones de trabajo en los organismos públicos, toda vez que a efectos económicos no se reconocían los períodos de servicio cubiertos con carácter previo por ciudadanos comunitarios en la función pública de otro Estado miembro.

4. LA CRISIS ECONÓMICA Y LAS TENSIONES GENERADAS ALREDEDOR DEL PRINCIPIO DE LIBRE CIRCULACIÓN

La prolongada crisis económica producida y agudizada desde el año 2008 ha venido a dejar en evidencia la tensión entre la solidaridad que se desprende, entre otros, del principio de libre circulación y la falta de recursos para poder afrontar las situaciones de necesidad generadas. Desde esta perspectiva la estrategia macroeconómica desplegada por la Unión Europea caracterizada por la austeridad ha provocado la limitación de recursos para afrontar el aumento de la demanda en el ámbito de la protección social. Los Estados de la Unión Europea trasladando la tensión descrita a las iniciativas de política legislativa han adoptado distintas medidas dirigidas a limitar el flujo de ciudadanos procedentes de otros Estados. Se ha dado pie así a la reconsideración del Tratado de Schengen o a facilitar la expulsión de trabajadores sin empleo que no hubieran sido capaces de encontrarlo transcurrido un tiempo determinado.

La sentencia del TJUE, de 11 de noviembre de 2014, asunto Dano, ha venido a afrontar el problema de la tensión descrita derivada de unos principios que propugnan la solidaridad entre los países de la Unión Europea y una situación económica difícil con caída de la economía y un número creciente de personas en situaciones de necesidad. Se plantea así si el desplazamiento *«con el único objeto de poder disfrutar de la ayuda social de otro Estado miembro»* se enfrenta a los principios de la Unión que propugnan un trato igualitario para todos los ciudadanos independientemente del territorio en que se encuentren.

Entrando en el análisis del supuesto de hecho, muy ilustrativo por los connotaciones que ofrece para los países receptores de movimientos migratorios, la señora Dano de nacionalidad rumana y su hijo Florín, nacido en Alemania y también de esta nacionalidad, residen durante cuatro años en una ciudad alemana (Leipzig) percibiendo una prestación por hijo a cargo equivalente a 184 euros mensuales, más una pensión alimenticia de 133 euros mensuales. Se trata de una trabajadora sin cualificación profesional ni experiencia y sin certificado de estudios básicos que puede comunicarse de forma simple en alemán pero no es capaz de escribirlo. Tampoco consta que haya buscado empleo en momento alguno. Pues bien, en esta situación la interesada solicita la prestación contributiva de desempleo de modo que tras serle denegado

278

e instar ulteriormente demanda judicial da lugar a que el juzgador plantee al TSJE si resulta contrario al derecho de no discriminación la exclusión total o parcial a ciudadanos de la Unión necesitados de la percepción de las *«prestaciones especiales no contributivas»* que tienen un carácter de subsistencia. Es así que el núcleo central de la cuestión debatida se centra en si existe un trato discriminatorio cuando se desestima el acceso a un subsidio asistencial en las condiciones aludidas.

La solución de la cuestión que se plantea resulta relevante a la hora de perfilar el alcance del principio general de igualdad de trato y no discriminación, así como el juego que pueden tener sus excepciones, permitiendo perfilar de forma más precisa el concepto de ciudadanía europea[3]. En estos supuestos se entiende que resulta de aplicación plena el principio de igualdad de trato y no discriminación *«habida cuenta de la creación de la ciudadanía de la Unión y de la interpretación del derecho a la igualdad de trato del que gozan quienes ostentan dicha ciudadanía, no es posible excluir del ámbito de aplicación del artículo 39 CE, apartado 2, una prestación de naturaleza financiera destinada a facilitar el acceso al empleo en el mercado laboral de un Estado miembro»* (sentencias STJUE, de 23 de marzo de 2004, asunto Collins y de 15 de septiembre de 2005, asunto Ioannidis).

La sentencia comentada (asunto Dano) admite que la consideración de la normativa alemana como contraria al Derecho de la Unión Europea podría implicar una situación en la que un nacional de un Estado miembro que se ha desplazado a otro Estado en el ejercicio de su derecho a la libre circulación podría encontrarse con una situación más favorable que otro en idénticas circunstancias.

El concepto de ciudadanía europea se enfrenta así a un dilema identitario, dado que el principio referente de otorgar un mismo trato a cualquier ciudadano europeo en cualquier Estado de la Unión viene a depender de la solidaridad social entre Estados. Se abre así, o se da pie, a que los Estados puedan limitar el acceso a los subsidios de carácter asistencial siempre que se mantengan dentro de los márgenes del Derecho de la Unión Europea. En la forma expuesta se viene a quebrar el principio de igualdad de trato en aplicación de una causa que se considera legítima y proporcionada, esto es que los ciudadanos no supongan una *«carga excesiva»* para los sistemas de protección social del Estado receptor[4].

---

3. PÉREZ DEL PRADO, D.: «Ciudadanía europea, derechos de libre circulación e igualdad de trato y protección social: tensiones en época de crisis. A propósito de la STJUE de 11 de noviembre de 2014 (Caso Dano)», *Revista de Información Laboral num.12/2014 parte Art. Doctrinal*, BIB 2014, 4502, p. 1.

4. Ibidem., cit., p. 6.

El alcance limitado que se desprende del principio de igualdad de trato, y que se irradia al principio de libre circulación persigue, en aplicación de la Directiva 2004/38, «*evitar que los ciudadanos económicamente inactivos de la Unión utilicen el sistema asistencial del Estado miembro de acogida para financiar su medio de vida*» (sentencia TJUE, de 19 de septiembre de 2013, asunto Brey).

En definitiva se ha de apreciar que la sentencia comentada (TJUE, de 11 de noviembre de 2014, asunto Dano) deja en evidencia el carácter complejo derivado de la construcción del concepto de ciudadanía. También que se trata de una noción en permanente crecimiento o estado de evolución habiendo quedado de manifiesto probablemente una marcha atrás en la pretensión progresiva que desde el principio adoptó el derecho de libre circulación, ofreciéndose así la perspectiva de que en la actualidad parece supeditado a los condicionamientos derivados de la situación económica. Respecto de tal conclusión alcanzada ha de apreciarse que la aplicación pura del principio de igualdad de trato cede ante el hecho de que nos situemos ante ciudadanos que se desplazan hacia otros Estados interesando una protección social que su país de origen no les otorga sin haber ofrecido su contribución a la construcción del sistema de bienestar.

La crisis de solidaridad que se debate también ha sido protagonista de otros pronunciamientos recientes. Entre ellos destaca la reciente sentencia TJUE, de 15 de septiembre de 2015, asunto Alimanovic. El supuesto de hecho describe la situación de Nazifa Alimanovic, nacida en Bosnia y sus tres hijos de nacionalidad sueca pero nacidos en Alemania. Tras haber residido once años en Suecia, regresan a Alemania, lugar en el que la madre y la hija mayor llevan a cabo trabajos de corta duración. Tras los mismos madre e hija solicitan y obtienen el derecho a percibir prestaciones de subsistencia para desempleados de larga duración a las que se añaden otras prestaciones sociales para los beneficiarios no aptos para trabajar –asignadas a los otros dos hijos–. Finalmente el organismo encargado de la concesión de prestaciones excluye la concesión de la prórroga de las prestaciones asistenciales a las solicitantes aduciendo que las prestaciones de subsistencia para desempleados de larga duración no corresponden a las personas cuyo derecho de residencia se justifica sólo por la situación de búsqueda de un empleo.

La cuestión central de debate persigue concretar si la normativa del Estado que acoge (en este caso concreto Alemania) puede excluir a los nacionales de otro Estado miembro de la Unión (que se encuentran en situación de búsqueda de empleo de la concesión de prestaciones de asistencia social que sí reconoce a los nacionales de su propio país que se encuentran en la misma situación. La sentencia del TJCE utiliza como puente la previamente comentada (asunto Dano) en la que en un supuesto semejante en el que se discute el válido acceso a las prestaciones de asistencia social se plantea si la igualdad de trato sólo puede exigirse para el supuesto de que los solicitantes de las prestaciones disfruten del derecho de residencia. Sin embargo, aprecia el Tribunal, el derecho a la conservación de la residencia sólo se conservará «... *durante un período que no podrá ser inferior a seis meses*» tal y como expresa el artículo 7.3, c) de la Directiva 2004/38, por cuyo motivo los derechos a las prestaciones sociales de las reclamantes no se extiende –ahora– más allá del plazo aludido[5].

5. CONCLUSIONES

Uno de los principios más permeables a la delicada situación económica que persiste en la Unión Europea desde el año 2008 es el vinculado al derecho de libre circulación y de residencia que ostentan los ciudadanos de los Estados miembros. Se puede considerar justificado que el reconocimiento de este derecho no alcance valores absolutos y el carácter de incondicional al margen de las capacidades económicas que ofrezcan las partes implicadas.

El giro que ha dado el legislador y, ahora más recientemente, el TJCE con las sentencias dictadas en los asuntos Dano y Alimanovic parece cambiar el rumbo que hasta tales precedentes había mantenido una interpretación extensiva del derecho de libre circulación de los ciudadanos miembros de la Unión. De hecho, podría afirmarse que hasta que se produce la sentencia TJUE, de 19 de septiembre de 2013, asunto Brey el criterio interpretativo había favorecido la ampliación del ámbito subjetivo del derecho de libre circulación y residencia de los ciudadanos.

Las limitaciones establecidas por estos nuevos precedentes jurisprudenciales parece anticipar una nueva época regresiva en la que se ha pasado a dificultar la posibilidad de que las personas que se trasladan con la intención de encontrar trabajo dentro del marco de la Unión Europea tendrán un tiempo limitado de caducidad para su opción migratoria, en la que la falta de recursos económicos puede erigirse como un factor determinante para excluir su derecho a fijar la residencia y buscar trabajo en un país distinto a aquel del que procede.

---

5. SUÁREZ CORUJO, B.: «Ciudadanos de segunda: los obstáculos a la libre circulación de los pobres (trabajadores). A propósito de la STJUE 15 de septiembre de 2015, Alimanovic», *Revista de Información Laboral num. 1/2016 parte Art. Doctrinal*, BIB 2016, 35, p. 1.

Lo cierto es que la proyección de las políticas de austeridad no hace previsible el pensar que la nueva doctrina que asienta el TJCE constituya un mero paréntesis. El viento a favor que corría en los años previos de consolidación del derecho de libertad de circulación y residencia en la Unión Europea parece haber cambiado de sentido. La interpretación que ahora se impone deja fuera a los colectivos más débiles, hoy en buena medida imposibilitados de tener acceso a una segunda oportunidad. Según la acertada visión que ofrece Suárez Corujo las recientes respuestas normativa y jurisprudencial ante la situación de los colectivos más vulnerables muestran «*una escasa sensibilidad hacia graves situaciones de necesidad que agrietan la solidez –política y moral– del proceso de construcción europea*»[6].

---

6.   Ibidem, p. 8.

PARTE III
Tutela de la ciudadanía española en el exterior

Capítulo 10

Adecuación del estatuto de la ciudadanía en el exterior a la luz de la nueva realidad emigratoria española

PILAR CHARRO BAENA

*Profesora Titular de Derecho del Trabajo
y de la Seguridad Social. Acreditada a Catedrática.
Universidad Rey Juan Carlos*

PABLO BENLLOCH SANZ

*Profesor Contratado Doctor de Derecho del Trabajo
y de la Seguridad Social.
Universidad Rey Juan Carlos*

1. INTRODUCCIÓN

Es un hecho incontestable –no así su lectura o interpretación– que la larga crisis económica y financiera que vive España desde el año 2007 ha producido cambios significativos en los movimientos migratorios desde y hacia España. Aunque todavía es pronto para conocer el alcance y las consecuencias de estos cambios, sobre todo porque la crisis no ha finalizado todavía, los datos existentes hasta el momento permiten establecer varias tendencias. Y una de ellas es el repunte de la emigración de trabajadores españoles a otros países, que hace algunos años fue cuantitativamente importante pero que en las dos últimas décadas fue sobrepasado por el aumento del número de inmigrantes llegados a nuestro país.

Cada vez que se produce un cambio en las tendencias migratorias existe cierta alarma social que habla de nuevos fenómenos como si no fueran del pasado, cuando lo cierto es que desde que la humanidad existe se han producido movimientos de población. De hecho, de no haber ocurrido en el pasado –hace unos 40.000 años– las grandes diásporas desde el continente africano, nuestras modernas culturas serían inexistentes. Puede decirse que los movimientos migratorios son consustanciales a la propia humanidad, si bien las causas y la intensidad de los flujos migratorios fluctúan según el momento[1].

Sin embargo, no es menos cierto que en las últimas décadas, las migraciones internacionales han alcanzado un volumen y una complejidad que han provocado que los diferentes Estados y otros actores tomen conciencia de los retos y oportunidades que presentan y se hayan convertido en un punto prioritario del orden del día de las políticas mundiales. Hoy, casi todos los países del mundo constituyen puntos de origen, tránsito o destino de migrantes; y no de forma excluyente.

Pero es que, además, dentro de las variables formas que revisten las migraciones internacionales actuales, dejando al margen las que se producen en el marco del asilo y del refugio político, así como los desplazamientos masivos ocasionados por la hambruna y los fenómenos naturales extremos (dando lugar a los llamados «refugiados climáticos»), la migración laboral ha cobrado protagonismo, reflejo inevitable de la desregulación de los mercados financieros y de la liberalización del comercio mundial sobre el mercado internacional del trabajo, proporcionando un impulso imparable de la organización y desarrollo estable de la actividad empresarial a escala mundial.

Y si las migraciones internacionales de carácter laboral parece que constituyen un hecho estructural en las sociedades actuales, en España revisten especiales rasgos, pues los cambios en la población y las migraciones han sido un factor muy influyente en el desarrollo económico en los últimos dos siglos.

Constituye un lugar común afirmar que la emigración española desde mediados del siglo XX hasta la actualidad se caracteriza en un primer momento por su carácter masivo y poco cualificado; más adelante le sucede un periodo protagonizado por los procesos de retorno y, finalmente, se

---

1. MARTÍN MARTÍNEZ, M.M.: «Derecho a la libre circulación y residencia», en AA.VV.: *El sistema universal de los derechos humanos,* Monereo Atienza, C. (dir.) y Monereo Pérez, J.L. (coord.). Comares. Granada, 2014, p.205.

deriva hacia una migración estable, aparentemente no masiva, pero altamente cualificada[2].

Probablemente esa descripción del panorama migratorio coincide en gran medida, y discurre de forma paralela, con el discurso oficial[3] en el que el término «emigrante» puede incardinarse con la salida masiva y poco cualificada de la primera época, que más adelante se sustituye por el de «ciudadano español en el exterior», más acorde con las políticas y medidas de retorno y, que en la actualidad, asume el de «movilidad exterior», que claramente puede acomodarse a esa migración estable pero cualificada característica de esta época.

Al margen de las implicaciones sociológicas de la evolución terminológica a la que se ha hecho referencia, lo cierto es que dichos términos se corresponden con los utilizados por la normativa que en cada momento ha regulado el fenómeno migratorio español. En otras palabras, lo que ahora se cuestiona es si el Estatuto de la Ciudadanía Española en el Exterior (en adelante Ley 40/2006) dio respuesta a la problemática particular del millón y medio de españoles que en ese momento residían fuera de España y sustituyó a la Ley 33/1971 sobre emigración, surge en este momento la pregunta de si la norma de 2006 puede dar soporte a esa migración estable y cualificada, ahora denominada «movilidad exterior», y con mayor rigor «movilidad internacional».

Vaya por delante que la Ley 40/2006 tiene como mérito el acoger un concepto de emigración nuevo, más actual y complejo que, por un lado, saldó la deuda histórica con el exilio y, por otro, respondía a los retos de la globalización, sin descuidar la emigración económico-laboral tradicional[4]. Y esa nueva concepción vino acompañada de un cambio en la terminología al referirse a la «ciudadanía española en el exterior», con preterición de los clásicos conceptos de «emigración» o «emigrantes», alejándose así de la expresión «trabajadores españoles en el extranjero», que

---

2. ALAMINOS, A., ALBERT, M.C y SANTACREU, O.: «La movilidad social de los emigrantes españoles en Europa», *Revista Española de Investigaciones Sociológicas (REIS)*, n. 129, 2010, p. 5.

3. ALBA MONTERSEN, S., FERNÁNDEZ ASPERILLA, A. y MARTÍNEZ VEGA, U.: *Crisis económica y nuevo panorama migratorio en España*. Fundación 1 de Mayo. Estudios, n. 5, 2013, p. 5.

4. SEMPERE NAVARRO, A.V.: «El estado social ante los ciudadanos expatriados», AA.VV.: *El Estatuto de la Ciudadanía Española en el Exterior. Comentarios a la Ley 40/2006, de 14 de diciembre, del Estatuto d ela Ciudadanía Española en el Exterior*, Sempere Navarro, A.V. (dir.) y Benlloch Sanz, P. (coord.). Aranzadi&Thomson Reuters, Cuzur Menor, 2009, p. 98.

utiliza el artículo 42 CE, y del término «emigración», al que alude el artículo 149.1.2.° CE.

La terminología no es neutra y en ella subyace una carga ideológica que no debe resultar indiferente. Pero es que, además, nos preguntamos si en esta nueva conceptuación podría quedar incluida la movilidad internacional y todas sus actuales manifestaciones entre las que se incluye la llamada «expatriación». Como se sabe, esta manifestación de movilidad geográfica internacional ha experimentado un espectacular desarrollo en la última década, con una evidente dimensión jurídica siendo para la empresa una respuesta racional a la durísima crisis y para el trabajador una fórmula idónea y «probablemente única» para garantizar su estabilidad y potenciar su promoción profesional futura[5].

2. RADIOGRAFÍA DE LA NUEVA EMIGRACIÓN ESPAÑOLA

2.1. BREVE RECORRIDO HISTÓRICO SOBRE EL HECHO MIGRATORIO

Con independencia de otros antecedentes, y circunscribiéndonos las salidas de españoles a Europa se han identificado hasta cinco fases en la emigración española después de la Segunda Guerra Mundial. Siguiendo a SANZ DIAZ[6] pueden describirse de la siguiente forma:

En una primera etapa, entre 1945 y 1956, se produciría un pequeño número de salidas espontáneas y se reactivaría la emigración estacional a Francia.

Una segunda fase, que se extiende entre 1956 y 1973, años en los que coincidieron la parcial liberalización de la economía española y su inserción en el mercado mundial y en la que las numerosas salidas se vieron completadas con una constante corriente de retornos –estimados en más de un millón de retornados entre 1960 y 1973–, lo que confirma el carácter temporal de esta emigración.

Desde 1973 hasta 1986, la tercera fase, las salidas se redujeron drásticamente sin interrumpirse por completo –todavía se registraron 220.000

---

5. MATORRAS DÍAZ-CANEJA, A.: «La expatriación de trabajadores: aproximación conceptual y aspectos jurídico-laborales críticos», *Revista del Ministerio de Empleo y Seguridad Social*, n. 105, 2013, p. 224.

6. SANZ DÍAZ, C.: «Las relaciones España-Europa en la segunda mitad del siglo XX: algunas notas desde la perspectiva de la emigración», *Circunstancia*, n. 25, 2011, disponible en http://www.ortegaygasset.edu/publicaciones/circunstancia/ano-ix---n--25---mayo-2011/articulos/las-relaciones-espana-europa-en-la-segunda-mitad-del-siglo-xx--algunas-notas-desde-la-perspectiva-de-la-emigracion

nuevos emigrantes según cifras oficiales– pero se vieron sobrepasadas por los retornos –más de medio millón–, concentrados en los años 1974-1976.

Con el ingreso de España en las Comunidades Europeas en 1986 se abre una cuarta etapa (1986-1992), caracterizada por tres aspectos fundamentales: los españoles pasan a ser considerados trabajadores comunitarios; se cierra el ciclo migratorio europeo, al ser 1988 el último año en que salieron más españoles hacia Europa de los que retornaron; y España se convierte a su vez paulatinamente en país de inmigración, con la creciente llegada de población extranjera.

A partir de 1992 se registran migraciones numéricamente muy restringidas de españoles a países europeos, tratándose cada vez más de desplazamientos protagonizados por trabajadores muy cualificados, profesionales y científicos, a los que se suman nuevos tipos de migrantes definidos por la búsqueda de determinados entornos ambientales, de estilos de vida nuevos y de pautas inéditas de consumo.

2.2. CUANTIFICACIÓN DEL FENÓMENO

Todos los estudios realizados desde el punto de vista demográfico-estadístico coinciden en poner de relieve la dificultad de cuantificar correctamente el número de españoles emigrados al exterior. Este fenómeno presenta un panorama diverso y complejo cuyas consecuencias inmediatas y a medio plazo requieren una información mucho más actualizada y de calidad para ser correctamente evaluadas.

En la actualidad son tres las fuentes estadísticas que se utilizan para contabilizar el número de españoles que han salido al exterior:

a) El Censo de Españoles Residentes en el Extranjero (CERA) que contiene la inscripción de los españoles residentes en el extranjero que reúnen los requisitos para ser elector.

b) La Encuesta de Variación Residencial o EVR, que elabora el INE basándose en las altas y bajas en el padrón producidas por los cambios de residencia realizados por los españoles, tanto en el ámbito nacional como en el exterior.

c) El Padrón de Españoles Residentes en el Extranjero o PERE que registra la población de nacionalidad española residente en el extranjero por país de residencia, sexo, edad, lugar de nacimiento y municipio de residencia. Este registro se configura con datos del Registro de Matrícula de cada Oficina Consular de Carrera o Sección Consular de las Misiones Diplomáticas que se remiten al INE.

Según los datos del Padrón de Españoles Residentes en el Extranjero (PERE), a 1 de enero de 2015, el número de personas con nacionalidad española que residen en el extranjero alcanzó los 2.183.043, lo que supone un incremento del 6,1% respecto a los datos del mismo mes del año anterior.

No obstante lo anterior, ha de enfatizarse la evidente dificultad que existe en cuantificar la emigración española, sobre todo desde el año 2008, fecha en la que en la mayoría de los casos el cálculo del número de españoles emigrados se hace por vía de estimación, dado que las fuentes estadísticas actuales se basan directa o indirectamente en las altas y bajas padronales.

La escasa fiabilidad de los datos basados en la inscripción padronal o consular obedece al carácter voluntario de la inscripción. Y lo cierto es que el emigrante no encuentra grandes incentivos que le muevan a darse de alta o de baja. Muy al contrario, la inscripción como residente en el extranjero conlleva la baja en el Padrón en España a la que se anudan una serie de efectos negativos, especialmente en materia sanitaria[7].

Además, cuando el destino son países de la Unión Europea, dadas las facilidades y garantías de circulación y residencia ofrecidas a los españoles como ciudadanos de la Unión, es aún menos atractiva la inscripción en el Consulado. En otros destinos, la lejanía de los consulados respecto al lugar de residencia desincentiva igualmente la inscripción.

A pesar de que las personas con nacionalidad española que residen en el extranjero superan en la actualidad la cifra de dos millones, lo cierto es que están lejos de alcanzar la cifra de 4.538.503 de extranjeros que a 1 de enero de 2014 residían en España, según la revisión oficial de las cifras del padrón municipal.

Pero lo verdaderamente importante sería conocer si en los últimos años, y como un efecto anudado a la crisis socioeconómica que está viviendo España, se ha producido una salida masiva de españoles. En este sentido y aunque desde el Gobierno se ha minimizado la magnitud de la «nueva emigración española», es indudable que, sin ser masiva, está aumentando *con* y *por* la crisis y lo está haciendo a un ritmo muy superior al que sugieren las cifras oficiales, que «miden mal y con retraso esta emigración»[8].

---

7. A partir del 1 de enero de 2014, se priva del derecho a la cobertura sanitaria a las personas desempleadas que, habiendo agotado la prestación o subsidio de desempleo permanecen residiendo, a lo largo de un año natural, fuera del país por un período superior a los 90 días. De ese modo, su asistencia sanitaria no será cubierta desde España, derecho al que habían accedido en enero de 2012.

8. GONZÁLEZ FERRER, A.: «La nueva emigración española: lo que sabemos y lo que no». *Laboratorio Alternativas*, n. 18, 2013, p. 16.

Si nos fijamos en los estudios más completos que hasta el momento se han llevado a cabo sobre esta cuestión, aunque datan del 2013, iniciada la crisis, el número de personas con nacionalidad española que se habrían marchado entre 2008 y 2012 estaría en torno a las 700.000, más del triple de lo que contabilizan todas nuestras fuentes oficiales que asciende a 225.000 personas[9].

Por el contrario, otras estimaciones más conservadoras proyectan una cifra entre 2009 y 2013, de 263.321 españoles emigrados o consideran que, en conjunto, el número de ciudadanos españoles nacidos en España y residiendo en el extranjero solo ha aumentado en 40.000 personas desde el año 2009, una cifra muy pequeña si se compara con nuestra población de más de 47 millones[10].

Sea como fuere, para aquilatar el alcance del fenómeno hay que tener en cuenta dos circunstancias particulares de nuestro país. Por un parte, un número de significativo de españoles adquirieron la nacionalidad fuera de España, consecuencia fundamentalmente de la Ley 52/2007, de 26 de diciembre, por la que se reconocen y amplían derechos y se establecen medidas en favor de quienes padecieron persecución o violencia durante la guerra civil y la dictadura (Ley de Memoria Histórica), que permite acceder a la nacionalidad española a los hijos y nietos de los españoles que se vieron obligados a abandonar España durante la Guerra Civil. El resultado de este proceso, que finalizó en diciembre de 2012, ha supuesto más de medio millón de solicitudes de nacionalidad y han sido aprobados y expedidos cerca de 300.000 pasaportes españoles nuevos. La gran mayoría de estos españoles nunca han residido en España, ni existen indicios de que mayoritariamente tengan intención de hacerlo, por mucho que sean españoles de pleno derecho.

Por otra, hay que tener en cuenta los procesos de nacionalización que permiten a ciertos colectivos de inmigrantes acceder a la nacionalidad española tras solo dos años de estancia legal en el país (extranjeros residentes procedentes de América Latina y Filipinas, más Andorra, Guinea Ecuatorial, Portugal y los judíos sefardíes). Baste señalar que sólo en el periodo comprendido entre los años 2001 y 2008, «periodo de mayor presión migratoria», se nacionalizaron un total de 365.000 personas, de las cuales el 70% eran latinoamericanas, y fundamentalmente ecuatorianas

---

9. GONZALEZ FERRER, A.: «La nueva emigración española...», cit., p. 17.

10. GONZÁLEZ ENRÍQUEZ, C.: «¿Emigran los españoles?», ARI 39/2013, Real Instituto Elcano, disponible en http://www.realinstitutoelcano.org/wps/portal/web/rielcano_es/contenido?WCM_GLOBAL_CONTEXT=%2Felcano%2Felcano_es%2Fzonas_es%2F-demografia+y+poblacion%2Fari39-2013-gonzalez-enriquez-emigran-los-espanoles#.VWWeiVIpq_B

de origen. Muchas de las salidas de españoles contabilizadas responderían en realidad a retorno de primigenios inmigrantes.

Ambos casos pertenecerían a la que se ha denominado como «migración neohispánica» como contraposición a la emigración de españoles nacidos en España no relacionados con la inmigración internacional[11].

2.3. PERFIL ACTUAL DEL CIUDADANO ESPAÑOL EN EL EXTERIOR

Pese a los déficits citados en la captación de datos a través de las altas y bajas padronales, se han distinguido cinco grupos de españoles en el exterior que varían según la época en que se inicia su proyecto migratorio[12]. Dichos grupos son los siguientes:

a) Los emigrantes españoles que en los años 60 se dirigieron a países del centro y norte de Europa, muchos de los cuales se quedaron definitivamente a vivir allí.

b) Los emigrantes españoles, y su hijos y nietos, que dejaron España a lo largo del siglo XIX y del XX –especialmente durante el período de la Guerra Civil y la posguerra– para trasladarse a varios países de América Latina, sobre todo a Argentina y Venezuela.

c) Los antiguos emigrantes españoles en cualquier otra zona del mundo, especialmente en EEUU, Canadá y Australia.

d) Los latinoamericanos que migraron a España, obtuvieron la nacionalidad española y, a raíz de la crisis económica, abandonaron el país y volvieron a su país de origen o se trasladaron a otro. Las estadísticas los registran como españoles viviendo en el extranjero pero, en la mayoría de los casos, no puede considerárseles emigrantes puesto que viven en su país de origen.

e) Los españoles nacidos en España que han emigrado Europa a partir de 2010.

Si nos detenemos en este último grupo, puede identificarse unos rasgos comunes que conformarían el perfil de esos nuevos emigrantes:

✓ Con destino preferente a Europa.

---

11. Domingo i Vallas, D., Sabater Coll, A. y Ortega Rivera, E.: «¿Migración neohispánica? El impacto de la crisis económica en la emigración española», *Empiria*, n. 29, septiembre-diciembre 2014, p. 28.
12. González Enríquez, C.: «*¿Emigran los españoles?*», cit., p. 1.

Los países de destino son, por este orden, Reino Unido, Francia, Alemania y Ecuador, en este último caso debido al retorno de emigrantes nacionalizados españoles de origen ecuatoriano. Si se trata de jóvenes, el Reino Unido y Alemania captaron aproximadamente el 85% de los emigrantes españoles en Europa durante el periodo 2009-2013.

✓ Con predominio de población joven masculina

Los jóvenes entre 18 y 35, son el colectivo más numeroso. Igualmente, entre 2008 y 2012, los flujos de salida se han masculinizado[13].

✓ Se trata de una inmigración cualificada

Pese a que se presenta como un rasgo novedoso de la nueva emigración, la mayoría de los jóvenes que emigran cuenta con un nivel de estudios medios o superiores, lo que no garantiza que el acceso al mercado de trabajo exterior sea conforme a la titulación.

✓ Con clara motivación laboral

La emigración actual está claramente laboralizada, frente a movimientos migratorios anteriores más preocupados por otros intereses, por ejemplo, formativos o políticos.

✓ Con patrones de retorno por definir

Tratándose el retorno de un fenómeno multicausal, resultaría aventurado establecer parámetros de retorno en la actual emigración española. Si bien es verdad, que parece que mayoritariamente asumen el proyecto migratorio con vocación temporal y no permanente, lo cierto es que los emigrantes más cualificados tienden a no retornar y en los demás casos, solo entre un 20% y un 50% retornan dentro de los primeros años.

3. RETÓRICAS Y PRÁCTICAS SOBRE LA EMIGRACIÓN: DISCURSO Y MEDIDAS QUE SE REPITEN

De entrada, debe advertirse que desde la época de la gran emigración, a fines del siglo XIX, los movimientos migratorios españoles se han contemplado recurrentemente bien como un problema o bien como una oportunidad.

Pese a que las nuevas formas de emigración podían aventurar nuevas retóricas, el discurso oficial actual sobre la emigración no difiere mucho

---

13. GONZÁLEZ FERRER, A.: «La nueva emigración española...», cit., p. 17.

del que construyeron las autoridades franquistas. Como se ha señalado[14], el discurso oficial actual sobre la emigración se aleja, como en la segunda mitad del siglo XX, de connotaciones negativas, se abstrae y se abstiene del contexto económico en que se producen las salidas.

Así es, en el siglo XX se pasó de una visión negativa del fenómeno emigratorio, apoyada en la postura conservadora que defendía que la nación y los intereses nacionales debían estar por encima de los intereses individuales, a un factor necesario, incluso imprescindible, para el desarrollo económico del país[15]. En la misma línea, en la actualidad no sólo se recupera esa visión positiva, sino que se reproducen las señales enviadas desde Europa respecto a la solución que la emigración puede proporcionar a los graves problemas del mercado de trabajo español. De hecho, puede hablarse de un auténtico impulso político que se ha trasladado a algunas normas, como la Ley 3/2012, de 6 de julio, de medidas urgentes para la reforma laboral y, en especial, el Real Decreto 1674/2012 de, de 14 de diciembre, en el que se afirma que en «la Ley 3/2012, de 6 de julio...se hace especial referencia a la necesidad de que muchos jóvenes bien formados abandonen el mercado de trabajo español y busquen oportunidades en el extranjero, motivada por la incertidumbre a la hora de entrar en el mercado de trabajo, los reducidos sueldos iniciales y la situación económica general de nuestro país (...)». Discurso amable que han reproducido y apoyado tanto en los medios de comunicación como por las propias empresas.

No han faltado tampoco, en ambos momentos históricos, la consideración de la emigración como un regulador económico deseable para aliviar la tensión social, una «válvula de escape», en suma, que posibilita al mismo tiempo elevar el nivel de vida y reducir los conflictos internos. Al mismo tiempo, se reproduce también, aunque con menos intensidad, la alusión a la importancia de las remesas que según cifras del Banco de España aumentaron en 2013 un 22,5% respecto al año anterior y que por primera vez superan a las remesas que envían los inmigrantes extranjeros residentes en España[16].

Ello no impide poner de relieve que existen diferencias entre la retórica de principios de siglo y la época actual. Por un lado, en nuestros días

14. ALBA MONTERSEN, S., FERNÁNDEZ ASPERILLA, A. Y MARTÍNEZ VEGA, U.: *Crisis económica y nuevo panorama migratorio en España*, cit., p. 33.

15. GIL LÁZARO, A Y FERNÁNDEZ VICENTE, M.ªJ.: «Los discursos sobre la emigración española en perspectiva comparada. Principios del siglo XX – Principios del Siglo XXI», Documentos de Trabajo ILEAT (Instituto de Estudios Latinoamericanos – Universidad de Alcalá) n.73, abril 2015, p. 14.

16. GIL LÁZARO, A Y FERNÁNDEZ VICENTE, M.ªJ.: «Los discursos sobre la emigración española en perspectiva comparada...», cit., p. 21.

hay cierta banalización de los movimientos migratorios vinculándolos al «impulso juvenil y aventurero»; por otro, tampoco existía en la década de los 60 la equiparación entre los trabajadores españoles que emigran y los profesionales cualificados europeos[17].

Otra novedad respecto a épocas anteriores es el cuestionamiento sobre el porqué de la emigración actual, como una manifestación más del descontento de la sociedad civil que se cristaliza en el movimiento 15-M. Se trata de un discurso contrario a la emigración, que como tal se ha extendido en las redes sociales, que se definen como «transnacionales y apartidistas», formados por emigrantes del Estado español y simpatizantes, cuyo objetivo es «luchar contra las causas y quienes han provocado la crisis económica y social que nos obliga a emigrar», como es el caso de Marea Granate[18] o «No Nos vamos Nos echan»[19] que argumenta que la «juventud se ve obligada a elegir entre el paro, la precariedad o el exilio forzado. Sin embargo, esta última opción tampoco es la solución: fuera de nuestras fronteras no se encuentra el paraíso laboral. La precariedad es un mal endémico en toda Europa, se sufre igual en inglés, alemán y francés que en castellano». Se da visibilidad de esta manera a una forma muy distinta de percibir la emigración actual y sus protagonistas frente a la que imponen el discurso oficial.

Junto a esas retóricas que se reproducen en distintos momentos, se repiten también prácticas en ambas épocas pese a las notables diferencias de contexto existentes. Pueden señalarse al respecto, las guías orientativas publicadas en la actualidad por el INJUVE, que recuerdan a algunas prácticas de la emigración asistida que patrocinaba el Instituto Español de Emigración o los cursos que se organizan para preparar a los candidatos a emigrar que presentan claras similitudes con los Curso de Preparación Ambiental (PASE) que impartía el Instituto Español de Emigración[20].

4. PANORAMA DE LA NORMATIVA SOBRE EMIGRACIÓN

4.1. APUNTE HISTÓRICO

Por más que tanto la situación socioeconómica de épocas pasadas como los textos normativos difieran enormemente respecto de los actuales,

---

17. ALBA MONTERSEN, S., FERNÁNDEZ ASPERILLA, A. Y MARTÍNEZ VEGA, U.: *Crisis económica y nuevo panorama migratorio en España*, cit.,p.33.

18. http://mareagranate.org

19. http://www.nonosvamosnosechan.net

20. ALBA MONTERSEN, S., FERNÁNDEZ ASPERILLA, A. Y MARTÍNEZ VEGA, U.: *Crisis económica y nuevo panorama migratorio en España*, cit., p. 35.

siempre resulta interesante realizar un breve repaso de lo que ha sido la normativa española sobre emigración hasta la vigente Ley 40/2006[21].

Sentado lo anterior, siguiendo a Olarte[22], las diferentes normas han sufrido una evolución que va desde las normas claramente represivas hasta las que asumen una posición garantista.

En un primer momento, hasta 1845, se transita desde la represión a la tolerancia que sin declarar expresamente la libertad de emigración, reconoce la libertad personal y atenúa la respuesta represiva, aunque sometiendo a numerosas restricciones y limitaciones el hecho migratorio.

Más adelante la emigración se liberaliza. De manera expresa, la Constitución de 1869 reconoce la libertad de emigración, que luego se plasma en la Ley de 21 de diciembre de 1907, que aun siendo una ley permisiva, deja traslucir una valoración negativa de la emigración, lo que había sido una constante hasta ese momento. Por su parte, el texto refundido de 1924 introduce dos modificaciones importantes: por un lado la laboralización de la inmigración; por otro, el cambio administrativo que supone que las competencias en materia de emigración pasan del Ministerio de la Gobernación al Ministerio de Trabajo.

La Constitución de 1931, aunque sin traducción en la modificación del marco legal vigente en ese momento, evoluciona de la emigración como libertad a la emigración como derecho.

A partir de la Ley de 17 de julio de 1956 se inicia una nueva etapa de tímida promoción de la emigración, que posteriormente pasa a tutelarse con mentalidad proteccionista durante todas sus fases (previa, durante el viaje, la ayuda en el exterior y eventual repatriación) a través del Instituto Español de Emigración. Ello provoca una clara instrumentalización por parte del Estado que crea un servicio público en régimen de «monopolio de colocación en el exterior», que promueve pero a la vez limita ya que la salida exterior sólo es posible bajo el estricto control estatal.

Por último, la Ley 33/1971, de 21 de julio, no introdujo ningún cambio sustancial y reforzó los principios recogidos en la norma de 1956.

---

21. SÁNCHEZ TRIGUEROS, C. Y FERNÁNDEZ COLLADOS, B.: «Objetivos de la Ley 40/2006 y normas concordantes» en AA.VV.: *El Estatuto de Ciudadanía Española en el Exterior*, cit., p. 143.

22. Olarte Encabo, S.: «Los derechos económicos y sociales de los trabajadores españoles en el exterior y la política de retorno: el marco constitucional (art.42 CE)» en AA.VV.: *El Estatuto de Ciudadanía Española en el Exterior*, cit., p. 124.

4.2. LA CONSTITUCIÓN DE 1978 Y LA LEY DE 40/2006, DE 14 DE DICIEMBRE

La atención que presta la CE al fenómeno de la emigración se concreta, por un lado, en el reconocimiento *ex* artículo 19, con el máximo rango de derecho fundamental, del derecho a elegir libremente residencia, a circular por el territorio nacional y entrar y salir libremente de España en los términos que la Ley establezca, sin que pueda ser limitado por motivos políticos o ideológicos. Por otro, con una referencia específica en el artículo 42, inserto entre los principios rectores de la política social y económica, precepto que tiene dos grandes apartados: una admonición a los poderes públicos para que velen por la salvaguardia de los derechos económicos y sociales de los trabajadores españoles en el extranjero; este mandato, por lo demás, es parte un todo y no puede entenderse al margen del resto de los principios rectores de la política social y económica; y la específica indicación de que el Estado ha de orientar su política hacia el retorno de esas personas[23].

Ente ambos párrafos existe un nexo común, consecuencia de una lectura sistemática del propio precepto con los artículos 14 y 9.2 CE, que es la garantía del principio de igualdad de los ciudadanos españoles en el exterior y los que residen el territorio español.

Por lo que aquí interesa, lo importante es saber si los artículos 42 y 149.1.2.ª establecen una concepción de las situaciones de movilidad transnacional más amplia que la que corresponde a los supuestos de emigración en sentido tradicional. La referencia diferenciada que hace el art 42 CE a «los trabajadores españoles en el extranjero "ofrece por sí misma argumentos para rechazar su asimilación [excluyente] con la emigración"» (Molina Marín, 2009:358).

Por otro lado, su inclusión en el Título III determina que el artículo 42 CE esté llamado a una «interpretación dinámica y no meramente tutelar o reparadora, ajustada a la realidad social y conforme con una interpretación sistemática del entero texto constitucional» (Prados de Reyes y Olarte Encabo, 2003:14002), con lo que eventualmente podría dar soporte a la regulación del fenómeno de la movilidad internacional.

Con un injustificado retraso respecto del mandato del constituyente, tras casi 30 años desde la aprobación CE, la Ley 40/2006, de 14 de diciembre, aprueba el Estatuto de la Ciudadanía Española en el Exterior, expresión ésta, la de ciudadanía española en el exterior, con la que se pretende

---

23. SEMPERE NAVARRO, A.V.: «El estado social ante los ciudadanos expatriados», cit., p. 94.

modernizar el fenómeno de los movimientos emigratorios de españoles. Probablemente con esta nueva denominación también se pretendía desligar el movimiento internacional de españoles de connotaciones políticas que habían provocado el exilio masivo de conciudadanos tras la finalización del conflicto bélico interno y la implantación de la dictadura, por más que esta Ley fue tributaria de esos acontecimientos y pretendiera reconocer y ponerlos en valor.

Según reza su Exposición de Motivos, la finalidad de la citada Ley es ambiciosa, pues pretende configurarse como el marco jurídico que garantice a la ciudadanía española residente en el exterior el ejercicio de sus derechos y deberes constitucionales, en términos de igualdad con los españoles residentes en España. Se erige, por tanto, como una ley marco, lo que entre otras razones se justifica por los objetivos fundamentales que persigue, que puedan agruparse en cuatro bloques:

a) Garantizar el ejercicio de los derechos y deberes de los españoles residentes.

b) Atender y desarrollar actuaciones en materia de retorno.

c) Promover y fomentar el movimiento asociativo de los españoles en el exterior y la participación institucional en materia de inmigración.

d) Establecer los mecanismos más adecuados para la cooperación y coordinación de las Administraciones Públicas en este sentido.

Así formulados, cualquiera de estos objetivos podría ser asumido en una futura regulación de las nuevas formas de movilidad internacional cualquiera que fuera su motivación.

Es más, la Ley 40/2006, como se ha afirmado anteriormente, consagra una ampliación del ámbito subjetivo de la movilidad internacional de ciudadanos españoles, ya no necesariamente limitado al tradicional emigrante.

5. MOVILIDAD INTERNACIONAL COMO EXPRESIÓN MÁS ADECUADA PARA REFERIRSE AL FENÓMENO DE LA NUEVA EMIGRACIÓN

Como se anticipó, la globalización de la economía, la internacionalización y la deslocalización en sus distintas vertientes y manifestaciones ha supuesto un espectacular desarrollo de lo que se denomina «movilidad internacional», aunque no resulta novedoso, puesto que el fenómeno cuenta con antecedentes históricos en nuestro país[24].

Sin duda alguna, una de las principales características de las nuevas manifestaciones de salida de españoles al exterior es que engloba realidades, finalidades, motivaciones y perfiles diversos. Desde luego incluye la salida de españoles por motivos laborales propiciado (cuando no impuesto) por las propias empresas, pero también aglutina otras realidades muy distintas, que responden a fines no necesariamente laborales (salidas voluntarias por motivos políticos o religiosos –en la actualidad hay un incipiente movimiento activo que lleva a participar en conflictos armados defendiendo posiciones que van desde el yihadismo a los movimientos nacionalistas de ultraizquierda– o, por qué no, por ese espíritu aventurero al que alude el discurso oficial imperante) donde impera una enorme casuística y que no cuenta, hoy por hoy, con un término omnicomprensivo del que puede extraerse una significación jurídica.

Sentado lo anterior, puede considerarse que la expresión más acertada para designar y englobar todas aquellas manifestaciones que pueden incluirse en lo que se ha denominado como nueva emigración, es la de «movilidad internacional» a secas, término omnicomprensivo tras el que subyace «una realidad muy versátil a efectos definitorios»[25], por el que se apuesta muy frecuente en Latinoamérica bajo la modalidad de «movilidad humana», que alude no solo a las diferentes manifestaciones que puede revestir este nuevo fenómeno de salida de ciudadanos al exterior de sus países, sino también a líneas políticas de gestión o que adjetivan órganos de máximo nivel dentro de las estructuras gubernamentales (Ministerio o Viceministerio).

Nos separamos así de otras propuestas que la designan como «movilidad geográfica internacional de trabajadores»[26] o que caracterizan a la movilidad internacional como «en el empleo»[27] que vinculan casi en exclusiva la movilidad a la dimensión laboral de quienes acometen por

---

24. PASCUAL FABRA, M. Y ESCALERA IZQUIERDO, G.: «La gestión de la expatriación: conceptos y etapas clave», Boletín Económico del ICE, n. 2870; febrero-marzo 2006, p. 43.

25. ALEMÁN PAEZ, F.: *La movilidad geográfica. Problemática social y régimen jurídico. Tecnos,* Madrid, 2001, p. 50.

26. MOLINA MARTÍN, A. M.ª.: *La movilidad internacional de trabajadores. Régimen jurídico laboral de la prestación de servicios en el extranjero,* Editorial de la Universidad de Granada, Granada, 2009, p. 84.

27. MATORRAS DÍAZ-CANEJA, A.: «La expatriación de trabajadores: aproximación conceptual...», cit., p. 227.

acuerdo o por ejercicio de poder de dirección empresarial la salida de nuestro país.

Al mismo tiempo, esa expresión se aparta y distingue con claridad de la utilizada por el discurso oficial –movilidad exterior– deliberadamente empleada para encubrir la importancia cuantitativa de la salida de españoles desde el 2008, como se demostró en epígrafes anteriores.

Por otro lado, la opción por la que se decanta este trabajo no sólo no impide que puede englobarse en la misma la denominada expatriación, sino que la atiende en sus diversas manifestaciones (expatriación en sentido estricto, asignación o desplazamiento temporal, expatriación virtual o los supuestos de expatriación impropia). En la misma línea, se incardinan fenómenos *intra* o extracomunitarios y desde una vertiente temporal, la preparación del proyecto, la llegada y permanencia en el exterior, su conclusión y la eventual repatriación.

En suma, la desvinculación de la dimensión laboral excluyente, en otras palabras la deslaborización, permite dar carta de naturaleza al carácter multidimensional y multidisciplinar que adjetiva intrínsecamente un fenómeno como el que se está analizando y, al mismo tiempo, desborda los tradicionales supuestos de emigración hoy superados que no extinguidos, por esa ampliación del ámbito subjetivo de la Ley 40/2006.

6. HACIA UNA NUEVA REGULACIÓN DE LA MOVILIDAD INTERNACIONAL DE LOS CIUDADANOS ESPAÑOLES AL EXTERIOR

Con anterioridad a la aprobación de la Ley 40/2006, era una opinión generalizada en los estudios sobre la movilidad internacional de ciudadanos españoles al exterior el afirmar que la normativa hasta ese momento en vigor resultaba insuficiente, incompleta y fragmentada... ya que «para concretarla hay que buscarla en múltiples, variadas y dispersas normas de las distintas ramas del ordenamiento jurídico»[28]. Y a pesar del loable propósito compilador de la norma de 2006, no alcanzó plenamente su objetivo. Es más, probablemente cegada por otras finalidades declaradas en la propia y limitada por deudas históricas que trataba de saldar, la norma no puedo (o no supo) abordar el fenómeno de la movilidad internacional en toda su extensión, ni atisbar el crecimiento que iba a producirse en alguna de sus manifestaciones, como es la de la expatriación.

---

28. ROJO TORRECILLA, E.: «El derecho a una política de protección de los trabajadores migrantes», en AA.VV.: *Comentario a la Constitución socio-económica de España*, Monereo Pérez J.L., Molina Navarrete, C. y Moreno Vida, N. (dir.), Comares, Granada, 2002, p. 1540.

Lo que se pretende es defender que la norma reguladora del estatuto de la ciudadanía española en el exterior comprenda y regule todas esas manifestaciones, incluyendo las expatriaciones.

Pero ¿puede la norma, con la correspondiente modificación obviamente, cumplir este cometido? Entendemos que sí, que no solo puede sino que debería incluir, disposiciones, que con carácter de mínimo, ampararan todas esas nuevas realidades, en particular, la relativa a la expatriación. Bastaría la mención a dos de los principios básicos de la Ley 40/2006 para fundamentar lo defendido anteriormente. Por un lado, el ya mencionado principio de expansión subjetiva, que pasa de emigrante a ciudadano español en exterior, ampliación subjetiva reforzada por la deslaboralización de la movilidad internacional. La norma que regule el estatuto de la ciudanía española en el exterior debe dar cabida a todos los supuestos de salidas al exterior, no sólo los casos de emigración tradicional o de movilidad por motivos laborales.

El segundo de los principios a los que nos referimos es el de la garantía a la ciudadanía española en el exterior del ejercicio de los derechos y deberes constitucionales en términos de igualdad con los españoles residentes en el territorio nacional. Esta perspectiva igualadora, entendida «de forma razonable, como propiciadora de soluciones promocionales y específicas»[29] acredita que la norma del 2006 puede seguir cumpliendo su función de ley marco de la movilidad internacional.

Por otra parte, que la Ley 40/2006, reafirme su condición de norma marco actualizada y con un ámbito de aplicación ampliado no solo no va en contra, sino que se acomoda perfectamente a los otros tres objetivos que aquélla persigue, es decir, atender y desarrollar actuaciones en materia de retorno, promover y fomentar el movimiento asociativo de los españoles en el exterior y la participación institucional en materia de inmigración y establecer los mecanismos más adecuados para la cooperación y coordinación de las Administraciones Públicas en este sentido.

Es más, repárese que la norma del 2006 es *a priori* tributaria de una interpretación estricta del artículo 42 CE excesivamente vinculada a la dimensión laboral de la emigración, por lo que resulta contradictorio que obvie toda referencia al fenómeno de la expatriación y los aspectos de la relación individual de trabajo, siguiendo la tradición de que son las cuestiones de protección social las que han tenido hasta el momento la exclusiva en el marco normativo regulador de la emigración[30]. Sí pueden

---

29. SEMPERE NAVARRO, A.V.: «El estado social ante los ciudadanos expatriados», cit., p. 101.
30. MOLINA MARTÍN, A. M.ª.: *La movilidad internacional de trabajadores*, cit., p. 390.

encontrarse referencias, si bien programáticas, al desarrollo de las relaciones de trabajo en el extranjero, por ejemplo en el artículo 22.2 al tratar los derechos en materia de empleo y ocupación, cuando señala que «el Estado velará por las condiciones del desplazamiento de profesionales y trabajadores españoles por empresas radicadas en el exterior y facilitará la contratación de trabajadores españoles residentes en el exterior», aunque insuficientes para regular en la actualidad las salidas al exterior que se originan por motivaciones laborales y, en particular, las que se agrupan bajo la denominación de expatriación.

Con todo, dando por sentado que la movilidad internacional no está en todo caso vinculada a una relación laboral, existente o no, puede afirmarse que atendiendo a los principios básicos de la Ley 40/2006, desde una perspectiva constitucional, debería cumplir el objetivo de convertirse en una regulación marco, suficiente y completa, por contraposición a la situación actual, de los fenómenos de movilidad internacional.

Para finalizar este pequeño trabajo, se va a hacer referencia a unas pinceladas generales de cómo tendría la Ley 40/2006 que identificar aquellos supuestos que deben ser englobados con perspectiva actualizada en lo que se ha denominado movilidad internacional y en qué condiciones han de producirse las distintas fases por las que discurre.

a) La incursión normativa en el complejo mundo de las diferentes modalidades de movilidad internacional ha de hacerse por el margen que concede el respeto al Derecho de la Unión Europea y a la normas de derecho internacional privado.

b) Pese a que formalmente la Ley 40/2006 atribuye, en bloque y con carácter exclusivo, al Estado las competencias en materia de emigración, el propio texto de la norma matiza ese carácter dando una entrada a las Comunidades Autónomas muy por encima de esa atribución estatal, lo que debe seguir siendo una línea de actuación.

c) En los supuestos de movilidad internacional por razones laborales debe conjugarse el propósito flexibilizador, que aquí se traduce en buscar fórmulas que disminuyan y racionalicen costes y allanen el camino para la solución de inconvenientes fiscales y de Seguridad Social, con la seguridad que exige esa perspectiva igualadora a la que anteriormente se hacía alusión, lo que se debe convertir en mecanismos de protección adaptados al contexto internacional que eviten que el trabajador en el extranjero tenga peor condición que el residente en España.

Al margen de ello, las condiciones particulares en que se produce el traslado al exterior deberían estar recogidas no solo en los pactos individuales –contrato de expatriación o carta de asignación internacional–

como ocurre en la actualidad, sino en convenios de empresa o reglamentos de régimen interior. Ello no impide que la Ley 40/2006 pudiese recoger, entre otros, unos principios generales en orden a la coordinación de sistemas de seguridad social, contando siempre con la normativa de la Unión Europea o con los convenios bilaterales de Seguridad Social, en caso de países extracomunitarios.

En la misma línea, deberían recogerse las particularidades de determinadas prestaciones, en particular de las no contributivas y, en concreto, la forma en que podría salvarse el requisito de la residencia España para el trabajador expatriado, siempre pensando en esa perspectiva de igualación con el trabajador residente en España.

d) Como se sabe, entre las condiciones que figuran en los acuerdos de expropiación o de asignación internacional se incluyen aspectos que, en algunos casos tienen la consideración de salario en especie, que bien podrían recogerse en la Ley 40/2006, fijando unos mínimos necesarios que garantizasen que el traslado al exterior no supone una peor condición de trabajador expatriado en comparación con el trabajador a tiempo completo comparable de su mismo grupo profesional. Nos estamos refiriendo, entre otras, a la determinación de qué se considera como unidad familiar, la utilización de servicios de *relocation* en el país de destino, traslado de enseres, gastos de localización de vivienda, ayudas para la formación de hijos o planes que permitan la reintegración del cónyuge o pareja de hecho a su carrera profesional, prestaciones *in natura* que faciliten la adaptación al entorno, etc.

Dichas previsiones se deberían recoger dando por sentado que las mismas podrían ser de aplicación no sólo en las casos de prestación laboral de servicios, sino en otras formas de prestación de servicios al margen del ordenamiento laboral o para supuestos de movilidad que no conlleven el desarrollo de un empleo o profesión.

e) Debe ponerse mucho más énfasis en la regulación de las fases del proceso de movilidad, combinando la autonomía de la decisión o, en su caso del pacto de movilidad, con la regulación de determinados aspectos que la práctica ha revelado como necesarios y que debe ser apoyada de cierta intervención de las diferentes Administraciones Públicas. Especial importancia debe tener la repatriación o retorno, potenciando la que se produzca por decisión individual y no de manera forzada por las circunstancias o por decisión empresarial. La experiencia en la gestión de recursos humanos vinculada a la expatriación acredita que se trata de un aspecto poco asumido, cuando no olvidado y que, a la postre, resulta de gran trascendencia no solo para el propio afectado sino para la empresa.

f) Especial atención debería prestarse a la labor de información antes, durante y al concluir el proceso de movilidad que debe ser asumida de manera compartida por empresas o instituciones y por las Administraciones Públicas.

g) La experiencia adquirida por la gestión de la expatriación por empresas e instituciones y la aparición de foros o páginas especializadas en este ámbito, puede resultar de tremenda utilidad para la labor que actualmente desarrollan los consejos de residentes, cuya estructura y funciones deberían ser modificadas de acuerdo con el ámbito de aplicación ampliado que se propone de la Ley 40/2006.

7. A MODO DE CONCLUSIÓN

La crisis económica y de transformación en la que España se encuentra inmersa ha puesto de manifiesto, entre otros muchos aspectos, un fenómeno que hace algunos años fue cuantitativamente importante, pero que posteriormente fue sobrepasado por el aumento del número de inmigrantes llegados a nuestro país, como es la emigración de españoles, mayoritariamente por motivos laborales, pero no solo, a otros países, también denominada movilidad internacional. Este fenómeno parece que irá en aumento, aunque probablemente no de manera tan significativa como algunos afirman porque en los análisis estadísticos se engloban tanto a los españoles de origen como a aquellos que han adquirido la nacionalidad española, y que en puridad deberían ser considerados como «retornados».

En este contexto, la normativa general sobre emigrantes españoles que se contiene en la Ley 40/2006, de 14 de diciembre, del Estatuto de la ciudadanía española en el exterior, no se adecúa a la realidad actual. Frente al emigrante en el que pensaba el legislador constituyente, y al que se adapta la referida Ley, surge ahora un nuevo perfil que se adapta a las nuevas manifestaciones de la movilidad internacional. Resulta necesaria la modificación de la referida Ley para incluir disposiciones que con carácter de mínimo amparen las nuevas realidades e incluya expresamente la expatriación por motivos laborales.

Capítulo 11

El papel de las Comunidades Autónomas en el apoyo a la emigración española

María del Carmen Burgos Goye

Profesora Colaboradora Doctora
Derecho del Trabajo y de la Seguridad Social
Universidad de Granada

1. INTRODUCCIÓN

El Reino de España en sus veintiún siglos de existencia ha sido objeto de una evolución multilineal: país de emigración, tránsito e inmigración, situaciones no excluyentes sino que coexisten sincrónicamente. Nuestro examen lo vamos a centrar en la primera premisa «emigración», porque durante muchas décadas, nuestro país ha sido tierra de emigración, convirtiéndose este hecho en un fenómeno constante, motivado en unos casos por razones políticas, como consecuencia de las exigencias del exilio sufrido por muchos españoles tras la guerra civil, y en otras ocasiones, por razones económicas. En este trabajo analizaremos en la primera parte, las causas y estado jurídico regulativo de esta materia, en nuestro país para poder comprender el porqué de nuevo, hemos vuelto a ser un «país de emigrantes». En la segunda parte, mostraremos como el legislador español hasta la fecha, ha estado más preocupado ante la llegada, más o menos masiva, en demasiados casos dramática, de inmigrantes a nuestro territorio, y en cambio no ha prestado la misma atención a la actividad de esos más de dos millones de españoles que viven fuera de nuestro país, en la mayoría de las ocasiones por motivos involuntarios y cuyo número se ha incrementado exponencialmente en la actualidad como consecuencia de la crisis que atraviesa España y cuyos problemas ancestrales continúan sin ser resueltos como son: la integración en la sociedad de acogida o cuando decide retornar a España.

Situación que queda reflejada en la concisa y transversal legislación estatal en esta materia, cuyo eje axial pivota en la tutela del emigrante en el extranjero, delimitando su actuación a los aspectos relativos a la ciudadanía en el exterior, con la finalidad de mejorar sus condiciones de vida y facilitar su retorno voluntario, mientras que, de forma coetánea y circunscrita a idéntico ámbito subjetivo, la política autonómica en esa materia se proyecta en los títulos que tiene atribuidos en sus correspondientes Estatutos de Autonomía (ET) y en las políticas de desarrollo de los mismos, entre cuyos destinatarios se encuentra el ciudadano español que reside en el exterior, de modo que, en el momento actual, resulta imposible reflexionar sobre la emigración española, sin tener en cuenta las funciones y competencias de las Comunidades Autónomas(CCAA), que independientemente de la mayor o menor incidencia de este colectivo en su territorio, deben detraer parte de sus recursos a organizar y planificar servicios para éstos, realidad que provoca que, a pesar de que el grado de convergencia de las políticas de integración sean paralelas (aunque en muchas ocasiones divergentes), acaben a la postre, bifurcando sus actuaciones y fines, perjudicando al sujeto que realmente es objeto de protección «el emigrante español», cuya presencia cuantitativa es cada vez más significativa pero que sin embargo, su encaje en la actual ley marco Ley 40/2006, exigen una necesaria reformulación para impedir como *de facto* se está produciendo, que el trabajador español en el extranjero tenga unas condiciones más deficientes que el residente en España.

2. EL CONTEXTO NORMATIVO EN MATERIA DE EMIGRACIÓN

2.1. LIBERTAD DE CIRCULACIÓN

El derecho del individuo a entrar en un país que no sea el propio, no aparece recogido en ningún instrumento internacional, puesto que, se trata de una cuestión que afecta a la soberanía del Estado[1]. En cambio, si se reconoce en la legalidad internacional[2], el derecho a abandonar el propio país

---

1. STC 72/2005, 4 de abril, *BOE núm.* 111/2005, 10 de mayo, Fj 6. En la que nuestro Alto Tribunal, interpreta que el 13.1 CE, sin ninguna ambigüedad, no incluye el derecho a entrar en España como derecho fundamental de los extranjeros, lo cual supone una quiebra con la línea jurisprudencial precedente, que sostenía que una vez que se reúnen los requisitos legales para residir en España (y mientras se mantenga dicha situación de legalidad), el extranjero no se mueve en el plano de la mera legalidad, sino que goza de la protección del art.19 CE, tal y como señalan entre otras, SSTC 94/93, 116/93 y 242/94.
2. Entre otros, art. 13.2 de la Declaración Universal de los Derechos Humanos; art.12.2 del Pacto Internacional de Derechos Civiles y Políticos, ambos instrumentos reconocen la

y a regresar al mismo, en consonancia con esta orientación el constituyente español no reconoce expresamente el derecho a emigrar, si en cambio, el derecho de los españoles a entrar y abandonar España. En todo caso, nos encontramos ante un derecho que no lleva anejo un correlativo deber. De modo que, siguiendo esta premisa, un ciudadano español a la luz del mandato constitucional, no puede ser privado arbitrariamente de su derecho a entrar y salir de España, pero por el contrario, sí se puede prohibir la entrada de extranjeros a nuestro país, siempre que esta no se adopte de forma arbitraria, puesto que, la aplicación escrupulosa de la literalidad de esta proposición, llevaría como corolario a que, no se pueda reconocer el derecho al salir del propio país sino existe posibilidad alguna de solicitar la entrada en otro país distinto, es decir, se dejaría vacío de contenido el derecho a libertad de circulación y residencia, reconocida como derecho fundamental en el art 19 CE, por su imposibilidad práctica de ejecución.

En este sentido, la sistematización de la emigración en nuestro texto constitucional, se ubica *ex* el art. 42, en concreto, en el Capítulo III del Título I, sobre los «Principios rectores de la política social y económica», lo que implica que, en realidad nos encontramos, más que ante el reconocimiento de un derecho de los ciudadanos, ante un compromiso por parte del Estado de cumplir la exigibilidad jurídico-legal y que además, deben informar todas las actuaciones de los poderes públicos, la legislación positiva, la práctica judicial, de acuerdo con lo previsto en el artículo 53 CE, por lo tanto, sólo podrán ser alegados ante la jurisdicción ordinaria de acuerdo con lo que dispongan las leyes que los desarrollan. En ese sentido, en el referenciado art.42 CE, se impone por el constituyente español, un doble mandato de obligaciones positivas al Estado. De una parte, debe garantizar los derechos económicos y sociales de los emigrantes, exiliados y sus descendientes; y de la otra, su actuación política (entendemos de adaptar sus decisiones normativas) deben ir dirigidas a facilitar la integración social y laboral de los retornados. De modo que, su inaplicación supondría no solo la conculcación del principio de *igualdad formal*, recogido en el canon del art. 14 de nuestra carta magna, sino también de la

---

libertad de tránsito, de residencia, de salida y el retorno); el Convenio 97 de la OIT, relativo a la discriminación en materia de empleo y ocupación, de 1958 y el 143 sobre los trabajadores migrantes, ambos básicos en materia de emigración; el Convenio 117 de la OIT, relativo a las normas y objetivos básicos de la política social, de 1968; la Carta Social Europea, de 1978(art.18); el Convenio Europeo de Trabajadores Emigrantes y sus familiares, de 1977 (art.8, recoge la libertad de escoger la residencia, de salir de cualquier país incluso del propio y el derecho de retornar pero no la libertad de tránsito) y el Convenio Europeo de Seguridad Social, de 1972. En todos ellos, se reconoce el derecho del ciudadano frente al Estado de procedencia, pero no impone obligación de aceptación al Estado de destino.

igualdad material, reconocida en el art. 9.2 del mismo texto, dirigida a todos los individuos y grupos a los que puede afectar la acción del país, un Estado que se define constitucionalmente como «social» y que, por tanto, no puede actuar prescindiendo de esa naturaleza respecto de ninguno de los destinatarios de sus normas[3].

En puridad, lo que pretende el constituyente es por motivos de carácter político-jurídico, abandonar el posicionamiento tutelar paternalista, que hasta este momento había mantenido y garantizar en la medida de lo posible, un trato igualitario al que el disfrutan el resto de españoles y evitar de este modo, su discriminación. De ahí que, no resulte llamativo que el derecho a emigrar figura en el marco regulador de nuestra carta magna como competencia exclusiva estatal en el art 149.1.2, junto a las materias de nacionalidad, inmigración, extranjería y asilo, lo que viene a corroborar la voluntad tuitiva del legislador en relación a este colectivo. No obstante, la interpretación del contenido de este precepto en mimbres de exclusividad, hoy día no se ajusta a la realidad, puesto que actualmente las Comunidades autónomas tienen competencias tangenciales en diferentes aéreas que afectan a esta materia como: educación, sanidad, vivienda, etc. y consecuentemente se produce la concurrencia en algunos títulos competenciales. Fruto del contenido de otros preceptos constitucionales como son: Art.143 que reconoce «el derecho a la autonomía». El art. 147 atribuye a los Estatutos de Autonomía la condición de «norma institucional básica de cada Comunidad Autónoma» y «parte integrante» del ordenamiento jurídico del Estado. El 148, que «habilita a las Comunidades Autónomas para la asunción de competencias en materias muy variadas». Y el art. 150, que permite que el Estado pueda transferir delegar en las Comunidades Autónomas competencias de titularidad estatal[4]. En base a lo expuesto, se deduce que la pátina de exclusividad que el constituyente da a entender que las competencias respecto de las distintas cuestiones que tienen que ver con el régimen jurídico de los emigrantes españoles que se encuentran fuera de nuestro país y deciden retornar a España, corresponden de forma exclusiva al Estado. Sin embargo, a la luz de los diferentes Estatutos de Autonomía y sobre todo, de sus modificaciones y asunción de competencias no adjudicadas inicialmente a los mismos, éstas han ido adquiriendo cada vez mayor protagonismo, situación que ha originado que sea puesta en tela de juicio, ese monopolio competencial

---

3. URIARTE TORREALDAY.A.: «Algunas Reflexiones Críticas a partir de la Jurisprudencia sobre Inmigración Irregular», *Revista de Derecho Político*, n. 74, UNED, enero-abril 2009, pp. 291-329, especialmente p.297.

4. GARCÍA MURCIA, J. Y CASTRO ARGUELLES, M.A.: «La Distribución de Competencias en materia de Inmigración», *Temas Laborales*, Vol. I. n. 100,2009. pp. 227-263, especialmente p. 229.

ex constitutione, que debe interpretarse como cooperación y colaboración y no como exclusión[5]. Además, dados los caracteres actuales de la realidad migratoria (*emigratoria*) en España, ésta no puede considerarse una competencia exclusiva del Estado, porque esto supondría no sólo invadir títulos sectoriales de las CCAA, sino la imposibilidad de la puesta en marcha de estrategias públicas adecuadas ante un fenómeno de naturaleza transversal[6]. En cualquiera de los casos, las previsiones estatales en estas materias deben entenderse como mínimo necesario para la integración de los emigrantes, no de máximos que prohíban el reconocimiento de otros derechos distintos por la legislación autonómica[7].

Sentado lo anterior, el cumplimiento del mandato constitucional programático previsto en el art.42, se normativiza tardíamente (en concreto, veintiocho años después) en la *Ley 40/2006, 14 de diciembre del Estatuto de la ciudadanía española en el exterior* (LECEX)[8], según invoca en su Exposición de Motivos, parte II. puntos 2,3 y 4, obedece a la necesidad de establecer una política integral de emigración y de retorno para salvaguardar los derechos económicos y sociales de los emigrantes, de los exiliados y de los descendientes de ambos, y para facilitar la integración social y laboral de los retornados, asimismo recoge los correlativos deberes básicos de cooperación entre el Estado y las Comunidades Autónomas y señala los mecanismos necesarios para lograr coordinar sus actuaciones, que deben estar conexas con el resto de agentes implicados: Administración local, agentes sociales y organizaciones y asociaciones de emigrantes, exiliados y retornados. Este elenco de objetivos responde a la voluntad de constituir el marco jurídico básico de la emigración, tal y como se señala en el art.1 de la presente norma y de este modo, conseguir los fines previstos que se formulan en el mismo precepto y que se agrupan en una triada de pretensiones que se recaban en la parte dispositiva de la Ley. La primera, la igualdad entendida no únicamente como la «formal» proclamada en el en el art.14 CE, ni tampoco como mero valor superior que informa todo el ordenamiento jurídico(art.1CE) sino que va más allá y que lleva integrada

---

5. MONEREO PÉREZ, J.L.: Competencias Autonómicas en Asistencia Social Y Servicios Sociales», en *Temas Laborales* Vol. I. n. 100/2009, pp. 295-328.
6. MONTILLA MARTOS, J. A.: «Las funciones y las competencias de las Comunidades Autónomas en inmigración», en E. AJA, J. A. MONTILLA y E. ROIG, *Las Comunidades Autónomas y la inmigración*, Tirant lo Blanch/Institut de Dret Public, Valencia, 2006, p. 28.
7. ROIG, E., SANTOLAYA, P. Y GONZÁLEZ PENEDO M.A.: «Comunidades Autónomas e inmigración», *Anuario de Derecho Constitucional y Parlamentario*, n° 14, Madrid, 2002, p. 205. Aunque estos autores hacen referencia al «inmigrante» que considero perfectamente extrapolable al «emigrante», en el caso de nuestro ordenamiento jurídico.
8. *BOE* núm. 299, de 15 de diciembre de 2006, *Rec*.21991 pp. 44156-44166.

como algo indivisible a la misma la «igual material» proclamada en el art 9.2 CE, que debe ser entendida como una obligación multinivel que tienen los poderes públicos –Administración estatal, autonómica y local– que deben promover en sus respectivos ámbitos y que debe ir destinada a eliminar los obstáculos y facilitar la participación entre todos los individuos, en nuestro caso, españoles independientemente del lugar donde se encuentren. La segunda, la conservación de los lazos e identidad cultural con nuestro país en general y con su territorio en particular, forman parte del marco normativo y planes de actuación dirigidos a los emigrantes que residen en el exterior o que han decidido regresar a España, es una obligación que tienen todas las administraciones, que deben velar para que las personas que emigran no pierdan su vínculo ni con España ni tampoco con su Comunidad autónoma de origen. Y el tercero, refuerza las líneas básicas de la acción protectora de las Administraciones Públicas, tanto para la mejora de la calidad de vida de los españoles residente en el exterior, como para la integración social y laboral de aquellos españoles que decidan retornar a España.

En todo caso, hay que tener presente que el ámbito subjetivo fijado *ex* art.2, tiene un espectro horizontal suficientemente amplio, que hace que continúe estando vigente hoy día, a pesar de que fue promulgada hace una década, puesto que, aunque la realidad emigratoria haya cambiado, sin embargo, no lo han hecho los sujetos que forman su ámbito subjetivo. No obstante, no todo son parabienes sino que desde una valoración de conjunto, se puede decir que, entre sus deficiencias destacan: que no reconoce derechos *ex novo,* sino que en la praxis se limita a recoger derechos *a priori* reconocidos por el constituyente y desarrollados más tarde en leyes dispersas y de rango inferior. Lo novedoso, fue unificar ese elenco de derechos e incardinarlos en este Estatuto, así como crear los mecanismos necesarios para poder ejercitarlos. Aunque es reprochable que, en lugar de establecer una sistemática adecuada, en la que se distingan los derechos fundamentales de aquellos otros que no lo son, o de los principios rectores, se procede a una agrupación temática, incluyendo en cada uno de los Capítulos, derechos cuyo tratamiento debe de ser diferenciado, por razón de su protección y eficacia directa[9]. Esta disociación que ha cristalizado en una desafortunada utilización de técnica-jurídica, crea desde mi punto de vista, una innecesaria dispersión y confusión que sería soslayable fácilmente con la mera agrupación de los derechos en función de su

---

9.   GOIG MARTÍNEZ, J.M.: «Derechos de la Ciudadanía Española en el Exterior», en *Revista de Derecho UNED*, núm. 7,2010, pp. 325-372, especialmente p.347.

protección, sin embargo esta asistematicidad, dificultad la correcta interpretación de los mismos.

2.2. CUANTIFICACIÓN DEL FENÓMENO

Una de las cuestiones obligadas para comprender la incidencia de este fenómeno en nuestro país, es la necesidad de cuantificar[10] el número de españoles que trabaja fuera de España, siendo el primer problema detectado, la dificultad para obtener datos oficiales estadísticos fidedignos, apreciándose desde el año 2008, los indicadores evaluados son la *Estadística de Migraciones del INE*, en la que no se registran exhaustivamente a todos los españoles que residen en el extranjero. Se trata de una estadística de reciente creación, elaborada a partir de las variaciones residenciales en la base de datos del Padrón Municipal de Españoles Residentes en el Extranjero (PERE, que no refleja los flujos de entrada y salida, sino que muestra una foto fija anual), que se contrastan con los Registro de Matrícula de la Oficina Consular correspondiente a su residencia. En base a las cifras oficiales citadas, la primera a fecha 1 de enero de 2016, cuantifica la misma en 2.305.030 personas con nacionalidad española, dato que supone un incremento del 5,6% a principios de enero de 2016, cuya causa principal está motivada por el hecho de haberse producido 166.858 naturalizados más que en 2014 (el número total de españoles nacidos en el extranjero empadronados es de 1,09 millones)[11].

No obstante, este crecimiento[12] debe ser matizado por una dualidad de factores. De una parte, las nacionalizaciones de españoles vía *Ley 52/2007, 26 de diciembre, de Memoria Histórica* que en su disposición adicional séptima, simplificó la adquisición de la nacionalidad española por opción a los descendientes de españoles que emigraron de España tras el inicio de la guerra civil y la dictadura, por lo que, el crecimiento se

---

10. Según el Instituto Nacional de Estadística (INE), a fecha 1 de Enero de 2016, en número total de la población española residente en nuestro país ascendía a 46.624.382 millones de personas.

11. Instituto Nacional de Estadística. Nota de Prensa, 17 de marzo de 2016, http://www.ine.es/prensa/np962.pdf

12. Cfr. GONZÁLEZ-FERRER, A.:» La nueva emigración española. Lo que sabemos y lo que no sabemos», *Zoom Político*, Fundación Alternativas núm. 18, 2013, pp. 5-8. Publicado online en Fundación Alternativas, http://www.falternativas.org/laboratorio/libros-e-informes/zoom-politico/la-nueva-emigracion-espanola-lo-que-sabemos-y-lo-que-no. Esta demógrafa eleva esta cifra a 700.000 personas, por lo que según esta elevada cuantía que triplica en la práctica a las cifras ofrecidas por las fuentes españolas, se subestiman sustancialmente la emigración de españoles al exterior.

explica más por el incremento en la nacionalización de estos ciudadanos extranjeros como consecuencia de referenciada Ley y el retorno a sus países de inmigrantes nacionalizados que por la nueva emigración económica. Y de la otra, el Censo Electoral de Residentes Ausentes (Según esta fuente oficial, alrededor de 140 .000 españoles se han marchado en 2015). En relación a los destinos elegidos en el año anterior, han sido preferentemente: Argentina, EE.UU., Alemania, Francia y Cuba. No obstante lo anterior, hay que tener presente, que se ponen en tela de juicio estos datos gubernamentales, que considero que en modo alguno se ajustan a la realidad, debido a una miscelánea de razones. La primera, es la propia metodología utilizada, al requerirse como procedimiento «la auto-inscripción» de los emigrantes en el Consulado correspondiente[13], actuación que no siempre realizan debido al carácter facultativo-declarativo de las inscripciones padronal o consular y que se agrava por el hecho de que esta no sólo no se encuentra incentivada (a excepción, de poder participar en los procesos electorales y referéndum que se convoquen en España, a través de la Oficina de Correos y ejercer el «voto rogado» o para solicitar asistencia consular ante situaciones de necesidad, en caso de que carezca de medios para el retorno a España), sino todo lo contrario, *de facto* se penaliza y conlleva agregada una pérdida de derechos prestacionales y sociales en nuestro país. Y de otro lado, para inscribirse, hay que demostrar que tiene reconocida la situación jurídica-administrativa de residencia permanente o que permanecerá en el país de destino al menos un año, para lo que se precisa de un permiso de trabajo de un mínimo de este periodo de tiempo, una condición que no cumplen muchos de los españoles a la llegada a su nuevo destino porque no siempre fijan su residencia fija en el primer lugar al que llegan y a veces, tardan meses o años en inscribirse en los censos consulares (al tratarse de una inscripción voluntaria), gastos que se incrementan por la distancia desde la ciudad de residencia al consulado, ajuste y perdida de trabajo productivo para ajustarse a los horarios de apertura, trabas

---

13. De conformidad con lo previsto en el Real Decreto 3425/2000, de 15 de diciembre, *BOE* núm. 3 (en vigor desde el 3 de enero de 2001), *Rec.*174, pp. 152 – 1579. Establece «que los españoles que se hallen en el extranjero deberán «darse de alta»– como residente o no-residente, la primera se aplicará a la persona que traslada su residencia al extranjero y la segunda a quien se encuentra temporalmente fuera de España (art.1) y en el caso de las bajas, si se hubiera producido la inscripción consular también debe notificarse, sino transcurrido un año de la misma sin hacerlo, se produce automáticamente «la baja de oficio» (art.5.3). Sin embargo, en la práctica, sus efectos son imperceptibles, puesto que, en caso de omisión, no afectan en modo alguno a la protección consular que corresponde a los españoles que se encuentren en el extranjero (art.2.3).

312

en trámites administrativos inexplicables, etc. Otros, nunca lo hacen[14]. Además la baja en el padrón municipal español, conlleva la pérdida de otros derechos prestacionales y sociales vinculados al arraigo en nuestro país– atención sanitaria no de urgencias[15] o puestos en listas de espera para vivienda de protección oficial[16]– o bien, a la privación de pensiones asistenciales, que conlleva la pertenencia a una determinada Comunidad autónoma. Consecuentemente, se produce una infra-notificación a los Consulados, que sólo realizan este trámite si no existe otra solución –renovar el pasaporte, inscribir a alguno de sus hijos–, lo que puede suceder al cabo de meses o años de vida en el extranjero. A lo que también debe añadirse, la divergencia que existe entre las cifras oficiales españolas con la de los países donde han emigrado los españoles, lo cual implica la necesidad de revisar y replantear otra metodología para medir de forma más fiable este movimiento de población y hacer desaparecer esa «*bolsa*

---

14. FUENTES CASTRO, D.: «Cómo no hacer cálculos sobre emigración juvenil», El diario. es, 17 de mayo de 2015,.Versión digital en el sitio web http://www.eldiario.es/zona-critica/hacer-calculos-emigracion-juvenil_6_388871126.html

15. Que ha obligado a modificar la Disposición adicional, sexagésima quinta, del Texto Refundido de la Ley General de la Seguridad Social, que limita la asistencia sanitaria a aquellos españoles que permanezcan en el extranjero durante más de 90 días en un año natural y se encuentren en situación de desempleo. Así como la Ley 16/2003, de 28 de mayo, de cohesión y calidad del Sistema Nacional de Salud, apartado 2.d) por la disposición final 11 de la Ley 22/2013, de 23 de diciembre, de Presupuestos Generales del Estado para el año 2014 en la que se añade la «obligación de residir en España» para los desempleados que hayan agotado la prestación o subsidio de desempleo a partir del 1 de enero de 2014,; así como, la Ley 40/2006, de 14 de diciembre, del Estatuto de la ciudadanía española en el exterior y el RD 8/2008, de 11 de enero, por el que se regula la prestación por razón de necesidad a favor de los españoles residentes en el exterior y retornados, modificado por la Ley 26/2015, de 28 de julio, de mecanismo de segunda oportunidad, reducción de la carga financiera y otras medidas de orden social, exige desde el 1 de enero de2016, que el derecho a la atención sanitaria con cargo a la Administración de los ciudadanos españoles queda ligado a la residencia. De modo que, si el emigrante se registra como «permanente», implica que a partir de los tres meses de residencia en el exterior, deja de tener validez la tarjeta sanitaria europea que les daba cobertura siempre que el país de destino fuera Suiza, algún país de la UE o un miembro del Espacio Económico Europeo, porque en esos casos está ligada a la española. Aunque en el caso de regresar a España pueden recuperarla personándose en cualquiera de los Centros de Atención e Información de la Seguridad Social (CAISS) sí la pierden durante su estancia fuera y eso es algo que frena especialmente a los que se marchan a buscar trabajo o consiguen empleos precarios.

16. Real Decreto 233/2013, de 5 de abril, por el que se regula el «Plan Estatal de fomento del alquiler de viviendas, la rehabilitación edificatoria, y la regeneración y renovación urbana, 2013-2016», exige para poder ser beneficiario de una vivienda de alquiler art.11.b.1.

fantasma de emigrantes nacionales no computados[17], una corrección de esta medición[18], es la realizada en Reino Unido, que paralelamente al sistema oficial utilizado por los indicadores oficiales, ha diseñado un «sistema de encuestas», que cuantifica las entradas y salidas del país en el momento en que se producen. De esta forma, si trasvasamos este sistema a España, aunque sólo sea estadísticamente, los datos oficiales dejarían de ser una forma de subestimar la emigración española, si bien, su mayor inconveniente radica en que, esta metodología implica una dotación de recursos importante y no siempre se asegura su continuidad en el tiempo para hacer el seguimiento. Además este sistema, también presenta como deficiencia no contemplar otros indicadores también esenciales para que esta metodología sea eficaz, como son: el nivel de estudios y la situación laboral antes de realizarse la salida a la emigración, entre otros. En todo caso, España están muy lejos de poder crear y mantener herramientas adecuadas que les permitan detectar, de forma permanente, información cualitativa o indicadores subjetivos. En general, a nivel europeo no se evidencia la capacidad operativa para avanzar en este tipo de indicadores, aunque sí la necesidad de hacerlo[19].

Sin embargo, a pesar de la escasa fiabilidad de las fuentes oficiales de medición metodológicas empleadas, resulta incuestionable que desde que la actual crisis en la que se encuentra inmerso nuestro país, se ha producido la mayor tasa de emigración de la historia de España tanto en términos relativos como absolutos. Pero quizás lo más preocupante, no sea que estas cifras no se aproximan a la inmigración que según el INE a 1 de enero de 2015, cuantificaba en 4.718.864 la población extranjera, es decir, un descenso de 304.623 personas extranjeras que han abandonado nuestro país desde el 2013, de ahí que, según estos indicadores oficiales «la inmigración actualmente duplica a emigración», fenómeno de ralentización que se inició en 2009. En cualquiera de los casos, este comportamiento es

---

17. PRATS, JAIME.: «El Precio de la Exclusión ¿A cuántos españoles ha expulsado la crisis?», Diario EL PAÍS, 17 de Enero de 2014, puede consultarse enhttp://sociedad.elpais.com/sociedad/2014/01/17/actualidad/1389990285_962730.html

18. Desde 2008, la recopilación de datos sobre migración, nacionalidad y asilo se ha basado en el Reglamento (CE) n° 862/2007 y los grupos de países candidatos a 1 de enero del año de referencia figuran en el Reglamento de Ejecución (UE) n° 351/2010,en el que se fijan entre otros aspectos, el conjunto básico de estadística sobre flujos de migración internacional, sin perjuicio de Estados miembros pueden seguir utilizando todo dato pertinente en función de la disponibilidad y la práctica de cada país, las estadísticas recogidas con arreglo al Reglamento deben basarse en definiciones y conceptos comunes.

19. PHILLIMORE, J, y GODSON, L.: «Making a Place in the Global City: The Relevance of Indicators of Integration», *Journal of Refugee Studies*, 2008, vol. 21 (3), pp. 305-325, especialmente p.311.

multicausal. En primer lugar, por las salidas de inmigrantes hacia otros países o hacia su lugar de origen, pero también debido a las nacionalizaciones así como el menor ritmo de entradas por la pérdida de atractivo de la situación económica española. A lo expuesto debe adicionarse el hecho, de que simultáneamente a que los flujos de salida se intensificaban también se produce el crecimiento de nuevas inscripciones en el extranjero de los nacidos en España que según el PERE, en 2015 han sido 70.135, lo que supone casi un 20% más que el año anterior y el doble de lo que se registró en 2008, es decir la cifra más alta desde que hay registros consulares que recojan estos indicadores[20]. Sin embargo, hay que tener presente que estos datos son bastantes complejos y deben ser tratados con la debida cautela en su utilización y sobretodo, en su interpretación, puesto que, muchos de estos nacimientos son de nietos de españoles que han recuperado la nacionalidad española o se les han concedido la nacionalidad y regresan a los países donde nacieron, a los que hay que sumar, que la crisis del mercado laboral español, con cifras que superan los cinco millones de parados, hace que se invisibilice y le reste importancia a que parte de los inmigrantes que no encuentran trabajo en nuestro país regresen a su país de origen y que, a su vez, también españoles que se encuentran en otros países, ante las escasas o nulas condiciones de acceso al mercado de trabajo fuera de nuestras fronteras, a la par que precarias o cuando las condiciones laborales que se les ofrecen no se ajustan a sus expectativas, optan por retornar a España. Además, en el actual contexto de libertad de circulación que existe en el ámbito europeo, existe un importante contingente migratorio que no figura registrado en ningún censo.

Consecuentemente, cuando hablamos de magnitud de la emigración, estamos aludiendo a unas cifras cuestionables y que son objeto de inter-

---

20. Obligación *de iure*, al exigirse la inscripción de los hechos relativos a la identidad, estado civil y demás circunstancias de la persona, que recoge expresamente la Ley 20/2011, 21 de julio, del Registro Civil *BOE* núm. 175, de 22/07/2011 (entrada en vigor, 30 de Junio de 2017), pp. 81468 – 81502, *Rec.* 12628. Que corresponden según dispone en el art. 24» *A las Oficinas Consulares del Registro Civil, entre otras funciones: Inscribir los hechos y actos relativos a españoles acaecidos en su circunscripción consular, así como los documentos extranjeros judiciales y no judiciales y certificaciones de Registros Civiles extranjeros que sirvan de título para practicar la inscripción»* (además son también obligatorios registrar asientos sobre: el certificado o título académico que posea, el domicilio en el país de residencia y el municipio de inscripción en España a los efectos electorales). Si bien, debe, en primer lugar, practicar la inscripción de nacimiento en el Registro Civil local de la localidad donde haya nacido el hijo. Después, sin plazo de tiempo, debe dirigirse a la Oficina Consular más próxima a donde haya nacido su hijo para que se practique la correspondiente inscripción de nacimiento. A lo que debe añadirse, que si no realiza n esta inscripción previa de nacimiento del hijo nacido en el extranjero, no podrá inscribirse la nacionalidad española, art 68 del mismo cuerpo legal, hasta que la realice.

pretaciones divergentes, dependiendo del sujeto que la realice sea gubernamental o autonómico o por el contrario, sea académico o «no oficial», así como del sistema de medición utilizado y dentro de este el indicador que se tome como referencia –*Vgr.* el PP, en la *Sesión del Gobierno* de 13 Marzo de 2015, a la interpelación sobre la cuantificación numérica de los jóvenes emigrados que se han marchado de España durante el periodo 2012-2014, estima esta cifra en 24.638; y para ello, toma como referencia dos variables: edad y nacimiento–. En relación a la primera, la edad utilizada como indicador va desde los 15 a los 29 años y; en cuanto a la segunda, el nacimiento, este debe haberse producido en España porque considera que no se pueden considerar igual a quienes vinieron con sus padres inmigrantes antes de la crisis y ahora se han marchado, es decir, desde mi punto de vista, está legitimando la exclusión social de los españoles naturalizados, discriminación a todas luces, inconstitucional. En cambio el PSOE, tomando idénticas referencias, fija la cohorte la edad de 18-35 años, además realiza una ampliación del ámbito subjetivo al incluirse, a todos los jóvenes que se han marchado de España que tengan la nacionalidad española, produciéndose como consecuencia de esta modificación de indicadores, una elevación en las cifras a 38.398 los expatriados españoles para el mismo periodo. De lo expuesto, se desprende que los datos que ambos han esgrimido son ciertos, y coinciden con las cifras barajadas, que según el INE para el periodo expuesto 2012-2014, alcanzan un total de 525.358 emigrantes españoles. Pero la diferencia estriba es que cada uno filtra las cifras según conviene a su argumentación ideológica. Así pues, el PP para ofrecer un dato rebajado y el PSOE para obtener una cifra más invectiva. En relación a la justificación por parte del partido de la oposición del indicador utilizado en esta baremación, alega su ajuste a las demandas europeas recogidas en el «*Plan de Garantía Juvenil*»[21], de conformidad con la Recomendación del Consejo(2013/C 120/01) 22 de abril de 2013, sobre el establecimiento de la Garantía Juvenil, que en su primera propuesta fijaba los requisitos que, con carácter general, deben reunir las personas jóvenes desempleadas para poder inscribirse:1) tener entre 16 y 24 años, ambos inclusive, en el momento de realizar la inscripción; 2) estar en desempleo y no recibir ningún tipo de formación o educación reglada y; 3) no debían haber transcurrido más de cuatro meses tras quedar desempleados o acabar la educación formal. En el primer caso, se requiere estar inscrito en un registro del servicio de empleo. Mientras que en el segundo, es más flexible, al requerirse únicamente que haya abandonado la educación reglada, sin exigir estar realizando una búsqueda activa de empleo, características diseñadas para los denomi-

---

21. Pueden consultarse estos documentos en http://ec.europa.eu/esf

nados eufemísticamente «ni-nis», si bien, en ambos supuestos, los plazos para poder beneficiarse de estas ayudas en la contratación son comunes (4 meses). Cuya trasposición en nuestro ordenamiento jurídico se produjo por la Ley 18/2014, 15 de octubre, de «*Aprobación de Medidas Urgentes para el Crecimiento, la Competitividad y la Eficiencia*», en concreto el Capítulo I, rubricado «*Sistema Nacional de Garantía Juvenil*», en el que se establecía en el art. 88.3, en relación a los requisitos, el de «edad», que fija en mayores de 16 años y menores de 25, o menores de 30 años en el caso de personas con un grado de discapacidad igual o superior al 33%, que cumplan con los requisitos recogidos en esta Ley; y que finalmente, la Ley 25/2015, 28 de julio, de *Mecanismo de Segunda Oportunidad, Reducción de la Carga Financiera y otras Medidas de Orden Social*», ha modificado en su Disposición final duodécima, limitándola hasta los 30 años, hasta que su tasa de desempleo se sitúe por debajo del 20 %. Ampliación que ha sido posible en virtud del art. 16 del Reglamento del FSE, rubricado «*Orientaciones para la aplicación de la Iniciativa sobre Empleo Juvenil*» de Septiembre de 2014, en él se otorgó a los Estados miembros la posibilidad de ampliar el límite de edad. En el mismo sentido, se ha pronunciado el *Fondo Europeo de Adaptación a la Globalización* (FEAG) en su art. 6.2, que permite que los Estados miembros solicitantes presten, hasta el 31 de diciembre de 2017, servicios personalizados cofinanciados por el FEAG tanto a los «ni nis» menores de 25 años, o cuando los Estados miembros así lo decidan a los menores de 30 años.

En todo caso, lo que realmente se ha producido es un cambio hay una dimensión del tema, sacando a la luz la visibilidad a este nuevo hecho. Pero en realidad los factores expuestos «maquillados por las cifras oficiales», responden en la práctica a encubrimientos interesados gubernamentales[22] sobre la tragedia del vaciamiento de población que se está produciendo en nuestro país[23], sobre todo la cualificada, cuyos efectos se pretenden

---

22. *Cfr.* Que han tenido su reflejo jurídico– legal, en la Ley 3/2012, 6 de julio, *de Medidas Urgentes para la Reforma del Mercado Laboral, en su Exposición de Motivos se refiere a: la necesidad de que muchos jóvenes bien formados abandonen el mercado de trabajo español y busquen oportunidades en el extranjero, motivada por la incertidumbre a la hora de entrar en el mercado de trabajo, los reducidos sueldos iniciales y la situación económica general de nuestro país.* Así como en la reforma de la Ley 56/2003, 16 de diciembre, *de Empleo,* con la introducción del artículo 4 bis «La Estrategia Española de Empleo», reproduce esa idea dentro de las medidas que debe potenciar las políticas activas de empleo «la movilidad», tanto por el Estado como por parte de cada una de las Comunidades Autónomas.

23. PRATS, JAIME.: «La población sigue cayendo al reducirse el número de extranjeros», Según rúbrica el Diario «EL PAÍS», en la sección de economía, 21 de Abril de 2015. Disponible on line http://politica.elpais.com/politica/2015/04/21/actualidad/1429611164_741481.html. El último año, la población ha disminuido en todas las

minimizar bajo el paraguas de eufemismos trasnochados como» «movilidad exterior» o «impulso aventurero» de los jóvenes[24], cuyo fenómeno no ha dejado de aumentar desde 2009 y que en realidad, obedece a una vía forzada de salida del desempleo, subempleo y de la figura del «falso autónomo».

Además hoy día, resulta incuestionable, que nuestro país ha pasado a formar parte del grupo de Estados «exportadores» de mano cualificada[25] y a la vista de los indicadores oficiales, si bien, resulta imposible cuantificar esta tipología de emigración, por la sinergia de una dualidad de variables. En primer lugar, se desconoce el puesto que han desempeñado. Y en cuanto a la segunda, es debida a que los emigrados inscritos, son reacios a declarar la titulación académica real que poseen, sobre todo, si esta información le es solicitada por los registros del país de origen(en nuestro caso, el PERE), que por otro lado, tampoco incentiva a esos migrantes para que informen del cambio del país de residencia, por lo que su papel como herramienta para medir el capital humano español residente en el exterior, resulta a todas luces ineficaz, tal y como refleja la inexistencia en la actualidad, de registro administrativo alguno que ofrezca una información fiable sobre estos desplazamientos[26] que a mi juicio, una posible solución, sería su constatación con las estadísticas de entrada de personas de nacionalidad española en los países de destino. Por todo ello, resulta necesario que todas las administraciones públicas implicadas, manejen y ofrezcan cifras reales sobre el flujo continuo de descapitalización profesional de nuestro país en general y de su territorio en particular y presenten respuestas satisfactorias a las reivindicaciones de este colectivo que recla-

---

autonomías excepto Baleares y Murcia, y la ciudad de Melilla. Las mayores caídas en números relativos se han producido en Castilla y León, Castilla-La Mancha y Andalucía, con una tasa del 1%.

24. INFORME DE ORGANIZACIÓN INTERNACIONAL DE LAS MIGRACIONES «*La emigración de profesionales cualificados: una reflexión sobre las oportunidades para el desarrollo*», 29 de Diciembre de 2012, p.13. En la que su responsable, Secretaria General de Inmigración y Emigración, Marina del Corral, ha justificado de forma ofensiva y del todo desafortunada, los motivos de la emigración de nuestros jóvenes talentos.

25. *Vid*, FERNÁNDEZ AVILÉS, J. A.: «Los profesionales altamente cualificados en el derecho migratorio», *Justicia laboral: Revista de Derecho del Trabajo y de la Seguridad Social*, núm. 55, 2013, pp. 39-92.

26. *Cfr.* RIVAS VALLEJO, P.: Migración Española del siglo XXI y Políticas Migratorias Públicas, *Revista General de Derecho del Trabajo y de la Seguridad Social* 40, 2015, p. 112. Señala que desde 2002 no se publica el *Anuario de Migración*, El PERE (Padrón de Españoles Residentes en el Extranjero), el CERA (Censo Electoral de Residentes Ausentes) o la EVR (Estadística de Variaciones Residenciales) pueden servir a estos fines, aunque carecen de completa exactitud porque un importante contingente migratorio no figura registrado en tales censos.

man legítimamente mejores salarios, condiciones laborales y desarrollo de una carrera profesional, que hoy por hoy, España les está negando. De manera que, si realmente existe voluntad de salvar esta fuga de profesionales, es preciso plantear una política integral, transversal de todos los actores implicados, coherente con estrategias nacionales de competitividad, desarrollo, educación, empleo, inversión e investigación, que actualmente no se hace y que de efectuarse supondría transformar la actual situación de «*brain drain*» (fuga de cerebros) en «*brain gain*» (ganancia de cerebros) y evitaría evitar situaciones de sobre cualificación de la mano de obra, con el consiguiente «desperdicio» o *«brain waste»*, que lamentablemente nos hemos venido acostumbrando a aceptar e implícitamente a validar y legitimar.

En todo caso, con los datos de la crisis cuando se discute que han emigrado de España más de 500.000 españoles, da la sensación de que hay una emigración masiva y esto en realidad considero que es una falacia, sin perjuicio de que estamos perdiendo población sobre todo, cualificada esto es lo más importante, es decir, nos encontramos ante la tesitura para España en estos momentos, es que hemos pasado en la última década a que nuestras Universidades hayan generado (*y continua haciéndolo*), a muchos profesionales en niveles de alta cualificación y un nivel de competitividad en Europa elevado y sin embargo, como no somos capaces de emplearles aquí se están marchando fuera, y este es el problema porque si esta movilidad interna continua pero sobre todo, de los «altamente cualificados», no quedaremos no sólo con la mano de obra menos cualificada, sino también con los sectores de actividad menos cualificados, nos limitaremos a volver a ser de nuevo un país calificado solo »turístico» y otras cosas de poca cualificación y no tenemos presente, que para tener una economía sostenible y competitiva es requisito *sine qua non*, para lograrlo en la sociedad actual de globalización económica» alta cualificación».

2.3. PERFIL DEL ACTUAL EMIGRANTE ESPAÑOL

Ante las dificultades para encontrar un empleo debido a la crisis económica que atraviesa nuestro país desde hace ya casi una década, muchos españoles se han visto obligados a dejar España. Sin embargo, el perfil del ciudadano que hace esa elección ha cambiado completamente en la segunda decena del siglo XIX. Apreciándose como desde mediados del siglo XX hasta la actualidad, se caracteriza en un primer momento por su carácter masivo y poco cualificado; más adelante le sucede un periodo protagonizado por los procesos de retorno y, finalmente, se deriva hacia una migración estable, aparentemente no masiva, pero alarmantemente cualificada[27]. A mi juicio, esta realidad no es tan simplificada y estereotipada como aparentemente quieren dibujarla «migrantes económicos» *versus* «personal altamente cualificado[28]», sino que, este espectro se ha ampliado horizontalmente por nuevas categorías como: trabajadores trasnacionales insertos en desplazamientos regulares que no siempre disfrutan de condiciones económicas estables y elevadas sino que demasiadas ocasiones, realizan subempleo sin estabilidad y a tiempo parcial, frente a nuevas relaciones laborales que tras la globalización y la revolución de los sistemas de información conllevan una movilidad intrínseca, es decir, nuevos exiliados económicos que también se ven abocados a salir de nuestro país y que precisan no sólo un cambio metodológico sino también conceptual como «glocalizacion», «simultaneidad», «territorios de vida», etc., que responden a la nueva realidad española[29].

Ante esta tesitura, el perfil socio-demográfico actual en 2016 del nuevo emigrante español, es heterogéneo: por grupos de edad, oscila entre 30-34 años, sin diferencias cuantitativas en cuanto al género –emigran por igual hombres como mujeres–, proceden de Madrid, Cataluña y Valencia mayoritariamente y, eligen como primer país de destino Ecuador, Argentina y México (generalmente son españoles naturalizados que vuelven de nuevo a su país de origen), Reino Unido, Francia y Alemania (países europeos donde se precisan perfiles técnicos, el primero fundamentalmente demanda perfil sanitario, mientras que los otros dos, requieren ingenieros), paralelamente está emergiendo una demanda por parte de países del Este sobre todo, Rumania, Checoslovaquia y Polonia, que necesitan desarrollo en infraestructura (sobre todo, en manufacturas, industria y automóvil, si bien, a cambio de salarios precarios). De modo que, si bien hasta ahora, el perfil formativo y socio-económico era de ser «altamente cualificado y sin cargas familiares», esta tendencia está mutando y hay cada vez más casos de «desempleados mayores de 45 años con familia» que buscan empleo en el extranjero, sobre todo procedentes del sector de la construcción, así como recién licenciados que quieren dar sus primeros pasos profesionales

---

27. ALAMINOS, A., ALBERT, M. C., Y SANTACREU, O.: «La movilidad social de los emigrantes españoles en Europa», en *Revista Española de Investigaciones Sociológicas (REIS)*, núm.210, 2010, p.13.

28. *Vid*, MARIO IZUIERDO, M., JIMENO JUAN, F., LACUESTA, A.: «Spain: From Immigration To Emigration?», *Documentos de Trabajo núm.* ° 1503, *Banco de España*, 2015, Eurosistema, pp.7-39

29. BERNAT MARTÍ, J.S.: «La emigración actual española. contexto histórico y situación actual», en en AA.VV.: *El Estatuto de la ciudadanía española en el exterior*, Pauner Chulvi, C., *et al* (eds.), Tirant Lo Blanch Monografía n. 838, 2012, pp.19-46.

fuera de España y perfiles de baja cualificación[30]», que se ven obligados a emigrar, ante la falta de perspectivas de estabilidad en el empleo y ante la imposibilidad de encontrar un trabajo acorde a su profesión o al menos en otra actividad diferente pero eso sí, no precaria ni temporal.

Como corolario, la cultura de la emigración que creíamos tener relegada, está volviendo a echar raíces en nuestro país, cada día los españoles han dejado de tener miedo a *pack your bags* (hacer las maletas) y salir al extranjero en busca de nuevas oportunidades laborales y alejarse de la crisis prolongada que está atravesando nuestro mercado que los sitúa en unos estadios de precariedad, temporalidad y mínimo desarrollo profesional, que hasta ahora, ignorábamos y del que no queremos ser exponente, si bien, el perfil del ciudadano que hace esa elección, ha cambiado completamente pero no en cambio, los países de destinos que en muchos casos se repiten, a los que hay que sumar, la irrupción de nuevos destinos emergentes. Sin embargo, generalmente nos olvidamos que el principio de libertad de circulación de los trabajadores, es una libertad consagrada a los ciudadanos de la UE[31], junto al derecho de desplazamiento y residencia del trabajador, el derecho de entrada y residencia de los miembros de la familia y el derecho a trabajar en otro Estado miembro y a recibir el mismo trato que los nacionales de ese país, por lo tanto, existe y debemos disfrutar como ciudadanos de la UE, de libertad de movimiento y de circulación dentro de las fronteras interiores de la UE. No obstante, la aplicación práctica de este principio se ve dificultada a menudo por los requisitos nacionales de acceso a determinadas profesiones en el país de acogida, de ahí que como mecanismo corrector, se implementara la Directiva 2005/36/CE (modernizada a través de la Directiva 2013/55/UE) relativa al reconocimiento de cualificaciones profesionales, en la que se consolidan y actualizan las quince directivas existentes que abarcan casi todas las normas de reconocimiento (3.1.5) y se recogen aspectos innovadores, como la tarjeta profesional europea y la evaluación mutua de las profesiones reguladas. De modo que, a través de este sistema se pretende

---

30. «Varón de 25 a 34 años con destino al Reino Unido, perfil del emigrante español», Varón de 25 a 34 años con destino al Reino Unido, perfil del emigrante», Diario La razón, de 28 de octubre de 2015. Versión digital en el sitio web, español http://www.larazon.es/economia/la-emigracion-de-espanoles-se-ha-triplicado-durante-la-crisis-NG11068522?sky=Sky-Abril-2016#Ttt1EZApDJj989yN

31. El artículo 3, apartado 2, del Tratado de la Unión Europea (TUE), y el artículo 4, apartado 2, letra a), y los artículos 20, 26 y 45 a 48 del Tratado de Funcionamiento de la Unión Europea (TFUE). Reglamento (UE) n° 492/2011 relativo a la libre circulación de los trabajadores dentro de la Unión, el Reglamento (CE) n° 883/2004 sobre la coordinación de los sistemas de seguridad social y su Reglamento de aplicación (CE) n° 987/2009, entre otros.

incrementar la flexibilidad de los mercados laborales y de fomentar un reconocimiento más automático de las cualificaciones. Por lo tanto, cualquier español puede trabajar en otro país europeo en base a este principio. Sin embargo, hasta ahora, los trabajadores españoles éramos reacios a la movilidad laboral interna, si bien, tras la crisis económica, ante las escasas perspectivas laborales a la vez que precarias, nos hemos visto obligados a hacerlo, conscientes de que nos encontramos ante una crisis piramidal multinivel que va desde los altos directivos hasta los trabajadores pocos cualificados. Sin embargo Europa no se encuentra actualmente demandando cualquier tipo de mano de obra, obstaculiza la *immigration subie* (no querida o sufrida) y fomenta y potencia la *immigration choise* (escogida o selectiva), sobre todo, la de los inmigrante altamente cualificados y estudiantes[32], es decir, se orientan cada vez más, a atraer a un determinado perfil de inmigrantes, a menudo en un intento de paliar la escasez cuantitativa de cualificaciones específicas.

3. EL AMPLIO MARCO DEL ESTATUTO DE LA CIUDADANÍA ESPAÑOLA EN EL EXTERIOR PARA LAS COMUNIDADES AUTÓNOMAS

3.1. LÍNEAS GENERALES

Para comprender el papel que desempeñan las Comunidades autónomas en materia emigratoria resulta obligado aludir a ley del Estatuto de la ciudadanía española en el exterior y a nuestra carta magna por una dualidad de razones. La primera de ellas, es que no existe coincidencia en ambos textos en relación al ámbito subjetivo que lo componen, apreciándose como mientras que para la LECEX, lo conforman «*los ciudadanos españoles en el exterior*», que figuran enumerados en el art. 2.1, de su texto, a saber: a) quienes ostenten la nacionalidad española y residan fuera del territorio nacional; b) la ciudadanía española que se desplace temporalmente al exterior, incluyendo a quienes lo hagan en el ejercicio del derecho a la libre circulación; c) los españoles de origen que retornen a España para fijar su residencia, siempre que ostenten la nacionalidad española antes del regreso; d) los familiares de los anteriormente mencionados, entendiendo por tales el cónyuge no separado legalmente o la pareja con la que mantenga una unión análoga a la conyugal, en los términos que se determinen reglamentariamente, y los descendientes hasta el primer grado, que tengan la condición de personas con discapacidad o sean menores de 21 años o mayores de dicha edad que estén a su cargo y que dependan de ellos económicamente. Es decir, se produce un desbordamiento del

---

32. FERNÁNDEZ AVILÉS, J.A.:«Los profesionales altamente cualificados...» *ob cit* p.48.

stricto sensu del ámbito subjetivo laboral, adquiriendo este una naturaleza transversal[33]. Mientras que en el segundo caso, el constituyente español opta en el art.42, por la terminología «*trabajadores españoles en el extranjero*», es decir, el diseño constitucional sigue teniendo un concepto axial de «emigración circunscrita exclusivamente al ámbito laboral» o al término «emigración» que figura en el art.149.1.2.ª, consecuentemente no puede configurarse como un título horizontal de alcance ilimitado, que habilite cualquier actuación pública estatal referida a los emigrantes, puesto que, se produce una concurrencia competencial con las CC.AA, que supone la prevalencia del título competencial específico sobre el genérico, que su inaplicación supondría enervar los títulos competenciales de las Comunidades Autónomas de carácter sectorial con evidente incidencia en la población migratoria(*emigratoria*), en relación con la cual han adquirido especial importancia las prestaciones de determinados servicios sociales y las correspondientes políticas públicas (educación, asistencia social, sanidad, vivienda, cultura, etc.)[34]. Si bien, esta clásica formulación en la configuración de su ámbito subjetivo exige en la actualidad, un replanteamiento acorde a las nuevas relaciones laborales que han surgido y que abogan por la reformulación de nuevas terminologías (expuestas en el epígrafe 3.3).

En todo caso, independientemente de la formulación empleada, lo que palmariamente constituye un axioma irrefutable es que la organización territorial de nuestro Estado, según dispone *ex profeso* el art. 137CE, sigue un diseño vertebrado en un trípode de entes territoriales, a saber: municipios, provincias y las Comunidades Autónomas que se constituyan. Apostillando asimismo que, todas estas entidades gozan de autonomía para la gestión de sus respectivos intereses. Precepto que debe ser puesto en correlación específica al derecho a la autonomía, que el constituyente reconoce y garantiza a las nacionalidades y regiones que la integran, dentro de un marco de intersolidaridad (art.2 CE). De tal manera que, la ejecución de este principio de autonomía implica que cada instancia –Estado y CC.AA– poseen competencias separadas, que además ejercen, como regla general, de forma independiente, salvo los casos de colaboración voluntaria, o de colaboración obligatoria cuando expresamente la Constitución y los Estatutos así lo imponen. De modo que, la integración en la

---

33. OLARTE ENCABO, S.: «Los derechos económicos y sociales de los trabajadores españoles en el exterior y la política de retorno: El marco constitucional (art.42CE)», en AA.VV.: *El Estatuto de la ciudadanía española en el exterior.*, en AA.VV.: *El Estatuto de la ciudadanía española en el exterior*, SEMPERE NAVARRO, A.V., (DIR.), BENLLOCH SANZ, P. (coord.), Aranzadi, Cizur Menor, 2009, pp.117-140, especialmente p.137.

34. En este sentido, STC 31/2010, de 28 de junio, Fj 83.

unidad estatal superior se produce mediante el conjunto de articulaciones que la Constitución territorial prevé, pero justamente a partir de una clara separación de las competencias[35].

Así pues, en nuestro sistema jurídico institucionalmente plural, cohabitan diferentes Administraciones con bases territoriales no sólo diferentes sino también desiguales, problema que se agrava por la ausencia de mecanismos adecuados de reequilibrio vertical en el reparto de recursos entre los distintos niveles de la Administración. Por lo que, resulta previsible que esta ordenación político-constitucional, se materialice y sintetice de forma simplista en el binomio unidad-autonomía, que debido al solapamiento competencias concurrentes entre Estado y Comunidades autónomas, que en fondo no son más que competencias compartidas como: la asistencia social o la promoción cultural, y cuyo deslinde genera más que tensiones entre las administraciones implicadas, desconcierto y falta de claridad en los emigrados, sobre todo, si deciden retornar a España y por ende, a su comunidad autónoma de origen, y que se presentan con efectos antitéticos, fisuras en la igualdad de trato interadministrativa, subordinada a la Comunidad autónoma a la que retorne tenga prevista y desarrolladas acciones en favor de sus emigrantes en el ejercicio de competencias propias.

3.2. LA FALTA DE UNIFORMIDAD TERMINOLÓGICA EN MATERIA DE DERECHOS

Desde una valoración de conjunto se puede decir que estamos ante una cuestión transversal, en la que necesariamente convergen la actividad de entes subestatales en esta materia, que se manifiesta *ab initio*, ante la ausencia de un término univoco a la hora de aludir a los derechos de los emigrantes procedentes de su territorio en las diferentes Comunidades autónomas, de ahí que, el reflejo de este tratamiento heterogéneo queda patente en la utilización de una serie de términos polisémicos como: «*asistencia*»[36] para mantener su vinculación con su Comunidad Autónoma, pero restringida mientras éste mantiene su residencia en el exterior[37]; suscribir el compromiso de prestarles la «*asistencia necesaria*» y también

---

35. AJA, ELISEO.: «La Distribución de Competencias entre EL Estado y las Comunidades Autónomas en España. Balance y Perspectivas», *Revista del Centro de Estudios Constitucionales* núm. 4, Septiembre-diciembre 1989, pp.233-254, especialmente 238.

36. Estatuto de Autonomía de Andalucía en su artículo 12.3.4. ° y Estatuto de Autonomía de Murcia, artículo 7.1, en el mismo sentido.

37. GARCÍA ÁLVAREZ, M Y GARCÍA LÓPEZ, R.: «La protección de los derechos económicos y sociales de los emigrantes: Una propuesta de reforma del Estatuto de Autonomía de Castilla y León», en *Revista Jurídica de Castilla y León* n. ° 8, Febrero 2006, p.192.

«*fomentar los vínculos sociales, económicos y culturales con las comunidades que se encuentren en el exterior*» (Estatuto de Autonomía de Cataluña art. 13 y los Estatutos de Autonomía de Aragón y País Vasco, en el primero, además de recoger lo expuesto en el Estatuto catalán, a excepción de fomentar los vínculos económicos –que sólo recoge dicho Estatuto– especifica que, puedan ejercitar su derecho a participar, colaborar y compartir la vida social y cultural aragonesa art. 8.4 1; mientras que en el segundo, en el vasco, desarrolla la participación y colaboración en la vida social y cultural mediante la Ley 8/1994, 27 de mayo, de Relaciones con las Colectividades y Centros Vascos en el Exterior de la Comunidad Autónoma del País Vasco);» *obligación*» de diseñar un entorno adecuado para facilitar el regreso de sus emigrante[38]; o bien recogen el «*deber de colaborar y compartir la vida social y cultural*»[39] o mediante el manejo del gentilicio se pretende «*reforzar su identidad*» (art.4.3 de la ley 8/2013, 29 de octubre, de la Ciudadanía Castellana y Leonesa en el Exterior;art.3.d,de la Ley 6/2009, 17 de diciembre, del Estatuto de los Extremeños en el Exterior); o recurren a la formulación de ensamblar las dos últimas características citadas (el reconocimiento de su origen y la promoción social y cultural)[40]; u optan por reconocer expresamente su «promoción y ayuda» junto a otros colectivos objeto de protección como: la tercera edad, minusválidos y demás grupos sociales necesitados de especial atención. Compromiso que específicamente incluye crear de centros de protección, reinserción y rehabilitación (art. 26.1.23 del Estatuto de Autonomía de Madrid);o bien, se inclinan por la fórmula de «promoción e integración», como establece el Estatuto de la

---

38. Prevista exclusivamente en cuatro estatutos autonómicos, a saber: el Estatuto de Autonomía de Castilla y León artículo 8.3; Estatuto de Autonomía de Castilla-La Mancha art 4.e); Estatuto de Autonomía de Extremadura art.6.i); y, Estatuto de Autonomía de Galicia art.4.3).

39. Este compromiso de los poderes públicos de colaborar en la vida social y cultural de sus emigrantes en el exterior, lo realizan los Estatuto de Autonomía de Asturias art.8; Estatuto de Autonomía de Ceuta art 4.3; Estatuto de Autonomía de Melilla art.4 *in fine*; Estatuto de Autonomía de la Rioja art.sexto.3). Además junto a este compromiso *ad extra*, también recoge el compromiso *ad intra* de la migración interior a otras Comunidades autónomas. Sirva de paradigma, como explícitamente la Comunidad autónoma riojana podrá celebrar convenios con otras Comunidades para la gestión y prestación de servicios de actos de carácter cultural, especialmente dirigidos a los emigrantes de origen riojano residentes en otras Comunidades (art. octavo.23), que han sido desarrollados por Ley 4/2006, de 19 de abril, por la que se crea el Instituto de Estudios Riojanos (*BOLR núm.* 55 de 25 de Abril de 2006 y *BOE núm.* 118 de 18 de Mayo de 2006).

40. Este reconocimiento explícito de su origen, lo realizan: el Estatuto de Autonomía de la Rioja art.sexto.2. Estatuto de Autonomía de Valencia artículo tercero. 3. 3; Estatuto de Autonomía de Cantabria art.6, *ab initio*; Estatuto de Autonomía de Galicia art.7, desarrollado por Ley 7/2013, 13 junio de galleguidad, *DOG núm.* 126 de 4 de Julio de 2013 y *BOE núm.* 172 de 19 de Julio de 2013.

Rioja, en su artículo octavo apartado 31, que incluye a idénticos colectivos que lo previsto para los madrileños en su Estatuto y además extiende su protección, no sólo a los centros citados *ut supra*, sino que también, dilata su salvaguarda a prestar servicios de orientación y planificación familiar.

En síntesis, de una primera lectura de cualquier Estatuto de autonomía, según sea el término adoptado para aludir a los emigrantes de su Comunidad autónoma, se deduce su mayor o menor implicación en su tratamiento y política desarrollada, en relación a los mismos. En todo caso, el denominador común en el conjunto de todas ellas, se vértebra en una dualidad de medidas: protección social de sus ciudadanos y protección del retorno. Siendo la condición apriorística exigida para el otorgamiento de las ayudas– el reconocimiento de ser oriundo o descendiente de vecinos de ese territorio.

3.3. RECONOCIMIENTO DE LAS COMUNIDADES DE SUS CIUDADANOS EN EL EXTERIOR

Para poder recibir ayudas, los potenciales demandantes de las mismas deben acreditar ser natural o descendiente de vecinos de esa CCAA. Sin embargo, como en otros extremos, no existe uniformidad en los requisitos. Disfuncionalidad que se observa en las obligaciones que se requieren para poder ser beneficiarios de los diferentes tipos de ayudas, en todas ellas, exigen tener la condición de ser «ciudadano de esa CCAA», si bien, a pesar de existir uniformidad a la hora de adquirir esta vecindad administrativa en 16 CCAA, no obstante, casi todas añaden requisitos adicionales(a excepción, de Asturias). Así en 16 CCAA, exigen haber tenido la última vecindad administrativa en el territorio de esa comunidad, estar inscritos en el consulado y se extiende este derecho a sus descendientes hasta el primer grado por consanguinidad, siempre que estén inscritos como españoles así lo recogen los ET[41]. En otros, además de lo anterior, se exige conservar la nacionalidad española para seguir mantenido la condición autonómica[42]. A excepción de la CCAA asturiana, que exige art. 7.1.) Además de ser español, adiciona en su defecto: a) haber obtenido la nacionalidad española al menos 10 años anteriores a la convocatoria de las ayudas; y, b) debe ser asturiano de origen o descendiente de éstos hasta el primer grado de consanguinidad. Pero además según ostente una condición u otra, la tipología de ayuda difiere en ambos casos. Así para el primero, solo si

---

41. Andalucía art.5.2, Castilla– León art7.2, Valencia art. 3.2, Baleares art. 9.2, Madrid art. 7.3, Cataluña 7.2, Murcia art. 6.

42. Navarra art. 5.2, País Vasco art. 7.2 y conservar la Galicia art. 3.2, Canarias art. 4.2, Aragón art. 4.2, Castilla -La Mancha art. 3.2.

es asturiano de origen podrán concurrir a la totalidad de ayudas que se ofertan (situaciones de emergencia social, precariedad, invalidez o enfermedad permanente que incapacite para el desarrollo de la vida laboral), mientras que en cambio, los descendientes, sólo tienen restringido el acceso a un número más reducido de ayudas: situaciones de emergencia social y a las que tienen por objeto cubrir situaciones especiales de discapacidad (ayudas técnicas). En el extremo opuesto, se encuentra el ET gallego y canario, que admiten no sólo a sus naturales de origen que hayan emigrado, sino también a los que hubieran tenido la residencia continuada en su territorio, durante al menos 10 años aunque no sean españoles. Y además este último, el canario, también extiende su ámbito subjetivo a descendientes *(hasta el segundo grado por consanguinidad)*, siempre que concurra la condición de ser mayor de 18 años y tener la residencia continuada en su territorio de un año para poder ser beneficiario de todo tipo de ayudas. No obstante, de forma excepcional, restringe estas ayudas a un subgrupo a los que también incluye en su ámbito subjetivo– cónyuge viudo o pareja de hecho–Si bien, circunscrito exclusivamente a las situaciones de necesidad derivadas de enfermedad grave o dependencia, subordinado a su vez su otorgamiento, a que los anteriores beneficiarios citados hubieran fallecido y hayan transcurrido más de 15 años del óbito (art. 3.2.).

En cualquier caso, conviene aclarar que las ayudas otorgadas por las CCAA a sus ciudadanos en el exterior, en ningún caso conllevan el reconocimiento de derecho subjetivo alguno, sino que dependen de la asignación presupuestaria que tengan asignada a este fin. En este sentido, hay CCAA, que la otorgan individualmente mientras que, otras lo hacen exclusivamente a través de los centros que tienen en el exterior, en esta situación se encuentran: Valencia y Cataluña. El resto presta ayudas individuales. Asimismo hay también CCAA, que prestan simultáneamente estas ayudas instrumentalizadas por esta doble vía: ayudas individuales y a centros o asociaciones(*Vgr.* Asturias, Galicia y Canarias), si bien, en estos casos, están ayudas cubren una amplio espectro de objetivos, sirva de paradigma Asturias[43] que cubre para el presente ejercicio: situación económica de necesidad de emigrados, facilitar el reencuentro a las personas emigrantes asturianas con su tierra de origen, así como en que sus descendientes puedan conocer Asturias (objetivo también previsto de desplazamiento temporal, en casi todas las CCAA, si bien, existen divergencias entre ellas en cuanto a los costes cubiertos (*Vgr.* Galicia, sólo cubre estos gastos si

---

43. Mediante Resolución de 8 de marzo de 2016, de la Consejería de Presidencia y Participación Ciudadana, por la que se aprueba el Plan Estratégico de Subvenciones de la Consejería de Presidencia y Participación Ciudadana para el período 2016-2017,*BOPA núm.* 59 de 11 de marzo.

proceden los emigrados de América y se restringen al transporte; mientras que, en el lado contrario, la CCAA asturiana, sufraga la totalidad de gastos) generalmente se condiciona a un límite de ingresos o insuficiencia de recursos, a los emigrantes de la tercera edad admitiéndose la rebaja en la edad si tiene reconocida el emigrado o los miembros de su unidad familiar que se encuentran en el exterior, determinado grado de discapacidad.

3.3.1. Ayudas asistenciales individuales

En relación a los tipos de ayudas asistenciales individuales suelen ser adicionales, diferentes y compatibles a las estatales– a excepción de Asturias, si bien, condicionan la compatibilidad a unos ingresos mínimos baremados en el país de residencia– siempre que no superen una cuantía determinada, en contraposición, a los requisitos exigidos para el acceso a la protección estatal que son más estrictos. Este elenco de ayudas las podemos sintetizar en las siguientes:

1. Situaciones de precariedad: Su otorgamiento es unilateral y desigual, se subordina a dos variables: edad y carencia de rentas e ingresos del solicitante. La primera, va a partir de los de los 70 años que se fijan en Galicia, Asturias la presta a partir de ser mayores de 65 años y en cambio Canarias, lo fija en diferentes tramos de edad.

2. Ayudas de invalidez permanente o enfermedad grave. Se prestan cuando el emigrante y los beneficiarios que establezca la correspondiente resolución requieran de una medicación o tratamiento de coste elevado y carezcan de la correspondiente cobertura. En estas si existe coincidencia en cuanto a la edad mayor de 18 años y menor de 65, pero no en cuanto al ámbito objetivo de la prestación. Así en la CCAA gallega, exige tener 65 años para poder recibir ayudas de este tipo en la que se incluyen los medicamentos[44]. También excepcionalmente, alguna CCAA como la Rioja, presta asistencia sanitaria, médico-quirúrgica en el exterior en casos extraordinarios no supuestos por el seguro habitual.

3. Ayudas para las mujeres que sufran violencia de género. Este tipo de ayudas figura en todos las CA, y como requisito genérico se exige la concurrencia de una dualidad de requisitos: ser mayor de edad o emancipada y soportar una situación de violencia de género acreditada por resolución judicial, en el año anterior al de la convocatoria (*Vgr.* Galicia, en la Resolución de 30 de noviembre de 2015, citada *ut supra*).

---

44. Resolución de 30 de noviembre de 2015, *DOG núm.* 237, pp. 46646.

3.3.2. Ayudas al retorno

Cualquier español que manifieste su voluntad de retornar a España y se hubiera trasladado por cualquier razón –no forzosamente laboral–, y que acredite estado de necesidad en el pais al que emigró por carecer de rentas o ingresos suficientes para cubrir sus necesidades básicas, la legislación estatal les confiere el derecho a solicitar en primer lugar, el subsidio previsto específicamente en el RD 8/2008 de 11 de enero de 2008, que contempla «la prestación por razón de necesidad» recogida en el art. 19 de la LECEX, que previo cumplimento de los requisitos establecidos, les permite acceder a las prestación económica de ancianidad, por incapacidad absoluta para todo tipo de trabajo y asistencia sanitaria. En este conjunto de supuestos, se les requiere como regla general para acceder a estas prestaciones: nacionalidad, emigración, edad, precariedad del sistema de protección social en el pais de residencia y carecer de rentas y patrimonio. Adyacente a esta ayuda, las CCAA en su totalidad contemplan un elenco de ayudas paliativas, aunque su carácter no es sustitutivo de la protección del Estado sino de complementariedad. En cuanto a su contenido tampoco existe uniformidad. Las CCAA más generosas son Galicia y Asturias, en el lado inverso, se encuentran Cataluña, Andalucía y Valencia. En atención al tipo de ayudas estas las podemos agrupar en las siguientes:

Traslados de enseres y desplazamiento de retornados. Todas las CCAA prestan están ayudas pero en cuantías desiguales, siendo un requisito común para su otorgamiento cubrir los primeros gastos de estancia y manutención[45], también los de integración social y laboral[46]. En otras, como en Galicia, adicionan el requisito para recibir cualquier tipo de ayudas de retorno, haber residido legalmente en el extranjero un mínimo de 3 años ininterrumpidos inmediatamente anteriores a la fecha de su retorno a España[47], en todo caso, sus cuantías son mínimas y residuales, oscilando de los 50.0000€ a los 70.000€ para el presente ejercicio de 2016.

Por parte del Estado no se otorgan ayudas económicas por este concepto, pero si exención fiscal si los bienes y efectos provenientes de países

---

45. ORDEN 4/2006, de 1 de septiembre, por la que se regulan las ayudas extraordinarias a riojanos residentes en el extranjero y retornados a la Comunidad Autónoma de La Rioja (BOR de 5 de septiembre de 2006)
46. ORDEN PRE/285/2016, de 7 de abril, por la que se establecen las bases reguladoras para la concesión de ayudas dirigidas a emigrantes castellanos y leoneses para facilitar su retorno e integración en la Comunidad de Castilla y León, *BOCYL núm.*71, 14 de Abril, pp.15558-155566.
47. RESOLUCIÓN de 15 de febrero de 2016, de la Secretaría General de la Emigración, por la que se aprueban las bases reguladoras para la concesión de las ayudas extraordinarias a personas emigrantes gallegas retornadas, y se procede a su convocatoria para el año 2016, DOG Núm. 41 de 1 de marzo, pp. 7700-7718.

de la UE, en caso contrario, establece un régimen franquiciado para la importación de mobiliario y efectos personales por traslado de residencia de derechos de importación e impuestos sobre el Valor Añadido (IVA) y, en el caso de los vehículos automóviles, exención del Impuesto sobre Determinados Medios de Transporte por traslado de residencia, para gozar de estos beneficios fiscales el traslado debe efectuarse en el plazo de doce meses contados a partir de la fecha en que el interesado haya establecido su residencia en España.

De otra parte, en relación con las Rentas Mínimas autonómicas (RAI), si bien, en todas ellas se recoge como colectivo a los emigrados retornados, en algunas son considerados perceptores preferentes siempre que reúnan los requisitos establecidos en la convocatoria. En todo caso, los beneficiarios de esta prestación temporal han de ser españoles y residir y estar empadronados dentro de la Comunidad que otorga la renta, no obstante, esta residencia varia de una CA a otra, sin embargo, excepcionalmente para este colectivo se elimina o atenúa el requisito de la residencia en su territorio, disminuyendo el tiempo impuesto para su acceso. De modo que, algunas no les exigen permanencia alguna[48], en otras seis meses inmediatamente anteriores[49], un año[50], o incluso residencia de 3 años en los últimos 5 años[51]. Tampoco existe coincidencia en relación a la edad, que flexibilizan para este colectivo cuya horquilla se sitúa entre los 25-65 años, excepcionalmente en algunos se rebaja a los 18 años (Aragón y Extremadura), variable también que oscila al alza o se rebaja en función de circunstancias excepcionales, entre las que se ubica ser emigrante retornado y carecer del derecho a prestación pública estatal (Canarias y Castilla y León) y en todo caso, se les requiere constituir una unidad de convivencia independiente. De tal manera se consigue que sujetos que no tendrían derecho a percibir la renta activa de inserción estatal, sí que pueden beneficiarse de estos programas autonómicos de inserción socio-laboral, puesto que sí se ajustan a los requisitos, menos exigentes, de estas prestaciones autonómicas.

---

48. Galicia no exige permanencia alguna Art. 9.1.c Ley Gallega 9/1991, de 2 octubre; Art. 7 Ley Asturiana 4/2005, de 28 de octubre, de Salario Social Básico; Art. 29.3 Ley Cántabra 2/2007, de 27 de marzo, de Derechos y Servicios Sociales

49. Art. 6 Ley Catalana 10/1997, de 3 de julio, de la Renta Mínima de Inserción.

50. Decreto Extremeño 28/1999, de 23 de febrero por el que se regulan las Ayudas para la Integración en Situaciones de Emergencia Social; art. 8 Decreto Castellano y Leonés 126/2004, de 30 diciembre.

51. Art.7.1.a Ley Canaria 1/2007, de 17 de enero.

4. CONCLUSIONES

Los ciudadanos españoles residentes en el exterior, constituyen un colectivo cuantitativamente, relevante y, cualitativamente, merecedor de atención especial por todas las Administraciones públicas. No obstante, el garante de los derechos de los emigrados españoles corresponde al Estado, según predica el art.42 y 149.1.2, de la Constitución española, que en modo alguno, puede configurarse como un título horizontal de alcance ilimitado, que permita la invasión del ejercicio de los títulos sectoriales de carácter prestacional de las Comunidades autónomas, con los que concurre, ni tampoco constituyen compartimentos estancos, sino tal y como señala *Ley 40/2006, 14 de diciembre del Estatuto de la ciudadanía española en el exterior*, esta estructura multinivel exige necesariamente una perentoria corresponsabilidad compartida entre las diferentes administraciones públicas implicadas –que inexplicablemente después de una década de su fijación, continúa en un estado embrionario, sobre todo la Administración local, que apenas tiene presencia en los planes autonómicos y su participación en la práctica más testimonial que real–, debiendo primar la colaboración y participación, no sólo entre ellas sino también, deben articularse los mecanismos necesarios para coordinarse con los agentes legitimizados que participan en este proceso.

Sentado que una estricta separación de los ámbitos competenciales referenciados resulta disfuncional, también lo es, vertebrar la totalidad de actuaciones y medidas en las Comunidades Autónomas cuya función en este ámbito debe entenderse como complementarias y no como sustitutivas, de las adoptadas por el Estado en el ejercicio de la competencia exclusiva (*como en la práctica se viene produciendo hoy día*), a excepción de que se modifique nuestra carta magna.

El primer problema que plantea este colectivo desde el punto de vista de la Administración, es el conocimiento real cuantitativo de emigrantes residentes en el extranjero, así como de sus específicas condiciones económicas, sociales, laborales y familiares que dificultan una protección adecuada de sus derechos. A lo expuesto debe adicionarse, el hecho de que, a pesar del deber de colaboración interadministrativa señalado, cada territorio desarrollan su actuación de forma unilateral e independiente, lo cual provoca que las prestaciones y ayudas que vienen prestando, sean igualmente dispares y heterogéneas, al no realizar un análisis introspectivo de la incidencia de este fenómeno en su territorio, que les facilitaría armonizar la intensidad y extensión de las medidas a adoptar en este ámbito. Situación que a la postre, produce discriminación para el inmigrante en función de la pertenecía o no a una CCAA determinada y que condiciona que su retorno se produzca a la misma y no a otra, debido a que esta ofrece una panoplia de opciones prestaciones de carácter social, económico o laboral más favorables, a las que brinda los que ostenten la vecindad administrativa en otro territorio diferente. Además también esta desigualdad se refleja en el caso de las CCAA, en la práctica totalidad del proceso emigratorio: reconocimiento de la condición de residente, ámbito subjetivo de exponenciales destinatarios, contenido objetivo de las ayudas, cuantía, etc. Información que se recoge de forma fragmentada en cada territorio, sin que exista hasta la fecha, una información complementa e integral, durante y al finalizar el proceso de movilidad internacional, que debería corresponder tanto a las empresas, instituciones y a las Administraciones Públicas implicadas y que deben protocolizarse no sólo en el proceso de acogida sino que además, se debería de extender al asesoramiento en su inserción laboral y social. Además la mayoría de las ayudas ofertadas son puntuales y extraordinarias, destinadas a cubrir situaciones de emergencia social en el país de emigración, vitales para la subsistencia, o bien, de retorno para mitigar los primeros gastos de establecimiento, sin perjuicio del carácter asistencial de estas heterogéneas medidas, lo deseable sería que se transformaran en prestaciones periódicas que palien la carencia de recursos económicos hasta que, aquéllos puedan acceder a una pensión de jubilación en su modalidad no contributiva o que se flexibilice el requisito de residencia que condiciona su acceso para este colectivo vulnerable.

De otro lado, con respecto a las prestaciones sociales que otorga el Estado en caso de necesidad: ancianidad, incapacidad absoluta para todo tipo de trabajo y asistencia sanitaria. Las críticas vertidas por los emigrantes en relación a las mismas, pivotan básicamente en relación a la prestación de ancianidad, en la que se vincula su percepción al reconocimiento de la situación jurídica de jubilación y carecer de medios suficientes de subsistencia, sin embargo, una vez fallecido el beneficiario, debido al carácter personal e intransferible de la prestación, una vez producido el óbito del causante, los miembros de su unidad familiar económicamente dependientemente del mismo, quedan desprotegidos. Asimismo en relación a la situación de incapacidad es censurable que no se contemple por la norma, la previsión de protección también en los supuestos de incapacidad temporal; y finalmente, con respecto a la asistencia sanitaria, a partir del 1 de enero de 2014, se priva del derecho a la cobertura sanitaria a las personas desempleadas que, habiendo agotado la prestación o subsidio de desempleo permanecen residiendo, a lo largo de un año natural, fuera del país por un período superior a los 90 días, también se cubre la asistencia sanitaria en caso de que carezcan de la cobertura de asistencia sanitaria en el país de residencia o cuando su contenido y alcance fueran insuficientes (siempre que se resida en un país no comunitario) sin perjuicio de poder suscribir convenios, en relación a la prestación de asistencia sanitaria y su financiación.

En síntesis, a pesar del marco regular amplio que ofrece la ley estatal, las políticas y actuaciones que se llevan en este ámbito, en la práctica vienen dirigidas por las CCAA que son las que realmente se vienen preocupando por la integración, acogida, empleo y vivienda, en la mayoría de las ocasiones, puesto que, la labor del Estado en este campo continua siendo secundaria y su prioridad parece dirigirse más a la inmigración que a la emigración, que sólo parece interesar en el momento electoral oportuno.

Capítulo 12

Programas de contenido socio-laboral para jóvenes emigrantes españoles: un estudio jurídico-normativo de su eficacia desde la perspectiva de la integración social

María Salas Porras

Universidad de Málaga

El grave problema de desempleo que sufre España es una de las principales causas que vuelve a empujar al sector poblacional joven a salir de nuestras fronteras en busca de una primera oportunidad de empleo. Si bien la incerteza y el desconocimiento que acompañó a aquellos primeros movimientos migratorios españoles no parece ser tan pronunciada en la actualidad, resulta de interés social observar si existe, en qué medida y con qué garantías de eficacia, una red de seguridad para quienes se marchan.

Por ello, el objetivo de este trabajo es ofrecer una profundización sobre los programas públicos de apoyo a los jóvenes españoles que han decidido emigrar con fines laborales, tanto en el inicio de su aventura, durante su estancia, como al final de la misma.

Para lo cual se realizará, en primer lugar, el estudio de la normativa marco existente a nivel internacional y europeo sobre la previsión de actuaciones que permitan a estos jóvenes sumergirse y emerger de los procesos migratorios.

En segundo lugar, y desde la perspectiva de su eficacia, se procederá al análisis de las medidas propuestas a nivel interno español, consistentes en medidas de inserción y políticas activas de empleo, cuya finalidad sea la integración socio-laboral del joven emigrante, tanto en el país de destino como en el de origen tras su regreso.

Por último, además de destacar las buenas prácticas, abordaremos las propuestas posibles ante los fracasos constatados y los errores manifiestos, teniendo presente el resultado alcanzado y la finalidad prevista del conjunto de acciones o medidas analizadas.

1. RECOMENDACIONES INTERNACIONALES PARA EL TRATAMIENTO JURÍDICO DE LA EMIGRACIÓN JUVENIL EN EL MUNDO

Atendiendo a las últimas estimaciones de Naciones Unidas[1] en cooperación con la Organización Internacional del Trabajo –y en concreto de su específico Programa para el Empleo Juvenil (YEP)[2]–, aproximadamente en el mundo hay 232 millones de migrantes internacionales, que representan el 3.2 por ciento de la población global. La búsqueda de empleo –o, al menos, de uno digno– supone la causa principal que impulsa al 90% a salir de sus fronteras geopolíticas, siendo los jóvenes de entre 15 y 29 años quienes representan un 30% del total de personas migrantes. En este sentido, aunque las principales áreas de diáspora se localizan entre México-Estados Unidos y en el continente asiático, también en Europa pueden detectarse fuertes movimientos migratorios, si bien con menor intensidad que en las zonas citadas previamente[3]. Y es

1. Los recursos web consultados para obtener esta conclusion han sido: UN (United Nations) (2011): «International Migration in a Globalizing World: The Role of Youth». Technical Paper No. 2011/1. New York: Department of Economic and Social Affairs, disponible el 13/05/2016 en http://www.un.org/esa/population/publications/technicalpapers/TP2011-1.pdf.; y UN (United Nations) (2013): World Youth Report 2013, disponible el 13/05/2016 en http://www.unworldyouthreport.org.

2. Los recursos web consultados para obtener esta conclusion han sido: ILO (International Labour Organization) (2011): Resource Guide on youth employment, disponible el 13/05/2016 en http://www.ilo.org/public/english/support/lib/resource/subject/youth.htm; ILO (International Labour Organization) (2012): Global Employment Trends for Youth 2012, disponible el 13/05/2016 en http://www.ilo.org/global/research/globalreports/globalemploymenttrends/youth/2012/WCMS_180976/lang--en/index.htm; ILO (International Labour Organization) (2012): The youth employment crisis: A call for action, disponible el 13/05/2016 en http://www.ilo.org/ilc/ILCSessions/101stSession/texts-adopted/WCMS_185950/lang--en/index.htm. e ILO (International Labour Organization) (2013): Knowledge Management Facility on Youth Employment and Migration, disponible el 13/05/2016 en http://www.ilo.org/employment/areas/youth-employment/kmf-yem/lang--en/index.htm. En concreto, respecto del Programa YEP, se recomienda la lectura de ILO Youth Employment Programme (YEP): www.ilo.org/yep. Disponible: 13/05/2016.

3. Así se desprende de la lectura de sendos informes elaborados por la OIT «International Migration Branch» (Accesible en http://www.ilo.org/migrant/lang--en/index.htm. Disponible: 13/05/2016.) y por la ONU: «Youth and migration» (Accesible en http://undesadspd.org/Youth.aspx facebook.com/UN4Youth twitter.com/UN4Youth. Disponible: 13/05/2016) en su pp. 13.

que la internacionalización de los mercados de trabajo –así como de los ámbitos económicos, financieros y productivos– influye grandemente en el fomento de la migración juvenil, puesto que es ese sector poblacional el más propenso a salir de sus territorios de origen en busca de oportunidades y medios de vida alternativos.

Pues bien, a pesar de estos abrumadores datos, apenas se hallan actuaciones conjuntas a nivel mundial, de cariz político y aún menos jurídico-normativo, que permitan abordar ese complejo fenómeno social que se conjura como un desafío global necesitado de ser ordenado mínimamente. Tan sólo organizaciones como Naciones Unidas o la Organización Internacional del Trabajo se atreven a abordar esta realidad desde una perspectiva informativa que, cuando más y, al menos, permite identificar algunos de los puntos débiles de la migración juvenil. Desde los numerosos documentos que se han publicado en esta materia se pone de relieve la necesidad de adoptar medidas políticas y jurídicas a nivel transnacional que faciliten la planificación y organización de la migración. En este sentido nos planteamos si sería posible que desde los propios servicios públicos de empleo se destinaran recursos a la migración laboral. Desde ellos, en la medida en que se cuenta ya con su presencia en los principales países de origen y de destino, bastaría con que se ordenasen, de forma homogénea, una serie de herramientas tendentes a organizar programas y campañas informativas sobre orientaciones preparatorias básicas previas a la partida, sobre el procedimiento a seguir para realizar una migración segura y legal, o bien sobre sensibilización hacia la inmigración.

Hasta ahora sólo se han observado actuaciones nacionales aisladas que, por otra parte, podrían ser utilizadas en un hipotético «banco de buenas prácticas» que se configurase a nivel internacional. Así, pueden citarse aquí los ejemplos de China, que ha desarrollado un «Paquete de Formación en Habilidades para Vivir» a partir del que trata de prevenir a la población joven sobre los riesgos de la migración ilegal, mediante la realización de cursos de formación pre-migración[4]. O el de los países de Bosnia y Herzegovina, que han organizado, a través de sus propios servicios públicos de empleo, programas informativos para jóvenes de entre 15 y 30 años sobre oportunidades de empleo y condiciones de vida y trabajo en los elegidos como principales destinos de emigración por sus nacionales[5]. Sin embargo son aún muchos los jóvenes migrantes –especialmente los irregulares, los forzados, las mujeres y los trabajadores domésticos– que, ante la falta de una actuación internacional conjunta, se enfrentan a

---

4. ONU: «Youth and migration» (Accesible en http://undesadspd.org/Youth.aspx facebook.com/UN4Youth twitter.com/UN4Youth. Disponible: 13/05/2016), pp. 58.
5. Ib., pp. 72.

múltiples formas de discriminación en distintos aspectos de su vida diaria, abarcando desde el acceso a la educación y la formación, hasta las condiciones de acceso al empleo, la seguridad social o la existencia de normas que garanticen la erradicación de estos mecanismos excluyentes.

El bosquejo de la situación migratoria juvenil a nivel mundial aquí presentado nos conduce a contemplar las realidades jurídico-políticas más próximas a España. Y, por ello, dedicamos los apartados siguientes a Europa y a nuestro propio ordenamiento jurídico, con la intención de conocer las prácticas emprendidas, estudiar los logros alcanzados y detectar los errores cometidos.

2. EUROPA 2020: ORIENTACIONES PARA LA MOVILIDAD INTERESTATAL DE JÓVENES

El Tratado de Maastricht supuso en 1992 la aparición de un nuevo concepto de ciudadanía, la europea, que compartirían, en el año 2016, veintiocho países y un total de 738 millones de personas. La categoría de ciudadano europeo lleva aparejada la libertad de circulación, por todo el territorio comunitario, de nacionales de cualquiera de los estados miembros sin que se les categorice técnicamente como inmigrantes o emigrantes, unas denominaciones estas reservadas, en el primer supuesto, para ciudadanos procedentes de terceros países o, en el segundo caso, para europeos que se dirigen a estados no miembros.

Es por ello que desde las primeras y hasta la más reciente Estrategia Europea de Empleo, denominada Europa 2020, cualquier referencia a la migración debe entenderse hecha a las relaciones ad extra con terceros estados y nunca entre los estados miembros, una realidad definida por el término «movilidad». En este sentido, a comienzos del mes de marzo del año 2010 se publicaba desde la Comisión europea el documento político que marcaría la senda a seguir en los próximos diez años por los miembros de la Unión. Así, bajo la rúbrica Europa 2020, se pusieron de manifiesto, simultáneamente, el reconocimiento de las debilidades que la crisis –aun hoy fuertemente presente en la mayor parte de países europeos– ha puesto al descubierto, la necesidad de una respuesta comúnmente aceptada y la urgencia de cambios en los postulados económicos, productivos y sociales, compartidos, practicados y fomentados desde los poderes públicos, los interlocutores sociales y la propia sociedad civil[6].

---

6. La ordenación jurídica de la Estrategia Europa 2020 puede encontrarse en el documento de la Comisión Europea: Communication from the Commission «Europe 2020. A strategy for smart, sustainable and inclusive growth», Brussels, 3.3.2010, COM(2010) 2020 final. Disponible el 13/05/2016 en http://eur-lex.europa.eu/

En concreto, los cambios a los que se alude en el documento citado justifican la adopción de tres ejes de actuaciones marcados por la Comisión europea como metas que, a largo plazo, ha de alcanzar el conjunto de la Unión si quiere posicionarse en los primeros puestos de las grandes economías mundiales. A su vez, esos ejes quedan estructurados en cinco objetivos delimitados cuantitativamente con la finalidad de facilitar la visualización del éxito de su alcance y con una formulación lo suficientemente amplia como para poder ser asumidos por gobiernos de cualquier planteamiento ideológico y países con diferentes trasfondos culturales. Una técnica esta, la de la determinación cuantitativa, que ya se puso en práctica en los primeros años de la EEE, denominada Estrategia de Lisboa, pero que se abandonó tras el relanzamiento de la estrategia en el año 2005. De cualquier modo, los tres ejes y los cinco objetivos, constituyen el punto de partida para la elaboración de las cuatro orientaciones para el empleo que guiarán las políticas de los países miembros, si bien con revisiones, hasta el año 2020.

Presentados como prioridades a alcanzar por una Europa unida en lo que respecta al menos a sus decisiones políticas, el crecimiento que sea a la vez «inteligente, sostenible e integrador» constituyen los ejes de acción considerados, desde instancias europeas, como favorecedores a largo plazo del logro de altos niveles de empleo, productividad y cohesión social en el territorio de la Unión.

En concreto, bajo los tres apellidos escogidos para la palabra «crecimiento», se encierran las coordenadas que definirán la hoja de ruta a seguir por la política económica común, considerada, desde los primeros tratados constitutivos europeos, como área prioritaria de cuya mejora se derivará el avance político, cultural y social en los términos que a continuación se aclaran.

En primer lugar, se apunta claramente hacia el impulso de la «sostenibilidad del crecimiento», esto es, invertir en nuevas fórmulas energéticas que se alejen de las tradicionales fuentes agotables y profundicen en el desarrollo de otras –aun hoy en un estadio incipiente– menos gravosas para el medio ambiente.

El segundo eje es el relativo al logro de un «crecimiento integrador», desde el que se pretenden alcanzar unos mayores niveles de empleo y cohesión social. Para ello, conforme al texto de la Estrategia, se han de ordenar una serie de actuaciones en la política económica y de empleo

---

LexUriServ/LexUriServ.do?uri=COM:2010:2020:FIN:EN:PDF. Especialmente, la afirmación a la que nos referimos en el texto principal, se halla en la página 5 del documento.

europeas que contribuyan a dar protagonismo a las personas en el mercado de trabajo y en la construcción de una sociedad cohesionada.

Por último se promociona una economía basada específicamente en el conocimiento y la innovación, que ha de ser no sólo desarrollada por parte del sector productivo, sino además fomentada desde el nivel político y cultivada desde los diversos programas formativos, para así alcanzar un «crecimiento inteligente», que permita competir con las primeras economías mundiales punteras, precisamente, en tecnología e info-comunicación. Esta apuesta por las nuevas tecnologías, internet y la formación continuada es el caldo de cultivo en que hallamos referencias a la temática que nos ocupa, esto es, la movilidad interestatal europea de nuestros jóvenes. Así, bajo el lema «Youth on the move»[7], se presenta una de las siete actuaciones clave para garantizar el progreso de la estrategia Europa 2020. Como correlato a esta previsión, las directrices para el empleo n.° 7, 8 y 9 –relativas a la mayor integración en los mercados de trabajo, la formación de una población capaz de responder a las necesidades de los mercados y a la mejora de la calidad de los sistemas educativos y de formación[8]– pretenden hacer de la movilidad internacional europea una norma de obligado cumplimiento para los jóvenes[9], de forma que, a través suya, se fortalezca el rendimiento de los sistemas educativos y se facilite el acceso de los jóvenes a los mercados de trabajo –del país de origen y del de residencia–. Como coadyuvante a la postura favorable al intercambio adoptada desde este nivel, el Fondo Social Europeo ha previsto la creación de una línea de ayudas exclusivamente orientada a la integración socio-laboral de los jóvenes, la Garantía Juvenil, en la que se inserta, entre otras, la Iniciativa de Empleo Juvenil (YEI) y el Programa «Tu primer Trabajo EURES». Dotada esta partida con un mínimo de 6000 millones de euros[10], su finalidad es garantizar la realización de proyectos que permitan a los jóvenes de hasta 25 años recibir una primera oferta de empleo de calidad, o facilitarles el aprendizaje y desarrollo de sus habilidades lingüísticas mientras desempeñan un puesto de trabajo fuera de sus fronteras nacionales.

---

7. Ibidem, pp. 13.
8. Nos referimos ahora a la Decisión del Consejo de 21 de octubre de 2010 relativa a las orientaciones para las políticas de empleo de los Estados miembros (2010/707/UE). Disponible el 13/05/2016 en http://www.europarl.europa.eu/meetdocs/2009_2014/documents/com/com_com(2012)0709_/com_com(2012)0709_es.pdf., en sus páginas 49 y 50.
9. En la elaboración de esta Directriz se tuvo muy presente el estudio conjunto del Consejo de Europa y de la Comisión (2012): The history of youth work in Europe. Relevance for today´s youth work policy, vol. 3, Council of Europe Publishing, Strasbourg.
10. Información que puede corroborarse en la web del Fondo Social Europeo relativa a la Garantía Juvenil http://ec.europa.eu/esf/main.jsp?catId=46&langId=es&list=0. Disponible el 13/05/2016.

Desde Europa, por tanto, se apuesta claramente por la internacionalización de la juventud[11]. La movilidad migratoria entre los países miembros europeos no es considerada una consecuencia de la falta de recursos o la búsqueda de un modo de vida alternativo, sino la clave del éxito en un mundo con mercados de trabajo y de producción globalizados. Por ello se articula todo un entramado de actuaciones que, contando con un importante apoyo económico, se pretende sea la luz guía de las políticas nacionales educativas, de formación y de integración laboral para los jóvenes europeos. Unos objetivos estos cuyo logro deberá evaluarse más adelante en el tiempo.

3. «PROGRAMA DE JÓVENES» COMO HERRAMIENTA PARA LA INCLUSIÓN SOCIO-LABORAL DE LA EMIGRACIÓN JUVENIL ESPAÑOLA

Nuestro ordenamiento jurídico aborda el fenómeno de la emigración desde una perspectiva distinta a la europea, tal y como se podría concluir apriorísticamente tras la revisión del cuerpo normativo y de las medidas que, en este sentido, se han aprobado recientemente. Y es que, en España, la tradición emigrante no evoca memorias positivas, sino todo lo contrario[12]. La falta de recursos, la separación familiar, el desconocimiento del destino y la incertidumbre del éxito, eran algunos de los aspectos más problemáticos que hoy se pretenden, si no erradicar, al menos, paliar.

En este sentido, se aprueban y ordenan toda una batería de disposiciones normativas y de programas de intervención por parte de los poderes públicos cuya finalidad es la promoción de iniciativas destinadas a favorecer la integración social y laboral de los jóvenes emigrantes españoles, las cuales tienen como punto de referencia la Ley 40/2006[13] por la que se aprueba el estatuto de la ciudadanía española en el exterior, a cuyo estudio dedicamos el siguiente epígrafe.

---

11. A la conclusión esta llegan también los trabajos de TARU, MARTI; COUSSÉE, FILIP AND WILLIAMSON, HOWARD (2014): «*Youth work in connection to policies and politics*», en TARU, MARTI; COUSSÉE, FILIP AND WILLIAMSON, HOWARD (ED.): *The history of youth work in Europe. Relevance for today´s youth work policy*, Council of Europe Publishing, Strasburg, pp. 149, y de SÁNCHEZ MONTIJANO, ELENA (2014): «*La movilidad intra-UE: ¿una política para tiempos de crisis?*», en SÁNCHEZ MONTIJANO, ELENA y ALONSO CALDERÓN, JAVIER (COORD.): Nuevos flujos y Gran Recesión. La emigración en Cataluña, España y la UE, Fundación CIDOB, Colección Interrogar la actualidad, n° 5, Edicions Bellaterra, Barcelona, pp. 132.

12. Así puede leerse en el trabajo de LIÑARES GIRAUT, XOSE AMANCIO (COORD.) (2009): La emigración española a Europa en el siglo XX, Grupo España Exterior, Galicia, pp. 61.

13. Se trata de la Ley 40/2006, de 14 de diciembre, del Estatuto de la Ciudadanía Española en el exterior, publicada en el BOE n° 299, de 15 de diciembre.

3.1. ESTRATEGIA INCLUSIVA DISEÑADA POR LA DENOMINADA «LEY DE EMIGRACIÓN»

Aprobada el 14 de diciembre del 2006, la exposición de motivos de la Ley 40/2006 justifica su existencia en la previsión contenida en el artículo 42 CE relativa a la necesidad de cualquier país, que se identifique como «social», de poseer una política integral de emigración y retorno. De esta forma, la Ley por la que se aprueba el estatuto de la ciudadanía en el exterior, se configura como punto de partida y orientación para las posteriores intervenciones que los poderes públicos hagan sobre la materia, cuya competencia pertenece en exclusiva al Estado –artículo 149.1.2.° CE–. La intención omnicomprensiva de la norma se evidencia desde la delimitación de su ámbito subjetivo que, conforme al artículo 2, comprende tanto a los ciudadanos españoles –y sus familias– que residan, que emigren o que regresen de terceros países como a aquellos que se muevan dentro de las fronteras europeas.

En lo que respecta al ámbito socio-laboral, la Ley 40/2006 dedica los artículos 21, 22 y 28 a enunciar la batería de derechos que asisten a emigrantes y retornados, siendo el Servicio Público de Empleo Estatal, los Autonómicos, y las entidades públicas o privadas pero sin ánimo de lucro, los encargados de prestar las acciones que, en una amplia gama, se pretende faciliten la integración de los ciudadanos españoles en sus países de destino o en el de origen tras su regreso. Si bien es cierto que la norma obvia delimitar más claramente qué tipo de entidades públicas o privadas pueden desarrollar estas acciones, así como el diseño del modelo de interacción de los SPE con los actores públicos y privados, lo cual generará no pocos problemas de duplicidad de actuaciones e incluso de desatención de tareas, sí que menciona cuatro tipos de actuaciones relacionadas con la información, la orientación, el asesoramiento y la formación, las cuales se desarrollarán bajo acuerdos y programas de colaboración con los países de llegada o de procedencia, según los casos. Para los jóvenes, además, se prevé su categorización, en los Planes Nacionales de Reforma, como colectivo prioritario en la recepción de esas acciones y en la adopción de medidas específicas tendentes a facilitar el reconocimiento y homologación de títulos y de permisos de conducir obtenidos en el extranjero, aunque ninguna mención se hace del procedimiento a la inversa.

En cualquier caso, a nuestro juicio, a pesar de alguna deficiencia señalada, esta norma de mínimos parece haber sabido atender con amplitud de miras las potenciales necesidades de los migrantes, y, también, por tanto, de los jóvenes. Su aplicación más detallada así como la eficacia de sus propuestas no pueden ser referidas sino en el párrafo siguiente, dedicado al análisis de las efectivas medidas que en nuestro ordenamiento jurídico se han elaborado para atender a la emigración juvenil.

3.2. EL SALTO AL VACÍO DE LA EMIGRACIÓN CON LA RED DEL «PROGRAMA DE JÓVENES»

El conjunto de actuaciones contenidas en la Ley 40/2006 ha sido objeto de desarrollo a partir del así llamado «Programa de Jóvenes», regulado a partir de la Orden ESS/1650/2013 de 12 de septiembre[14], cuyos marcos de referencia normativo han sido la Ley 38/2003, de 17 de noviembre, de subvenciones[15] y la Estrategia de Emprendimiento y Empleo Joven 2013-2016[16].

Teniendo muy presentes los criterios de eficacia en el cumplimiento de objetivos y de eficiencia en la asignación y utilización de los recursos públicos, la Orden ESS/1650 se destina íntegramente a subvencionar iniciativas destinadas a favorecer la integración social y laboral de los jóvenes españoles residentes en el exterior –esto es, fuera del territorio español y,

---

14. Se trata de la Orden ESS/1650/2013, de 12 de septiembre, por la que se establecen las bases reguladoras y se convoca para 2013 la concesión de subvenciones destinadas al programa de Jóvenes de la Dirección General de Migraciones, publicada en el BOE n° 221, de 14 de septiembre.

15. Se trata de la Ley 38/2003, de 17 de noviembre, de Subvenciones, publicada en el BOE n° 276, de 18 de noviembre.

16. Información sobre la Estrategia puede encontrarse en la web http://www.empleo.gob.es/es/garantiajuvenil/informate.html. Disponible a fecha de 12/05/2016. Resulta interesante recordar en esta nota las peripecias jurídico-normativas acaecidas respecto de la conocida como Garantía Juvenil. Con fecha de 22 de abril del 2013, el Consejo europeo publica en el DOUE C 120 de 26 de abril, su Recomendación sobre el establecimiento de la Garantía Juvenil, configurada inicialmente como una continuación del modelo de política activa de empleo basada en la bonificación empresarial para la contratación de jóvenes. Esta iniciativa de lucha contra el desempleo juvenil tiene como finalidad «garantizar que todos los jóvenes menores de 25 años, inscritos o no en los servicios de empleo, reciban una oferta concreta y de buena calidad en un plazo de 4 meses tras el fin de su formación o el inicio de su periodo de desempleo. La oferta debe consistir en un trabajo, un periodo de prácticas, una formación en una empresa o un curso en un centro de enseñanza, y adaptarse a las necesidades y situaciones individuales». Los países de la UE respaldaron el principio de la Garantía Juvenil en abril de 2013 y, en concreto España, con dos meses de antelación, había promulgado las medidas que desarrollarían la futura Estrategia de Emprendimiento y Empleo Joven, contenidas en el Título I del Real Decreto Ley 4/2013. La definitiva elaboración de la Estrategia de Emprendimiento y Empleo Joven 2013-2016 no se produjo hasta septiembre de 2013, fecha en que se publica el Plan Anual de Política de Empleo 2013 –aprobado mediante Resolución de 28 de agosto, publicada en el BOE n° 217, de 10 de septiembre–. Finalmente, la Ley 18/2014, de 15 de octubre, citada en la nota anterior, recoge la ordenación del definitivo y actualmente en vigor Sistema Nacional de Garantía Juvenil.

por tanto, dentro o fuera de las fronteras europeas– mediante actuaciones específicas que les permitan continuar con su formación en el exterior o, en su caso, el aprovechamiento de su experiencia para el retorno a España. Esas iniciativas cuya finalidad, destinatarios, requisitos, cuantías, etc., a continuación se estudian con más detalle, dependen anualmente de previsión presupuestaria, de modo que, su no consideración en alguno de los ejercicios supone, de facto, su desaparición. En consecuencia el mayor punto débil del programa, apreciable desde estos primeros momentos de análisis, reside en su propia naturaleza económica. Lo coyuntural de su existencia hace inviable poder apostar por su eficacia a efectos de verdadera inclusión socio-laboral, puesto que, si por algo se caracteriza ésta es por lo definitivo de sus resultados, no por la transitoriedad, más propia de políticas de inserción[17] entre las que se incluyen las subvenciones o cualquier otro tipo de ayuda económica.

3.2.1. Proyectos incluidos

El apartado segundo del artículo primero de la Orden que nos ocupa, enumera el elenco de acciones subvencionables desde este Programa, que abarca medidas realizables desde el exterior o desde nuestro propio país. En concreto se trata de actuaciones destinadas a la información, orientación profesional y asesoramiento en el exterior sobre empleo y emprendimiento; de programas de formación, prácticas en empresas, de especialización profesional y de emprendimiento, que permitan la incorporación en el mercado laboral del país de residencia; de programas de perfeccionamiento de lengua extranjera en el país de residencia; de programas que faciliten el retorno, así como la participación en proyectos emprendedores en España.

A pesar de lo completo que puede considerarse este listado, a nuestro juicio, el precepto y la Orden en su totalidad, descuidan un aspecto que podría considerarse esencial a efectos de la integración social y laboral de los jóvenes migrantes españoles. Se trata de la homologación de estudios y de permisos de conducción. Una posibilidad ésta reconocida desde el artículo 28 apartado tercero de la Ley de emigración y que facilitaría, en gran medida y de forma directa, la verdadera inclusión socio-laboral de los jóvenes emigrantes y retornados españoles, en cualquiera de las direcciones que se piense, esto es, reconocimiento por España de los títulos académicos y profesionales obtenidos en el exterior y reconocimiento por los países de destino de los títulos académicos y profesionales obtenidos en España. Así, tomando como base

---

17. Una interesante aproximación a la diferencia existente entre integración e inserción puede encontrarse en el trabajo de CASTEL, ROBERT (1997): Las metamorfosis de la cuestión social. Una crónica del salariado, Ed. Paidós, pp. 422 y 423.

los acuerdos de movilidad educativa internacional, sería factible, a nuestro parecer, elaborar un mecanismo de homologación de títulos académicos, profesionales y permisos de conducción que no pasara por tener que cursar –como en la actualidad sucede– alguno o algunos años de estudios en el país de llegada, o bien, tener que realizar un examen a partir del que se demuestre estar en posesión de las competencias, aptitudes y actitudes necesarias para desarrollar las funciones correspondientes al título o permiso obtenido. Para ello el Espacio Europeo de Educación Superior y las Directrices para el Empleo 7, 8 y 9, constituyen una herramienta clave, cuya practicidad y utilidad se ponen en duda, muy especialmente, en el campo de la movilidad juvenil interestatal comunitaria.

3.2.2. Destinatarios finales

La citada Orden ESS/1650/2013, distingue, además, entre destinatarios finales y beneficiarios, según quién recibe la utilidad última del Programa y quién la económica.

Así, destinatarios finales de las actividades subvencionadas, según el apartado tercero del artículo primero, son los jóvenes españoles que cumplan los siguientes requisitos.

En primer lugar que sean menores de 35 años, un límite este que mejora con creces al de los 30 años previsto, como tendencia general, desde instancias europeas.

En segundo lugar, que acrediten un periodo de residencia en el exterior de, al menos, un mes en el momento de publicarse cada convocatoria. Si bien el requisito de residencia previa no será necesario para las acciones de información, orientación profesional y asesoramiento en el exterior sobre empleo y emprendimiento, en todo caso, los destinatarios finales deberán estar inscritos en el Registro de Matricula Consular correspondiente en el momento de inicio de la actividad. Se trata, pues, de un mecanismo de control de la veracidad de la situación de emigrado o de movilidad, que claramente trata de evitar el abuso y el fraude, siendo el plazo de un mes un criterio tan discutible como loable, y que sólo responde a la necesidad de fijar cuantitativamente un límite manifiestamente imposible de justificar. ¿O es, acaso, más emigrante quien lleva fuera de España, por ejemplo, veinte años?

3.2.3. Beneficiarios

Aun a pesar de que conforme a la Ley 40/2003 de emigración, actores en materia de «medidas para la inserción socio-laboral» de los emigrantes y retornados, pueden ser los SPEE, los SPEA, las empresas y las entidades públicas y privadas sin ánimo de lucro, en la Orden ESS/1650 ese ámbito subjetivo queda limitado a los dos últimos. De forma que, se califica como beneficiarios –artículo 3 de la Orden–, únicamente, a las empresas y a las entidades que, estando radicadas en España o en el extranjero, tengan entre sus fines la realización de las actividades objeto del programa.

La razón de excluir a los servicios públicos de empleo radica, claramente, en la propia naturaleza económica de los proyectos contenidos en el Programa de jóvenes, que justifica la prescripción contenida en el artículo 2 apartados primero y segundo de la Ley 38/2003, de 17 de noviembre, de Subvenciones. Dado que, conforme a estos preceptos, los beneficiarios de políticas de subvenciones –no europeas– podrán ser «personas públicas o privadas», pero no las Administraciones Públicas.

Con respecto a las entidades y empresas sin ánimo de lucro resulta interesante subrayar que desde la Orden ESS/1650 no se alude a su carácter público o privado, lo que debe llevarnos a concluir que se trata sólo de una opción para la redacción pero no la identificación de las entidades y empresas privadas como las únicas posibles beneficiarias de las subvenciones contenidas en el Programa. Y ello porque desde la Ley 38/2003 ya se prevé que unas y otras participen como receptoras de este tipo de prestaciones económicas.

Sin embargo, podría resultar preocupante el que, a pesar de que la política emigratoria integral –como la Ley 40/2006 reconoce en su Exposición de Motivos– debe tender hacia la inclusión social y laboral de emigrantes y retornados, en ninguna de esas normas se plantee la interacción público-privada como una estrategia con visos de permanencia y consolidación sea en el tiempo, sea en la estructura institucional española. Una estructura institucional consolidada en materia de inmigración y su mantenimiento continuo son, sin duda, elementos esenciales para la efectiva y eficiente inclusión de este colectivo, puesto que, sólo con las técnicas del ensayo-error y su evaluación incesante, es posible garantizar la validez de cualquier política, incluida la migratoria. Empero, desde la Ley de emigración y aun en la propia Orden ESS/1650, el legislador plantea tales medidas como intervenciones puntuales dependientes de presupuestos anuales. Si bien se enuncian los programas posibles, ninguna indicación se hace sobre el tipo concreto de entidades que, de forma permanente en el tiempo, debe desarrollar cada uno de esos proyectos. Antes al contrario. Conforme al artículo 9 de la Orden, los beneficiarios se eligen en cada convocatoria en función a «criterios objetivos» como la estructura y la capacidad, el que previamente –tampoco se prevé con cuánta antelación– se hayan desarrollado este tipo de actividades y el cumplimiento de las obligaciones generales previstas para recibir cualquier subvención. En aras de la seguridad jurídica no se tiene en cuenta la experiencia, la calidad reconocida, la profesionalidad, etc. Tampoco se bosqueja siquiera una distinción entre los tipos de entidades que han de desarrollar acciones de formación, asesoramiento, prácticas en empresa o emprendimiento. Sino que cualquier entidad puede asumir y ser subvencionada para cualquier medida. Mayor eficiencia y eficacia en términos de integración social y de recursos económicos se alcanzaría, a nuestro juicio, si el legislador hubiera reparado en los beneficios de prever, a medio y largo plazo, la completa organización de este Programa de Jóvenes y, en general, de toda la política de emigración y retorno.

Una previsión de estas características pasaría por diseñar, previamente, el modelo de interactuación que habrá de seguirse entre las Administraciones Públicas y las entidades y empresas beneficiarias de las correspondientes ayudas económicas, las cuales, incluso podrían haberse hecho coincidir con las agencias públicas y privadas que –poseedoras de autorización administrativa– ya colaboran con los servicios de empleo, con exclusión de aquellas con ánimo de lucro si se teme la mercantilización de este colectivo. Estas son cuestiones en absoluto baladíes si tenemos presente que es de ese modelo de donde se derivará la efectiva consecución de los objetivos buscados desde la subvención a otorgar, los cuales, a su vez, habrán de atender a la «utilidad pública o interés social o de promoción de una finalidad pública» –artículo 2.1.c) de la Ley 38/2003–.

Y es que, el modelo relacional entre la vertiente pública y el sector privado en materia de inclusión socio-laboral constituiría una triple garantía relativa a asegurar una eficiente asignación de recursos económicos, un eficaz funcionamiento de las entidades o empresas beneficiarias y una protección de los derechos de los usuarios; principios estos orientadores de las tres normas citadas.

En este sentido, plantearse un modelo de interacción pública privada pasaría necesariamente por definir, como mínimo, tres elementos relacionados con la necesidad de autorización previa para intervenir en materia de emigración y retorno; el reparto de funciones atendiendo a las competencias propias de cada sector –público o privado–; y la ordenación de los instrumentos de interacción desde donde se establezcan objetivos, metas y fórmulas de evaluación de la actividad[18]. Elementos estos que pueden

---

18. Del mismo sentir es el trabajo de SCHMID, GERHARD., O´REILLY, JACQUELINE, y SCHÖMANN, K. (Eds.) (1996): *International handbook of labour market policy and evaluation*, Edward Elgar, Cheltenham, pp. 402.

identificarse en todos y cada uno de los grandes modelos convencionalmente admitidos como paradigmas de relaciones entre el sector público y el privado[19].

Si bien es cierto que esos modelos relacionales se registran en el mercado de trabajo, no es menos verdad que la mayor parte de las medidas contenidas en el Programa español para Jóvenes emigrantes y retornados se refieren precisamente a actuaciones orientadas a lograr la incorporación de este colectivo al mercado de trabajo del país de residencia o del de origen. Lo cual justificaría, a nuestro parecer, que por analogía con los servicios de empleo, se procediera a ordenar la interacción pública-privada en materia de política de emigración.

3.2.4. Rasgos característicos de los modelos de interacción pública y privada: ¿valor añadido para las políticas de inclusión socio-laboral de los jóvenes emigrantes?

La Comisión europea en la Sección II de su Comunicación «Pes-Prea´s relationship in a Europa framework»[20], refiriéndose a las fórmulas organizativas de los servicios públicos de empleo y su interacción con las entidades públicas o privadas, distingue entre el modelo cooperativo, en el que los ámbitos de la información y los servicios básicos de intermediación y gestión del ajuste entre oferta y demanda de empleo son competencia esencial pero no exclusiva de los servicios públicos de empleo; el modelo complementario, donde existen parcelas concretas de actuación pública y otras encomendadas a los servicios privados, de forma que el servicio público y la agencia privada están conectados de manera reticular, ofreciendo conjuntamente medidas de política activa de empleo, correspondiendo a los servicios públicos un papel de coordinación entre las actuaciones externalizadas y aquéllas que no lo están, a la vez que de control del alcance de las finalidades previstas a nivel nacional en materia de colocación. Y, por último, el modelo competitivo donde, tanto actores públicos como privados, interactúan en el mercado de trabajo en igualdad de condiciones, accediendo sin cuotas reservadas y de forma equitativa a subvenciones y a financiaciones públicas. Lo cual implica un sistema

---

19. En este sentido querríamos citar aquí las obras consecutivas de WALWEI, ULLRICH (1993): «*Monopoly or coexistence: An international comparison of job placement*», n° 5, Instituto para la Investigación sobre el Empleo, Berlín, pp. 56-59, y de (1996): «*Placement as public responsibility and as a private service*», n° 17, Instituto para la Investigación sobre el Empleo, Berlín, pp. 125-128.

20. La denominación completa del texto es Comunicación de la Comisión Pes-Prea´s relationship in a Europa framework, adoptada en Baden, Austria, el día 16 de noviembre de 1998.

neutral del que se predican una clara separación entre el órgano de gobierno y los entes públicos de gestión del servicio, una elevada capacidad de gestión y diseño del sistema de acreditación y concesión, una fuerte actividad de seguimiento y valoración de los resultados que eviten: la baja calidad de los servicios prestados, el aumento de los costes en la gestión del empleo, la segmentación del mercado, y la ausencia de servicios en determinados sectores del mercado de trabajo.

Así pues, atendiendo a las características definidoras de estos tres grandes modelos[21] y teniendo presente la ordenación de los tipos de acciones que engloba el Programa de Jóvenes conforme a las previsiones de la Ley 40/2003 y de la Orden ESS/1650/2013, podría afirmarse que el modelo cooperativo encajaría con facilidad en nuestro ordenamiento jurídico. Recordemos que, conforme a estas normas, entidades públicas y privadas sin ánimo de lucro, están llamadas a realizar labores, entre otras, de información, orientación, formación y asesoramiento sobre condiciones de empleo –o autoempleo– en los mercados de trabajo de los países de residencia y origen. Unas funciones estas que bien podrían entenderse como integradoras de la labor de intermediación laboral –categorizada como función exclusivamente pública– y de la gestión del ajuste entre demanda y oferta de empleo, guardando para sí los servicios públicos el papel de autoridad pública que gestiona y controla el mercado de trabajo a través de la llevanza de un sistema común informático, de las listas de desempleados y del acceso y el modo de intervención de las agencias públicas y privadas con las que interacciona –artículo 22.1 de la Ley 56/2003, de Empleo–.

Por su parte, las entidades colaboradoras, –erigidos como actores del mercado de trabajo, públicos o privados, con o sin ánimo de lucro conforme a las modificaciones introducidas por la Ley 35/2010–, son entidades con las que los servicios públicos de empleo pueden establecer convenios, acuerdos u otros instrumentos de coordinación, en pos de favorecer la colocación de los demandantes de empleo. Su intervención en el mercado de trabajo se circunscribe a la función de intermediación, si bien esta limitación se amplía hasta las actuaciones de selección y casación cuando se trate de colectivos con especiales dificultades de inserción laboral, categoría donde, recordemos, se preveía por parte de la Ley 40/2006 serían incluidos los jóvenes emigrantes y los retornados. Teniendo presente estas pautas, y en aras de la transparencia, la eficacia y la eficiencia, cabría

---

21. La referencia a estos modelos también ha sido objeto de análisis por la doctrina científica, como presenta el trabajo de DOMENICO, GERMANA DI (2004): «*Comparative Analysis on Employment Services in the Enlarged European Union*», Isfol: Monografie sul mercato del lavoro e le politiche per l'impiego, n° 11, Milán, Italia.

defender, pues, que el legislador, en lugar de optar por otras, podría haberse dirigido especialmente a estas entidades para ser beneficiarias de las subvenciones contenidas en el Programa de Jóvenes, por ejemplo, haciendo del ser entidad colaboradora con los servicios de empleo públicos, un requisito altamente valorado en los baremos para la selección de los beneficiarios de las subvenciones. De esta manera, no sólo se garantizaría la profesionalidad en la prestación ya constatada a través de la autorización que previamente han de poseer las entidades para intervenir en el mercado de trabajo, sino que, además, se valoraría la experiencia –algo que, por otro lado, ni se menciona en el artículo 9 la Orden ESS/1650–. Así, la profesionalidad y la experiencia acreditadas se erigirían como los verdaderos avales para la eficiencia económica en el gasto y el éxito personal de las medidas.

4. CONCLUSIONES

La percepción y la ordenación jurídico-normativa que del fenómeno migratorio juvenil se tiene, dista de forma importante según el ámbito geopolítico que se tome como referencia. En este trabajo, donde se han estimado tres espacios distintos, se llega a las siguientes conclusiones. A nivel mundial, los distintos estudios realizados, muestran que la emigración de este colectivo es efecto –en la mayoría de casos– de la ausencia de un proyecto de futuro prometedor en los países de origen. En este contexto, y aun a pesar de los abrumadores datos, no se han adoptado todavía iniciativas legislativas internacionales que garanticen, al menos, un proceso emigratorio digno. En Europa, por el contrario, la emigración de los jóvenes se percibe como clave para triunfar en mercados de trabajo globalizados. Y, por ello, se prevé desde la Estrategia para el crecimiento y el empleo Europa 2020 que la «movilización interestatal europea» de la juventud sea una obligación anexa a los planes de estudio. España, por su parte, y tomando como referencia los errores y aciertos de su tradición como país de emigrantes, ha elaborado una serie de normas que tratan de hacer de la política migratoria una red de seguridad para aquellos que deciden marcharse. En este sentido la lectura conjunta de la Ley 40/2006 de emigración y de la Orden ESS/1650/2013 que ordena el Programa de Jóvenes emigrantes y retornados, –a la luz de otras disposiciones con las que guardan una estrecha relación–, arroja la conclusión de que, a pesar de los intentos por crear una política estructural e integradora, los resultados apuntan, más bien a una política coyuntural de inserción.

Y ello debido a dos motivos fundamentalmente.

Uno, la naturaleza exclusivamente económica de las medidas contenidas en el Programa de Jóvenes emigrantes y retornados, las cuales se configuran bajo la fórmula de subvención; descuidándose otras de cariz permanente y de mayor trascendencia como la homologación, especialmente de títulos académicos, sea en el país de destino, sea en el de origen.

El otro motivo se refiere a la no ordenación de un modelo estándar de interacción público-privado en materia de inclusión socio-laboral de los jóvenes emigrantes. Lo cual se refleja en que el legislador no haya previsto de forma concreta y con visos de seguridad jurídica tres aspectos clave para hacer del citado Programa una política de integración real. Esos tres elementos serían: en primer lugar, si quiénes puedan ser beneficiarios de las ayudas económicas han de poseer algún tipo de autorización administrativa previa para desarrollar funciones que ya hoy están legalmente atribuidas a los servicios públicos de empleo y a las agencias de colocación –Ley 56/2003 de empleo–. En segundo lugar si las funciones que van a desempeñar los beneficiarios de las subvenciones pueden ser compartidas por otras entidades o administraciones públicas, con la consiguiente duplicidad de actuaciones o, por el contrario, ausencia de intervención en alguna de ellas. Y, por último, tampoco se ha previsto la existencia de instrumentos de interacción donde se establezcan los objetivos a alcanzar por cada beneficiario y las consecuencias de no lograrse.

Todo ello conduce a concluir que, muy a pesar de los esfuerzos políticos, normativos y económicos, la política española de emigración juvenil y los programas de subvenciones en que consiste, son un gigante con los pies de barro.

Capítulo 13

Repercusiones de las políticas sociales y migratorias para los españoles en el exterior. El caso cubano[1]

Carmen Ascanio Sánchez

Sara García Cuesta

Grupo de Investigación MIGEID (Migraciones, género e identidades)
Universidad de La Laguna

Este trabajo pretende exponer algunos de los resultados del proyecto AE-CID que permitió acercarse a la práctica de las políticas sociales y migratorias desarrolladas y aplicadas en el colectivo de españoles en Cuba. Nos planteamos una aproximación a las repercusiones de las mismas en la construcción identitaria, la práctica asociativa y las relaciones intergeneracionales entre estos migrantes y sus familias. Este objetivo implica añadir al necesario enfoque normativo y sociodemográfico, una dimensión cualitativa y participativa, como aportación original del proyecto. El caso de Cuba es de especial interés debido a las diferencias que presenta frente a otros contextos latinoamericanos, tanto por los planteamientos de sus políticas sociales como por los perfiles de los migrantes españoles en Cuba y sus estrategias familiares. Nuestra investigación se ha centrado en la población española de procedencia asturiana, canaria y gallega, al ser la mayoritaria en la isla. Para abordar

---

1. Este trabajo es uno de los resultados del Proyecto de Investigación «Políticas sociales y tercera edad: perfil, recursos y diagnóstico del caso de los españoles en Cuba» (Código: A/024243/09), subvencionado por la Agencia Española de Cooperación Internacional al Desarrollo (AECID). La producción conjunta más relevante de dicho proyecto es: Ascanio Sánchez, C.; García Cuesta, S; Martín Fernández, C; Perera Pérez, M; Fernández Muñiz, A.M. *La población de mayores españoles en Cuba.* Mercurio Editorial, Madrid, 2014. Contacto: cascanio@ull.es.

este caso, se desarrolló una metodología multiestratégica que queda explicada en el epígrafe inicial. Nuestros resultados desarrollan tres cuestiones. En primer lugar, el impacto real de las políticas sociales en las generaciones de mayores españoles en Cuba; a continuación, los discursos sobre las estrategias transnacionales a partir del nuevo escenario que configuró la denominada *Ley de nietos*. Por último, el impacto de las dos cuestiones anteriores sobre la configuración de identidades, en el marco de la práctica asociativa y de las relaciones intergeneracionales.

1. MARCO METODOLÓGICO

Como indica Alejandro Portes[2], afrontar hoy una teoría amplia sobre los procesos migratorios es *impensable*, ya que las áreas englobadas en este campo son tan dispares que los resultados serían altamente abstractos. Sin embargo, también resulta complejo lo contrario: reflexionar sobre estos procesos sin tener presente la interrelación entre todo el conjunto: flujos migratorios, políticas, estrategias identitarias, etc. La migración española es un caso más en el contexto global de movimientos de población y de desequilibrios entre espacios geográficos, si bien su amplitud y diversidad ha generado una amplia historiografía.

Nuestro proyecto ha abordado las políticas sociales y migratorias dirigidas a los españoles de tercera edad en Cuba, con un enfoque que ha priorizado la interpretación y la practica social de individuos y grupos, las percepciones, explicaciones y legitimaciones desde las propias biografías en términos de estrategias personales, sociales y simbólicas. Entendemos así la migración como una dinámica tanto personal como colectiva, más que como una situación. Cada protagonista es un sujeto activo que, desde su propia trayectoria, interactúa con el contexto local (dentro y fuera) y global. Por ello, el análisis de datos empíricos requiere interrelacionar lo macro y lo micro y la dimensión diacrónica/sincrónica: migración histórica, evolución de las políticas sociales, trayectorias y estrategias migratorias. Este trabajo se orientó, con ese planteamiento, a la combinación de enfoques y técnicas diversas: datos estadísticos que dibujan las líneas gruesas de los procesos migratorios, junto con metodologías cualitativas que aportan un calado comprensivo y riqueza predictiva (entrevistas, trabajo de campo y observación, material audiovisual).

El estudio realizado parte de la investigación en un grupo interdisciplinar (con representantes de áreas de antropología, sociología, psicología

---

2. PORTES, A: *Sociología económica de las migraciones internacionales*, Anthropos, Madrid, 2012.

e historia) e interuniversitario (Universidad de La Laguna-Universidad de La Habana) cuya metodología a su vez se ha centrado en el análisis historiográfico y de fuentes sociodemográficas, así como en un trabajo de campo basado en la observación participante y la realización de entrevistas semiestructuradas.

Respecto al trabajo de campo, se desarrolló en la ciudad de La Habana y fue llevado a cabo en diversos periodos del 2009 y 2010, a través de los contactos propiciados por las asociaciones y organismos que participaron en la cobertura del proyecto. La observación se basó en las visitas a asociaciones, instituciones o departamentos implicados en las políticas migratorias, también en las realizadas a diversos asentamientos de población española y otros encuentros que tuvieron como objeto el identificar recursos históricos (hospitales, cementerio, etc.) y su situación actual, todos ellos relacionados con la migración española.

En cuanto a las entrevistas semiestructuradas y abiertas se han organizado en tres modalidades. La primera de ellas, fue realizada a seis informantes clave cualificados seleccionados por su papel en las asociaciones o la gestión de políticas migratorias. Un segundo tipo, han sido entrevistas en profundidad al estilo de historias de vida a mayores nativos españoles cuyas referencias fueron aportadas por las asociaciones y realizadas con la colaboración de estudiantado de la Universidad de La Habana. El diseño muestral de este campo más amplio de entrevistas, tuvo en cuenta criterios de procedencia territorial de origen (Asturias, Canarias y Galicia) y la presencia de hombres y mujeres. Las mismas fueron realizadas a sesenta y seis personas de procedencia gallega (23), canaria (22) y asturiana (21), de las que 36 eran mujeres y 30 hombres entre los 65 y 98 años. El guión de las mismas incluía el perfil general, el proceso migratorio, la práctica asociativa y las políticas/ayudas recibidas desde España.

Por último, se realizaron seis entrevistas a mayores elegidos intencionalmente, como sujetos para la elaboración del documental ilustrativo del proyecto[3]. Este material audiovisual testimonial y fotográfico ofrece una narrativa de vivencias y filmaciones de eventos: fiestas en asociaciones, visitas de autoridades y la grabación de las citadas historias de vida, representativas de hechos y procesos para el documental.

Como parte del trabajo cualitativo también se realizaron diversos encuentros y entrevistas informales a los afiliados de las asociaciones españolas de La Habana durante la asistencia a eventos y actividades. Igualmente,

---

3. ASCANIO SÁNCHEZ, C. Et al. *Memoria de viajes*, Mercurio Editorial, Madrid, 2013. Documental realizado por La Central Producciones.

llevamos a cabo dos trabajos de campo más reducidos en la zona central y en la oriental del país, en áreas de importante asentamiento español, mayoritariamente de origen canario debido al tipo de poblamiento de este grupo migratorio.

Por último, queremos señalar que el asociacionismo fue un punto de referencia clave para el desarrollo de la metodología del proyecto y para contactar con las personas entrevistadas. La amplitud y complejidad del fenómeno asociativo han quedado reflejadas en parte a través de la realización de un censo, así como en las entrevistas formales e informales, estas últimas surgidas a raíz de las visitas realizadas. Quedó registrada información sobre el perfil de la asociación (nombre, creación, historia), número de asociados (intentando diferenciar entre nativos, descendientes y naturalizados), objetivos, estructura y recursos, actividades, tipos de ayudas y, finalmente, la solicitud de un listado de nativos españoles y su localización.

2. INTRODUCCIÓN A LAS POLÍTICAS SOCIALES Y MIGRATORIAS PARA LOS ESPAÑOLES EN CUBA

Las políticas sociales para la población emigrante de mayores, formalizadas a partir de los noventa en España, plantean la atención a un grupo de personas donde confluyen dos aspectos de especial vulnerabilidad: la situación de migración y la elevada edad. En el caso cubano, una gran parte de estos mayores han tenido una experiencia vital muy larga en la isla antillana, y el proceso de integración es un hecho que queda patente en las narrativas de estas personas. Los recursos sociales provenientes de España a los que pueden acceder estos mayores, se articulan más bien en el marco de la diversidad de estrategias económicas familiares cubanas. Y también responden a la posibilidad y el deseo de mantener vínculos con la tierra de origen –a menudo identificada más con los territorios concretos de procedencia (Comunidades Autónomas[4]) que con el Estado nacional–, así como a su relación con las asociaciones que les permiten la posibilidad de articular un tejido social de apoyo. Es la red de apoyo familiar y comunitario la que se plantea como el elemento argumental necesario para resolver las vicisitudes cotidianas que supone ser mayor en Cuba. Es en ese contexto donde se comprenden los apoyos públicos, bien generados por el Estado cubano, bien en términos de pensiones y de recursos de atención a la salud procedentes del Estado español y de sus CCAA.

En este esquema de recursos cotidianos, tanto institucionales como sociofamiliares, las políticas de apoyo diseñadas desde España son un

---

4.   En adelante CCAA.

356

aporte específico y complementario para estos mayores y sus familias, especialmente útil entre quienes puedan encontrarse en situaciones vulnerables o desfavorecidas, o bien planteen necesidades especiales. En general, estas políticas que pueden beneficiar a los mayores españoles en Cuba se orientan a la protección y respuesta a las necesidades en cuestiones de trabajo, económicas, de salud, vivienda y educativo-culturales[5]. Pero esta tipificación general en realidad requiere de una adaptación al contexto del país de referencia, que es el que define las necesidades que no quedan cubiertas en esta población, según la cobertura que ofrezca su propio sistema asistencial. En Cuba, por ejemplo, la atención sanitaria de las personas mayores está garantizada de forma universal a través del sistema público de salud. Por ello, los apoyos que puedan necesitarse en ese sentido son de carácter complementario[6].

Cobran relevancia en este contexto antillano, sin embargo, *las políticas de subsidios y pensiones* –un recurso fundamental para estos mayores y sus familias–, el apoyo a recursos sociosanitarios del entorno inmediato con *la financiación de las asociaciones y hogares de mayores* y, por último, *las políticas de ocio y viajes* que permiten retomar el vínculo con el origen.

El apoyo recibido desde las instituciones españolas y las CCAA, se relacionan a su vez con el soporte relevante que suponen las asociaciones, al que más adelante haremos una referencia detallada (epígrafe 4). De hecho, nuestra investigación constató que la aplicación de determinadas políticas sociales desde España hacia estos mayores migrantes, tiene mucho que ver con la actual consolidación de las funciones sociales del tejido asociativo vinculado a los colectivos regionales de migrantes en la isla antillana. El tejido asociativo es un importante apoyo para la gestión de los recursos formales e informales que ayudan a concretar las líneas de actuación procedentes de España. A su vez, las asociaciones también complementan y desarrollan iniciativas desde un conocimiento más cercano de las necesidades de las personas emigrantes. Podemos afirmar que, en el contexto cubano, el tejido social formal ha sido y es un factor directo proveedor y canalizador de demandas y recursos, prácticamente desde

---

5. FRANCO SUÁREZ, M.C.: «Políticas sociales y tercera edad: teoría y prácticas», *Jornadas Tercera edad y políticas sociales: el caso de los españoles en Cuba*, La Habana, Centro de Estudios de Salud y Bienestar Humanos, Universidad de La Habana-AECID, 2010.

6. Los beneficiarios de la prestación por razón de necesidad tienen derecho a la cobertura de la contingencia de asistencia sanitaria (que incluye prestaciones sanitarias y farmacéuticas), establecida a través de convenios con los países de destino, cuando carezcan de ella en el país de residencia o cuando su contenido y alcance fueran insuficientes, según el Real Decreto 8/2008, de 11 de enero, por el que se regula la prestación por razón de necesidad a favor de los españoles residentes en el exterior y retornados.

los inicios de la migración. Este factor aconsejó precisamente la realización de las entrevistas a los líderes asociativos.

Las políticas sociales finalmente aplicadas a este grupo de mayores migrantes españoles afectan a varias de las generaciones implicadas en los procesos migratorios del siglo XX y XXI[7]. En Cuba, podemos distinguir cuatro grupos de edad, asociados a diferentes etapas de migración. Los de edad más avanzada llegaron siendo muy niños, en los críticos años treinta del siglo pasado, a través de procesos de reagrupación familiar. Posteriormente, la Guerra Civil y el inicio de la postguerra generaron un exilio específico de menores conocidos como «los niños de la guerra». De hecho, las primeras normas que formalizaron las ayudas sociales al colectivo de mayores emigrantes desde España fueron precisamente las aplicadas a este colectivo, con derecho a prestaciones específicas. La emigración que cruzó el Atlántico huyendo de la represión y la pobreza continuó fluyendo en realidad hasta mediados de los sesenta, cuando tuvieron lugar las últimas reagrupaciones y migraciones a la búsqueda de posibilidades en América. Finalmente, la revolución cubana del 59 en su primer proceso atrajo a jóvenes desde España, alentados por la nueva propuesta política. A todos aquellos mayores, que llegaron siendo muy jóvenes, se les añaden en la actualidad los naturalizados españoles, además de los más recientes migrantes asociados a oportunidades de negocio o relaciones familiares[8].

Durante el período de realización del proyecto que se acercó a los mayores migrantes españoles en Cuba, la población española en la isla era un grupo muy heterogéneo, no solo en cuanto a edad y procedencia, sino también por sus motivaciones y situaciones vitales. Del total de nacidos en España que residían en Cuba, el 81,2 por ciento era mayor de 65 años. Dentro de esta de población de mayores, a su vez, un 81 por ciento, unas 1.500 personas, tenían más de 90 años. La elevada longevidad se reflejaba en las pensiones recibidas desde España: 42 pensionistas tenían entre 100 y 104 años e incluso se localizaron 13 personas con más de 104 años[9].

Ahora bien, resulta un tanto complejo dimensionar cuantitativamente a este colectivo y seguir su evolución actual a través de las estadísticas públicas disponibles en España. El consabido subrregistro que supone el PERE ha podido reducirse en estos años por el mayor interés que tienen

---

7. ASCANIO SÁNCHEZ, C.: *Migración y tercera edad. Políticas y recursos sociales para los españoles en Venezuela*, Ed. Anroart. Las Palmas de Gran Canaria, 2008.

8. GARCÍA CUESTA, S.; MARTÍN FERNÁNDEZ, C; PERERA PÉREZ, M.: «Las políticas sociales para mayores asturianos en Cuba», *Revista Atlántida. Revista Canaria de Ciencias Sociales*, Volumen extraordinario, 2013, pp. 119-148.

9. Datos de la Sección de Trabajo e Inmigración, Consulado General de España en La Habana, marzo 2011.

los emigrantes, o bien quienes adquirieron la nacionalidad española, por registrarse en los Consulados y acceder así a recursos económicos y sociales en momentos más adversos. Así lo indica el incremento actual del número de personas registradas en el Padrón de Españoles Residentes en el Extranjero[10]. Sin embargo, el colectivo de migrantes españoles en Cuba, esto es, los nativos españoles, ha experimentado una tendencia contraria en la actualidad, reduciendo sucesivamente su volumen, debido al efecto de la mortalidad de esta población envejecida. En el 2011, el PERE registraba 2.359 nativos españoles en Cuba, un 54 por ciento mujeres. Cinco años después, 2.002 emigrantes españoles viven en Cuba, representando las mujeres el 51,05 por ciento[11]. Esta población ha estado compuesta a lo largo de la década estudiada fundamentalmente de mayores de 65 años, siempre por encima del 70 por ciento[12].

Observamos por tanto una población migrante en la isla caribeña con un perfil bastante envejecido, como colectivo mayoritario receptor de los actuales derechos sociales que, desde el año 2006, reconoce el Estatuto de la ciudadanía española en el exterior[13]. Estos derechos están sobre todo plasmados en el Artículo 20 del Estatuto, que destaca la necesidad de potenciar la red de servicios y las actividades encaminadas al bienestar integral de estos mayores. Así como el apoyo económico a las asociaciones y centros que asistan a estos mayores tanto en el exterior como en el retorno. Las ayudas a la dependencia desde los poderes públicos se centran en un apoyo asistencial, sanitario y farmacéutico que permita unas condiciones

---

10. A 1 de enero de 2015, el PERE arroja un total de 119.662 nacionales españoles en Cuba, lo que supone el segundo mayor incremento absoluto de población española residente en el exterior de los últimos años, después de Argentina. En la citada fecha, el total de españoles registrados en el PERE fue de 2.183.043 personas. La población española residente en Cuba represento el pasado año un 5,5% del total.

11. Instituto Nacional de Estadística: Padrón de Españoles Residentes en el Exterior. Datos de 2011 y 2016.

12. Concretamente, se trata de 1.813 mayores de 65 años, que en el 2011 suponían el 76,8 por ciento de la emigración española en Cuba, con un 58,6 por ciento de mujeres entre esta población mayor. Los 1.401 mayores localizados en el PERE del 1 de enero 2016 representan el 70 por ciento de este colectivo en la actualidad, con una mayoría sostenida de mujeres (57%).

13. La LEY 40/2006, de 14 de diciembre, del Estatuto de la ciudadanía española en el exterior recoge en su capítulo II los derechos sociales y prestaciones: *derecho a la protección de la salud, Seguridad Social y prestaciones por razón de necesidad, servicios sociales para mayores y derechos en materia de empleo y ocupación*. El derecho a la protección de la salud constituye un objetivo prioritario en la acción exterior del Estado, junto con las previsiones sobre Seguridad Social y prestaciones. Se introdujo entonces la prestación por razón de necesidad, como un nuevo concepto que engloba la pensión asistencial por ancianidad, con normativa específica, junto con la asistencia sanitaria, a fin de mejorar su adaptación a las necesidades reales de las personas mayores.

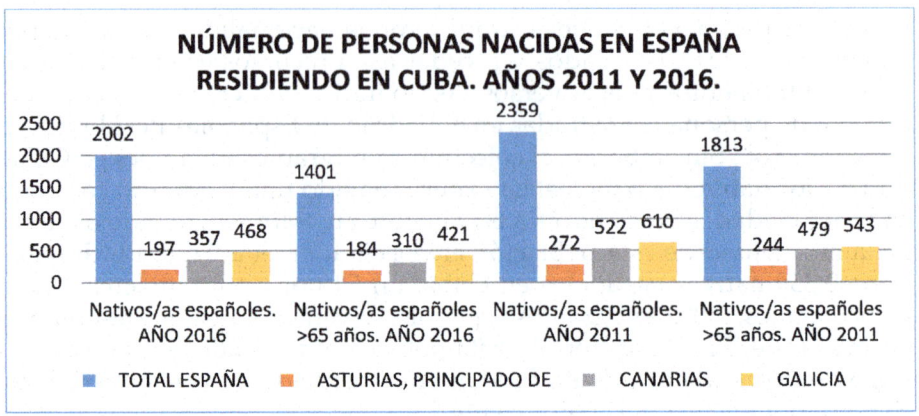

Fuente: INE, PERE 2011 y 2016. Elaboración propia.

similares a las del colectivo de mayores en España. El Articulo 17 indica a su vez que el Estado promoverá una atención integral de la salud, atendiendo con carácter prioritario a los mayores y dependientes, que carezcan de recursos suficientes.

En el territorio cubano, por las implicaciones contextuales de la situación en la isla, algunos recursos provenientes de España (Estado y CCAA) resultan mucho más relevantes, como se indicó anteriormente. Es el caso de la *pensión asistencial por ancianidad para retornados/as*, que se concede en los países donde la precariedad del sistema de protección social justifique la existencia de la prestación por razón de necesidad cuando retornan a España. Es también el caso de las *pensiones de jubilación o asistenciales del Estado Español:* éstas suponen una ayuda enormemente valorada por los mayores españoles que viven en Cuba, porque la pérdida de poder adquisitivo es una característica casi general, y el ahorro y previsión están marcados por historias laborales complejas y por su acceso o no a los derechos laborales[14]. A su vez, las necesidades de atención y cuidados específicos se incrementan con la edad.

---

14. Entre las Prestaciones públicas de carácter social existentes en España distinguimos: Pensiones contributivas (Incapacidad permanente, Jubilación, Viudedad, Orfandad, Favor Familiar). Pensiones no contributivas (Jubilación, Invalidez). Prestaciones LISMI (Subsidio de Garantía de Ingresos Mínimos, Subsidio por Ayuda a Tercera Persona, Subsidio de Mov. y Comp. Gtos. Transportes). Pensiones asistenciales (Enfermedad, Vejez). Prestaciones por desempleo (Nivel contributivo, Nivel asistencial). Prestaciones Familiares por hijo a cargo. En 1993 se publica el Real Decreto 728/1993, por el que se establecen las pensiones asistenciales por ancianidad a favor de los emigrantes españoles. Esta es la medida de mayor alcance en la protección de los españoles que viven fuera de España, según reconoce el Estatuto de Ciudadanía vigente.

Según datos del Anuario 2013 del Ministerio de Empleo y Seguridad Social, un 68,6 por ciento de los 1.097 mayores que recibieron prestaciones por ancianidad en Cuba tiene más de 80 años, representando las mujeres la mayoría (65 por ciento) de los mayores de 65 años con ayuda económica. El colectivo pensionista de mayores representa a más de la mitad de la población nativa en la isla, según datos del PERE. El importe medio de esta ayuda es de 227 euros, una suma relevante en un país donde los sueldos medios oscilaban en estos años entre los 20 y 40 euros al mes.

El grado de compatibilidad entre las diferentes prestaciones puede estar influyendo en el bienestar de los hogares de estos mayores. Especialmente en los hogares más pobres, que son los que reciben las prestaciones también más bajas, la incompatibilidad entre las ayudas no permite una acumulación de ingresos que en algunos casos es imprescindible para garantizar las necesidades básicas. En este sentido, algunas asociaciones manifestaron su inquietud por los problemas de compatibilidad entre las pensiones del Estado y las ayudas económicas que han tratado de consolidarse desde las CCAA. Durante el período de vigencia del proyecto, las asociaciones asturianas elevaron una demanda de información y su preocupación a su propia federación, en varios actos públicos acontecidos entre las asociaciones españolas en la isla. Parece lógico plantear una evaluación de las situaciones más delicadas en las que resultaría aceptable poder compatibilizar ambas ayudas. Una reflexión coherente con los análisis de políticas públicas para mayores, que avisan sobre la necesidad de prestar atención a la compatibilidad entre diferentes prestaciones y su influencia para paliar la pobreza de los hogares de mayores más necesitados.

Por otro lado, las *políticas de vivienda* no tienen tanta relevancia en las narrativas de estos emigrantes mayores, aunque sus entrevistas permitieron comprobar las carencias en sus hogares, que tampoco son ajenas a las necesidades de la población mayor en España[15]. En algunos casos, las personas entrevistadas manifiestan haber podido hacer frente a los arreglos básicos a través de las prestaciones, sobre todo no contributivas y otras ayudas que reciben del Estado y las CCAA. Una red familiar y social fuerte contribuye a paliar los problemas con el apoyo informal, obteniendo a su vez beneficios de estas prestaciones. No obstante, la movilidad de algunos ancianos –aspecto fundamental para el mantenimiento de su calidad de vida– se ve mermada por las malas condiciones de acceso a sus viviendas.

---

15. ALFAMA, E., CRUELS, M. Y EZQUERRA, S.: «Envejecimiento y crisis. Impactos de la crisis económica en las personas mayores en el Estado español», *VI Informe sobre la exclusión y desarrollo social en España*, Documento de trabajo 5.9, Fundación FOESSA, 2014.

Respecto a las *políticas de salud, educación y servicios sociales* se persigue un criterio inclusivo universal en el acceso[16]. Pero el carácter de residencia exterior requiere unas consideraciones específicas para cumplir con la universalidad. Las ayudas económicas y el apoyo de las instituciones españolas contribuyen de forma complementaria a los recursos disponibles para ellos en el sistema de salud cubano. Pero son los apoyos locales y las relaciones y servicios en el territorio de acogida los que más se destacan en las valoraciones de su salud en la vida cotidiana. Existen *políticas de ayuda concreta para la ancianidad* que los informantes identifican sobre todo con tres recursos básicos citados anteriormente: las prestaciones económicas, los viajes y, finalmente, las ayudas disponibles en los centros y asociaciones, de carácter puntual o asistencial.

Respecto a las primeras, mencionan las *prestaciones económicas periódicas* para los mayores: pensiones no contributivas especialmente, de discapacidad[17] y las de los niños de la guerra (especialmente la Ley 3/2005)[18], así como la variedad de ayudas procedentes de las Comunidades Autónomas. Las repercusiones de la conocida como *Ley de nietos*[19] se perciben también como una ventaja asociadas a la población emigrante mayor, al suponer posibilidades de nacionalización de los descendientes de aquellos españoles emigrados con la Guerra Civil. Las cifras del efecto de esta Ley muestran el impacto: el 6,32 por ciento (32.141) de las solicitudes generadas por la Ley fueron de nietos de españoles/as que perdieron la nacionalidad o tuvieron que renunciar a ella con motivo del exilio. El balance del primer recuento, tras los tres años de vigor y prórroga de la Ley (2008-2011), es de 400 mil personas solicitantes, hijas y nietas de exiliados y exiliadas de la Guerra Civil y del franquismo. En Cuba las cifras remiten a unos 180 mil solicitantes, una demanda elevada en el cómputo general

---

16. El objetivo de referencia es por tanto, el de los *servicios sociales públicos existentes en España para mayores:* Servicios de atención a domicilio (servicios de ayuda cotidiana, asistencia médica, comidas a domicilio, apoyo familiar a la dependencia, ayudas técnicas para la autonomía personal, servicio de lavandería, servicio de adecuación de la vivienda, prestación económica a cuidadores, Teleasistencia). Hogares y Clubes. Centros de Día y Centros de Día para personas dependientes. Residencias para Mayores. Residencias/plazas para dependientes y psicogeriátricos. Viviendas tuteladas. Servicio público de acogimiento familiar.

17. Según datos del Anuario 2013 del Ministerio de Empleo y Seguridad Social, solo 7 personas españolas mayores de 65 años residentes en Cuba cobraban prestación por incapacidad, 5 de ellas mujeres.

18. Ley 3/2005, de 18 de marzo, por la que se reconoce una prestación económica a los ciudadanos de origen español desplazados al extranjero, durante su minoría de edad, como consecuencia de la Guerra Civil, y que desarrollaron la mayor parte de su vida fuera del territorio nacional.

19. La Ley para la Recuperación de la Memoria Histórica (Ley 52/2007, aprobada en el BOE del 27 de diciembre de 2007

de 400 mil generadas en todo el mundo. Antes de la entrada en vigor de la *Ley de nietos* la población española en Cuba era de unas veinte y ocho mil personas y ahora cuenta con unas cien mil personas (el 1,7 por ciento de la población cubana), a falta de resolver todavía algunos expedientes. Todo un fenómeno social en la isla, este movimiento refleja el impacto de los vínculos migratorios pasados, presentes y futuros entre el territorio español y el cubano.

En cuanto a los recursos directos en términos de prestaciones recibidas por los llamados «niños de la guerra» en Cuba, en el año 2013 estaban siendo recibida por 97 personas en la isla, 65 de ellas mayores de ochenta años, y con una distribución similar entre hombres (29) y mujeres (37). Estas pensiones son más substanciosas que las de ancianidad, con una media de ingresos de 405 euros al mes en general (393 en el caso de las mujeres) para los mayores en territorio cubano[20].

Los *viajes* son una referencia habitual en prácticamente todas las informaciones recabadas. Se distinguen los viajes del Instituto de Mayores y Servicios Sociales del Gobierno de España (IMSERSO) –que les permiten realizar unas vacaciones en España–, y los subvencionados por las CCAA, con el fin de promocionar el reencuentro con las familias.

En último lugar, en las entrevistas se mencionan las aportaciones tanto del Estado como de las CCAA a los *centros residenciales* para mayores en Cuba, que cuentan con nativos españoles y sin apoyo familiar. En general, a las personas entrevistadas les cuesta distinguir de donde procede exactamente la ayuda que reciben, algo similar a lo que ocurre con las prestaciones económicas y los viajes. La aportación nacional a los centros se gestiona a través de la convocatoria de subvenciones que deben solicitar las entidades que justifiquen la presencia de españoles y presenten un proyecto. Estas ayudas tienen un carácter de apoyo al mantenimiento de las infraestructuras, y cuentan también con un programa para la compra de alimentos. En el marco en este tipo de ayudas, se mencionan también los aportes puntuales a las *Sociedades* que se ocupan de la asistencia domiciliaria a los mayores y del mantenimiento de sus panteones, que pertenecen a dichas Sociedades. A través de las asociaciones se gestionan muchas de estas ayudas, así como los donativos, aguinaldos o «jabas navideñas» y las ayudas muy puntuales para medicamentos o reconstitución de viviendas que los socios identifican con la acción asociativa.

---

20. La media de ingresos percibida por estas ayudas al exilio en todos los países es de 381 euros, por debajo de la vigente para los nativos españoles residentes en Cuba. Véase Anuario 2013, Portal de la Ciudadanía Española en el Exterior. Datos del Ministerio de Empleo y Seguridad Social.

Los mayores entrevistados coinciden con los líderes asociativos en destacar el mayor impacto de las ayudas económicas del Estado español, por su cuantía y periodicidad. Mencionan sobre todo las pensiones no contributivas y las de los niños de la guerra. Las entrevistas dan cuenta de que algunos de ellos desconocen las ayudas de las que deberían haber sido informados/as, incluso siendo niños de la guerra. Puede ocurrir que las incompatibilidades entre las ayudas o bien el simple miedo a perderlas generen desconfianza para hablar abiertamente sobre el tema. El impacto de las ayudas periódicas (pensiones no contributivas y contributivas, ayudas a los niños y niñas de la guerra, ayudas de las CCAA, aguinaldos navideños) aparece vinculado a las posibilidades que tienen los mayores de mejorar la vida de toda su familia y las reconocen como un factor fundamental para su bienestar.

3. EL NUEVO ESCENARIO QUE CONFIGURÓ LA *LEY DE NIETOS*: LOS DISCURSOS SOBRE LAS ESTRATEGIAS TRANSNACIONALES

La Ley para la Recuperación de la Memoria Histórica[21] (Ley 52/2007, aprobada en el BOE del 27 de diciembre de 2007), sin ser una herramienta con objetivos de política migratoria, da lugar a una nueva fase en las estrategias migratorias cubanas[22]. Se trata de una normativa cuyo objetivo es reconocer y ampliar derechos a favor de quienes padecieron persecución o violencia durante la Guerra Civil y la dictadura. Su disposición adicional séptima, la adquisición de la nacionalidad española, denominada popularmente como la *Ley de nietos*, es la que ha tenido el impacto más fuerte en países de migración española, como es el caso de Cuba[23]. Esta disposición permite adquirir la nacionalidad a descendientes en primera y segunda generación de españoles exiliados durante el período comprendido entre el 18 de julio de 1936 y el 31 de diciembre de 1955. Dicha disposición ha estado vigente hasta el 27 de diciembre de 2011 con prórroga en este último año citado.

---

21. En adelante LMH.
22. IZQUIERDO ESCRIBANO, A (ed.): *La migración de la memoria histórica*, Edicions Bellaterra/Fundación Largo Caballero, Barcelona, 2011.
23. «Disposición adicional 7.ª 1. Las personas cuyo padre o madre hubiese sido originariamente español podrán optar a la nacionalidad española de origen si formalizan su declaración en el plazo de dos años desde la entrada en vigor de la presente Disposición adicional. Dicho plazo podrá ser prorrogado por acuerdo del Consejo de Ministros hasta el límite de un año. Este derecho también se reconocerá a los nietos de quienes perdieron o tuvieron que renunciar a la nacionalidad española como consecuencia del exilio».

Los efectos de la *Ley de nietos* se reconocen por el impacto en los volúmenes de naturalizaciones de descendientes a partir de su aprobación. Las cifras del efecto de esta Ley muestran el impacto. A fecha de diciembre del 2010, concluyendo nuestro proyecto, se habían presentado poco más de 300 mil expedientes en todo el mundo, con algo más de la mitad aprobados. Latinoamérica suponía el 95,6 por ciento del total de estos expedientes, representando Cuba casi el 42 por ciento del total de solicitudes de los países de aplicación de la Ley. El 6,32 por ciento (32.141) de las solicitudes generadas por la Ley fueron de nietos de españoles/as que perdieron la nacionalidad o tuvieron que renunciar a ella con motivo del exilio. El balance del primer recuento tras los tres años de vigor y prórroga de la Ley (2008-2011) es de cuatrocientas mil personas solicitantes, hijas y nietas de exiliados y exiliadas de la Guerra Civil y del franquismo. Como se ha mencionado anteriormente, en Cuba las cifras remiten a unos 180 mil solicitantes, una demanda elevada en el cómputo general de 400 mil generadas en todo el mundo y que la convierten en el registro consular con mayor número de expedientes.

Estos datos muestran las diferencias respecto a otros países del contexto latinoamericano con gran impacto de la migración española (Argentina, Uruguay, México, Venezuela), de los que se preveía surgieran la mayor parte de solicitudes. Esta última percepción partía tanto de los datos que se tenían (españoles en el exterior, asociacionismo, movimientos de la ciudadana en el exterior, etc.), como de otros de tipo cualitativo en los que se concluían con la mayor relevancia en Cuba de la ruptura de vínculos entre origen y destino. Por ejemplo, la falta de renovación migratoria, más allá de las oleadas de principios del siglo XX y la más escasa del exilio español; la mayor dimensión de uniones exogámicas; el distanciamiento entre ambos países fruto de la dictadura franquista y la posterior Revolución cubana de 1959; y, consecuencia de esto último, la desaparición de sociedades, recursos y elementos culturales relacionados con la sociedad de origen. Efectivamente, la emigración española a Cuba alcanzó su cota más elevada a finales del siglo XIX y comienzos del XX. La crisis de 1929 y la compleja situación política en la isla provocó el retorno de muchos españoles que se encontraron con otra situación todavía más convulsa en el país de origen, preludio de la Guerra Civil española. Algunos decidirán regresar a la isla, aunque la emigración política desde España no fue especialmente relevante hacia Cuba, mencionándose dos etapas: la propia del exilio fruto de la Guerra Civil española y otra posterior, a raíz de que el gobierno socialista de 1959 abriese las puertas a disidentes del franquismo. Sin duda alguna, estas discontinuidades en el proceso migratorio, así como el particular contexto sociopolítico, han afectado tanto a la conservación y transmisión de la nacionalidad, como a la construcción identitaria a partir de estas primeras generaciones.

Sin embargo, esas memorias dormidas durante lustros han podido despertarse por la conjunción de diversos factores que sirvieron de cauce a deseos, necesidades y sentimientos comunes. El contexto cubano de las últimas décadas se ha caracterizado por especiales dificultades para la movilidad exterior y una situación interna compleja, que plantea la migración como una estrategia habitual para la mejora de las condiciones de vida tanto individuales, como mayoritariamente familiares. Por tanto, la adquisición de otra nacionalidad puede convertirse en una decisión clave, tanto para mejorar estas condiciones, como para permitir una mayor movilidad exterior. Todo esto explica ese desfase entre las previsiones que se tenían respecto a las posibles solicitudes debidas a la LMH y a una sorprendente realidad que ha convertido a Cuba en el país con el mayor número de las mismas. Dado lo anterior, también resulta lógico que el 97 por ciento de las solicitudes registradas en Cuba se hayan gestionado a través del Modelo I de la Disposición Adicional Séptima de la LMH, dirigido a aquellas personas cuyo padre o madre hubieran sido originariamente españoles[24]; muchos de estos serán los nietos de españoles que tuvieron que renunciar a la nacionalidad española, fuese en la etapa de la Ley del 50 por ciento o la misma Revolución de 1959.

Lo expuesto queda patente en los relatos recogidos, realizados precisamente en el periodo central de la vigencia de la Disposición, donde se menciona los efectos y expectativas de dicha Ley a corto y medio plazo. Como se ha mencionado, las entrevistas llevadas a cabo en el contexto de esta investigación, se centraron en los mayores españoles en Cuba entre los que se incluyen de manera explícita a los denominados niños y niñas de la guerra. Ambos perfiles coinciden en su papel activo respecto a las estrategias familiares, tanto económicas como migratorias, a través de los procesos de naturalización y de las aportaciones de las prestaciones referidas.

Sin embargo, sus discursos se diferencian en otros aspectos. Por una parte, en el continuado liderazgo de la población del exilio en el asociacionismo migratorio, mientras que el resto de las personas mayores se han sumado al tejido asociativo a posteriori, a partir de la aparición de las ayudas gubernamentales, que fueron gestionadas en gran parte

---

24. GOLIAS PÉREZ, M.: *Los nuevos españoles a través de la Ley de memoria Histórica en Cuba y Argentina ¿oportunidad o identidad?*, La Coruña, Tesis Doctoral UDC/2004.

366

desde estas redes. Paradójicamente, la migración del exilio, los niños y niñas de la guerra, parecen menos vinculada al contexto de origen en un primer momento. Se aprecian en su discurso expresiones de nostalgia y dolor, así como bloqueos emocionales en los momentos de recuerdo del lugar de origen. Sin embargo, en la última etapa de aplicación de la Ley, muchas narrativas inciden en las necesidades familiares como principal argumento para un acercamiento funcional hacia los recursos que provee la normativa, a pesar de las reticencias argumentadas por estas motivaciones emocionales. Este rechazo inicial tiene que ver con las experiencias de sus trayectorias vitales, atravesadas por la guerra y el exilio.

Por otra parte, el resto de emigrantes se vinculan más centralmente a las estrategias familiares. Estas son el motor activador de un acercamiento a las asociaciones con el fin de conseguir asesoramiento y gestión, tanto de las ayudas socioeconómicas como de las iniciativas relacionadas con la *Ley de nietos* (transmisión de la nacionalidad).

Precisamente es este perfil el que enfatiza el fortalecimiento de las redes familiares de origen. Estas fueron activadas tímidamente a partir de la crisis cubana de los noventa, conocida como «periodo especial», en coincidencia con el inicio de las políticas sociales desde España, reactivándose poderosamente a partir del asentamiento de ayudas, pensiones y viajes para el retorno. En este grupo, la posibilidad de naturalizaciones de descendientes tiene como objetivo clave la movilidad internacional a través, en muchos casos, de la renovación de redes familiares; en todo caso, el protagonismo es claramente de las segundas y, en especial, de las terceras generaciones.

Por último, la conformación de la identidad cubano-española de estos perfiles se relaciona con la motivación inicial del proceso migratorio y la trayectoria migratoria en destino. Evidentemente, los dos grupos aparecen claramente diferenciados por la motivación migratoria inicial. Para unos, la migración forzada, de huida, es un referente clave de su identidad; para el otro perfil, se construye desde la búsqueda familiar de mejores condiciones económicas y de vida. Esta reconstrucción de discursos migratorios e identitarios es importante para la socialización de las familias de las personas migradas, con refuerzos o no del tipo de familia conformada por la endogamia o la exogamia étnica. Lo cierto es que todo ello influye en la toma de decisiones de los grupos domésticos afectados por las nuevas oportunidades de movilidad que favorece la normativa de la LMH, como se abordará a continuación.

4. LA CONSTRUCCIÓN IDENTITARIA A TRAVÉS DE LA PRÁCTICA ASOCIATIVA Y DEL ANÁLISIS DE LAS RELACIONES INTERGENERACIONALES

La construcción de identidades migratorias es un proceso que se modela desde la relocalización en otro lugar, desde la construcción de narrativas, de significados y de elecciones entre la sociedad de origen y la receptora[25]. Por tanto, se configura a partir de las motivaciones para emigrar, las trayectorias en la sociedad receptora y las estrategias recientes del grupo, donde situaciones como las familiares son el foco de atención.

Al respecto del caso cubano, abordaremos en primer lugar el papel de las asociaciones migratorias y los cambios recientes en la práctica asociativa, para profundizar después en los perfiles más relevantes en la conformación de discursos migratorios e identitarios. Finalmente, haremos una reflexión sobre la interrelación entre las distintas generaciones, las estrategias familiares, la conformación de redes transnacionales y las nuevas oportunidades de movilidad.

Las asociaciones migratorias y los centros regionales han tenido, históricamente, un papel relevante en la construcción de la identidad española y de los grupos de las diferentes áreas del Estado: sea a través de su protagonismo en la transmisión de aspectos de la cultura de origen, de la construcción de redes de diverso tipo (económicas, políticas, etc.) o, como en la actualidad, constituirse como facilitadoras para la implementación de políticas sociales e identitarias desde los lugares de procedencia.

En Cuba, a partir de la independencia del país (1898) se fortalecieron las agrupaciones de todo tipo, como forma de organizar los cambios acaecidos, pero, también, de afianzar elementos que se entendían como definitorios de la procedencia española.

Se pueden señalar varias etapas en las relaciones entre España y Cuba, aunque destacaremos dos hechos relevantes en esta trayectoria: la aplicación de leyes relacionadas con la nacionalidad (Ley Cubana de la Nacionalización del Trabajo de 1940, también denominada Ley del 50 por ciento) y, en segundo lugar, los procesos de nacionalización cubana de españoles a raíz de la revolución cubana, como parte del proyecto socialista. Durante todo este proceso, en especial durante la dictadura franquista y la etapa postrevolucionaria en Cuba, se aprecia un cierto debilitamiento de los vínculos entre ambos países.

---

25. Entendiéndola lejos de enfoques primordialistas y más cercana a conceptos-metáfora como los denominados «espacios de intermediedad» (in-betweenness): BHABHA, H.: *The Location of Culture*, Routledge, Londres, 1994.

Las relaciones vuelven a retomarse a partir de los años ochenta del siglo XX con el renacer asociativo, consecuencia del inicio de la democracia española, del reconocimiento de derechos a los españoles residentes en el exterior y de las nuevas oportunidades de intercambio con las zonas de origen. Con el establecimiento de las CCAA en España, la influencia de cada zona de procedencia se va fortaleciendo en el interior de estas asociaciones migratorias, ampliando relaciones con los gobiernos autonómicos y la sociedad de origen.

Con la crisis económica de los años noventa en Cuba, muchos emigrantes y sus descendientes propician un resurgimiento asociativo que funciona como puente entre estas organizaciones y los gobiernos, español y autonómicos.

En la siguiente década, a partir de la LMH, un importante número de hijos de españoles se acogen a la ciudadanía de progenitores y a unas raíces e imaginarios culturales nunca perdidos. De hecho, en poco tiempo el tejido asociativo aumenta, de forma paralela a las ayudas procedentes del gobierno central español y los gobiernos autonómicos. Las tipologías existentes en la actualidad en este tejido asociativo, su estructura organizacional y objetivos, son representativos de esta evolución en las tres últimas décadas.

Sintetizando el amplio análisis realizado en el marco del proyecto, se pueden diferenciar dos grandes tipos de asociaciones: las cuatro federaciones existentes y el resto de asociaciones que tienen denominaciones diversas como sociedades, círculos, clubes, *naturales de,* etc. De estas últimas, en el 2010 había 98 asociaciones que representaban a diez Comunidades Autónomas; de las mismas, la mayoría era de procedencia gallega (48) y asturiana (34) y una única canaria, con importantes particularidades. Efectivamente, la mayor parte de estas asociaciones son de alcance provincial, radicadas mayoritariamente en la capital (Centro Habana y Habana vieja) y suelen representar a una amplia gama de zonas de procedencia: localidades o comarcas y Comunidades Autónomas de España. De alcance nacional sólo hay tres: La Federación de Sociedades Gallegas en Cuba, el Centro Balear y la Asociación Canaria de Cuba «Leonor Pérez Cabrera». Como se apuntaba, esta última tiene rasgos atípicos: surge en 1992 desde otras asociaciones de origen canario, con una estructura en niveles organizativos de alcance nacional y con una junta directiva formada con los aportes de sus más de 200 órganos de base, distribuidos en todos los municipios y provincias del país. Esto hace que sea la asociación de mayor cobertura en la isla fuera de la capital. Esta estructura está directamente relacionada con las características de la migración canaria, de gran dispersión por todo el territorio cubano y con una amplia base rural.

La finalidad de estas asociaciones ha tenido continuidad en el tiempo, centrándose en objetivos benéficos, culturales y recreativos, ofreciendo servicios de atención a la salud, conservación de elementos culturales, espacios de ocio, etc. Algunas comenzaron con denominación restringida (referida a su pueblo o comarca) y se ampliaron con el tiempo a una región o Comunidad Autónoma. La cantidad de socios ha aumentado en los últimos años, pasando de unos cientos en las más pequeñas, a miles en las más grandes o las que se ubican en todo el territorio. Este hecho está relacionado con la evolución de los recursos disponibles: en una primera fase, éstos se basaban en las cuotas de sus propios asociados, generalmente bajas. En una segunda fase, con el aporte de ayudas de los gobiernos central y autonómicos[26], la cuantía ha dependido tanto del número de socios como de su papel en el liderazgo asociativo. En este sentido, habría que diferenciar aquellas asociaciones de denominación amplia, que siguen manteniendo la difusión de elementos culturales generalistas o construidos desde diacríticos que representan a toda la nación, de aquellas con denominación referencial en las CCAA, dónde la tendencia ha sido apoyar y difundir políticas identitarias desde estos territorios de origen.

Esto último resulta relevante en los tres grupos mayoritarios, como son los procedentes de Asturias, Canarias y Galicia. Gran parte de los informantes y entrevistados señalan el papel de estas asociaciones como puente proveedor de redes, canalizador de demandas, gestor de subvenciones y ayudas de diversa índole. Estos informantes suelen relacionar estos recursos y su evolución con los apoyos políticos y electorales, fundamentalmente vinculados a los gobiernos autonómicos. De hecho, la implantación de estas políticas ha tenido importantes repercusiones en el aumento y participación asociativa. Tanto las entrevistas como los cuestionarios realizados a las directivas de las asociaciones, indican cómo la membrecía no sólo se ha incrementado, sino que la mayoría tiene ahora la ciudadanía española. Los datos obtenidos muestran que las personas nativas asociadas son ya escasas debido a sus edades, siempre por encima de los sesenta años. Por tanto, son los descendientes quienes conforman gran parte del asociacionismo. De éstos alrededor de una quinta parte se han podido naturalizar a través de la LMH[27].

Los perfiles más relevantes en la conformación de discursos migratorios e identitarios se definen a partir de las historias de vida realizadas y

---

26. Por ejemplo, es el caso de las obras de mantenimiento y reparación, para las que se ha contado con subvenciones públicas del país de origen.
27. FERNÁNDEZ, A.M. et al. «El asociacionismo de los españoles en Cuba», *La población de mayores españoles en Cuba. Migraciones, bienes y políticas sociales*, ASCANIO SÁNCHEZ. Y MARTÍN FERNÁNDEZ, C (ed.), Editorial Mercurio, Madrid, 2013, pág. 120-148.

del resto de trabajo de campo. Se pueden destacar tres tipos de discursos. Primero, aquel perfil donde se destacan las causas migratorias familiares: reunificación familiar, redes de parentesco y conformación de nuevas familias. Segundo, aquel que incide en las causas económicas, con expectativas de mejora de las condiciones de vida. Tercero, los que emigran por causas políticas: la Guerra Civil y sus consecuencias. Estos son los denominados niños y niñas de la guerra, que por su conciencia política han tenido en Cuba una plataforma de expresión, adhiriéndose en muchos casos al proyecto socialista. A menudo estos fueron los promotores de las nuevas relaciones entre Cuba y España, a través del tejido asociativo. Una diferencia importante con los grupos anteriores es que han sido receptores de ayudas económicas específicas (niños y niñas de la guerra) desde el gobierno central, cuya cuantía –al cambio de moneda cubana– supone un recurso de gran importancia respecto al resto de la población española en la isla[28]. Como se ha señalado anteriormente, estos dos perfiles que corresponden a los nativos españoles suponen apenas un seis por ciento del total de residentes en Cuba[29].

A los perfiles anteriores habría que añadir el de los naturalizados en diferentes momentos y por diversas causas, entre los que destacamos a los recientes nuevos españoles vinculados a la LMH, básicamente descendientes en segunda y tercera generación. De hecho, como se ha citado, la inmensa mayoría de las solicitudes lo han sido por el modelo I de la Ley, que se aplicó a personas cuyo padre o madre hubiesen sido originariamente españoles. Este último perfil es más heterogéneo que los anteriores, tanto por la tipología de sus familias de origen como por su nacionalidad cubana de origen. Además, es el que más se identifica con las nuevas estrategias familiares de movilidad.

Estos perfiles están representados con cierta nitidez en las diferencias que la propia LMH establece entre los demandantes tipo1 (demandas de hijos y nietos de emigrantes por necesidad) y el tipo 2, o descendientes del exilio estricto. Habría que tener en cuenta que, a diferencia de otros contextos latinoamericanos, en Cuba el perfil formativo y profesional de estos

---

28. Sin embargo, también se estima que una parte estos exiliados/as puede estar teniendo problemas para beneficiarse de estas ayudas debido a las dificultades para conseguir todos los requisitos de documentación que se solicitan.

29. Según el PERE 42.592 españoles vivían en Cuba en 2010 (PERE, 2009). En los últimos años estas cifran han variado debido a los procesos de nacionalización de los descendientes, hasta llegar a 89.232 españoles en el 2012. Cuba es pues el octavo país de residencia de estos españoles, con el 4,3% de los mismos. Un rasgo importante es que la mayor parte de los mismos (72% según el PERE) son mayores de 65 años, al ser los hijos de las primeras oleadas españolas del siglo XX; de éstos el 23% son mayores de 85 años.

hijos y nietos suele ser más elevado; por tanto, con mayores expectativas de éxito migratorio. De hecho, son los que a partir de la crisis cubana de los años noventa, han retomado con fuerza los vínculos con España y las redes familiares de origen.

Desde esta etapa se abre el proceso de reconstrucción de identidades, de mayor fluidez de contactos con la sociedad de origen y, por tanto, del aumento de transferencias monetarias, visitas turísticas y familiares. Uno de los objetivos más importantes de la solicitud de nacionalidad es pues la movilidad territorial; si bien es cierto que los discursos y sentimientos reivindicativos de naturaleza política pueden variar dependiendo de la pertenencia a redes familiares, bien procedentes de la emigración económica o bien del exilio.

Por último, observamos la interrelación entre las distintas generaciones, las estrategias familiares y la conformación de redes transnacionales y las nuevas oportunidades de movilidad. Los perfiles sociodemográficos de los nativos españoles dan cuenta de un escenario diverso en el que predominan los hogares extensos, el matrimonio y la viudedad[30]. Entre los pensionistas nativos españoles, tanto para aquellos que viven solos en parejas, o en hogares con más de dos personas, la ayuda económica procedente de España es un recurso vital[31]: para la sobrevivencia cotidiana, para los gastos que genera las solicitudes de nacionalidad, para la movilidad futura. Las políticas implementadas desde España también han incluido medidas que han permitido renovar los contactos con el país de origen y las redes familiares: ayudas para el retorno, visitas eventuales (viajes IMSERSO, los de los niños y niñas de la guerra, subvenciones desde las CCAA, etc.). Evidentemente, las políticas procedentes de España y, en especial, las posibilidades abiertas por la LMH han reactivado nuevas estrategias que tienen una importante carga identitaria. A nivel autonómico, resulta evidente la incentivación de estos diacríticos a través

---

30. Según el Censo de población y vivienda de Cuba (2002), los nativos españoles constituyen familias donde predomina el matrimonio (43%), la viudedad (39%) y, en menor medida, los solteros (11%) y los divorciados (8%). La residencia predomina en hogares extendidos, compuesto por varias generaciones (63%), hogares nucleares (27%) y unipersonales (9%).

31. Entre los beneficiarios de pensiones no contributivas o asistenciales, apreciamos que algo más del 33 % viven solos, el 40% en hogares con otra persona que podría ser su pareja, el 17% con otras dos personas, un 8% con tres personas y un 2% en hogares de 4 a 7 personas. El estado civil evidencia que más de la mitad de los hombres (58%) son casados y la gran mayoría de las mujeres (61%) son viudas; otro 10% está divorciado y un 8% solteros.

de leyes, normativas, creación de organismos específicos para la gestión de los asuntos migratorios, reconocimientos y acciones relacionadas con la identidad (Ley de Reconocimiento de la Asturianía, Escuela de tradiciones canarias en América, Escuela de Asturianía, programa Volver de la Xunta de Galicia, *jaba* o cesta de Navidad, cursos relacionados con rasgos identitarios como artesanías, gastronomía) que vinculan a los emigrantes y descendientes con familias en territorio español y, por tanto, a las identidades de origen y destino.

La construcción identitaria depende de todos estos factores, pero, también, de las circunstancias individuales: redes familiares en origen y destino, la añoranza de la cultura de origen, las estrategias vitales de recuerdos y olvidos. Como se ha mencionado, en el caso cubano destaca la naturalización de un importante número de descendientes con la expectativa de emigrar a España u a otros contextos, dónde el pasaporte español sirva como visado de entrada. La mayor parte de los emigrantes de tercera edad asocian su posible retorno al proyecto de sus hijos y nietos de viajar al exterior, tanto a los lugares de origen familiar como a otros contextos que consideran de más oportunidades.

El impacto tanto de las ayudas económicas como de movilidad (ayudas al retorno) de los últimos años, ha facilitado la reactivación de redes familiares, de emociones y recuerdos que reconstruyen y desarrollan nuevas posibilidades y expectativas vitales que incluyen potencialmente procesos migratorios.

5. CONCLUSIONES

Siguiendo el hilo conductor del trabajo, destacaremos el papel y repercusiones de estas políticas tanto en la población de mayores de origen español como en sus descendientes. En primer lugar, en el caso de Cuba algunos aspectos se manifiestan de forma diferencial, como el de la atención sanitaria de cobertura universal y gratuita que incita a pensar, a priori, en que solo es necesario un apoyo puntual en casos específicos. Sin embargo, la carencia de determinados recursos (medicamentos, aparatos y material sanitario); además de la dificultad para adquirir alimentos útiles para equilibrar dietas, señalan que estas prestaciones y ayudas exteriores (incluidas las obtenidas desde las redes migratorias) son algo más que un apoyo circunstancial.

Estas ayudas económicas contribuyen a la autonomía de los mayores y a la mejora de vida de sus familias. El impacto de estas prestaciones es mayor entre quienes viven en hogares unipersonales o en pareja, pero es también relevante para los que viven en familias extensas, donde suponen un significativo aporte a la economía doméstico– familiar. En todo caso, la colaboración con sus familias gratifica la autoestima de los mayores, al permitirles contribuir a sortear los rigores cotidianos de la crisis en las familias.

La segunda cuestión a destacar es el importante y vital rol jugado por las asociaciones en todo el proceso relativo a la gestión de las ayudas, que ha abarcado desde la localización de mayores en situaciones vulnerables, desvinculados/as de las asociaciones por razones diversas, hasta la cumplimentación de la documentación correspondiente. El tejido asociativo constituye un importante sostén para llevar a efecto las políticas desde España, tanto para los mayores como para las entidades españolas. No obstante, la diferencia entre aquellos mayores ligados a las asociaciones respecto a otros que no lo están en absoluto, tiene consecuencias: una parte del colectivo tiene un limitado acceso a las ayudas y recursos a los que podría tener derecho. El trabajo de campo realizado indica que estos casos están relacionados más con la dispersión territorial y las dificultades de movilidad en la isla que con el propio conocimiento de la existencia de ayudas. En este sentido, parece conveniente implementar la descentralización de ciertos servicios e incrementar ayudas específicas (transporte) que permitan una mayor movilidad.

En tercer lugar y en cuanto a la construcción identitaria, ésta se encuentra atravesada tanto por la trayectoria migratoria como, de modo importante, por las políticas sociales recientes que se han mencionado en este trabajo. Un punto de inflexión ha sido la Ley de Memoria Histórica, que ha concedido el derecho de ciudadanía a miles de descendientes de españoles, incentivando la recuperación de memorias en origen y destino. Al tener como base la recuperación de la nacionalidad de primeras a terceras generaciones, ha sido un resorte de especial importancia para la reconstrucción de redes familiares, vehiculando sentires y significados colectivos.

Precisamente, refiriéndonos a estos significados, los mayores entrevistados/as agradecen y recuerdan especialmente la posibilidad de poder retornar, a través de los viajes facilitados por los gobiernos, central y autonómicos. Algunos visitaron sus localidades de nacimiento por primera vez, pasados la mayor parte de sus años en Cuba, relatando con emoción esta experiencia, como un hito que marca *un antes y un después* en su vida.

Para concluir, aunque los resultados obtenidos son solo representativos del grupo analizado, sí contienen informaciones cualitativas de gran riqueza para enmarcar las percepciones y repercusiones de las políticas sociales y migratorias implementadas desde España. Tanto las entrevistas a informantes clave y líderes asociativos, como las realizadas a los nativos/as españolas, aportan una visión de conjunto sobre las prácticas y usos de estos recursos y, por tanto, permiten identificar necesidades y estrategias para sortear las dificultades de la vida cotidiana en Cuba.

Capítulo 14

El apoyo de la red diplomática y consular a la nueva emigración española

Gloria Esteban de la Rosa[1]

Profesora Titular de Universidad
CU acreditada-ANECA de Derecho internacional privado
Universidad de Jaén

1. ANTECEDENTES Y MARCO LEGISLATIVO ACTUAL

1.1. EVOLUCIÓN DEL TRATAMIENTO DE LA EMIGRACIÓN EN LA LEGISLACIÓN ESPAÑOLA

Como es sabido, España ha pasado en poco tiempo de ser un país receptor de personas inmigrantes, a emisor (de nuevo), en especial, de jóvenes, que no encuentran un empleo estable ni de calidad en este país. Las circunstancias que han determinado este cambio de tendencia están muy condicionadas por la persistente crisis económica (desde 2008 hasta hoy). Por tanto, en el momento actual y desde hace ya casi una década, los jóvenes españoles, así como las personas que están en edad de trabajar han ido en busca de empleo al extranjero, sea a otro Estado parte de la UE, sea a América Latina o a otros países (en particular, EEUU y Canadá)[2].

---

1. Esta aportación se hace en el marco del Proyecto «*Nuevas políticas jurídicas para el cambio migratorio: tutela jurídico-social de los trabajadores emigrantes*», financiado por el Ministerio de Educación (DER2014-56019-P). IP: J. A. Fernández Avilés, CU acreditado-ANECA de Derecho del trabajo de la Universidad de Granada.

2. En concreto, los análisis realizados ponen de relieve que, entre los cinco primeros países destino de la emigración española, tres son de la UE, de un lado y, de otro, que los que emigran son muchos más de los que indican las cifras españolas (véase, González-Ferrer, A.: «La nueva emigración española. Lo que sabemos y lo que no», *Zoompolítico*, 2013, n. 18, p. 6). En todo caso, se hace referencia a la creciente

De otro lado, cada Gobierno de cada Estado cuenta con Embajadas y Consulados en el exterior, que lo representa y, al mismo tiempo, cumplen determinadas funciones relacionadas con los particulares, nacionales de dichos países (connacionales), que se encuentran en el extranjero[3]. En esta sede se analiza el papel que desempeñan tales oficinas (en particular, consulares) en el ámbito genérico de la emigración y, en concreto, para la tutela de los derechos socio-laborales de los españoles que se encuentran en el exterior, al tratarse de desplazamientos que tienen lugar para realizar una actividad laboral por cuenta ajena –de forma preferente–[4].

---

laboralización de los flujos españoles de emigración desde que comenzó la crisis, sin que pueda saberse si se trata de personas más cualificadas o no (*ibid.*, p. 12). Por último, la cifra de personas españolas que residen en el extranjero puede también conocerse a partir de los datos que proporciona el Censo Electoral de Españoles Residentes en el Extranjero (CERA).

3. Cabe hacer algunas consideraciones previas sobre la diferencia entre las funciones consulares y las diplomáticas, que no deben confundirse. Las segundas se recogen en el Convenio de Viena, de 18 de abril de 1961, sobre Relaciones Diplomáticas (*BOE* n° 21, de 24 de enero de 1968), y consisten en: a) representar al Estado acreditante ante el Estado receptor; b) proteger en el Estado receptor los intereses del Estado acreditante y los de sus nacionales dentro de los límites permitidos por el Derecho internacional; c) negociar con el Gobierno del Estado receptor; d) enterarse por todos los medios lícitos de las condiciones y de la evolución de los acontecimientos en el Estado receptor e informar sobre ello al Gobierno del Estado acreditante; e) fomentar las relaciones amistosas y desarrollar las relaciones económicas, culturales y científicas entre el Estado acreditante y el Estado receptor (art. 3). Por tanto, dicho de una forma breve y simplificada, la Embajada es la representación diplomática de un Gobierno nacional ante el Gobierno de otro país. Por su parte, el Consulado es la representación de una Administración pública de un país en el extranjero. En esta sede nos referimos, de forma preferente (no exclusiva) a las funciones que tienen encomendados los Consulados relacionadas con la tutela y promoción de los intereses de los emigrantes y emigrados españoles en el territorio extranjero en el que se encuentran dichas oficinas. Son funciones de protección y de asistencia, que pueden diferenciarse de la denominada «protección diplomática». Para esta distinción véase extensamente, DÍAZ BARRADO, C. M., «Marco normativo de la protección diplomática. La protección consular y la asistencia consular de los emigrantes españoles» en, MARIÑO MENÉNDEZ, F. M.: *Un mundo sin desarraigo. El Derecho internacional de las migraciones*, Catarata, Madrid, 2006, pp. 240 y ss; *id.*, «La protección de los españoles en el extranjero. Práctica constitucional», *Cursos de Derecho internacional de Vitoria/Gasteiz*, Serv. Publ. Univ. País Vasco, 1992, pp. 239 y ss.

4. En ocasiones, puede tratarse de la primera ocupación del español que se desplaza al extranjero. Si bien no pueden aportarse datos completamente fiables acerca del número de personas jóvenes que encuentran su primer empleo en el extranjero, los medios de comunicación y las informaciones de las que se dispone por otros cauces, permiten hacer esta afirmación, en particular, en el caso de titulados superiores o personas con elevada especialización. Se trata de lo que la Ministra de Trabajo denomina «movilidad exterior» de los jóvenes. De otra parte, las oficinas diplomáticas y consulares también tienen funciones en el ámbito de la promoción de las empresas españolas y de los empresarios de España. Y, en concreto, las oficinas comerciales españolas en el exterior realizan dicha tarea, de la que no se da cuenta en esta sede.

Y, de forma particular, la participación de tales oficinas españolas en el exterior desde la perspectiva del empleo y ocupación u otros aspectos relacionados con su desenvolvimiento en el extranjero cuando este desplazamiento se realiza por razones socio-económicas (emigración)[5]. No se trata –por ello– el caso de los expatriados, dado que trasladan su residencia al extranjero por razones de movilidad relacionadas con la empresa en la que prestan sus servicios o por la ocupación de un puesto directivo[6]. Tampoco a los españoles que desempeñan su actividad laboral al servicio de las Embajadas o consulados españoles en el extranjero[7].

Y ello sin perjuicio del reconocimiento del papel de los sindicatos y organizaciones empresariales en aquellas materias que afecten a la representación y defensa de los intereses que le son propios (art. 14 de la Ley 40/2006, de 14 de diciembre, citada *infra*). Véase extensamente, ARIAS DOMÍNGUEZ, A., «Capítulo XVI. Los sindicatos y las organizaciones empresariales y la emigración» en, SEMPERE NAVARRO, A.V. (dir.), *El Estatuto de la Ciudadanía Española en el exterior. Comentarios a la Ley 40/2006, de 14 de diciembre, del Estatuto de la Ciudadanía Española en el Exterior*, Aranzadi, Pamplona, 2009, pp. 463 y ss.

5.   Por tanto, no se da cuenta de la asistencia o atención que se presta a los españoles que se encuentran en el extranjero por otros motivos (vacaciones, familiares, etc). De otro lado, si bien podría presentar interés establecer la diferencias entre los actuales desplazamientos de españoles al extranjero por razones laborales a los países que forman parte de la UE o a Estados terceros, no se trata ésta de una clasificación que presente tampoco especial interés en esta sede, al presentar escasa relevancia desde la perspectiva de la intervención de las autoridades diplomáticas y consulares españolas en el exterior. En concreto, el papel de las oficinas diplomáticas y consulares españolas no difiere esencialmente cuando se encuentran en el territorio de Estados comunitarios (si se compara con el caso de otros países). En todo caso, como es sabido, los nacionales de la UE ostentan un conjunto de derechos y prerrogativas propios, como consecuencia de su reconocimiento como «ciudadanía de la Unión». Véase, en particular, PÉREZ VERA, E.: «Citoyenneté de l'Union Européennne, nationalité et condition des étrangers». *Recueil des Cours de l'Académie de Droit international de La Haye.*, tomo 261 (1996); *id.*, «Ciudadanía y nacionalidad de los Estados miembros», *Revista de Derecho de la Unión Europea*, 2014-2015, n. 27-28, pp. 215 y ss.

6.   Esta movilidad se relaciona con el desempeño del trabajo y, por tanto, no puede considerarse que sea por razones de emigración (movilidad en el empleo). Ahora bien, debe diferenciarse también el caso de las personas que se encuentran en el extranjero en un Estado parte de la UE de las que residen de forma habitual en otro Estado distinto, en la medida en que, como se sabe, existe normativa comunitaria referida –en particular– a la Seguridad social de las personas que ostentan la nacionalidad de un Estado parte de la UE. Sin embargo, en la medida en que el propósito de este estudio no se centra en el análisis del régimen comunitario de la Seguridad social, no se dará cuenta del mismo, sin hacer referencia a las funciones que corresponden a las autoridades comunitarias en tales casos, relacionadas, principalmente, con la coordinación, conforme al criterio de «caja única».

7.   Como es sabido, cada una de estas modalidades cuenta con regímenes laborales especiales, así como de protección social, de un lado y, de otro, estas personas no son propiamente emigrantes que se han desplazado al extranjero por razones socio-económicas. Por el contrario, desempeñan habitualmente una actividad para una empresa o son trabajadores contratados al servicio de algún organismo público español en el

Nos referimos en todo caso a las cuestiones que suscita la emigración de españoles al extranjero en el momento actual por razones laborales, de la que se ha ocupado el legislador español, en concreto, en el Estatuto de la Ciudadanía española en el exterior, aprobado por la Ley 40/2006, de 14 de diciembre (en adelante, LECEX)[8]. Se considera la primera ley española que ha reconocido a la «comunidad emigrante española en el extranjero» como un auténtico capital social[9]. Ha tratado de dar respuesta a las demandas de los distintos sectores de la emigración, del exilio y de los retornados[10].

Y, en concreto, indica la necesidad de establecer una «política integral de emigración y de retorno» para la salvaguardia de los derechos económicos y sociales de los emigrantes, exiliados y descendientes de ambos[11]. Antes de analizar el contenido de la LECEX centrado en los aspectos laborales, cabe realizar algunas consideraciones –de una forma breve– de

---

extranjero (oficinas comerciales, etc). Si bien puede discutirse el hecho de que puedan considerarse comprendidas en el concepto genérico de emigración, que define la Ley 40/2006, no se tratan en esta sede, al contar –cada una de estas modalidades de desplazamiento– con fuertes particularidades, que no se relacionan de una forma tan específica con la labor de tutela que corresponde realizar al Estado para la defensa de los intereses de los españoles en el exterior en relación con sus derechos socio-laborales. Véase extensamente, TRINIDAD GARCÍA, M.ª L./FUENTES MAÑAS, J.B., «Marco jurídico de la movilidad internacional de los españoles por razones de trabajo» en, PÉREZ GÁLVEZ, J.F. (Dir.), *Estudios de Derecho y ciudadanía en el exterior*, Ministerio de Trabajo e Inmigración, Madrid, 2009, pp. 263 y ss.

8. *BOE* n° 299, de 15 de diciembre de 2006. Véase, *inter alter*, SEMPERE NAVARRO, A.V. (Dir.), *El Estatuto de la Ciudadanía Española en el exterior. Comentarios a la Ley 40/2006, de 14 de diciembre, del Estatuto de la Ciudadanía Española en el Exterior*, Aranzadi, Pamplona, 2009; PÉREZ GÁLVEZ, J. F. (dir.), *Estudios de Derecho y ciudadanía en el exterior, Ministerio de Trabajo e Inmigración*, Madrid, 2009.

9. Véase, GOIG MARTÍNEZ, J. M.ª, «Derechos de la ciudadanía española en el exterior», *Revista de Derecho UNED*, n° 7, 2010, p. 346.

10. Véase, en particular, SEMPERE NAVARRO, A.V., «Capítulo III. El Estado social ante los ciudadanos expatriados» y SÁNCHEZ TRIGUEROS, C./FERNÁNDEZ COLLADOS, M.ª B., «Capítulo V. Objetivos de la Ley 40/2006 y normas concordantes», ambas aportaciones publicadas en la obra colectiva, SEMPERE NAVARRO, A.V. (Dir.), *El Estatuto de la Ciudadanía Española en el exterior. Comentarios a la Ley 40/2006, de 14 de diciembre, del Estatuto de la Ciudadanía Española en el Exterior*, Aranzadi, Pamplona, 2009, pp. 81 y ss. y 143 y ss, respectivamente.

11. En concreto, el Consejo General de la Ciudadanía Española en el Exterior (CGCEE) es un órgano de carácter consultivo y asesor, adscrito al Ministerio de Empleo y Seguridad Social. Véase, el RD 230/2008, de 15 de febrero, por el que se regula el Consejo General de la Ciudadanía española en el exterior (*BOE* n° 41, de 16 de febrero de 2008, texto consolidado publicado en BOE-A-2008-2825). También cabe destacar la creación del Portal de la Ciudadanía Española en el Exterior, que ofrece información de interés para las personas españolas que residen en el extranjero, dependiente de la Dirección General de Migraciones, integrada en la Secretaría General de Inmigración y Emigración. Sitio web oficial: *http://www.ciudadaniaexterior.empleo.gob.es/es/index.htm*

sus antecedentes[12]. En este sentido, como es sabido, durante los s. XIX y XX se produjeron oleadas de exiliados políticos de distintas orientaciones y signos[13].

Y, en este contexto, las primeras leyes sobre la emigración datan de 1907 (Ley de emigración, de 21 de diciembre de 1907)[14] y 1924 (Ley de emigración, de 20 de diciembre de 1924), que nacieron con el mero objetivo de proclamar la libertad de emigración (sin necesidad de una autorización administrativa para ello) y de propiciar los desplazamientos de los españoles al extranjero, sin que se contemplasen medidas específicas de protección una vez instalados en el país de acogida (EM de la LECEX)[15].

---

12. Véase, en particular, RON LATAS, R. P., «Los aspectos laborales más destacables de la Ley 40/2006, de 14 de diciembre de 2006, del Estatuto de la Ciudadanía Española en el exterior», *Relaciones Laborales. Revista Crítica de Teoría y Práctica*, 2007-I, 10, pp. 943 y ss.

13. Por ello, puede decirse que la principal razón de la emigración de españoles en este concreto momento histórico es la Guerra Civil y la posterior dictadura, que, como régimen político, se ha mantenido en España durante más de 40 años. Por este motivo, cabe referirse en este período, en particular, a las personas que emigraban por razones preferentemente políticas y, por tanto, se trataba, más bien, de exiliados, que, sin embargo, tenían que desenvolverse en países extranjeros, en los que debían trabajar para ganarse la vida, así como sus familias. Ahora bien, se señala que la emigración ha sido una realidad casi estructural en España, si se toman en cuenta los importantes desplazamientos de población que tuvieron lugar tras la colonización de América [véase, Cases Méndez, J. I., «Protección de los emigrantes: artículo 42», en O. Alzaga Villaamil (dir.), *Comentarios a la Constitución española de 1978*, tomo IV, EDERSA, Madrid 1996-1999, p. 137].

14. Dicha Ley contó también con un Reglamento para su aplicación, de 30 de abril de 1908.

15. Esta ley tenía un carácter netamente tutelar, con la finalidad de evitar los abusos que se producían en las fases de reclutamiento y transporte de los españoles que se desplazaban al extranjero (véase, Aragón Bombín, R., «La emigración española a través de la legislación y de la organización administrativa», *Economía y Sociología del trabajo*, 1990, n° 8-9, p. 61). Para este fin, crea el Consejo Superior y la Inspección y la Caja de Emigración, que pretendían financiar la actuación administrativa a favor de los emigrantes (*ibid.*, p. 64). Ahora bien, ha de citarse con anterioridad en el tiempo la Real Orden Circular, de 16 de septiembre de 1853, del Ministerio de la Gobernación, de reglamentación de la emigración a las colonias españolas y a los Estados de América, intitulada «*Regularizando la emigración para las colonias españolas y para los Estados de América*», cuya regla primera disponía que: «*la emigración se permite únicamente para las colonias españolas y para los Estados de América del Sur y de México donde existan representaciones o delegados de su Majestad, que puedan prestar a los emigrantes la protección necesaria*» (Gaceta de 22 de septiembre). Se trata de la primera regulación española que favorece la emigración, que levanta la prohibición de emigrar por el hecho de haber cesado en dichos países el Estado de agitación y haberse establecido agencias diplomáticas y representantes del Gobierno español [véase, Cases, J. I., «Protección...», *loc. cit.*, p. 140; Sánchez Trigueros, C./Fernández Collados, M.ª B., «Capítulo V. Objetivos de la Ley 40/2006 y normas concordantes» en, Sempere Navarro, A.V. (dir.), *El*

1.2. INICIO DE LA PROTECCIÓN DIPLOMÁTICA Y CONSULAR DE LA EMIGRACIÓN: POLÍTICA CONVENCIONAL

En concreto, la Ley de 1907 se considera el verdadero punto de arranque de un prolífico y complicado entramado jurídico-administrativo, con un claro espíritu protector de los intereses de los españoles[16]. Tras su entrada en vigor, y para su desarrollo reglamentario, el Reglamento, de 22 de marzo de 1917, puso en marcha la organización y el régimen de los Patronatos de emigrados españoles a América, cuya función principal era defender y proporcionar ayuda, el apoyo a la Administración española y el fomento de sociedades benéficas y patrióticas (art. 14)[17].

Con posterioridad, en 1924 se aprueba el Texto Refundido de la Ley y Reglamento de Emigración, a través de los que se trata de organizar un sistema de emigración para la protección del emigrante, pero sin mucho éxito[18]. Se crea la Dirección General de Emigración en el Ministerio de Trabajo, de la que dependen la Junta Central, las Juntas locales de cada uno de los puertos habilitados para el embarque de emigrantes y las Juntas Consulares establecidas en todos los puertos de inmigración de relevancia[19]. Y, en concreto, cabe situar en 1932 el inicio de la protección diplomática de los españoles en el exterior, a raíz de la firma del convenio bilateral

---

Estatuto de la Ciudadanía Española en el exterior. Comentarios a la Ley 40/2006, de 14 de diciembre, del Estatuto de la Ciudadanía Española en el Exterior, Aranzadi, Pamplona, 2009, pp. 143-144]. Además, entre sus objetivos básicos destaca el de: «*impedir los abusos a los que suele dar lugar la codicia de los especuladores, que llevados de sórdido interés, conducen a veces a los que emigran hacinados en estrecho espacio y sin las condiciones sanitarias que el decoro, la moral y hasta la humanidad misma reclaman*» (véase, ARAGÓN BOMBÍN, R., «La emigración...», *loc. cit.*, p. 63, nota 10). De otro lado, la libertad de emigrar se reconoce en la Real Orden, de 30 de enero de 1873. Más tarde, por RD, de 18 de julio de 1881, cono consecuencia de la matanza de españoles en la región de Orán (Argelia), se creó una Comisión para que estudiara las causas de la emigración y los medios para encauzarla y para proteger a los emigrantes (véase, CASES MÉNDEZ, J. I., «Protección...», *loc. cit.*, p. 142). Y, por último, cabe referirse también a la posterior Ley de Colonización, de 30 de agosto de 1907, que pretendía combatir los males de los emigrantes, procurando subvertir a sus necesidades en los países de destino (véase, ARAGÓN BOMBÍN, R., «La emigración...», *loc. cit.*, p. 61).

16. Véase, ARAGÓN BOMBÍN, R., «La emigración...», *loc. cit.*, p. 61.

17. En concreto, proporcionaban al emigrante servicios gratuitos tales como: acogida al desembarco, alojamiento, bolsas de colocación, cambio de moneda, ahorro y giro, asistencia legal, asistencia y guarda a solteras, embarazadas, viudas, menores o ancianos, repatriación (*ibid.*, p. 64).

18. Y, en concreto, se crean las Juntas consulares de Emigración en el exterior, que tienen la finalidad de apoyar la labor tutelar de los cónsules en los países de mayor concentración de españoles (véase, CASES, J. I., «Protección...», *loc. cit.*, pp. 143-144).

19. Véase, ARAGON BOMBÍN, R., «La emigración...», *loc. cit.*, p. 66.

de Emigración con Francia (Convenio de 2 de enero de 1932), al permitir la Ley de 1924 la celebración de este tipo de acuerdos[20].

A partir de los años 50 y, en particular, durante las décadas de los sesenta y setenta, puede decirse que se trata de una emigración de tipo preferentemente económico, que se traslada a Europea, tras la SGM, a consecuencia de las necesidades de mano de obra que existen en ese momento en los países centro-europeos que han quedado devastados tras la contienda bélica[21]. En concreto, la Ley 93/1960, de 33 de diciembre, de Bases de Ordenación de la Emigración[22] y el Decreto 1000/1962, de 3 de mayo, que aprueba el texto articulado de dicha Ley, elaborado durante el régimen de la dictadura franquista, articula la política española de emigración de la época, decisiva para lograr los planes de desarrollo económico[23].

Se trataba de dejar de poner trabas a la emigración y de dirigir y gestionar la denominada «emigración selectiva», que expresa el cambio que supone en este momento el hecho de que deja de ser una emigración demográfica para convertirse en económica[24]. La acción del Estado se articulaba a través del Instituto Español de Emigración, al que correspondía reclutar a los emigrantes, desarrollar los procesos emigratorios, la organización y ejecución de las emigraciones colectivas y las repatriaciones ordinarias[25].

---

20. El convenio fue aprobado por Ley de 28 de marzo de 1933. Véase, LAFERRIÉRE, F.J., «La inmigración española en Francia en el siglo XX: aspectos jurídicos» en, Pérez Gálvez, J. F. (dir.), *Estudios de Derecho y ciudadanía en el exterior*, Ministerio de Trabajo e Inmigración, Madrid, 2009, pp. 175 y ss.

21. Y, en particular, entre los factores que determinaron el citado incremento de la emigración se encuentran los aspectos demográficos, en la medida en que aumenta la natalidad, de un lado; y de otro, la expansión industrial y el crecimiento económico de los países europeos. Cabe recordar en este sentido que a principios del s. XX España era un país de economía agraria escasamente modernizada (véase, GOIG MARTÍNEZ, J.M.ª, «Derechos de la ciudadanía española...», *loc. cit.*, p. 327).

22. Ley n° 93, de la Jefatura del Estado, de 22 de diciembre de 1960 (*BOE* de 23 de diciembre). Cabe citar también la Ley, de 17 de julio de 1956, por la que se crea el Instituto Español de Emigración.

23. *BOE* n° 116, de 15 de mayo de 1962. La Ley de 1960 reconoce de forma efusiva el «derecho a emigrar» de los españoles al extranjero, establece un sistema de control para canalizar la emigración, crea las <u>Agregadurías Laborales</u> para canalizar la acción protectora del Estado a los emigrantes y trata de alcanzar convenios de Emigración con los países receptores, como vehículo idóneo para reglar las corrientes de emigración, como aspectos más importantes (véase, CASES, J. I., «Protección...», *loc. cit.*, pp. 145-146).

24. Véase, SÁNCHEZ TRIGUEROS, C./FERNÁNDEZ COLLADOS, M.ª B., «Capítulo V. Objetivos de la Ley 40/2006...», *loc. cit.*, p. 152.

25. Y, para el desarrollo de los procesos migratorios, el Instituto podía establecer, previa autorización del Ministerio de Trabajo, conciertos con la Organización sindical y con las entidades emigratorias de la Iglesia. Asimismo, podía delegar funciones propias en dichos organismos y en aquellos otros que la Dirección General del Instituto

La última ley relacionada con la emigración anterior a la actual LE-CEX, ha sido la Ley 33/1971, de 21 de julio, que recoge como principal novedad que el español puede acogerse a programas, planes y operaciones para facilitar el empleo en el país de acogida[26]. Combina el principio de la libertad de emigrar, con su control y canalización hacia los países industrialmente más desarrollados de Europa Occidental, a través de la suscripción de Convenios bilaterales de Emigración y Seguridad Social[27]. También introdujo ayudas de carácter social, educativo y cultural así como medidas dirigidas a la formación profesional e integración social tanto en el país de acogida como en España, en caso de que tuviese lugar un retorno (canalizadas a través del Instituto Español de Emigración)[28].

Durante este período (años sesenta y setenta del siglo pasado), la emigración española en el extranjero se saldó de forma positiva, porque los españoles tuvieron la posibilidad de obtener un buen empleo así como de ampliar sus cualificaciones profesionales, determinando, a su vez, que las remesas supusieran una reducción del déficit y, por tanto, una mejora de la economía del país, que se apreciaba en la modernización del tejido empresarial, al adquirir bienes de equipo[29].

De otro lado, dicho éxito también está relacionado con la posibilidad de suscribir convenios entre el Estado español y otros Estados, a los que emigran los españoles, como se ha hecho de forma tradicional desde que España –puede decirse que– se transformó en un Estado emisor, sea por razones políticas (exiliados durante la etapa de la Guerra civil y posterior

---

declarase colaboradores de éste (art. 19, 2° del Decreto 1000/1962, de 3 de mayo) (*ibid.*).

26. *BOE* n° 175, de 23 de julio de 1971. Se trata de la última ley del franquismo en materia de emigración, que si bien mantiene el silencio con respecto al exilio, recoge ayudas de carácter social. En particular, incluía la asistencia social del emigrante, de manera que pudiese disfrutar de los derechos laborales y de Seguridad social en el país de destino; de medidas educativas y culturales, así como para la formación profesional e integración laboral de emigrantes y retornados. Véase extensamente, MADRIGAL MUÑOZ, A., «Atención a la Población Española Residente en el Extranjero Mayor de 65 años», Madrid, Portal Mayores, *Informes Portal Mayores*, 2008, n° 82, pp. 5-6.

27. Véase, CASES MÉNDEZ, J. I., «Protección...», *loc. cit.*, p. 147.

28. Se constituyeron en los consulados los «Patronatos de los Emigrados españoles» como oficinas que tenían una clara finalidad de canalizar las demandas de los españoles emigrados en el exterior, antecesores de los actuales Consejos de Residentes españoles (CRE), de los que se da cuenta *infra*. Por tanto, se trataba –al igual que en la actualidad en el caso de los CRE– de un órgano de participación institucionalizada de los emigrantes españoles que se encuentran en el exterior, como mecanismo para canalizar sus demandas en relación con sus necesidades, así como las de su familia.

29. Véase, GOIG MARTÍNEZ, J. M.ª, «Derechos...», *loc. cit.*, p. 329.

dictadura), sea por razones socio-económicas (o ambas)[30]. Estos convenios alcanzaron su momento más importante durante la década de los sesenta y se acompañaron de la creación de las Agregadurías Laborales en el extranjero, con el objetivo de canalizar la acción protectora del Estado hacia sus nacionales y sus familias, con el objetivo de permitir la reagrupación familiar[31].

Por tanto, la presencia de la Administración española para la protección de los españoles en el exterior ha sido continuada y constante desde hace décadas y, en especial, a raíz de la aprobación de la Constitución Española (en adelante), cuyo art. 42 se refiere de forma específica a este colectivo (véase *infra*)[32]. Se realiza a continuación una presentación de las funciones que corresponden –de forma principal– a dichas autoridades en relación con la protección de las personas españolas emigrantes o emigradas, con especial atención a su situación laboral y a su protección social[33].

2. ACTUACIÓN DE LAS AUTORIDADES ESPAÑOLAS EN EL EXTERIOR: BREVE PRESENTACIÓN

2.1. ORGANIZACIÓN Y FUNCIONES CONSULARES

Para comenzar, antes de analizar la LECEX, se realiza una breve aproximación a las funciones que tienen encomendadas las autoridades diplomáticas y consulares, partiendo de que difieren, así como las denominaciones que se emplean usualmente para referirse a la actuación de la Administración española en el exterior en defensa de los intereses de los españoles, en especial, cuando se encuentran en el extranjero por razones socio-económicas (emigración)[34]. En este sentido, como se ha señalado

---

30. Véase extensamente, SERRANO CARVAJAL, J., *La emigración española y su régimen jurídico*, Instituto de Estudios Políticos, Madrid, 1966.

31. Véase, CASES MÉNDEZ, J. I., «Protección de los emigrantes: artículo 42», en O. ALZAGA VILLAAMIL (dir.), *Comentarios a la Constitución española de 1978*, tomo IV, EDERSA, Madrid, 1996, p. 146.

32. Véase, VIDA SORIA, J., «La salvaguardia constitucional de los derechos económicos y sociales en la emigración. Un ensayo interpretativo general del art. 42 de la Constitución de 1978» en, CASES MÉNDEZ, J.I. y otros, *Emigración y Constitución*, Instituto Español de Emigración, Madrid, 1983; CASES MÉNDEZ, J. I., «Protección...», *loc. cit.*, pp. 133-164; DÍAZ BARRADO, C. M., «La protección...», *loc. cit.*, pp. 239 y ss; ROJO TORRECILLA, E., «El derecho a una política de protección de los trabajadores emigrantes» en, J.L. MONEREO PÉREZ/C. MOLINA/M.ª N. MORENO VIDA (dirs.), *Comentario a la Constitución socio-económica de España*, Comares, Granada, 2002, pp. 1525 y ss.

33. Véase, DÍAZ BARRADO, C.M., «Marco normativo...», *loc. cit.*, pp. 240 y ss.

34. Véase, PASTOR PALOMAR, A./CANO LINARES, M.ª A., «Capítulo VIII. Los órganos de representación de la ciudadanía española en el exterior: el Consejo General de la

385

supra, la participación o presencia de la Administración española en el exterior se ha canalizado formalmente a través de la actuación desempeñada por las oficinas consulares y diplomáticas[35].

Con el objetivo de analizar las funciones que corresponden a las autoridades consulares españolas en orden a la protección de los connacionales emigrados en el extranjero, cabe realizar una sucinta presentación de la figura del consulado y de sus funciones[36]. Si bien no existe coincidencia a la hora de precisar sus orígenes históricos (en concreto, si son más o menos remotos), cabe dar cuenta de la existencia de sus principales características durante una época próxima a las Cruzadas, coincidente con el desarrollo del comercio en el litoral del Mediterráneo[37].

Entre sus funciones se encuentran, fundamentalmente, actuar a favor de los nacionales o naturales del Estado que se encuentran en el extranjero, con el objetivo de resolver las contiendas que pudieran plantearse con arreglo a su propio ordenamiento nacional. Y, en este sentido, dichas funciones se relacionan con la propia palabra en latín, *consulere* (aconsejar), de la que deriva la expresión castellana. Esta función prístina se ha mantenido hasta la actualidad, pudiendo afirmarse que la institución consular tiene como finalidad atender a las personas nacionales del Estado que lo envía y actuar en determinado tipo de negocios o actos conforme a lo que indica el ordenamiento de dicho Estado[38].

Ciudadanía española en el exterior y los Consejos de Residentes Españoles» en, SEMPERE NAVARRO, A.V. (Dir.), *El Estatuto de la Ciudadanía Española en el exterior. Comentarios a la Ley 40/2006, de 14 de diciembre, del Estatuto de la Ciudadanía Española en el Exterior*, Aranzadi, Pamplona, 2009, pp. 227 y ss; VILARIÑO PINTOS, E., *Curso de Derecho diplomático y consular*, 3.ª ed., Tecnos, Madrid, 2007.

35. No obstante, no deben confundirse las autoridades diplomáticas con las consulares, en la medida en que se trata de autoridades y funciones distintas, correspondiendo de forma principal a las segundas la de protección y atención a las personas españolas que se encuentran en el extranjero. En este sentido, la doctrina realiza la distinción entre protección diplomática, protección consular, y asistencia o atención consular, de interés también en relación con el tema tratado en esta sede, véase por todos. DÍAZ BARRADO, C. M., «La protección de los españoles en el extranjero. Práctica constitucional», *Cursos de Derecho internacional de Vitoria/Gasteiz*, Serv. Pub. Univ. del País Vasco, 1992, pp. 239-354 (y de forma más detenida *infra*).

36. Véase, en particular, TORROBA SACRISTÁN, J.: *Derecho consular. Guía práctica de los consulados en España*, MAE, Madrid, 1993.

37. *Ibid.*, p. 4.

38. Se define el consulado como la institución jurídico-internacional, que consiste en el establecimiento de un órgano de la Administración pública de un Estado (oficina consular), específico para actuar en el exterior, en el territorio de otro Estado, por acuerdo entre ambos, con el objetivo principal de atender a sus nacionales, conforme a lo establecido por el Derecho internacional y cuando así se requiera, en la forma y

Su régimen está establecido, como es sabido, por el Convenio de Viena, de 24 de abril de 1963, sobre Relaciones consulares[39]. El art. 5 indica de forma expresa el contenido de dichas funciones, que, por razones de sistematización, suelen clasificarse en tipos: políticas, de asistencia, protección consular, administrativas, funciones en materia de Derecho privado, función notarial, funciones de carácter procesal, funciones en materia de emigración y establecimiento, etc. En esencia, se trata de las funciones que las oficinas consulares han de prestar a los nacionales del Estado enviante residentes en el extranjero. Ahora bien, se circunscriben a un territorio determinado, denominado «demarcación consular».

En todo caso, la protección dispensada por el Gobierno de España en el ámbito de los derechos socio-laborales de las personas españolas emigrantes se hace a través de la Dirección General de Migraciones (véase infra)[40]. Ahora bien, tras la Ley de 1971 se cuenta en el extranjero con una estructura organizativa de carácter permanente y de amplia operatividad, constituida y articulada por las Consejerías Laborales y de Asuntos Sociales, Secciones Laborales de Seguridad Social y Asistenciales de las Oficinas Consulares y Consejerías de Educación, que permanecen en la actualidad[41].

En todo caso, para que sea eficaz el cumplimiento de todas estas funciones, es necesario que se llegue a todas las personas españolas que se encuentren en el extranjero y, para ello, la LECEX mantiene los Consejos de Residentes Españoles (CRE), como órgano de carácter consultivo y asesor, adscritos a las Oficinas consulares de España en el exterior (art. 12). Se trata de órganos de participación institucional, que pueden cumplir importantes funciones relacionadas con la emigración española, como se verá infra de forma más detenida[42].

---

en la medida en que lo autorice el Estado de residencia (véase, VILARIÑO PINTOS, E., Curso de Derecho diplomático y consular, 3.ª ed., Tecnos, Madrid, 2007, pp. 235-236).

39. BOE nº 56, de 6 de marzo de 1970. Se ha señalado que este instrumento busca, en muchos de los aspectos que regula su aproximación al régimen recogido en el Convenio de Viena, de 18 de abril de 1961, sobre Relaciones Diplomáticas (vése, PASTOR PALOMAR, A./CANO LINARES, M.ª A., «Capítulo VIII. Los órganos...», loc. cit., p. 236, nota 19).

40. Véase, ARAGÓN BOMBÍN, R., «La emigración española...», loc. cit., pp. 60-69.

41. Dichas Consejerías Laborales, dependientes de la Misión diplomática correspondiente, son las encargadas de llevar a cabo en los países de acogida la acción de protección del Estado al emigrante en la parte referente a la asistencia y asesoramiento jurídico-laboral, protección económica, ayuda en materia de educación y formación profesional, seguridad social, etc.

42. No obstante, no son escasas las voces críticas acerca de su funcionamiento en la práctica.

2.2. COOPERACIÓN Y COORDINACIÓN ADMINISTRATIVAS

El éxito de la actividad de los consulados en el ámbito de la asistencia a las personas emigradas españolas está también directamente relacionado con la coordinación y cooperación que exista entre las distintas entidades, que constituyen la Administración del Estado y, en concreto, entre los órganos de la Administración central y los de las Comunidades Autónomas (así como con los entes locales). Y, por este motivo, la LECEX hace referencia en reiteradas ocasiones a la importancia de la cooperación y coordinación administrativas, para que se cumpla su finalidad[43] En concreto, la EM fija como uno de sus objetivos: *«fijar el marco de cooperación y coordinación entre el Estado y las Comunidades Autónomas».*

Y, de hecho, en la práctica, como se ha recordado acertadamente, todos los objetivos de la Ley requieren la colaboración entre el Estado y las CCAA[44]. Y, para ello, el Título III (bajo la rúbrica, *«Relaciones entre las Administraciones Públicas»*) recoge los mecanismos e instrumentos de cooperación, colaboración y coordinación de las Administraciones Públicas (arts. 29-31). Ahora bien, interesa de una forma más específica la forma en la que dicha colaboración (coordinación y cooperación) se lleva a cabo en el exterior, esto es, de qué forma tales instrumentos permiten que la actuación del Estado tutele de forma efectiva los intereses de la emigración española en el exterior en el momento actual.

En este sentido, como se ha señalado *supra*, para realizar esta acción protectora en el exterior, la Ley de Emigración inmediatamente anterior a la actual (Ley 33/1971, de 21 de julio) arbitró una organización articulada en torno a las Consejerías Laborales (antiguos Agregados laborales) dependientes de la Misión diplomática (art. 26, 3.°), que se mantiene en la actualidad[45]. De otra parte, el art. 5, 1.° de la LECEX indica –de forma genérica– que: *«los poderes públicos, en el ámbito de sus competencias, establecerán*

---

43. Véase, RAZQUIN LIZÁRRAGA, M. M.ª, «Colaboración, cooperación y coordinación entre la Administración del Estado y las Administraciones de las Comunidades Autónomas» en, PÉREZ GÁLVEZ, J. F. (dir.), *Estudios de Derecho y ciudadanía en el exterior*, Ministerio de Trabajo e Inmigración, Madrid, 2009, pp. 57 y ss.

44. *Ibid.*, p. 96.

45. Señalaba en concreto: *«los agregados laborales, bajo la dependencia directa del Jefe de Misión y como Delegados del Instituto Español de Emigración, prestarán la debida asistencia a los emigrantes, colaborarán con las representaciones consulares en la repatriación de quienes lo precisen, se relacionarán con los organismos competentes de los países respectivos, cooperarán y mantendrán relaciones con las asociaciones de españoles y, en general, llevarán a cabo cuentas acciones se les encomienden por la Dirección General del Instituto. Corresponde al Instituto Español de Emigración el desarrollo y vigilancia de las normas de actuación que en lo concerniente a emigración hayan de ser aplicadas por los Agregados Laborales».*

las medidas para que las Oficinas Consulares, Consejerías de Trabajo y Asuntos Sociales y demás dependencias de la Administración española en el exterior cuenten con medios personales, materiales y técnicos precisos para prestar la debida asistencia, protección y asesoramiento a la ciudadanía española en el exterior»[46].

Además, se establece un sistema mixto de órganos de representación, el Consejo General de la Ciudadanía Española en el Exterior y los Consejos de Residentes. Dicho Consejo es el instrumento básico para promover la acción de los poderes públicos, junto a los Consejos de Residentes, que constituyen una auténtica instancia local, al establecer una relación de inmediatez entre la ciudadanía y el aparato del Estado[47]. Por último, cabe decir que la especial colaboración exigida por la LECEX entre estas instancias y las oficinas consulares convierte a la Administración consular en un auténtico aparato instrumental al servicio de esta ciudadanía residente en el exterior[48].

3. FUNCIONES RELACIONADAS CON LA EMIGRACIÓN

3.1. ESPECIAL CONSIDERACIÓN HACIA LAS PERSONAS EMIGRADAS ESPAÑOLAS

Como se ha señalado *supra,* la LECEX es la expresión de la idea del legislador de construir una política a favor de las personas españolas que emigran al extranjero por razones socio-económicas, constituyendo un cuerpo normativo marco que articula dicha protección en el actual ordenamiento español[49]. Ahora bien, no puede decirse que se trate de

---

46. Véase, en particular, OLIVÁN LÓPEZ, F., «Capítulo XVIII. La protección de los ciudadanos españoles en el exterior. Análisis del artículo 5 de la Ley 40/2006 a la luz de una lectura radical de la Constitución Española» en, Sempere Navarro, A.V. (dir.), *El Estatuto de la Ciudadanía Española en el exterior. Comentarios a la Ley 40/2006, de 14 de diciembre, del Estatuto de la Ciudadanía Española en el Exterior*, Aranzadi, Pamplona, 2009, pp. 531 y ss.

47. Véase extensamente, PASTOR PALOMAR, A./CANO LINARES, M.ª A., «Capítulo VIII. Los órganos de representación de la ciudadanía española en el exterior: el Consejo General de la Ciudadanía española en el exterior y los Consejos de Residentes Españoles» en, SEMPERE NAVARRO, A.V. (dir.), *El Estatuto de la Ciudadanía Española en el exterior. Comentarios a la Ley 40/2006, de 14 de diciembre, del Estatuto de la Ciudadanía Española en el Exterior*, Aranzadi, Pamplona, 2009, pp. 227 y ss.

48. O, dicho de forma más clara, el servicio exterior del Estado deviene un servicio para los ciudadanos en el exterior (véase, OLIVÁN LÓPEZ, F., «Capítulo XVIII. La protección...», *loc. cit*, p. 547).

49. Véase extensamente, SÁNCHEZ TRIGUEROS, C./FERNÁNDEZ COLLADOS, M.ª B., «Capítulo V. Objetivos de la Ley 40/2006 y normas concordantes» en, SEMPERE NAVARRO, A.V. (dir.), *El Estatuto de la Ciudadanía Española en el exterior. Comentarios a la Ley 40/2006, de 14 de diciembre, del Estatuto de la Ciudadanía Española en el Exterior*, Aranzadi, Pamplona, 2009, pp. 143 y ss.

una política nueva, sino que este objetivo se encontraba ya recogido en la Constitución Española de 1978 (en adelante, CE) y, en concreto, en el art. 42, al señalar que: «*el Estado velará especialmente por la salvaguardia de los derechos económicos y sociales de los trabajadores españoles en el extranjero y orientará su política hacia su retorno*».

Sin embargo, no se considera que esta disposición se centre, de forma específica, en la tutela de los derechos socio-laborales de los emigrantes en el extranjero, conforme al principio de igualdad (art. 14 CE), sino que el legislador constitucional trató, más bien, de situar el énfasis en la relación entre la emigración española y su retorno, estableciendo una equiparación entre ambos regímenes, en el momento en el que no es tan importante para el país la emigración sino, más bien, el retorno de los que emigraron durante las décadas anteriores[50]. Por tanto, la CE establece un marco jurídico en el que la actuación del Gobierno de España no se orienta, de forma tan específica, hacia la mayor efectividad de los derechos socio-laborales de los españoles emigrantes o emigrados, sino que, por el contrario, esta cuestión se relaciona de forma inmediata con su retorno al país de origen[51].

O, dicho de otro modo, se trata –más bien– de salvaguardar las condiciones necesarias para que el español pueda tener una «digna calidad de vida» en España, sin necesidad de emigrar[52]. El «derecho

---

50. Véase, ROJO TORRECILLA, E., «El derecho a una política de protección de los trabajadores emigrantes» en, JMONEREO PÉREZ, J. L., MOLINA NAVARRETE, C. Y MORENO VIDA, M.ª. N. (dirs.), *Comentario a la Constitución socio-económica de España*, Comares, Granada, 2002, pp. 1525 y ss.

51. Por el contrario, otros autores observan en el art. 42 de la CE dos enunciados distintos que se encuentran vinculados por un nexo común, que consiste en la garantía del principio de igualdad de los trabajadores españoles en el extranjero y los ciudadanos que residen en el territorio español. Dichos enunciados son los siguientes: la salvaguardia de los derechos económicos y sociales de los trabajadores españoles en el extranjero y la orientación de la política española hacia el retorno [véase, OLARTE ENCABO, S., «Capítulo IV. Los derechos económicos y sociales de los trabajadores españoles en el exterior y la política de retorno. el merco constitucional (art. 42 CE)» en, SEMPERE NAVARRO, A.V. (dir.), *El Estatuto de la Ciudadanía Española en el exterior. Comentarios a la Ley 40/2006, de 14 de diciembre, del Estatuto de la Ciudadanía Española en el Exterior*, Aranzadi, Pamplona, 2009, p. 135].

52. Y, por ello, se señala que esta disposición consagra un «derecho social», que permite exigir una actividad determinada a los poderes públicos, en orden a hacer realidad aquellos condicionantes socio-económicos, que permitan que un ciudadano no se vea obligado a emigrar (véase, CASES, J. I., «Protección...», *loc. cit.*, p. 148). En este mismo sentido, se considera que cabría alinear a la CE de 1978 dentro del conjunto de los textos normativos que tienen una consideración desfavorable al hecho migratorio (véase, ARAGÓN BOMBÍN, R., «La emigración...», *loc. cit.*, p. 62).

a emigrar» estaría recogido en el art. 19 de la CE. Ahora bien, cabe señalar la posibilidad de que el art. 42 de la CE se ajuste a los actuales desplazamientos de las personas jóvenes españolas, que salen del país, en el que no encuentran una oportunidad laboral que se adecue a su formación, ni tampoco de calidad y que les permita cierta estabilidad.

Más bien al contrario, en el momento actual, las políticas que han de ponerse en marcha por el Gobierno de España consisten en garantizar la protección de los derechos socio-laborales de los españoles que emigran, así como su protección social y la de sus familias, en un contexto de persistente crisis económica. Y, en este sentido, ha de ser bien saludada la LECEX, que constituye el marco regulador de la actuación española en el exterior a favor de las personas emigradas o emigrantes que ostentan la nacionalidad española[53].

En concreto, la LECEX señala que: «*el Estatuto se configura como el marco jurídico que garantiza a la ciudadanía española residente en el exterior el ejercicio de sus derechos y deberes constitucionales en términos de igualdad con los españoles residentes en España (...)*»[54]. Y, los arts. 18 a 22 se ocupan del tema de las prestaciones de la Seguridad social y del empleo, respectivamente.

Sin embargo, no son las únicos aspectos que aborda la ley, sino que, por el contrario, el Cap. II dispone de un importante número de medidas destinadas a la protección de los españoles que se encuentran en el extranjero, de tipo social, entre las que se encuentran también los programas de formación profesional, la asistencia sanitaria, etc., como se verá *infra* de

---

53. La doctrina valora de forma positiva la Ley, en especial, porque relaciona los derechos sociales de los emigrantes y el catálogo de prestaciones que el Estado ha de garantizarles. Véase, en particular, SEMPERE NAVARRO, A.V., «Capítulo III. El Estado social ante los ciudadanos expatriados» en, SEMPERE NAVARRO, A.V. (dir.), *El Estatuto de la Ciudadanía Española en el exterior. Comentarios a la Ley 40/2006, de 14 de diciembre, del Estatuto de la Ciudadanía Española en el Exterior*, Aranzadi, Pamplona, 2009, pp. 81 y ss; GURREA CASAMAYOR, F., «Ciudadanía en el exterior: un ejemplo de cooperación en la dificultad» en, PÉREZ GALVEZ, J. F. (dir.), *Estudios de Derecho y ciudadanía en el exterior*, Ministerio de Trabajo e Inmigración, Madrid, 2009, p. 44.

54. Además, continúa señalando que: «*tiene como finalidad delimitar las líneas básicas de la acción protectora del Estado dirigida a los españoles residentes en el exterior y fija el marco de cooperación y coordinación entre el Estado y las Comunidades Autónomas en este sentido*». Véase *infra* de forma más detenida.

forma más detenida[55]. También recoge el Cap. III medidas en el ámbito de los derechos relativos a la educación y a la cultura (arts. 23-25)[56].

En este contexto, la LECEX se apoya en los Consulados y otras representaciones del Estado español en el extranjero, con la finalidad de cumplir el objetivo de tutela que la preside[57]. Y, por ello, cabe decir que –en el momento actual– las oficinas diplomáticas y consulares españolas despliegan una relevante función en relación con la emigración, mejorable (sin duda), pero sin la que no sería ni tan siquiera viable el hecho de diseñar una concreta política de tutela de la emigración española, que ha de ponerse en práctica, necesariamente, en países extranjeros (esto es, en el exterior).

3.2. LOS CONSEJOS DE RESIDENTES ADSCRITOS A LAS OFICINAS CONSULARES DE ESPAÑA

Desde 1987 se hallan constituidos los Consejos de Residentes españoles (CRE), con miembros elegidos por los emigrantes, en determinadas demarcaciones consulares y el Consejo General de la Emigración, con participación de la Administración Central y Autonómica, de los emigrantes elegidos por los Consejos de Residentes Españoles y de las organizaciones sindicales y empresariales[58]. Como se ha señalado *supra*, los CRE –regu-

---

55. En concreto, el art. 17, en este mismo Capítulo, se refiere a la protección de la salud y su apartado 2°, inciso segundo prevé la posibilidad de suscribir acuerdos preferentemente con las entidades públicas aseguradoras o prestadoras de cuidados de salud de los países en los que sea necesario garantizar la efectividad del derecho a la protección de la salud. También podrá suscribir convenios con entidades aseguradoras o prestadoras privadas, teniendo en especial consideración a las entidades o instituciones españolas en el exterior con capacidad para prestar la atención sanitaria. Véase extensamente, PÉREZ GÁLVEZ, J. F., «Régimen jurídico de la emigración y la ciudadanía española en el exterior: nuevos retos en el ámbito de la protección de la salud» en, PÉREZ GÁLVEZ, J.F. (dir.), *Estudios de Derecho y ciudadanía en el exterior*, Ministerio de Trabajo e Inmigración, Madrid, 2009, pp. 99 y ss; RON LATAS, R. P., «Los aspectos…», *loc. cit.*, pp. 943 y ss.

56. No interesa de forma específica en esta sede este conjunto de medidas, que están pensadas, fundamentalmente, para atender a las necesidades educativas de los españoles en el exterior, así como relativas al aprendizaje del idioma castellano o de otras lenguas que tengan carácter co-oficial en España. Véase extensamente, MATERO Y DE CABO, O.I., «Capítulo XVII: El Estatuto de la ciudadanía española en el exterior en materia de educación y cultura» en, SEMPERE NAVARRO, A.V. (dir.), *El Estatuto de la Ciudadanía Española en el exterior. Comentarios a la Ley 40/2006, de 14 de diciembre, del Estatuto de la Ciudadanía Española en el Exterior*, Aranzadi, Pamplona, 2009, pp. 481 y ss.

57. Véase, en particular, la Orden AEC/2783/2006, de 7 de septiembre, por la que se dispone la publicación del Acuerdo del Consejo de Ministros por el que se aprueban medidas para la potenciación de la acción exterior del Estado (*BOE* n° 218, de 12 de septiembre de 2006).

58. Se crearon por RD 1339/1987, de 30 de octubre, modificado por el RD 597/1994, de 8 de abril. A ellos se refiere igualmente la LECEX en el art. 12. En concreto, señala que:

lados en la actualidad por el RD 1960/2009, de 18 de diciembre–, son órganos de carácter consultivo y asesor adscritos a las oficinas consulares de España (art. 1)[59]. Entre sus funciones de mayor interés se encuentra la de difundir entre la comunidad española las medidas adoptadas por las Administraciones públicas en aquellos temas que afecten a los españoles residentes en la circunscripción [art. 4, letra d)].

También tienen como función encauzar hacia la oficina consular cuestiones de interés general o particular de la comunidad española que se encuentra en el extranjero, colaborando en todas las actividades que le estén expresamente asignadas conforme a su régimen legal [art. 4, letra c)][60]. Pero, en todo caso, para evitar posibles conflictos, añade el citado art. 4, primer inciso, del RD 1960/2009: con respeto en toda su integridad de las funciones y atribuciones del jefe de la oficina consultar, las disposiciones del Derecho interno del país de residencia y el derecho internacional convencional o consuetudinario[61].

4. FUNCIONES RELATIVAS AL EMPLEO Y PROTECCIÓN SOCIAL DE LOS ESPAÑOLES EN EL EXTRANJERO

4.1. FORMACIÓN Y ORIENTACIÓN PARA EL EMPLEO Y LA OCUPACIÓN

Si, como se ha indicado *supra*, la LECEX ha tenido la finalidad de crear un marco regulador del estatuto de los derechos de los españoles en el

---

«*son órganos de carácter consultivo y asesor, adscritos a las Oficinas consulares de España en el exterior, cuya composición, elección y régimen de funcionamiento se regularán reglamentariamente*». Sus funciones se indican en el art. 13, desarrollado reglamentariamente.

59. *BOE* n° 2, de 2 de enero de 2010. En cuanto a su constitución, señala el art. 2 que tendrá lugar: «*en todas las circunscripciones consulares en cuyas listas del Censo Electoral de Residentes Ausentes se hallen inscritos, como mínimo, mil doscientos electores, se constituirá, por elección, un Consejo de Residentes Españoles como órgano consultivo de la respectiva oficina consular*». Ha de citarse también la Orden AEC/2172/2010, de 13 de julio, por la que se regula la constitución, elección y funcionamiento de los Consejos de Residentes Españoles en el Exterior (*BOE* n° 192, de 9 de agosto de 2010).

60. Y, en este mismo sentido, indica el citado art. 4, letra e): «cooperar con la oficina consular o con otras instituciones españolas o locales para dar mayor carácter institucional a aquellas actividades que se desarrollen en beneficio de los españoles». Véase extensamente, PASTOR PALOMAR, A./CANO LINARES, M.ª A., «Capítulo VIII. Los órganos de representación…», *loc. cit.*, pp. 227 y ss.

61. Además, eligen a un número determinado de representantes en el Consejo General de la Emigración, órgano consultivo, adscrito a la Dirección General de Migraciones (véase *infra*), a través del cual tiene lugar la participación de los españoles residentes en el extranjero, junto a los sindicatos, asociaciones empresariales y Administración pública (central y autonómica) en la gestión de la política migratoria (véase, CASES MÉNDEZ, J. I., «Protección…», *loc. cit.*, p. 158).

extranjero, no cabe duda de que los aspectos más relevantes se relacionan con los derechos socio-laborales, a los que presta atención específica el legislador, configurando lo que la doctrina denomina «la ciudadanía social»[62]. En particular, en relación con el empleo, el art. 21 se refiere a las acciones de información socio-laboral y orientación y participación en programas de formación profesional ocupacional y el art. 22 trata sobre los derechos en materia de empleo y ocupación[63].

En concreto, el art. 21, 1.º incide en un aspecto crucial para el logro del objetivo que se propone el legislador, en la medida en que la lejanía del español, que se encuentra en el extranjero, puede hacer –en principio– más complicado el acceso a la información por parte del español. Por tanto, se pone de relieve el papel trascendental que desempeñan los Consulados y Embajadas españolas en el exterior en relación con la diseminación de la información en el ámbito del empleo y la ocupación de los españoles en el exterior[64].

Ahora bien, ha de tomarse en cuenta que dicha información ha de referirse a las ofertas de empleo existentes en el país extranjero, de las que tenga conocimiento la Administración española, para las que concederá ayudas destinadas a facilitar la inserción socio-laboral de los españoles

---

62. Véase, CONDE COLMENERO, P., «Cap. XIV. La información socio-laboral y la orientación y participación en programas de formación profesional ocupacional de los ciudadanos españoles en el exterior» en, Sempere Navarro, A.V. (dir.), *El Estatuto de la Ciudadanía Española en el exterior. Comentarios a la Ley 40/2006, de 14 de diciembre, del Estatuto de la Ciudadanía Española en el Exterior*, Aranzadi, Pamplona, 2009, pp. 425 y ss.

63. Cabe citar el RD Legislativo 3/2015, de 23 de octubre, por el que se aprueba el Texto Refundido de la Ley de Empleo (*BOE* n° 255, de 24 de octubre, y texto consolidado en *BOE*-A-2015-11431) y la LO 5/2002, de 19 de junio, de Cualificaciones y de la formación profesional (*BOE* n° 147, de 20 de junio de 2002, texto consolidado *BOE* A-2002-12018). Se trata de textos a los que es preciso realizar específica referencia, en la medida en que son los instrumentos a través de los que se articula la política de empleo que ha puesto en marcha el legislador español. En todo caso, se trata de medidas (activas), que tratan de lograr la creación de empleo de calidad. Véase extensamente, CONDE COLMENERO, P., «Cap. XIV. La información...», *loc. cit.*, pp. 425 y ss.

64. Esta disposición señala que: «*la Administración general del Estado y las Comunidades Autónomas promoverán el desarrollo de acciones de información, orientación y asesoramiento en el exterior, a través de la red de consulados, embajadas, centros estatales y autonómicos en el mundo, asociaciones y medios de comunicación encaminadas a facilitar la inserción socio-laboral de los españoles residentes en el exterior, a través de los correspondientes programas de ayudas o de convenios con entidades públicas o privadas*». En este sentido, puede verse la información que recoge el Sitio web oficial de la Embajada de España en Helsinki, correspondiente a 2106, sobre Programa de Ayudas la Ciudadanía española en el exterior en: *http://www.exteriores.gob.es/Embajadas/HELSINKI/es/Noticias/Paginas/Articulos/20160411_NOT1 (15-05-2016)*

394

que residan en dichos países. No obstante, cabe llamar la atención acerca de las limitaciones que, en principio, existen para que dicha información pueda ser de utilidad en estos casos, en la medida en que será necesario que existan canales de información entre el Estado español y los Estados extranjeros en los que se realicen las ofertas de empleo[65].

A su vez, indica el citado art. 21, 2.°, que: «*los servicios públicos de empleo fomentarán la participación de los españoles residentes en el exterior y de los retornados en programas de formación profesional, a fin de facilitar su incorporación al mercado laboral o de mejorar su capacitación profesional*»[66]. De otro lado, el apartado 3.° de esta misma disposición insiste en la necesaria colaboración administrativa, también con los organismos públicos o privados de los respectivos países, para facilitar la incorporación al mercado laboral de los jóvenes y de las mujeres con especiales dificultades de inserción laboral, así como personas con discapacidad[67].

---

65. Y, en este sentido, es ilustrativo el art. 21, 3° de la LECEX, al señalar que: «*la Administración General del Estado y las Comunidades Autónomas podrán promover acciones concretas o establecer acuerdos con organismos públicos o privados de los respectivos países para facilitar la incorporación al mercado laboral de los jóvenes y de las mujeres con especiales dificultades de inserción laboral, así como personas con discapacidad*».

66. Como se ha destacado con acierto, la norma no deja claro si se trata de la participación de los emigrados españoles en el mercado de trabajo español o extranjero (véase, RON LATAS, R. P., «Los aspectos laborales...», *loc. cit.*, p. 957). En todo caso, una muestra de la actividad que realizan el Gobierno central y las CCAA en este sentido se pone de relieve en las noticias sobre formación para el empleo de los jóvenes españoles que residen en el extranjero, en concreto, en Argentina. La publicada el 16-04-2016, se refiere a la organización de un curso por la Fundación Española en Argentina entre la Dirección General de Migraciones del Ministerio de Empleo y Seguridad Social y la Xunta de Galicia, sobre «*Liderazgo y gestión de equipos*», impartido en diversos centros españoles en Argentina. Fuente: Periódico España Exterior. El periódico de las Comunidades Autónomas en el Mundo, en: *http://www.espanaexterior.com/seccion/61-Emigracion/noticia/361935-Fundacion_Espana_organiza_un_curso_sobre_liderazgo_y_gestion_de_equipos_para_jovenes_espanoles_en_Argentina* (25-04-2016).

67. Véase, extensamente, CONDE COLMENERO, P., «Cap. XIV. La información socio-laboral...», *loc. cit.*, pp. 425 y ss (esp. pp. 436 y ss). Véase, entre otras, la Res. de 20 de diciembre de 2010, de la Dirección General de la Ciudadanía Española en el Exterior, por la que se convocan ayudas para 2011 del Programa de Proyectos e Investigación de la Orden TAS/874/2007 de 28 de marzo (*BOE* n° 316, de 29 de diciembre). También la Res. de 11 de noviembre de 2010, de la Dirección General de la Ciudadanía Española en el Exterior, por la que se convocan ayudas para 2011 del programa de Mujeres de la Orden TAS/874/2007/, de 28 de marzo (*BOE* n° 281, de 20 de noviembre). Para las correspondientes a 2016 véase el Sitio oficial: *http://www.ciudadaniaexterior.empleo.gob.es/es/horizontal/normativa/index.htm*. Las Becas «Reina Sofía» también pertenecen a este tipo de medidas. Su finalidad es favorecer que los españoles que residen habitualmente en el extranjero, que no cuenten con recursos suficientes, puedan formarse en España.

Por último, el art. 22 (titulado: «*Derechos en materia de empleo y ocupación*»), se centra, en particular, en la situación de las personas españolas que se encuentran en el extranjero, con el objetivo de que puedan también tener información y participar en el mercado de trabajo español. Para ello, se promoverá el acceso a la información a través del Sistema Nacional de Empleo, sin perjuicio de la que sea suministrada por las agencias autonómicas de empleo y ocupación[68]. De otro lado, esta disposición hace referencia al desplazamiento a España de los trabajadores españoles que prestan sus servicios para una empresa establecida en el extranjero (apdo. 2.°) y al visado para búsqueda de empleo a favor de los hijos o nietos de españoles de origen (apdo. 3.°).

4.2. PRESTACIONES SOCIALES Y ASISTENCIA SOCIAL

De otra parte, el papel que desempeñan las oficinas consulares y diplomáticas españolas en el extranjero no es de menor importancia en relación con la protección social de las personas españolas que residen habitualmente en el extranjero, sino que, por el contrario, actúan ejerciendo funciones de transmisión y canalización de las solicitudes para el cobro de las citadas prestaciones[69]. Y, en concreto, una de las principales novedades que introdujo la LECEX es el reconocimiento de una «prestación por razón de necesidad» para las personas españolas que residen en el extranjero y se encuentran en una situación de especial vulnerabilidad (art. 19)[70].

---

68. Como se ha señalado, se trata de emular el modelo ya proporcionado por la red europea de servicios EURES (*European Employment Services*), aprobada por Decisión 2003/8/CE, de 23 de diciembre de 2002, por la que se aprueba el Reglamento del Consejo 1612/68 (véase, RON LATAS, R. P., «Los aspectos laborales...», *loc. cit.*, p. 958).

69. Junto con ello, realizan funciones de asesoramiento e información, en las que también colaboran los Consejos de Residentes Españoles en el Exterior (CREE).

70. Como indica la EM de la LECEX, «*se introduce la prestación por necesidad como un nuevo concepto que engloba la pensión asistencial por ancianidad, regulada en su normativa específica, junto con la asistencia sanitaria, dado que la vista de la evolución actual de estas pensiones se precisa modificar su regulación, para su mejor adaptación a las necesidades reales de sus potenciales beneficiarios*». En concreto, el citado art. 19, 1° señala que: «*la Administración General del Estado, en los términos en que reglamentariamente se establezca, garantizará el derecho a percibir una prestación a los españoles residentes en el exterior que habiéndose trasladado al exterior por razones laborales, económicas o cualesquiera otras y habiendo cumplido 65 años de edad o estando incapacitados para el trabajo, se encuentren en una situación de necesidad por carecer de rentas o ingresos suficientes para cubrir sus necesidades básicas, de acuerdo a la realidad socio-económica del país de residencia*». Véase, en particular, MELÉNDEZ MORILLO-VELARDE, L./HIERRO HIERRO, F. J., «Capítulo XII. Actuaciones en el ámbito de la Seguridad social para el mantenimiento y la conservación de derechos y la nueva prestación por razón de necesidad» en, SEMPERE NAVARRO, A.V. (dir.), *El Estatuto de la Ciudadanía Española en el exterior. Comentarios a la Ley 40/2006, de 14 de*

Se regula por el RD 8/2008, de 11 de enero, sobre la prestación por razón de necesidad a favor de los españoles residentes en el exterior y retornados, que tiene una clara finalidad de protección[71]. Su art. 8, 1.° prevé la participación de las Embajadas (secciones consulares o secciones de trabajo y asuntos sociales o Consejerías de trabajo y asuntos sociales) en su tramitación[72].

Ahora bien, no se trata sólo de una mera participación en la tramitación de las solicitudes, sino que tienen encomendado realizar cualquier actuación relacionada con la comprobación de la documentación presentada, que transmitirá a la Dirección General de Emigración (actual Dirección General de Migraciones, dependiente de la Secretaría General de Inmigración y Emigración del Ministerio de Empleo y Seguridad social)[73].

---

diciembre, del *Estatuto de la Ciudadanía Española en el Exterior*, Aranzadi, Pamplona, 2009, pp. 357 y ss.

71. *BOE* n° 21, de 24 de enero de 2008 (texto consolidado, *BOE*-A-2008-1264). A su vez, se desarrolla por Resolución de 8 de abril de 2008, de la Dirección General de Emigración, por la que se desarrolla el procedimiento de determinación de la situación de incapacidad absoluta comprendidas en la prestación por razón de necesidad en determinados supuestos y la normativa de desarrollo (*BOE* n° 107, de 3 de mayo de 2008). Cabe citar también la Resolución, de 10 de enero de 2011, de la Dirección General de la Ciudadanía española en el exterior, por la que se prorroga el derecho a asistencia sanitaria para todos aquellos beneficiarios de prestación económica por razón de necesidad a favor de los españoles residentes en el exterior que acreditasen esta condición a 31 de diciembre de 2010. El citado RD 8/2008 ha dejado sin eficacia al RD 728/1993, por el que se establecen las pensiones asistenciales por ancianidad a favor de los emigrantes españoles, vigente hasta el 25 de enero de 2008 (*BOE* n° 121, de 21 de mayo de 1993). Se indica que representó la medida de mayor alcance en la protección de los españoles en el extranjero, al garantizar a los mayores españoles del exterior el mismo nivel de vida del que disfrutan quienes residen en España (véase, MELÉNDEZ, L./HIERRO, F.J., «Capítulo XII. Actuaciones...», *loc. cit.*, p. 359). Por último, la Resolución, de 4 de julio de 2006, de la Dirección General de Emigración, estable el plazo para la presentación de la fe de vida y declaración de ingresos para los beneficiarios de pensiones asistenciales por ancianidad y de las prestaciones económicas reconocidas a los ciudadanos de origen español desplazados al extranjero, durante su minoría de edad, como consecuencia de la Guerra Civil y que desarrollaron la mayor parte de su vida fuera del territorio nacional (*BOE* n° 168, de 15 de julio de 2006).

72. Cabe destacar en este sentido el art. 8, 3° que señala que: «*las Consejerías de Trabajo y Asuntos sociales serán competentes para realizar todos los actos de instrucción, de los españoles residentes en el ámbito geográfico de los países en los que tengan acreditación. En los países en los que no esté acreditada dicha Consejería, los expedientes se instruirán por los servicios correspondientes a las representaciones diplomáticas u oficinas consulares de España en el extranjero*». Véase también la participación de las Embajadas españolas prevista en el art. 11, 3° de este mismo texto legal.

73. La Dirección General de Migraciones (que ha asumido las funciones que correspondían a la antigua Dirección General de Emigración) se ocupa de: la atención a los españoles en el exterior y retornados; el reconocimiento y gestión de prestaciones

Además, ejercen funciones de custodia y archivo de la documentación (art. 8, 3.°, 4.° y 5.°).

Junto a la citada prestación, se han arbitrado un conjunto de medidas de protección, entre las que cabe citar las aprobadas por la Ley 3/2005, de 18 de marzo, por la que se reconoce una prestación a los ciudadanos de origen español desplazados al extranjero, durante su minoría de edad, como consecuencia de la Guerra Civil, y que desarrollaron la mayor parte de su vida fuera del territorio nacional (los denominados «Niños de la Guerra», EM de la LECEX)[74]. Cabe decir, por ello, que la participación de las oficinas diplomáticas o consulares que se encuentran en las Embajadas y Consulados de España en el extranjero cumplen importantes funciones relacionadas con la tramitación de las solicitudes o expedientes en orden a conseguir prestaciones relacionadas con la protección social de los españoles que residen en el exterior.

Por último, el art. 20 de la LECEX hace específica referencia a los servicios sociales para mayores y dependientes. Y, en concreto, a la obligación que tienen los poderes públicos de fomentar la red de servicios sociales, para lograr la realización de las actividades encaminadas a la consecución del bienestar integral de los españoles mayores que residen en el exterior[75]. Y, en este sentido, cabe citar la Ley 39/2006, de 14 de diciembre, de Promoción de la Autonomía Personal y Atención a las Personas en

---

económicas y ayudas asistenciales destinadas a españoles en el exterior y retornados; la asistencia sanitaria, en su país de residencia, a los españoles de origen beneficiarios de prestaciones económicas; la gestión de los programas de subvenciones y ayudas destinados a los españoles en el exterior y retornados y la coordinación funcional de la actuación de los órganos periféricos de la Administración General del Estado con competencias en materia de emigrantes retornados.

74. *BOE* n° 68, de 28 de marzo de 2015. Desarrollada a través de la Orden TAS/1967/2005, de 24 de junio, por la que se establecen las disposiciones para el desarrollo y aplicación de la Ley 3/2005, de 18 de marzo, por la que se reconoce una prestación económica a los ciudadanos de origen español desplazados en el extranjero, durante su minoría de edad, como consecuencia de la Guerra Civil, y que desarrollaron la mayor parte de su vida fuera del territorio nacional.

75. En particular, se prestará especial atención a los centros y asociaciones de españoles en el exterior (y retronados), que cuenten con infraestructuras para la atención de personas mayores o en situación de dependencia. Y, en especial, se desarrollarán medidas específicas para la consecución del bienestar integral de la ciudadanía española en el exterior en situación de necesidad, en aras de alcanzar la gradual asimilación a las prestaciones vigentes del Sistema para la Autonomía y Atención a la Dependencia, conforme a la legislación vigente. En este sentido, en relación con las ayudas asistenciales, cabe citar la Orden TAS/561/2006, de 24 de febrero, por la que se establecen las bases reguladoras de la concesión de ayudas asistenciales correspondientes a los programas de actuación a favor de los emigrantes españoles no residentes en España (*BOE* n° 52, de 2 de marzo de 2006).

situación de Dependencia, cuya puesta en práctica en el extranjero –como señala la doctrina– constituye un gran reto para el Gobierno español[76].

5. CONSIDERACIONES FINALES

La LECEX constituye, sin duda, una apuesta clara acerca del reconocimiento del capital social que suponen los emigrados españoles para España. De otro lado, no puede decirse que, en el momento actual, sean escasos los recursos con los que cuentan las personas españolas que residen de forma habitual en el extranjero y que emigraron o emigran por razones socio-económicas (de forma preferente). En este contexto, la función que corresponde a los consulados y oficinas diplomáticas españolas en el exterior es fundamental, al tratarse del cauce a través del cual se lleva a cabo esta política española de protección y salvaguardia de los derechos de las personas emigradas españolas en el extranjero.

Y, en particular, cuando se trata de sus funciones relacionadas, en concreto, con el empleo y con su protección social, tienen atribuidas una importante misión conforme a los actuales arts. 18 y ss de la LECEX. Sin las funciones de información, asesoramiento y canalización de las ayudas que se ponen en marcha por el Gobierno de España que desempeñan las citadas oficinas, no sería ni tan siquiera viable articular la citada política. Ahora bien, no pueden considerarse suficientes a día de hoy, al haber cambiado de forma importante las circunstancias socio-económicas de España (a partir de 2008) y, por tanto, encontrarse un número cada vez más importante de españoles, en especial, jóvenes, en el extranjero, en busca de las oportunidades laborales que no encuentran en España.

Por último, no obstante lo anterior, cabe hacer referencia a los déficits que presenta el funcionamiento de las citadas oficinas diplomáticas y consulares, más preocupadas, en ocasiones, por las cuestiones que tienen lugar en el ámbito local (del Estado extranjero en el que se encuentran) que por cumplir las funciones que tienen encomendadas como integrantes de la Administración General del Estado.

---

76. *BOE* de 21 de marzo de 2005). Véase, SÁNCHEZ TRIGUEROS, C./FERNÁNDEZ COLLADOS, M.ª B., «Capítulo V. Objetivos de la Ley 40/2006...», *loc. cit.*, pp. 163 y ss.

Capítulo 15

Redes de socialización institucional de los emigrantes españoles en el extranjero

NIEVES ORTEGA PÉREZ

Universidad de Granada

La conformación del sistema migratorio europeo tuvo lugar de los años 50 hasta los 70. Este en un principio se definió como un sistema de países con un polo emisor en el sur, y un polo receptor en el centro y norte de Europa. La crisis del petróleo en los años setenta, el consecuente cierre de fronteras, y los nuevos contextos democráticos o en vías de democratización de los países del Mediterráneo conformaron factores decisivos en el retorno de los emigrantes españoles, portugueses e italianos. Este hecho, sin embargo, no frenó los flujos de trabajadores extranjeros magrebíes que emigraban al norte de Europa. El efecto desviatorio del cierre de fronteras convirtió los países europeos del sur, que hasta ese momento habían sido países de tránsito hacia el norte, en salas de espera de la inmigración que procedía del norte de África[1].

La realidad nos remite de nuevo a nuestra historia. La crisis financiera iniciada en España a partir de 2008 dejó ver su impacto en un saldo migratorio negativo constante desde 2011 hasta la actualidad. La población inmigrante que había llegado en los años 90, principalmente de origen latinoamericano, se acogió a los programas de retorno promovidos por el Gobierno, al mismo tiempo que se reducían la llegada de inmigrantes. La cifra de parados que desde 2011 rondó los 4.500.000 hasta superar los 5 millones supuso la variable fundamental para el crecimiento de las salidas de los españoles al extranjero. La emigración española al norte de

---

1. KING, R. y RYBACZUK, K.: «Southern Europe and the international division of labour: from emigration to immigration», en KING, R. (ed.) *The new geography of European migration*. Belhaven Press, Londres, 1993.

Europa cobraba fuerza y protagonismo de nuevo medio siglo después del inicio de las oleadas migratorias en los años 50[2].

Este capítulo se aproxima a la nueva realidad de los emigrantes españoles en el extranjero. La primera parte ofrece una cartografía de este flujo migratorio donde coexisten distintas generaciones de emigrantes en algunos países de destino que se han mantenido como enclaves. Estos son los potenciales grupos objetivos a los que se dirige la actual política de retorno del Gobierno. Los últimos apartados se centran en las redes de socialización de españoles en el exterior promovidas desde las instituciones públicas.

El asociacionismo emigrante se muestra en el diseño de la política de retorno como un actor clave y canal determinante de la representación y comunicación con las comunidades de españoles en el extranjero.

1. CARTOGRAFÍA DE LOS ESPAÑOLES RESIDENTES EN EL EXTRANJERO

El lento crecimiento económico que experimenta España en los últimos dos años no frena la salida de españoles al extranjero. En el primer semestre de 2015[3], 50.844 españoles emigraron al extranjero, un 30% más que el año anterior. El número de emigrantes que volvió (23.078 españoles) en los primeros seis meses sigue siendo inferior a los que salen. Este panorama supera incluso aquellos que salieron en plena crisis económica en 2010 (40.157 españoles).

En la actualidad 2.305.030 de españoles residen en el extranjero. Los continentes que acogen más emigrantes son el europeo y el americano, casi con igual porcentaje de hombre y mujeres. Las segundas representan un porcentaje ligeramente superior sobre el total (51%).

En cuanto a los grupos de edad, aún con tendencias similares se pueden señalar algunos matices que permiten ver la convivencia de distintas generaciones de migrantes españoles. La población entre 25 y 50 años reside mayoritariamente en Europa, el resto de edades elige este continente en menor medida.

---

2. Para un mayor desarrollo de la relación entre emigración crisis económica, véase DOMINGO I VALLS, A. y SABATER, A.: «Crisis económica y emigración: la perspectiva demográfica». *Anuario de la inmigración en España*, 2012; DOMINGO I VALLS, A., SABATER COLL, A. y ORTEGA RIVERA, E.: «¿Migración neohispánica? El impacto de la crisis económica en la emigración española». *Empiria. Revista de metodología de ciencias sociales*, no 29, 2014; y JARA RODRÍGUEZ-FARIÑAS, M., ROMERO-VALIENTE, J.M., e HIDALGO-CAPITÁN, A.L.: «Los exiliados económicos: La tercera oleada de emigración española a Chile (2008-2014)». *Revista de Geografía Norte Grande*, n° 61, 2015.

3. Últimos datos disponibles de flujo de emigrantes españoles publicados por el INE

Gráfico 1. **Emigración de población extranjera según sexo y edad. Primer semestre de 2015**

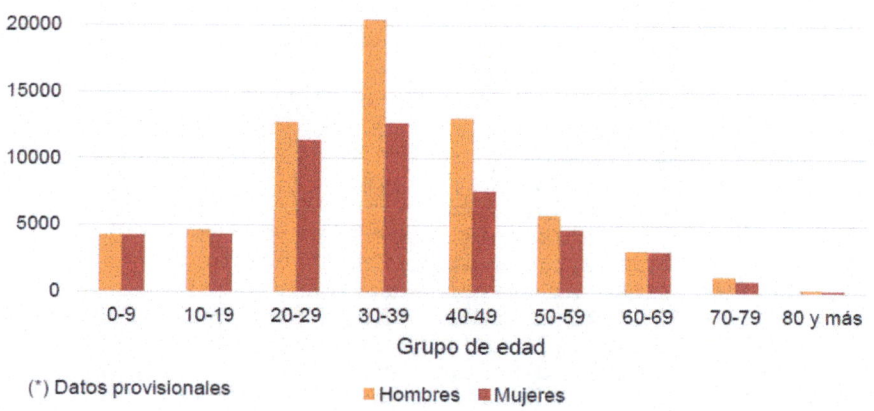

(*) Datos provisionales   ■ Hombres   ■ Mujeres

Fuente: INE

Gráfico 2. **Españoles residentes en el extranjero. Población por continente de residencia y sexo (1-1-2016)**

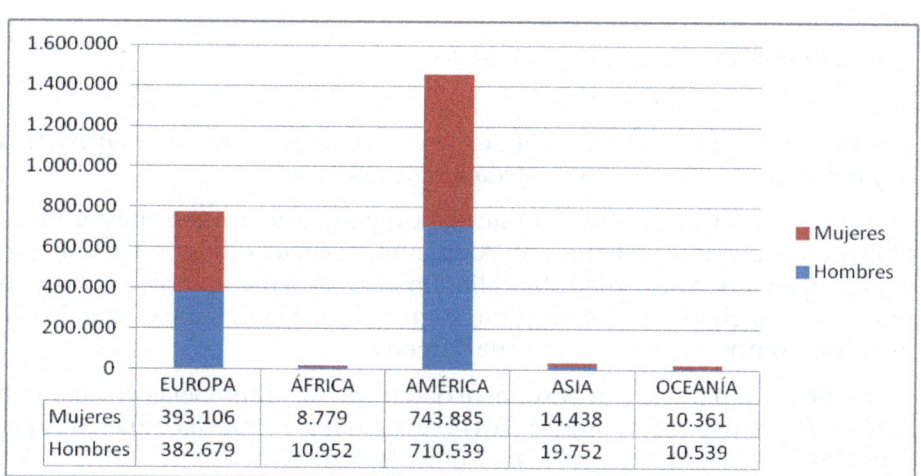

	EUROPA	ÁFRICA	AMÉRICA	ASIA	OCEANÍA
Mujeres	393.106	8.779	743.885	14.438	10.361
Hombres	382.679	10.952	710.539	19.752	10.539

Fuente: Elaboración propia a partir de datos del INE

Los españoles de más de 55 años representan en parte aquellos que en los años 60 y 70 emigraron a otros países vecinos apoyados en su momento por el desarrollismo económico de los últimos años de la dictadura.

403

Gráfico 3. Españoles residentes en el extranjero. Población por continente de residencia y grupos de edad (quinquenales) (1-1-2016)

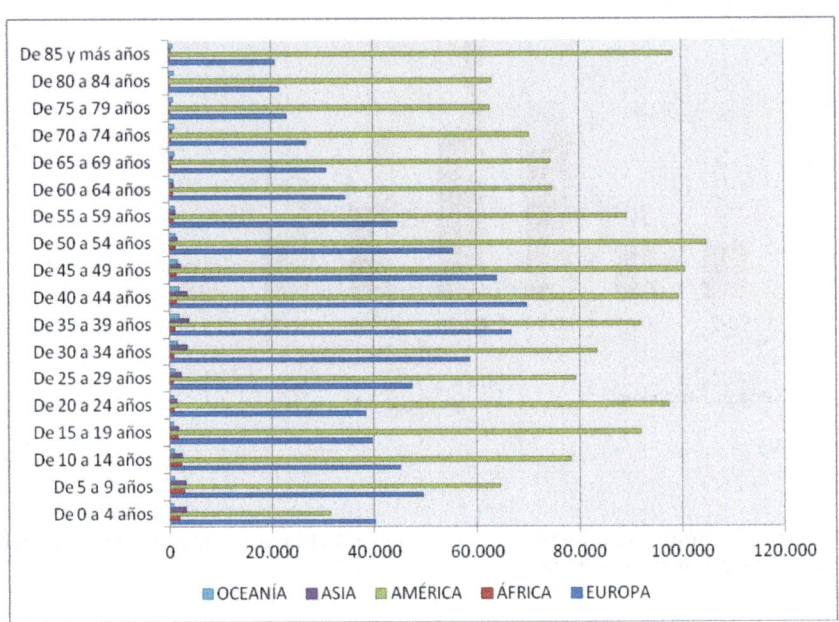

Fuente: Elaboración propia a partir de datos del INE

Los menores españoles que residen en el extranjero apuntan en parte a segundas generaciones que ostenta la nacionalidad.

Esto viene avalado por los países europeos que acogen mayoritariamente a los españoles. Estos son Alemania, Francia, el Reino Unido, Suiza, Bélgica y en menor medida Italia. En el continente americano, Argentina es el principal país de acogida, seguido por Venezuela, Cuba, Brasil, Estados Unidos y México mayoritariamente.

Respecto al reparto por sexo, no existen apenas diferencias en cuanto a la elección de destino. Argentina es el único caso en que las mujeres superan a los hombre en algo más de 27.000 residentes.

Estos 24 países señalados (tabla 1) agrupan el 93,7% de los residentes españoles en el extranjero, de los que el 51% son mujeres. Esto supone una emigración relativamente concentrada. El surgimiento de tales redes sociales facilita lo que se conoce como emigración en cadena y el surgimiento de enclaves étnicos. En estadios avanzados de emigración o bien en grupos con gran tradición emigrante y con patrones claramente definidos en

404

Gráfico 4. Españoles residentes en el extranjero. Población por país de residencia y sexo (1-1-2016)

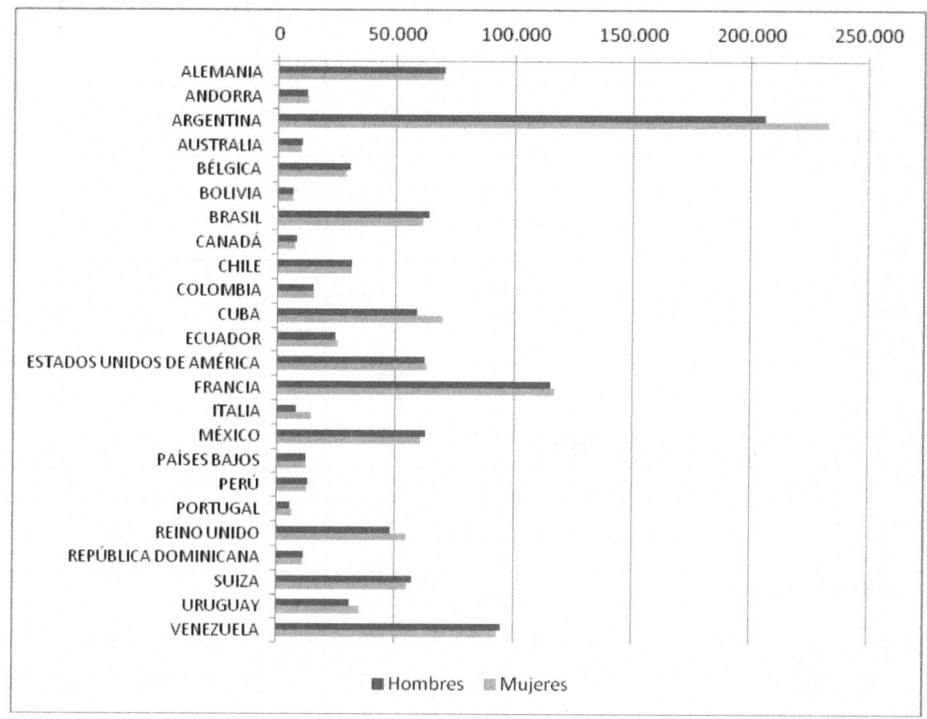

Fuente: Elaboración propia a partir de datos del INE

el tiempo y el espacio, los grupos étnicos en el extranjero pueden llegar a convertirse en un proceso de normalización en grupos de presión capaces de condicionar al gobierno en materia de admisiones y de políticas específicas[4].

Esta concentración por países está estrechamente vinculada a la historia migratoria en España. A lo largo del siglo XX, seis millones de españoles abandonaron su país de origen (el 15% de la población a finales de siglo). En la historia de la emigración española se pueden señalar dos grandes fases, la primera de finales del siglo XIX hasta los años 30, en un 80% el destino elegido era América. Debe tenerse en

---

4. Véase VALERO-MATAS, J.A., MEDIAVILLA, J.J., VALERO-OTEO, I. y COCA, J.R.: «El pasado vuelve a marcar el presente: la emigración española». *Papeles de Población*, vol. 21, n° 83, 2015.

405

Tabla 1. Españoles residentes en el extranjero. Población por país de residencia y sexo (1-1-2016)

	Hombres	Mujeres	Total
ALEMANIA	69.945	69.610	139.555
ANDORRA	12.306	12.610	24.916
ARGENTINA	206.038	233.198	439.236
AUSTRALIA	10.036	9.798	19.834
BÉLGICA	30.389	28.755	59.144
BOLIVIA	6.455	6.358	12.813
BRASIL	63.931	61.219	125.150
CANADÁ	8.073	7.363	15.436
CHILE	30.947	30.907	61.854
COLOMBIA	15.321	15.362	30.683
CUBA	58.727	69.814	128.541
ECUADOR	24.215	25.077	49.292
ESTADOS UNIDOS DE AMÉRICA	62.212	62.918	125.130
FRANCIA	115.336	117.357	232.693
ITALIA	7.945	14.317	22.262
MÉXICO	62.589	60.600	123.189
PAÍSES BAJOS	12.094	12.278	24.372
PERÚ	13.055	12.513	25.568
PORTUGAL	5.365	6.235	11.600
REINO UNIDO	47.925	54.573	102.498
REPÚBLICA DOMINICANA	11.580	10.844	22.424
SUIZA	56.952	54.990	111.942
URUGUAY	30.801	34.688	65.489
VENEZUELA	94.919	93.106	188.025

Fuente: Elaboración propia a partir de datos del INE

cuenta también los exiliados y refugiados de la Guerra Civil a Europa y América Latina. La segunda de mediados de los 50 hasta finales de los 60. De 1959 a 1969 se produce un flujo constante de trabajadores al exterior, el 74% de los casos eligieron Europa y el 25% América.[5] «La afluencia de trabajadores españoles a Centro-Europa, constituyó sobre

---

5. Véase CASTILLO CASTILLO, J.: *La emigración española en la encrucijada: estudio empírico de la emigración de retorno.* Centro de Investigaciones Sociológicas, Madrid, 1980; y SÁNCHEZ ALONSO, B.: *Las causas de la emigración española*, 1880-1930. Alianza Editorial, Madrid, 1995.

Gráfico 5. Españoles residentes en el extranjero. Población por país de residencia y edad (1-1-2016)

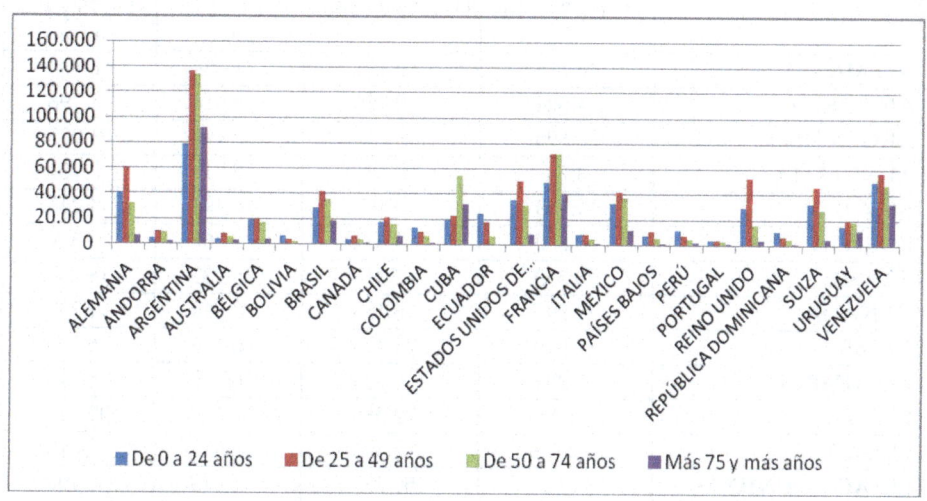

Fuente: Elaboración propia a partir de datos del INE

todo desde 1959 un fenómeno sin precedentes, que movilizó más de dos millones de personas a lo largo de una década y media, además de los movimientos migratorios internos»[6].

La emigración de los años 50 y la actual confluyen en algunos países, y se puede detectar a partir de las edades de los residentes. Muchos de los que se encuentran en edades entre los 50 a 74 años, responden al destino de las migraciones iniciadas en los años 50[7]. También la confluencia de esas edades con otras de 25 a 49 años, nos permite atisbar unos destinos que se han consolidado en los flujos de emigración española, como pueden ser Alemania, Francia o el Reino Unido.

También las Comunidades Autónomas que se mantienen históricamente como zonas emisoras de emigración son Andalucía, Cataluña, Galicia y Madrid, seguidas por las Islas Canarias. Las edades que mayoritariamente emigran son las de 25 a 49 años, una población joven, difícil de cuantificar en su movilidad en los países de la Unión Europea.

---

6. CAZORLA PÉREZ, J.: *Retorno al Sur*. Siglo XXI, Madrid, 1989, pág. 9
7. Véase FERNÁNDEZ ASPERILLA, A.I.: «Estrategias migratorias. Notas a partir del proceso de la emigración española en Europa (1959-2000)». *Migraciones & Exilios: Cuadernos de la Asociación para el estudio de los exilios y migraciones ibéricos contemporáneos*, n° 1, 2000.

Tabla 2. Españoles residentes en el extranjero. Población por país de residencia y edad (1-1-2016)

	De 0 a 24 años	De 25 a 49 años	De 50 a 74 años	Más 75 y más años
ALEMANIA	40.775	60.121	31.824	6.835
ANDORRA	4.524	9.778	8.816	1.798
ARGENTINA	78.695	136.145	133.191	91.205
AUSTRALIA	3.787	7.835	5.311	2.901
BÉLGICA	19.303	19.100	16.496	4.245
BOLIVIA	6.860	3.652	1.767	534
BRASIL	28.533	42.019	35.933	18.665
CANADÁ	3.905	6.153	3.640	1.738
CHILE	17.648	21.495	16.128	6.583
COLOMBIA	13.261	9.673	6.230	1.519
CUBA	19.086	22.588	54.746	32.121
ECUADOR	24.818	17.443	6.418	613
ESTADOS UNIDOS DE AMÉRICA	35.324	50.293	31.413	8.100
FRANCIA	49.501	71.706	71.593	39.893
ITALIA	8.276	8.605	4.449	932
MÉXICO	32.681	41.264	37.610	11.634
PAÍSES BAJOS	7.060	10.921	5.300	1.091
PERÚ	11.203	7.484	4.881	2.000
PORTUGAL	3.761	3.894	2.800	1.145
REINO UNIDO	29.888	52.833	15.649	4.128
REPÚBLICA DOMINICANA	10.381	6.088	4.652	1.303
SUIZA	33.037	46.081	28.289	4.535
URUGUAY	15.273	19.754	18.642	11.820
VENEZUELA	50.491	57.179	47.344	33.011

Fuente: Elaboración propia a partir de datos del INE

La media de paro de las poblaciones por Comunidades Autónomas supera el 23%. En este difícil contexto, algunas de las Comunidades Autónomas con más residentes en el extranjero están entre las que tienen porcentajes más altos de paro (Andalucía y Canarias).

Por provincias el panorama se define un tanto mejor. Las provincias con mayor número de residentes en el extranjero son Asturias, Barcelona, Madrid, las provincias gallegas, Santa Cruz de Tenerife y Valencia (gráfico 8).

Tabla 3. **Españoles residentes en el extranjero. Población por provincia de inscripción a efectos electorales (agrupada por Comunidad Autónoma) (1-1-2016)**

	Total grupos de edad
TOTAL ESPAÑA	2.305.030
ANDALUCÍA	264.385
ARAGÓN	39.796
ASTURIAS, PRINCIPADO DE	126.003
BALEARS, ILLES	30.480
CANARIAS	163.018
CANTABRIA	41.233
CASTILLA Y LEÓN	166.167
CASTILLA-LA MANCHA	34.597
CATALUÑA	264.034
COMUNITAT VALENCIANA	119.737
EXTREMADURA	29.871
GALICIA	503.840
MADRID, COMUNIDAD DE	344.547
MURCIA, REGIÓN DE	35.828
NAVARRA, COMUNIDAD FORAL DE	30.057
PAÍS VASCO	84.300
RIOJA, LA	17.620
CEUTA	3.329
MELILLA	6.188

Fuente: Elaboración propia a partir de datos del INE

Esta emigración se produce durante las oleadas históricas de los años sesenta y setenta.

En este sentido, no se puede afirmar que sean nuevas migraciones provocadas por la crisis económica si nos guiamos por las tasas de paro por provincia (gráfico 9).

Estos datos absolutos no permiten ver una relación entre la emigración con raíces históricas, la reciente y las tasas de paro registradas en la actualidad. Son muchas las dudas que surgen en la evaluación de estas nuevas emigraciones por grupos de edad o formación[8]. En este contexto, las asociaciones inmigrantes pueden jugar un papel fundamental en la

---

8. GONZÁLEZ FERRER, A.: *La nueva emigración española. Lo que sabemos y lo que no*. Fundación Alternativas, Madrid, 2013.

Gráfico 6. Españoles residentes en el extranjero. Población por provincia de inscripción a efectos electorales (agrupada por Comunidad Autónoma) y edad (grandes grupos) (1-1-2016)

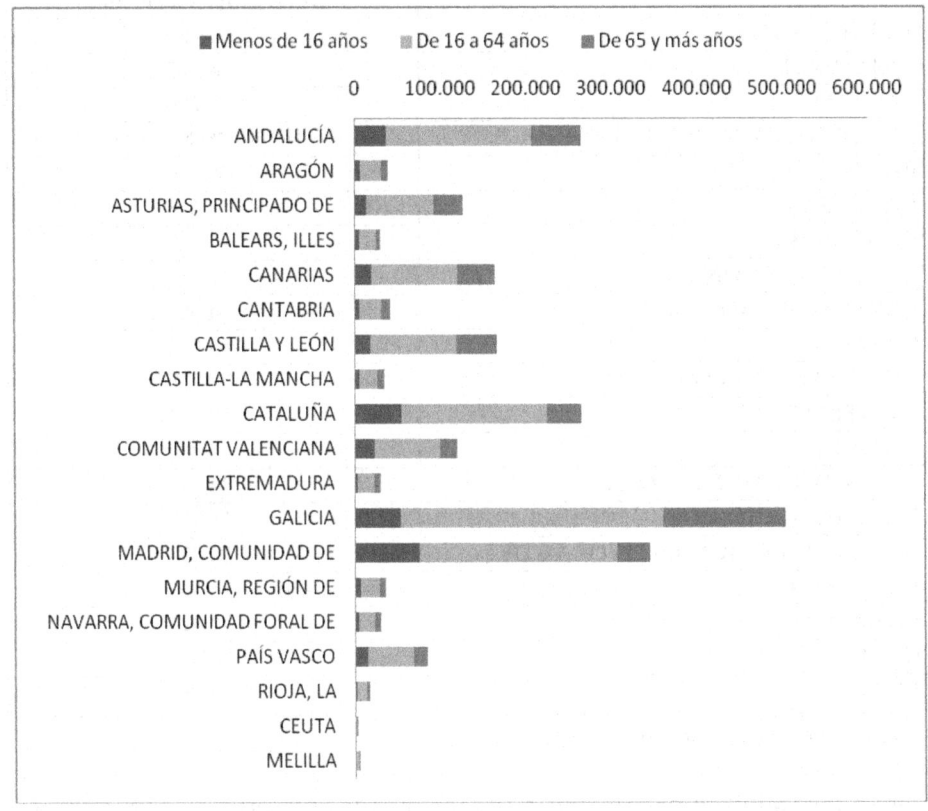

Fuente: Elaboración propia a partir de datos del INE

formulación de la política de retorno al ofrecer información actualizada sobre esta realidad.

2. EL ESTATUTO DE LA CIUDADANÍA ESPAÑOLA EN EL EXTERIOR

La historia político-constitucional española ha dado situaciones muy interesantes en cuanto a la regulación de la extranjería. La Constitución de 1869, la más avanzada de su siglo, inició la línea de reconocer algunos derechos a los extranjeros, excepto ninguno de los políticos. La Constitución de 1931 de la II República, en tantas cuestiones inspiradora de

410

Gráfico 7. Tasa de paro por Comunidad Autónoma (1er Trimestre 2016)

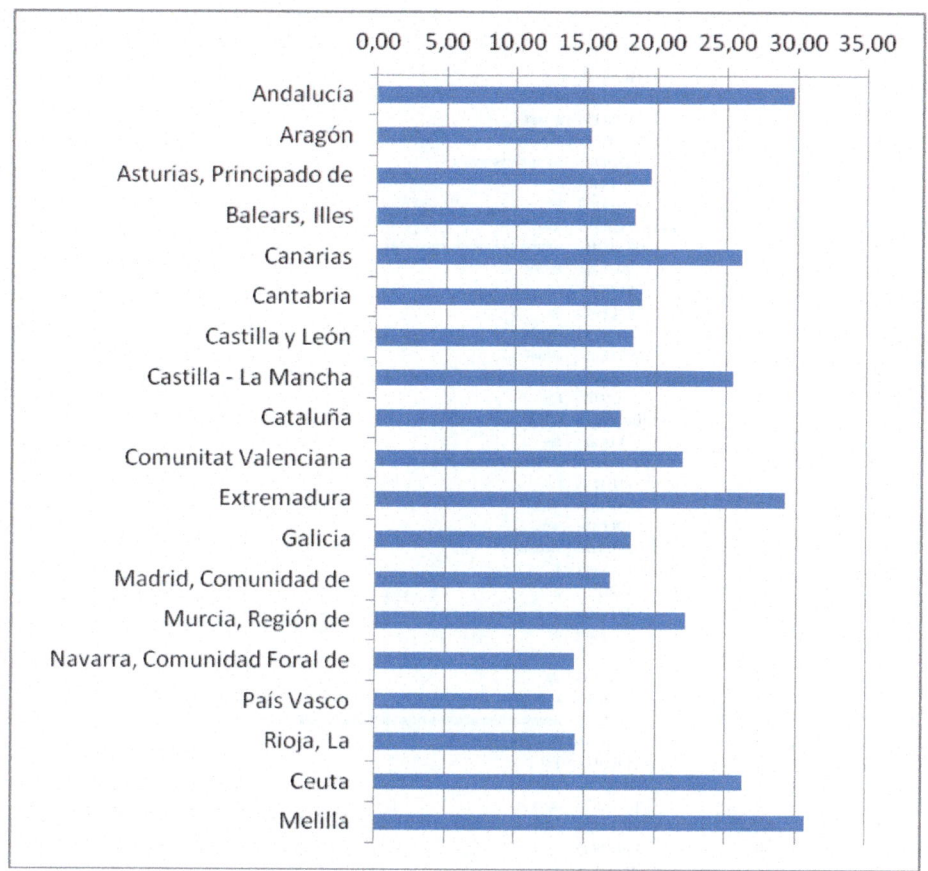

Fuente: Elaboración propia a partir de datos del INE

la actual, reconocía algunos derechos a los extranjeros, bien de forma expresa o porque los atribuía a «toda persona», e inició la política de permitir la doble nacionalidad de los ciudadanos latinoamericanos; interesantísima regulación que respondía a una realidad iniciada el siglo anterior con la emigración española a América

Latina y la figura del «indiano».

Durante la dictadura franquista, el otorgamiento o negativa de los permisos de trabajo o residencia respondía a la discrecionalidad de las autoridades policiales, esta línea de acción impregnó el Reglamento de 1974 y

411

Gráfico 8. Españoles residentes en el extranjero. Población por municipio de inscripción (agrupada por provincias) (1-1-2016)

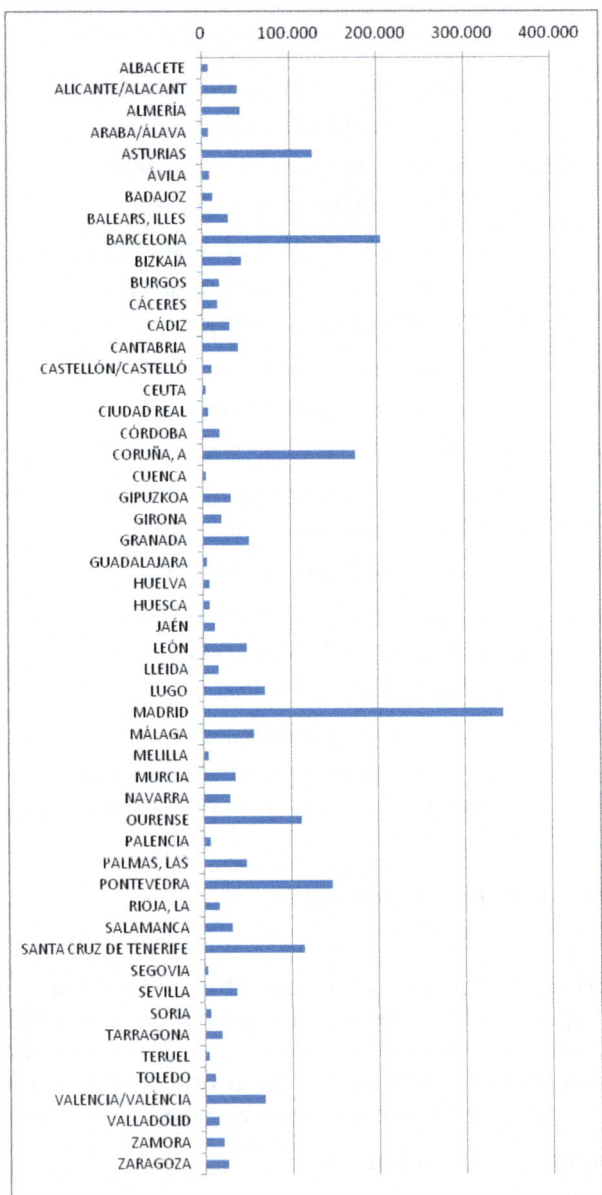

Fuente: Elaboración propia a partir de datos del INE

Gráfico 9. Tasa de paro por provincia (1er Trimestre 2016)

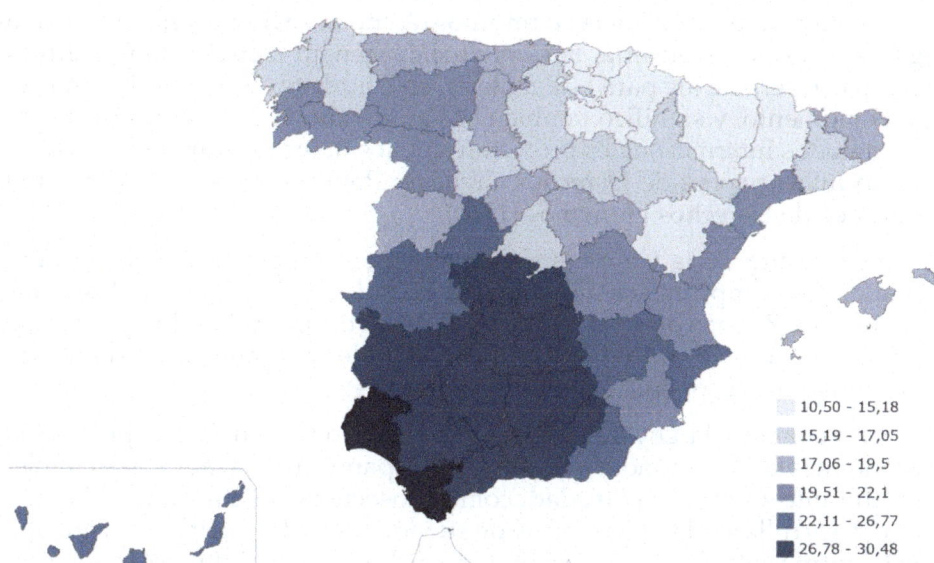

10,50 - 15,18
15,19 - 17,05
17,06 - 19,5
19,51 - 22,1
22,11 - 26,77
26,78 - 30,48
30,49 - 37,16

Fuente: INE

una pluralidad de normas secundarias que llegaron hasta la Constitución; en 1980 se unificaron los trámites para la concesión de permisos de trabajo y residencia al mismo tiempo.

En este sentido, La Ley 93/1960, de 22 de diciembre, de Bases de Ordenación de la Emigración y el Decreto-ley 1000/1962, de 3 de mayo, que aprueba el texto articulado de dicha Ley, si bien ignoran la existencia de cientos de miles de exiliados en Europa e Iberoamérica, marcaron un cambio de criterio en el enfoque de la corriente migratoria.

La Ley 33/1971, de 21 de julio continuaba orientada al fomento de la emigración y mantenía su silencio sobre el exilio, aunque introdujo la novedad de poder acogerse a planes, operaciones y programas para facilitar el desplazamiento y el acceso al empleo en el país de acogida. Esta Ley también recogía ayudas de carácter social, educativo y cultural, así como medidas dirigidas a la formación profesional e integración laboral tanto para los emigrantes, como para los retornados.

En el momento de redacción del texto constitucional pesaba mucho más la preocupación por la emigración de los españoles en Europa que por la recién estrenada inmigración en España. Muestra de esto, el artículo 42 que

413

plantea «El Estado velará especialmente por la salvaguardia de los derechos económicos y sociales de los trabajadores españoles en el extranjero y orientará su política hacia su retorno». Aunque se limita a fijar un marco genérico de la extranjería, la Constitución generó aspectos tan positivos como la resera de ley para esta materia, en contraste con la regulación hasta el momento, y significó también la ratificación en 1977 de los principales tratados internacionales protectores de los derechos humanos, como el Pacto Internacional de Derechos Civiles y Políticos (1966) y el Convenio Europeo de Derechos Humanos (1950).

El Estatuto de la Ciudadanía Española en el Exterior aparecía como uno de los compromisos del entonces Presidente del Gobierno José Luis Rodríguez Zapatero en su discurso de investidura, y fue llevado a cabo finalmente a través de la Ley 40/2006, de 14 de diciembre, del Estatuto de la Ciudadanía Española en el Exterior[9].

Previamente, la Ley 3/2005, de 18 de marzo reconocía una prestación económica a los ciudadanos de origen español desplazados al extranjero, durante su minoría de edad, como consecuencia de la Guerra Civil, y que desarrollaron la mayor parte de su vida fuera del territorio nacional[10]. Esta norma supuso un reconocimiento histórico y dotó de protección económica y asistencia sanitaria a los llamados «Niños de la Guerra».

El Estatuto de la Ciudadanía Española en el Exterior es el marco básico de colaboración entre las instituciones públicas y los agentes sociales para el desarrollo de una política de emigración y retorno en cumplimiento del artículo 42 de la Constitución. Este recoge con cierto detalle los derechos de los españoles que residen en el exterior:

- Derechos de participación: derecho a ser elector y elegible, asistencia y protección de los españoles en el exterior, derecho de petición, de acudir al Defensor del Pueblo y de información, derecho a la participación en órganos consultivos de la emigración, organizaciones sindicales y empresariales, y derecho de asociación.

- Derechos sociales y prestaciones: derecho a la protección de la salud, derechos en materia de Seguridad Social y prestaciones por razón de necesidad, servicios sociales para mayores, acciones de información socio-laboral y orientación y participación en programas de formación profesional ocupacional, y derechos en materia de empleo y ocupación.

---

9.   BOE núm. 299, de 15 de diciembre de 2006
10. BOE núm. 68, de 21 de marzo de 2005

- Derechos relativos a la educación y a la cultura: derecho a la educación, homologación, convalidación y reconocimiento de títulos y estudios extranjeros, y acceso a las lenguas y culturas españolas.

El Estatuto prevé también la constitución de la Oficina Española del Retorno, adscrita al Ministerio de Empleo y de la Seguridad Social, como parte de la dimensión operativa de la política de retorno integral a desarrollar por el Estado.

El carácter integral de esta política se formula a través de dos dimensiones; la primera tiene como finalidad facilitar, orientar y asesorar a los españoles que decidan retornar. La segunda apunta la necesidad de abordar las reformas normativas necesarias que promuevan y faciliten el acceso a los españoles retornados a determinadas prestaciones, y de adoptar medidas específicas de fomento del empleo dirigidas a este colectivo que decidan incorporarse a nuestro mercado de trabajo. La inserción laboral es en este sentido el elemento principal en la definición del retorno exitoso que se pretende formular desde el Estado.

El Estatuto nace con la voluntad de involucrar en la formulación de la política de retorno a las distintas Administraciones Públicas y a los agentes sociales vinculados a la representación de la emigración española en el exterior. Para ello ha constituido un registro de asociaciones y centro de ciudadanos españoles residentes en el exterior (Censo de Asociaciones y Centros, CACE).

3. REDES DE SOCIALIZACIÓN INSTITUCIONAL Y ASOCIACIONISMO EMIGRANTE

La emigración cuenta con una larga tradición en materia de órganos colegiados de participación. Desde que en 1888 se crearon las llamadas Juntas de Emigración hasta que en 1987 se instituyeron los actuales cauces de participación institucional de los españoles residentes en el extranjero. A lo largo de todo el período, casi ininterrumpidamente, se han configurado diferentes órganos de participación en materia emigratoria, de diversa naturaleza, funciones y composición.

La participación institucionalizada en materia de emigración se canalizó en primer término a través de la constitución de cauces en dos niveles: el local, en España con las denominadas «Juntas de Emigración», establecidas en las provincias españolas del litoral, más tarde llamadas «Patronatos Locales de Emigración», y en el ámbito de las demarcaciones consulares, los «Patronatos de Emigrados Españoles», posteriormente renombrados «Juntas Consulares de Emigración».

A nivel nacional, con participación de los diversos departamentos con competencia en materia de emigración en distintos órganos con funciones similares pero distinta nomenclatura («Consejo Superior de la Emigración», «Junta Central de la Emigración», «Consejo del Instituto Español de Emigración», o «Consejo General de la Emigración»). En la actualidad, y desde 1987, se hallan constituidos los Consejos de Residentes Españoles, con miembros elegidos por los emigrantes, en determinadas demarcaciones consulares, y el Consejo General de la Ciudadanía Española en el Exterior, como un órgano colegiado consultivo adscrito al Ministerio de Empleo y de la Seguridad Social.

El movimiento asociativo creado por los españoles en los países de acogida, con el objetivo fundamental de la asistencia y socorro mutuo, constituye un instrumento vertebrador de las comunidades de españoles en el exterior, Este canaliza y materializa actuaciones de apoyo y atención desarrolladas por las distintas Administraciones Públicas a favor de los españoles en el exterior y de los retornados[11].

Este reconocimiento del valor de las asociaciones de emigrantes en los países de acogida como redes de contacto y comunicación es visible en el contenido y redacción del Estatuto. Este señala que «España debe considerar a su comunidad emigrante como un auténtico capital social: su compromiso con su tierra de origen la convierte en un recurso fundamental para la proyección de España en el exterior. Parte fundamental de este capital social está compuesto por miles de españoles no nacidos en España que residen por todo el mundo, ellos también son parte del presente de nuestro país y debemos considerarlos actores imprescindibles en la construcción del futuro»[12].

Específicamente, aparecen referidas junto a los derechos de sufragio activo y pasivo. Busca fomentar desde las Administraciones Públicas un asociacionismo «integrador y constructivo» que mejore el acceso a los recursos públicos de los emigrantes españoles. La primera medida en esta línea fue la creación del registro de asociaciones y centro de ciudadanos españoles residentes en el exterior por países.

En el artículo 15 del Estatuto aparece el reconocimiento y protección del derecho de asociación de los emigrantes españoles. El fomento del mismo se proyecta desde tres perspectivas distintas: la necesidad de potenciar las asociaciones como actores privilegiados de la representación

---

11. Para un análisis de las redes de socialización no institucionales, véase BLANCO RODRÍGUEZ, J.A. y DACOSTA MARTÍNEZ, A.F. (ed.): *El asociacionismo de la emigración española en el exterior: significación y vinculaciones*. Silex, Madrid, 2014.

12. BOE núm. 299, de 15 de diciembre de 2006, pág. 44158

de los emigrantes españoles en el extranjero, y la creación para su registro y seguimiento del Censo de Asociaciones y Centros (CACE), el aprovechamiento de los recursos de financiación a través del impulso de las federaciones como forma de agrupación de las asociaciones, y finalmente la continuidad del movimiento asociativo. Esta última dimensión se llevará a cabo a través del desarrollo de organizaciones, centros y asociaciones de españoles en el exterior y de retornados con la participación activa de nuevos socios de nacionalidad española, en especial la de jóvenes, y de personas de otras nacionalidades.

3.1. LOS CONSEJOS DE RESIDENTES ESPAÑOLES EN EL EXTERIOR

El Estatuto en su artículo 12 le otorga por primera vez reconocimiento legal a los Consejos de Residentes Españoles (CREs, en adelante) como órganos de carácter consultivo y asesor, adscritos a las Oficinas Consulares de España en el exterior[13].

Los CREs fueron creados por el Real Decreto 1339/1987, de 30 de octubre sobre cauces de participación institucional de los españoles residentes en el extranjero[14], y desarrollado posteriormente con la orden del Ministerio de Asuntos Exteriores de 23 de febrero de 1988, por la que se regula la constitución, funciones, elección y funcionamiento de los consejos de residentes españoles en el extranjero[15]. Con el Estatuto llega finalmente su reconocimiento legal y desarrollo con el Real Decreto 1960/2009, de 18 de diciembre, por el que se regulan los Consejos de Residentes Españoles en el Extranjero[16]. Este último RD establece que los Consejos de Residentes Españoles desarrollarán su actividad respecto a:

a) Derechos civiles y laborales que correspondan a los españoles en la circunscripción consular, de conformidad con el derecho internacional.

b) Inserción de los alumnos españoles en el sistema educativo del país, actividades que al amparo de la ley local o de los tratados puedan

---

13. En la actualidad hay constituidos un total de treinta y siete CREs en la siguientes demarcaciones consulares: Ámsterdam, Bahía Blanca, Bogotá, Bruselas, Buenos Aires, Canberra, Caracas, Córdoba, Dublín, Génova, Ginebra, Guadalajara, Guatemala, La Habana, La Paz, Lima, Managua, México, Melbourne, Mendoza, Montevideo, Montpellier, Montreal, Múnich, Nueva York, Panamá, Río de Janeiro, Rosario, Salvador-Bahía, San Pablo (São Paulo), San José de Costa Rica, Santa Cruz de la Sierra, Santiago de Chile, Santo Domingo, Tánger, Washington y Zúrich.
14. BOE núm. 262, de 2 de noviembre de 1987
15. BOE núm. 53, de 2 de marzo de 1988
16. BOE núm. 2, de 2 de enero de 2010

establecerse para asegurar el mantenimiento de los vínculos y acción culturales con España en el exterior.

c) Participación de los residentes españoles en la vida política de España, de acuerdo con la legislación española, la del país de residencia y el derecho internacional.

d) Acción social y cultural a favor de los españoles.

Las funciones de los CREs quedan establecidas en el Estatuto (artículo 13) como las siguientes:

a) Ser cauce de comunicación entre las comunidades de españoles en el exterior y las correspondientes Oficinas Consulares.

b) Debatir y proponer a las Oficinas Consulares las medidas relacionadas con su función consular que contribuyan a mejorarla en el ámbito de su circunscripción.

c) Asesorar e informar a la Oficina Consular en los asuntos que afecten a la comunidad española.

d) Difundir entre la comunidad española las medidas adoptadas por las Administraciones Públicas en aquellos temas que afecten a los españoles residentes en la circunscripción.

e) Cooperar con la Oficina Consular o con otras instituciones españolas o locales para dar mayor carácter institucional a aquellas actividades que se desarrollen en beneficio de los españoles.

f) Colaborar con la Oficina Consular en los procesos electorales de los propios Consejos de Residentes Españoles.

g) Participar en el procedimiento de concesión de ayudas y subvenciones establecidas a favor de los españoles en el exterior.

3.2. PORTAL DE LA CIUDADANÍA ESPAÑOLA EN EL EXTERIOR

La disposición adicional primera del Estatuto establece la necesidad de desarrollar un portal (*web*) de la Ciudadanía Española en el Exterior, adscrito al Ministerio de Empleo y de la Seguridad Social, como punto de información integral y actualizada de las cuestiones relativas a los emigrantes españoles. A través de esta *web*[17], se pueden hacer consultas, solicitudes y sugerencias.

---

17. *http://www.ciudadaniaexterior.empleo.gob.es/es/index.htm* [Consulta el 22 de junio de 2016]

En este portal se encuentran enlaces a la representación institucional española en el exterior tanto a nivel ministerial como de las Comunidades Autónomas, y al Censo de Asociaciones y Centros.

Uno de los elementos más importantes que tienen su reflejo en el Estatuto es la inserción laboral de los que retornan o tienen el deseo de hacerlo, de ahí que la información relativa al acceso al mercado laboral forme parte importante del portal. Entre ellos, destacan la información sobre el Servicio Público de Empleo Estatal del Gobierno de España y la Red EURES (Portal europeo de movilidad profesional de la Comisión Europea).

4. REFLEXIONES FINALES

La política de retorno se enfrenta a un nuevo contexto de las migraciones en España en el que conviven las viejas y nuevas oleadas de emigración consecuencia de la reciente crisis económica. Estas –aún cohabitantes– no tienen las mismas características de edad o formación, tampoco motivaciones y expectativas. Cabría esperar por tanto un tratamiento en la definición de la política de retorno pertinente a la naturaleza de los distintos grupos objetivo. Sin embargo, la formulación de la política sigue manteniendo instrumentos heredados de décadas anteriores y que respondían a las necesidades de la emigración del siglo pasado.

El Estatuto de la Ciudadanía Española en el Exterior ha supuesto sin duda un paso importante en la reformulación de la política de retorno tanto por el reconocimiento legal del conjunto de derechos de los que son sujetos los emigrantes como del resto de instrumentos y mecanismos de coordinación que configuran la dimensión operativa de esta política pública. Sin embargo, se debe destacar también el escaso desarrollo que desde su aprobación se ha hecho de los mismos, y la práctica ausencia de elementos novedosos. Este proceso de mantenimiento de esta intervención pública y escaso crecimiento nos permite seguir considerando el Estatuto una regulación eminentemente programática. Los recursos a los que se tiene acceso a través del Portal de la Ciudadanía Española en el Exterior, que recibió regulación en el Estatuto, son meramente informativos.

Por otro lado, es considerable la importancia que institucionalmente se otorga a las asociaciones de emigrantes españoles en el exterior o retornados al convertirlos en actores privilegiados que canalizan demandas, actualizan información sobre la situación y características de las comunidades de españoles emigrados y son sujetos principales de las ayudas y subvenciones para la promoción y ejercicio de sus funciones.

En este sentido, las redes de socialización privadas suponen nuevas líneas de trabajo, ¿qué intereses defienden y qué actividades desarrollan?, ¿cómo se definen?, y ¿cuál es su participación real en el proceso de la política de retorno? Se han configurado como actores en la decisión que pueden ejercer un cambio sustantivo y operativo en la respuesta que se da a la emigración española actual. La pregunta por tanto es ¿cómo están interviniendo con las comunidades de nacionales en el extranjero?

Capítulo 16

La protección del trabajador emigrante en el Código Penal español

Jesús M.ª García Calderón

Fiscal Superior de Andalucía

Desde la promulgación del Código Penal Español de 1995, la doctrina ha resaltado la aparición de nuevos bienes jurídicos hasta entonces ajenos al ámbito de protección o tutela del derecho penal. Esta tendencia expansiva, siempre problemática cuando tratamos aspectos sancionadores, ha obedecido a diferentes situaciones sociales que han ido evolucionando en la sociedad española de nuestro tiempo y que han requerido una respuesta más enérgica desde el ordenamiento jurídico, quizá ante la falta de una solución efectiva desde la jurisdicción laboral o contencioso administrativa. A título de ejemplo podríamos recordar, sin ánimo exhaustivo, la aparición de nuevas formas delictivas contra la ordenación del territorio, sobre el Patrimonio Histórico o distintas formas de acoso o maltrato doméstico o familiar que evidencian esta reciente inclinación del derecho penal a extender su aplicación en territorios que se caracterizaban, hace pocos años, por su carácter oculto o reservado a la injerencia exclusiva del derecho privado.

Quizá a consecuencia de ello, otros bienes jurídicos instalados desde antiguo en los textos penales pero escasamente aplicados, no han merecido una mayor atención legislativa y dogmática y han sido, hasta cierto punto, *presas* de un derecho penal simbólico que se ha contentado con su protección formal pero apenas ha trascendido al terreno de la realidad. En cierto modo eso ha ocurrido con el trabajo. Solo los bruscos cambios sociales operados en los últimos años y las exigencias de una creciente realidad criminal parecen haber despertado al penalista que ha ido, a la hora de afrontar este formidable reto de nuestro tiempo, *a remolque* de una situación cada día más compleja y preocupante.

1. EL TRABAJO COMO BIEN JURÍDICO PROTEGIDO

El llamado Derecho Penal Laboral presenta una evolución marcada por esa tendencia expansiva que hemos comentado pero con importantes singularidades. Como pone de manifiesto Morillas Cueva, *los delitos de índole laboral han soportado una profunda evolución a través de la más reciente historia punitiva española*[1]. No cabe duda que, dentro de esa *historia punitiva*, la evolución del mercado laboral ha constituido un reto para los penalistas con la aparición de nuevas formas de esclavitud y el tráfico masivo de mano obra irregular asociado a la inmigración clandestina. Sucesivas reformas operadas en nuestro Código Penal han puesto de manifiesto que la inmigración masiva y el empleo precario en condiciones de explotación han sido magnitudes en buena parte *desconocidas* para el penalista que requerían, ante la evidencia de una espesa realidad criminal, una respuesta suficiente que afianzara el papel a desempeñar por el sistema de justicia penal en la tutela de los derechos de los trabajadores.

Por si fuera poco, la *Gran Recesión* que tiene lugar en los últimos años, nos completa una realidad más compleja al convertirse España en un país exportador de mano de obra, muchas veces cualificada, a países de nuestro entorno con mejores expectativas económicas, generando nuestra realidad un colectivo que empieza a sufrir situaciones de discriminación, engaño y explotación que igualmente requiere la tutela del derecho penal y que se asocia con la juventud como si se tratara de un grupo desfavorecido.

Para analizar adecuadamente esta cuestión, debemos reclamar una respuesta al bien jurídico protegido con estas nuevas tipologías. Al margen de estas dificultades teóricas que podamos encontrar para llevar a cabo esa labor, ROXIN, ha puesto de manifiesto que *el derecho como es y el derecho como debería ser no son aspectos contrapuestos en la medida en que lo que hay que elaborar interpretativamente como derecho vigente supone el resultado de la ulterior reflexión que hay que efectuar sobre las concepciones y finalidades del legislador*[2]. Esta afirmación autoriza y obliga al intérprete de la norma penal, tanto a nivel científico como a nivel jurisdiccional, a la utilización de diversos argumentos sociológicos y político-criminales y ello, esta proyección de la norma penal hacia la aspereza de su aplicación cotidiana en el devenir social, en la materia que nos ocupa, puede tener una especial

---

1. Morillas Cueva, L.; en *Sistema de Derecho Penal. Parte Especial*. Segunda Edición, Capítulo 34, *Delitos contra los derechos de los trabajadores*, p. 831.
2. Roxin, C. Derecho Penal, Parte General, Tomo I, *Fundamentos. La estructura de la Teoría del Delito*, publicado por Thomsom, Civitas, Madrid, 1997, con traducción de la segunda edición alemana y notas de los catedráticos Diego Manuel Luzón Peña, M. Díaz y García-Conlledo y De Vicente Remesal, J.

importancia y una enorme repercusión práctica. Hablamos en este caso del Título XV del Libro II del Código Penal que lleva la rúbrica de *De los delitos contra los derechos de los trabajadores* y contiene numerosas tipologías vinculadas, en varias ocasiones, con las condiciones laborales y la emigración.

Aun cuando las tipologías que tratamos conserven una dimensión colectiva y satisfagan un interés estatal por el control del flujo laboral y migratorio, debemos establecer que estas igualmente procuran una satisfacción práctica para la *integridad moral* de los trabajadores y con ello aludimos a una cierta capacidad emocional del sujeto para *confiar* razonablemente que algunas relaciones jurídicas *primarias* en las que se encuentra inmerso, discurran por cauces mínimos de respeto a sus derechos más esenciales. No cabe duda de que entre esas relaciones jurídicas *primarias* se encuentran las relaciones derivadas de su actividad laboral y que esa confianza del trabajador para el desarrollo pacífico de sus funciones y evidentemente buscada por el legislador, exige una persecución criminal de algunas actuaciones indebidamente arriesgadas. Esa confianza es cierto que guarda un interés puramente individual pero también guarda un interés colectivo en tanto implica al *trabajador* concebido como un *atributo* o valor en la definición de las grandes instituciones sociales. El bien jurídico protegido se describe por Morillas Cueva como el derecho de los trabajadores como un *interés autónomo tutelado*[3] recordando el análisis jurisprudencial del concepto que alude a un *conjunto de intereses concretos y generales que protegen la indemnidad de la propia relación laboral mediante la sanción de conductas que atenten contra las condiciones laborales de los trabajadores*[4].

Conforme a lo anteriormente expuesto, debemos considerar que el derecho a la integridad moral del trabajador es ante todo una manifestación directa de su dignidad personal, una magnitud que engloba todos sus derechos fundamentales. Todo este cúmulo de derechos incide en su vida diaria e irradia una esfera de protección que debe ser sostenida por un Estado comprometido con el cumplimiento de los valores constitucionales. La agresión a esa esfera de protección de la vida laboral cuando se hace persistente, cuando se ampara en relaciones jurídicas que, por su importancia, escapan del ámbito de la privacidad, requiere la utilización de los medios disuasorios más enérgicos para que dicha agresión pueda ser combatida con suficiente eficacia. El verdadero origen, o el replanteamiento, por tanto, de estas nuevas formas de delincuencia debe asociarse

---

3. MORILLAS CUEVA, Lorenzo; en *Sistema* ..., página 833.
4. SSTS 995/2000, de 30 de junio; 1.330/2002, de 16 de julio; 994/2005, de 30 de junio y 1.465/2005, de 22 de noviembre.

al desarrollo y a la actualización de nuestros derechos fundamentales y a la modificación que ha operado esta sensibilización en nuestra sociedad hasta respirar un clima cultural como el presente, caracterizado por una nueva, como ha señalado la doctrina, *sensibilidad hacia los derechos*.

Y es justamente esta actualización la que determina que la sociedad modifique su visión sobre el derecho que le asiste a intervenir en algunas relaciones convivencia que son esencialmente conflictivas y comprenda la urgente necesidad de garantizar en ellas nuestro modelo constitucional, para que así merezca ser considerada como una verdadera *sociedad democrática*, esto es, como una sociedad comprometida que exige el respeto a los derechos fundamentales de todos los ciudadanos en sus relaciones de convivencia. No es, por tanto, lo único que pretendemos defender con la persecución de estas conductas, algún *interés individual* como el derecho a la integridad física del trabajador o a la expectativa laboral o económica de la víctima, tampoco un interés pluri ofensivo o acumulativo porque asocie bienes jurídicos relevantes, sino un sólo *interés* que es *esencialmente colectivo* porque tales bienes jurídicos están relacionados entre sí y alumbran una nueva realidad: Defendemos, en definitiva, el grado de compromiso que el Estado establece o pacta con los ciudadanos al suscribir un modelo constitucional que exige la protección de una manera efectiva de sus derechos más elementales en materia laboral[5].

Es esta circunstancia, por tanto, la que determina que estas formas delictivas escapen del ámbito de la *particularidad* (que operaría como una fórmula de privacidad social) de cada relación laboral y se conviertan en una verdadera *cuestión* que incumbe a la toda sociedad en su conjunto. En el caso de la emigración es cierto, como acabamos de señalar, que no cabe duda de que son agresiones pluri ofensivas que interesan al control estatal del flujo migratorio, pero también son algo más: Afectan y comprometen a toda la sociedad en su conjunto porque de admitir, sin más, su persistencia como una especie de lastre inevitable para el desarrollo socioeconómico, la sociedad mostraría una tendencia utilitarista terriblemente equivocada

---

5. MORILLAS CUEVA, L.; se refiere a la protección de *la clase trabajadora en cuanto tal, como sujeto de derechos*, en el libro «Responsabilidad penal en materia de seguridad y salud laboral», artículo publicado en Cuadernos de Derecho Judicial número XIV-2004, monográfico sobre *Prevención de riesgos laborales, salud laboral y siniestralidad laboral. Aspectos penales, laborales, administrativos e indemnizatorios*, Consejo General del Poder Judicial, Madrid 2005, p. 27. Otras opiniones doctrinales más proclives a la consideración *individual* de la seguridad en el trabajo como Bien Jurídico protegido, como es el caso de AGUADO LÓPEZ, S.: *El delito contra la seguridad en el trabajo: artículos 316 y 317 del Código Penal*, Valencia, 2002. Con un posicionamiento intermedio entre las dimensiones individual y colectiva; TERRADILLOS BASOCO, J. M.; *Delitos contra la vida y la salud de los trabajadores*, Tirant lo Blanch, Valencia, 2002; p. 55.

y sería conducida a un abismo legal totalmente incompatible con los valores constitucionales más elementales.

Como ya hemos apuntado, el Título XV del Libro II del Código Penal se refiere, como una categoría autónoma de protección, a los *delitos contra los derechos de los trabajadores* y relaciona estas tipologías con el fenómeno migratorio en los artículos 311 bis, 312 y 313, al margen de lo establecido, como disposición común a todo el Título, en el artículo 318 que se refiere, en estos casos, a la responsabilidad penal de las personas jurídicas.

2. EL NUEVO ARTÍCULO 311 BIS DEL CÓDIGO PENAL

El nuevo artículo 311 bis del Código Penal[6] castiga como una tipología especial y con la pena de prisión de tres a dieciocho meses o con la pena de multa de doce a treinta meses, *salvo que los hechos estén castigados con una pena más grave en otro precepto* del mismo texto legal, en primer lugar a quien *de forma reiterada, emplee o dé ocupación a ciudadanos extranjeros que carezcan de permiso de trabajo* o, en segundo lugar, a quien *emplee o dé ocupación a un menor de edad que carezca de permiso de trabajo*. Se trata de la reforma de mayor importancia, aunque no se considere por la doctrina una reforma *sustancial*[7], de las que han sido realizadas en este capítulo de nuestro Código Penal en virtud de la Ley Orgánica 1/2015, de 30 de marzo, e integra una tipología en la que el denominador común es la falta de permiso de trabajo, englobando dos grupos sociales que se pueden considerar objetivamente desfavorecidos en el mercado laboral ilícito como el de los menores o el de los inmigrantes en situación irregular.

Ha sido habitual en esta tipología la discusión doctrinal acerca de quienes puedan ser sujetos activos de esta clase de delitos. Mientras un sector doctrinal ha considerado, conforme a la jurisprudencia más *clásica* del Tribunal Supremo[8], que se trata de un delito especial propio que requiere la condición empresarial del agente, otros autores matizan la afirmación anterior y, conscientes de la heterogeneidad propia del mundo laboral de nuestro tiempo, extienden la posibilidad de cometer este delito a quien, desde una perspectiva puramente naturalista, tenga una capacidad real para ocupar a quienes se encuentren en situación irregular o a los menores que no

---

6. Introducido por la Ley Orgánica 1/2015, de 30 de marzo, por la que se modifica la Ley Orgánica 10/1995, de 23 de noviembre, del Código Penal («B.O.E.» 31 marzo).

7. PÉREZ ARIAS, J.; «Delitos contra la hacienda pública y contra la seguridad social y delitos contra los derechos de los trabajadores y de los ciudadanos extranjeros». MORILLAS CUEVA, L. (Coord.) *Estudios sobre el Código Penal Reformado. Leyes Orgánicas 1/2015 y 2/2015*, Editorial Dykinson, Madrid, 2015; p. 713 y ss.

8. SSTS de 5 de febrero de 1985 y 15 de octubre de 1982.

cuenten con permiso de trabajo. Como acertadamente señala MORILLAS CUEVA, esta capacidad para ser sujeto activo del delito debe extenderse *a todo aquel que esté en situación de imponer condiciones laborales porque tenga capacidad de contratación con independencia de que ello concurrirá, normalmente, en el empresario*[9].

Desde mi punto de vista, como argumento añadido a lo anteriormente manifestado, conviene recordar que resulta muy significativo que nuestro Código Penal utilice como términos equivalentes *emplear* y *dar ocupación*. Con ello, parece claro que el legislador ha querido acotar toda clase de situaciones, incluso simples prestaciones de hecho que no podrían encuadrarse fácilmente en el concepto de empleo y ello porque no pueden identificarse los conceptos de trabajo y empleo. En definitiva, estas actividades comportan la misma agresión a los bienes jurídicos tutelados por el precepto que no son otros que la prestación laboral conforme a la normativa vigente sin que sea necesaria la imposición de condiciones especialmente penosas y contrarias a los derechos de los trabajadores. Si parece que, conforme a una interpretación lógica de la norma, la actividad, ocupación o prestación ofrecidas requieren un mínimo de persistencia temporal y una cierta organización o proyecto en las distintas tareas que se impongan, aunque tengan un carácter muy heterogéneo, a las posibles víctimas del delito.

Conforme a lo anteriormente manifestado, esta previsión refiere, en el primer inciso del artículo 311 bis, que la contratación de inmigrantes en situación irregular debe ser una conducta *reiterada*. Esta circunstancia implica que las contrataciones esporádicas solo deberán ser perseguidas conforme al régimen administrativo sancionador. En el segundo inciso del precepto, sin embargo, el referido a los menores que carezcan de permiso de trabajo, no se requiere ninguna forma de reiteración o habitualidad aunque parece lógico, como ya sostuvimos anteriormente, que la actuación delictiva comporte una mínima continuidad temporal y una valoración mínima que otorgue al trabajo realizado suficiente entidad, de manera que puedan resultar sancionables en vía administrativa o incluso impunes algunos *encargos* realizados esporádicamente por el menor, siempre y cuando no comporten algún peligro o riesgo relevante o bien cuenten con una especial penosidad.

Respecto al uso del término *reiteración*, cabe recordar, como hace Pérez Arias, la constitucionalidad del término[10] y su empleo como elemento

---

9. MORILLAS CUEVA, L.; en *Sistema de Derecho Penal. Parte Especial*, 2.ª edición, Editorial Dykinson, Madrid, 2016; capítulo 34, p. 834.
10. PÉREZ ARIAS, J.; «Delitos contra la hacienda pública...»; p. 714.

426

típico de una infracción penal siempre y cuando, en su opinión, los hechos reiterados puedan ser acreditados por una resolución judicial condenatoria. Esta visión formalista estaría basada en sendas cuestiones de constitucionalidad que habrían tratado la idea de reiteración pero referida a infracciones penales de muy diferente naturaleza como el hurto. Esta circunstancia, a mi juicio, no permite que puedan valorarse en su integridad los términos en los que se pronuncia nuestro Tribunal Constitucional para llevar a cabo una interpretación correcta del nuevo artículo 311 bis del Código Penal. Recordemos que en la primera de ellas[11], la antigua

11. La STC 185/2014, de 6 de noviembre, en la Cuestión de Inconstitucionalidad n° 5.318/2013, planteada por la Sección Sexta de la Audiencia Provincial de Barcelona en relación con el art. 623.1 párrafo segundo del Código Penal (reiteración faltas de hurto), por posible vulneración de los artículos 24.2, 25.1 y 9.3 del Constitución Española, señala entre sus fundamentos jurídicos lo siguiente: «... la integración de elementos típicos de una infracción penal –reiteración de faltas de hurto–, al margen de una actividad probatoria válida y suficiente declarada como tal en una condena –simples denuncias o imputación de hurtos–, infringe el derecho a la presunción de inocencia y el principio de culpabilidad, tal y como se sostiene en el Auto de planteamiento. Sin embargo, la doble denuncia de lesión tiene como premisa una interpretación cuestionable del tipo por parte del Magistrado proponente, conforme a la cual, la alusión a "infracciones cometidas no enjuiciadas" acoge la posibilidad de aplicar el tipo de reiteración con base en la existencia de denuncias o imputaciones por faltas de hurto, esto es, sin condena; y la alusión a "infracciones cometidas enjuiciadas" incluye condenas no firmes como sostén de la tipicidad y, por ende, de la punición conforme al art. 623.1 CP. [...] el legislador emplea el término "cometidas" para referirse a las "infracciones" (que dado que integran la reiteración de faltas de hurto, no pueden ser más que ilícitos de tal clase), no empleando otras expresiones como "presuntamente cometidas", "denunciadas" o "imputadas". El enunciado elegido por el legislador al definir la reiteración quizás no sea el más preciso o riguroso, pero define unos elementos típicos que han de ser objeto de prueba. En lo que aquí interesa, ha de probarse el elemento "comisión de una falta de hurto" y no la denuncia o la imputación de tal falta. Considerar que el hecho típico de comisión de una falta de hurto se prueba en la medida en que está acreditada la existencia de una denuncia o una imputación de la conducta delictiva es una conclusión incompatible con la presunción de inocencia y el principio de culpabilidad, como se denuncia en la presente cuestión de inconstitucionalidad. Pero no porque el segundo párrafo del art. 623.1 CP presuma la comisión efectiva de la infracción en casos de mera denuncia o imputación, como se sostiene en el planteamiento del proponente, sino porque esa comprensión concreta no satisface las exigencias que la presunción de inocencia impone respecto al elemento típico "cometidas"; y que son las mismas que impone respecto a cualquier otro elemento de la descripción típica: "una mínima actividad probatoria, realizada con las garantías necesarias, referida a todos los elementos esenciales del delito, y que de la misma quepa inferir razonablemente los hechos y la participación del acusado de los mismos" (entre otras muchas, y últimamente, STC 43/2014, de 27 de marzo, FJ 4). [...] En definitiva, el precepto no alude a infracciones presuntamente cometidas, sino a infracciones cometidas, distinguiendo entre supuestos ya enjuiciados y no enjuiciados [...] Desde tal punto de partida, si se trata de infracciones que no se han enjuiciado, el derecho a la presunción de inocencia impone que la comisión de los hechos debe quedar probada en el procedimiento en el que se condena por una

figura de la falta de hurto *reiterada* exigía la condena previa y firme de esta infracción penal para no atentar contra la presunción de inocencia o la seguridad jurídica. Hay que tener en cuenta que el Código Penal exigía en estos casos no la reiteración de un hecho, sino la reiteración de una tipología cuando se refería expresamente a las *infracciones* previamente cometidas. Por su parte, la segunda cuestión de inconstitucionalidad se refiere al mismo precepto y abunda, con alguna ligera matización, en la solución anterior[12].

En mi opinión, la idea de reiteración que refiere el artículo 311 bis del Código Penal se refiere a una cualidad intrínseca de la acción desarrollada por el autor, de manera que pueda establecerse en algunos casos y en la aplicación del precepto con independencia de la previa sentencia condenatoria. La acción, en el hurto, al reiterarse siempre comporta una actividad *sucesiva* que se desarrolla en distintos momentos y determina una continuidad temporal pero *diferenciada*. De lo contrario hablaríamos de un solo delito de hurto en el que se acumularían sucesivas sustracciones. En las contrataciones de inmigrantes irregulares, por el contrario, puede tener lugar en muchos casos una acción reiterada y sincrónica que se desarrolle al mismo tiempo y que permita la aplicación del precepto, por primera vez, tras la valoración de una prueba directa o indiciaria que permita inferir la reiteración de la conducta del agente. Ello no es óbice para que puedan valorarse pronunciamientos previos en el ámbito penal o administrativo para establecer la reiteración, pero nada impide que la acción penal pueda ejercerse sobre quienes indiciariamente llevan a cabo contrataciones reiteradas de inmigrantes irregulares. Por último, la contratación de menores extranjeros propiciaría un concurso aparente de normas[13] que debe solucionarse con la aplicación preferente de la norma que

---

falta reiterada de hurto. Es más, las infracciones deberán ser objeto de acusación y probarse en la fase de juicio oral conforme a la doctrina constitucional sobre la carga de la prueba y sobre la suficiencia de los medios de prueba».

12. Se trata de la Cuestión de Inconstitucionalidad número 7.045-2013, planteada por la Sección Sexta de la Audiencia Provincial de Barcelona también en relación con el desaparecido artículo 623.1 párrafo segundo del Código Penal, por posible vulneración de los arts. 24.2, 25.1 y 9.3 de la Constitución Española y que da lugar a Sentencia de la Sala Segunda del Tribunal Constitucional 3/2015, de 19 de enero. Para concluir su fundamentación jurídica, esta resolución recuerda que la STC 185/2014 establece que el precepto impugnado admite una interpretación [...] *secundum constitutionem* cuando establece «como requisito típico para apreciar la reiteración de faltas de hurto la previa comisión de varias infracciones en un plazo temporal próximo, sean faltas de hurto declaradas en previa Sentencia firme, sean faltas probadas en el proceso en que se plantea la aplicación de la figura de perpetración reiterada de faltas de hurto conforme al art. 623.1 CP, sin que pueda bastar para apreciarla la existencia de previas denuncias, imputaciones o condenas no firmes por falta de hurto».

13. MORILLAS CUEVA, L.; en *Sistema de Derecho Penal... Parte Especial*; p. 842.

se estime más especial, normalmente la referida al menor, que no tendrá una especial trascendencia al aplicarse la misma penalidad.

En cuanto al número de casos en los que resultaría preciso establecer esta situación reiterada, conforme a una interpretación gramatical, bastaría con que tuviera lugar una segunda situación de contratación, aunque puedan valorarse diversas magnitudes como el lapso temporal que tenga lugar entre la primera y la segunda, su trascendencia objetiva y otras circunstancias fácticas que puedan ser relevantes. No cabe duda que hubiera sido deseable que el Código mantuviera alguna definición normativa[14] o que hubiera aludido, cuando menos y como elemento interpretativo, a esta cuestión en el lacónico *Preámbulo* de la Ley Orgánica 1/2015, al introducir este nuevo precepto en el Código Penal.

La necesidad de reiteración no parece fundamentarse, como ocurre con otras tipologías delictivas, en la vieja idea de orden público o seguridad colectiva[15], sino en la habitual naturaleza de estas conductas que ofrece diferentes niveles de intensidad de la ilicitud. En ocasiones, el legislador prefiere apartarlas del derecho penal y perseguirlas únicamente en el ámbito administrativo sancionador, cuando no resultan especialmente graves por su carácter esporádico o por su escasa relevancia en atención a las circunstancias personales de la ocupación o del autor. La persecución penal quedaría reservada a situaciones vinculadas a situaciones de lucro de cierta importancia que desprecian la normativa laboral y el interés del Estado en el control del flujo migratorio y el empleo.

En todo caso y al margen de los debates anteriores, parece tratarse de un delito permanente que no admite ni las formas imprudentes ni la continuidad delictiva ya que, al margen de la posible afectación a bienes eminentemente personales, puede referirse a un grupo de trabajadores inmigrantes, de manera que no debiera apreciarse un solo delito por cada empleo u ocupación, sino uno solo por la actividad desplegada en su conjunto. Cuando menos, esta circunstancia parece lógica por la utilización del plural en el subtipo de los inmigrantes sin permiso de trabajo. No ocurre lo mismo con el menor ocupado del que habla el Código Penal en singular abriendo la puerta, cuando menos teóricamente, a la posible estimación de un delito contra los derechos de los trabajadores por cada uno de los menores que puedan verse afectados.

---

14. PÉREZ ARIAS, J.; «Delitos contra la hacienda pública...»; p. 714.
15. PÉEZ ARIAS, J.; «Delitos contra la hacienda pública...»; p. 714.

3. MANIFESTACIONES DEL TRÁFICO ILEGAL DE MANO DE OBRA. EL ARTÍCULO 312 DEL CÓDIGO PENAL

Conforme a lo establecido en el artículo 312 del Código Penal *serán castigados con las penas de prisión de dos a cinco años y multa de seis a doce meses, los que trafiquen de manera ilegal con mano de obra*. El apartado segundo del precepto castiga con la misma pena, en su inciso primero, el reclutamiento engañoso para el trabajo al referirse a *quienes recluten personas o las determinen a abandonar su puesto de trabajo ofreciendo empleo o condiciones de trabajo engañosas o falsas*. El mismo apartado del precepto en su inciso segundo, castiga también con la misma pena el abuso de trabajadores extranjeros al referirse a *quienes empleen a súbditos extranjeros sin permiso de trabajo en condiciones que perjudiquen, supriman o restrinjan los derechos que tuviesen reconocidos por disposiciones legales, convenios colectivos o contrato individual*.

La figura del tráfico ilegal de mano de obra ha sido, históricamente, habitual en los textos penales españoles, aunque ahora aparece mejor delimitada conceptualmente de otros supuestos también vinculados con fórmulas de inmigración clandestina, como la *trata de seres humanos* que se vincula con organizaciones criminales que la practican con determinadas finalidades de explotación, servidumbre y esclavitud y que aparece definida como un Título independiente[16] en el artículo 177 bis del Código Penal, así como con el tráfico de personas que se integra, como una finalidad en sí misma y como única manifestación de los denominados *delitos contra los derechos de los ciudadanos extranjeros*, en el nuevo artículo 318 bis del mismo texto legal[17].

Bajo esta denominación encontramos diversas tipologías que se congregan en el artículo 312 del Código Penal y que son sancionadas con la misma penalidad: El tráfico ilegal de mano de obra, el reclutamiento engañoso para el trabajo y el abuso de trabajadores extranjeros.

---

16. El Título VII BIS del Libro II del Código Penal, con la rúbrica *De la trata de seres humanos* e integrado por un solo precepto, el artículo 177 bis, fue introducido en virtud de la Ley 5/2010, de 22 de junio (B.O.E. número 52, de 23 de Junio). Se vincula con el *Convenio de Varsovia* sobre la lucha contra la trata de seres humanos, aprobado por el Consejo de Europa el 16 de mayo de 2005 y ratificado por España mediante Instrumento de 23 de febrero de 2009 (B.O.E. número 219 de 10 de septiembre).

17. *El Título XV BIS del Libro II del Código Penal, con la rúbrica Delitos contra los derechos de los ciudadanos* extranjeros, integrado únicamente por el artículo 318 bis, fue introducido por la Ley Orgánica 4/2010, de 11 de enero y reformado por la Ley Orgánica 1/2015, de 30 de marzo, por la que se modifica la Ley Orgánica 10/1995, de 23 de noviembre, del Código Penal (B.O.E. número 77, de 31 marzo). Esta regulación *diferenciada* viene determinada por la aplicación de la normativa de la Unión Europea; concretamente de la Directiva 2002/90/CE y la Decisión Marco 2002/946/JAI.

3.1. EL TRÁFICO ILEGAL DE MANO DE OBRA EN SENTIDO ESTRICTO

La acción de traficar comporta el ofrecimiento de un bien o servicio de forma ilícita con la finalidad de obtener alguna contraprestación material o inmaterial. Traficar equivale a comerciar con mano de obra, realizando estas contrataciones al margen de las oficinas de empleo, de las empresas de trabajo temporal y de las exigencias legales de la cesión de trabajadores[18]. Originariamente los actos de tráfico se referían exclusivamente al dinero o las mercancías pero ya existe, en la definición gramatical de este verbo intransitivo, una acepción plenamente jurídica que lo define como *hacer negocios no lícitos*[19]. Conforme a estas ideas, el tráfico ilícito de mano de obra podría caracterizarse por los elementos siguientes:

- La idea de pluralidad en las contrataciones, sean o no sucesivas; ofreciendo características de estabilidad temporal y cierta organización en los actos de tráfico. El sujeto activo es quien ofrece la mano de obra pero creo que puede serlo igualmente quien acepte el ofrecimiento y ocupa a estos trabajadores que pueden ser tanto nacionales como extranjeros.

- El sujeto activo actúa con ánimo de lucro, aunque no requiere que obtenga materialmente dinero u otros bienes. El ahorro material que pueda obtener por la irregularidad de la contratación o por la falta de controles administrativos en la prestación laboral, podría entenderse como el lucro obtenido con la acción delictiva.

- El consentimiento de los trabajadores afectados o incluso la búsqueda *activa* de esta situación, resulta indiferente y no debe afectar o limitar en modo alguno la acción penal.

- Por último, la idea de ilicitud debe girar en torno al incumplimiento intencionado de la normativa en materia laboral para llevar a cabo la contratación o la cesión de mano de obra.

La acción delictiva no requiere que los trabajadores desarrollen efectivamente el trabajo encomendado, bastando con que tenga lugar o se acepte por los empleadores la fórmula ilícita de contratación. Esta tipología resulta muy expresiva en cuanto a las especiales características del bien jurídico protegido, de una naturaleza pluriofensiva que integraría el

---

18. MORILLAS CUEVA, L.; en *Sistema de Derecho Penal... Parte Especial*; p. 842.
19. Diccionario de la Real Academia Española, 22.ª edición, Madrid, 2001. Se trata de una acepción reciente que va cobrando protagonismo con el paso del tiempo y no aparece en ediciones o diccionarios anteriores, como el *Diccionario Ideológico de la Lengua Española* del académico Julio Casares, 2ª edición, Editorial Gustavo Gili, Barcelona, 1988.

derecho de los trabajadores a su expectativa laboral, así como el interés estatal en el control y desarrollo de la contratación. Desde una perspectiva práctica, no obstante, en la sociedad actual son extrañas las situaciones de tráfico ilícito de mano de obra que no van acompañadas de otras situaciones objetivas de penosidad que comportan la aplicación de otras tipologías delictivas por razones de especialidad.

3.2. EL RECLUTAMIENTO O ABANDONO DEL TRABAJO MEDIANTE ENGAÑO O FALSEDAD

No parecen fácilmente asimilables las modalidades comisivas que integran el segundo inciso de esta tipología. En primer término, *reclutar* se identifica con la búsqueda colectiva de trabajadores para el desarrollo de una determinada actividad[20] normalmente sostenida en el tiempo y que sería, en definitiva, la finalidad buscada por el agente en cuanto le comportará algunas ventajas. De otra parte, la realización de toda clase de engaños o artimañas para el abandono de un puesto de trabajo, sin embargo, no parece pueda entenderse como una finalidad en sí misma, salvo en situaciones graves de acoso laboral. La interpretación lógica de este segundo inciso del precepto comportaría el aprovechamiento posterior de esa mano de obra de alguna manera beneficiosa para el agente. En esta modalidad delictiva guardan una especial significación los términos utilizados por el legislador, conforme a las tres circunstancias que referimos posteriormente.

- Como ya hemos apuntado, en el caso de la *recluta*, esta comporta, conforme a su significación gramatical, la reunión de trabajadores para un propósito determinado. Esta consideración parece abonar la idea de la posible existencia de un concierto previo entre el reclutador y el empleador final de la mano de obra obtenida que pueden ofrecer situaciones proclives a la criminalidad organizada.

- De otra parte, en la otra modalidad delictiva del inciso, la utilización del término *determinar* comporta el desarrollo de una actuación persuasiva de suficiente entidad que anule la verdadera voluntad del trabajador. *Determinar* debe valorarse, por tanto, en el sentido de que la acción desarrollada por el agente tenga un carácter *decisivo* y no solo de colaboración o ayuda a la hora de conformar su voluntad.

- Las condiciones engañosas pueden partir de un punto inicial de veracidad que luego se vea afectado por una serie de condicionantes ocultos que son realmente desconocidos por la víctima.

---

20. MORILLAS CUEVA, L.; en *Sistema de Derecho Penal... Parte Especial*; página 842, se refiere a la recluta con una finalidad *concreta*.

- La falsedad en el ofrecimiento del trabajo parece referirse a su completa inexistencia o al ofrecimiento inicial de una ocupación de naturaleza completamente distinta a la que finalmente se reclame al trabajador. Estas condiciones no deben ser sobrevenidas o consecuencia de la decisión de una tercera persona sino que tendrían que ser conocidas por el autor desde el principio. Además deben referirse a aspectos sustanciales de la relación laboral como el salario, horarios o categoría profesional.

En el peculiar bien jurídico protegido por estas modalidades delictivas debe incluirse de manera específica y en una sociedad como la española con elevadísimos niveles de desempleo, la estabilidad laboral como un derecho básico merecedor de tutela penal.

3.3. EL ABUSO DE TRABAJADORES EXTRANJEROS

Se trata de una tipología similar a la contenida en el artículo 311 del Código Penal que está referida a cualquier clase de trabajadores[21]. Recordemos que este segundo inciso del artículo 312 castiga con la pena de dos a cinco años de prisión y multa de seis a doce meses a *quienes empleen a súbditos extranjeros sin permiso de trabajo en condiciones que perjudiquen, supriman o restrinjan los derechos que tuviesen reconocidos por disposiciones legales, convenios colectivos o contrato individual.* La conjugación de ambas tipologías no resulta fácil conforme a criterios lógicos y teniendo en cuenta factores como la distinta penalidad señalada en los dos preceptos. Aunque muy parecida, no parece justificarse que el abuso de trabajadores extranjeros opere como una especie de subtipo privilegiado que alcanzaría una pena de prisión más reducida al alcanzar el máximo de cinco años de prisión.

Como habituales elementos de discusión de esta preocupante modalidad delictiva, siempre de forma muy resumida y sin ánimo exhaustivo, podríamos establecer los siguientes.

- Las diferencias con el artículo 311, de un lado, se concretan en la utilización en este precepto de medios comisivos explícitos como el engaño o el abuso de una situación de necesidad, que no aparecen en el abuso de trabajadores extranjeros. De otra parte, el artículo citado se refiere a quien impone estas condiciones de trabajo ilegales

---

21. Recordemos que el artículo 311, 1° del Código Penal castiga con la pena de seis meses a seis años de prisión y multa de seis a doce meses a *los que mediante engaño o abuso de situación de necesidad, impongan a los trabajadores a su servicio condiciones laborales o de Seguridad Social que perjudiquen, supriman o restrinjan los derechos que tengan reconocidos por disposiciones legales, convenios, convenios colectivos o contrato individual.*

433

a los *trabajadores a su servicio*; es decir, a quienes ya estaban empleados u ocupados con el sujeto activo. En el caso que ahora nos ocupa,
la descripción parece referirse a quienes son empleados u ocupados
por primera vez a consecuencia de la actividad delictiva.

- Hay que advertir que el precepto solo se refiere a trabajadores extranjeros *sin permiso de trabajo*, planteándose la duda por la doctrina
de aquellos otros inmigrantes que si tengan permiso. Es obvio que
estos trabajadores no podrían quedar excluidos del sistema de protección penal y que corresponde su asimilación con los trabajadores
nacionales, siéndoles de aplicación, en estas situaciones de abuso,
lo establecido en el artículo 311.1.° del Código Penal. En este sentido, ya se pronunciaba la jurisprudencia provincial como la Sentencia de la Audiencia Provincial de Cádiz 4/2000, de 13 de enero.
MORILLAS CUEVA nos recuerda que esta solución solo podrá tener vigencia si consideramos que la condición de súbdito extranjero, *lleva inherentemente aparejada una situación de abuso de necesidad o
que realmente al margen de su nacionalidad haya una situación objetiva
de necesidad*[22] ya que, de otra forma, no se cumplen las modalidades
comisivas que impone el precepto y que serían el citado abuso de
necesidad o el engaño.

- La necesidad de llevar a cabo la asimilación anterior, queda evidenciada porque, de lo contrario, podrían tener lugar situaciones de ati-
picidad cuando el trabajador extranjero acepta las condiciones ilegales de trabajo; circunstancia inadmisible que nos podría conducir a
una especie de *esclavitud consentida* que no puede tener cabida en una
sociedad democrática. La disponibilidad sobre bienes eminentemente personales debería entenderse como un acto nulo jurídicamente y,
desde una perspectiva procesal, como un elemento probatorio más
de la situación objetiva de necesidad del trabajador extranjero.

- La diferencia de esta tipología con la del nuevo artículo 311 bis del
Código Penal vendría determinada porque este artículo solo protege el control del flujo migratorio mediante la persecución de conductas reiteradas y contrarias a la normativa vigente que den lugar
a situaciones de contratación irregular. Esta limitación del bien jurídico protegido explicaría su menor penalidad.

- La jurisprudencia del Tribunal Supremo ha considerado la aplicación
del precepto en situaciones de trabajo doméstico en las que se retie-
ne el pasaporte de la persona inmigrante o no se le da retribución

---

22. MORILLAS CUEVA, L.; en *Sistema de Derecho Penal... Parte Especial*; p. 844.

alguna, en tanto no abona la supuesta *deuda* contraída por conseguir el puesto de trabajo e impuesta por el agresor (Sentencia de la Sala Segunda del Tribunal Supremo número 221/2005, de 24 de febrero)[23]. En la realidad creciente es habitual encontrar en distintos países de la Unión Europeo el ofrecimiento de sustento y alojamiento como contrapartida para empleadas de hogar inmigrantes en situaciones igualmente inadmisibles.

• Han sido objeto de análisis, posibles situaciones de concurso de esta modalidad delictiva con fórmulas de inducción coactiva a la prostitución, como la contemplada en el artículo 187.1 del Código Penal (prevista igualmente en el antiguo artículo 188 del mismo texto legal), considerando el *Acuerdo del Pleno* no jurisdiccional de la Sala Segunda del Tribunal Supremo de 30 de mayo de 2006 que tiene lugar en tales situaciones un concurso real de delitos que deberá ser resuelto conforme a las reglas señaladas en el artículo 73 y siguientes del mismo texto legal.

En términos generales, teniendo en cuenta la creciente tendencia de estas graves formas delictivas que se vinculan, en ocasiones, a la criminalidad organizada; hubiera sido aconsejable un mayor rigor sistemático y una mayor claridad y coherencia *interna* de nuestro Código penal, aprovechando alguna de las numerosas y profundas reformas que han tenido lugar en los últimos años.

4. LA DETERMINACIÓN O FAVORECIMIENTO DE LA EMIGRACIÓN FRAUDULENTA. EL ARTÍCULO 313 DEL CÓDIGO PENAL

Para completar nuestro análisis debemos referirnos a la determinación o el favorecimiento de la emigración fraudulenta prevista en el artículo

---

23. La Sentencia de la Sala Segunda del Tribunal Supremo 221/2005, señala en su fundamento jurídico cuarto (Ponente DIEGO ANTONIO RAMOS GANCEDO) que «los acusados (hechos probados y FJ 2) tuvieron trabajando simultáneamente durante mes y medio como empleada doméstica y a la vez en un establecimiento abierto al público [...] sin remuneración ni reconocimiento de ningún otro derecho, éstos datos son suficientes para la subsunción en el tipo apreciado, pues los impugnantes, en efecto, impusieron a la víctima, (por la circunstancia de no poder hacer frente a la cantidad que le reclamaban por facilitarle ese trabajo, reteniéndole el pasaporte mientras no abonara esa deuda), la muy onerosa condición de trabajar sin remuneración, negándole y desconociendo el principal derecho del trabajador a una remuneración o salario digno, a más de no reconocerle ningún otro derecho, con lo que la mantenían en estado de absoluta precariedad y explotación laboral. Sobre todo si se valora que todo ello derivaba de la solicitud de una cantidad para conseguirle trabajo, lo que era un ardid o fraude similar al que consumaron con los otros extranjeros a los que se refiere el relato histórico».

313 del Código Penal cuando castiga al *que determinare o favoreciere la emigración de alguna persona a otro país simulando contrato o colocación, o usando de otro engaño semejante.* En tales casos se establece la misma pena que en el precepto anterior de dos a cinco años de prisión y una multa de seis a doce meses.

Su aplicación preferente sobre el tipo genérico del *tráfico de seres humanos* del artículo 318 bis del mismo texto legal, vendría determinada por el hecho de que los derechos afectados en el primer caso, el del artículo que ahora examinamos, son los de naturaleza puramente laboral. Como ya puso de manifiesto la Sentencia de la Sala Segunda del Tribunal Supremo número 730/2010, de 20 de julio[24], en estos delitos los derechos que se ven afectados no son los que podrían derivar del trabajo o de la ocupación efectiva del trabajador inmigrante. No hay referencia alguna, en definitiva y cuando hablamos de *tráfico de seres humanos,* al mercado laboral. En estos delitos, la mercancía es la propia persona *a despecho de su condición humana y aprovechando, precisamente, que la precariedad de su situación en los lugares de origen las impulsa a abandonarlos a cualquier coste*[25]. La explotación laboral que sufran posteriormente o la recluta en origen de estos trabajadores, podrá generar otra responsabilidad delictiva como un delito contra los derechos de los trabajadores, dando lugar a una situación de concurso de leyes o bien, en situaciones concretas, a la aplicación de los preceptos correspondientes por razones de especialidad.

---

24. Esta resolución considera probado que los acusados, durante varios años, formaban parte de una organización dedicada a la introducción clandestina en España de ciudadanos chinos que *viajaban hasta países del continente africano y desde allí eran trasladados en barco hasta las islas de Gran Canaria y Tenerife, donde, una vez que desembarcaban, la organización les ofrecía la cobertura necesaria para su alojamiento y, en su caso, posterior traslado a otros lugares. Para ello los inmigrantes tenían que satisfacer el correspondiente precio, que era abonado bien antes de emprender el viaje, bien con posterioridad a que llegasen al lugar de destino.*

25. La STS 730/2010, pone de manifiesto en su Fundamento Jurídico Segundo (Ponente Perfecto Andrés Ibáñez) lo siguiente: «En el caso del art. 318 bis Código penal, el transporte es de personas, con las que se trafica como mercancía a despecho de su condición humana y aprovechando, precisamente, que la precariedad de su situación en los lugares de origen las impulsa a abandonarlos a cualquier coste, incluidos el de la explotación económica de la misma por los transportistas ilegales y la inserción en otros países en la más cruda marginalidad, la del no-ciudadano en condiciones de extrema indigencia. El precepto tomado en consideración omite cualquier referencia al mercado laboral, porque el criminal tráfico se produce en ese otro contexto. Así las cosas, no cabe duda, la actividad delictiva objeto de consideración se movía en este segundo plano, pues no puede decirse que versase sobre trabajadores y ni siquiera sobre personas con expectativas razonables de llegar a serlo, sino sumidas en una situación absolutamente carencial, constituida, de este modo, en fuente de negocio».

436

Cabría preguntarse, al analizar el artículo 313 de nuestro Código Penal, si podemos contar con un concepto propio de *emigración* en este ámbito. Tradicionalmente, el legislador penal de países desarrollados como España ha disociado la inmigración clandestina y la *emigración* como si fueran dos fenómenos casi antagónicos, entendida esta última, únicamente, como el abandono del país propio para establecerse en el extranjero. Esta disociación pudo tener lugar en el pasado pero solo por razones coyunturales que pueden modificarse por razones socio económicas. En realidad, los flujos migratorios vinculados con situaciones de ilegalidad pueden tener lugar en el interior de un mismo país y pueden afectar tanto a trabajadores nacionales como extranjeros. En su evolución, por tanto, el concepto penal de emigración ha mejorado notablemente desde la reforma operada en 2010[26] y aparece ahora mejor perfilado en este precepto para referirse, de manera más extensa, únicamente a la *emigración de alguna persona a otro país*, con independencia de su nacionalidad y de cual sea su lugar de origen, tránsito o destino.

Desde una perspectiva procesal, el Tribunal Supremo, en su *Acuerdo del Pleno no jurisdiccional de la Sala Segunda de 9 de febrero de 2005*, estableció en la investigación de hechos de esta naturaleza, el llamado *principio de ubicuidad* en cuya virtud, teniendo en cuenta el carácter complejo y transnacional de estas graves infracciones, el delito se comete en todas las jurisdicciones en las que se haya realizado algún elemento del tipo, de manera que el Juez de Instrucción que haya comenzado la investigación por este motivo para su esclarecimiento, debe considerarse competente para la investigación de los hechos en su conjunto. Con un sentido práctico, especialmente necesario en estos casos, el análisis de los actos que deban considerarse elementos del tipo, debe partir de la interpretación de los verbos nucleares que son utilizados por el legislador; es decir la determinación o los actos de favorecimiento realizados por el sujeto activo.

Determinar debe entenderse como aquella actividad persuasiva realizada por los agentes del delito que está destinada al convencimiento decisivo del círculo de sujetos pasivos. Debe tratarse de una actividad relevante, normalmente plural, que tendrá que ser valorada teniendo en cuenta las circunstancias que concurran, en cada caso, en las víctimas de

---

26. Ley Orgánica 5/2010, de 22 de junio, expresivamente señalaba en su Exposición de Motivos que *el tratamiento penal unificado de los delitos de trata de seres humanos e inmigración clandestina que contenía el artículo 318 bis resultaba a todas luces inadecuado, en vista de las grandes diferencias que existen entre ambos fenómenos delictivos*. Añadía a continuación que *la separación de la regulación de estas dos realidades resulta imprescindible tanto para cumplir con los mandatos de los compromisos internacionales como para poner fin a los constantes conflictos interpretativos*.

estos delitos, especialmente si se trata de españoles o de inmigrantes extranjeros que puedan ser engañados con una mayor facilidad por factores como su falta de arraigo, el desconocimiento de la legalidad administrativa vigente o de la lengua, las dificultades de comprobación de las condiciones laborales, diversas situaciones de aislamiento y temor o cualesquiera otras que comporten una estado de cierta desprotección o incluso desvalimiento.

En cuanto al hecho de *favorecer*; es evidente que el legislador español ha procurado con la utilización de este verbo sostener una tipología abierta que, en atención a la evolución continua que presentan estas formas de criminalidad debido a su enorme rentabilidad económica, permita incluir cualesquiera actos de apoyo a la decisión de emigrar que puedan considerarse relevantes.

Esta misma intención de amplitud a la hora de describir la conducta se observa en la referencia a los medios comisivos que utiliza este lacónico pero expresivo artículo donde podemos distinguir los siguientes elementos interpretativos:

- La idea de *simulación* puede referirse a la propia inexistencia del contrato o bien al falseamiento de datos o condiciones laborales, tanto directas como indirectas que tengan una suficiente entidad. Sin ánimo exhaustivo podríamos citar, a título de simple ejemplo, el importe real de los salarios que deban cobrarse, la ubicación del lugar de trabajo o alojamiento, las labores a desarrollar en cada jornada laboral, los horarios o bien las condiciones de todo tipo que incidan en la relación laboral y que, pese a su indudable importancia, no hayan sido comunicadas a los trabajadores o suficientemente explicadas.

- El artículo 313 del Código Penal alude a la simulación de contrato o de *colocación*. Por tal colocación debemos entender siempre una situación de dependencia respecto del agente o bien, conforme a una de sus acepciones gramaticales, simplemente un *empleo o destino*[27].

- Para abarcar todas las posibilidades que pueda ofrecernos la experiencia, el precepto se refiere a cualquier *otro engaño semejante*. De esta forma, podrán cubrirse otras situaciones novedosas que nos muestre la realidad criminológica de estas actividades delictivas que presentan una continua evolución. Pensemos, por ejemplo, en las situaciones de auto explotación a través de la *red* a las que se ha

---

27. Diccionario de la RAE, 22.ª edición.

referido algún brillante exponente de la filosofía contemporánea[28] y a la capacidad para su manipulación.

- En cualquier caso, el engaño debe ser sustancial sin que quepa plantear el concurso de la ley penal ante meras discusiones acerca del alcance y condiciones de determinados aspectos de la relación laboral que, siendo relevantes, pueden ser solventadas adecuadamente en la jurisdicción social o en el ámbito administrativo.

- Desde un punto de vista sustantivo, el *Acuerdo* del Pleno de la Sala Segunda anteriormente citado de 9 de febrero de 2005 interpreta correctamente[29] que la condición de sujeto pasivo del delito no solo abarca a los españoles que se dirigen a otro país, sino a cualquier trabajador, con independencia –en mi opinión– de cual sea su nacionalidad o incluso su situación administrativa, que se traslada a un país distinto o que llega al nuestro desde cualquier otro lugar.

- En términos generales, estos delitos suelen participar de las características de la criminalidad organizada (transnacionalidad, organización piramidal, reparto de papeles, fórmulas sofisticadas de comunicación o actos intimidatorios o violentos graves, etc.) y por ello requieren la creación de unidades de Policía Judicial especializadas bajo la tutela y dirección del Ministerio Fiscal y sometidas al control jurisdiccional.

No podemos olvidar para finalizar nuestro análisis de estos delitos *contra los derechos de los trabajadores* vinculados con los flujos migratorios que, conforme a lo establecido en el artículo 318 del Código Penal, disposición común a todos los artículos del Título XV, cuando estas infracciones se atribuyan a personas jurídicas, *se impondrá la pena señalada a los administradores o encargados del servicio que hayan sido responsables* [...] *y a quienes, conociéndolos y pudiendo remediarlo, no hubieran adoptado medidas para ello.* Conforme al artículo 129 del mismo texto legal, en estos casos, podrá el juez o tribunal motivadamente imponer diversas medidas restrictivas que pueden alcanzar, incluso, su clausura o intervención.

La doctrina señala que se trata de una tipología superflua que demuestra, una vez más, las situaciones de falta de coherencia interna de nuestro Código Penal, al no tener en cuenta la modificación operada en virtud de la

---

28. Nos referimos a la conocida aportación de BYUNG-CHUL HAN, en su breve ensayo *La sociedad del cansancio*, Pensamiento Herder, Madrid, 2012.
29. MORILLAS CUEVA, L.; en *Sistema de Derecho Penal... Parte Especial*; p. 845. En el mismo sentido, citada por el anterior, la Sentencia de la Audiencia Provincial de Palencia 8/2015.

Ley Orgánica 5/2010, de 22 de junio, que estableció en el nuevo artículo 31 bis el régimen general de la responsabilidad de la personas jurídicas[30]. Este precepto ha sido paulatinamente modificado, incrementando las fórmulas

---

30. Parece conveniente en este punto recordar el RÉGIMEN PENAL DE LAS PERSONAS JURÍDICAS DE NUESTRO CÓDIGO PENAL reproduciendo en su integridad el **artículo 31 bis**, que establece lo siguiente:

1. En los supuestos previstos en este Código, las personas jurídicas serán penalmente responsables:
a) De los delitos cometidos en nombre o por cuenta de las mismas, y en su beneficio directo o indirecto, por sus representantes legales o por aquellos que actuando individualmente o como integrantes de un órgano de la persona jurídica, están autorizados para tomar decisiones en nombre de la persona jurídica u ostentan facultades de organización y control dentro de la misma.
b) De los delitos cometidos, en el ejercicio de actividades sociales y por cuenta y en beneficio directo o indirecto de las mismas, por quienes, estando sometidos a la autoridad de las personas físicas mencionadas en el párrafo anterior, han podido realizar los hechos por haberse incumplido gravemente por aquéllos los deberes de supervisión, vigilancia y control de su actividad atendidas las concretas circunstancias del caso.
2. Si el delito fuere cometido por las personas indicadas en la letra a) del apartado anterior, la persona jurídica quedará exenta de responsabilidad si se cumplen las siguientes condiciones:
1.ª el órgano de administración ha adoptado y ejecutado con eficacia, antes de la comisión del delito, modelos de organización y gestión que incluyen las medidas de vigilancia y control idóneas para prevenir delitos de la misma naturaleza o para reducir de forma significativa el riesgo de su comisión;
2.ª la supervisión del funcionamiento y del cumplimiento del modelo de prevención implantado ha sido confiada a un órgano de la persona jurídica con poderes autónomos de iniciativa y de control o que tenga encomendada legalmente la función de supervisar la eficacia de los controles internos de la persona jurídica;
3.ª los autores individuales han cometido el delito eludiendo fraudulentamente los modelos de organización y de prevención y
4.ª no se ha producido una omisión o un ejercicio insuficiente de sus funciones de supervisión, vigilancia y control por parte del órgano al que se refiere la condición 2.ª
En los casos en los que las anteriores circunstancias solamente puedan ser objeto de acreditación parcial, esta circunstancia será valorada a los efectos de atenuación de la pena.
3. En las personas jurídicas de pequeñas dimensiones, las funciones de supervisión a que se refiere la condición 2.ª del apartado 2 podrán ser asumidas directamente por el órgano de administración. A estos efectos, son personas jurídicas de pequeñas dimensiones aquéllas que, según la legislación aplicable, estén autorizadas a presentar cuenta de pérdidas y ganancias abreviada.
4. Si el delito fuera cometido por las personas indicadas en la letra b) del apartado 1, la persona jurídica quedará exenta de responsabilidad si, antes de la comisión del delito, ha adoptado y ejecutado eficazmente un modelo de organización y gestión que resulte adecuado para prevenir delitos de la naturaleza del que fue cometido o para reducir de forma significativa el riesgo de su comisión. En este

de responsabilidad hasta la inclusión de varios nuevos apartados que entraron en vigor en virtud de la reciente Ley Orgánica 1/2015.

5. BREVE REFERENCIA A LA TRATA DE SERES HUMANOS CON FINES DE SERVIDUMBRE O ESCLAVITUD

Aunque no afecta directamente a la materia que analizamos, parece conveniente recordar someramente que fuera del Título XV correspondiente a los *delitos contra los derechos de los trabajadores* y con la rúbrica general referida a la *trata de seres humanos*, en el apartado a) del extenso artículo 177

---

caso resultará igualmente aplicable la atenuación prevista en el párrafo segundo del apartado 2 de este artículo.
5. Los modelos de organización y gestión a que se refieren la condición 1.ª del apartado 2 y el apartado anterior deberán cumplir los siguientes requisitos:
1.° Identificarán las actividades en cuyo ámbito puedan ser cometidos los delitos que deben ser prevenidos.
2.° Establecerán los protocolos o procedimientos que concreten el proceso de formación de la voluntad de la persona jurídica, de adopción de decisiones y de ejecución de las mismas con relación a aquéllos.
3.° Dispondrán de modelos de gestión de los recursos financieros adecuados para impedir la comisión de los delitos que deben ser prevenidos.
4.° Impondrán la obligación de informar de posibles riesgos e incumplimientos al organismo encargado de vigilar el funcionamiento y observancia del modelo de prevención.
5.° Establecerán un sistema disciplinario que sancione adecuadamente el incumplimiento de las medidas que establezca el modelo.
6.° Realizarán una verificación periódica del modelo y de su eventual modificación cuando se pongan de manifiesto infracciones relevantes de sus disposiciones, o cuando se produzcan cambios en la organización, en la estructura de control o en la actividad desarrollada que los hagan necesarios. Conforme a lo establecido en el artículo 31 ter del Código Penal:
1. La responsabilidad penal de las personas jurídicas será exigible siempre que se constate la comisión de un delito que haya tenido que cometerse por quien ostente los cargos o funciones aludidas en el artículo anterior, aun cuando la concreta persona física responsable no haya sido individualizada o no haya sido posible dirigir el procedimiento contra ella. Cuando como consecuencia de los mismos hechos se impusiere a ambas la pena de multa, los jueces o tribunales modularán las respectivas cuantías, de modo que la suma resultante no sea desproporcionada en relación con la gravedad de aquéllos.
2. La concurrencia, en las personas que materialmente hayan realizado los hechos o en las que los hubiesen hecho posibles por no haber ejercido el debido control, de circunstancias que afecten a la culpabilidad del acusado o agraven su responsabilidad, o el hecho de que dichas personas hayan fallecido o se hubieren sustraído a la acción de la justicia, no excluirá ni modificará la responsabilidad penal de las personas jurídicas, sin perjuicio de lo que se dispone en el artículo siguiente.
Conforme a lo establecido en el artículo 31 *quater* del Código Penal:Sólo podrán considerarse circunstancias atenuantes de la responsabilidad penal de las

bis del Código Penal[31] se refiere, como una de las finalidades de esta grave actividad delictiva, la *imposición de trabajo o de servicios forzados, la esclavitud o prácticas similares a la esclavitud, a la servidumbre o a la mendicidad*. El precepto citado señala la pena de cinco a ocho años de prisión.

---

personas jurídicas haber realizado, con posterioridad a la comisión del delito y a través de sus representantes legales, las siguientes actividades:
a) Haber procedido, antes de conocer que el procedimiento judicial se dirige contra ella, a confesar la infracción a las autoridades.
b) Haber colaborado en la investigación del hecho aportando pruebas, en cualquier momento del proceso, que fueran nuevas y decisivas para esclarecer las responsabilidades penales dimanantes de los hechos.
c) Haber procedido en cualquier momento del procedimiento y con anterioridad al juicio oral a reparar o disminuir el daño causado por el delito.
d) Haber establecido, antes del comienzo del juicio oral, medidas eficaces para prevenir y descubrir los delitos que en el futuro pudieran cometerse con los medios o bajo la cobertura de la persona jurídica.
Conforme a lo establecido en el artículo 31 quinquies del Código Penal:
1. Las disposiciones relativas a la responsabilidad penal de las personas jurídicas no serán aplicables al Estado, a las Administraciones públicas territoriales e institucionales, a los Organismos Reguladores, las Agencias y Entidades públicas Empresariales, a las organizaciones internacionales de derecho público, ni a aquellas otras que ejerzan potestades públicas de soberanía o administrativas.
2. En el caso de las Sociedades mercantiles públicas que ejecuten políticas públicas o presten servicios de interés económico general, solamente les podrán ser impuestas las penas previstas en las letras a) y g) del apartado 7 del artículo 33. Esta limitación no será aplicable cuando el juez o tribunal aprecie que se trata de una forma jurídica creada por sus promotores, fundadores, administradores o representantes con el propósito de eludir una eventual responsabilidad penal.

31. Parece oportuno reproducir íntegramente el contenido del artículo 177 bis del Código Penal, introducido en virtud de la Ley Orgánica 5/2010, de 22 de junio, que establece lo siguiente:
1. Será castigado con la pena de cinco a ocho años de prisión como reo de trata de seres humanos el que, sea en territorio español, sea desde España, en tránsito o con destino a ella, empleando violencia, intimidación o engaño, o abusando de una situación de superioridad o de necesidad o de vulnerabilidad de la víctima nacional o extranjera, o mediante la entrega o recepción de pagos o beneficios para lograr el consentimiento de la persona que poseyera el control sobre la víctima, la captare, transportare, trasladare, acogiere, o recibiere, incluido el intercambio o transferencia de control sobre esas personas, con cualquiera de las finalidades siguientes:
a) La imposición de trabajo o de servicios forzados, la esclavitud o prácticas similares a la esclavitud, a la servidumbre o a la mendicidad.
b) La explotación sexual, incluyendo la pornografía.
c) La explotación para realizar actividades delictivas.
d) La extracción de sus órganos corporales.
e) La celebración de matrimonios forzados.
Existe una situación de necesidad o vulnerabilidad cuando la persona en cuestión no tiene otra alternativa, real o aceptable, que someterse al abuso.
2. Aun cuando no se recurra a ninguno de los medios enunciados en el apartado anterior, se considerará trata de seres humanos cualquiera de las acciones indicadas en el

La trata de seres humanos podría definirse, siempre de manera muy sintética, como el traslado forzoso de personas, con independencia de su

---

apartado anterior cuando se llevare a cabo respecto de menores de edad con fines de explotación.

3. El consentimiento de una víctima de trata de seres humanos será irrelevante cuando se haya recurrido a alguno de los medios indicados en el apartado primero de este artículo.

4. Se impondrá la pena superior en grado a la prevista en el apartado primero de este artículo cuando:

a) se hubiera puesto en peligro la vida o la integridad física o psíquica de las personas objeto del delito;

b) la víctima sea especialmente vulnerable por razón de enfermedad, estado gestacional, discapacidad o situación personal, o sea menor de edad.

Si concurriere más de una circunstancia se impondrá la pena en su mitad superior.

5. Se impondrá la pena superior en grado a la prevista en el apartado 1 de este artículo e inhabilitación absoluta de seis a doce años a los que realicen los hechos prevaliéndose de su condición de autoridad, agente de ésta o funcionario público. Si concurriere además alguna de las circunstancias previstas en el apartado 4 de este artículo se impondrán las penas en su mitad superior.

6. Se impondrá la pena superior en grado a la prevista en el apartado 1 de este artículo e inhabilitación especial para profesión, oficio, industria o comercio por el tiempo de la condena, cuando el culpable perteneciera a una organización o asociación de más de dos personas, incluso de carácter transitorio, que se dedicase a la realización de tales actividades. Si concurriere alguna de las circunstancias previstas en el apartado 4 de este artículo se impondrán las penas en la mitad superior. Si concurriere la circunstancia prevista en el apartado 5 de este artículo se impondrán las penas señaladas en este en su mitad superior. Cuando se trate de los jefes, administradores o encargados de dichas organizaciones o asociaciones, se les aplicará la pena en su mitad superior, que podrá elevarse a la inmediatamente superior en grado. En todo caso se elevará la pena a la inmediatamente superior en grado si concurriera alguna de las circunstancias previstas en el apartado 4 o la circunstancia prevista en el apartado 5 de este artículo.

7. Cuando de acuerdo con lo establecido en el artículo 31 bis una persona jurídica sea responsable de los delitos comprendidos en este artículo, se le impondrá la pena de multa del triple al quíntuple del beneficio obtenido. Atendidas las reglas establecidas en el artículo 66 bis, los jueces y tribunales podrán asimismo imponer las penas recogidas en las letras b) a g) del apartado 7 del artículo 33.

8. La provocación, la conspiración y la proposición para cometer el delito de trata de seres humanos serán castigadas con la pena inferior en uno o dos grados a la del delito correspondiente.

9. En todo caso, las penas previstas en este artículo se impondrán sin perjuicio de las que correspondan, en su caso, por el delito del artículo 318 bis de este Código y demás delitos efectivamente cometidos, incluidos los constitutivos de la correspondiente explotación.

10. Las condenas de jueces o tribunales extranjeros por delitos de la misma naturaleza que los previstos en este artículo producirán los efectos de reincidencia, salvo que el antecedente penal haya sido cancelado o pueda serlo con arreglo al Derecho español.

11. Sin perjuicio de la aplicación de las reglas generales de este Código, la víctima de trata de seres humanos quedará exenta de pena por las infracciones penales que haya cometido en la situación de explotación sufrida, siempre que su participación en ellas haya sido consecuencia directa de la situación de violencia, intimidación, engaño o abuso a que haya sido sometida y que exista una adecuada proporcionalidad entre dicha situación y el hecho criminal realizado.

origen, tránsito o destino, con la finalidad de su explotación, *como mínimo*[32], sexual o laboral. Efectivamente, pueden existir otras formas de explotación especialmente graves que integren esta gravísima tipología citándose expresamente en el artículo, además de las anteriores, la mendicidad, el tráfico de órganos, la relación de actividades delictivas y la celebración de matrimonios forzados. Esta enumeración, en realidad, debe promover un criterio de aplicación *abierto* que pueda integrar conductas no advertidas por el legislador y que cabrían, en todo caso, en la fórmula genérica de *realización de actividades ilícitas*. En lo que respecta a los matrimonios forzados, no deben confundirse con los matrimonios de conveniencia o matrimonios *blancos*, fórmulas simuladas para la obtención fraudulenta de la nacionalidad que deben ser anulados conforme a la legislación de extranjería y de registro civil.

Quizá debiera sorprendernos más que un texto penal del siglo XXI tenga necesidad de utilizar términos de tanta gravedad como los de esclavitud o servidumbre que parecían abandonados en otras edades de la historia[33]. En cualquier caso, baste señalar en esta somera referencia que, aun cuando se trata de un delito de otra naturaleza, no cabe duda que las situaciones de abuso extremo sufridas por inmigrantes o emigrantes irregulares pueden conducir, en muchas ocasiones, a una posible situación de concurso de ambas tipologías cuando sea investigado el origen del tránsito de estas personas desde o hacia España.

Para completar nuestro análisis, por último, llevaremos a cabo una breve alusión a otras tipologías del mismo Título que pueden relacionarse con desplazamientos al extranjero de trabajadores, aunque de forma in-

---

32. BENÍTEZ ORTÚZAR, I.; «Trata de seres humanos»; Capítulo 10 del *Sistema de Derecho Penal. Parte Especial*. Segunda Edición, Editorial Dykinson, Madrid, 2016, MORILLAS CUEVA, L. (dirección); p. 210.

33. Al margen de algunos antecedentes de gran interés, como la famosa *Ley Moret* de 1870, también conocida como *Ley de vientres libres*, pesa sobre la historia de España una abolición de la esclavitud extraordinariamente tardía. Fue el último país europeo en llevar a cabo una abolición definitiva. Aunque desaparecida en la metrópoli en 1837; hasta la Ley de Abolición de 22 de marzo de 1873, promulgada por la 1.ª República Española, no tiene lugar la abolición de la esclavitud en Puerto Rico; posteriormente se dictaría la Ley de Abolición de la esclavitud en Cuba de 13 de febrero de 1880, aprobada por las Cortes y sancionada por el rey Alfonso XII. Paradójicamente, Filipinas, también bajo el dominio español, fue un territorio privado de la esclavitud desde que Felipe II firmara, por influencia de la Iglesia, una Real Cédula con fecha 7 de noviembre de 1574 que prohibía la esclavitud en las islas. Filipinas, por tanto, pudo ser el primer territorio del mundo en el que fue abolida la esclavitud. Sobre este particular histórico; puede consultarse el trabajo de HIDALGO NUCHERA, P.: «¿Esclavitud o liberación? El fracaso de las actitudes esclavistas de los conquistadores de Filipinas», artículo publicado en el número 20 de la *Revista Complutense de Historia de América*, Editorial Complutense, Madrid, 1994, pp. 61 a 74.

444

directa. En primer término, el artículo 314 del Código Penal castiga con penas de prisión de seis meses a dos años y multa de seis a doce meses, la producción de una grave discriminación en el empleo, ya sea público o privado, por motivos xenófobos o, como textualmente señala el precepto por *razón de pertenencia a una nación*. La misma penalidad se establece para los que impiden o limitan el ejercicio de la libertad sindical o del derecho de huelga, mediante engaños o abuso de situación de necesidad, circunstancia que como norma general será más frecuente entre trabajadores inmigrantes o emigrados.

6. CONCLUSIONES

Las anteriores consideraciones nos permiten inferir una conclusión inicial: El trabajo, a consecuencia de la evolución económica que presentan las sociedades más avanzadas de nuestro tiempo, ha cobrado una nueva dimensión como bien escaso con el que se trafica y pueden agredir derechos esenciales desde una perspectiva individual y colectiva. La implicación de la emigración en estos delitos debería haber permitido un esfuerzo sistemático que resolviera con mayor coherencia el régimen de sanciones que en tales casos establece la norma penal.

Que algunos ciudadanos de la Unión Europea, por ejemplo, empiecen a ser sometidos a condiciones laborales completamente abusivas sin salir del continente o de su propio país, pone de manifiesto una quiebra básica de los principios inspiradores de nuestra realidad política y económica. No se trata de justificar, en modo alguno, las condiciones ilegales de trabajo para los trabajadores extra comunitarios como una especie de mal necesario y *ajeno*. Todo lo contrario. Lo único que demuestra la afirmación anterior es que las reglas que imperan en la sociedad sumergida no conocen límites geográficos o nacionalidades y han cambiado de manera drástica e insultante en los últimos años a consecuencia de los efectos de la *Gran Recesión* y la austeridad presupuestaria.

Hasta hace pocos años, como ya hemos apuntado, hubiera sido impensable que el Código Penal español recuperara, como ocurre con la trata de seres humanos prevista en el artículo 177 bis a) del Código Penal, la idea de esclavitud o de *prácticas similares a la esclavitud* o incluso de servidumbre. Una sociedad avanzada que debe promover la persecución de quienes cuentan con siervos o esclavos parece haber involucionado más de un siglo hasta tiempos tan remotos como la Rusia zarista o la Francia del Segundo Imperio. El problema es de una enorme gravedad ya que, de una parte, estos anacrónicos conceptos, el de *siervo* o el de *esclavo*, lejos de convertirse en una rareza o en una tipología simbólica de escasa o nula

445

incidencia práctica, incrementan la estadística criminal, quedan anclados en el presente y se proyectan como una severa amenaza en nuestro futuro. Además, por si fuera poco, las condiciones laborales impuestas y aceptadas en Europa a los jóvenes inmigrantes cada vez se aproximan más a situaciones de franca explotación que rozan el servilismo o una especie de esclavitud edulcorada por el costoso pavimento de las oficinas o de las grandes superficies comerciales. La franca explotación que sufren ni se ampara ni se persigue pero crece cada día más en un mercado salvaje que recorta continuamente nuestros derechos.

La respuesta que actualmente ofrece nuestro Código Penal ha mejorado mucho respecto a redacciones anteriores. Siendo una respuesta válida, *suficiente* y estandarizada con los países de nuestro entorno, no obstante, precisa una mejora sustancial que no ha tenido lugar con alguna de las profundas reformas que han sido planteadas en los últimos años. A día de hoy, sigue siendo necesaria una revisión sistemática que organice con mayor eficacia esta respuesta institucional y que dote a los delitos *contra los derechos de los trabajadores* de una mayor coherencia interna que posibilite una mejor relación con otras modalidades delictivas en las que confluye el problema migratorio. Igualmente merece una revisión el sistema de penas y hasta podría plantearse, en tercer lugar, una serena reflexión sobre el *empleo* (y no sus condiciones irregulares o ilícitas) como un bien jurídico autónomo, como un bien cada día más escaso que debe ser amparado y protegido en su gestión por el derecho penal para defender mejor aquellos valores constitucionales relacionados con el trabajo que sirven de fundamento, en buena medida, a nuestra cultura y vida colectiva.

PARTE IV
Política de empleo y protección social para emigrantes

Capítulo 17

Movimientos transnacionales de trabajadores y derechos de Seguridad Social

Fuencisla Rubio Velasco

1. EL DERECHO TRANSNACIONAL DEL TRABAJO

El Derecho Transnacional tiene su impulso en Estados Unidos tras la Segunda Guerra Mundial. Surge como una concepción diferente y una nueva forma de regir la vida de la comunidad internacional. Así lo vemos por ejemplo en la Directiva 94/95/CE que estableció la exigencia de comités de empresa europeos en las grandes multinacionales, debiendo informar éstas de las cuestiones transnacionales que pudieran afectar considerablemente a los intereses de los trabajadores; o también en la Directiva 2008/94 al introducir un nuevo Capítulo IV sobre disposiciones relativas a las situaciones transnacionales.[1]

El profesor OJEDA AVILÉS delimita aún más la definición al establecer que este derecho «comprende el conjunto de normas de todo tipo que regula las relaciones entre sujetos desprovistos de imperium con trascendencia supranacional».[2]

El Derecho Transnacional avanza hacia las normas sustantivas sobre derechos y obligaciones de las relaciones privadas y, en nuestro caso, laborales; a diferencia del Derecho Internacional Privado, que se encuentra limitado a resolver conflictos entre leyes y tribunales de distintos países.[3]

En materia de Seguridad Social, la Unión Europea presenta recopilaciones de normas de conflicto de gran importancia como es el Reglamento

---

1. OJEDA AVILÉS, A.: *Derecho transnacional del trabajo*, Tirant Lo Blanch, Valencia, 2013, p. 23.
2. OJEDA AVILÉS, A.: *Derecho transnacional...*, op. cit., p. 24.
3. OJEDA AVILÉS, A.: *Derecho transnacional...*, op. cit., p. 32.

883/2004, sobre coordinación de los Sistemas de Seguridad Social, que contiene una serie de normas (de conflicto y sustantivas) para casos de accidentes laborales producidos en dos o más Estados europeos. Así, tanto el citado Reglamento como los numerosos Convenios bilaterales y multilaterales de Seguridad Social existentes suelen resolver los conflictos planteados entre instituciones o entidades gestoras de distintos Estados con el objetivo de determinar cuál de ellas debe abonar una prestación, así como la legislación es aplicable y el tribunal competente.[4]

2. EL DESPLAZAMIENTO INTERNACIONAL

El desplazamiento internacional no tiene su origen en el Derecho del Trabajo, sino que trae causa en el ordenamiento de la Seguridad Social, donde se descubren los rasgos a partir de los cuales aparecerá definido. En este caso, la temporalidad, que supone un ánimo de retorno del desplazado, y el mantenimiento de la relación laboral con el empresario original que evita la ruptura del vínculo contractual primero conservando el centro de gravedad de la actividad en el país de origen.[5]

La norma de referencia, la Ley 45/1999, de 29 de noviembre, sobre desplazamiento de trabajadores en el marco de una prestación de servicios transnacional[6], parte del desarrollo del fenómeno que constituye el objeto de su regulación, los desplazamientos temporales de trabajadores, como consecuencia del «notable incremento» experimentado por las prestaciones de servicios transnacionales dentro de la Unión Europea intensificado por la moneda única y la interdependencia económica de los Estados miembros.[7]

Así lo establece en su Exposición de Motivos «la actuación en el gran mercado interior comunitario de numerosas empresas que se han beneficiado de la apertura de los mercados, públicos y privados, de contratación de obras y servicios, así como la creciente actividad de grupos de empresas y empresas de trabajo temporal de carácter transnacional, son fenómenos que se han acentuado en los últimos años y que se multiplicarán en el futuro gracias a la introducción de la moneda única y al cada vez mayor

---

4. OJEDA AVILÉS, A.: *Derecho transnacional...*, op. cit., p. 33.
5. FERNÁNDEZ-COSTALES MUÑIZ, J.: *Desplazamientos transnacionales de trabajadores. Determinación de la normativa aplicable en el proceso social español. Alegación y prueba del derecho extranjero*, Eolas, León, 2015, p. 45.
6. BOE de 30 de noviembre de 1999.
7. CASAS BAAMONDE, M. E.: «Libre prestación de servicios y desplazamientos temporales de trabajadores en Europa en la era global: objetivos y significación de la ley», en AA.VV.: *Desplazamientos de trabajadores y prestaciones de servicios transnacionales*, Casas Baamonde, M. E. y Del Rey Guanter, S., (dirs.), CES, Madrid, 2002, p. 1.

grado de integración e interdependencia económica existente entre los Estados miembros».

Con lo que, la transnacionalización creciente de la economía, el desarrollo imparable de movimientos transnacionales de bienes, servicios, capitales y, en menor medida, de personas, y su dimensión europea, hace necesaria la aprobación de reglas jurídicas acomodadas a tal dimensión.[8]

3. LOS DESPLAZAMIENTOS COMO VARIEDAD DE LA MOVILIDAD LABORAL INTERNACIONAL

3.1. LA ORGANIZACIÓN INTERNACIONAL DEL TRABAJO

La OIT, a finales de la década de los cincuenta, decidió entrar a regular el fenómeno de la emigración partiendo de un dato que entonces constituía una constante evidencia en todo planteamiento teórico sobre la materia: el movimiento de población obedecía, desde la perspectiva laboral, a una búsqueda de empleo o a la respuesta de una oferta previa de puesto de trabajo. El traslado transnacional no traía causa en un contexto laboral, sino que tenía en éste su propio fin.[9]

La movilidad se producía «para ocupar un empleo»[10], siendo movilizados, aunque extranjeros, trabajadores en el país de acogida.

De este modo, la OIT acogió con matices las dos grandes líneas de actuación tradicionalmente seguidas por los Estados: de un lado, y con carácter dominante, el control del flujo de personas que ingresan desde fuera en el mercado nacional de empleo a fin de evitar un perjuicio para los trabajadores nacionales, la minoración de los gastos en protección social o el descontrol sobre la nueva población activa o los efectos del mestizaje cultural; de otro, la garantía de un estatuto jurídico específico para el trabajador migrante diseñado con la finalidad de tratar de paliar su situación particular de desprotección.[11]

El contexto histórico de las últimas décadas del siglo XX y de la primera mitad del siglo XXI ha evolucionado considerablemente, si lo comparamos

8. CASAS BAAMONDE, M. E.: «Libre prestación de servicios y desplazamientos...», op. cit., p. 1.
9. FERNÁNDEZ-COSTALES MUÑIZ, J.: *Desplazamientos transnacionales de trabajadores...*, op. cit., p. 33.
10. Art. 11 Convenio núm. 97 OIT. Convenio sobre los trabajadores migrantes (revisado). Adoptado en Ginebra el 01 julio 1949. Entrada en vigor el 22 de enero de 1952.
11. FERNÁNDEZ-COSTALES MUÑIZ, J.: *Desplazamientos transnacionales de trabajadores...*, op. cit., p. 33.

con las etapas precedentes. De ahí, que se tienda a interpretar la movilidad internacional de la población en el contexto de la globalización.[12]

En el Convenio núm. 143, la OIT reconoce la presencia de un nuevo fenómeno de movilidad laboral distinto como es el desplazamiento, que es considerado una vicisitud más en la relación de trabajo que supone una movilidad geográfica supranacional y puede cumplir un doble objetivo: satisfacer el derecho subjetivo de crédito del empresario por el cumplimiento del trabajo realizado en función del ejercicio de su poder de dirección con carácter temporal y no definitivo; y contribuir a ampliar una prestación de servicios entre trabajador y empleador en un Estado distinto a aquél donde se inició la relación laboral.[13]

3.2. LOS PRINCIPIOS ESENCIALES EN LOS DESPLAZAMIENTOS DE TRABAJADORES

3.2.1. El principio de equivalencia

Constituye la manifestación fundamental de la integración jurídica y aparece fundado en la intención común de los distintos países miembros dirigida a conseguir idénticos objetivos básicos de conformidad con el interés público, aun cuando los medios resulten ser heterogéneos.[14]

Los Estados han de actuar conducidos por el Principio de lealtad respecto a la Unión y por el Principio de equivalencia, es decir, han de poner a disposición de este empeño toda la maquinaria normativa y administrativa sin discriminación para con los intereses financieros o jurídicos europeos.[15]

3.2.2. El principio de libertad de circulación

El derecho a circular y residir libremente en el territorio de la Unión es uno de los derechos más esenciales que conforman la Ciudadanía de la UE. Se concedía inicialmente a favor de los trabajadores en el derogado

---

12. DOMÍNGUEZ MÚJICA, J. Y GODENAU, D.: «Las migraciones internacionales en el siglo XXI», en AA.VV.: RAMOS QUINTANA, M. I., (coord.), *Migraciones laborales. Acción de la OIT y política europea*, Bomarzo, Albacete, 2010, pp. 59 y ss.
13. FERNÁNDEZ-COSTALES MUÑIZ, J.: *Desplazamientos transnacionales de trabajadores...*, op. cit., pp. 35-36.
14. STJCE 369 y 376/96, 23-11-99, asuntos acumulados Arblade y Leloup.
15. ROLDÁN BARBERO, F. J.: «Soberanía del estado y derecho de la Unión Europea», en AA.VV.: *Soberanía del Estado y derecho internacional: homenaje al homenaje al profesor Juan Antonio Carrillo Salcedo*, VARGAS GÓMEZ-URRUTIA, M. Y SALINAS DE FRÍAS, A. (coords.), vol. 2, Universidad de Sevilla, Sevilla, 2005, p. 1225.

Tratado de la Comunidad Europea, pero actualmente se aplica a todos los ciudadanos de la UE.

El citado derecho de libertad de circulación y de residencia supone la transformación de las antiguas migraciones internacionales europeas en migraciones internas o intra-UE. Ello es debido, sobre todo, a la creación de un mercado laboral único en toda la Unión que denominamos mercado interior que se amplía a Noruega, Islandia, Liechenstein y Suiza en virtud de los Tratados internacionales firmados entre estos países y la UE.[16]

En la actualidad, las fronteras exteriores de los Estados miembros de la Unión ya no son las existentes entre ellos mismos, sino las mantenidas con Estados no miembros. Además, se puede afirmar un incipiente reconocimiento regionalizado en la Unión Europea del «ius migrandi».[17]

Dentro de la migraciones interiores intra-UE podemos diferenciar, por un lado, las migraciones que responden al principio de libre circulación y residencia de personas y trabajadores que corresponde a los ciudadanos de la UE y sus familiares –sean o no ciudadanos de la UE y, por otro, las migraciones de nacionales de terceros países, residentes en un Estado miembro que no gozan de dicha libertad de circulación y residencia.

Diferenciado de los anteriores, encontramos un tercer grupo constituido por los trabajadores desplazados transnacional y temporalmente en el marco de la libre prestación de servicios que posibilita a las empresas a desplazar a sus propios trabajadores, sean o no ciudadanos de la UE, para una prestación transnacional en otro Estado miembro de la UE.

3.2.3. El principio de libertad de establecimiento y de prestación de servicios

En relación a la libre prestación de servicios, aquí es donde queda fijada la base jurídica de los desplazamientos, que coloca a la movilidad de mano de obra en una posición secundaria. Así, el libre juego de la competencia exigirá asumir las posibles desventajas en este ámbito de los nacionales del país de acogida derivadas de mantener el Derecho aplicable del Estado de origen.

---

16. CHUEVA SANCHO, A. G. Y AGUELO NAVARRO, P.: «La libertad de circulación de trabajadores en el EEE», *Revista de Derecho Migratorio y Extranjería*, n. 35/2014 parte Dossier, Aranzadi, Pamplona, 2014, pp. 3-4.
17. CHUECA SANCHO, A. G. Y AGUELO NAVARRO, P.: «La libertad de circulación de trabajadores...», op. cit., p. 4.

3.2.4. La competencia leal para impulsar las prestaciones transnacionales de servicios

La Directiva 96/71/CE del Parlamento Europeo y del Consejo, de 16 de diciembre de 1996, sobre el desplazamiento de trabajadores efectuado en el marco de una prestación de servicios señala que, «considerando que la realización del mercado interior ofrece un entorno dinámico para la prestación de servicios transnacional al invitar a un número cada vez mayor de empresas a desplazar a sus trabajadores temporalmente para trabajar en el territorio de un Estado miembro distinto del Estado en que trabajan habitualmente».[18]

Por lo que «el fomento de la prestación transnacional de servicios requiere un clima de competencia leal y medidas que garanticen el respeto de los derechos de los trabajadores».[19]

La intención de la normativa europea parece clara, evitar discriminaciones o restricciones que obstaculicen la realización efectiva de libertades fundamentales comunitarias, al situar a las empresas establecidas en otro país en desigualdad de condiciones con sus competidores del país de acogida, lo cual las puede disuadir de prestar tal actividad productiva[20].

4. LA SEGURIDAD SOCIAL DE LOS EXTRANJEROS EN EL ÁMBITO INTERNACIONAL

El notorio incremento de la inmigración ha supuesto que la protección de Seguridad Social del trabajador extranjero constituya un tema de actualidad y de creciente interés, tanto en nuestro país como en el contexto europeo.

Además, la situación actual de crisis económica y las alarmantes cifras de paro, han obligado a la adopción de vías o perspectivas menos aperturistas ante el fenómeno migratorio[21] y, de alguna manera han puesto a

---

18. Considerando 3.
19. Considerando 5.
20. FERNÁNDEZ-COSTALES MUÑOZ, J.: *Desplazamientos transnacionales de trabajadores…*, op. cit., p. 54.
21. Así lo demuestra el Real Decreto-Ley 4/2008, de 19 de septiembre, sobre abono acumulado y de forma anticipada de la prestación contributiva por desempleo a trabajadores extranjeros no comunitarios que retornen voluntariamente a sus países de origen. Norma desarrollada por el RD 1800/2008, de 3 de noviembre. BOE de 11 noviembre 2008.

prueba la solidez de nuestro Sistema de Seguridad Social y economía en general[22].

Por otro lado, debe tenerse en cuenta que los principios aplicables en el marco de la Seguridad Social europea no se aplican a los extranjeros en situación irregular.

Procedemos a analizar algunos principios de Seguridad Social para la protección de los extranjeros en el marco internacional.

4.1. LA PROTECCIÓN DE SEGURIDAD SOCIAL DE LOS EXTRANJEROS EN EL MARCO INTERNACIONAL

Los Convenios Internacionales han reconocido la importancia del acceso de los trabajadores migrantes a la Seguridad Social con el objetivo de reducir su situación de desarraigo, favorecer la integración social y salvaguardar sus derechos fundamentales. Para favorecer la igualdad de trato respecto de los nacionales, se hacía necesario eliminar de forma progresiva el requisito de la reciprocidad y, por tanto, las diferencias de trato entre nacionales y extranjeros en materia de derechos sociales y condiciones de trabajo.[23]

Desde que se empezaron a establecer los sistemas de Seguridad Social, los Estados dirigían los beneficios de los mismos a sus propios nacionales[24]. Pero con el transcurso del tiempo, se intentó extender los derechos de Seguridad Social por medio de convenios bilaterales que implicaban la protección de los nacionales que emigraran hacia los Estados con los que se firma el convenio, como puede ser el Convenio n. 19 de la OIT en materia de accidente de trabajo.[25]

Debemos puntualizar que la protección que dispensa la normativa internacional va referida a la inmigración regular. Los irregulares quedan olvidados y, por tanto, desprotegidos.

---

22. MONTOYA MEDINA, D.: «Reflexiones en torno al alcance de la protección de seguridad social del trabajador extranjero no autorizado», *Revista Española de Derecho del Trabajo*, n. 144/2009, Civitas, Madrid, 2009, p. 1.

23. RODRÍGUEZ-PIÑERO Y BRAVO-FERRER, M.: «La Seguridad Social y los inmigrantes extracomunitarios», *Relaciones Laborales*, n. 2/2001, La Ley, Madrid, p. 5.

24. SÁNCHEZ PÉREZ, J.: *La protección otorgada a la población inmigrante frente a los riesgos profesionales*, Comares, Granada, 2011, p. 41.

25. Artículo 1. Convenio n. 19 OIT. «1. Todo Miembro de la Organización Internacional del Trabajo que ratifique el presente Convenio se obliga a conceder a los nacionales de cualquier otro Miembro que lo haya ratificado, y que fueren víctimas de accidentes del trabajo ocurridos en el territorio de aquél, o a sus derechohabientes, el mismo trato que otorgue a sus propios nacionales en materia de indemnización por accidentes del trabajo».

4.1.1. El principio de igualdad de trato entre trabajadores nacionales y extranjeros y sus excepciones

La igualdad de trato entre nacionales y extranjeros en materia de Seguridad Social puede entenderse desde dos vías distintas: una referente al Derecho Internacional y otra referida al derecho interno.[26] Así, desde la perspectiva del derecho internacional, nuestro Estado debe conceder la igualdad de trato en materia de Seguridad Social según lo dispongan los tratados y Convenios internacionales, tanto bilaterales como multilaterales que se hayan ratificado.

En el marco internacional, el principio de igualdad de trato aumentó su importancia desde el momento en que se empezaron a desarrollar los sistemas de Seguridad Social, especialmente debido a la concepción favorable del establecimiento de sistemas de protección financiados con fondos públicos. Esta circunstancia motivó que se desdibujara la relación de sinalagmaticidad entre cuota y prestación, provocando con ello, la discriminación entre nacionales y no nacionales.[27]

La mayoría de los Convenios que establecen la igualdad de trato de los extranjeros respecto a los nacionales, autorizan excepciones a esa regla y, en consecuencia, el principio de igualdad de trato se configura desde dos técnicas diferentes: por un lado, existen Convenios que prevén la igualdad absoluta de trato para trabajadores extranjeros y, por otro, Convenios que establecen un régimen de reciprocidad entre los Estados que lo hayan ratificado y solo obligan al respeto de los extranjeros que sean procedentes de los países que ratificaron dicho Convenio.[28]

La protección del trabajador migrante, tanto como trabajador extranjero, como por ser un trabajador que se desplaza, requiere un tratamiento normativo a nivel internacional. Ese tratamiento deriva de una serie de instrumentos bilaterales o multilaterales de muy diversos tipos, que han permitido enormes progresos pero que no han podido impedir la pervivencia de ciertas condiciones particulares para el derecho a prestaciones. En opinión de RODRIGUEZ-PIÑERO, esto «puede suponer de hecho una desventaja importante para el trabajador migrante» ya que «se rompen los esquemas tradicionales asegurativos y entran los fondos públicos de manera importante a financiar las prestaciones de Seguridad Social».[29]

---

26. ÁLVAREZ CORTES, J. C.: *La seguridad social de los trabajadores migrantes en el ámbito extracomunitario*, Tecnos, Madrid, 2001, p. 58.

27. ÁLVAREZ CORTES, J. C.: *La seguridad social…*, op. cit., p. 59.

28. ÁLVAREZ CORTES, J. C.: *La seguridad social…*, op. cit., p. 59.

29. RODRÍGUEZ-PIÑERO Y BRAVO-FERRER, M.: *La Seguridad social de los trabajadores migrantes en las Comunidades Europeas*, Servicio de publicaciones del Ministerio de Trabajo y Seguridad Social, Madrid, 1982, p. 58.

El Derecho Internacional coordinador de la Seguridad Social parte de la necesidad de regular las situaciones de los emigrantes con el objeto de ser protegidos, al menos, del mismo modo que los nacionales y que su migración no produzca una disminución o pérdida de sus derechos adquiridos o por adquirir. Así, los acuerdos tanto bilaterales como multilaterales han intentado evitar la discriminación entre nacionales y extranjeros, suprimir la inseguridad sobre qué norma de Seguridad Social debía aplicarse a un supuesto concreto, conservar los derechos adquiridos y en proceso de adquisición y permitir la exportación de las prestaciones de un país a otro, al igual que proteger a las personas a cargo de un asegurado que no le acompañan en su traslado a otro país.[30]

Tradicionalmente, las leyes sobre seguros sociales habían excluido a los extranjeros de su ámbito de aplicación pues se modulaban sobre el planteamiento/coste-beneficio, de forma que se establecía como beneficiario al nacional con el único requisito de la existencia de convenios bilaterales que habilitaran de manera explícita la extensión de los beneficios del sistema a los inmigrantes. Al evolucionar los sistemas de Seguridad Social, se afianza el principio de igualdad de trato desde el momento en el que se comienza a financiar con fondos públicos aunque, es frecuente que los Estados apliquen el principio de igualdad únicamente cuando concurre a la vez un principio de reciprocidad.[31]

Con todo, el principio de igualdad es el que mejor daría respuesta a las necesidades de los trabajadores, pues quedarían encuadrados en el sistema como un nacional y se le aplicará para cualquier tipo de prestación tanto presente como futura. A pesar de lo expresado, podemos encontrar excepciones al citado principio especialmente en relación a las prestaciones en las que o se niega el derecho a su acceso, o se condiciona a requisitos de residencia previa.[32]

El Tribunal Europeo de Derechos Humanos[33] ha declarado de forma contundente que no debe existir una discriminación basada únicamente en razones de nacionalidad, sino que la diferencia de trato debe estar basada en razones justificadas, objetivas y razonables.

---

30. ÁLVAREZ CORTES, J. C.: *La seguridad social...*, op. cit., p. 20.
31. CARRERO DOMÍNGUEZ, C.: «Seguridad social internacional», en AA.VV.: *La protección social de los extranjeros en España*, GONZÁLEZ ORTEGA, S., (dir.), Tirant lo Blanch, Valencia, 2010, p. 43.
32. CARRERO DOMÍNGUEZ, C.: «Seguridad social internacional...», op. cit., p. 44.
33. STEDH 1966/40, Caso Gaygusuz c. Austria, 16 de septiembre de 1966.

Según la jurisprudencia del TEDH, una distinción es discriminatoria en el sentido del artículo 14 si «carece de justificación objetiva y razonable», es decir, si no persigue un «fin legítimo» o si no existe una «relación razonable de proporcionalidad entre los medios empleados y el fin perseguido». Por otro lado, los Estados Contratantes gozan de cierto margen de apreciación para determinar si y en qué medida las diferencias entre situaciones, a otros efectos análogas, justifican una distinción en el trato. Sin embargo, añade que, «sólo unas consideraciones muy serias pueden llevar al Tribunal a considerar compatible con el Convenio una diferencia de trato basada exclusivamente en la nacionalidad»[34].

Actualmente, en la mayoría de los supuestos, la protección se dirige a los extranjeros que adquieren la condición de trabajadores y a sus familias con independencia de la nacionalidad. Predomina así la protección de los inmigrantes por su condición de trabajador y a sus familiares con independencia de la nacionalidad, aunque el requisito de la residencia sí suele ser una exigencia en el país, es decir, deberán ser trabajadores con autorización[35].

En todo caso, tal como advierte Rodríguez-Piñero y Bravo Ferrer, «resulta un principio fundamental deducible del régimen convencional de la Seguridad Social: la igualdad de trato entre nacionales y extranjeros, por la que los trabajadores (o, en su caso, los ciudadanos) de los países contratantes gozan en el otro país (o en los otros países) de todos los beneficios de la Seguridad Social (y están sometidos a las mismas cargas) que los trabajadores nacionales y con las mismas condiciones y requisitos que los nacionales: igualdad de trato que tiene límites importantes, tanto respecto a las prestaciones no contributivas como respecto a ciertas condiciones mínimas de previa residencia»[36].

- Excepciones al principio de igualdad de trato[37]

---

34. Como señala la STEDH 1966/40, Caso Gaygusuz c. Austria, 16 de septiembre de 1966. «Por lo tanto, los argumentos expuestos por el Gobierno demandado no convencen al Tribunal. La diferencia de trato, en lo relativo al beneficio de las prestaciones sociales, entre ciudadanos franceses o de países signatarios de un convenio de reciprocidad y los demás extranjeros no se basaba en ninguna *justificación objetiva y razonable*».

35. SÁNCHEZ PÉREZ, J.: *La protección otorgada...*, op. cit., p. 42. CARRERO DOMÍNGUEZ, C.: «Seguridad social internacional...», op. cit., p. 44.

36. RODRÍGUEZ-PIÑERO Y BRAVO-FERRER, M.: *La Seguridad Social de los trabajadores migrantes...*, op. cit., pp. 58-59.

37. PERRIN, G.: «Los principios de la Seguridad Social internacional», en AA.VV.: *La Seguridad Social Española y la adhesión a las Comunidades Europeas. Problemas de armonización y coordinación.* Servicio de Publicaciones del Ministerio de Trabajo, Madrid, 1981, pp. 182-183.

No obstante, todavía podemos encontrar, respecto al principio de igualdad de trato, dos excepciones a destacar que orientan el citado principio y que limitarían el objeto de la protección:

- La igualdad de trato puede ser negada respecto a una determinada rama, en concepto de «retorsión», especialmente en los Convenios multilaterales, de forma recíproca, respecto de los ciudadanos de una de las partes que, a pesar de cubrir esa contingencia dentro de su ordenamiento de Seguridad Social, no establezca igualdad de trato respecto de la misma a los nacionales del otro Estado Miembro. Esta posibilidad, que sanciona una falta de reciprocidad concertada o legal, tiene su fundamento o inspiración en disposiciones constitucionales, según las cuales el Derecho internacional está expresamente condicionado por la reciprocidad.

- En otro sentido, la igualdad de trato puede depender de una condición o determinada residencia previa en el Estado que las concede, respecto a los ciudadanos de cualquier Miembro que subordine, en su legislación, el reconocimiento y otorgamiento de las prestaciones al requisito de la residencia en su territorio.

En relación a los sujetos que se benefician de la igualdad de trato, reiteramos que la regla general es la aplicación a los nacionales de los Estados parte de un Convenio de Seguridad Social. Sin embargo, cada vez es más frecuente que el ámbito personal de los Convenios incluya sujetos que, independientemente de su nacionalidad, hayan estado sujetos a la legislación de las partes obligadas por el Tratado. En la mayor parte de los casos, los sujetos protegidos ostentan la condición de trabajador con independencia del régimen de Seguridad Social al que pueda inscribirse o si es por cuenta propia o ajena, excluyendo a los funcionarios que son omitidos sistemáticamente[38].

Estas inclusiones podrían fundamentarse en el arraigo de la profesionalidad de los sistemas de Seguridad Social de los distintos Estados. Además, respecto a nuestro Estado, los sujetos susceptibles de protección por los instrumentos coordinadores suscritos lo serán a nivel contributivo, salvo escasas excepciones[39].

---

38. En relación al colectivo de funcionarios de la Comunidad Europea ha cambiado la regla excluyente, con el Reglamento 1606/98. Así, y aunque con limitaciones, se les ha incluido en el campo de aplicación del sistema coordinador comunitario.

39. ÁLVAREZ CORTÉS, J. C.: *La seguridad social...*, op. cit., p. 61. Es evidente que el Convenio Europeo de Seguridad Social y los Reglamentos comunitarios 1408/71 y 574/72, obligan a los Estados a cubrir a los nacionales de los otros Estados miembros o partes

Es frecuente el establecimiento del principio de igualdad de trato «sin condición de nacionalidad» pero, en cualquier caso, debemos señalar que es necesario que los trabajadores migrantes tengan regularizada su situación en el país de acogida, con las correspondientes autorizaciones administrativas[40].

4.1.2. El principio de reciprocidad entre estados

La obtención de las autorizaciones administrativas por el trabajador no garantizaba la incorporación efectiva a los seguros sociales y al Sistema de Seguridad Social, pues el ejercicio de una actividad profesional no se consideraba suficiente para el acceso de los extranjeros a la previsión social, porque se entendía que éstos derechos habían nacido con el claro objetivo de proteger a los trabajadores nacionales[41].

No obstante, tras la puesta en marcha del Sistema de Seguridad Social el modelo normativo mantuvo las anteriores bases, apoyándose la tutela social de los trabajadores extranjeros en el principio de reciprocidad, siendo éste, el principio más importante de todos lo que rigen la cooperación internacional, pues responde a una realidad histórica, *do ut des*, hace que las obligaciones y concesiones propias se correspondan a las asumidas a contrario[42].

Se produjo, en consecuencia, la equiparación completa entre los súbditos de países hispanoamericanos, andorranos, filipinos, portugueses, brasileños y los ecuatoguineanos[43]. Así, la proyección del principio de «rabiosa» igualdad de inmigrantes nacionales de los restantes países, se transformó en regla básica a raíz de la firma del Convenio n. 97 de la OIT[44].

---

con las prestaciones no contributivas. De otro lado, los Convenios bilaterales más modernos (Brasil, Chile, Rusia, Ucrania y Uruguay) recogen de forma expresa o tácita la posibilidad de que a través de los mismos se cubran a los sujetos protegidos mediante prestaciones no contributivas.

40. ALVAREZ CORTÉS, J. C.: *La seguridad social...*, op. cit., p. 62.

41. RODRÍGUEZ CARDO, I. A.: *Ámbito Subjetivo del sistema Español de Seguridad Social*, Aranzadi, Navarra, 2006, p. 177.

42. MERCADER UGUINA, J. R.: «La protección social de los trabajadores extranjeros», en AA.VV.: *Derechos y Libertades de los extranjeros en España. XII Congreso Nacional de Derecho del Trabajo y de la Seguridad Social*, tomo II, Gobierno de Cantabria, Santander, 2003, pp. 1137 y ss.

43. Art. 7.5 LGSS «Los hispanoamericanos, portugueses, brasileños, andorranos y filipinos que residan en territorio español se equiparan a los españoles a efectos de lo dispuesto en el número 3 de este artículo. Con respecto a los nacionales de otros países se estará a lo que se disponga en los Tratados, Convenios, Acuerdos o instrumentos ratificados, suscritos o aprobados al efecto, o cuanto les fuera aplicable en virtud de reciprocidad tácita o expresamente reconocida».

44. MERCADER UGUINA, J. R.: «La protección social...», op. cit., p. 1138.

En virtud del principio de reciprocidad, el país de origen del extranjero deberá ofrecer una protección equivalente al trabajador español emigrante. Así, si el Sistema del otro Estado permite la incorporación de los españoles, pero existe una limitación o restricción a determinadas prestaciones, el extranjero también estará excluido en el Sistema de Seguridad Social español. En consecuencia, existe igualdad de trato, pero los términos de comparación son diferentes: no son personas sometidas a un mismo ordenamiento, sino que estaremos ante distintos ordenamientos para personas en situaciones semejantes[45].

4.1.3. El principio de conservación de derechos adquiridos

Se trata de un principio de doble vertiente pues, por un lado, se refiere a la conservación de los derechos perfectos o que ya vienen siendo disfrutados por el trabajador migrante y, por otro, pretende que el trabajador que aún no ha perfeccionado sus derechos por no cumplir los requisitos para obtener el mismo, especialmente los que se refieren a períodos de cotización previa, no vea frustradas sus expectativas por el hecho de salir a trabajar al extranjero.

Aparte de la igualdad de trato, el mantenimiento de los derechos adquiridos constituye un principio esencial de la coordinación de las legislaciones de Seguridad Social. Así, permite a los migrantes beneficiarse en todo caso, además del principio de igualdad de trato, de las prestaciones que tienen reconocidas, cuando dejen de residir en el territorio del país deudor y cuando sus derechohabientes no residan o dejen de residir en ese país[46].

Los convenios y demás instrumentos internacionales consideran indispensable el acceso a la Seguridad Social de los trabajadores migrantes, buscando reducir su situación de desarraigo, favorecer su integración social y salvaguardar sus derechos fundamentales[47].

Desde que se establecieron los Sistemas de Seguridad Social, los Estados dirigieron los beneficios de los mismos a favor de sus propios nacionales;

---

45. RODRÍGUEZ CARDO, I. A.: *Ámbito subjetivo...*, op. cit., p. 178. En el mismo sentido, SÁNCHEZ PÉREZ, J.: *La protección otorgada...*, op. cit., p. 5.

46. PERRIN, G.: «Los principios de la Seguridad Social...», op. cit., pp. 182-183. Al respecto puede verse SÁNCHEZ-RODAS NAVARRO, C.: *La residencia en España desde el prisma del derecho del trabajo y la seguridad social*, Aranzadi, Navarra, 2015.

47. RODRÍGUEZ-PIÑERO Y BRAVO-FERRER, M.: «La Seguridad Social y...», op. cit., p. 5. Con la finalidad de asegurar la igualdad de trato en materia de Seguridad Social se ha ido eliminando de forma progresiva el requisito de la reciprocidad relativizando las diferencias de trato entre nacionales y extranjeros en materia de derechos sociales y condiciones de trabajo.

pero con el transcurso del tiempo, se intentó extender los derechos de Seguridad Social a través de convenios bilaterales que contemplaran la protección de los nacionales que emigraran hacia los Estados con los que se firma el convenio. Además, estos convenios deben coordinar los ordenamientos jurídicos de seguridad social ordenando las prestaciones cuando proceden de la aplicación de forma conjunta o compartida de diferentes sistemas de Seguridad Social[48].

Así, de este modo, los convenios generales suelen ser flexibles regulando mínimos de protección adaptables a las peculiaridades y matices de los distintos sistemas de Seguridad Social[49].

Según Rodríguez-Piñero, las técnicas estaban ya bastante desarrolladas en el momento de plantearse el tratamiento comunitario de estas cuestiones y por ello fueron incluidas, en buena parte, en éste, a la vez que se dieron nuevos y decisivos pasos[50].

A nivel Internacional, los Convenios de Seguridad Social tienden a prever que las personas incluidas en el campo de protección de la Seguridad Social de un Estado se beneficien de todos los derechos adquiridos por ellas, cualquiera que sea su nacionalidad, siempre que residan en el territorio de uno de los Estados Miembros[51].

Respecto a las prestaciones asistenciales, no podrían exportarse ya que al ser sufragadas por la solidaridad de los ciudadanos y financiadas por impuestos, sólo podrán disfrutarse cuando se reside en el país que las concede[52]. Con lo cual, éstas se encuentran directamente vinculadas, para poder exigirse, a la residencia en el país que las otorga[53].

No obstante, suele establecerse, en caso de prestación de naturaleza económica, una equiparación entre el territorio nacional y el territorio donde resida el beneficiario[54].

En consecuencia, los migrantes podrán beneficiarse, en todo caso, de las prestaciones que tienen reconocidas, cuando cese su residencia en el territorio del país deudor y cuando sus derechohabientes no residan o dejen de residir en ese país.

---

48. SÁNCHEZ PÉREZ, J.: *La protección otorgada...*, op. cit., p. 41.
49. CABRERO DOMÍNGUEZ, C.: «Seguridad social internacional...», op. cit., p. 43.
50. RODRÍGUEZ-PIÑERO Y BRAVO-FERRER, M.: *La Seguridad Social de los trabajadores migrantes...*, op. cit., p. 60.
51. ALVAREZ CORTÉS, J. C.: *La seguridad social...*, op. cit., p. 78.
52. CABRERO DOMÍNGUEZ, C.: «Seguridad social internacional...», op. cit., pp. 46-47.
53. SÁNCHEZ PÉREZ, J.: *La protección otorgada...*, op. cit., p. 42.
54. CABRERO DOMÍNGUEZ, C.: «Seguridad social internacional...», op. cit., pp. 46-47.

4.1.4. El principio de mantenimiento de derechos en curso de adquisición

La conservación de derechos en vías de adquisición ofrece una situación peculiar, pues cuando se refieren a prestaciones contributivas se exige una carrera de cotización para tener acceso a las mismas. Si el reconocimiento de la totalidad de los periodos de cotización depende del cómputo acumulado de cotizaciones en el país de origen y en uno o más países de destino, la solución más común viene dada por el *principio pro rata temporis*, según el cual el pago se llevará a cabo en cuantía proporcional a los periodos cumplidos por el trabajador migrante en cada uno de los Estados[55].

El principio pretende la reconstrucción de la Seguridad Social de los migrantes, a pesar de su afiliación sucesiva a diversas legislaciones. Con la finalidad de que se tomen en cuenta todos los períodos útiles de calificación, es decir, periodos de seguro, de actividad profesional o de residencia, dependiendo del caso, para el reconocimiento de los derechos y el cálculo de las prestaciones, para garantizar los beneficios análogos a los que podrían aspirar si estos migrantes hubieran realizado toda su carrera en un solo país[56].

Los sistemas contributivos exigen un período previo de cotización, esto es, que los trabajadores contribuyan de forma previa al sistema de Seguridad Social. Esta exigencia, en multitud de casos, es de imposible cumplimiento por los trabajadores migrantes ya que su residencia y trabajo puede que no sea lo suficientemente larga como para acceder a las prestaciones derivadas de una determinada contingencia[57].

En relación a ello, los convenios internacionales suelen establecer mecanismos de ajuste para que los trabajadores no sufran la pérdida de dichos derechos. Así, los trabajadores migrantes que realicen actividades profesionales en un determinado Estado (siempre que sea parte del Convenio), tendrán reconocidos los períodos de residencia y cotización mediante la totalización, o bien se computarán para la adquisición cuando el hecho causante sea generado[58].

4.1.5. El principio de cooperación entre Estados

Se trata de un principio de coordinación de las legislaciones de Seguridad Social y se encuentra en todos los Convenios de la OIT que se refieran

---

55. SÁNCHEZ PÉREZ, J.: *La protección otorgada...*, op. cit., p. 42-43.
56. PERRIN, G.: «Los principios de la Seguridad Social...», op. cit., p. 186.
57. ÁLVAREZ CORTÉS, J. C.: *La seguridad social...*, op. cit., pp. 86-87.
58. CABRERO DOMÍNGUEZ, C.: «Seguridad social internacional...», op. cit., p. 47.

de forma específica a la Seguridad Social de los extranjeros y de los migrantes. Alude a la colaboración administrativa entre las autoridades competentes o entre las instituciones de los Miembros, para la aplicación de tales instrumentos y de las legislaciones coordinadas. La necesidad de una cooperación orgánica entre esas autoridades o instituciones para un buen funcionamiento de un sistema de coordinación, justifica que la colaboración administrativa pueda ser considerada como una exigencia fundamental de cualquier sistema de esta clase y explica su constante afirmación en los Convenios n. 19, n. 48 y n. 118, los cuales han precisado progresivamente sus condiciones de aplicación[59].

En efecto, mientras que el Convenio n. 19 OIT se limitó al reconocimiento de este principio, el Convenio n. 48 OIT especificó que la colaboración administrativa era reembolsable sobre la base de los gastos efectivamente realizados, salvo pacto en contrario[60].

Para facilitar la aplicación del Convenio, se crea, en conexión con la Oficina Internacional del Trabajo, una comisión compuesta por un delegado de cada Miembro y por tres personas designadas respectivamente por los representantes de gobiernos, de los empleadores y de los trabajadores en el Consejo de Administración de la Oficina. La comisión redactará su propio reglamento[61].

La importancia de los instrumentos de la OIT sobre Seguridad Social de los extranjeros y de los migrantes ha consistido, especialmente, en la coordinación internacional de las legislaciones de Seguridad Social y, la revisión del Convenio n. 48 que el Consejo de Administración de la Oficina Internacional del Trabajo decidió, durante su 211.° sesión (noviembre de 1979), inscribir en el orden del día de la 67.ª sesión de la Conferencia Internacional del Trabajo, en 1981, abre una nueva fase de reglamentación internacional de la OIT, por medio de sus instrumentos de vocación universal, a favor de la garantía de los derechos de los migrantes en materia de Seguridad Social[62].

La intención principal es impulsar el desarrollo de la coordinación internacional de las legislaciones de Seguridad Social, gracias a la confirmación de los principios, a la racionalización de los métodos y a la elaboración de fórmulas de modelo aplicables a los diferentes regímenes en presencia[63].

---

59. PERRIN, G.: «Los principios de la Seguridad Social...», op. cit., p. 190.
60. Art. 14.2 Convenio n. 48 OIT
61. Art. 20 Convenio n. 48 OIT
62. PERRIN, G.: «Los principios de la Seguridad Social...», op. cit., p. 191.
63. PERRIN, G.: «Los principios de la Seguridad Social...», op. cit., p. 191.

5. EL DERECHO A LA SEGURIDAD SOCIAL DE LOS EXTRANJE-ROS EN EL MARCO DE LA UNIÓN EUROPEA

La inclusión de los trabajadores inmigrantes en el Sistema de Seguridad Social para prestaciones contributivas y no contributivas viene recogido en el art. 34 de la Carta de los Derechos Fundamentales de la Unión Europea[64].

Desde que se empieza a aplicar el principio de libre circulación de trabajadores en el seno de la Unión Europea (art. 45 TFUE)[65] resultan indiscutibles las consecuencias dinamizadoras producidas tanto en la economía como en el incremento de la regulación derivada del empleo y de la protección social[66].

El Tratado de la Unión Europea incluye entre sus objetivos «un espacio de libertad, seguridad y justicia, sin fronteras interiores, en el que esté garantizada la libre circulación de personas» para todos sus ciudadanos, todo ello en el marco de una economía de mercado «tendente al pleno empleo y al progreso social»[67].

Sin embargo, los trabajadores procedentes de países no comunitarios no podrán invocar este derecho de libre circulación de trabajadores.

Posteriormente, la Carta Social Europea de 1961[68] ratificada por la mayoría de los países, establece la obligación de implantar Sistemas de

---

64. Art. 34 Carta de los Derechos Fundamentales de la Unión Europea. «1. La Unión reconoce y respeta el derecho de acceso a las prestaciones de seguridad social y a los servicios sociales que garantizan una protección en casos como la maternidad, la enfermedad, los accidentes laborales, la dependencia o la vejez, así como en caso de pérdida de empleo, según las modalidades establecidas por el Derecho comunitario y las legislaciones y prácticas nacionales. 2. Toda persona que resida y se desplace legalmente dentro de la Unión tiene derecho a las prestaciones de seguridad social y a las ventajas sociales con arreglo al Derecho comunitario y a las legislaciones y prácticas nacionales. 3. Con el fin de combatir la exclusión social y la pobreza, la Unión reconoce y respeta el derecho a una ayuda social y a una ayuda de vivienda para garantizar una existencia digna a todos aquellos que no dispongan de recursos suficientes, según las modalidades establecidas por el Derecho comunitario y las legislaciones y prácticas nacionales».

65. Uno de los principios fundamentales del Tratado de Roma fue precisamente la libertad de circulación de trabajadores. Al igual que el Reglamento 1612/68 de 15 de octubre de 1968, que desarrolla como principio general la supresión de cualquier discriminación, directa o indirecta, por motivos de nacionalidad en el trabajo, el salario y demás condiciones de empleo así como el acceso a la vivienda y el derecho a la reunificación familiar.

66. SÁNCHEZ PÉREZ, J.: *La protección otorgada...*, op. cit., p. 43.

67. Art. 3 párrafo 3, antiguo art. 2 del Tratado de la Unión Europea.

68. Firmada en Turín el 18 de octubre de 1961.

Seguridad Social tomando como referencia el Convenio 102 OIT, aunque con el compromiso de un perfeccionamiento progresivo, tal y como establece en su art. 12[69].

Respecto a nuestro sistema interno de protección social de los ciudadanos extranjeros, éste viene condicionado por la normativa comunitaria y, en concreto, por lo establecido en el Reglamento CEE 1408/1971[70]. Este Reglamento quedó derogado y sustituido desde el 1 de mayo de 2010 por el Reglamento (CE) núm. 883/2004 del Parlamento Europeo y del Consejo, de 29 de abril de 2004, sobre la coordinación de los sistemas de seguridad social[71], salvo las excepciones previstas en el artículo 90 de este último[72].

---

69. «Para garantizar el ejercicio efectivo del derecho a la seguridad social, las Partes Contratantes se comprometen: 1. A establecer o mantener un régimen de seguridad social. 2. A mantener el régimen de seguridad social en un nivel satisfactorio, equivalente, por lo menos, al exigido para la ratificación del Convenio internacional del trabajo (número 102) sobre normas mínimas de seguridad social. 3. A esforzarse por elevar progresivamente el nivel del régimen de seguridad social. 4. A adoptar medidas, mediante la conclusión de los oportunos acuerdos bilaterales o multilaterales, o por otros medios, sin perjuicio de las condiciones establecidas en esos acuerdos, encaminadas a conseguir: a) La igualdad de trato entre los nacionales de cada una de las Partes Contratantes y los de las demás Partes en lo relativo a los derechos de seguridad social, incluida la conservación de las ventajas concedidas por las leyes de seguridad social, sean cuales fueren los desplazamientos que las personas protegidas pudieren efectuar entre los territorios de las Partes Contratantes. b) La concesión, mantenimiento y restablecimiento de los derechos de seguridad social, por medios tales como la acumulación de los períodos de seguro o 'de empleo completados de conformidad con la legislación de cada una de las Partes Contratantes».

70. Reglamento (CEE) núm. 1408/1971 del Consejo, de 14 de junio 1971, relativo a la aplicación de los regímenes de seguridad social a los trabajadores por cuenta ajena, a los trabajadores por cuenta propia y a los miembros de sus familias que se desplazan dentro de la comunidad. Una versión actualizada tras múltiples modificaciones: Versión consolidada del Reglamento (CEE) núm. 1408/1971 del Consejo, de 14 de junio 1971 (eur-lex.europa.eu/LexUriServ/LexUriServ.do).

71. www.migrarconderechos.es/legislationMastertable/legislacion/Reglamento_883_2004.

72. «1. Queda derogado el Reglamento (CEE) núm. 1408/71 del Consejo a partir de la fecha de aplicación del presente Reglamento. No obstante, el Reglamento (CEE) núm. 1408/71 se mantiene en vigor y se preservan sus efectos jurídicos a los efectos:
   a) del Reglamento (CE) núm. 859/2003 del Consejo, de 14 de mayo de 2003, por el que se amplían las disposiciones del Reglamento (CEE) núm. 1408/1971 y del Reglamento (CEE) núm. 574/1972 a los nacionales de terceros países que, debido únicamente a su nacionalidad, no estén cubiertos por las mismas, en tanto que no se derogue o modifique dicho Reglamento;
   b) del Reglamento (CEE) núm. 1661/1985, de 13 de junio de 1985, por el que se establecen las adaptaciones técnicas de la normativa comunitaria en materia de Seguridad Social de los trabajadores migrantes en lo que se refiere a Groenlandia, en tanto no se derogue o modifique dicho reglamento;
   c) del Acuerdo sobre el Espacio Económico Europeo y el Acuerdo sobre la libre circulación de personas entre la Comunidad Europea y sus Estados Miembros por

Este Reglamento establece el principio de igualdad de trato de los ciudadanos de la Unión Europea que residan en alguno de los Estados que la componen, y tiene como principio básico la coordinación, facilitando la totalización de periodos para la generación de derechos de Seguridad Social y el cálculo de prestaciones, lo que facilita tanto el derecho a la conservación de derechos, como a la exportación de los mismos[73].

La situación derivada del citado Reglamento ofrecía problemas de distinto orden pero básicamente centrados en la aplicación de un trato discriminatorio respecto de los trabajadores no comunitarios, tal y como podíamos extraer de su art. 2, según el cual «se aplicará a los trabajadores que estén o hayan estado sometidos a la legislación de uno o de varios Estados Miembros o apátridas y que sean nacionales de uno de los Estados Miembro o apátrida o refugiados que residan en el territorio de uno de los Estado Miembros, así como a miembros de sus familias y a sus supervivientes», texto de cuya lectura se deduce la inaplicación del Reglamento a nacionales de terceros países aunque residan y trabajen legalmente en el territorio de los Estados Miembros[74].

---

una parte y la Confederación Suiza por otra, y otros acuerdos que contengan una referencia al Reglamento (CEE) núm. 1408/1971, en tanto que dichos Acuerdos no se modifiquen a la luz del presente Reglamento. 2. Las referencias al Reglamento (CEE) núm. 1408/1971 en la Directiva 98/49/CE del Consejo, de 29 de junio de 1998, relativa a la protección de los derechos de pensión complementaria de los trabajadores por cuenta ajena y los trabajadores por cuenta propia que se desplazan dentro de la Comunidad, se entienden hechas al presente Reglamento». Para una mayor información, ttp://www.migrarconderechos.es/legislationMastertable/legislacion/Reglamento_1408_1971.

73. Art. 29 Reglamento 1408/1971 «Residencia de los miembros de la familia en un Estado distinto de aquél en que reside el titular. Traslado de residencia al Estado donde reside el titular 1. Los miembros de la familia del titular de una pensión o de una renta debida en virtud de la legislación de un Estado miembro, o de pensiones o rentas debidas en virtud de las legislaciones de dos o varios Estados miembros, que residan en el territorio de un Estado miembro distinto de aquél en que reside el titular, disfrutarán de las prestaciones en especie como si el titular residiera en el mismo territorio que ellos, siempre que el titular tenga derecho a las mencionadas prestaciones en virtud de la legislación de algún Estado miembro. Estas prestaciones serán abonadas por la institución del lugar de residencia de los miembros de la familia, con arreglo a lo dispuesto en la legislación que dicha institución aplique, con cargo a la institución del lugar de residencia del titular. 2. Cuando los miembros de la familia a que se refiere el apartado 1 trasladen su residencia al territorio del Estado miembro donde reside el titular, disfrutarán de las prestaciones con arreglo a lo dispuesto en la legislación de dicho Estado, aunque hubieran disfrutado, antes de trasladar su residencia, de prestaciones por el mismo proceso de enfermedad o de maternidad».

74. GÓMEZ ABELLEIDA, F. Y QUINTERO LIMA, G.: «La Seguridad Social de los extranjeros no comunitarios que se desplazan dentro de la Unión Europea: alcance del nuevo Reglamento (CE) 859/2003, por el que se amplían las disposiciones del Reglamento

467

El Reglamento 859/2003 (CE)[75], en su artículo primero, ofrece diferencias sustanciales respecto al régimen regulado por el Reglamento precedente[76] pero la fórmula que se utiliza en este precepto no supone una modificación del Reglamento anterior, sino una extensión del campo de aplicación del Reglamento 1408/71, alcanzando así a los sujetos que hasta ese momento se encontraban excluidos de aplicación en virtud de la nacionalidad[77].

En definitiva, para la aplicación de la normativa anterior es necesario un requisito adicional: la residencia legal del inmigrante en un país de la UE. De ello derivan dos implicaciones: no se podrá otorgar ningún derecho de coordinación de Seguridad Social al extranjero no comunitario en situación irregular y, por otro lado, que el Reglamento no alterará en nada las normas aplicables respecto de la situación administrativa irregular[78].

6. CONCLUSIONES

El desplazamiento internacional trae causa en el ordenamiento de la Seguridad Social, donde se descubren los rasgos a partir de los cuales aparecerá definido. En este caso, la temporalidad, que supone un ánimo de retorno del desplazado, y el mantenimiento de la relación laboral con el empresario original que evita la ruptura del vínculo contractual primero conservando el centro de gravedad de la actividad en el país de origen.

La norma de referencia, la Ley 45/1999, de 29 de noviembre, sobre desplazamiento de trabajadores en el marco de una prestación de servicios

---

(CEE) 1408/1971 a los nacionales de terceros países». *Relaciones Laborales*, n. 1/2004, La Ley, Madrid, 2004, p. 1118.

75. Reglamento (CE) núm. 859/2003 del Consejo, de 14 de mayo de 2003, por el que se amplían las disposiciones del Reglamento (CEE) núm. 1408/1971 y del Reglamento (CEE) núm. 574/1972 a los nacionales de terceros países que, debido únicamente a su nacionalidad, no estén cubiertos por las mismas.

76. Art. 1 «Sin perjuicio de las disposiciones del anexo del presente Reglamento, las disposiciones del Reglamento (CEE) n° 1408/71 y del Reglamento (CEE) n° 574/72 se aplicarán a los nacionales de terceros países que, debido únicamente a su nacionalidad, no estén cubiertos por las mismas, así como a los miembros de sus familias y a sus supervivientes, siempre que se encuentren en situación de residencia legal en el territorio de un Estado Miembro y siempre que se encuentren en una situación en la que todos los elementos no estén situados en el interior únicamente de un solo Estado Miembro».

77. El anterior Reglamento sólo acogía de entre el grupo de los no comunitarios a los apátridas y a los refugiados. Por ello, la extensión que se lleva a cabo también abarca a los supervivientes no comunitarios de los trabajadores no comunitarios y también a sus familiares. SÁNCHEZ PÉREZ, J.: *La protección otorgada…*, op. cit., p. 45.

78. GOMEZ ABELLEIRA, F. Y QUINTERO LIMA, G.: «La Seguridad Social…», op. cit., p. 1124.

transnacional, parte del desarrollo del fenómeno que constituye el objeto de su regulación, los desplazamientos temporales de trabajadores, como consecuencia del «notable incremento» experimentado por las prestaciones de servicios transnacionales dentro de la Unión Europea intensificado por la moneda única y la interdependencia económica de los Estado miembros.

En materia de Seguridad Social, la Unión Europea presenta recopilaciones de normas de conflicto de gran importancia como es el Reglamento 883/2004, sobre coordinación de los Sistemas de Seguridad Social, que contiene una serie de normas para casos de accidentes laborales producidos en dos o más Estados europeos. Así, tanto el citado Reglamento como los numerosos Convenios bilaterales y multilaterales de Seguridad Social existentes suelen resolver los conflictos planteados entre instituciones o entidades gestoras de distintos Estados con el objetivo de determinar cuál de ellas debe abonar una prestación, así como la legislación es aplicable y el tribunal competente.

La igualdad de trato entre nacionales y extranjeros en materia de Seguridad Social puede entenderse desde dos vías distintas: una referente al Derecho Internacional y otra referida al derecho interno. Así, desde la perspectiva del derecho internacional, nuestro Estado debe conceder la igualdad de trato en materia de Seguridad Social según lo dispongan los tratados y Convenios internacionales, tanto bilaterales como multilaterales que se hayan ratificado.

El Derecho Internacional coordinador de la Seguridad Social parte de la necesidad de regular las situaciones de los emigrantes con el objeto de ser protegidos, al menos, del mismo modo que los nacionales y que su migración no produzca una disminución o pérdida de sus derechos adquiridos o por adquirir.

Con todo, el principio de igualdad es el que mejor daría respuesta a las necesidades de los trabajadores, pues quedarían encuadrados en el sistema como un nacional y se le aplicará para cualquier tipo de prestación tanto presente como futura.

Aparte de la igualdad de trato, el mantenimiento de los derechos adquiridos constituye un principio esencial de la coordinación de las legislaciones de Seguridad Social. Así, permite a los migrantes beneficiarse en todo caso, además del principio de igualdad de trato, de las prestaciones que tienen reconocidas, cuando dejen de residir en el territorio del país deudor y cuando sus derechohabientes no residan o dejen de residir en ese país.

Respecto a las prestaciones asistenciales, no podrían exportarse ya que al ser sufragadas por la solidaridad de los ciudadanos y financiadas por impuestos, sólo podrán disfrutarse cuando se reside en el país que las concede. Con lo cual, éstas se encuentran directamente vinculadas, para poder exigirse, a la residencia en el país que las otorga.

La conservación de derechos en vías de adquisición ofrece una situación peculiar, pues cuando se refieren a prestaciones contributivas se exige una carrera de cotización para tener acceso a las mismas. Si el reconocimiento de la totalidad de los periodos de cotización depende del cómputo acumulado de cotizaciones en el país de origen y en uno o más países de destino, la solución más común viene dada por el *principio pro rata temporis,* según el cual el pago se llevará a cabo en cuantía proporcional a los periodos cumplidos por el trabajador migrante en cada uno de los Estados

La inclusión de los trabajadores inmigrantes en el Sistema de Seguridad Social para prestaciones contributivas y no contributivas viene recogido en el art. 34 de la Carta de los Derechos Fundamentales de la Unión Europea.

Desde que se empieza a aplicar el principio de libre circulación de trabajadores en el seno de la Unión Europea (art. 45 TFUE) resultan indiscutibles las consecuencias dinamizadoras producidas tanto en la economía como en el incremento de la regulación derivada del empleo y de la protección social

Respecto a nuestro sistema interno de protección social de los ciudadanos extranjeros, éste viene condicionado por la normativa comunitaria y, en concreto, por lo establecido en el Reglamento CEE 1408/1971. Este Reglamento quedó derogado y sustituido desde el 1 de mayo de 2010 por el Reglamento (CE) núm. 883/2004 del Parlamento Europeo y del Consejo, de 29 de abril de 2004, sobre la coordinación de los sistemas de seguridad social.

Este Reglamento establece el principio de igualdad de trato de los ciudadanos de la Unión Europea que residan en alguno de los Estados que la componen, y tiene como principio básico la coordinación, facilitando la totalización de periodos para la generación de derechos de Seguridad Social y el cálculo de prestaciones, lo que facilita tanto el derecho a la conservación de derechos, como a la exportación de los mismos.

Capítulo 18

El cambio en el flujo migratorio: políticas y medidas de apoyo a la emigración

OLIMPIA MOLINA HERMOSILLA

Titular de Derecho del Trabajo y de la Seguridad Social
Universidad de Jaén

1. INTRODUCCIÓN: CARACTERIZACIÓN DE LA POLÍTICA MIGRATORIA COMO POLÍTICA DE EMPLEO

La conformación de la política migratoria en nuestro país está estrechamente vinculada con los objetivos a los que se orienta en cada momento histórico nuestra política de empleo, hasta el punto de quedar aquella configurada como un elemento estructural más de los que integran esta última política de empleo.

Esta instrumentalización a los objetivos del empleo, ha sido una constante a lo largo de la historia de nuestra política migratoria, concebida en sus estadios iniciales exclusivamente como una política de fomento de la emigración, ante la escasez de oportunidades de trabajo que existía en nuestro país en las décadas de los cincuenta y sesenta. Sin embargo, esta vinculación resulta mucho más evidente en los últimos quince años, debido a los radicales cambios de orientación que está experimentando nuestra política migratoria, al socaire de las orientaciones que en cada momento fija la política económica y los objetivos de empleo.

Así, hasta mediados de la década de los ochenta la presencia de personas extranjeras en España era poco relevante. Fue a partir del año 2000 cuando se produjo un salto brusco, al pasar de cien mil a más de trescientas mil personas extranjeras registradas en los municipios españoles. Por tanto, durante la primera década del siglo XXI la situación cambió radicalmente, de tal manera que España pasó –demasiado rápido– de ser

471

un país de emigración, a ser un país receptor de personas inmigrantes. Un cambio para el que nuestra estructura política, institucional y legislativa no estaba preparada, ya que España había sido tradicionalmente un país de emigración y durante años su regulación normativa se había centrado precisamente en dicho fenómeno.

El proceso de «institucionalización» de la nueva realidad de la política migratoria en nuestro país, y más en concreto en su vertiente de inmigración, se produce con la aprobación de la Ley Orgánica 4/2000, de 11 de enero, sobre derechos y libertades de los extranjeros en España y su integración social (en adelante LOEX), cuya última reforma se ha llevado a cabo mediante Ley Orgánica 2/2009, de 11 de diciembre, así como mediante el Real Decreto 557/2011, de 20 de abril, por el que se aprueba su Reglamento de desarrollo.

Sin embargo, pronto esta regulación dejaría sentir sus limitaciones para dar adecuada respuesta a la complejidad que presenta el fenómeno migratorio en nuestros días, en el que vienen a confluir dos tendencias aparentemente contradictorias, como son por un lado, los límites derivados de la política de inmigración concebida con un alcance general y carácter laboral, y por otro lado, el fomento de una política de inmigración revestida de un alcance selectivo y basada como veremos, en una finalidad económica. Junto a esta doble dirección que presenta nuestra actual política de inmigración, como componente básico de la política migratoria, esta última registra al mismo tiempo en los últimos años una tendencia a recuperar parte de su componente de emigración, eso sí, actualizado en su propia denominación en muchos casos, aunque no así en los principios ni en la realidad socio económica y laboral que inspiran su desarrollo.

2. CARACTERIZACIÓN DE LA ACTUAL POLÍTICA MIGRATORIA EN ESPAÑA

En el mundo globalizado, las migraciones representan un fenómeno natural que se produce por multitud de causas y que tiene, como en el caso de España, innumerables direcciones. De esta forma, nuestra actual política migratoria se intenta apartar del imaginario histórico que representó esta realidad en nuestro país, designándola con denominaciones mucho más modernas y eufemísticas, como es la de «movilidad internacional». A su vez, los dos componentes básicos de nuestra actual política migratoria, como son política de inmigración y política de emigración, se bifurcan en distintas direcciones.

2.1. LA ACTUAL POLÍTICA DE INMIGRACIÓN COMO POLÍTICA DE DOBLE DIRECCIÓN

Nuestra actual política inmigratoria viene caracterizada por una doble línea de actuación, cuyo objetivo es hacer compatible una política de empleo restrictiva para las personas inmigrantes extracomunitarias que presenten una baja cualificación, colectivo este que precisamente es uno de los más afectados por la crisis de empleo que atravesamos, con otra política mucho más abierta y atractiva, dirigida en este caso a aquellas personas inmigrantes que por razones de índole económica, se considera que pertenecen a una determinada elite desde una perspectiva profesional[1].

De esta forma, podemos entender que queda establecida una política inmigratoria restrictiva con carácter general y al mismo tiempo, otra política inmigratoria de signo contrario, es decir favorecedora de la entrada y permanencia en nuestro país de determinados colectivos profesionales que resultan especialmente interesante atraer a España.

2.1.1. Política restrictiva de inmigración de carácter laboral

Coincidiendo temporalmente con los primeros efectos de la crisis económica y financiera de nuestro país, nuestra política inmigratoria sufre un radical giro, materializado en la L. O 2/2009 que se concreta en su carácter mucho más restrictivo y menos favorable para la entrada y permanencia de personas extranjeras en España.

Se trata de una política de inmigración de carácter básicamente laboral, por lo que al disminuir drásticamente las oportunidades de empleo en nuestro país, se produce paralelamente el repliegue de la anterior fase expansiva que había venido experimentando esta política migratoria en su vertiente de inmigración, la cual coincidió temporalmente con la época de bonanza económica de nuestro país, en la que era necesario un incremento de mano de obra en aquellos sectores que así lo demandaban.

Un vez concluida esta fase de crecimiento económico, no solo se dificulta la entrada en nuestro país de personas extranjeras con carácter general, sino que resulta destacable incluso la puesta en marcha de políticas de fomento del retorno de estas personas a sus países de origen, con el fin de aliviar las abultadas cifras de desempleo que se empezaban ya a registrar

---

1. MOLINA NAVARRETE, C.: «La dimensión socio-laboral del pretendido -¿o pretencioso?– nuevo estatuto promocional del emprendedor», *Revista de Estudios Financieros. Trabajo y Seguridad Social*, n. 369. 2013, p. 7-96.

en nuestro país, como consecuencia de los efectos de esta crisis sobre nuestro mercado de trabajo.

Por tanto, podemos decir que una de las direcciones a las que se orienta la actual respuesta político-jurídica a la inmigración en nuestros días, responde a una finalidad restrictiva, consistente en restringir coyunturalmente de forma drástica las necesidades del mercado de trabajo nacional respecto a la inmigración extranjera.

Pero al mismo tiempo en que impera este carácter restrictivo para la política de inmigración con carácter general, es posible observar otra tendencia paradójicamente de signo opuesto, mediante la cual, se trata de atraer a nuestro país a personas extranjeras, no ya con carácter general, sino con un carácter muy selectivo e inspirado en razones económicas.

2.1.2. La política inmigratoria selectiva por razones económicas: la Ley 14/2013, de apoyo a los emprendedores y su internacionalización

La materialización de esta respuesta político jurídica a la inmigración de carácter selectivo se realiza en nuestro país por medio de la Ley 14/2013, de apoyo a los emprendedores y su internacionalización. Ésta viene a representar la separación de la tradicional concepción laboral que había venido inspirando hasta entonces la política de inmigración, y la consideración de sus efectos sobre el mercado laboral interno, para asumir una visión de la política de inmigración como elemento de competitividad, mediante el establecimiento de un marco jurídico favorable a la atracción por nuestro país, de determinados flujos migratorios orientados por motivos económicos.

De esta manera, nuestra actual política de inmigración viene regulada con carácter general por la Ley Orgánica 4/2000, de 11 de enero, de derechos y libertades de los extranjeros en España y su integración social, que regula el régimen de entrada y residencia en nuestro país, así como la autorización de residencia y trabajo de las personas trabajadoras de terceros países. No obstante, sin modificar esa regulación de forma expresa, la Ley 14/2013 viene a operar un cambio de enfoque de esta política, desde su consideración como inmigración laboral, cuya regulación se encauza mediante un control de carácter estricto y riguroso, a una nueva forma de inmigración, en esta ocasión de carácter económico, como elemento de mejora de la competitividad de la economía española, facilitando la entrada y la permanencia en territorio español por estos motivos de determinados profesionales.

Inspirada en este carácter selectivo, la actual Ley 14/2013, de 27 de septiembre, de apoyo a los emprendedores y su internacionalización, con

474

la redacción que la misma presenta, resultante de las modificaciones operadas por virtud de la disposición final undécima de la ley 25/2015, de 28 de julio, de mecanismo de segunda oportunidad, reducción de la carga financiera y otras medidas de orden social[2], pretende apartarse de esa imagen tradicional del trabajador inmigrante, de escasa cualificación y objeto de recelo, para sustituirla por la de un extranjero inversor, competente y con talento, que puede suponer una ayuda para nuestro desarrollo y que por tanto, merece una buena acogida, facilitando que instalen sus negocios aquí o la contratación de los más cualificados, aligerando o superando para ello los molestos trámites exigidos por la regulación que con carácter general resulta aplicable a estos casos.

Se genera así una regulación paralela y especial de inmigración por motivos de interés económico y por tanto, una dualidad de regímenes, diferenciando abiertamente entre políticas inmigratorias de carácter laboral o asalariado por un lado y políticas inmigratorias selectivas por razones económicas por otro, más vinculadas al emprendimiento, sin llevar a cabo sorprendentemente ninguna modificación directa de la LOEX.

De esta forma, a través de la Sección II del Título V de la citada Ley 14/2013, que contiene los arts. 61 al 76 bajo la rúbrica «Movilidad internacional», se establece una nueva y peculiar regulación en el ámbito de la política de inmigración. Esta regulación tiene como efecto que, a determinados colectivos de extranjeros y a sus familias que no sean ciudadanos de la Unión Europea, ni les sea de aplicación el Derecho Comunitario, se les facilita y agiliza la concesión de visados y autorizaciones de residencia, al objeto de atraer inversión y talento a España.

Para poder beneficiarse de este régimen mucho más favorable, los solicitantes deberán acreditar el cumplimiento de una serie de requisitos generales contenidos en el art. 62.3 de la Ley, como son: no encontrarse irregularmente en territorio español; ser mayores de 18 años; carecer de antecedentes penales en España y en los países donde hayan residido durante los últimos cinco años por delitos previstos en el ordenamiento jurídico español; no figurar como rechazables en el espacio territorial de países con los que España tenga firmado un convenio en tal sentido; contar con un seguro público o un seguro privado de enfermedad concertado con una entidad aseguradora autorizada para operar en España; tener recursos económicos suficientes para sí y para los miembros de su familia durante su período de residencia en España; y finalmente, abonar la tasa por tramitación de la autorización o visado.

---

2. BOE 29 de julio 2015.

Esta Sección 2.ª debe ponerse además en relación con las disposiciones adicionales 4.ª a 7.ª y finales 10.ª 4 y 11.ª de la Ley, donde para la aplicación de sus contenidos se establece, entre otras, la tramitación de las autorizaciones de residencia a través del procedimiento de solicitud de un permiso único o la no aplicación del criterio de «situación nacional de empleo» para las autorizaciones reguladas en la misma.

Se genera de esta forma una regulación especial, más privilegiada y favorable de los procedimientos de acceso a nuestro país para emprender o trabajar, frente a la contenida en la legislación común de extranjería que se caracteriza por ser más estricta, que persigue una inmigración controlada y sujeta a la situación nacional de empleo, en consecuencia, una diferencia de trato en la cuestión migratoria. Queda así sin esclarecer una delimitación clara de los ámbitos competenciales en ambos regímenes, otorgándose además en numerosas ocasiones un amplio margen de actuación facultativa y discrecional al órgano administrativo designado para la concesión de autorizaciones y visados y toma de decisiones en cada caso.

Y aunque es evidente que ningún modelo regulador de las migraciones puede ignorar la presencia de la lógica económica subyacente siempre a la regulación de esta cuestión, es necesario alcanzar un modelo de equilibrio entre estas dos realidades –laboral-social y económica– en la mayoría de las ocasiones enfrentadas, más allá del puro imperativo mercantilista al que parece estar abocado el nuevo modelo de política migratoria[3].

La propia Ley 14/2013 prevé en su Disposición Final Undécima, la necesidad de que anualmente el Ministerio de Empleo y Seguridad Social, a propuesta conjunta con los Ministerios de Asuntos Exteriores y Cooperación, de Interior, de Economía y Competitividad presente un informe ante el Consejo de Ministros sobre la aplicación de la Sección 2.ª del Título V de esta Ley, dedicada específicamente como hemos visto, a la movilidad internacional. Para dar cumplimiento a este mandato, en abril de 2015 se presentó este informe[4], en el que se pusieron de manifiesto algunas de las debilidades evidenciadas con la puesta en práctica de esta regulación, al tiempo que se realizaron una serie de recomendaciones de reforma legislativa para superarlas. Son estas recomendaciones precisamente el origen de la citada reforma que en este ámbito se ha llevado a cabo por Ley 25/2015.

---

3. MOLINA NAVARRETE, C.: «La dimensión socio-laboral del pretendido -¿o pretencioso?– nuevo estatuto promocional del emprendedor». Op. Cit. 2013.

4. http://extranjeros.empleo.gob.es/es/UnidadGrandesEmpresas/ley14_2013/documentacion/Informe_anual_de_la_Seccion_de_Movilidad_de_la_ley_14_2013.pdf

2.2. EL PRINCIPIO DE RECIPROCIDAD EN EL TRATAMIENTO FAVORABLE DISPENSADO POR LA POLÍTICA DE INMIGRACIÓN POR RAZONES ECONÓMICAS: SUS EFECTOS SOBRE LA POLÍTICA DE EMIGRACIÓN

El interés de analizar en este capítulo, dedicado como está a la vertiente de emigración que presenta la política migratoria en nuestros días, obedece al hecho de que la regulación que la Ley 14/2013 realiza de la movilidad internacional, no agota únicamente sus efectos en el ámbito del fenómeno de la atracción de la llegada de inversión y talento extranjero a nuestro país, sino que al mismo tiempo, esta nueva orientación que presenta la política de inmigración de carácter selectivo está sirviendo en la práctica de base para la negociación que España lleva a cabo con terceros países, no pertenecientes a la Unión Europea, encaminada a que estos concedan estas mismas ventajas a las empresas y profesionales españoles que se instalen en sus respectivos territorios. Se trata por tanto de la expresión del principio de reciprocidad en las relaciones bilaterales que establece nuestro país con Estados destinatarios de los actuales flujos de profesionales españoles que abandonan cada año nuestro país, y que constituyen la nueva versión de la emigración española.

Así, inspirados en este propósito de establecer criterios de reciprocidad en cuanto a las condiciones más favorables que los nacionales de terceros países encuentran en España, se han llevado a cabo desde la entrada en vigor de la ley 14/2013 diversas actuaciones, entre las que cabe destacar:

La firma de un Memorando de Entendimiento entre España y Méjico en junio de 2014, con objeto de facilitar la entrada y permanencia en los respectivos territorios, por razones de interés económico, de inversores, emprendedores, profesionales altamente cualificados, investigadores, profesionales que efectúen movimientos intraempresariales y los familiares de los anteriores. Dicho Memorando pretende, en definitiva, que los parámetros que guían la Ley 14/2013 se apliquen de manera recíproca, y por ende, que los españoles que puedan incluirse en dichas categorías obtengan permisos de entrada, estancia y residencia en Méjico, con las mismas facilidades que los mejicanos tienen en nuestro país.

El éxito de esta iniciativa trata actualmente de extenderse a otros países como Brasil[5], que son destinatarios de gran parte de los flujos de emigración que registra en la actualidad nuestro país.

---

5. La creciente consideración de Brasil como país de destino de la emigración española se ha visto incrementado debido a la organización en este país de acontecimientos internacionales como han sido el Mundial de Futbol en 2014 y de los Juegos Olímpicos en 2016, que han hecho que se generen oportunidades de empleo cualificado, lo

Las negociaciones llevadas a cabo en el marco del Acuerdo General de Cooperación suscrito, el 22 de febrero de 2007, entre los reinos de Arabia Saudí y España, para implementar distintas medidas de cooperación entre ambos países. En el Marco del Comité Bilateral creado al amparo del mismo, se han tratado algunos aspectos relacionados con la movilidad internacional, con objeto de coadyuvar a que las facilidades que ofrece la Ley 14/2013 a la inmigración cualificada saudí en España, puedan servir de marco impulsor para que se adopten medidas similares en relación con los españoles que quieran desarrollar una actividad laboral cualificada en Arabia Saudí.

Al mismo tiempo, España está impulsando la adopción de acuerdos similares a nivel de la Unión Europea. Así, destaca la Agenda Común sobre Migración y Movilidad establecida entre la Unión Europea y Brasil, para incluir como área prioritaria, la promoción de la migración cualificada ligada al crecimiento económico y la internacionalización empresarial[6].

Durante los últimos años, se vienen suscribiendo acuerdos por parte de España y distintos países como son entre otros Canadá[7], Australia y Nueva Zelanda, al objeto de favorecer la movilidad de los jóvenes, con el fin de que éstos puedan adquirir una experiencia profesional en estos.

3. LA OTRA CARA DE NUESTRA POLÍTICA MIGRATORIA: LA POLÍTICA DE EMIGRACIÓN

Como venimos poniendo de manifiesto, de forma coetánea al desarrollo que presenta en nuestros días la política de inmigración, en su doble dirección, se está produciendo en nuestro país, una tendencia de signo opuesto, caracterizada por la salida de flujos migratorios que abandonan España, en muchos casos ante la falta de oportunidades que encuentran en nuestro mercado de trabajo. De hecho, la crisis ha acentuado la laboralización de estos flujos migratorios, frente a la importancia que a principios

---

que ha motivado a una gran cantidad de jóvenes profesionales a elegir este país como destino de su proyecto emigratorio.

6. http://webcache.googleusercontent.com/search?q=cache:yCYkhwVCFcJ:ec. europa.eu/transparency/regcomitology/index.cfm%3Fdo%3DSearch.getPDF% 2650Prrugcm2kV5QGf/Hsvx1qBB7fI4EnisQ1BdEUO8vBf9jr/%2Bnz10PlVL0ixX-bhH7kGvLzo2Pu5uyjPyPE0HGhn1Yyu8a5hceFqN5ixnqYI%3D+&cd=3&hl=es&ct= clnk&gl=es

7. Vid. Programa de Movilidad de jóvenes entre España y Canadá http://www.exteriores.gob.es/Embajadas/OTTAWA/es/InformacionParaExtranjeros/Paginas/Visados-en-virtud-al-Acuerdo-Movilidad-de-J%C3%B3venes-entre-Espa%C3%-B1a-y-Canad%C3%A1.aspx

del siglo XXI había adquirido la finalidad formativa en esta *movilidad internacional*, especialmente en el caso de doctorandos.

El primer problema que encontramos a la hora de valorar la magnitud de estos nuevos flujos migratorios que se están produciendo en nuestro país, es la variedad de fuentes existentes para el cálculo de estas salidas, y al mismo tiempo, los distintos resultados que cada una de estas fuentes nos proporcionan, derivado de la utilización de los distintos criterios que cada una de ellas utilizan para realizar estos cálculos.

Por tanto, no existe por el momento en España un registro de emigrantes propiamente dicho, al que fuera posible acudir para conocer con relativa certeza este dato. Por el contrario, contamos básicamente con tres fuentes oficiales que suministran datos de salidas hacia el exterior: Padrón de Españoles Residentes en el Extranjero (PERE), el Censo Electoral de Residentes Ausentes (CERA) y la Estadística de Variaciones Residenciales (EVR).

Todas estas estadísticas nos ofrecen datos que están basados exclusivamente en las bajas padronales. El problema es que estas bajas sólo quedan registradas si los emigrados se dan de alta en los Consulados de España en los países de destino, y en muchos casos, esta inscripción en el Consulado español no llega a producirse.

Esa tendencia se ha acentuado a raíz de la reforma sanitaria llevada a cabo en nuestro país por Ley 22/2013 de 23 de diciembre, de Presupuestos Generales del Estado para el año 2014, que vincula la condición de asegurado con la residencia en España, en supuestos que hasta ahora no la tenían establecida y que precisa que no puedan superarse los 90 días de estancia en el extranjero a lo largo de cada año natural, para entender cumplido el requisito. En otras palabras, lo que ha provocado esta reforma es que queden sin cobertura los españoles que se registran en los consulados extranjeros, a partir de los tres meses desde ese registro. De esta forma, no sólo se elimina un derecho, sino que se está favoreciendo una estancia clandestina de los españoles en el exterior, con el resultado de que aumenta la dificultad para conocer la cifra total de salidas. En consecuencia, sólo se registrará en el extranjero una pequeña minoría de los que se salen de nuestros país, aquellos que en su destino encuentren una posición profesional y personal más estable y rodeada de mayores garantías, con el consiguiente riesgo de que cada vez tengamos menos datos respecto a las cifras reales de salidas que se producen en nuestro país. En resumen, la disminución de los incentivos a los españoles que emigran para darse de alta en los consulados, está teniendo un efecto perturbador en las estadísticas españolas de migraciones, ya que está oscureciendo las cifras sobre emigración.

3.1. BALANCE DE SITUACIÓN

Teniendo en cuenta estas premisas, según los datos que nos proporciona el Padrón de Españoles Residentes en el Extranjero (PERE) a 1 de enero de 2016, la población española residente en el extranjero aumentó un 5,6% (121.987 personas) durante 2015. El número de personas con nacionalidad española que residen en el extranjero alcanzó la cifra de 2.305.030[8].

El 33,3% de los españoles residentes en el extranjero nacieron en España, el 59,5% en su actual país de residencia y el 6,9% en otros países. Estos datos obedecen al importante número de extranjeros con nacionalidad española, que la han adquirido por virtud de la Ley 52/2007, la llamada Ley de Memoria Histórica, y que están abandonando cada año nuestro país.

Por continente, el 63,1% de las personas inscritas tenía fijada su residencia en América, el 33,7% en Europa y el 3,2% en el resto del mundo. Los países extranjeros ajenos a la Unión Europea, en los que residían más personas de nacionalidad española a 1 de enero de 2016 eran Argentina (439.236) y Venezuela (188.025). En términos absolutos los mayores incrementos se registraron en Argentina (16.230 más) y Estados Unidos (11.628). En términos relativos, en países con más de 10.000 residentes, los mayores incrementos se dieron en Ecuador (un 21,3% más), Bolivia (20,0%) y Colombia (14,7%).

El 15,3% de los inscritos en el PERE a 1 de enero de 2016 tenía menos de 16 años, el 62,9% tenía de 16 a 64 y el 21,7% 65 o más años. El 54,1% de los menores de 16 años residía en América y el 40,4% en Europa. En el grupo de edad de 16 a 64 años, un 61,7% residía en América y un 35,1% en Europa.

Por grupos de edad, las salidas más numerosas de españoles se vienen registrando entre personas de 30 a 39 años; es decir entre personas ya formadas y con experiencia laboral. Entre la población extranjera residente en España, son los jóvenes entre 20 y 29 años los que en mayor medida toman la decisión de abandonar nuestro país y buscar oportunidades laborales en otro destino. Ello arroja como resultando un evidente envejecimiento de la población residente en España en edad de trabajar. Además en el mercado laboral europeo se está produciendo una mayor demanda de perfiles profesionales de media y alta cualificación, según

---

8. http://www.ine.es/prensa/np962.pdf

**Colocaciones Detectadas
de Junio / 2013 a Mayo / 2014**

POR OCUPACIONES

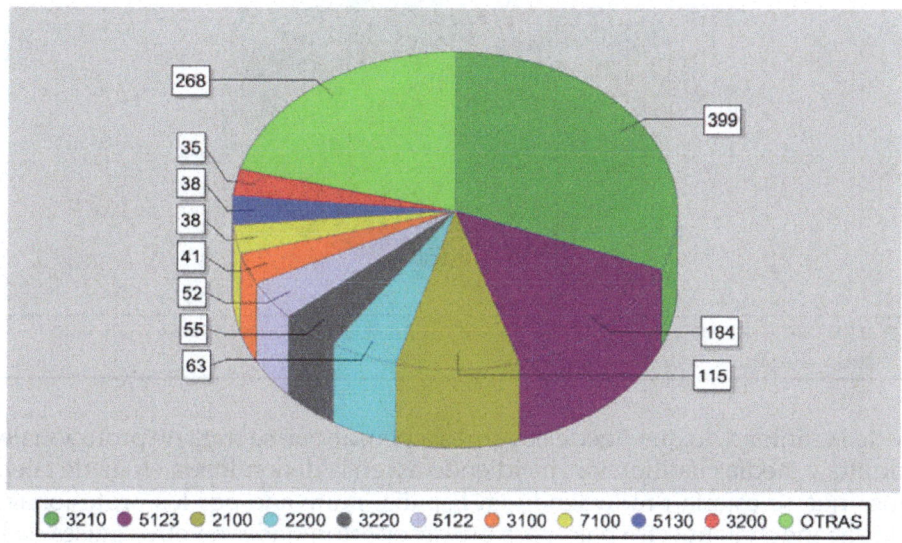

3210 • 5123 • 2100 • 2200 • 3220 • 5122 • 3100 • 7100 • 5130 • 3200 • OTRAS

los datos aportados por el último Informe de actividades de la Red Eures 2013/2014[9], lo que vendría a confirmar esa mayor edad laboral al ser requeridas personas ya formadas.

A la vista de estos datos, parece que España se va consolidando como país de emigración, y de modo paralelo se produce un descenso significativo de los flujos de llegadas, presentando a finales de 2015 un saldo migratorio deficitario. Así, durante el primer semestre de 2015, España registró un saldo migratorio negativo de 7.385 personas, el valor menos negativo registrado desde 2009. Ello se debe al descenso registrado en la emigración en nuestro país en un 18,1% respecto del semestre previo, acompañado de una reducción en la inmigración de un 6,0%.

Según el último *Informe Eures*[10] en los mercados laborales de la UE se siguen demandando profesionales de alta cualificación en ingeniería, informática

9. https://www.sepe.es/contenidos/personas/encontrar_empleo/encontrar_empleo_europa/pdf/informe_anual_2013_14.pdf

10. Las 10 ocupaciones con mayor número de colocaciones detectadas: 3210 enfermeras y comadronas; 5123 camareros; 2100 titulados superiores en físicas, químicas,

481

POR PAISES

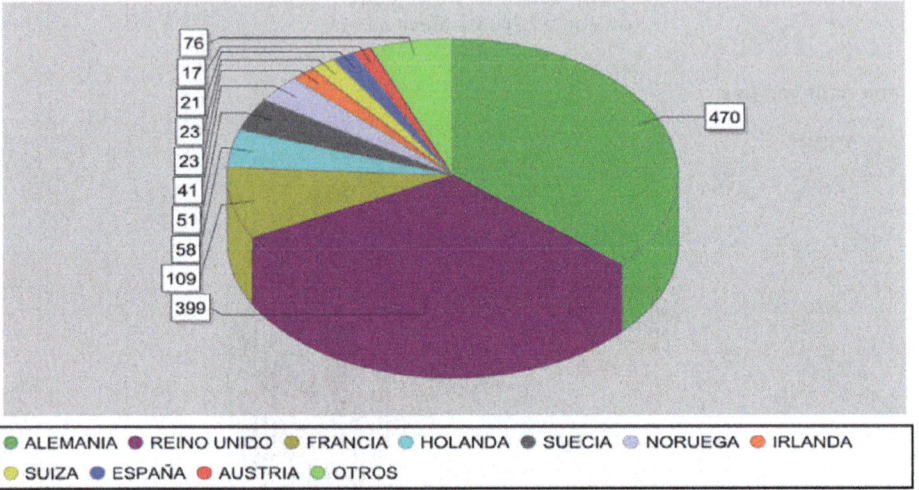

● ALEMANIA ● REINO UNIDO ● FRANCIA ● HOLANDA ● SUECIA ● NORUEGA ● IRLANDA
● SUIZA ● ESPAÑA ● AUSTRIA ● OTROS

y de la sanidad, lo que puede llevarnos a pensar que se trata de profesionales de alta y media cualificación, incidiendo así en la denominada «fuga de talentos» que se estaría produciendo en España, motivada por los profesionales que abandonan nuestro país, para buscar oportunidades en otros países de la Unión Europea. No obstante, la hostelería es también un sector a destacar en este sentido.

En cuanto a los países donde se registra un mayor número de contrataciones de españoles a través de esta RED EURES son:

De esta forma, creemos que los españoles se encuentran con una cierta dualidad en lo que a oportunidades de empleo se refiere, en los países de destino. Por un lado, es evidente que acceden a empleos cualificados. Sin embargo, también se insertan en los diferentes mercados laborales europeos en empleos de baja cualificación y ello más allá del grado de formación con que cuentan en cada caso.

Estos datos invitan a la reflexión sobre las posteriores consecuencias para el crecimiento de la economía española, puesto que la perdida de este talento y el envejecimiento poblacional no solo reporta un alto coste para el futuro de nuestro sistema de Seguridad Social, sino que también representa el riesgo de suponer poca capacidad de desarrollo y

---

matemáticas e ingenierías; 2200 titulados superiores en biología, medicina y salud; 3220 fisioterapeutas; 5122 cocineros; 3100 titulados medios en físicas, químicas, matemáticas e ingenierías; 7100 mineros, canteros, oficiales de construcción; 5130 auxiliares de clínica y niñeros; 3200 titulados medios en biología, medicina y salud.

competitividad de nuestra economía y, por lo tanto, el empobrecimiento social del país.

3.2. LOS DESAFÍOS DERIVADOS DE LA NUEVA POLÍTICA DE EMIGRACIÓN

Como vemos, la nueva realidad de la emigración ha empezado a provocar también nuevos problemas y desafíos para nuestro país, tanto en la orientación política como a nuestro ordenamiento jurídico. De este modo, y en primer lugar, se vislumbran algunas dificultades de los españoles para acceder al empleo en los países de acogida. En este sentido, puede parecer paradójico que siendo la finalidad laboral la que principalmente orienta estos proyectos migratorios de los españoles al exterior, en muchos casos, se encuentren con dificultades precisamente en este ámbito.

Estas dificultades han motivado la puesta en práctica de nuevas acciones normativas dirigidas a facilitar la integración de los jóvenes españoles en el exterior y su acceso al empleo en el país de destino. El cambio que representa esta orientación política obedece a las altas tasas de desempleo, sobre todo juvenil, que ha venido sufriendo nuestro país en los últimos años y que representan una de las más altas de Europa, superada únicamente por las registradas en Grecia[11]. Ante esta situación, se trata de fomentar la salida de esta población joven de nuestro país, ante la falta de oportunidades que les ofrece el mercado nacional de empleo y facilitarles los mecanismos de integración socio laboral en los países de destino.

3.2.1. Programa de inserción socio laboral de jóvenes en el exterior

Esta nueva línea de actuación viene representada básicamente por el Programa de inserción socio laboral para jóvenes en el Exterior, regulado por Orden ESS/1650/2013, de 12 de septiembre y cuya convocatoria de ayudas para el año 2016 se contiene en la Resolución de 12 de febrero de 2016 de la Dirección General de Migraciones[12].

---

11. Fuente Eurostat. Estudios anual sobre regiones europeas 2015. http://ep00.epimg. net/descargables/2015/10/09/85574a9d7ec5fbfc52e4a9ed142cebdb.pdf

12. BOE 4 de abril de 2016. El procedimiento de publicación de las convocatorias ha variado desde el 1 de enero de 2016, publicándose en la actualidad en el B.O.E. solo un extracto de las mismas, tal como establece la Resolución de 10 de diciembre de 2015, de la Intervención General de la Administración de Estado, por el que se regula el proceso de registro y publicación de convocatorias de subvenciones y ayudas en el Sistema Nacional de Publicidad de Subvenciones. B.O.E. n° 299 de 15 de diciembre de 2015. Las Resoluciones y los Anexos están disponibles en la página web del Portal de la Ciudadanía Española en el Exterior http://www.ciudadaniaexterior.empleo. gob.es/es/horizontal/actuaciones/ayudas/ficha-programas-ayu.htm

Los destinatarios de estas acciones son personas menores de 35 años que acrediten al menos un mes de residencia en el exterior y que se encuentren inscritos en el Registro de Matrícula Consular correspondiente, en el momento de inicio de la actividad. Precisamente, la exigencia de este requisito es uno de los que más problemas ocasionan en la práctica, para que sus potenciales destinatarios puedan acogerse a esta medida, puesto que como hemos indicado anteriormente, muchos de ellos no se inscriben en estos Registros, para no perder los derechos que aparecen vinculados a la residencia en nuestro país.

Por lo demás, la realización de actividades en el país de destino que pueden acogerse a este programa son las siguientes:

– Actuaciones para la integración social y laboral de los jóvenes, entre ellas, las de información, orientación profesional y asesoramiento sobre empleo y emprendimiento.

– Programas de formación, prácticas en empresas, de especialización profesional y de emprendimiento, que permitan la incorporación en el mercado laboral del país de residencia.

– Programas de perfeccionamiento de lengua extranjera en el país de residencia.

– Programas que faciliten el retorno, así como la participación en proyectos emprendedores en España.

Para la concesión de las subvenciones que se prevén en cada caso, se considerarán como criterios específicos de valoración los siguientes:

a) El contenido de la acción y su incidencia prevista en la inserción de los jóvenes españoles residentes en el exterior en el ámbito laboral.

b) El carácter innovador de los proyectos que tengan como finalidad mejorar la situación sociolaboral de los jóvenes españoles residentes en el exterior.

c) Especialización de la entidad solicitante en el desarrollo de acciones relacionadas con la actividad del proyecto presentado.

d) El número de españoles residentes en el exterior que podrían beneficiarse de la actividad.

e) El contenido técnico del proyecto: definición de objetivos, actividades a realizar, programación de actuaciones y seguimiento de resultados.

Solo se podrán subvencionar programas cuyo coste total sea igual o superior a 6.000 euros y la cuantía de la subvención concedida no podrá ser superior a 90.000 euros.

3.2.2. Tu primer trabajo Eures

Inspirado en la misma finalidad de facilitar la integración socio laboral de jóvenes españoles en el exterior, en este caso específico en los países miembros de la Unión Europea, además de Noruega e Islandia, nuestro país forma parte de la Red Eures y viene participando activamente en el desarrollo de las experiencias desarrolladas en el marco de esta Red.

Así, la iniciativa denominada «Tu primer trabajo Eures» (en adelante TPTE) se desarrolla en su fase actual como aplicación del programa de la UE para el Empleo y la Innovación Social 2014-2020 (EaSI), que es un instrumento europeo de financiación gestionado directamente por la Comisión Europea, con el fin de contribuir a la aplicación de la Estrategia Europa 2020, tratando de contribuir a conseguir el objetivo consistente en que la UE en el año 2020, consiga que un 75 % de su población entre los 20 y 64 años esté empleada. Entre otras prioridades, presta especial atención a los grupos vulnerables, como son entre otros los jóvenes, y trata de fomentar un alto nivel de empleo sostenible y de calidad.

Esta iniciativa a través de convocatorias anuales, trata de diseñar un plan de movilidad específico en el que se pongan en práctica métodos innovadores para desarrollar la movilidad profesional transfronteriza y abordar las necesidades de grupos destinatarios, sectores económicos, ocupaciones o países concretos.

Cada colocación materializada en el marco de esta iniciativa tendrá una duración mínima de seis meses y se basará en la formalización directa de un contrato laboral entre el joven y la empresa contratante.

En cuanto al ámbito subjetivo de esta iniciativa, en la misma se da prioridad a los jóvenes que buscan una oportunidad de trabajo en otro país de la Unión Europea por primera vez. Sin embargo, los solicitantes de empleo que anteriormente hayan estudiado o trabajado en otro país distinto del suyo, también pueden optar a las ayudas previstas en el marco de esta iniciativa.

Para ello, anualmente se realizan convocatorias de propuestas. Los servicios públicos de empleo de los países que formen parte de la red EURES serán los responsables de aplicar el plan. Además, pueden participar otras organizaciones del mercado laboral.

El objetivo de plan TPTE es proporcionar a los jóvenes una experiencia de trabajo y formación en un momento en el que el desempleo de las personas con edades comprendidas entre los 15 y los 24 años en Europa es muy elevado, superando con creces la tasa registrada para el conjunto de la población. Así, en diciembre del año 2015, la cifra de desempleo entre los jóvenes menores de 25 años alcanzó 4.454 millones en los países de la Unión Europea, de los cuales, 3057 millones se registraron en los países de la eurozona. Estos datos representan una tasa de desempleo juvenil del 19,2% mientras que en los países de la zona euro esta tasa asciende al 22%[13].

En la evaluación de TPTE llevada a cabo hasta el momento en el seno de la Comisión Europea[14], se concluyó que esta herramienta constituye un instrumento útil e innovador para abordar el desempleo juvenil, tratar la inadecuación de cualificaciones y fomentar la movilidad laboral en Europa. Así, durante el periodo comprendido entre 2012-2014 el plan de TPTE tuvo como resultado la creación de unas 3.400 colocaciones, la mayor parte de jóvenes que se encontraban en situación de desempleo en el momento de la contratación. Los tres sectores económicos principales en cuanto a colocaciones registradas fueron el de información y comunicación, las actividades administrativas y los servicios de apoyo, y las actividades relacionadas con la salud humana y los trabajos sociales. La mayoría de las personas que encontraron empleo tenían menos de 27 años y que habían concluido, al menos, la educación secundaria o la formación profesional. Durante este período, los tres países que más contrataciones formalizaron fueron Reino Unido, Alemania y España. Por su parte, los jóvenes que en mayor número fueron contratados eran de nacionalidad española, polaca o sueca.

a) Jóvenes destinatarios de la iniciativa TPTE

TPTE está abierto a la participación de jóvenes entre 18 y 35 años que sean ciudadanos de la UE, residan legalmente en cualquier país de la UE, y que estén buscando un empleo, un período de prácticas o de aprendizaje en un país de la UE, distinto a su país de residencia.

---

13. Las mayores tasas de desempleo juvenil se observaron en Grecia (un 48,6% en octubre de 2015), España (46%), Croacia (44,1%) e Italia (37,9%). Por su parte, los países con menores tasas de desempleo juvenil fueron Alemania (7%), Dinamarca (10,3%) y República Checa (10,9%). Fuente Eurostat http://ep00.epimg.net/descargables/2015/10/09/85574a9d7ec5fbfc52e4a9ed142cebdb.pdf

14. Informe disponible http://ec.europa.eu/social/main.jsp?langId=en&catId=1160&newsId=2136&furtherNews=yes

Por tanto, cualquier candidato tiene derecho a solicitar una oferta de empleo, de prácticas o de aprendizaje, así como ayuda financiera, siempre y cuando haya presentado su solicitud antes de cumplir los 36 años, independientemente de su nivel educativo, experiencia laboral o situación económica o social, siempre y cuando cumpla con los requisitos del puesto de trabajo y con las leyes laborales del país donde esté previsto que se produzca la contratación. Por tanto, el programa va dirigido a jóvenes tanto de escasa como de elevada cualificación que se encuentren desempleados e inscritos en un servicio de empleo de TPTE, como solicitante de empleo, período de prácticas o de aprendizaje en otro Estado miembro. El solicitante deberá ser preseleccionado para un puesto vacante a través de este servicio de empleo de TPTE.

b)   Empresas contratantes

Podrán beneficiarse de los incentivos previstos en el marco de la iniciativa TPTE todas las empresas, en particular las pymes, u otras organizaciones legalmente constituidas en los países de la de la UE[15]. No obstante, solo las pymes pueden recibir la ayuda financiera prevista en este programa. Todas las organizaciones deben cumplir con las leyes laborales y fiscales aplicables en los países en los que se hayan constituido.

A los efectos de TPTE, se entiende por pyme una empresa que de empleo a un máximo de 250 personas. Las pymes son el principal grupo destinatario de esta iniciativa, debido a su contribución al crecimiento económico europeo, en particular a la creación de nuevos puestos de trabajo. Éstas representan más del 99% de las empresas que generan más del 66% de los empleos totales, por lo que son consideras elementos impulsores clave para el crecimiento económico, la innovación, el empleo y la integración social. Proporcionan dos tercios de los empleos en el sector privado y contribuyen a más de la mitad del valor añadido total creado por las empresas de la UE. A pesar de esta contribución, se constata que las pymes no suelen contratar a empleados o aceptar a personas en períodos de prácticas o aprendizaje, procedentes de otros países, debido a las mayores dificultades que les ocasiona afrontar los costes de traslado, formación y provisión de tutorías que resultan necesarias para facilitar la integración de nacionales de otros países en sus estructuras. De ahí que se

---

15.   En este programa no se incluyen los empleos en instituciones y organismos europeos ni en otras organizaciones internacionales de carácter político, económico, social o científico (como la ONU, la OCDE, el Consejo de Europa o similares), ni en organismos reguladores supranacionales o sus agencias. Estos criterios también se aplican a las redes, plataformas u organizaciones similares financiadas por la UE.

haya considerado que el apoyo financiero proporcionado por TPTE puede resultar esencial para permitir a estas pymes contratar e integrar mejor a jóvenes procedentes de otros países de la de la UE.

En el marco del programa TPTE, en principio, cualquier empleo, período de prácticas o período de aprendizaje que cumpla con las leyes nacionales puede beneficiarse del apoyo, independientemente del sector económico o del marco regulador nacional. Sin embargo, los períodos de prácticas y aprendizaje que forman parte de los requisitos obligatorios para la obtención de un título o certificación profesional, no están cubiertos por TPTE.

Las ofertas gestionadas a través de esta iniciativa deberán garantizar el percibo de remuneración ajustada a los parámetros legales imperantes en el país en cuestión, así como especificar en el contrato laboral los objetivos profesionales (o de formación profesional), la duración de la relación contractual, las horas de trabajo, los derechos y obligaciones, la remuneración y las disposiciones en materia de seguridad social. La duración mínima será de seis meses, bien a tiempo completo o parcial, siempre que en este último caso, no sea inferior del 50% de la jornada a tiempo completo.

En el caso de los períodos de prácticas y aprendizaje, las empresas participantes deben proporcionar una formación y un aprendizaje en el trabajo destinados a mejorar las destrezas de los jóvenes solicitantes, así como ofrecerles un adecuado sistema de tutoría/orientación profesional en la empresa durante toda la duración de la formación. Deberá facilitar la asistencia a los cursos, en caso de sistema de formación dual y, si procede, proporcionar un apoyo financiero complementario de fuentes nacionales de financiación (pública o privada). Una vez finalizado el periodo, el joven tendrá derecho a que le sea expedido por la empresa un certificado en el que se reconozcan formalmente los conocimientos, destrezas y competencias que ha adquirido durante el período de prácticas o aprendizaje.

c) *Financiación*

El apoyo financiero previsto en el marco de la iniciativa TPTE tiene como objetivo cubrir parte de los costes realizados por los participantes, tanto jóvenes como empresas, en las actividades relacionadas con las colocaciones transnacionales o transfronterizas que constituyen el objeto de esta iniciativa.

Al igual que ocurre con otras iniciativas de movilidad internacional, cofinanciadas por la Comisión Europea, se recurre a la financiación a tanto alzado con el fin de facilitar el cálculo de la cuantía de las ayudas previstas, aplicando unos importes preestablecidos para ciertas categorías de gasto. Para el resto de ayudas previstas en esta iniciativa, se requiere la presentación de un presupuesto estimado de los costes admisibles, o bien una factura o recibo de los gastos realizados antes de que pueda procederse al reembolso de los mismos.

4. A MODO DE SÍNTESIS

Como hemos tenido ocasión de ir analizando a lo largo de estas páginas, la política migratoria en nuestro país a través de su devenir histórico ha venido mostrando una estrecha vinculación a los objetivos que pretende dar respuesta la política de empleo, hasta el punto de quedar aquella configurada como un elemento estructural más de ésta. Esta tradicional vinculación resulta aún más evidente en los últimos años, en los que estamos asistiendo a profundos cambios de orientación que afectan a nuestra política migratoria.

De esta forma, el fenómeno migratorio se presenta en nuestros días como una realidad compleja, en la que sus componentes básicos, como son política de inmigración y política de emigración, se bifurcan en distintas direcciones. Así, su vertiente de inmigración viene caracterizada por una doble línea de actuación, cuyo objetivo es hacer compatible una política de empleo restrictiva y dirigida a personas inmigrantes que presenten baja cualificación, con otra política mucho más abierta y atractiva, inspirada en razones de índole económica y dirigida en este caso, a aquellas personas inmigrantes que presentan una posición elevada desde la perspectiva profesional.

Esta misma orientación que presenta nuestra política de inmigración de carácter selectivo, impregna también las relaciones que en este ámbito, entabla nuestro país con países no pertenecientes a la Unión Europea, encaminadas a que estos Estados concedan estas mismas ventajas a las empresas y profesionales españoles que se instalen en sus respectivos territorios. Se trata por tanto, de una manifestación del principio de reciprocidad en las relaciones bilaterales que establece nuestro país con los principales Estados destinatarios de los actuales flujos de profesionales españoles, que constituyen una de las caras de la nueva versión de la emigración española.

Y es que, de forma coetánea al desarrollo de la política de inmigración, hemos podido comprobar cómo se está produciendo en nuestro país, una tendencia de signo opuesto, caracterizada por el fomento de la salida de flujos migratorios que abandonan España, en muchos casos ante la falta de oportunidades que les ofrece nuestro mercado de trabajo. Se trata de un nuevo fenómeno que ha de invitarnos a una reflexión más profunda sobre las posteriores consecuencias que conllevarán estos movimientos migratorios para el futuro crecimiento de nuestra economía, dado que la pérdida de este talento y el consiguiente envejecimiento poblacional en que se traduce, representa un evidente riesgo para la pérdida de nuestra capacidad de desarrollo y competitividad y por tanto, de empobrecimiento social de nuestro país.

Por el momento no es posible cuantificar con absoluta certeza este movimiento de emigración en nuestro país, puesto que las distintas fuentes oficiales proporcionan datos basados exclusivamente en las bajas padronales, registradas a partir de las altas de los emigrados en los Consulados de España en los países de destino, y en muchos casos, esta inscripción como hemos visto, no llega a producirse o se dilata en el tiempo, con el consiguiente riesgo de que cada vez contemos con menor fiabilidad en cuanto a las cifras reales de estos flujos que anualmente se producen en nuestro país.

Pese a esta ausencia de certeza en cuanto a los resultados que nos proporcionan las distintas estadísticas en materia de emigración, lo que sí parece cierto es que España está consolidándose como país de emigración, al tiempo que de modo paralelo se produce un descenso significativo de los flujos de llegadas a nuestro país, hasta el punto de registrar un saldo migratorio deficitario.

Esta nueva realidad de la emigración ha empezado a provocar también nuevos problemas y desafíos para nuestro país, entre los que destaca la necesidad de dar respuesta a las propias dificultades que encuentran los españoles para acceder al empleo en los países de acogida, lo que ha motivado la puesta en práctica de nuevas actuaciones dirigidas a facilitar la integración de los jóvenes españoles en el exterior y su acceso al empleo. A esta nueva finalidad se orientan la puesta en prácticas de iniciativas como el «Programa de inserción socio laboral de jóvenes en el exterior» o la conocida como «Tu primer trabajo Eures», ésta última inspirada en esta misma finalidad de facilitar la integración socio laboral de jóvenes españoles pero en este caso en los países miembros de la Unión Europea, además de Noruega e Islandia.

En definitiva, la política de emigración representa en nuestros días una nueva realidad que va consolidándose en nuestro país, con la consiguiente aparición de nuevos retos que la misma conlleva en el panorama económico, político y social, los cuales reclaman una profunda reflexión y debate, del que puedan surgir iniciativas y medidas que en cada uno de estos ámbitos, respondan a una adecuada planificación en la orientación con que pretende dotarse esta política, de la que por el momento carecemos en nuestro país.

Capítulo 19

Políticas de empleo para emigrantes laborales españoles

Luis Ángel Triguero Martínez

Profesor Contratado Doctor
(Acreditado a Titular de Universidad)
Departamento de Derecho del Trabajo y de la Seguridad Social
Facultad de Ciencias del Trabajo
Instituto de Migraciones
Universidad de Granada

1. INTRODUCCIÓN

Establece el artículo décimo tercero, apartado segundo, de la Declaración Universal de Derechos Humanos que toda persona tiene derecho *a salir de cualquier país, incluso del propio*[1]. Con ello queda reconocida y legitimada, a nivel internacional, la posibilidad de la emigración en cuanto hecho social en el seno de los movimientos migratorios.

Éstos últimos, más allá de la perspectiva desde la que se traten y desde la ciencia desde la que sean analizados (jurídica, social, demógrafa, política, etc.), tienen siempre un marcado trasfondo laboral. Es decir, el trabajo ocupa en la movilidad de las personas que los protagonizan un lugar central. El componente ocupacional está siempre en el seno de las migraciones. Muestra significativa de ello es el artículo undécimo del Convenio 143

---

[1]. Sobre su sentido y alcance, en conexión con los artículos 12 y 13 del Pacto Internacional de los Derechos Civiles y Políticos, *vid.*, Martín Martínez, M. M.: «Derecho a la libre circulación y residencia», en *El sistema universal de los derechos humanos*, Aa. Vv., Monereo Atienza, C. y Monereo Pérez, J. L. (dirs. y coords.), Comares, Granada, 2014, *passim*.

de la Organización Internacional del Trabajo, que, en relación a la concepción y comprensión del trabajador migrante establece que es *toda persona que emigra o ha emigrado de un país a otro para ocupar un empleo* (…).

El que una persona esté empleada y ocupada incide tanto en la decisión de emigrar –con la ruptura parcial de lazos sociales, laborales, familiares, económicos, culturales, etc., con el lugar desde el que se parte y la sociedad en la que se encuentra[2]– como en la de la condición de inmigrante, de ser inmigrante en la sociedad a la que se llega –principalmente a través de la integración sociolaboral de la persona en la sociedad–. Pero es que también es motor de esta decisión el no encontrarse empleado, el no tener una ocupación en el país del que se es nacional, teniendo la edad pertinente para ello, estando capacitado jurídicamente y, llegado el caso, habiendo adquirido la formación académica y ocupacional necesaria. O, lo que es peor, el tener un trabajo precario, un trabajo no decente en los términos de la Organización Internacional del Trabajo, de los que las políticas de flexibilidad extrema sobre las relaciones laborales, en determinados casos, ha fomentado.

La no inclusión en el mercado laboral de un particular Estado de sus nacionales o el empleo precario de éstos es uno de los principales elementos y factores que impulsan la decisión de emigrar. El no tener un trabajo que permita desarrollar una vida digna es un resorte para que las personas decidan irse a otros Estados. Y, en ello, la situación de los mercados de trabajo y su desarrollo socioeconómico tiene mucho que ver. Junto a, obviamente, las políticas jurídicas de empleo que regulan e inciden en el funcionamiento de aquél.

Así pues, se ha de dejar claro que uno de los principales elementos que impulsan la decisión de emigrar y, consecuentemente, ser inmigrante en otra sociedad y comunidad, es el conjunto de circunstancias socioeconómicas desfavorables que puedan encontrar estas personas en sus lugares de origen. La emigración no es siempre un proceso voluntario, sino más bien está incitado e impulsado por un conjunto de circunstancias sociales y económicas un tanto negativas. En lógica conexión, es clave la elección del país de destino por estas personas en el que ser inmigrante, pues optarán por alguno de aquellos que se hallen más desarrollados socioeconómicamente. En el que elijan, tienen la aspiración de encontrar una actividad laboral en el mercado de trabajo que les permita desarrollar su proyecto vital. En la emigración, por tanto, el trabajo se configura como medio ante la finalidad de conseguir un nivel de vida más digno que el

---

2. BELLO REGUERA, G.: *Emigración y ética. Humanizar y deshumanizar*, Plaza y Valdés, Madrid, 2011, pp. 64 y ss.

que dejaron en sus países, sociedades y comunidades de origen. Motivo por el cual, a priori, las políticas de empleo de éstos últimos han de mirar a este colectivo.

2. LA EMIGRACIÓN LABORAL EN ESPAÑA: SU CONOCIMIENTO PRESENTE MIRANDO AL PASADO MÁS RECIENTE

España es un claro ejemplo de la situación expuesta en los últimos años –desde, aproximadamente 2008 hasta la actualidad– en los que la crisis económica se transformó en una crisis de empleo que ha venido provocando la salida de personas nacionales hacia otros Estados atraídos por ejercer una actividad laboral de la que carecen –estando formados y capacitados para ello– pese a haber estado incorporados al mercado laboral o bien, directamente, haber sido expulsados del mismo[3]. O, incluso, el sentirse atraídos por una actividad laboral cualitativamente diferenciada a nivel superior con respecto a la que tienen o se ofrece en nuestro país.

Ejercen, así, estas personas, ante estas circunstancias, el derecho fundamental que constitucionalmente tienen atribuido *a entrar y salir libremente de España* (...) sin limitación *por motivos políticos e ideológicos, ex* artículo diecinueve. Se traspone así al ordenamiento jurídico interno español el derecho humano a emigrar reconocido internacionalmente, con idéntico sentido y alcance, legitimando así el hecho social de la emigración en nuestro país.

Ahora bien, en la identificación de la dimensión cuantitativa de esta realidad está el problema de las fuentes que recogen las cifras, por su diversidad y sectorialidad o, en su caso, por la particularidad. Objetivamente, en el estudio de la cuestión que nos ocupa, lo idóneo es acudir al Padrón de Españoles Residentes en el Extranjero, realizado por el Instituto Nacional de Estadística.

Éste, funcionando desde 2009, muestra que en todos los países del mundo, a uno de enero del mismo año había 1.471.691 españoles en el exterior. Por su parte, a uno de enero de 2017 la cifra se ha multiplicado exponencialmente, hasta llegar a los 2.406.611. Se incrementa así esta cifra en torno a un 60% en los años del período en los que lleva funcionando

---

3. En este sentido, Monereo Pérez, J. L. y Triguero Martínez, L. Á.: «El derecho regulador de las migraciones en España: análisis sistemático desde la vinculación político-jurídica entre migración y mercado de trabajo», en *El derecho de las migraciones en España. Estudio por Comunidades Autónomas*, Aa. Vv., Monereo Pérez, J. L. (dir.), Triguero Martínez, L. Á. y Fernández Avilés, J. A. (coords.), Comares, Granada, 2013, pp. XVII y ss.

el mismo. Queda constancia así del aumento notable de la emigración española hacia el exterior.

Sin embargo, la cuestión –de difícil respuesta– es si todas estas personas encajan con el perfil identificado de emigración laboral. Es así porque estos datos hay que interpretarlos matizadamente. El citado padrón, de conformidad con el Reglamento de Población y Demarcación Territorial de las Entidades Locales, sólo recoge a aquellos españoles inscritos en el registro de matrícula de cada Oficina Consular de Carrera o Sección Consular de las Misiones Diplomáticas. Proceso que conlleva, automáticamente, la baja en el padrón español y la acreditación del traslado de la residencia permanente al país de destino.

Si son consultadas sus cifras con mayor detenimiento, amén de encontrar a personas que no forman parte de la población que se puede considerar como activa, claramente se manifiesta que una parte de los inscritos son ciudadanos no nacidos en España. Es decir, los colectivos incluidos en la Ley de Memoria Histórica –hijos y nietos de emigrantes españoles entre julio de 1936 y 1955 que han solicitado la nacionalidad española– e hijos de nacionales de terceros estados extranjeros inmigrantes que han regresado a sus países de origen. Interrogante éste que, en cualquier caso no viene a negar la realidad coyuntural de la emigración laboral española actual por los motivos apuntados, pues las cifras siguen siendo sustancialmente significativas e ilustrativas de la tendencia apuntada.

Adicionalmente, a ellas habría que sumarles las de todos aquellos españoles en el exterior que, o bien no se han inscrito en el registro pertinente, o que, directamente, emprendieron su experiencia emigratoria con un visado de turista o permaneciendo en esta situación –dentro o fuera de las fronteras de la Unión Europea– a la búsqueda de un empleo para, a posteriori, habiendo encontrado trabajo, intentar regularizar su situación migratoria en el país de destino.

En cualquier caso, esta cuestión suscitada, la emigración laboral desde el interior de nuestras fronteras hacia otros Estados no es nueva. En nuestra historia reciente ha habido otros momentos en los que se ha producido, estando o no tan claramente identificada con este motivo y con la política de empleo.

Y es que atendiendo a nuestra historia más reciente preconstitucional, en España durante el régimen franquista hubo una emigración masiva hacia otros países europeos e, incluso, hacia otros continentes y regiones del planeta. Se justificaba la misma sobre la base del escaso desarrollo económico y social imperante, que impedía hacer efectivas oportunidades de trabajo para las personas. Pero también se consideró a esta emigración como político-ideológica, por ser sustancialmente las personas que emigraron de la ideología política contraria al régimen. No se ha de obviar, en el trasfondo de esta última, el contenido económico-laboral también, porque si no había grandes posibilidades de acceder a un trabajo para las personas afines o ideológicamente seguidoras del régimen por la pobreza en la que estaba sumida la sociedad española, menos lo iba a haber para las personas opuestas al mismo.

La consecuencia inmediata fue el hecho objetivo de que España se conformó a nivel internacional como un país de emigración, por la ausencia de un desarrollo socioeconómico de conjunto[4]. Una emigración laboral: las personas abandonaban su país de origen para trasladarse al extranjero con ánimo de trabajo[5], a fin de poder desarrollar un proyecto de vida en unas condiciones mejores que las que encontraban en España.

Desde esta concepción y partiendo de que la emigración es un fenómeno económico y social y no estrictamente jurídico, por más que toda realidad jurídica tenga su sustrato en la realidad socioeconómica[6], el soporte jurídico-legal de esta emigración se encontraba en la Ley 33/1971, de Emigración. Ésta se hallaba claramente orientada hacia un fomento de la emigración, pero desde una perspectiva muy particular. No mencionaba y, por tanto, ignoraba, la dimensión política directamente conectada a la laboral antes apuntada. Era una Ley de marcado carácter laboral que no consideraba el exilio.

Atendiendo a esta premisa estableció, en primer lugar, la posibilidad de que los emigrantes se acogiesen a un conjunto de planes, operaciones y programas para facilitar el desplazamiento y el acceso al empleo y a un trabajo en el país que les acogiese; y, en segundo lugar, todo un elenco de medidas, de un lado, de marcado carácter social, educativo y cultural y, de otro lado, de formación profesional e integración laboral. Una regulación jurídica de la emigración, a priori, correcta, vinculada a una efectiva política de empleo, que trataba de impulsar la integración de estas personas en la sociedad y entorno de destino. Estaba latente formalmente, por tanto, una preocupación del Estado por sus ciudadanos en el exterior con el trasfondo del interés

4. SÁNCHEZ BARRICARTE, J. J.: *Socioeconomía de las migraciones en un mundo globalizado*, Biblioteca Nueva, Madrid, 2010, pp. 108-112.

5. GALIANA MORENO, J.: «Emigración», *Enciclopedia jurídica básica*, Vol. II, AA. VV. Civitas, Madrid, 1995, pp. 2708-2711; CHARRO BAENA, P.: «Emigración», en *Enciclopedia Laboral Básica «Alfredo Montoya Melgar»*, SEMPERE NAVARRO, A. V., PÉREZ DE LOS COBOS ORIHUEL, F. y AGUILERA IZQUIERDO, R. (dirs. y coords.), Thomson Reuters Civitas, Navarra, 2009, p. 580.

6. ALONSO OLEA, M.: «Prólogo» a la obra de SERRANO CARVAJAL, J.: *La emigración española y su régimen jurídico*, Instituto de Estudios Políticos, Madrid, 1966, p. IX.

político de evitar el aumento de los desempleados en los momentos de incertidumbre y de reestructuración económico-productiva que estaba viviendo España en la década de los setenta del siglo pasado[7].

Esta tendencia emigratoria descendió con la caída del régimen, pero la pobreza socioeconómica en la que estaba sumida España, así como la falta de oportunidades consecuente y el incierto futuro político que se abría, continuaba siendo causa de emigración, si bien en unos niveles más moderados. Todo ello por más que en la propia Ley 33/1971 también se tuviese en cuenta el retorno de estas personas mediante un conjunto de programas consistentes en ayudas orientadas a su inclusión en el maltrecho mercado de trabajo nacional.

3. LA ATENCIÓN CONSTITUCIONAL A LOS EMIGRANTES LABORALES ESPAÑOLES

Teniendo presente la realidad social española del momento histórico que se vivía, el constituyente decidió incluir en la redacción del nuevo texto constitucional de 1978 un artículo expresamente dedicado a la emigración, el artículo cuarenta y dos. Por medio de éste es competencia del Estado velar por *la salvaguardia de los derechos económicos y sociales de los trabajadores españoles en el extranjero*, orientando su *política hacia el retorno* de los mismos. Se avanza así en la política jurídica de emigración. Y de emigración laboral, pues expresamente se cita y menciona a las personas en su condición de trabajadoras.

De este precepto se desprende el compromiso estatal por la puesta en marcha de una política jurídica de emigración con dos claras finalidades, siguiendo así, a priori, el espíritu de la propia Ley ya citada pero obligadas a reinterpretarlas ante su encuadre y conexión con otros preceptos constitucionales en cuanto principio rector de la política social y económica de nuestro país: en primer lugar, una protección decidida de los derechos sociales y económicos de las personas españolas en el exterior; y, en segundo lugar, el retorno de éstas.

Este compromiso y finalidades, en el momento actual de restricciones y recortes presupuestarios con los que se vienen afrontando los desequilibrios económico-financieros en los últimos años, es posible que, más que nunca, estén seriamente puestos en entredicho cuando a un incremento

---

7. Rojo Torrecilla, E.: «El derecho a una política de protección de los trabajadores emigrantes», en *Comentario a la Constitución socioeconómica de España*, Aa. Vv., Monereo Pérez, J. L., Molina Navarrete, C. y Moreno Vida, M.ª N. (dirs. y coords.), Comares, Granada, 2002, p. 1537.

progresivo de la emigración –como el que manifiestan las cifras citadas– se le corresponde, desde el ámbito político, con una reducción constante de la partida presupuestaria dedicada a la atención de este colectivo y de sus derechos sociales y económicos[8].

En cualquier caso y formalmente, más allá de esta circunstancia particular coyuntural de carácter económico que puede afectar a la propia funcionalidad social del artículo, las finalidades apuntadas confluyen en el auténtico y genuino sentido de este precepto constitucional. Desde la consideración de las personas emigrantes como un colectivo que requiere una especial atención[9], el Estado amplía sus fronteras para intervenir en los Estados donde se encuentran las personas trabajadoras nacionales en aras de salvaguardar y hacer efectivos los derechos sociales de los mismos ante la imposibilidad de dar cumplimiento y dotar de contenido al derecho al trabajo recogido constitucionalmente en el artículo treinta y cinco en cuanto derecho social de marcado carácter de libertad y de prestación[10].

Encuentra justificación así el hecho de que el Estado ha de orientar igualmente su política jurídica hacia el regreso o retorno de estas personas, para que así puedan cumplir el deber de trabajar, que recoge igualmente el citado artículo.

Ante ello, en consecuencia, se reorienta el sentido de la política –que llega hasta nuestros días– evolucionando desde una concepción estrictamente emigratoria laboral a otra de no emigración. Compete al Estado garantizar el derecho a una vida digna y de calidad dentro del propio territorio nacional[11], para lo que es consustancial la materialización del derecho y el deber de trabajar.

La responsabilidad e intervención estatal en la política jurídica de emigración se fundamenta constitucionalmente, pese a su consideración formal y material como Estado social autonómico con un nivel de descentralización competencial en sus distintos aspectos muy elevado, tanto cuantitativa como cualitativamente. Y es que en el supuesto concreto de la política de

---

8. Muestra ilustrativa es que los Presupuestos Generales del Estado de 2016 destinan 69,5 millones de euros para este colectivo, cerca de un 1,5% menos que con respecto al 2015.

9. López Ahumada, E.: «Emigrantes», en *Derechos sociales y tutela antidiscriminatoria*, Aa. Vv., Escobar Roca, G. (dir.), Thomson Reuters Aranzadi, Navarra, 2012, p. 2048.

10. Sobre este carácter, su sentido y alcance, Triguero Martínez, L. Á.: *Los derechos sociales fundamentales de los trabajadores inmigrantes*, Comares, Granada, 2012, pp. 327-332.

11. Rojo Torrecilla, E.: «El derecho a una política de protección de los trabajadores emigrantes», en *Comentario a la Constitución socioeconómica de España*, Aa. Vv., Monereo Pérez, J. L., Molina Navarrete, C. y Moreno Vida, M.ª N. (dirs. y coords.), cit., p. 1539.

migraciones, la Constitución delimita en su artículo ciento cuarenta y nuevo, apartado primero, punto segundo, que *inmigración, emigración* y *extranjería* son *competencia exclusiva* del Estado. Esta literalidad supone, desde el formalismo jurídico más estricto, la atribución al Estado español de la competencia única en materia de emigración, inmigración y Derecho de Extranjería. Por tanto, se deduce formalmente que la política puesta en marcha por el Gobierno atendiendo al marco jurídico-político correspondiente es parte de las competencias exclusivas estatales.

Sin embargo, el transcurso de los años desde la aprobación de la Carta Magna y la creciente relevancia y presencia de las migraciones en la sociedad española hasta nuestros días ha conllevado que, pese a su formalidad, esta competencia, por su transversalidad, haya presentado una estrecha conexión normativa-institucional con las Comunidades Autónomas y las competencias sectoriales adquiridas por ellas, especialmente a través de la asistencia sanitaria, educación, servicios sociales, integración social, etc. Es clave, al respecto, comprender que la propia Constitución es la que ha dibujado una organización territorial a cuyos entes dota de autonomía y les atribuye competencias propias en unos casos o les hace beneficiarios de competencias estatales susceptibles de ejecución o de delegación. E, igualmente, la legislación estatal apela a la acción coordinada de los diversos niveles de gobierno y de administración.

En este sentido, paradigmática es, respecto a la emigración, la Ley 40/2006, de 14 de diciembre, del Estatuto de la Ciudadanía Española en el Exterior. En su artículo primero, apartado segundo, se ratifica esta responsabilidad protectora estatal junto a las Comunidades Autónomas por igual[12] y, en el artículo primero, apartado cuarto, se expresa que los objetivos y las finalidades de la Ley se comprenden independientemente a las competencias que ostenten las propias Comunidades Autónomas. Asimismo, desde la perspectiva del retorno que incluye esta Ley, corresponde la promoción de la política integral de retorno al Estado en colaboración con las Comunidades Autónomas y las Corporaciones Locales –*ex* artículo veintiséis, apartado primero–.

4. ÁMBITO SUBJETIVO DE LA EMIGRACIÓN LABORAL ESPAÑOLA

En tanto en cuanto la Constitución alude al colectivo de emigrantes laborales españoles en aras de su tutela y retorno, así como establece el marco

---

12. Monográficamente, al respecto, Aa. Vv.: *La ciudadanía autonómica en el exterior: Comunidades Autónomas y emigración*, PAUNER CHULVI (ed.), Tirant lo Blanch, Valencia, 2013, *passim*.

competencial sobre la regulación de los mismos, sin embargo, obvia el intento de una definición total o parcial de los mismos. Tan sólo, como ya se ha mencionado, se ha de entender que son personas trabajadoras. Pero nada más.

En este sentido, persiguiendo cubrir este vacío y dotando de mayor sentido al precepto constitucional aludido, el artículo segundo de la Ley 40/2006, de 14 de diciembre, del Estatuto de la Ciudadanía Española en el Exterior, entiende por ciudadano español en el exterior –por extensión y conexión constitucional en tanto en cuanto Ley desarrolladora de este marco, emigrante laboral español– aquella persona que, estando en posesión de la nacionalidad española, reside temporal o permanentemente fuera del ámbito geopolítico que compone y define España realizando una actividad profesional –sobre éstos se focaliza la atención en el presente capítulo–, así como a los retornados para fijar su residencia –con idéntica nacionalidad antes del regreso– y a sus familiares (cónyuge no separado legalmente, pareja con relación análoga a la conyugal y descendientes hasta el primer grado discapacitados o menores de veintiún años o mayores de esta edad a su cargo).

Queda ampliado, por tanto, legalmente, el ámbito subjetivo del emigrante laboral español al inicial definido constitucionalmente[13]. Ampliación jurídico-legal en la que se obvia mención expresa al fundamento ya apuntado que sustenta la emigración. Todo ello se corrobora cuando en la exposición de motivos del texto legal en cuestión se manifiesta que *el ámbito subjetivo de aplicación del Estatuto engloba a todos los españoles en el exterior*. Entra este planteamiento en consonancia con las cifras y la problemática inherente a la interpretación de los datos cuantitativos ofrecidos por el Padrón de Españoles Residentes en el Extranjero.

5. LA DEFICIENTE DIMENSIÓN LABORAL EN LA REGULACIÓN JURÍDICA VIGENTE DE LA EMIGRACIÓN EN LA LEY 40/2006, DEL ESTATUTO DE LA CIUDADANÍA ESPAÑOLA EN EL EXTERIOR

La citada Ley 33/1971, de Emigración, estuvo en vigor, si bien con rango reglamentario, hasta comienzos del siglo XXI, cuando en el año 2006 –en plena consideración internacional de España como país receptor de inmigración extranjera– se aprobó la Ley 40/2006, de 14 de diciembre, del Estatuto de la Ciudadanía Española en el Exterior. Esta circunstancia

---

13. En esta dirección, ÁLVAREZ RODRÍGUEZ, A.: «El artículo 2 de la Ley 40/2006, de 14 de diciembre, sobre ciudadanía española en el exterior» en *El Estatuto de la Ciudadanía Española en el Exterior. Comentarios a la Ley 40/2006, de 14 de diciembre, del Estatuto de la Ciudadanía Española en el Exterior*, AA. VV., SEMPERE NAVARRO, A. V. (dir.), BENLLOCH SANZ, P. (coord.), Thomson Reuters Aranzadi, Navarra, 2009, pp. 257-259.

encontró también justificación en el hecho de que, poco a poco, progresivamente, la emigración se estancó y ya en los años 80 cambió el ciclo. España comenzó a ser, de un modo muy incipiente aún, destino de personas extranjeras. Tendencia ésta última que, todavía hoy pese a las circunstancias socioeconómicas apuntadas, persiste.

Desde este punto de partida, los planteamientos expuestos y analizados han estado seriamente sobre la mesa desde los inicios de la crisis económica en el 2008 y su conversión en una crisis de empleo, planteando retos políticos y de ordenación jurídica hasta el momento actual. En la realidad social de nuestro país coexisten una menor proporción de inmigración extranjera y el fenómeno –por su coyunturalidad– de la emigración de un porcentaje elevado de la población española –principalmente jóvenes, pero no exclusivamente– hacia otros países –de la propia Unión Europea o de fuera de la misma– con mayor desarrollo socioeconómico para la búsqueda de oportunidades laborales[14], ante la carencia de las mismas –paradigma de esta circunstancia es el desorbitado número de desempleados existentes, cerca de los tres millones y medio– o, en su caso, sus negativas y/o precarias condiciones, facilitadas e impulsadas también por las últimas reformas laborales y ajustes sociales[15].

Cobra así, de nuevo, importancia en la política jurídica actual la mencionada Ley 40/2006. Una relevancia que, ahora más que nunca es clave, pero en cuya redacción se hace patente y refleja el momento histórico en el que se elaboró y aprobó ésta. Una fecha, 2006, en la que España era claramente un país receptor de inmigración extranjera y en la que la emigración –particularmente la laboral– se contemplaba desde la óptica de una opción del pasado que no volvería a repetirse, como se desprende de la concepción de la misma en la exposición de motivos en cuanto fenómeno de la historia española hasta más allá de mediados del siglo pasado.

Asimismo, reflejo de ello no es sólo su amplio ámbito subjetivo, sino también la consideración en el texto jurídico-legal de tres tipos de emigración: política, económico-laboral y trabajadores desplazados. Estas tres categorías, claramente, se pueden reducir o reconducir a dos: la primera, la política, resultante todavía de motivaciones político-ideológicas con

---

14. En este sentido, DOMINGO, A. y BLANES, A.: «Inmigración y emigración en España: estado de la cuestión y perspectivas de futuro», en *Flujos cambiantes. Atonía institucional*, ARANGO, J., MOYA, D., OLIVER, J. y SÁNCHEZ MONTIJANO, E. (dirs.), Bellaterra, Barcelona, 2015, pp. 95 y ss.

15. Ilustrativamente, MOLINA NAVARRETE, C.: «De la flexibilidad laboral al ajuste social total», *Revista Trabajo y Seguridad Social, Centro de Estudios Financieros*, núm. 356, 2012, *passim*.

fundamento en la Guerra Civil y, la segunda, laboral en sentido clásico, en la que perfectamente se puede incluir tanto la laboral de la Ley –emigración tradicional ante la carencia de oportunidades en el mercado de trabajo nacional– y la de trabajadores desplazados al exterior como vía de ascenso y progreso personal y profesional. Se muestra aquí, en este último subtipo, la influencia del contexto socioeconómico vigente en el año 2006 en España, pues ésta última en el texto legal aparece como novedad destacada del mismo y la que le precede como la producida en la posguerra, en el pasado y a modo de historia pasada.

La Ley tiene un espíritu y sentido claramente orientado[16], de una parte, a la garantía de la igualdad real y efectiva de los españoles en el exterior, coincidiendo así con el espíritu tuitivo del artículo cuarenta y dos de la Constitución; y, de otra parte, a la garantía de la libertad de emigrar, valorándola y vendiéndola positivamente. Queda ignorada relativamente, en consecuencia, la vertiente constitucional del retorno, por más que dedique expresamente el título segundo a la misma desde una concepción integral de esta política en el que la voluntad –apoyada por medidas institucionales, económicas y sociolaborales– es nuclear.

Pero la concepción jurídico-legal de la emigración laboral como historia pasada ha fracasado. Así lo demuestra el momento actual y la realidad del mercado de trabajo español a lo largo de los últimos años. Es la falta de oportunidades para acceder de un modo efectivo al mercado de trabajo y la imposibilidad de materializar el derecho al trabajo reconocido constitucionalmente, el principal impulso y la motivación nuclear existente en la población española que emigra. Y, precisamente, en materia de empleo, esta Ley es deficiente para proteger a estas personas porque se ha de reiterar que se concibe y aprueba la misma en un momento en el que España es país de inmigración, no vinculándose, como consecuencia, a la política de empleo.

Si la emigración, como se ha advertido, es también laboral en un sentido clásico, muestra de esta deficiencia queda claramente recogida en el artículo veintidós, titulado derechos en materia de empleo y ocupación. Es así porque: en el apartado primero se comprende la protección para la búsqueda de trabajo y la mejora de las posibilidades de ocupación una vez que se está en el exterior, y no aquellas personas que, estando en España,

---

16. Sobre los objetivos de la misma, SÁNCHEZ TRIGUEROS, C. y FERNÁNDEZ COLLADOS, M.ª B.: «Objetivos de la Ley 40/2006 y normas concordantes», en *El Estatuto de la Ciudadanía Española en el Exterior. Comentarios a la Ley 40/2006, de 14 de diciembre, del Estatuto de la Ciudadanía Española en el Exterior*, Aa. Vv., SEMPERE NAVARRO, A. V. (dir.), BENLLOCH SANZ, P. (coord.), cit., pp. 143 y ss.

emigran ya con un contrato de trabajo o con contactos previos realizados al efecto; en el apartado segundo, se contempla el desplazamiento de españoles como oportunidad de éstos para mejorar y progresar en el trabajo que ya está realizando para empresas radicadas en el exterior, velando por las condiciones en que se realiza aquél; y el apartado tercero remite implícitamente a la inmigración, pues el Gobierno establecerá visados de búsqueda de empleo de tratamiento preferencial, conforme a la Ley Orgánica 4/2000, sobre Derechos y Libertades de los Extranjeros y su Integración Social, para personas extranjeras que sean hijos o nietos de españoles de origen.

Es necesario, en este sentido, no sólo repensar este texto jurídico-legal desde la realidad presente del momento, sino adecuarlo –con o sin reforma– a la emigración española de los presentes años de la segunda década del siglo veintiuno y conectarla con una política efectiva de empleo. Marco jurídico y realidad social han de conectar de un modo eficiente, precisamente para la adecuada regulación de ésta última. La primera ha de sentar las bases adecuadas para la segunda y no al contrario. No ha de plegarse la ley a la realidad y sí la realidad a la ley. Sobre todo cuando también, desde el ámbito político, no se trata de crear las oportunidades de trabajo ni cuantitativas –adecuadas al nivel de demanda– ni cualitativas, en términos de empleo estable, seguro y de calidad para la población que se ve obligada a emigrar.

La descapitalización de España es una realidad en el contexto de las migraciones que se producen en el momento actual[17]. Y, desde la perspectiva de la política de empleo, ha de constituirse materialmente en colectivo destinatario prioritario de las políticas activas de empleo, a priori. Pero, a medio camino y a posteriori, sorprende que el colectivo sea objeto de planes de acción política sectoriales en los que se le fomenta su empleabilidad en términos de precariedad o, incluso, se impulsa su emprendimiento en unos momentos económicos de contención. El desarrollo socioeconómico que ofrezca oportunidades de empleo para las personas, tengan la condición que tengan, está lejos así de conseguirse, convirtiendo a España en un país en el que tanto la emigración como la inmigración se reequilibra y acontece, pero en términos precarios.

---

17. Apuntando a la misma sobre la base de la falta de previsiones productivas, defendiendo la presencia de éstas también en la emigración histórica española más reciente, VALERO MATAS, J. A., MEDIAVILLA, J. J., VALERO OTEO, I., COCA, J. R.: «El pasado vuelve a marcar el presente: la emigración española», *Papeles de Población*, núm. 83, 2015, pp. 63 y ss.

6. LA EMIGRACIÓN LABORAL EN LA LEY DE EMPLEO: REVISIÓN CRÍTICA DE LA NECESITADA CONSIDERACIÓN DEL COLECTIVO EMIGRANTE EN LA POLÍTICA DE EMPLEO

La vigente Ley de Empleo, reformada por el Real Decreto Legislativo 3/2015, de 23 de octubre, por el que se aprueba el texto refundido de la Ley de Empleo, en su artículo treinta centra su atención en especificar un conjunto de colectivos prioritarios –jóvenes, mujeres, parados de larga duración, mayores de cuarenta y cinco años, personas con discapacidad o en situación de exclusión social e inmigrantes– a los que, en el marco general de la política de empleo[18], prestar una especial atención e interés por parte de los operadores político-jurídicos para hacer efectiva su empleabilidad y, por tanto, encontrar una actividad laboral en la que ocupar a sus integrantes.

Se deja patente ya cómo, pese a su reforma reciente en el tiempo, el legislador obvia de forma específica la inclusión del colectivo emigrante y la situación del mercado de trabajo actual en conexión con la dimensión social y económica. No considera a las personas que se hallan en nuestro país y que se ven forzadas a emigrar ante su situación de desempleo y la falta de oportunidades o por la ocupación de un empleo precario. No atiende a esta realidad.

Este artículo treinta forma parte del conjunto de preceptos que conforma tanto el título segundo del texto legal –servicios del Sistema Nacional de Empleo prestados por los servicios públicos de empleo– como, más concretamente, su capítulo segundo, acceso de las personas desempleadas a los servicios. Basta recordar al respecto, adicionalmente, que estos emigrantes laborales son personas que, normalmente, con carácter previo a su proceso de emigración, se encuentran en desempleo.

Ahora bien, el hecho de que en este artículo aparezcan enumerados una serie y conjunto de colectivos de personas a los que, desde las políticas activas de empleo prestar una atención específica, no significa que los mismos sean los que quedan recogidos. No es una enumeración cerrada ni taxativa, pues en el mismo artículo se utiliza el adverbio *especialmente*. Esto quiere decir, implícitamente, que las fronteras y delimitación de los mismos serán movedizas atendiendo al momento concreto. Se ha de tener en consideración que estos colectivos se pueden definir coyunturalmente

---

18. Sobre su definición, *vid*. MOLINA HERMOSILLA, O.: *La dimensión jurídica de la política de empleo. El derecho del empleo como nueva categoría sistemática*, Mergablum, Sevilla, 2005, pp. 119-123. MOLINA NAVARRETE, C.: «Política de empleo», en *Enciclopedia laboral básica Alfredo Montoya Melgar*, Aa. Vv., SEMPERE NAVARRO, A. V., PÉREZ DE LOS COBOS ORIHUEL, F. y AGUILERA IZQUIERDO, R. (dirs. y coords.), cit., pp. 1044-1045.

según un conjunto de variables socioeconómicas y de circunstancias personales en las que presenta una influencia directa la situación económica, social y política que se viva en el marco de la comunidad y sociedad en la que se encuentren.

En este sentido, al ser estos colectivos un concepto jurídico indeterminado, atendiendo a las variables del carácter citado podrán aparecer nuevos grupos atendiendo al momento histórico o, incluso, configurarse a su vez subgrupos de entre los mismos establecidos. De aquí la necesidad de considerar al colectivo emigrante en la coyuntura actual[19]. Es por ello por lo que la Ley de Empleo, por ser una norma básica y general, optó en su momento de un modo un tanto incorrecto por enumerar a unos colectivos concretos. Error repetido tras su última reforma de conjunto, como ya se ha manifestado. No se ha incluido al colectivo de emigrantes laborales.

A sensu contrario debería de haber establecido una regulación de las condiciones por las que unas personas puedan ser reunidas bajo un mismo grupo y ser consideradas colectivo prioritario, pero no establecer ni concretar los mismos. Con el paso de los años, la situación social, económica y política del país evoluciona apareciendo o desapareciendo colectivos en la sociedad, mientras que los casos concretos enumerados por el legislador no –a no ser que sea reformado el texto legal y sean tenidos en consideración por el legislador, como así no ha sucedido–. Se ha demostrado fehacientemente que no se tiene a este colectivo en la agenda.

Pese a todo, sí se ha de dejar constancia de un interés y tendencia jurídico-legal de concreción subjetiva y sectorializada por colectivos de las generales políticas activas de empleo y sus destinatarios principales[20]. Se viene a concretar así la propensión –también convirtiéndose en modelo de la misma– por la que la política de empleo ha evolucionado y pasado de tener un carácter general e indiferenciado a otro concreto y selectivo por grupos atendiendo a las dificultades de su empleabilidad e inclusión en el mercado de trabajo[21]. Es este planteamiento el que, desde una perspectiva optimista, puede empujar decididamente a dirigir la atención sobre este

---

19. Demandando ya su consideración como tal en fechas anteriores a la última reforma legal de conjunto, GÓMEZ-MILLÁN HERENCIA, M.ª J.: *Colectivos destinatarios de las políticas selectivas de empleo*, Laborum, Murcia, 2011, pp. 355-360.

20. Interés y tendencia que corresponden a un proceso de subjetivación de las políticas de empleo. Específicamente, OLARTE ENCABO, S.: *Políticas de empleo y colectivos con especiales dificultades. La subjetivación de las políticas activas de empleo*, Thomson Aranzadi, Navarra, 2008, pp. 19-20.

21. MOLINA HERMOSILLA, O. y MOLINA NAVARRETE, C.: «Más acá y más allá del trabajo: comentario a la Ley 56/2003, de Empleo», *Revista Trabajo y Seguridad Social, Centro de Estudios Financieros*, núm. 251, 2004, pp. 42-43.

colectivo de emigrantes laborales de cara a la necesidad de su inmediata atención y consideración como colectivo específico para su integración sociolaboral.

En este sentido, desde una perspectiva general, las políticas activas de empleo aglutinan un conjunto de medidas jurídico-políticas de distinto contenido que tienen la principal misión de afectar al mercado de trabajo, con la pretensión e intención básica de aumentar el nivel de empleo[22]. Su finalidad, por tanto, entronca directamente con una de las motivaciones centrales de la propia Ley y que siempre se demanda: el objetivo de incrementar la eficiencia del funcionamiento del mercado de trabajo y la mejora de las oportunidades de incorporación al mismo en aras de la consecución del pleno empleo. Si esta finalidad se materializa, de un modo claro y directo se frena la emigración.

Pero, claro está, para que se consiga el tan ansiado pleno empleo, es necesario una igualdad real y efectiva para todas las personas en las oportunidades de acceso a un empleo y, por tanto, al mercado de trabajo. Y, si existen algunas de éstas –potencialmente trabajadoras también, pues se hallan en la edad para ello y con las condiciones y aptitudes debidas– que, por determinados condicionantes adicionales –paradigmáticamente, sexo, nacionalidad, situación, edad, etc. originan grupos y colectivos concretos que encuentran limitadas materialmente sus oportunidades de acceso al mercado de trabajo, este objetivo queda en entredicho y mera retórica jurídica. Y esto es lo que hay que evitar. Muy particularmente, respecto al colectivo emigrante laboral. Si funciona el mercado de trabajo, el proceso de emigración laboral hacia el exterior de nuestras fronteras es más difícil que acontezca. Así lo demuestran las cifras de emigración de españoles. Se manifiesta así de una forma evidente la conexión existente entre política de empleo y emigración.

En cualquier caso, al margen de los aspectos y dimensiones formales propias a la realidad jurídica, también se ha de atender a la realidad social más inmediata y sus dimensiones materiales para que ambas converjan y

---

22. Empleo entendido como cualquier actividad profesional que genere recursos económicos a modo de ingresos para la persona que lo realiza, incluyéndose así el caso del trabajo por cuenta ajena, por cuenta propia o autónomo y el de los empleados públicos, junto a otros casos concretos y particulares que mezclan caracteres de las distintas posibilidades citadas. Por tanto, entendido como concepto más amplio que el trabajo, que viene relacionándose directamente con el trabajo asalariado. Más ampliamente, sobre la distinción entre empleo y trabajo, MOLINA HERMOSILLA, O.: *La dimensión jurídica de la política de empleo. El derecho del empleo como nueva categoría sistemática*, cit., pp. 43-49. Contraponiendo ambos, GARCÍA ARCE, M.ª C.: *La dimensión territorial de la política de empleo*, Thomson Reuters Aranzadi, Navarra, 2010, pp. 17-20.

no transcurran paralelas. En este sentido, las políticas activas de empleo pueden tener distintos contenidos: el propiciar el encuentro entre ofertas y demandas de empleo, la creación de nuevos puestos de trabajo y la adecuación cuantitativa y cualitativa de la demanda de empleo a los propios caracteres intrínsecos y propios del mercado de trabajo[23].

Es en éste último contenido en el que mejor se ubica y de un modo más correcto el propio sentido y funcionalidad del citado artículo treinta, sin obviar la evidente conexión con los demás, sobre todo en aras de cumplir, conseguir y cubrir el objetivo máximo jurídico-legal del pleno empleo. Desde las entidades pertinentes, se ha de analizar el perfil de las personas emigrantes laborales de nuestro país y diseñar políticas activas de empleo específicas para los sectores de población más afectados, más allá de su consideración como colectivo necesitado de atención en el momento actual.

En su marco y en conexión con los demás, es en el que se deben de poner en marcha programas y medidas político-jurídicas destinadas – primordial y esencialmente– a un conjunto de colectivos prioritarios que pueden presentar dificultades para su empleabilidad, entre los que imperiosamente hay que considerar a los emigrantes laborales, por condiciones adicionales intrínsecas a su persona.

El primer artículo de la Ley de Empleo alude expresamente a estos programas de un modo general y, por tanto, no particularizando expresa y formalmente para colectivos concretos. Material e implícitamente, la atención a los mismos se debe entender comprendida –bien específicamente o bien transversalmente– en los distintos programas y medidas. Precisamente y como parte de la definición técnica, jurídica y legal de la política de empleo, el Estado y las Comunidades Autónomas las deben de adoptar para la consecución del pleno empleo y, consecuentemente, la reducción de las situaciones de desempleo[24]. Muestra ilustrativa de ello lo constituye la Estrategia de Emprendimiento y Empleo Joven 2013/2016, puesta en marcha por el Gobierno español e implementada normativamente a

23. DE LA CASA QUESADA, S.: «La respuesta de la protección por desempleo ante la crisis económica», en El Derecho del Trabajo y de la Seguridad Social ante la crisis económica, AA. VV., MONEREO PÉREZ, J. L., SÁNCHEZ MONTOYA, J. E. (dir.), MORENO VIDA, M.ª N. y TRIGUERO MARTÍNEZ, L. Á. (coords.), Comares, Granada, 2010, pp. 535-536.

24. Vid., al respecto, MOLINA NAVARRETE, C.: «Los nuevos estatutos de autonomía y el reparto constitucional de competencias en las materias de empleo, trabajo y protección social», Revista de Trabajo y Seguridad Social, Centro de Estudios Financieros, núm. 283, 2006, pp. 80 y ss. Asimismo, MONEREO PÉREZ, J. L.: «La distribución de competencias en el Estado social autonómico en materia de política de empleo e inmigración», Revista Tribuna Social, núm. 198, 2007, pp. 23-32.

través tanto de diferentes reformas sobre la legislación sociolaboral como de normas específicas sobre algunos de sus contenidos.

Pero si el pleno empleo aludido no ya no se consigue, sino que ni siquiera hay una tendencia positiva en la creación de empleo orientada –en mayor o menor lejanía– hacia aquél, también es objetivo de esta política de empleo, pero en su vertiente de pasiva, la debida protección ante la misma.

Queda manifestada así la relación más directa entre política de empleo y los principios rectores de la política social y económica constitucionalmente establecidos coincidentes con tales aspectos, recogidos tanto en el artículo cuarenta, apartado primero, *in fine* –realización de una política orientada al pleno empleo– como en el cuarenta y uno –protección social, especialmente en caso de desempleo–. Preceptos ambos en estrecha conexión, como ya se ha apuntado, con el sentido y el alcance que tiene el propio artículo cuarenta y dos de la Constitución y la responsabilidad estatal tuitiva en la materia en conexión con aquéllos.

Ahora bien, como contrapunto, esta atención específica a colectivos concretos para la consecución de su empleo no concretando si de calidad o no –si bien en la propia definición jurídico-legal general sí se alude expresamente a la misma– encaja más en la propia filosofía del modelo de *workfare state* que en el de *welfare state*. Es decir, en la finalidad político-jurídica de la consecución del pleno empleo y la protección frente al desempleo, tiene más relevancia e importancia para la cobertura de necesidades básicas y la procura existencial la protección que reciba la persona derivada directamente sólo del trabajo realizado, frente al Estado de bienestar y su protección universal e igualitaria[25].

Muestra ilustrativa y clara de esta circunstancia se produce con la asistencia sanitaria vinculada al derecho fundamental a la salud. Tras la reforma estructural del Sistema Nacional de Salud acometida por el Real Decreto-Ley 16/2012 no sólo se reformula, siguiendo la tendencia apuntada, la condición de asegurado (trabajadores por cuenta ajena o por cuenta propia afiliados a la Seguridad Social y en situación de alta o asimilada a la de alta; pensionistas del sistema de Seguridad Social; perceptores de

---

25. Apuntando esta tendencia político-jurídica, MOLINA HERMOSILLA, O.: *La dimensión jurídica de la política de empleo. El derecho del empleo como nueva categoría sistemática*, cit., pp. 187-188. Sobre la contraposición entre ambos modelos, MOLINA NAVARRETE, C.: «La metamorfosis de la cuestión social: ¿del *Welfare State* al *Workfare State*? Dos concepciones de la idea de contrapartida en las prestaciones sociales», en *Pensiones sociales. Problemas y alternativas*, Volumen I., Ministerio de Trabajo y Asuntos Sociales, Madrid, 1999, pp. 55 y ss.

cualquier otra prestación periódica de la Seguridad Social; y aquellos que tras haber agotado la prestación o el subsidio por desempleo, figuren inscritos como demandantes de empleo, no acreditando la condición de asegurado por cualquier otro título), sino que también, en conexión con una posible emigración laboral temporal a otro Estado, se excluye de esta asistencia a aquellos españoles que, no estando ocupados, permanezcan en el extranjero durante más de noventa días en el período de un año natural.

En este sentido, el encaje de personas desempleadas en colectivos prioritarios sobre los que mantener el control para su posterior empleo y dedicación de medidas específicas, es más propio de un Estado social activo que de un Estado social pasivo de tradición eminentemente keynesiana[26]. Filosofía que, ante su extensión, de nuevo ha obviado a la emigración, no prestándole la debida atención, como demuestra el hecho de que el flujo de personas emigrantes no se ha frenado y sí ha continuado.

Pese a ello, no se ha de obviar y sí apuntar para realzar su valor el marco jurídico-político en el que quedan encuadradas estas políticas activas dedicadas a colectivos específicos, como es el Estado social de Derecho. Sus implicaciones, sentido y alcance más inmediato en relación a la atención prioritaria para el empleo de posibles emigrantes laborales como integrante de un colectivo desfavorecido –indistintamente ya a su consideración formal o material– refuerzan el carácter de su aparición como un modelo estatal orientado a la realización de la justicia social y protección de los más débiles en aras de una igualdad formal y material, en la que los derechos sociales fundamentales adquieren relevancia para ello.

Muestra y paradigma es el caso del derecho al trabajo constitucionalmente establecido y, por extensión y propia lógica, del derecho al empleo, con fundamento en la relación entre la dimensión individual del primero en el artículo treinta y cinco de la Constitución y su dimensión colectiva a modo de principio rector de la política social de realización del mismo –pleno empleo–, *ex* artículo cuarenta y uno de aquélla. Y es que si se materializan éstos, se está actuando directamente sobre la emigración, tratando de erradicarla. Una eficaz política de empleo asentada en los citados preceptos constitucionales constituye, implícitamente, una actuación jurídico-política sobre la emigración y sus protagonistas.

Por lo tanto, al margen de su calificación como principio rector de la política social en su dimensión colectiva, este derecho adquiere una condición de social muy relevante y fundamental, hasta el punto de poder

---

26. En este sentido, MONEREO PÉREZ, J. L., MONEREO PÉREZ, M. y OCHANDO CLARAMUNT, C.: «Keynesianismo y políticas económicas y sociales: una aproximación crítica a las políticas de empleo», *Revista Sistema*, núm. 155-156, 2000, pp. 71 y ss.

ser considerado como parte del modelo del Derecho Social y, por ende, ser un derecho social del empleo y un derecho social al empleo. Más concreta y paradigmáticamente se manifiestan rasgos propios del modelo: la puesta en marcha de acciones diferenciadas para igualar materialmente mediante políticas activas concretas dirigidas a los colectivos prioritarios recogidos legalmente; la focalización de su atención en grupos al proponer la creación de estatutos para diferentes colectivos; y la tendencia a una igualdad de oportunidades real entre grupos de personas en su condición –efectiva o potencial– de trabajadores[27].

Ésta, que sería la situación formal lógica desde la que plantear una política frente a la emigración desde la política de empleo, conectándola ambas, no acontece en el momento actual para el colectivo de personas emigrantes laborales españoles. Pierde así efectividad el derecho social y el derecho social al empleo.

Sobre todo, cuando se ha de considerar que para las políticas activas de empleo destinadas a colectivos específicos y necesitados de una atención especial, así como para las acciones jurídico-políticas derivadas de ellas, este derecho al empleo se constituye y conforma para sus integrantes, a su vez, en un derecho de inserción. Un derecho de inserción por el empleo frente o ante la opción de la emigración. Éste trata, ante todo, de incluir activamente en el mercado de trabajo a potenciales personas emigrantes que tienen dificultades de inclusión y que, por tanto, aparecen como vulnerables. El acceso al empleo y el trabajo aparecen no sólo como elementos de integración laboral, sino lo que es más importante, también de integración social ante su posible exclusión social o, llegado el caso, emigración.

Desde este presupuesto, es necesario que los integrantes de los colectivos prioritarios –tanto formalmente como, incluso, por la necesidad, materialmente– estén incluidos en el mercado de trabajo. Si estas personas de estos grupos no se emplean, se convierten en colectivos vulnerables ante la exclusión social. Ahora bien, las políticas activas de empleo específicas destinadas para ellos tienen la misión trascendental de que no la lleguen a padecer. El objetivo jurídico-legal y constitucional del pleno empleo se transforma en un mandato político-jurídico de no aceptación de la situación de exclusión social de la persona, ni individualmente considerada ni

---

27. Más allá de su concreción, estos caracteres propios junto a otros principios propios tales como el principio de igualdad, el principio de protección del empleo, etc., hacen que el Derecho del Empleo se constituya en una rama horizontal o transversal del Derecho Social, MOLINA NAVARRETE, C.: «Derecho (social) del Empleo», en *Enciclopedia laboral básica Alfredo Montoya Melgar*, AA. VV., SEMPERE NAVARRO, A. V., PÉREZ DE LOS COBOS, F. y AGUILERA IZQUIERDO, R. (dir. y coord.), cit., pp. 508-509.

como parte de un colectivo más amplio[28]. Y, en conexión con el artículo cuarenta y dos del propio texto constitucional, evitar su emigración garantizando aquél y, llegado el caso que esto no se produzca, tutelar sus derechos sociales y económicos procurando su pronto retorno.

La concepción clásica de exclusión social se refiere a la posible no inserción de las personas en el mercado laboral[29]. Está presente, pues, la contraposición entre integración laboral y exclusión social. Paradigma de ello es el propio artículo segundo, apartado d), de la vigente Ley de Empleo, pues claramente se expresa como objetivo de la política de empleo el *asegurar políticas adecuadas de integración laboral dirigidas a los colectivos que presenten mayores dificultades de inserción laboral.* Explícitamente, tanto estos grupos se convierten en elemento central de la política de empleo como la política de inserción e integración social se incluye también en la anterior. Frente a ella, se presenta implícita, simultánea y conectadamente la emigración laboral a la que se ha de responsabilizar al Estado y frente a la que éste tiene que tutelar y proteger a sus protagonistas una vez acontecida.

Con carácter general, en la constitución y conformación de estos colectivos, es clave la mayor o menor estructuralidad y generalización de la exclusión social, del conjunto de procesos, situaciones y mecanismos que afecten directamente a las personas para estar fuera de los márgenes de la participación en la vida social y económica de la comunidad y sociedad[30]. Precisamente, entre el colectivo de emigrantes, la solución para evitar esta situación y/o, directamente, superarla, es la propia emigración del país y sociedad. Consecuentemente, esta exclusión se proyecta sobre la carencia de un empleo digno, de una justicia social y del acceso a los derechos sociales de ciudadanía básicos –salud, educación, etc. como derechos humanos fundamentales[31]. La falta de todos estos elementos y oportunidades es

---

28. OLARTE ENCABO, S.: *Políticas de empleo y colectivos con especiales dificultades. La subjetivación de las políticas activas de empleo,* cit., p. 138.

29. RODRÍGUEZ-PIÑERO Y BRAVO-FERRER, M.: «Trabajadores pobres y Derecho del Trabajo», *Revista Relaciones Laborales,* núm. 17, 2009, p. 1.

30. Sobre el concepto de exclusión social y diferenciación con otros afines, MOLINA HERMOSILLA, O.: *La dimensión jurídica de la política de empleo. El Derecho del Empleo como nueva categoría sistemática,* cit., pp. 72-80; CHARRO BAENA, P.: «Exclusión social», en *Enciclopedia Laboral Básica Alfredo Montoya Melgar,* AA. VV., SEMPERE NAVARRO, A. V., PÉREZ DE LOS COBOS, F. y AGUILERA IZQUIERDO, R. (dir. y coord.), cit., pp. 630 y ss. En relación a la exclusión y su carácter multicausal, MONEREO PÉREZ, J. L. y FERNÁNDEZ AVILÉS, J. A.: «El proyecto constitucional de la Unión Europea. Especial referencia al tratamiento de la exclusión social», *Revista Tribuna Social,* núm. 161, 2004, pp. 15-17.

31. MUNDLACK, G.: «Derecho al trabajo. Conjugar derechos humanos y política de empleo», *Revista Internacional del Trabajo,* vol. 126, 2007, pp. 213 y ss.

la que relaciona directamente a esta exclusión social con los conceptos de pobreza, emigración, dualización o fragmentación social.

Sin embargo, estas intenciones jurídico-legales se encuentran en cierta medida alejadas de la realidad más cercana. Y es que el mercado de trabajo español presenta una clara segmentación entre una población trabajadora cualificada y no cualificada, teniendo mayor peso ésta última[32].

Es el mercado de trabajo segmentado no cualificado precisamente el que actúa como principal foco de atracción para los nuevos empleos, pues necesita de un mayor volumen de mano de obra para la realización de trabajos que no se encuentran bien remunerados, con peores condiciones laborales, etc. Se constituyen y conforman auténticos nichos laborales de trabajos precarios. Estos elementos hacen que, pese a que las personas se incluyan en el mercado de trabajo, se rompa la clásica lógica conceptual de la exclusión social. El riesgo de padecer la misma puede aparecer de nuevo porque el trabajo remunerado y sus condiciones –significativamente la carencia del acompañamiento de diferentes modos de protección social– son de mala calidad, originándose así una pobreza laboriosa[33] o precariado[34]. En estas condiciones, la importancia del trabajo como medio y elemento de lucha frente a la exclusión social, queda relativizado[35]. Circunstancia que, adicionalmente, actúa como resorte hacia la emigración como salida a esta situación.

---

32. En este sentido, CÁRDENAS DEL REY, L.: «Notas sobre la dicotomía productiva y segmentación laboral: una visión constructiva», en *Crisis y desigualdad. Alternativas sindicales*, AA. Vv., Fundación 1° de mayo, Madrid, 2016, pp. 65 y ss.

33. Expresión referente a la inefectividad del Derecho del Trabajo como paradigma del Derecho Social, su carácter integrador, protector y tuitivo de la persona trabajadora, RODRÍGUEZ-PIÑERO Y BRAVO-FERRER, M.: «Trabajadores pobres y Derecho del Trabajo», cit., p. 10.

34. Se defiende que este término es resultado de la combinación de los conceptos de *precario* y *proletariado*, VALLECILLO GÁMEZ, R., y MOLINA NAVARRETE, C.: «La reforma de segunda generación del mercado laboral: incentivos al espíritu emprendedor y retorno del pensamiento mágico», *Revista Trabajo y Seguridad Social, Centro de Estudios Financieros*, núm. 361, 2013, p. 74.

35. Se rompe así el modelo de integración sustentado en el trabajo asalariado, MONEREO PÉREZ, J. L. y FERNÁNDEZ AVILÉS, J. A.: «El proyecto constitucional de la Unión Europea. Especial referencia al tratamiento de la exclusión social», cit., p. 16. CHARRO BAENA, P.: «Exclusión social», en *Enciclopedia Laboral Básica Alfredo Montoya Melgar*, AA. Vv., SEMPERE NAVARRO, A. V., PÉREZ DE LOS COBOS, F. y AGUILERA IZQUIERDO, R. (dir. y coord.), cit. p. 630. En este sentido, uno de los clásicos del reformismo social y económico, GEORGE, apuntó en una de sus principales obras que pese al aumento de la producción y del progreso, los salarios tienden a bajar hasta ocasionar niveles de pobreza relativa, GEORGE, H.: *Progreso y miseria*, Comares, Granada, 2008, pp. 21 y ss., 111 y ss.

Por el contrario, el segmento del mercado de trabajo con población cualificada es más reducido que el anterior, con condiciones más dignas y mediante las cuales sí se sigue manteniendo la lógica del trabajo como elemento de integración social y lucha contra la exclusión social. Este tamaño reducido del mercado de trabajo cualificado es el que provoca también precisamente la emigración laboral, pues cada vez más hay personas cualificadas aptas para emplearse que no disponen de una oportunidad en su seno. Y, antes que caer en la exclusión social siguiendo la lógica apuntada, deciden emigrar.

Frente a esta clara división y estructura, la tendencia se ha tratado de corregir a raíz de la crisis económica de finales de la primera década del siglo XXI. Una de sus consecuencias más directas y devastadoras fue su conversión en una crisis de empleo. Hubo una destrucción de empleo sin precedentes en la historia que afectó muy específicamente a la población trabajadora no cualificada. Entre otras medidas y dando cumplimiento al objetivo tercero de la política de empleo establecido en el artículo segundo de la Ley de Empleo, desde el ámbito político se impulsó una formación para el empleo con una pretensión concreta tanto objetiva –elevación de los niveles de cualificación de las personas trabajadoras en el segmento del mercado de trabajo indicado– como subjetivamente –orientado especialmente hacia colectivos concretos entre los que se encuentran los enumerados en la Ley de Empleo, al verse éstos muy afectados– a fin de aumentar la empleabilidad de las personas trabajadoras en sectores y actividades de mayor calidad para así corregir la fractura de nuestro mercado.

El problema, con respecto a la emigración laboral, es que esta formación cualificada se ha generalizado ya durante los años que se lleva padeciendo en nuestro país la crisis de empleo, siendo precisamente esta población formada y cualificada a costa de las arcas estatales la que está emigrando y de la que se están aprovechando otras economías nacionales empleándolos y ofreciéndoles una oportunidad[36]. Y ante esta paradójica situación, ni el legislador ni la política de empleo han actuado. Se fractura la relación entre política de empleo y emigración laboral, perdiendo la primera efectividad como consecuencia de la producción de la segunda. No ha habido, ni hay, una política de empleo orientada decididamente a frenar la emigración laboral[37].

---

36. Al respecto, HERRERA CEBALLOS, M.ª J.: «Migración cualificada de trabajadores de España al extranjero», en *Inmigración y emigración: mitos y realidades*, Aa. Vv., ARANGO, J., MOYA MALAPEIRA, D. y OLIVER ALONSO, J. (dirs.), CIDOB, Barcelona, 2014, pp. 98 y ss. Asimismo, con carácter general, FERNÁNDEZ AVILÉS, J. A.: «Los profesionales altamente cualificados en el derecho migratorio», *Revista Justicia Laboral*, núm. 55, 2013, pp. 39 y ss.

37. *Vid.*, por todos, el informe de ALBA, S. y FERNÁNDEZ ASPERILLA, A.: *Nueva emigración exterior y cuestión laboral*, Fundación Primero de Mayo, núm. 91, 2015, pp. 10-19.

Se alude a la debilidad del modelo laboral español y de la política jurídica que lo materializa[38], pero realmente a lo que hay que prestar atención para que éste funcione es al modelo productivo. Precisamente, en relación al mismo, si éste avanza en la senda de coincidir con el de las economías desarrolladas a nivel mundial, con total seguridad, la fragmentación del mercado de trabajo aludida, se invierte en sus términos, disminuyendo el trabajo precario y aumentando el trabajo cualificado. Con ello, se estarían poniendo las bases de un modo serio y riguroso para una eficaz política de empleo que, automáticamente, controle y acote la emigración laboral.

Sin embargo, en este momento, la cuestión apuntada y este planteamiento político jurídico tan necesitado parece que no se quiere acometer y casi que ni es tenido en consideración. Es así porque precisamente esta emigración laboral que está aconteciendo, desde la perspectiva de la política de empleo se viene considerando en las últimas fechas como movilidad internacional[39]. Un ejemplo claro de ello lo constituye la web de la Secretaría General de Inmigración y Emigración, perteneciente al actual Ministerio de Empleo y de Seguridad Social. En ella se deja muy claro que, dentro del área de emigración, el portal de la Ciudadanía Española en el Exterior es el canal clave informativo global de las cuestiones que afectan a los españoles que se hallan fuera del país –a los emigrantes, en esencia, laborales y no laborales–. En esta información, al margen de la descripción de actuaciones y exposición de ayudas orientadas al retorno junto a la documentación necesaria para su tramitación, no se encuentra ningún apartado relacionado con el empleo y su política para las personas emigrantes laborales. No hay actuación concreta prevista sobre la materia para con ellos.

7. ACTUACIONES POLÍTICO-JURÍDICAS PARA EMIGRANTES LABORALES ESPAÑOLES

Muestra clara del dilema presente en la conexión entre la política de emigración laboral y la política de empleo lo constituyen las iniciativas

---

38. En esta dirección, señala el preámbulo Ley 3/2012, de medidas urgentes para la reforma del mercado laboral que *la crisis económica que atraviesa España ha manifestado las debilidades del modelo laboral español y que éste es insostenible. Los problemas del mercado de trabajo no son coyunturales, son estructurales, afectando a los fundamentos del modelo sociolaboral español.*

39. En un planteamiento similar, la Ministra de Empleo y de Seguridad Social del momento, Fátima Báñez, ya en el año 2013, en una sesión de control al Gobierno en el Pleno del Congreso, ante la cuestión sobre la falta de salidas que ofrece el mercado laboral español y la emigración existente, argumentó que a la búsqueda de oportunidades de trabajo fuera de España se le llama *movilidad exterior.*http://economia.elpais.com/economia/2013/04/17/actualidad/1366187892_058898.html

515

que a título individual y sin conexión específica y expresa entre ambas, se vienen impulsando. En consonancia, paradójico resulta también que no se defiendan como medidas encuadradas en la construcción de una política de empleo para el colectivo vinculada a la emigración laboral, ni directa ni indirectamente.

7.1. PROGRAMAS EN EL MARCO DE LA CIUDADANÍA ESPAÑOLA EN EL EXTERIOR

Destacan aquí un elenco de programas de actuación que, en unos casos, su actuación se puede proyectar al ámbito laboral y en otros casos, directamente no. Pero, en todo caso, son encajados en la tutela y protección de los derechos económicos y sociales de los emigrantes laborales en el exterior.

El programa de actuación sobre asociaciones persigue ayudar a la financiación de los gastos de funcionamiento de las federaciones, asociaciones y centros de españoles en el exterior. Se entiende que éstas pueden tener una proyección hacia lo laboral, representando y defendiendo los intereses del colectivo de carácter sociolaboral asociado a las citadas entidades, pero siempre diferenciando su actuación de la propiamente sindical. Lo sorprendente es que las ayudas no se dan para promocionar su funcionamiento, sino directamente para subvencionar gastos ocasionados por las reparaciones y mantenimiento de los locales e instalaciones.

El programa de actuación sobre centros, en conexión directa con el anterior, y sobre la base de la misma paradoja, persigue sufragar los gastos de obra nueva, rehabilitación y adaptación de los edificios e instalaciones, así como adquisición de equipamiento. Se obvia y no se consideran el apoyo económico a la funcionalidad social que puede tener para el colectivo.

El programa de actuación sobre proyectos de investigación focaliza su interés en el impulso y apoyo económico a la realización de estudios de investigación orientados al conocimiento histórico o actual de la situación de los españoles en el exterior y de los retornados, a fin de mejorar la calidad de vida de los mismos. La cuestión es valorar el impacto y transferencia de conocimiento que generan estas investigaciones a posteriori sobre la regulación jurídico-política de la emigración laboral.

El programa de actuación centrado en la comunicación está dirigido a la realización de actuaciones referidas a la difusión de publicaciones periódicas especializadas entre los centros y asociaciones de españoles en el exterior. En este caso sí se ayuda a la realización de acciones en este ámbito comunicativo.

El programa de actuación dedicado a mayores y dependientes consiste en ayudas para actividades asistenciales y de atención a ambos colectivos de emigrantes españoles. Su finalidad es la mejora de sus condiciones vitales a través del apoyo a centros sociales, centros de día y residencias de mayores, en aras de la realización de actividades de carácter informativo, social o asistencial. Para recibir las pertinentes subvenciones, estas entidades tienen que atender a españoles en el exterior –o cónyuges de éstos– que no tengan medios suficientes para subsistir por sí mismos y que no se incluyan en la población activa del país donde se encuentren. Luego claramente se orienta a personas jubiladas.

En último lugar, el programa de actuación centrado en el colectivo de jóvenes sí encaja, matizadamente, de un modo más efectivo con la emigración laboral y la política de empleo. Es así porque el mismo tiene la finalidad subvencionar las iniciativas orientadas al impulso y favorecimiento de la integración social y laboral de los integrantes del colectivo a través de actuaciones específicas que les permitan adquirir más formación –se obvia los términos cualitativos de la misma–. Sin embargo, se olvida de la integración a través del empleo, ya que su actuación no se dedica a éste. Opción que sí se contempla para que el emigrante laboral vuelva o retorne a España. Luego no es un programa estrictamente dedicado a la inserción laboral de éste y sí del emigrante retornado a nuestro país desde la ayuda y subvención a una mayor formación en el exterior compatible con la actividad laboral que esté desarrollando temporalmente durante el tiempo que dure su emigración.

7.2. ACUERDOS BILATERALES

Son acuerdos que formalmente se comprenden y entienden como de movilidad –¿exterior?, ¿internacional?– y no tanto de emigración laboral *stricto sensu*. Con ello se persigue evitar la lógica del efecto llamada por parte de los países que los firman junto a España. Queda refrendado este planteamiento cuando se constata que, de una parte, los acuerdos permiten sólo una estancia temporal durante un tiempo limitado con carácter previo y, de otra parte, el trabajo no es nuclear en la misma, pues se encuentra anudado a otro aspecto o dimensión central y que se pretende vender como primordial.

Estos acuerdos, todos con bases particularísimas debidamente publicadas y articuladas sobre los ejes apuntados, son los existentes entre Australia y España (*Trabajo y vacaciones en Australia*: para jóvenes dirigido a adquirir una experiencia personal y profesional durante el período vacacional, supeditado a un cupo anual); entre Canadá y España (*Experiencia internacional en Canadá*: viajar y trabajar a y en este país durante un año máximo en el marco de programas de movilidad de jóvenes); entre Nueva Zelanda y España (*Trabajo y vacaciones en Nueva Zelanda*: programa de trabajo y vacaciones en este país en el marco del programa de vacaciones y actividades laborales esporádicas); y entre Alemania y España (*Formación profesional dual en Alemania*: programa temporal de estudio y prácticas laborales en relación con el primero en este país).

7.3. LA RED EURES

La Red Eures –*European Employment Services*– sí se ha de entender y comprender como una medida que, desde una perspectiva estricta, sí encaja en una política de empleo para emigrantes laborales. Pero no sólo españoles. Desde la consideración de que su ámbito es limitado –estados miembro de la Unión Europea y del Espacio Económico Europeo– pero a la vez amplio –para todas las personas trabajadoras comunitarias– se orienta a la materialización efectiva de la libre circulación de personas en el seno de la propia Unión[40].

En el marco de ésta se concibe a aquélla como una red de cooperación para el empleo y para la libre circulación de personas trabajadoras intercambiando información laboral y colaborando en la gestión de ofertas y demandas en el mercado de trabajo comunitario. Así, desde el objetivo de la puesta a disposición de los ciudadanos de los Estados miembro de la Unión Europea de las ofertas de trabajo que puedan existir a nivel comunitario, se persigue la finalidad de ofrecer servicios a las personas trabajadoras, a los empresarios y a cualquier ciudadano de la Unión que quiera beneficiarse del principio de libre circulación de personas.

La efectividad de su funcionamiento se materializa a través del asesoramiento e información actualizada, correcta y accesible sobre ofertas y demandas de empleo, situación y evolución de los mercados de trabajo nacionales, condiciones de vida en cada país y condiciones de trabajo en cada Estado.

---

40. Significativo es que esta Red fue creada por medio del Reglamento CEE 2434/1992 y puesta en marcha por la Decisión 93/569 de la Comisión Europea de 22 de octubre de 1993 en aras de la materialización de la libre circulación de trabajadores en el Espacio Económico Europeo. Se impulsó años después por medio de la Decisión de la Comisión 733/2012, de 26 de noviembre, relativa a la aplicación del Reglamento de Ejecución núm. 492/2011 del Parlamento Europeo y del Consejo respecto la puesta en relación y compensación de las ofertas y demandas de empleo y el restablecimiento de Eures.

Se está así ante un auténtico y genuino servicio de empleo dependiente de las instituciones de la Unión Europea que, en cada Estado miembro, funciona en coordinación con el correspondiente servicio público de empleo. Como resultado, es una red que coordina más de cinco mil oficinas de empleo de los Estados miembro, poniendo en contacto a ofertantes y demandantes de empleo que emigren de su país de origen a otro comunitario en búsqueda una oportunidad laboral ofertada.

A tal fin la Red en cuestión se asienta en dos bases de datos con ámbito de funcionamiento en la totalidad del territorio de la Unión Europea. Una registra puestos de trabajo vacantes ofertados en cada uno de los Estados y otra informa, de manera actualizada, sobre condiciones de vida, legislación laboral y de seguridad social y otras cuestiones de interés para la persona emigrante.

Con ello se está ante una Red que garantiza una emigración segura y con conocimiento de causa en el marco del impulso comunitario a la movilidad de trabajadores –en la práctica, emigración laboral– en el seno de su mercado de trabajo. Se configura, en consonancia, como un instrumento de la política de empleo vinculado materialmente a la política de emigración laboral para planificar de forma válida y certera tanto la búsqueda de trabajo como los trámites burocráticos y la integración sociolaboral en el país de la Unión de destino.

8. CONCLUSIONES

Si realidad social y derecho social han de converger para la adecuada y pertinente efectividad de las normas y de la política jurídica resultante, en el caso del empleo y la emigración laboral, aún más. Es así por encontrarse tras ellas la regulación del adecuado funcionamiento del mercado de trabajo y, lo que es más importante, la integración sociolaboral de las personas. No es procedente una no adecuación legal o una política jurídica distanciada de aquélla que provoque disfuncionalidades en materia ocupacional y que, en última instancia, venga a provocar la salida de la población –en suma, la emigración laboral– hacia otros lugares en búsqueda de la oportunidad ocupacional de la que se carece dentro de las fronteras nacionales.

De aquí la necesidad de que poder político y poder legislativo tome en serio y sea consciente de que unas elevadas cifras de desempleo como resultado de unas políticas de empleo disfuncionales en consonancia con la urgencia de reconsiderar el modelo productivo, no produce otra cosa que personas con un elevado potencial de emigración laboral. Sobre esta cuestión es sobre la que han de incidir las políticas de empleo: detectar, desde la reciente experiencia española en emigración en el presente siglo, los sectores de población que principalmente se han venido encontrando afectados por ella en las últimas fechas, en aras de proponer, dirigir, orientar y poner en marcha políticas de empleo adaptadas a sus necesidades particulares a fin de ocuparlos. Ésta es la mejor política activa de empleo posible frente a la emigración, frente al colectivo de emigrantes laborales. Junto a la intervención estatal con fundamento constitucional, una vez producida ya la emigración laboral, en aras del favorecimiento de la integración sociolaboral de la persona en el país de destino mediante medidas jurídico-políticas orientadas a tal fin desde la tutela de los derechos sociales y económicos.

Y, para ello, es clave y trascendental su consideración como colectivo prioritario destinatario de las políticas activas de empleo, bien sea formalmente reconociéndolo como tal en la vigente Ley de Empleo, bien sea materialmente centrando la actuación política –en consonancia con la regulación jurídica– sobre el mismo con planes y medidas orientadas a la consecución de su inmediata incorporación al mercado de trabajo. O lo idóneo, conjugando ambas dimensiones señaladas. Aspecto que, a día de hoy, no está sucediendo de forma clara, evidente e identificable. La puesta en marcha de medidas encuadradas desde este planteamiento ayudaría, sin duda alguna, a frenar la emigración laboral. Sobre todo cuando ésta, principalmente, en las últimas fechas, está aconteciendo con sus protagonistas totalmente cualificados. Implícitamente se está descapitalizando el país, ante la ausencia de oportunidades.

Oportunidades que, también y llegado el caso, si se llegan a producir en nuestro país, en un primer momento pueden frenar la emigración, pero, probablemente, en un segundo momento, no impidan la emigración por la baja calidad del empleo y la precariedad a la que ha conducido la flexibilidad extrema que se ha venido implantando tras las últimas reformas laborales sobre el sistema entero de relaciones laborales. El disponer en otro país de un empleo cualitativamente diferenciado positivamente en relación al que se tiene en España que permita mayor prosperidad económica y social, es un resorte a la toma de la decisión de la emigración. Sobre todo en personas que, precisamente, por invertir su tiempo en formarse y capacitarse óptimamente, han dejado de lado dimensiones o aspectos de la vida personal que, en el preciso instante de la toma de la decisión sobre la salida del país, no van a suponer un freno en ella.

Por otro lado, acontecida la emigración laboral, desde el modelo regulador jurídico-constitucional y legal, sí es más evidente, al menos en el

520

aspecto formal, el mandato de tutela y protección de los derechos sociales de estas personas trabajadoras emigrantes. Ahora bien, necesita una re-formulación de su lógica y funcionalidad adaptada al momento actual y no influenciado por un contexto económico, social y político marcado por una apertura a un desarrollo moderado –en el caso del año de aprobación de la Constitución– y exacerbado –en el caso del año de aprobación de la Ley 40/2006–. Ello se manifiesta muy particularmente con respecto a las opciones mediante las que implementar la política de retorno que se demanda constitucionalmente, al no haber medidas de política de empleo en ellas. O, en el propio texto legal, en la concepción atrasada que se tiene de la emigración y la no consideración de intervenir sobre ella en el país de destino en forma de integración sociolaboral.

Por tanto, desde la consideración del trasfondo laboral que está presente en todo movimiento migratorio de emigración, se hace necesario, de forma decidida y expresa, incorporar a la política de empleo medidas orientadas no sólo al freno de ésta, sino a erradicarla ofreciendo oportunidades laborales cuantitativa y cualitativamente diferencias de conformidad a las particularidades del colectivo y su sesgo, así como introducir, como parte de la política de empleo, un conjunto de actuaciones de distinto calado que fomenten e impulsen claramente una efectiva integración sociolaboral de las personas integrantes del colectivo o el retorno, haciendo de nuevo atractivo nuestro mercado laboral y nuestro país para el desarrollo vital y crecimiento personal.

En tan noble y loable fin, el colectivo de emigrantes laborales y las políticas articuladas y eficaces de empleo y emigración que requieren en aras de su integración sociolaboral, deben de dejar de ser residuales y asistemáticas en la agenda político-jurídica del Gobierno de turno que se trate, pasando a constituirse en centrales, por su impacto inmediato en el desarrollo económico, social y político de nuestro país.

Capítulo 20

El papel de los servicios de empleo en la emigración de trabajadores nacionales[1]

FRANCISCO VILA TIERNO

Profesor Titular de Derecho del Trabajo y de la Seguridad Social
Universidad de Málaga
Magistrado (supl) del TSJA

> «*Aprendí pronto que al emigrar se pierden las muletas que han servido de sostén hasta entonces, hay que comenzar desde cero, porque el pasado se borra de un plumazo y a nadie le importa de dónde uno viene o qué ha hecho antes*».
> –Isabel Allende

1. CONTEXTUALIZACIÓN. LA EMIGRACIÓN EN EL MARCO DE LA LEY DE EMPLEO

La emigración, como fenómeno, afecta a un colectivo de personas que, en gran medida, por no decir que, en su mayoría, persigue, como objetivo fundamental, la posibilidad de encontrar un empleo estable. Ello le hace no solo tener que cambiar su lugar de residencia habitual, sino comenzar su actividad laboral en otro marco que puede ser completamente diferente y en el que puede encontrar dificultades más o menos grandes.

En este contexto, la adaptación, así como la búsqueda de una ocupación, no siempre es fácil y es preciso habilitar medios para canalizar el

---

1. Este trabajo se inserta en el marco del Grupo SEJ 347 sobre Políticas de Empleo

acceso al trabajo como derecho que se reconoce de manera expresa en el art. 35 CE.

Las circunstancias, en cualquiera de los casos, no son siempre coincidentes, puesto que podemos encontrar diferentes supuestos:

- Por una parte que se trate de un trabajador en activo o un trabajador desocupado, diferencia esencial a la hora de determinar el régimen de necesidades de uno y otro;

- Por otra parte, que distingamos entre aquel trabajador (o desempleado) que se desplaza por una oferta de empleo –que a su vez puede estar sin cerrar o ya concretada–; aquél que se plantea el cambio de residencia al exterior, bien por la precariedad de su trabajo, bien por la ausencia de éste o; finalmente, aquél que finaliza o no satisface sus expectativas con su experiencia migratoria y desea retornar al país con un mínimo de garantías.

Sea cuál sea la situación a la que se enfrente, todas tienen un elemento en común: se trata de ciudadanos españoles en el exterior necesitados de un apoyo institucional. Y este apoyo puede estar directamente conectado, como hemos sugerido, con sus problemas de empleo. En este sentido, serán los Servicios Públicos de Empleo, Estatal o Autonómico, el que deba responder a estas necesidades.

Si nos atenemos al ámbito nacional, el Servicio Público de Empleo Estatal (SEPE) se define como «el organismo autónomo de la Administración General del Estado al que se le encomienda la ordenación, desarrollo y seguimiento de los programas y medidas de la política de empleo» (art. 15 de la Ley de Empleo)[2]. Descendiendo al marco autonómico, este Servicio, se constituye, en tal ámbito geográfico, por los órganos o entidades que asuman las funciones en materia de intermediación laboral y políticas activas de empleo.

En este orden, el art. 18 del mismo texto legal establece las competencias atribuidas al referido SEPE, entre las que se encuentran algunas que están expresamente relacionadas con los trabadores migrantes, pero en un doble enfoque: de un lado los inmigrantes y, de otro, los emigrantes[3].

---

2. Real Decreto Legislativo 3/2015, de 23 de octubre, por el que se aprueba el texto refundido de la Ley de Empleo (BOE de 24 de octubre).

3. «Gestionar los servicios y programas financiados con cargo a la reserva de crédito establecida en su presupuesto de gastos.1.° Servicios y programas cuya ejecución afecte a un ámbito geográfico superior al de una comunidad autónoma, cuando estos exijan la movilidad geográfica de las personas desempleadas o trabajadoras participantes en las mismas a otra comunidad autónoma, distinta a la suya, o a otro país y precisen de una coordinación unificada...4.° Servicios y programas de intermediación

Puede así reconocerse una mayor atención, a priori, al colectivo inmigrante al que reconoce como colectivo prioritario en la lucha contra el desempleo[4]. Estos se han identificados como trabajadores que buscan empleo en el territorio español y a los que hay que dar una atención especial, como se ha venido haciendo en los servicios públicos de empleo atendiendo a sus competencias. Supone un problema real e inmediato que concurre en el ámbito de actuación de aquellos servicios, entre otras razones, para evitar el incremento del trabajo irregular[5].

Fácilmente pueden identificarse a éstos en el ámbito subjetivo regulado, más adelante, en el art. 26 de la Ley de Empleo, cuando enumera los usuarios de los servicios, incluyendo a trabajadores en activo o desempleados y empresas, para el desarrollo de las funciones que les son propias en dentro del territorio nacional. Ello llevaría necesariamente a excluir a los trabajadores emigrantes fuera del Estado español, limitando su actuación, entonces, a los retornados.

No obstante, la misma Ley de Empleo extiende su radio de acción más allá de sus límites fronterizos alcanzando, ahora sí, a los trabajadores emigrantes, cuando en el ya citado art. 18 se dispone, de manera literal que entre las competencias del SEPE se encuentran las de «k) Coordinar e impulsar acciones de movilidad en el ámbito estatal y europeo, así como ostentar la representación del Estado español en la red Eures».

---

y políticas activas de empleo cuyo objetivo sea la integración laboral de trabajadores inmigrantes, realizadas en sus países de origen, facilitando la ordenación de los flujos migratorios».

4. «Artículo 30. Colectivos prioritarios.1. El Gobierno y las comunidades autónomas adoptarán, de acuerdo con los preceptos constitucionales y estatutarios, así como con los compromisos asumidos en el ámbito de la Unión Europea y en la Estrategia Española de Activación para el Empleo, programas específicos destinados a fomentar el empleo de las personas con especiales dificultades de integración en el mercado de trabajo, especialmente jóvenes, con particular atención a aquellos con déficit de formación, mujeres, parados de larga duración, mayores de 45 años, personas con responsabilidades familiares, personas con discapacidad o en situación de exclusión social, e inmigrantes, con respeto a la legislación de extranjería, u otros que se puedan determinar, en el marco del Sistema Nacional de Empleo.2. Teniendo en cuenta las especiales circunstancias de estos colectivos, los servicios públicos de empleo asegurarán el diseño de itinerarios individuales y personalizados de empleo que combinen las diferentes medidas y políticas, debidamente ordenadas y ajustadas al perfil profesional de las personas que los integran y a sus necesidades específicas. Cuando ello sea necesario, los servicios públicos de empleo valorarán la necesidad de coordinación con los servicios sociales para dar una mejor atención a estas personas».

5. Vid, v.gr. los diferentes ejemplos en los diversos sectores analizados en AA.VV. (MONEREO PEREZ Y PERÁN QUESADA, direcc). *Derecho social y trabajo informal*, editorial Comares, 2016.

Se sientan así las bases para establecer el mecanismo más relevante para la participación de los servicios públicos de empleo en materia de emigración y que no es otra que la de la Red EURES. Esta afirmación –que luego se verá refrendada– se confirma en el análisis de la intermediación laboral.

Pero vayamos por partes. Ya se ha adelantado como objetivo esencial para la persona que emigra la obtención de un empleo que dé sentido a la movilidad a la que hace frente en la búsqueda de una mayor estabilidad. Para la consecución de este fin, puede ser necesaria la concurrencia de los servicios de intermediación laboral y así facilitar la transición desde la precariedad o el desempleo a la inserción en el mercado de trabajo. Así, mientras que en el art. 31 de la Ley se define lo que es la intermediación laboral, el art. 32 enumera a quienes van a llevar a cabo esa función: agentes de intermediación[6].

Y, es precisamente en dicha enumeración cuando, además de los servicios públicos de empleo y las agencias de colocación, se incluyen para estos fines a «c) Aquellos otros servicios que reglamentariamente se determinen para los trabajadores en el exterior».

El problema viene cuando tanto en el texto anterior del año 2003 (con sus modificaciones), como en el Texto Refundido de 2015, se alude a un desarrollo reglamentario que complete el régimen de aquellos servicios y que, sin embargo, no se ha producido.

Se denota así un escaso interés sobre esta materia que no ha sido debidamente regulada en todos sus extremos, dejando elementos sin clarificar cómo algo tan elemental como la identificación de un modo concreto de cuáles son exactamente estos agentes, que funciones desempeñarán de manera concreta o su dependencia orgánica o funcional. De tal modo que, tampoco se ha especificado si la intermediación, en este contexto, puede o no llevarse a cabo por entidades de carácter autonómico.

Dudas a las que dedicaremos los siguientes apartados.

2. LA CIUDADANÍA ESPAÑOLA EN EL EXTERIOR Y DERECHOS SOCIALES

Situado el emigrante en el contexto de las políticas de empleo, la «Ley 40/2006, de 14 de diciembre, del Estatuto de la ciudadanía española en

---

6. «Artículo 31. Concepto de la intermediación laboral.1.   La intermediación laboral es el conjunto de acciones que tienen por objeto poner en contacto las ofertas de trabajo con los trabajadores que buscan un empleo, para su colocación. La intermediación laboral tiene como finalidad proporcionar a los trabajadores un empleo adecuado a sus características y facilitar a los empleadores los trabajadores más apropiados a sus requerimientos y necesidades».

el exterior, promulgada en cumplimiento del mandato contenido en el art. 42 de la Constitución Española, configura el marco jurídico que garantiza a los españoles del exterior el ejercicio de sus derechos y deberes constitucionales en términos de igualdad con los españoles residentes en España»[7].

Ello implica, necesariamente, la adopción de una serie de medidas que garanticen la igualdad real, un conjunto de acciones positivas que permitan tener al sujeto amparado por dicha Ley en un régimen de acceso a un marco de garantías y protección equiparable al de cualquier otro ciudadano español, puesto que la inacción supondría el mantenimiento de limitaciones de acceso y podría significar un claro ejemplo de discriminación. De manera concreta, es posible afirmar que la ausencia de un enfoque particularizado los colocaría en una situación de desventaja que desequilibra su posición frente a la de terceros para, entre otros, obtener un empleo o acogerse a una medida de protección social. A tal efecto, la misma norma contiene instrumentos que permiten el disfrute de derechos genéricos o específicos para unos sujetos cuyas carestías responden a un perfil determinado derivado de su movilidad. Una movilidad que, sin embargo, es objeto de impulso continuo desde ámbitos europeos[8].

El reconocimiento, por tanto, de tales derechos, viene condicionado por la pertenencia al ámbito subjetivo de la Ley, que delimita aquellos sujetos que reúnen los condicionantes para ser objeto de la especial protección que dispensa la misma. Sigue la línea, en este orden, de leyes que ostentan el calificativo de Integral acompañando a su finalidad protectora –así, por ejemplo LO 1/2004– estableciendo un catálogo de derechos que afectan a diferentes aspectos de la vida de las personas que cumplen los requisitos definidos, de manera exacta, en el art. 2 de la Ley:

- Quienes ostenten la nacionalidad española y residan fuera del territorio nacional.

---

7. Rivas Vallejo, P. «Migración Española del Siglo XXI y Políticas Migratorias Públicas», *Revista General de Derecho del Trabajo y de la Seguridad Social*, n. 40 (2015), IUSTEL, publicación on line.

8. Vid. v.gr. Directiva 2014/54/UE de Parlamento Europeo y del Consejo: medidas a la libre circulación de trabajadores de la UE. En este sentido la libre circulación de trabajadores en los países del Espacio Económico Europeo se configura como un derecho fundamental en el marco de la UE, que permite a sus ciudadanos el establecimiento en cualquiera de los Estados miembros y trabajar libremente en igualdad de derechos con los nacionales del país en el que se haya establecido. Sobre el particular, puede citarse una breve síntesis pero muy clarificadora en Sempere Navarro, A.V. «Apuntes sobre Libre Circulación de Trabajadores y cuestiones conexas» en AA.VV. (Monereo Pérez y Márquez Prieto, direcc), *La Política y el Derecho del Empleo en la Nueva Sociedad del Trabajo*, editorial Comares, 2016, pp. 313 a 315.

- La ciudadanía española que se desplace temporalmente al exterior, incluyendo a quienes lo hagan en el ejercicio del derecho a la libre circulación.

- Los españoles de origen que retornen a España para fijar su residencia, siempre que ostenten la nacionalidad española antes del regreso.

- Los familiares de los anteriormente mencionados, entendiendo por tales el cónyuge no separado legalmente o la pareja con la que mantenga una unión análoga a la conyugal, en los términos que se determinen reglamentariamente, y los descendientes hasta el primer grado, que tengan la condición de personas con discapacidad o sean menores de 21 años o mayores de dicha edad que estén a su cargo y que dependan de ellos económicamente.

Más allá de la inclusión de los familiares, se pueden diferenciar dos grandes grupos sobre los que se presta la especial protección: los que se encuentren en el exterior, sea por un plazo más o menos prolongado –y entre los que se cita expresamente a los que hagan uso del derecho a la Libre circulación como protagonistas de una movilidad por razones laborales o de empleo–, así como los emigrantes retornados, si bien, en este caso, se añade que será necesario cumplir unos requisitos y unos trámites que permitan acreditar tal situación.

Esta formulación en dos grandes grupos, condiciona la configuración del marco general de derechos que se reconoce a estos sujetos que tienen la condición de emigrantes –en el exterior o retornados– y así, cuando se procede al desarrollo de aquél, se debe hacer de forma separada por colectivos, puesto que aunque tienen en común, como se dijo, la condición de emigrantes, la situación de necesidad a la que pueden enfrentarse es distinta dependiendo del ámbito en el que se encuentre.

Estos dos grupos no agotan, sin embargo, los colectivos que son destinatarios de medidas de carácter social, puesto que debemos hacer referencia a un estadio previo que también cuenta con régimen de ayudas propio: el de aquellos que todavía no han pasado a ser emigrantes o ciudadanos españoles en el exterior, pero que pretenden serlo. A estos efectos y para favorecer la movilidad se aprueban medidas que permitan acceder a un empleo fuera de España en el contexto de la red EURES.

Sea como sea, los objetivos reconocidos en la Ley respecto a los que sí tienen el carácter de ciudadanos españoles en el exterior y relacionados de algún modo, directo o indirecto, con los Servicios Públicos de Empleo, serán:

- La regulación de derechos y deberes promoviendo condiciones de igualdad con los residentes en España;

- Complementar los niveles de protección de los países de residencia cuando fuera preciso;

- Contribuir a la información, asesoramiento y orientación para el retorno;

- Configuración del marco que permita la integración social y laboral del emigrante retornado, prestando especial atención a los exiliados por la Guerra Civil o a las víctimas del terrorismo;

- Velar por los derechos de los desplazados;

- Contribuir a la mejora de la calidad de vida de los desplazados.

El legislador, no obstante, no se quiere limitar a establecer un reconocimiento formal o programático de derechos para estos ciudadanos, sino que quiere ordenar, como se ha adelantado, un auténtico catálogo de derechos que, bajo la denominación «Derechos sociales y prestaciones», agrupa en el capítulo II y que comprende el Derecho a la protección de la salud (art. 17), Derechos en materia de la Seguridad Social (art. 18), Prestaciones por razones de necesidad (art. 19), Servicios Sociales para mayores y dependientes (art. 20), Acciones de información socio-laboral y orientación y participación en programas de formación profesional ocupacional (art. 21) y, de manera destacada, los Derechos en materia de empleo y ocupación (art. 22).

A través de esta última previsión, se enlazan directamente servicios de empleo y emigración, puesto que lo que instaura la norma es el establecimiento de un sistema de información que facilite a trabajadores en el exterior y retornados la búsqueda de empleo, todo ello en el marco del Sistema Nacional de Empleo e incluyendo a las entidades de ámbito autonómico[9].

En cualquier caso, hay que insistir en que el legislador se acerca a la emigración y los derechos sociales, en gran medida y salvo excepciones –v.gr. EURES–, fundamentalmente a través del enfoque de las políticas pasivas y, además, con un carácter eminentemente protector o reparador. En este sentido, es posible hacerse eco de una importante batería de normas que desarrollan de manera concreta alguno de estos derechos sociales a los que hemos hecho referencia y que se concentran en las siguientes ayudas: Prestación por razón de necesidad, Prestaciones para «Niños de

---

9.   RIVAS VALLEJO, P. Op. cit.

la guerra», Pensión asistencial por ancianidad para españoles de origen retornados, Ayudas asistenciales extraordinarias para residentes en el exterior, Ayudas extraordinarias para retornados, Asistencia sanitaria y Programas de subvenciones[10].

---

10. Así, en la distintas web relacionadas con esta materia, se recogen el conjunto de normas y derechos a los que pueden acceder los trabajadores emigrantes y así en http://www.ciudadaniaexterior.empleo.gob.es/es/horizontal/normativa/index.htm se enumeran las siguientes:

«Prestaciones

Ley 3/2005, de 18 de marzo, por la que se reconoce una prestación económica a los ciudadanos de origen español desplazados al extranjero, durante su minoría de edad, como consecuencia de la Guerra Civil, y que desarrollaron la mayor parte de su vida fuera del territorio nacional.

Real Decreto 8/2008, de 11 de enero, por el que se regula la prestación por razón de necesidad a favor de los españoles residentes en el exterior y retornados.

Orden TAS/1967/2005, de 24 de junio, por la que se establecen las disposiciones para el desarrollo y aplicación de la Ley 3/2005, de 18 de marzo, por la que se reconoce una prestación económica a los ciudadanos de origen español desplazados en el extranjero, durante su minoría de edad, como consecuencia de la Guerra Civil, y que desarrollaron la mayor parte de su vida fuera del territorio nacional.

Resolución de 4 de julio de 2006, de la Dirección General de Emigración, por la que se establece el plazo para la presentación de la fe de vida y declaración de ingresos para los beneficiarios de pensiones asistenciales por ancianidad y de las prestaciones económicas reconocidas a los ciudadanos de origen español desplazados al extranjero, durante su minoría de edad, como consecuencia de la Guerra Civil y que desarrollaron la mayor parte de su vida fuera del territorio nacional.

Resolución de 8 de abril de 2008, de la Dirección General de Emigración, por la que se desarrolla el procedimiento de determinación de la situación de incapacidad absoluta comprendida en la prestación por razón de necesidad en determinados supuestos. Ayudas asistenciales

Real Decreto 1493/2007, de 12 de noviembre, por el que se aprueban las normas reguladoras de la concesión directa de ayudas destinadas a atender las situaciones de extraordinaria necesidad de los españoles retornados.

Orden TAS/561/2006, de 24 de febrero, por la que se establecen las bases reguladoras de la concesión de ayudas asistenciales correspondientes a los programas de actuación a favor de los emigrantes españoles no residentes en España. Asistencia sanitaria

Resolución de 25 de febrero de 2008, conjunta de la Dirección general de Emigración y de la Dirección general del Instituto Nacional de la Seguridad Social, por la que se regula el procedimiento para acceder a la asistencia sanitaria para españoles de origen retornados y para pensionistas y trabajadores por cuenta ajena españoles de origen residentes en el exterior que se desplacen temporalmente al territorio nacional.

Resolución de 6 de abril de 2009, conjunta de la Dirección General de Emigración y del Instituto Nacional de la Seguridad Social, por la que se modifica la de 25 de febrero de 2008, por la que se regula el procedimiento para acceder a la asistencia sanitaria para españoles de origen retornados y para pensionistas y trabajadores por

3. NECESIDADES DIFERENCIADAS Y ACTUACIONES DIVERSAS QUE COMPETEN A LOS SERVICIOS PÚBLICOS DE EMPLEO

3.1. LA LABOR INFORMATIVA DE LOS SERVICIOS PÚBLICOS DE EMPLEO Y OTRAS ENTIDADES[11]

El instrumento central para poner en práctica las actuaciones en materia de empleo es el SEPE. Éste, en un marco de colaboración con otras instituciones, sirve también como referente para casar ofertas y demandas de empleo en el ámbito europeo e internacional. Para ello, dispone de varios instrumentos, en primer término, el Punto de encuentro de Empleo como herramienta telemática en el que los interesados, sean demandantes de empleo o empresas, pueden encontrar un servicio público y gratuito de que satisfaga sus necesidades en esta materia. A ello se suma, por una parte y en el marco de la Estrategia de Emprendimiento y Empleo Joven, la aplicación Empléate (http://www.empleate.gob.es/), como iniciativa del Ministerio de Empleo y Seguridad Social y con la participación de la Obra Social «la Caixa» y las CC.AA. Por otra, tanto el Ministerio de Asuntos Exteriores y Cooperación[12] como el Portal de la Administración, en materia de empleo público[13], añaden un mayor campo de acción para la búsqueda eficaz de un empleo en el exterior.

---

cuenta ajena españoles de origen residentes en el exterior que se desplacen temporalmente al territorio nacional.

Resolución de 10 de enero de 2011, de la Dirección general de la Ciudadanía española en el exterior, por la que se prorroga el derecho a asistencia sanitaria para todos aquellos beneficiarios de prestación económica por razón de necesidad a favor de los españoles residentes en el exterior que acreditasen esta condición a 31 de diciembre de 2010. Subvenciones

Ley 38/2003, de 17 de noviembre, General de Subvenciones.

Real Decreto 887/2006, de 21 de julio, por el que se aprueba el Reglamento de la Ley 38/2003, de 17 de noviembre, General de Subvenciones.

Orden ESS/1613/2012, de 19 de julio, por la que se establecen las bases reguladoras de la concesión de subvenciones destinadas a los programas de actuación para la ciudadanía española en el exterior y retornados.

Orden ESS/1650/2013, de 12 de septiembre de 2013, por la que se establecen las bases reguladoras y se convoca para 2013 la concesión de subvenciones destinadas al programa de Jóvenes de la Dirección General de Migraciones».

11. Vid. de manera amplia la web sobre Movilidad Internacional del Ministerio de Empleo y Seguridad Social que ha sido utilizada como guía para la redacción de este epígrafe: http://www.empleo.gob.es/movilidadinternacional/es/menu_principal/trabajar/busqueda/index.htm

12. http://www.exteriores.gob.es/Portal/es/ServiciosAlCiudadano/OportunidadesProfesionalesFormacion/OportunidadesProfesionales/Paginas/Inicio.aspex De igual modo, vid. http://www.sepe.es/contenidos/personas/encontrar_empleo/ofertas_empleo.html con la información detallada en esta manteria.

13. http://administracion.gob.es/pag_Home/empleoBecas/empleo.html

Al tiempo, el SEPE, en su labor informativa, facilita también, de manera directa, datos sobre puestos de trabajo en diversos países de nuestro entorno[14]. Pero además, ofrece información completa sobre las condiciones laborales o situación del mercado de trabajo en los Estados de la UE[15].

Información que se completa con la función desempeñada por las Consejerías de Empleo y de Seguridad Social del Ministerio de Empleo y Seguridad Social. Se tratan de unidades administrativas del Ministerio de Empleo y Seguridad Social, dependientes de las Embajadas de España y que están presentes en un número importante de países para servir como puente, en materia de empleo para los emigrantes que residan en el país en el que éstas se asienten[16] (entre otras funciones institucionales, asistenciales y otras que se le encomienden). Puede decirse, por tanto, que son nuestros servicios públicos de empleo en el exterior y, en este sentido, es realmente importante el papel que juegan para en el contexto de la emigración y el empleo.

Dichas Consejerías, en primer término, son las responsables de las webs informativas en las que se incluye un apartado: «Trabajar», que permite al demandante de empleo acceder a la información sobre elementos necesarios para la obtención de un empleo, así también como enlaces a otras webs nacionales (o de menor ámbito) que les comunica con ofertas de empleo del país, además de características concretas de los mismos y de sus mercados de trabajo, de manera que el emigrante disponga de una información útil sobre los aspectos más significativos y prácticos para conseguir un puesto de trabajo en el lugar de residencia en el que se haya o pretenda asentarse[17]. El interés de esta herramienta se justifica en las

---

14. Vid. Ofertas de empleo por países: Unión Europea, Noruega, Islandia, Liechtenstein y Suiza: http://www.sepe.es/contenidos/personas/encontrar_empleo/empleo_europa.html

15. Contiene, exactamente: Pautas específicas para redactar cartas de presentación y CV en cada país de la UE; Información para trabajar en Europa y guías útiles por países; Información para la movilidad. Preguntas más frecuentes; Condiciones de vida y trabajo por países.

16. Son órganos técnicos de las Misiones Diplomáticas Permanentes del Reino de España, dependientes funcionalmente de la Subsecretaría del Ministerio de Empleo y Seguridad Social, a través de la Secretaría General Técnica, de acuerdo con lo dispuesto en el Real Decreto 1052/2015, de 20 de noviembre, por el que se regula la Administración del Ministerio de Empleo y Seguridad Social en el exterior.

17. Concretamente pueden consultarse en http://www.empleo.gob.es/es/mundo/consejerias/: Web empleo Alemania, Web empleo Argentina, Web empleo Austria, Web empleo Brasil, Web empleo Chile, Web empleo Dinamarca, Web empleo EE.UU., Web empleo Francia, Web empleo Países Bajos, Web empleo Perú, Web empleo Reino Unido, Web empleo Suecia y Web empleo Suiza. Así, por ejemplo: http://www.empleo.gob.es/es/mundo/consejerias/reinoUnido/

dificultades que puede tener un trabajador que parte de un desconocimiento absoluto de un mercado laboral que le es extraño y que, de esta forma obtiene directrices para cuestiones básicas como la documentación de la que debe disponer, las características de un currículum vitae y lo más valorado de éste en dicho país o los trámites necesarios para acceder a una empresa[18].

Es justo reconocer que el esfuerzo de las instituciones en esta labor informativa es muy significativo y que permite acceder a los aspectos y datos más relevantes para, no solo buscar y obtener un empleo, sino para insertarse en la sociedad y en el mercado laboral del país receptor. Para ello resulta muy útil el hecho de enlazar las diferentes webs informativas, de manera que se posibilita llegar a las distintas opciones por varias vías, estableciendo, además, un posible itinerario de la decisión en sí de salir al exterior por motivos laborales. Así, se estructuran –no de forma ordenada ciertamente– medidas que están destinadas a planificar la salida, incluyendo la propia búsqueda del empleo; otras que intentan facilitar la continuidad o subsistencia en el país de destino y, por último, las que pueden afectar a un posible retorno y todo ello combinando aspectos meramente informativos con el acceso a ayudas y prestaciones de diversa índole. Lo interesante es que las webs de los servicios autonómicos, a la par de establecer acciones concretas, se redirigen a las nacionales, creándose así un entramado informativo de gran calado que optimiza la acción de los servicios públicos de empleo en este primer nivel que, si bien se limita a la información y orientación, puede resultar esencial para trabajadores que se integran en mercados ajenos.

Siguiendo este planteamiento, el Ministerio de Empleo y Seguridad Social, a través de la Dirección General de Migraciones impulsa y subvenciona proyectos que aportan una gran utilidad como herramientas de orientación. Es el caso de Worker Tutor (http://workertutor.com/), desarrollado por el IFFE Business School y el grupo de investigación en Nuevos Medios de la Universidad de Santiago de Compostela. Se trata de equipos de trabajo que, según indican en su propia web «colaboran activamente en la creación de esta herramienta de asesoramiento a jóvenes españoles que quieren mejorar sus condiciones laborales en el extranjero». Y, ello no es más que la atención especial que se les presta a los jóvenes, cuyo alto nivel de desempleo obliga a los poderes públicos a establecer alternativas reales. Así, se ha desarrollado una sistematización

---

18. En este sentido, debe tenerse presente que para el ejercicio de una serie de funciones es preciso, en determinados casos, acreditar la titulación que se posea y que le permita desarrollar una profesión u oficio. Así sucede con las profesiones reguladas de la directiva 2005/36/CE.

de los proyectos de asesoramiento y orientación laboral para jóvenes, esto es de las «Actuaciones para la integración social y laboral de los jóvenes: información, orientación profesional y asesoramiento en el exterior sobre empleo y emprendimiento» que enlaza con medidas dentro y fuera del estado español para conseguir el fin señalado[19].

En esta línea, un tratamiento diferencial se dispensa también a los trabajadores emigrantes que optan por volver dejando atrás esta experiencia de movilidad. Expresamente se ha elaborado una Guía del Retorno[20] como instrumento de referencia informativo para aquellos que hayan tomado la decisión de volver. Se trata de un amplio documento que intenta trasladar a estos sujetos todas las cuestiones que tengan trascendencia para su vuelta, incluyendo las ayudas a las que tendría derecho, de manera que pueda realizar una fácil transición y reinserción en la sociedad y mercado de trabajo español.

3.2. LAS AYUDAS CONCRETAS

Tal y como se ha indicado con carácter previo, ha de distinguirse entre información y orientación –anteriormente descritas– y ayudas al empleo, de las medidas de apoyo y protección. Pero, esencialmente entre aquéllas que tienen como destinatarios los que se mantienen fuera de España, por una parte y, de otra, a aquéllos que han decidido volver. No se contemplan en este punto, sin embargo, algunas acciones encaminadas a facilitar el mismo hecho migratorio, puesto que la regulación en esta materia gira fundamentalmente en torno a las posibilidades que sugiere la red EURES y que incluye específicamente ayuda para conseguir un primer empleo.

3.2.1. Ayudas para trabajadores en el exterior relacionadas con el factor trabajo o con los servicios públicos de empleo

Nos centramos, dada la finalidad de este análisis, en las ayudas que van dirigidas a los emigrantes que se mantienen en el extranjero, pero no así al conjunto completo de medidas que están relacionadas con la emigración, puesto que algunas no al no estar relacionadas de manera directa o indirecta con empleo, sino que responden a un carácter más genéricas –entre otras, asistencia sanitaria o el programa de subvenciones para asociaciones en el exterior–. De igual modo, no todas las acciones previstas tienen un encaje en el marco de los servicios públicos de empleo (entendidos

---

19. http://www.empleo.gob.es/movilidadinternacional/es/menu_principal/programasjovenes/asesoramiento/index.htm

20. http://www.ciudadaniaexterior.empleo.gob.es/es/pdf/guia-retorno.pdf

éstos de un modo amplio), puesto que algunas de ellas, tienen a un concepto más social o reparador, como en el caso de las prestaciones previstas a los denominados «niños de la Guerra» destinadas a los ciudadanos de origen español que tuvieron que abandonar España durante su minoría de edad como consecuencia de la Guerra Civil y han pasado la mayor parte de su vida en el país que entonces lo acogió –y cuya tramitación corresponde a la Dirección General de Migraciones–.

Acotando, por tanto, las que sí tienen un vínculo directo con la materia, sea por vía de contenido, sea por entidad que las tramita, podemos encontrar dos que se regulan teniendo como beneficiarios a los emigrantes que se mantienen en el exterior. Concretamente:

- Prestación por razón de necesidad

- Ayudas asistenciales extraordinarias para residentes en el exterior

Respecto a la primera, cuya ordenación se recoge en el Real Decreto 8/2008, de 11 de enero, por el que se regula la prestación por razón de necesidad a favor de los españoles residentes en el exterior y retornados, tiene por objeto el abono de una renta mínima que posibilite la cobertura de las necesidades básicas a los españoles, mayores de 65 años o incapacitado, en situación de precariedad y con domicilio fuera de España. Todo ello cuando el sistema de protección social que pudiera ampararle en el país de residencia no cubra tales necesidades básicas y acrediten una serie de requisitos que distinguen entre los españoles de origen nacidos en España y aquellos otros que aun compartiendo nacionalidad, no hayan nacido en nuestro país[21].

Para ello, no obstante, se le solicita el cumplimiento de una serie de requisitos, el primero en sentido positivo y el segundo, determinado por la carencia de una serie de elementos (art. 3):

- En sentido afirmativo y de manera alternativa para tener derecho a una ayuda específica, bien, haber cumplido sesenta y cinco años de edad en la fecha de la solicitud, bien ser mayor de dieciséis y menor de sesenta y cinco años y estar en situación de incapacidad permanente absoluta para todo tipo de trabajo en referida fecha.

---

21. Artículo 2. Beneficiarios de la prestación por razón de necesidad. Tendrán derecho a la prestación por razón de necesidad, siempre que cumplan los requisitos del artículo 3: a) Los españoles de origen nacidos en territorio nacional que, por motivos económicos, laborales o de cualquier otra naturaleza, salieron del país y establecieron su residencia en el extranjero.b) Los españoles de origen no nacidos en España que acrediten un periodo de residencia en nuestro país de 10 años previo a la presentación de la solicitud de la prestación, siempre que ostentaran durante todo ese período la nacionalidad española.

- En sentido negativo:
  - No pertenecer a órdenes o institutos que por sus reglas deban prestar asistencia a sus miembros;
  - Carecer de ingresos suficientes, en los términos previstos en el art. 5 del mismo RD, así como teniendo presente el conjunto de rentas computables de acuerdo a lo señalado en el art. 6;
  - No poseer bienes muebles o inmuebles con un valor patrimonial superior a la cuantía anual de la base cálculo correspondiente al país de residencia.
  - No haber donado bienes en los cinco años anteriores a la solicitud de la prestación económica, por un valor patrimonial superior a la cuantía establecida en la base cálculo de la prestación económica correspondiente al país de residencia, valorándose dichos bienes según las normas establecidas para el impuesto que lo grave.

La prestación reconocida responde a tres perfiles distintos (art. 1) para lo que se solicitan algunos de los requisitos antes comentados:

- Ancianidad (de carácter económico);

- incapacidad absoluta para todo tipo de trabajo (de carácter económico);

- asistencia sanitaria.

En cualquier momento del año, los sujetos que reúnan los condicionantes requeridos pueden solicitar la prestación, que en el caso de ser de naturaleza económica tendrá un importe que se obtiene del resultado de restar las rentas o ingresos anuales de que disponga el beneficiario o, en su caso, los de su unidad familiar a la base de cálculo que la Dirección General de Migraciones establece anualmente. Base de cálculo que se obtiene teniendo en cuenta los indicadores económicos y de protección social de cada país: a) Renta per cápita. b) Salario mínimo interprofesional. c) Salario medio de un trabajador por cuenta ajena. d) Pensión mínima de Seguridad Social–. Tendrá un carácter personal e intransferible y su tramitación dependerá de la Consejería de Empleo y Seguridad Social del domicilio del demandante y, en su defecto, los servicios competentes de las representaciones diplomáticas o consulares, si bien, su reconocimiento y abono se reserva a la Dirección General de Migraciones.

Por otra parte, en relación a la segunda de las actuaciones a la que hacíamos referencia, la Orden TAS/561/2006, de 24 de febrero, por la que se establecen las bases reguladoras de la concesión de ayudas asistenciales correspondientes a los programas de actuación en favor de los emigrantes españoles no residentes en España, regula una serie de ayudas extraordinarias a favor de los emigrantes y trabajadores españoles desplazados temporalmente[22]. Estas ayudas poco o nada tienen que ver con el empleo, pero su tramitación, igual que en el caso anterior, está atribuida a las Consejerías en el extranjero. Y tienen por finalidad paliar la situación derivada de la carencia de recursos de los emigrantes españoles y de los familiares a su cargo, así como sufragar los gastos extraordinarios[23] derivados del hecho de la emigración, siempre que se acredite insuficiencia de recursos (art. 7).

3.2.2. Prestaciones para emigrantes retornados

No de manera exclusiva, pero sí de manera frecuente, las CC.AA. han establecido programas o medidas específicas de apoyo a sus emigrante retornados, pero que, la mayor parte de las veces, no responden claramente a un enfoque de potenciación del empleo sino a programas de ayuda[24]. Así, puede afirmarse que la línea más importante de actuación autonómica va en esta dirección[25] y que no siempre va a estar dispensada por los servicios de empleo, sino por los competentes en materia de migraciones.

Pero a nivel nacional, se disponen una serie de medidas, que sí están relacionadas con el empleo o la falta del mismo y cuya competencia está atribuida expresamente al SEPE.

---

22. Con una especial consideración a efectos del otorgamiento de la ayuda aquellos casos en los que se presente una situación de dependencia o se acredite ser víctima de violencia de género por cualquier medio de prueba admitido en derecho.

23. «Tendrán expresamente la consideración de gastos extraordinarios los ocasionados en el país de emigración por asistencia sanitaria derivados de problemas graves de salud del emigrante o de sus familiares a cargo que precisen atención inmediata que no pueda prestarse por los organismos de la Seguridad Social o Servicios Sociales.Asimismo, tendrán la consideración de gastos extraordinarios los originados por la asistencia jurídica en procedimientos socio-laborales, en procedimientos civiles referidos a separaciones, divorcios y reclamación de alimentos, y los civiles y penales derivados de causas de violencia de género, siempre que el solicitante de la ayuda no pueda acceder al beneficio de justicia gratuita. En ningún caso, se sufragarán procesos laborales o de Seguridad Social iniciados contra instituciones españolas».

24. Para el desarrollo en las CC.AA. vid. de manera extensa RIVAS VALLEJO, P. Op. cit.

25. V.gr. puede consultarse en Andalucía la información para los andaluces que opten por el retorno: http://www.juntadeandalucia.es/igualdadybienestarsocial/export/ Movimientos_Migratorios/HTML/pagina6.html o http://www.juntadeandalucia. es/igualdadybienestarsocialopencms/system/bodies/Movimientos_Migratorios/ Publicacion/para_retornados/Andaluces_que_desean_retornar.pdf También puede citarse, por ejemplo, Galicia con actuaciones similares: http://emigracion.xunta.gal/ es/actividad/lineas-ayuda, Extremadura: http://www.gobex.es/ddgg005/53, etc.

En cualquier caso, la ya comentada web de movilidad internacional, radicada en la Secretaría General de Inmigración y Emigración, pero a la que podemos acceder a través del mismo SEPE, establece una serie de parámetros que deben tenerse presente dependiendo de la situación laboral de la que se proceda y distinguiendo, a estos efectos, si se trata de un trabajar por cuenta ajena, un autónomo o un desempleado[26]. Si bien, como elemento común se refiere a la condición de emigrante retornado que le puede hacer acreedor de alguna de las prestaciones o ayudas especialmente previstas, siempre y cuando se parta del requisito previo de la acreditación de emigrante y ahora del retorno.

Las prestaciones o ayudas a las que se pueden acceder cumpliendo los requisitos para ello pueden ser:

- Subsidio para emigrantes retornados

- Renta Activa de Inserción para emigrantes retornados (RAI)

- Subsidio por desempleo para emigrantes retornados mayores de 55 años

- Prestación por desempleo del emigrante retornado que cotizó en España antes de emigrar

- Ayudas extraordinarias para retornados

En la relación citada pueden verse enumerados instrumentos generales que incluyen entre sus beneficiarios a trabajadores emigrantes que retornan y se encuentran en situación de desempleo siempre que reúnan una serie de requisitos.

---

26. TRABAJADOR. Si has estado trabajando por cuenta ajena en el extranjero y regresas a España, es importante que consigas la documentación necesaria para acreditar en España tu relación laboral. En particular te aconsejamos que recopiles estos documentos:Certificado de la empresa o empresas en que hayas trabajado. Es importante que conste, además del periodo de empleo, la actividad de la empresa y tu categoría laboral. Certificado de vida laboral o documento equivalente. Certificados de empresa en los que conste la categoría laboral. El formulario de la Unión Europea (U1, U2, U3, E301 o E303, según proceda), para los posibles derechos en España de prestaciones por desempleo. Número de seguridad social. Certificados académicos y de cualquier curso de formación profesional/ocupacional que hayas realizadoAUTÓNOMOSi has estado trabajando como autónomo o autoempleado, necesitas comunicar el cese de la actividad profesional, tanto a la Seguridad Social, para que cese tu obligación de cotizar como trabajador autónomo, como a las autoridades fiscales, para que cese tu obligación de hacer la declaración anual de ingresos. Es importante que comuniques tu dirección en España a efectos de notificaciones. Es conveniente llevar la documentación que pruebe tu experiencia laboral en el país. DESEMPLEADOEl Servicio Público de Empleo Estatal (SEPE) resuelve en su página web las dudas de quienes quieren cobrar el paro al regresar a España.

En primer término se alude al subsidio para emigrantes retornados, con los rasgos ya conocidos de prestación asistencial que, en este caso, puede reconocerse a españoles desempleados que hayan trabajado en el extranjero, excepto los que lo hicieron en los países pertenecientes al Espacio Económico Europeo, Australia o Suiza. Al igual que en la regulación general del subsidio, concurren una serie de directrices básicas: suscribir el compromiso de actividad, período de cotización previo (aquí los 12 meses en los últimos 6 años serán desde su última salida de España excluyendo los países antes citados) y carencia de rentas. Tanto en el momento de la solicitud, como durante todo el período de percepción que será de 6 meses, prorrogables por períodos iguales hasta el tope de 18 meses y cuya cuantía es equivalente al 80 % del IPREM.

Lo que resulta aquí esencial es el Certificado de emigrante retornado expedido por las Áreas o Dependencias de Trabajo y Asuntos Sociales de las Delegaciones o Subdelegaciones del Gobierno en el que conste la fecha del retorno y el tiempo de prestación de servicios en el país en el que hubiera emigrado.

Y lo más significativo del proceso es el denominado «mes de espera», consistente en que el trabajador, que en un plazo de 30 días ha debido inscribirse como demandante de empleo, tendrá que permanecer un mes inscrito, cumpliendo los requisitos y no rechazando ofertas de empleo adecuadas o acción formativa para poder acceder al subsidio.

Este subsidio también será aplicable a los mayores de 55 años que cumplan con todos los requisitos para acceder a la prestación de jubilación salvo la edad y que hayan cotizado por desempleo un mínimo de 6 años durante su vida laboral. La cantidad a abonar por el mismo importe ya señalado, se extenderá hasta que el beneficiario alcance la edad antes indicada. Y existe la posibilidad de suscribir con la Seguridad Social un Convenio Especial para complementar la cotización a efectos de jubilación.

De igual modo, se regula la RAI que como medida extraordinaria para el colectivo de sujetos que se caracteriza por su situación de exclusión social, de acceso al trabajo y de precariedad económica, incluye a los emigrantes retornados[27] como uno de sus destinatarios, siendo los requisitos

---

27. Hecho que, al igual que la medida anterior, deberá acreditarse por Certificación emitida por las Delegaciones o Subdelegaciones de Gobierno en la que conste la fecha de retorno y el tiempo trabajado en el país de emigración o Formulario U1 o E-301, si se ha vuelto desde un país miembro del EEE o de Suiza o formulario de enlace donde se reflejen los periodos trabajados en un país con el que existe convenio sobre protección por desempleo.

los comunes al resto de beneficiarios[28], salvo el del período de carencia, que se refiere al trabajo efectuado desde su última salida de España (6 meses en un período de 12 meses desde la solicitud). La ayuda, que se tramita ante el SEPE, consiste en una cantidad equivalente al 80% IPREM, se percibe por un máximo de 11 meses.

Por otra parte, si el trabajador no está percibiendo la prestación por desempleo en ningún otro Estado del Espacio Económico Europeo o Suiza, puede solicitar la prestación por desempleo por emigrante retornado que cotizó antes de emigrar de España.

Debemos considerar que estamos ante la prestación contributiva por desempleo, con los caracteres generales que se le reconocen a la misma y siendo la Entidad Gestora el SEPE. Ello supone que se calcula aplicando los porcentajes del 70 y 50% (antes y después de los primeros 6 meses) sobre las bases de cotización de los períodos trabajados, así como de aquellos que expresamente contempla la ley. Se requiere, por lo demás, el mismo decálogo de requisitos que para acceder perteneciendo a otro colectivo: situación legal de desempleo e inscripción como demandante de empleo, suscribir un Compromiso de actividad, haber cotizado el mínimo exigible (con anterioridad a la emigración) y no tener edad para acceder a la pensión de jubilación (salvo excepciones). El elemento diferencial es, por una parte, el requisito formulado en negativo de no estar percibiendo una prestación de la misma naturaleza de un país de la EEE o Suiza y, por otra, la acreditación de la condición de emigrante retornado en términos similares a los comentados para otras ayudas anteriores[29].

Por último, el Real Decreto 8/2008, de 11 de enero, que antes se ha analizado para ver las ayudas extraordinarias para españoles en el exterior, amplía su radio de acción a los españoles retornados para acceder a prestaciones señaladas para los anteriores. Pero el Real Decreto 1493/2007,

---

28. Así, debe tener la condición de inscrito como demandante de empleo, suscribir el compromiso de actividad, estar comprendido en el margen de edad que va de los 45 a los 65 años, no tener derecho a la prestación contributiva ni asistencial por desempleo, carecer de rentas (inferiores al 75% SMI) y no haber sido beneficiario de este Programa en tres períodos o en los 365 días anteriores salvo excepciones (víctimas de violencia de género y personas con discapacidad).

29. Certificado de emigrante retornado expedido por las Áreas o Dependencias de Trabajo y Asuntos Sociales de las Delegaciones o Subdelegaciones del Gobierno en el que conste la fecha del retorno y el tiempo trabajado en el país de emigración. Certificación emitida por las Delegaciones o Subdelegaciones de Gobierno en la que conste la fecha de retorno y el tiempo trabajado en el país de emigración o Formulario U1 o E-301, si se retorna de un país miembro del EEE o de Suiza o formulario de enlace donde se recojan los periodos trabajados en un país con el que existe convenio sobre protección por desempleo. Fuente: SEPE.

de 12 de noviembre, por el que se aprueban las normas reguladoras de la concesión directa de ayudas destinadas a atender las situaciones de extraordinaria necesidad de los españoles retornados, establece unas medidas específicas para que éstos puedan afrontar los gastos extraordinarios derivados del hecho del retorno, cuando se acredite insuficiencia de recursos en el momento que se solicite la ayuda. Se les otorga un plazo de 9 meses desde su regreso para la solicitud y siempre que hayan permanecido fuera del país un mínimo de 5 años. Ayuda que se hace extensiva a sus familiares en caso de fallecimiento con los límites que la norma dispone a tales efectos respecto a plazos y parentesco.

Para tener acceso a las ayudas se debe acreditar la situación de necesidad económica por los órganos competentes atendiendo a los ingresos del sujeto, el número de miembros de la unidad familiar a cargo del mismo y sus circunstancias, sus posibilidades de inserción laboral así como otros aspectos relevantes (coste de vivienda, entre otros). El importe máximo de la ayuda será el equivalente a 12 mensualidades del IPREM.

4. LA RED EURES COMO INTEGRACIÓN DE LOS SERVICIOS PÚBLICOS DE EMPLEO EN MATERIA DE EMIGRACIÓN Y MOVILIDAD EUROPEA

4.1. LA RED

EURES se define como el portal europeo de la movilidad profesional[30], que se configura como una red de cooperación entre la Comisión Europea y los servicios públicos de empleo europeos de los Estados miembros del EEE (los países de la UE, Noruega, Islandia y Liechtenstein), con la participación de Suiza y otras organizaciones asociadas, creada en 1993.

La suma de los recursos que prestan los diferentes socios proporciona una potente estructura que cuenta, entre otras, con personal formado por más de 900 consejeros, como técnicos especialistas que intervienen en las competencias que se han asumido por Eures: información, orientación y colocación.

En cualquier caso, recientemente se ha aprobado el Reglamento 2016/589/UE, de 13 abril (DOL núm.107, de 22/04/2016) que intenta reforzar el marco de cooperación para facilitar la libre circulación de los trabajadores dentro de la Unión (ex art. 45 TFUE), para lo que se debe favorecer la movilidad de los trabajadores y la integración de los mercados de trabajo de los países miembros. Ello supone, por ejemplo, modificar

---

30. https://ec.europa.eu/eures/public/es/homepage

la regulación normativa que aludía a la red Eures (Decisión de Ejecución 2012/733/UE de la Comisión que establecía disposiciones relativas al funcionamiento de una red de servicios europeos de empleo). En este sentido, el capítulo II del Reglamento se destina íntegramente al «Reestablecimiento de la red EURES» (arts. 5 a 16).

Así el art. 6, vuelve a redefinir el objetivo de la red, que se concreta en:

- Facilitar la libre circulación;

- Aplicar una estrategia coordinada para el empleo y, en particular, para la promoción de una mano de obra capacitada, formada y adaptable;

- Mejorar el funcionamiento, integración y cohesión de los mercados de trabajo de la Unión y también a nivel transfronterizo;

- Fomentar la movilidad geográfica y profesional voluntaria dentro de la UE;

- Apoyar las transiciones en el mercado de trabajo promoviendo los objetivos sociales y de empleo por la UE.

La red se compone de una serie de integrantes (art. 7) entre los que se destaca, a los efectos de este estudio, EURES es una red compuesta los Servicios públicos de empleo designados por los Estados miembros que, desde su designación adquieren una posición privilegiada de acuerdo con el régimen que expresamente se desarrolla en el art. 10.

A estos efectos se regula nuevamente la plataforma informática común (portal EURES, art. 17) en la que cada estado miembro publicará ofertas y demandas de empleo, incluyendo la de otros países miembros, pero admitiéndose la posibilidad de excluir las referidas a ciudadanos de un país determinado, las relacionadas con períodos de aprendizaje o formación o las que formen parte de las políticas de empleo.

Del mismo modo se enumeran los servicios de apoyo que garanticen el acceso a la información a trabajadores y empresarios, lo que resulta esencial para el buen funcionamiento y éxito de la misión del Portal, así como el intercambio de la propia información entre los Estados miembros para garantizar las posibilidades de movilidad.

En España, el SEPE es el que asume la gestión y participación en el programa EURES, introduciendo especialmente vías de acceso al mismo[31] y que para la coordinación y los apoyos de la información y de los datos

---

31. http://www.sepe.es/contenidos/personas/encontrar_empleo/encontrar_empleo_europa/movilidad.html

sobre empleo, también en el marco EURES, se apoyará en el SISPE o Sistema de Información de los Servicios Públicos de Empleo[32] regulado en el art. 12 de la Ley de Empleo. Con esta denominación se define un sistema de información basada en las NN.TT. que actúa como instrumento técnico para desarrollar las funciones que por ley se le asignan a los servicios públicos de empleo, sea para el ámbito nacional, sea para el ámbito europeo a través de la red EURES[33].

4.2. LAS AYUDAS

Para la puesta en práctica de la política de empleo deben seguirse las directrices de la Estrategia Española de Activación para el Empleo 2014-2016 (RD 751/2014, de 5 septiembre) , marco en el que se estructura la participación de los servicios públicos de empleo estableciendo una serie de objetivos comunes. En este ámbito se incluye el programa «Tu trabajo EURES-FSE», cuya finalidad principal es la de contribuir a potenciar la movilidad laboral a través de un sistema que basa en la configuración de una serie de ayudas para conseguir que los trabajadores puedan acceder a un empleo en el contexto EURES[34].

Las ayudas previstas a este fin se desarrollan en el RD 379/2015, de 14 de mayo, que se concretan en su art. 4:

- El traslado para asistir a entrevistas de procesos de selección para un puesto de trabajo.

- El traslado para incorporarse a un puesto de trabajo.

- La realización de un curso de idiomas vinculado a la incorporación a un puesto de trabajo (todo ello de acuerdo a los requisitos desarrollados en el art. 7).

Por último, pero atendiendo a un programa financiero específico de movilidad, se planifica el denominado «TU PRIMER EMPLEO EURES», dirigido a jóvenes con una edad comprendida entre los 18 y 35 años con el objeto de que puedan conseguir un empleo, o una experiencia formativa

---

32. Sobre el mismo: Romero Pardo, P. y Salas Porras, M. «Art. 13. Competencias» en AA.VV. (Monereo Pérz, Moreno Vida y Fernández Avilés, direcc). *El Derecho del Empleo. El Estatuto Jurídico del Empleo,* Comares, Granada, 2011, pp. 342 y 343.

33. Vid. v.gr. García Jiménez, M. «Artículo 21. Agentes de la Intermediación» en AA.VV. (Monereo Pérz, Moreno Vida y Fernández Avilés, direcc). *El Derecho del Empleo...* op. cit. pp. 490 y ss.

34. Comisión Europea. *¿Listo para dar el paso? Lo que necesita saber sobre la vida y el trabajo en el extranjero, y mucho más,* Luxemburgo: Oficina de Publicaciones de la Unión Europea, 2014.

en un país de la UE distinto al de su residencia habitual. Este programa, que vivió una prueba piloto entre 2012 y mayo de 2015, ha pasado ya a una fase definitiva de consolidación.

5. UNA BREVÍSIMA CONCLUSIÓN

La labor de los Servicios Públicos de Empleo en lo relativo a la emigración de los trabajadores nacionales se ha venido incrementando de manera importante en los últimos años, sobre todo atendiendo a los nuevos perfiles de nuestra emigración y a las necesidades en materia de empleo que afecta a colectivos concretos como los jóvenes.

En cualquier caso, destaca, por encima de otros instrumentos, las herramientas informativas que han puesto en marcha dichos servicios que, si bien, se suponen que deben de actuar en esta materia, como en otras, de manera coordinada, ésta consiste, en gran medida, en la remisión de los organismos autonómicos a lo previsto por el SEPE.

Sin embargo, lo que sí parece que es absolutamente necesario y que aparenta dar pasos en una buena dirección es la coordinación entre las distintas instancias competentes, fundamentalmente la Dirección General de Migraciones y el SEPE.

Por otra parte, existe una clara distinción entre las medidas destinadas para los emigrantes en el exterior y los retornados, pero siendo todavía mucho más destacado el peso de las medidas pasivas frente a las activas.

Por último, estas últimas, que se concentran en el impulso de la búsqueda de empleo y la movilidad laboral, tienen su máxima expresión en la red EURES, en la que el SEPE adquiere un papel protagonista, más aún desde el último impulso que le ha dado desde el Reglamento 2016/589/UE, de 13 abril.

Capítulo 21

Convenios y acuerdos bilaterales en materia de Seguridad Social para la emigración de profesionales españoles

Raquel Vela Díaz[1]

Universidad de Jaén

1. LA SEGURIDAD SOCIAL DE LOS TRABAJADORES EXTRANJE-ROS: PLANTEAMIENTO GENERAL

La Seguridad Social supone la configuración de un sistema o conjunto de elementos conexos dirigidos a la consecución de una protección social integral del individuo. Como cualquier otra materia, aunque en una intensidad diversa, la Seguridad Social ha sido objeto de la regulación contenida en normas internacionales.

Por un lado, debemos resaltar las declaraciones internacionales de derechos que, junto a los demás derechos y libertades fundamentales, también recogen derechos a la Seguridad Social. Así, en el marco de la Organización de Naciones Unidas, el art. 25 de la Declaración Universal de Derechos Humanos, de 1948 establece que toda persona tiene derecho a un nivel de vida adecuado que le asegure, entre otras cuestiones señaladas «*los seguros en caso de desempleo, enfermedad, invalidez, viudez, vejez u otros casos de pérdida de sus medios de subsistencia por circunstancias independientes de su voluntad*».

Por otro lado, el Pacto Internacional de Derechos Económicos, Sociales y Culturales, de 1966 incorpora en su art. 9 la previsión de que «*Los Estados*

---

1. Doctora en Ciencias del Trabajo. Profesora Interina de Derecho del Trabajo y de la Seguridad Social de la Universidad de Jaén. Acreditada a Profesora Contratada Doctora.

Partes en el presente Pacto reconocen el derecho de toda persona a la seguridad social, incluso al seguro social».

También desde una perspectiva internacional, esta concepción de la Seguridad Social comenzó a proyectarse en diversas Normas Internacionales del Trabajo. De esta forma, dentro del marco de la Organización Internacional del Trabajo (OIT) se ha buscado una coordinación de las legislaciones nacionales en esta materia otorgándose, entre otros, y con ese fin, los siguientes convenios:

– El Convenio n.° 19 sobre Igualdad de Trato a nacionales y extranjeros en materia de accidentes de trabajo, 1925.

– El Convenio n.° 48 sobre Conservación de los Derechos de Pensión de los Migrantes, 1935.

– El Convenio n.° 118 sobre Seguridad Social, que persigue la igualdad de trato de los nacionales de los países firmantes, 1962.

– El Convenio n.° 102 relativo a la Norma Mínima de la Seguridad Social, 1952, que impone a todos los estados firmantes el otorgamiento de asistencia sanitaria y prestaciones por enfermedad y accidente laboral, por desempleo, por vejez, por invalidez y por maternidad entre otras.

– El Convenio n.° 157 sobre Conservación de los Derechos en materia de Seguridad Social, 1982.

No es hasta el Convenio n.° 102 de 1952 cuando, a nivel internacional, puede decirse que se instaura la configuración actual que tenemos sobre la Seguridad Social, plasmándose desde entonces en diversas normas internacionales, normas marco o de mínimos que han ido desarrollando los principios generales en la materia, aplicados con posterioridad en los Convenios bilaterales y en el Derecho comunitario[2].

Los Convenios bilaterales proporcionan la ventaja de que se adaptan a las situaciones de los sistemas de Seguridad Social de cada parte contratante, considerándose como un complemento de las normas internacionales en esta materia. Por ello, en los Convenios bilaterales casi siempre se vislumbra el sello de los Convenios Internacionales del Trabajo, y los mecanismos de coordinación de ambos tipos de convenios, se informan finalmente entre sí. Eso sí, los Convenios bilaterales deben respetar el

---

2. SÁNCHEZ CARRIÓN, J.L.: «Los convenios bilaterales de Seguridad Social suscritos por España y su conexión con el Derecho comunitario», *Revista del Ministerio de Trabajo y Asuntos Sociales*, n° 47, 2003, p. 17.

contenido protector de Seguridad Social incluido en los Convenios Internacionales cuando los Estados que los suscriben sean miembros de estas organizaciones internacionales[3]. Así por ejemplo, desde una perspectiva comparada de Convenios de la OIT, tales como el Convenio n.° 48 y el 157 dedicados a la protección de los trabajadores en cuanto a la conservación de sus derechos de Seguridad Social con algunos de los Convenios bilaterales suscritos por España, se encuentran características similares en sus contenidos[4].

No obstante, cabe indicar que aspirar a una unificación del Derecho de la Seguridad Social no es tarea nada desdeñable, y los intentos por conseguirlo se presentan en la mayoría de las ocasiones como una labor incompleta. Por ello, hoy por hoy no existe un régimen común de Seguridad Social en el ámbito internacional, sino que se regula a través de normas convencionales, o, a través de mecanismos de coordinación de legislaciones. En ese sentido, los Convenios de Seguridad Social son un conjunto de normas pactadas entre dos o más Estados destinadas a evitar que la persona vea mermados o incluso suprimidos sus derechos en materia de prestaciones sociales, al trasladar su residencia a otro país, si bien ello no afecta a la legislación interna de estos Estados.

Los Convenios y Acuerdos bilaterales son los primeros mecanismos que surgen con el fin de coordinar las legislaciones sociales de dos países, representando desde un punto de vista histórico el núcleo originario del Derecho internacional de la Seguridad Social. Desde sus comienzos, dichos Acuerdos y Convenios bilaterales se han revelado como el instrumento más apropiado para coordinar los distintos sistemas de protección social. Así, la finalidad que los Estados buscan al suscribirlos es la de proteger de manera recíproca, por un lado, a sus nacionales que deciden trasladarse a terceros países por motivos profesionales, y por otro lado, a las personas extranjeras de dichos Estados que hayan emigrado a su territorio, pactando una serie de pautas o reglas que no requieran el establecimiento de un régimen común de Seguridad Social.

2. PROTECCIÓN EN MATERIA DE SEGURIDAD SOCIAL PARA TRABAJADORES EMIGRANTES ESPAÑOLES

No es demasiado habitual la celebración de Convenios bilaterales entre países desarrollados y países en vías de desarrollo, bien por la ausencia en

---

3. GONZÁLEZ ORTEGA S.: *La protección social de los trabajadores extranjeros*, Ministerio de Trabajo y Asuntos Sociales, Secretaría de Estado de la Seguridad Social, 2007, p. 28.
4. Tales como los Convenios suscritos por España con países como Canadá, Ecuador, Marruecos, Argentina, Filipinas, Túnez, Brasil, Rusia o Ucrania.

estos últimos de verdaderos sistemas de Seguridad Social, por el escaso número de nacionales extranjeros residentes en uno u otro Estado o incluso por cuestiones de poca presión política de los trabajadores emigrantes. España, sin embargo, representa un caso excepcional, ante la cantidad de Convenios bilaterales suscritos con países en desarrollo, siendo uno de los países que más Convenios firmados tiene en esta materia.

Esta realidad se debe principalmente a que España ha sido de manera tradicional un país de emigración. La propia Ley 40/2006, de 14 de diciembre, del Estatuto de la ciudadanía española en el exterior, reconoce en el punto primero de su Exposición de Motivos que la emigración española ha constituido un fenómeno político, social y económico que ha caracterizado nuestra historia, acentuándose desde la segunda mitad del siglo XIX hasta más allá de mediados del siglo XX. De hecho, la aprobación de la Constitución Española en 1978, aunque significó un cambio decisivo para la ciudadanía y tuvo influencia directa en la regulación de la inmigración, en ese momento había más preocupación por la emigración de la población española a Europa que por la incipiente inmigración que llegaba a España, como lo muestra el art. 42 de nuestra Carta Magna, que encomienda al Estado velar por los derechos de los trabajadores españoles en el extranjero, tanto económicos, como sociales, promoviendo además su retorno. Por tanto, la celebración de Acuerdos y Convenios en materia de Seguridad Social con otros países son respuesta a la encomienda del legislador en cuanto a que el Estado debe velar especialmente por la salvaguardia de los derechos económicos y sociales de los españoles que emigran por motivos laborales.

En la actualidad nos encontramos con un hecho incuestionable, herencia en gran parte de la emigración de personas españolas, e incluso en ocasiones de su exilio, que supone la existencia de más de un millón y medio de españoles y sus descendientes que residen fuera del territorio español, lo que constituye un valor en sí mismo que confirma la presencia de España más allá de sus fronteras. Estos ciudadanos y ciudadanas por su condición y características peculiares exigen un tratamiento específico por parte del Estado que permita, en cumplimiento del artículo 14 de la Constitución Española, garantizar a los españoles residentes en el exterior el ejercicio de los derechos y deberes constitucionales en condiciones de igualdad con los residentes en España, con el compromiso de los poderes públicos de adoptar las medidas necesarias para remover los obstáculos que impidan hacerlos reales y efectivos[5].

---

5. A este respecto, se dio un primer paso con la aprobación de la Ley 3/2005, de 18 de marzo, por la que se reconoce una prestación económica a los ciudadanos de origen español desplazados al extranjero durante su minoría de edad, como consecuencia

En este sentido, la Ley 40/2006, de 14 de diciembre, del Estatuto de la ciudadanía española en el exterior, se configura como el marco jurídico que garantiza a la ciudadanía española residente en el exterior el ejercicio de sus derechos y deberes constitucionales, en términos de igualdad con los españoles residentes en España. Además, el Estatuto tiene como finalidad delimitar las líneas básicas de la acción protectora del Estado dirigida a los españoles residentes en el exterior y fijar el marco de cooperación y coordinación entre el Estado y las Comunidades Autónomas, en aras de mejorar las condiciones de vida de los españoles residentes en el exterior, en aquellos ámbitos en los que sea necesario complementar la protección existente en el país de residencia.

Para ello, el Título I comprende una relación sistemática de derechos de los españoles que residen en el exterior. De manera más concreta, el Capítulo II hace referencia a los derechos sociales y prestaciones. Así, en cuanto a los derechos en materia de Seguridad Social, el art. 18 establece que el Estado adoptará las medidas necesarias para que la acción protectora de la Seguridad Social se extienda, tanto a los españoles que se trasladen al exterior por causas de trabajo, como a los familiares de los mismos, en los términos establecidos en la legislación aplicable. Para ello, el Estado, con el fin de garantizar a los trabajadores españoles en el exterior en materia de Seguridad Social la igualdad o asimilación con los nacionales del país de recepción, el mantenimiento de los derechos adquiridos en esta materia y la conservación de aquellos en curso de adquisición, promoverá «*la celebración de Tratados y Acuerdos con los Estados receptores, la ratificación de Convenios Internacionales y la adhesión a Convenios multilaterales*». El citado precepto añade además que el Estado «*velará por la conservación de los derechos en materia de Seguridad Social de los españoles residentes en el exterior a través de Convenios, Tratados o Acuerdos de Seguridad Social*». Asimismo, el Estado deberá establecer fórmulas que permitan a los trabajadores que residan en el exterior y a los que decidan retornar, el abono de las cotizaciones voluntarias al Sistema de Seguridad Social.

Por otro lado, no se puede obviar que España se ha convertido en las últimas décadas en un país de inmigración, recibiendo personas extranjeras principalmente de Latinoamérica, África o del Este de Europa, siendo un factor que también ha influido en la firma de estos textos convencionales.

---

de la Guerra Civil, y que desarrollaron la mayor parte de su vida fuera del territorio nacional. Esta norma, por una parte, supuso un reconocimiento histórico; y por otra, dotó de protección económica y asistencia sanitaria a un colectivo concreto de españoles: los denominados «Niños de la Guerra».

3. APLICACIÓN DEL DERECHO COMUNITARIO PARA EL TRAS-LADO DE RESIDENCIA POR MOTIVOS PROFESIONALES A PAÍSES MIEMBROS DE LA UNIÓN EUROPEA

Además de los factores con anterioridad señalados, España es un país perteneciente a la Unión Europea desde 1986, una realidad de gran relevancia en todos los sentidos, pues en el tema que nos ocupa conlleva que sus actos convencionales, tanto anteriores como posteriores a su pertenencia a la UE, quedan vinculados a la normativa comunitaria que se integra en el Ordenamiento Jurídico español. Esto va a suponer una serie de limitaciones o restricciones a la hora de suscribir convenios, afectando por tanto a la autonomía que tenía el Estado para suscribir Convenios bilaterales con terceros países. En el caso de Estados miembros de la Unión Europea ha supuesto que diversos convenios bilaterales se hayan sustituido por los Reglamentos Comunitarios de Seguridad Social[6].

Desde la creación de la Comunidad Económica Europea con el Tratado de Roma de 25 de marzo de 1957, se prevé la libre circulación de trabajadores en el espacio comunitario y las consiguientes medidas de coordinación en materia de Seguridad Social, tales como la totalización de los periodos de cotización en los diferentes países y la exportación de las prestaciones sociales. De igual forma, destaca el tratado Constitutivo de la Unión Europea, el Tratado de Maastricht de 7 de Febrero de 1992, con el que se ambicionaba un progreso equilibrado, tanto económico, como social de los Estados miembros, es decir, un elevado nivel de empleo, de protección social y de la salud, creándose el Fondo Social Europeo. Pese a ello, no se puede hablar de un sistema propio de Seguridad Social de la Unión Europea, puesto que se mantienen los distintos Sistemas nacionales, si bien es cierto que hay una pretensión de armonizar, en la medida de lo posible, las diferentes legislaciones en esta materia.

En este marco comunitario específico, los más relevantes son sin duda los reglamentos de coordinación de las diferentes legislaciones nacionales de Seguridad Social, que se sustentan en la promoción de la libre circulación de personas, especialmente de trabajadores, principio nuclear del Derecho Comunitario. En este sentido, debemos hacer referencia al Reglamento (CEE) 1408/71, de 14 de junio, relativo a la aplicación de los Regímenes de Seguridad Social a los trabajadores por cuenta ajena, a los trabajadores por cuenta propia y sus familiares que se desplazan en el interior del espacio comunitario, así como a los apátridas o refugiados que residan en el territorio de los Estados miembros. Junto al mismo también

---

6. SÁNCHEZ CARRIÓN, J.L.: «Los convenios bilaterales de Seguridad Social suscritos por España y su conexión con el Derecho comunitario», *op. cit.*, pp. 18-19.

destacó su reglamento de aplicación, el Reglamento (CEE) 574/1972, del Consejo, de 21 de marzo, por el que se establecen las modalidades de aplicación de los regímenes de Seguridad Social a los trabajadores por cuenta ajena que se desplacen dentro de la comunidad.

El Reglamento 1408/71 fue modificado en numerosas ocasiones para reflejar, no ya sólo la evolución experimentada a nivel comunitario, incluidas las sentencias del Tribunal de Justicia, sino también los cambios que se habían producido en las legislaciones nacionales, siendo la más importante la modificación producida por el Reglamento del Consejo 859/2003, de 14 de mayo, por el que se ampliaron las disposiciones del Reglamento 1408/71 y del Reglamento 574/72 a los nacionales de terceros países.

Los citados textos reglamentarios constituyeron los pilares del sistema comunitario de coordinación de legislaciones en materia de Seguridad Social, permaneciendo vigentes hasta el Reglamento (CE) 883/2004, del Parlamento Europeo y del Consejo, de 29 de abril, sobre la coordinación de los sistemas de seguridad social[7], que sustituyó al Reglamento 1408/1971, llevando a cabo su modernización y simplificación[8], así como el Reglamento (CE) 987/2009 del Parlamento Europeo y del Consejo, de 16 de septiembre de 2009, por el que se adoptan las normas de aplicación del Reglamento (CE) 883/2004, sobre la coordinación de los sistemas de seguridad social[9], que vino a sustituir al Reglamento 574/72. A su vez, debemos también de mencionar el Reglamento (UE) 1231/2010 del Parlamento Europeo y del Consejo, de 24 de noviembre de 2010, por el que se amplía la aplicación del Reglamento 883/2004 y el Reglamento 987/2009 a los nacionales de terceros países que, debido únicamente a su nacionalidad, no estén cubiertos por los mismos[10].

Las líneas básicas de todos ellos suponen la eliminación de todo trato discriminatorio por razón de nacionalidad en materia de Seguridad Social para los nacionales de otro Estado miembro. A su vez, implantan

---

7. DO Serie L núm. 166, de 30 de abril de 2004.
8. Si bien, su párrafo 44 señala expresamente lo siguiente: «*Es necesario introducir un nuevo Reglamento y derogar el Reglamento (CEE) 1408/71. No obstante, es necesario que el citado Reglamento continúe en vigor y siga surtiendo efectos a los fines de determinados actos y acuerdos comunitarios de los que es parte la Comunidad, para salvaguardar la seguridad jurídica*». Ampliamente QUINTERO LIMA, M. G. y GÓME ABELLEIRA, F. J.: «La Seguridad Social de los extranjeros no comunitarios que se desplazan dentro de la Unión Europea: alcance del nuevo Reglamento (CE) 859/2003, por el que se amplían las disposiciones del Reglamento (CEE) 1408/1971 a los nacionales de terceros países», *Relaciones Laborales, Revista crítica de Teoría y Práctica*, n° 1, 2004.
9. DO Serie L núm. 284, de octubre de 2009.
10. DO Serie L núm. 344, de 29 de diciembre de 2010.

la totalización de los períodos de cotización o residencia, es decir, que el Estado en el que se halle el beneficiario de la Seguridad Social compute y valore, a la hora de determinar el derecho y la cuantía de las prestaciones que le puedan corresponder, los periodos cubiertos previamente por la legislación de otro estado como si lo hubieran sido por la suya propia. Si al hacer la totalización resulta que no se ha alcanzado el derecho pretendido en ningún Estado, no se le reconocerá el mismo; en cambio, si lo ha alcanzado en más de un Estado, la prestación se otorgará por los diferentes Estados implicados, hasta la cuantía máxima fijada en cada caso, a prorrata del tiempo trabajado o cotizado en cada uno de ellos. Las prestaciones económicas a las que tenga derecho el beneficiario se abonarán por el Estado donde resida, de acuerdo con lo dispuesto en la legislación del Estado deudor. En el caso de las prestaciones no contributivas reconocidas en el Reglamento, se otorgarán por el Estado en que resida el beneficiario de acuerdo con su propia legislación.

Las prestaciones de Seguridad Social a las que hace referencia el Reglamento 883/2004 son las siguientes: prestaciones de enfermedad, prestaciones de maternidad y de paternidad asimiladas, prestaciones de invalidez, prestaciones de vejez, prestaciones de supervivencia, prestaciones de accidentes de trabajo y de enfermedad profesional, subsidios de defunción, prestaciones de desempleo, prestaciones de prejubilación y prestaciones familiares.

Con anterioridad a la incorporación de España a la Unión Europea, se habían firmado Convenios bilaterales de Seguridad Social con países pertenecientes al espacio comunitario, concretamente con Alemania, Austria, Bélgica, Finlandia, Francia, Italia, Luxemburgo, Países Bajos, Portugal, Reino Unido, Suecia y Suiza. Estos Convenios suscritos por España han sido sustituidos por los Reglamentos comunitarios, de conformidad con el art. 8 del Reglamento (CE) 883/2004 que establece que «*el presente Reglamento sustituirá a cualquier otro convenio de seguridad social aplicable entre los Estados miembros*». No obstante, para que esta sustitución no constituya un debilitamiento de los derechos anteriormente establecidos en los Convenios bilaterales, y de conformidad con lo que añade el precepto, continuarán siendo de aplicación determinadas disposiciones de convenios de seguridad social suscritos por los Estados miembros con anterioridad a la fecha de aplicación del Reglamento comunitario, «*siempre que resulten más favorables para los beneficiarios o deriven de circunstancias históricas específicas y tengan un efecto temporal limitado*».

4. CONVENIOS Y ACUERDOS BILATERALES DE SEGURIDAD SOCIAL SUSCRITOS POR ESPAÑA CON TERCEROS PAÍSES

Es cada vez más frecuente el desplazamiento de trabajadores de un país a otro, sin embargo, como ya hemos señalado, salvo en la Unión Europea, no existe un sistema internacional que coordine las cotizaciones y prestaciones de la persona trabajadora en diferentes países. En la Unión Europea, los sistemas de Seguridad Social se coordinan a través del Derecho Comunitario, cuya aplicación es vinculante en todos los Estados miembros.

A su vez, los Convenios bilaterales de Seguridad Social con otros países no pertenecientes a la Unión son el instrumento empleado para tratar de garantizar las prestaciones a los trabajadores migrantes. Por ello, entre España y otros países que no pertenecen a la Unión Europea, la coordinación de los sistemas de Seguridad Social se realiza a través de los citados Convenios y Acuerdos.

En ellos se introducen una serie de reglas con el fin de eliminar aquellos obstáculos que impidan la aplicación de diferentes legislaciones, de conectarlas entre sí y de organizar las relaciones con las distintas administraciones de Seguridad Social. De esta forma, la mayor parte de los Convenios disponen la aceptación automática de las posibles modificaciones jurídicas que puedan producirse en las legislaciones de los países que los suscriben, para evitar que se originen lagunas a la hora de aplicar las disposiciones que sean objeto de modificación[11]. Si bien es cierto que en los Convenios bilaterales firmados entre un Estado miembro de la Unión europea y un tercer país no comunitario es necesario examinar su eficacia como Ley interna estatal, frente a la normativa comunitaria, a la internacional, y a las demás fuentes del propio ordenamiento interno, pues aunque estos Convenios no sean Derecho comunitario propiamente dicho, forman parte del ordenamiento jurídico del Estado miembro que lo suscribe[12].

En la actualidad, España es de las naciones que más Convenios firmados tiene con terceros países. Concretamente con 23 países, siendo los siguientes: Andorra, Argentina, Australia, Brasil, Cabo Verde, Canadá,

---

11. GONZÁLEZ ORTEGA S.: *La protección social de los trabajadores extranjeros, op. cit.*, pág. 96.
12. SÁNCHEZ CARRIÓN, J.L.: «Los convenios bilaterales de Seguridad Social suscritos por España y su conexión con el Derecho comunitario», *op. cit.*, p. 23.

Chile, Colombia, Corea, Ecuador, Estados Unidos, Filipinas, Japón, Marruecos, México, Paraguay, Perú, República Dominicana, Rusia, Túnez, Ucrania, Uruguay y Venezuela.

Como se puede comprobar, la mayoría de los Convenios suscritos por España han sido con países del continente americano, concretamente con trece Estados de este continente (Argentina, Brasil, Colombia, Canadá, Chile, Ecuador, Estados Unidos, México, Paraguay, Perú, República Dominicana, Uruguay y Venezuela); tres Convenios con países del continente Africano (Cabo Verde, Marruecos y Túnez); tres con países del continente asiático (Corea, Filipinas y Japón); otros tres Convenios con países Europeos (Andorra, Rusia y Ucrania); y finalmente con Australia, que pertenece a Oceanía.

4.1. ESTRUCTURA Y CONTENIDOS BÁSICOS DE LOS CONVENIOS BILATERALES

Los Convenios bilaterales suscritos por España con terceros países suelen adoptar una estructura muy similar, a pesar de las lógicas diferencias introducidas en cada uno de ellos, que implican una mayor o menor extensión de su contenido. En este sentido, la estructura básica o general de los mismos suele abarcar los siguientes apartados:

- Preámbulo o encabezamiento.
- Disposiciones Generales: definiciones, ámbito de aplicación objetivo, ámbito de aplicación subjetivo, principio de igualdad de trato, conservación y exportación de prestaciones.
- Disposiciones sobre la legislación aplicable.
- Disposiciones sobre cada una de las prestaciones.
- Disposiciones diversas: comunes, especiales y administrativas.
- Disposiciones transitorias y finales.

A lo anterior cabe añadir que muchos de los Convenios vienen también acompañados de Acuerdos Administrativos, Protocolos y Convenios adicionales, que modifican o complementan algunas cuestiones de los mismos, siendo su estructura muy similar a la de éstos, aunque su contenido y su extensión sea más limitado.

También podemos destacar que, de manera generalizada, los Convenios bilaterales tienen un contenido mínimo que suele ser común a todos ellos. Es decir, entre los contenidos de los citados Convenios, hay una serie de principios que se recogen en casi todos los textos convencionales[13]:

a) El principio de igualdad de trato: Se trata de un principio fundamental reconocido implícita o explícitamente en todos los Convenios, que implica que el trabajador extranjero debe ser tratado de la misma forma que el trabajador nacional, teniendo los mismos beneficios y las mismas obligaciones. Se abandona así el criterio de la nacionalidad como factor de discriminación para el acceso a una protección social plena. En este sentido, cabe recordar la Jurisprudencia del Tribunal Constitucional respecto al principio de igualdad de trato y no discriminación (STC 95/2000), en la que reconoce en base al art. 13.1 de nuestro Texto Constitucional que los extranjeros gozarán en España de los derechos y libertades garantizadas en el Título I de la Constitución, en los términos que se establezcan en los Tratados y la Ley. Se desprende así que los mismos deben disfrutar de los mismos derechos que los nacionales y en condiciones equiparables, especialmente respecto a aquellos derechos que afectan a la persona al ser fundamentales para su desarrollo y para la protección de su dignidad. Aplicando en estos Convenios el principio de reciprocidad, en esos mismos términos deberán ser tratados los ciudadanos españoles que hayan emigrado por motivos profesionales.

b) Principio de la exportación de las prestaciones: Numerosos Convenios permiten que aunque se deje el país donde se tiene reconocida la prestación, esta se puede cobrar cuando se está residiendo en el otro país firmante. Esto es habitual en prestaciones contributivas, como por ejemplo, el cobro de pensiones de jubilación. Por tanto, este principio implica que las prestaciones han de ser satisfechas aunque el beneficiario resida en un Estado distinto de aquel en el que se encuentra la institución deudora.

c) El principio de totalización de las cotizaciones: Este principio implica que se reconocen los periodos cotizados en los distintos países con el fin de utilizarlos para solicitar prestaciones en un país firmante. De esta manera, se asimilan los periodos cotizados en territorio

---

13. Se puede consultar el texto de la mayoría de estos Convenios en el siguiente documento publicado por el Ministerio de Trabajo y Asuntos Sociales: *Convenios y Acuerdos Bilaterales en materia de Seguridad Social*, Gobierno de España, Secretaría de Estado de la Seguridad Social, Instituto Nacional de la Seguridad Social, 2007.*www.seg-social. es/prdi00/groups/public/documents/binario/097996.pdf*

extranjero pudiendo emplearse para cumplir los requisitos en cuanto a periodos de carencia exigidos en el país de residencia[14].

d) No devolución de las cotizaciones efectuadas en un país: Ningún Convenio bilateral o regulación española contempla la devolución de las cotizaciones realizadas en España por un trabajador extranjero que decida salir de España. Dicha devolución no se llevará a cabo aunque el trabajador no pueda utilizar las citadas cotizaciones para la solicitud de prestaciones en su país de origen.

e) Una adecuada colaboración administrativa: Se trata de una cuestión fundamental para el cumplimiento de lo acordado en los Convenios de la forma más eficaz posible.

Debemos añadir que casi todos los Convenios son muy amplios, de manera que abarcan una amplia variedad de prestaciones, si bien algunos de ellos se centran de manera exclusiva en determinadas prestaciones, tales como las pensiones o aquellas derivadas de contingencias profesionales, o bien, se aplican a una sola rama de la Seguridad Social. Es decir, no todos los Convenios son aplicables a todas las contingencias y prestaciones, sino que su ámbito objetivo será mayor o menor dependiendo de la voluntad de los países firmantes. La mayor o menor amplitud del Convenio suele depender del desarrollo económico y del sistema de Seguridad Social que tenga el país con el que se suscribe el mismo.

De igual forma, no todos los Convenios y Acuerdos bilaterales que han sido suscritos por España cuentan con la misma extensión en cuanto a su ámbito subjetivo y objetivo. Por una parte, el ámbito subjetivo en algunos Convenios solo tutela a los nacionales de los dos Estados firmantes que presten su actividad laboral en el territorio de alguno de ellos, incluyendo sus familiares, como por ejemplo Colombia, México, o Rusia. Otros Convenios, sin embargo, no sólo extienden su ámbito de aplicación personal a los nacionales y familiares, sino que también acogen a los refugiados y apátridas, como es el caso de Túnez, Filipinas, Marruecos, Ucrania o Venezuela. También hay Convenios que comprenden dentro de su ámbito subjetivo, con independencia de su nacionalidad, a trabajadores que hayan estado sometidos a las legislaciones de ambos países, abarcando a su vez a los familiares y supervivientes, como en el caso de Brasil, Canadá, Estados Unidos o Uruguay. Por otra parte, en cuanto al ámbito objetivo, no todos los Convenios regulan la totalidad de las ramas y regímenes de protección social, ni en la misma medida. La razón de esta diversidad de

---

14. No obstante, debemos mencionar que en algunos convenios se mantiene la regla del cumplimiento de los requisitos internos para tener acceso a las prestaciones.

cobertura de prestaciones sociales se debe principalmente a razones de índole económico, es decir, cuanto mayor sea el nivel de desarrollo de un país, mayor será su Sistema de protección social, por consiguiente, la cobertura de las prestaciones de Seguridad Social ofrecida a trabajadores nacionales de otros países estará vinculada directamente a las prestaciones reconocidas a sus propios ciudadanos y a las posibilidades económicas del país, lo que aproximará en mayor o menor medida la reciprocidad entre ambos Estados. Los Convenios bilaterales suscritos por España reflejan las prestaciones y los regímenes que son aplicables a los trabajadores de los Estados contratantes, diferenciando las que se extienden a los trabajadores españoles en los otros países y las que se aplican a los trabajadores extranjeros en España, con importantes diferencias entre unos y otros Convenios.

En relación con la vigencia temporal de estos Convenios, cada uno de ellos se ha suscrito en una fecha determinada y con una previsión de entrada en vigor concreta. No obstante, con carácter general, incluyen una regla de retroactividad con cierta amplitud, que permite la aplicación de sus disposiciones, especialmente para el reconocimiento de prestaciones, a los hechos causantes sobrevenidos con anterioridad a su entrada en vigor, así como la revisión de dichas prestaciones, a instancias del propio trabajador de conformidad con el contenido del convenio. Aunque cabe puntualizar que los efectos económicos de las prestaciones no podrán ser anteriores a la fecha de entrada en vigor del Convenio. En cuanto a la duración de los Convenios bilaterales, debemos indicar que generalmente se suelen suscribir por un tiempo indefinido, con la posibilidad de denunciarlos notificándolo a la otra parte por vía diplomática con un tiempo determinado de antelación. No obstante, algunos tienen un plazo de duración determinado, con prórrogas tácitas.

Además de las reglas anteriores, el contenido de los convenios se concentra en el establecimiento de una serie de puntos de conexión que se formulan a través de principios jurídicos de extensión amplia, que modulan, matizan y complementan las normativas internas de protección social, determinando así un régimen jurídico de Seguridad Social particular de los trabajadores extranjeros en los países contratantes. Dichos puntos de conexión hacen referencia a las distintas fases que permiten que el trabajador protegido por el sistema de Seguridad Social pueda acceder a la prestación correspondiente, se determine su contenido y pueda percibirla de manera adecuada[15].

---

15. GONZÁLEZ ORTEGA S.: *La protección social de los trabajadores extranjeros, op. cit.*, pág. 98.

Finalmente, existen excepciones que figuran en todos los Convenios. Nos referimos a la situación en la que los trabajadores sujetos a la legislación de un Estado parte son enviados a trabajar por un determinado periodo al territorio del otro Estado parte (trabajadores desplazados). En estos casos, permanecerán sujetos a la legislación de Seguridad Social del primer Estado durante el tiempo establecido de común acuerdo entre las Autoridades competentes de ambos Estados. Por tanto, cuanto se trata de traslados laborales temporales, continúan sometidos a su propia legislación nacional si el desplazamiento no se prevé que sea superior al tiempo máximo estipulado en el Convenio, estableciéndose en ocasiones posibles prórrogas a estos periodos.

Los principales elementos definitorios de estos Convenios y Acuerdos bilaterales firmados por España con terceros países en relación con la protección social de los profesionales españoles que han trasladado su residencia a los mismos, se detallan a continuación de forma específica en relación con cada Estado.

Andorra

El Convenio de Seguridad Social entre el Reino de España y el Principado de Andorra y el Acuerdo Administrativo para la aplicación del convenio, se firmaron el 9 de noviembre de 2001, entrando en vigor desde el 1 de enero de 2003[16]. Se aplica a las personas que trabajen o hayan trabajado en uno o en ambos países y a sus familiares y supervivientes.

Las prestaciones del sistema de Seguridad Social de Andorra que se incluyen en el Convenio son las siguientes:

- Asistencia sanitaria en los casos de maternidad, enfermedad común y accidente de trabajo.

- Prestaciones económicas por incapacidad temporal derivada de enfermedad común y accidente laboral.

- Prestaciones económicas por maternidad.

- Prestaciones de invalidez, jubilación, defunción, viudedad y orfandad.

Argentina

El Convenio de Seguridad Social entre el Reino de España y la República Argentina se firmó el 28 de enero de 1997 y entró en vigor el 1 de

---

16. BOE núm. 290, de 4 de diciembre de 2002.

diciembre de 2004[17]. Se aplica a los trabajadores de cada una de las partes, a sus familiares y supervivientes.

El Convenio incluye las siguientes prestaciones contributivas de la Seguridad Social de Argentina:

- El régimen de Asignaciones Familiares en lo que se refiere exclusivamente a la Asignación por Maternidad.
- Los regímenes de Jubilaciones y Pensiones basadas en el Sistema de Reparto o en la Capitalización individual
- El régimen de Riesgos del Trabajo.

Australia

El Convenio de Seguridad Social entre España y Australia se firmó el 31 de enero de 2002 y entró en vigor el 1 de enero de 2003[18]. Se aplica a las personas que residan o hayan residido en Australia o que trabajen o hayan trabajado en España, así como al cónyuge, persona a cargo o superviviente.

Las prestaciones de Seguridad Social australianas que se incluyen en el Convenio son las siguientes:

- Pensiones de vejez.
- Pensión de apoyo por discapacidad para los gravemente discapacitados.
- Pensión de esposa.
- Pago por cuidado.
- Pensiones abonables a las personas viudas.
- Pensión de orfandad absoluta.
- Cuantía adicional por hijo.

Brasil

El Convenio de Seguridad Social entre España y Brasil, de 16 de mayo de 1991, vigente desde el 1 de diciembre de 1995, sustituye al anterior de

---

17. BOE núm. 297, de 10 de diciembre de 2004 y BOE núm. 243, de 10 de octubre de 2007.
18. BOE núm. 303, de 19 de diciembre de 2002.

fecha 25 de abril de 1969[19]. Se aplica a las personas que trabajen o hayan trabajado en uno o en ambos países y a sus familiares y derechohabientes.

A partir del 19 de mayo de 2011, fecha de aplicación por parte de Brasil del Convenio Multilateral Iberoamericano de Seguridad Social, el Convenio bilateral sólo se aplicará para las prestaciones de asistencia sanitaria, incapacidad temporal, prestaciones de protección familiar y subsidio de defunción.

Cabo Verde

El Convenio de Seguridad Social entre España y Cabo Verde se firmó el 23 de noviembre de 2012, entrando en vigor el 1 de diciembre de 2013[20]. Se aplica a los trabajadores que estén o hayan estado sujetos a la legislación de cualquiera de los dos países, así como a sus familiares y a sus supervivientes o dependientes legales beneficiarios.

Las prestaciones del sistema de Seguridad Social de Cabo Verde que se incluyen en el Convenio son las siguientes:

- Régimen general de previsión social de los trabajadores por cuenta ajena y por cuenta propia, en lo que se refiere a las contingencias de invalidez, vejez, y supervivencia.

- Régimen de seguro por accidentes de trabajo y enfermedades profesionales.

Canadá

El Convenio de Seguridad Social entre España y Canadá se firmó el 10 de noviembre de 1986 y entró en vigor el 1 de enero de 1988[21]. Se aplica a las personas que estén o hayan estado sometidas a la Ley del Seguro de Vejez o al Régimen de Pensiones de Canadá o que trabajen o hayan trabajado en España y a las personas a su cargo y a sus supervivientes.

En relación con el sistema de protección social de Canadá, el convenio se aplica a las prestaciones incluidas en las legislaciones del Seguro de Vejez y del régimen de Pensiones canadiense.

---

19. BOE núm. 13, de 15 de enero de 1996.
20. BOE núm. 255, de 24 de octubre de 2013.
21. BOE núm. 287, de 1 de diciembre de 1987 y BOE núm. 34, de 8 de febrero de 1997.

Chile

El Convenio de Seguridad Social entre España y Chile, firmado el 28 de enero de 1997 y vigente desde el 13 de marzo de 1998, sustituye al anterior de fecha 9 de marzo de 1977[22]. Se aplica a los trabajadores nacionales de las Partes que estén o hayan estado sujetos a la legislación de uno ambas Partes y a sus familiares beneficiarios.

El Convenio se aplica a la legislación de la Seguridad Social chilena en lo referente a:

- Asistencia sanitaria en casos de maternidad, enfermedad común y accidente no laboral comprendidas en el sistema público de salud.

- Prestaciones económicas por incapacidad laboral transitoria derivada de maternidad, enfermedad común o accidente no laboral comprendidas en el sistema público de salud.

- Prestaciones de invalidez, vejez y supervivencia del Nuevo Sistema de Pensiones basado en el régimen de capitalización individual y en los regímenes administrados por el Instituto de Normalización Previsional.

- Prestaciones familiares.

- Prestaciones por desempleo.

- Asistencia sanitaria y prestaciones económicas derivadas de accidente de trabajo y enfermedad profesional.

Colombia

El Convenio de Seguridad Social entre el Reino de España y la República de Colombia se firmó el 6 de septiembre de 2005 y entró en vigor el 1 de marzo de 2008[23]. Es de aplicación a los trabajadores nacionales que estén o hayan estado sujetos a las legislaciones de Seguridad Social de uno o ambos países firmantes, así como a sus familiares beneficiarios y sobrevivientes.

Respecto a la protección social reconocida para los profesionales españoles en Colombia, el Convenio se aplica a la legislación relativa a las prestaciones económicas dispuestas en el Sistema General de Pensiones

---

22. BOE núm. 72, de 25 de marzo de 1998.
23. BOE núm. 54, de 3 de marzo de 2008.

(Prima media con prestación definida y Ahorro Individual con Solidaridad), en cuanto a vejez, invalidez y sobrevivientes, de origen común.

Corea

El Convenio de Seguridad Social entre España y Corea se firmó el 14 de julio de 2011 y entró en vigor el 1 de abril de 2013[24]. Es de aplicación a las personas que estén o hayan estado sujetas a la legislación de cualquiera de los dos países, así como a los familiares y/o los dependientes y supervivientes de dichas personas que tengan esta condición de acuerdo con la legislación aplicable de cada país.

En relación con el sistema de protección social coreano, el Convenio se aplica a la Ley Nacional de Pensiones.

Ecuador

El Convenio de Seguridad Social de 4 de diciembre de 2009 entre España y Ecuador, que sustituye al anterior de 8 de mayo de 1974, entró en vigor el 1 de enero de 2011[25]. Se aplica a los trabajadores y pensionistas que estén o hayan estado sujetos a las legislaciones de una o ambas Partes, así como a los miembros de su familia y derechohabientes.

En relación con este país latinoamericano, el Convenio se aplica a las siguientes prestaciones contributivas del Seguro General Obligatorio a cargo del Instituto Ecuatoriano de Seguridad Social:

- Subsidio de maternidad.
- Subsidio de enfermedad.
- Prestaciones del Seguro de Invalidez, vejez y muerte (incluye pensiones de supervivencia a viudas y huérfanos).
- Prestaciones del Seguro de riesgos de trabajo.
- Auxilio de Funerales.

Estados Unidos

El Convenio de Seguridad Social entre España y los Estados Unidos de América se firmó el 30 de septiembre de 1986 y entró en vigor el 1 de abril

---

24. BOE núm. 110, de 8 de mayo de 2013.
25. BOE núm. 32, de 7 de febrero de 2011.

de 1988[26]. Se aplica a las personas que trabajen o hayan trabajado en uno o en ambos países así como a sus derechohabientes.

En cuanto a las prestaciones incluidas, en relación con Estados Unidos el Convenio se aplica al programa federal de Seguro de Vejez, Supervivencia e Invalidez.

Filipinas

El Convenio de Seguridad Social entre España y Filipinas de 12 de noviembre de 2002, que sustituye al anterior de 20 de mayo de 1988, entró en vigor el 1 de agosto de 2012[27]. Se aplica a los españoles y filipinos que trabajen o hayan trabajado en uno o en ambos países, así como a los miembros de su familia y derechohabientes. Asimismo, se aplica a los trabajadores refugiados y a los apátridas que residan habitualmente en el territorio de uno de los dos países, así como a los miembros de sus familias y derechohabientes.

Las prestaciones del sistema de Seguridad Social de Filipinas que se incluyen en el Convenio son las siguientes:

- Prestaciones por maternidad y por enfermedad.
- Prestaciones por jubilación.
- Prestaciones por invalidez.
- Prestaciones por muerte y supervivencia.
- Prestaciones por accidente de trabajo y enfermedad profesional.

Japón

El Convenio de Seguridad Social entre España y Japón se firmó el 12 de noviembre de 2008 y entró en vigor el 1 de diciembre de 2010[28]. Se aplica a las personas que estén o hayan estado sujetas a la legislación de cualquiera de las partes y a sus derechohabientes.

Las prestaciones del sistema de protección social japonés que se incluyen en el Convenio son las siguientes:

---

26. BOE núm. 76 de 29 de marzo de 1988.
27. BOE núm. 158, de 3 de julio de 2012.
28. BOE núm. 236, de 30 de septiembre de 2009 y BOE núm. 270, de 9 de noviembre de 2009.

- Pensión nacional (excepto el Fondo de Pensión Nacional).

- Seguro de Pensiones de los Asalariados (excepto el Fondo de Pensiones de los Asalariados).

- Pensión de la Mutua de Funcionarios Nacionales.

- Pensión de la Mutua de Funcionarios Locales y Personal de Estatus Similar (excepto el sistema de pensiones para miembros elegidos de las corporaciones locales).

- Pensión de la Mutua del Personal de Colegios Privados.

Marruecos

El Convenio de Seguridad Social entre España y Marruecos se firmó el 8 de noviembre de 1979 y entró en vigor el 1 de octubre de 1982[29]. Se aplica a los españoles y marroquíes que trabajen o hayan trabajado en ambos países y a sus familiares y supervivientes. También es de aplicación a quienes tengan la condición de apátridas o de refugiados y están o hayan estado sometidos a la legislación de uno o de ambos países, así como a sus familiares y supervivientes.

En relación con el sistema de protección social marroquí, el Convenio incluye lo siguiente:

- La legislación sobre el régimen de Seguridad Social.

- La legislación sobre accidentes de trabajo y enfermedades profesionales.

- Las disposiciones acordadas por la Autoridad pública relativa a regímenes particulares de Seguridad Social en tanto cubran a asalariados o asimilados y que sean relativas a los riesgos y prestaciones de la legislación sobre los regímenes de Seguridad Social.

México

El Convenio de Seguridad Social entre España y México se firmó el 25 de abril de 1994 y entró en vigor el 1 de enero de 1995[30]. Se aplica a los españoles y mexicanos que trabajen en uno o en ambos países y a sus familiares.

El Convenio se aplica, en relación con México, a los Regímenes obligatorio y voluntario contemplados en la Ley del Seguro Social en cuanto a:

29. BOE núm. 245, de 13 de octubre de 1982 y BOE núm. 282, de 24 de noviembre de 2001.
30. BOE núm. 65, de 17 de marzo de 1995.

- Pensiones derivadas de los seguros de invalidez, vejez, cesantía en edad avanzada y muerte.

- Pensiones derivadas del seguro de riesgos de trabajo.

Paraguay

El 1 de marzo de 2006 entró en vigor un nuevo Convenio de Seguridad Social entre España y Paraguay, firmado el 24 de junio de 1998, que viene a sustituir al Convenio General sobre Seguridad Social de 25 de junio de 1959 y al Convenio Complementario de 2 de mayo de 1972[31]. Se aplica a las personas que trabajen o hayan trabajado en uno o en ambos países y a sus familiares, beneficiarios y supervivientes.

Las prestaciones del sistema de Seguridad Social de Paraguay que se incluyen en el Convenio son las siguientes:

- Prestaciones económicas por incapacidad temporal, por enfermedad común o accidente no laboral

- Prestaciones económicas por maternidad

- Prestaciones económicas por invalidez, vejez, muerte y supervivencia

- Prestaciones económicas derivadas de accidente de trabajo y enfermedad profesional.

Perú

El nuevo Convenio de Seguridad Social entre España y la República del Perú se firmó el 16 de junio de 2003 y entró en vigor el 1 de febrero de 2005[32]. Se aplica a los trabajadores y pensionistas que estén o hayan estado sujetos a las legislaciones de uno o ambos países firmantes, así como a los miembros de sus familias y derechohabientes.

En relación con el sistema de protección social peruano, el Convenio se aplica a las legislaciones relativas a:

- El Régimen contributivo de la Seguridad Social en Salud y de otros regímenes de Seguridad Social en lo que se refiere a prestaciones sanitarias y económicas.

---

31. BOE núm. 28, de 2 de febrero de 2006.
32. BOE núm. 31, de 5 de febrero de 2005.

- El Sistema Nacional de Pensiones, así como a sus regímenes especiales en lo referente a prestaciones económicas de invalidez, jubilación y sobrevivencia.

- El Sistema Privado de Pensiones, en lo referente a las prestaciones económicas de jubilación, invalidez, sobrevivencia y gastos de sepelio.

República Dominicana

El Convenio de Seguridad Social entre el Reino de España y la República Dominicana se firmó el 1 de julio de 2004 y entró en vigor el 1 de julio de 2006[33]. Se aplica, por un lado, a los trabajadores nacionales de cada una de las partes contratantes, así como a los miembros de sus familias. Por otro lado, a las personas que tengan la condición de refugiados o apátridas, que residan habitualmente en el territorio de una de las partes, así como a los miembros de sus familias. Es de aplicación también a los miembros de la familia de un trabajador que sean nacionales de uno de los dos países, cualquiera que sea la nacionalidad del trabajador, siempre que éste haya estado sometido a la legislación de uno o de ambos países.

Respecto a las prestaciones incluidas en relación con la República Dominicana, el Convenio se aplica a la legislación relativa al Sistema dominicano de Seguridad Social y las leyes especiales que rigen el Seguro Social y planes públicos de pensiones y jubilaciones, en lo referente a:

- Pensiones y jubilaciones

- Prestaciones por vejez, discapacidad total y parcial

- Prestaciones por cesantía por edad avanzada

- Prestaciones de sobrevivencia

- Subsidios por enfermedad, maternidad y lactancia

- Servicios de estancias infantiles.

Rusia

El Convenio de Seguridad Social entre España y la Federación de Rusia se firmó el 11 de abril de 1994 y entró en vigor el 22 de febrero de 1996[34]. Se aplica a los españoles y rusos que trabajen o hayan trabajado en uno o en ambos países y a los miembros de su familia.

---

33. BOE núm. 139, de 12 de junio de 2006.
34. BOE núm. 48, de 24 de febrero de 1996.

Las prestaciones del sistema de Seguridad Social ruso que se incluyen en el Convenio son las siguientes:

- Prestación por incapacidad laboral transitoria, embarazo y parto, natalidad, cuidado del niño y subsidio por defunción.
- Prestaciones por jubilación, invalidez y supervivencia.
- Prestaciones sociales.
- Prestaciones familiares y maternidad.

Túnez

El Convenio de Seguridad Social entre España y Túnez se firmó el 26 de febrero de 2001 y entró en vigor el 1 de enero de 2002[35]. Se aplica a los españoles y tunecinos que trabajen o hayan trabajado en ambos países y a sus familiares y supervivientes. Asimismo se aplica a quienes tengan la condición de refugiados y a los apátridas que residan habitualmente en uno de los dos países, así como a los miembros de sus familias y supervivientes.

Respecto a las prestaciones incluidas en relación con el sistema de protección social de Túnez, el Convenio se aplica a las legislaciones de Seguridad Social de carácter contributivo aplicables a los trabajadores asalariados, no asalariados o asimilados concerniente a:

- Las prestaciones de los Seguros Sociales (enfermedad, maternidad y muerte).
- La reparación de los accidentes de trabajo y enfermedades profesionales.
- Las prestaciones del Seguro de invalidez, vejez y supervivencia.
- Las prestaciones familiares.

Ucrania

El Convenio de Seguridad Social entre España y Ucrania se firmó el 7 de octubre de 1996 y entró en vigor el 27 de marzo de 1998. Se aplica a los españoles y ucranianos que trabajen o hayan trabajado en uno o en ambos países y a sus familiares beneficiarios; a quienes tengan la condición de refugiados y a los apátridas, que residan en el territorio de uno de los dos

---

35. BOE núm. 309, de 26 de diciembre de 2001.

países, así como a sus familiares beneficiarios. También se aplica a los españoles y ucranianos que sean, familiares beneficiarios de un trabajador, cualquiera que sea la nacionalidad de éste, siempre que dicho trabajador haya estado sometido a la legislación de uno o de ambos países.

Las prestaciones del sistema de Seguridad Social ucraniano que se incluyen en el Convenio son las siguientes:

- Prestaciones por incapacidad temporal, por embarazo y parto, nacimiento del niño y cuidado del niño.

- Prestación por jubilación, invalidez y supervivencia

- Prestaciones por accidentes de trabajo y enfermedades profesionales.

- Subsidio de defunción

- Prestaciones familiares por hijos.

- Prestaciones sociales.

Uruguay

El 1 de abril de 2000 entró en vigor un nuevo Convenio de Seguridad Social entre España y Uruguay, firmado el 1 de diciembre de 1997, que viene a sustituir el Acuerdo Administrativo de fecha 21 de junio de 1979[36]. Se aplica a las personas que trabajen o hayan trabajado en uno o en ambos países y a sus familiares y supervivientes.

En relación con el sistema de protección social uruguayo, el Convenio se aplica en lo referente a:

- El régimen en materia de prestaciones por maternidad.

- Los regímenes de jubilaciones y pensiones basadas en el sistema de reparto o de capitalización individual.

- El régimen en materia de accidentes de trabajo y enfermedades profesionales.

Venezuela

El Convenio de Seguridad Social entre España y Venezuela se firmó el 12 de mayo de 1988 y entró en vigor el 1 de julio de 1990[37]. Se aplica a

---

36. BOE núm. 47, de 24 de febrero de 2000.
37. BOE núm. 162, de 7 de julio de 1990.

568

los españoles y venezolanos que trabajen o hayan trabajado en uno o en ambos países así como a los miembros de su familia; a los refugiados y a los apátridas que residan habitualmente en el territorio de uno de los dos países. También se aplica a los familiares beneficiarios de un trabajador que sean nacionales de una de las partes contratantes, aunque dicho trabajador no sea nacional de ninguna de ellas.

En relación al sistema de protección social venezolano, el convenio se aplica a la legislación que regula el Seguro Social en las siguientes prestaciones:

- Incapacidad temporal.
- Incapacidad parcial o invalidez.
- Vejez.
- Sobrevivientes.
- Asignación por muerte.

Convenio Multilateral Iberoamericano de Seguridad Social

Por último, este Convenio Multilateral constituye un instrumento de coordinación de las legislaciones de Seguridad Social en materia de pensiones de los diferentes Estados Iberoamericanos que lo ratifiquen y que, además, suscriban el Acuerdo de Aplicación.

Dicho Convenio se firmó el 10 de noviembre de 2007, entrando en vigor el 1 de mayo de 2011, tras su ratificación por siete Estados. Para que la entrada en vigor en los Estados Parte que lo han ratificado sea efectiva es necesario que los mismos suscriban el Acuerdo de Aplicación que lo desarrolla[38].

Hasta el momento, ambas condiciones han sido satisfechas por España, Bolivia, Brasil, Chile, El Salvador, Ecuador, Paraguay, Portugal y Uruguay.

5. CONSIDERACIONES FINALES

Las declaraciones internacionales de derechos suelen incorporar entre sus previsiones y junto a los demás derechos y libertades fundamentales, el derecho de la persona a la Seguridad Social. Este derecho queda

---

38. Los textos del Convenio Multilateral Iberoamericano de Seguridad Social y de su Acuerdo de Aplicación han sido publicados en el BOE de 8 de enero de 2011.

especialmente recogido en distintas Normas Internacionales del Trabajo promulgadas por la propia OIT, tratando así de buscar una coordinación o acercamiento de las legislaciones nacionales de los Estados en materia de Seguridad Social.

Desde una perspectiva comunitaria, también se han promulgado diversos reglamentos de coordinación de las diferentes legislaciones nacionales de Seguridad Social, con el fin de aplicar un Derecho Comunitario a este respecto similar en las relaciones entre los distintos Estados miembros de la Unión Europea.

No obstante, pese a estos intentos, no se puede afirmar que exista un Derecho de la Seguridad Social unitario o unificado jurídicamente desde una perspectiva internacional, ni siquiera comunitaria, sino que los sistemas de protección social siguen siendo una cuestión diferente e interna de cada país, estando regulados por tanto por la propia legislación de cada uno de ellos.

Es por ello que en muchas ocasiones se hace necesaria la coordinación de distintos sistemas nacionales mediante normas convencionales, por las cuales, cada uno de los países que las suscriben fijan una serie de normas pactadas con el fin de evitar que el trabajador o trabajadora que se desplaza de un país a otro por motivos profesionales, vea suprimidos sus derechos en materia de prestaciones sociales, sin que esto afecte a las legislaciones internas de dichos países.

España es uno de los países que más Convenios tiene firmados en materia de Seguridad Social, concretamente con 23 países no comunitarios, y aunque todos ellos adoptan una estructura bastante similar, este elevado número de Convenios implica la existencia de lógicas diferencias en sus contenidos, y por tanto, que los mismos tengan un mayor o menor alcance en cuanto a los niveles de protección de emigrantes españoles o emigrantes de los otros países firmantes. A lo que hay que unir la dispersión de documentos existentes ante el número de Convenios en vigor, aquellos que han dejado de estarlo, Acuerdos Administrativos, etc…

En ese sentido, sería más que conveniente tratar de establecer un documento tipo cuyas disposiciones y configuración fuesen comunes y extensibles a todos los países con los que España tiene firmados Convenios bilaterales, y cuyo contenido estuviese en armonía con las directrices contenidas en los Reglamentos de coordinación del Derecho Comunitario. Una norma convencional única y uniforme en cuanto a la extensión de la protección social dispensada y las prestaciones reconocidas.

Tal y como se indicaba al principio, aspirar a una unificación del Derecho de la Seguridad Social no es una labor nada baladí, no llegando a ser sólidos los intentos por alcanzarla. El establecimiento de un único tipo de Convenio suprimiría las diferencias y desequilibrios actuales, evitando así la dispersión existente en materia de Seguridad Social, siendo una garantía social para los trabajadores españoles que trasladen su domicilio a alguno de estos países por motivos profesionales.

Capítulo 22

La protección frente al desempleo de las personas emigrantes de la Unión Europea

BELÉN DEL MAR LÓPEZ ÍNSUA

Profesora Ayudante Doctora de Derecho del Trabajo y de la Seguridad Social
Universidad de Granada

1. INTRODUCCIÓN

Los incesantes movimientos migratorios de trabajadores en el mercado interior europeo (que se desplazan dentro del espacio de la Unión Europea) en busca de nuevas oportunidades de vida y trabajo, viene ocupando desde hace tiempo un lugar primordial entre las cuestiones que más preocupan a la ciudadanía. Es harto significativo que esta materia figure como elemento clave y fundamental en la agenda de la Unión para alcanzar el grado óptimo de desarrollo económico, de cohesión e integración social que tanto necesita el conjunto de Estados miembros.

En los países de la Unión y, en particular en España, la emigración continúa siendo uno de las cuestiones sociales que más atención ha acaparado en los distintos medios de comunicación, lo que ha llegado a convertir a esta región en un natural emisor de constantes flujos migratorios. Principalmente esta problemática se ha visto acrecentada a causa de la grave coyuntura de crisis económica que, desde el 2008, viene implacable fustigando a las frágiles estructuras de todos los mercados nacionales, incluido el español. La gravedad y universalidad del problema han planteado algunos interrogantes acerca de la adaptación de los sistemas europeos de Seguridad Social. Este hecho determina que la coordinación de la Seguridad Social Europea sea ahora más necesaria si cabe que nunca. La coordinación instrumental (no armonización legislativa, pues su finalidad no es establecer un sistema normativo comunitario de Seguridad Social) de los distintos sistemas de Seguridad Social supone la traslación a este ámbito del derecho a la libre circulación de trabajadores, en los términos que fijan los artículos 45 y siguientes del Tratado de Funcionamiento de la Unión Europea (TFUE). Esto se traduce, paradigmáticamente, en el derecho a circular libremente por la Unión Europea conservando los derechos adquiridos en materia de Seguridad Social, con el consiguiente derecho a exportar las prestaciones, sin que la legislación del Estado miembro que reconoció una prestación pueda condicionar su disfrute a la residencia o permanencia en el territorio de dicho Estado.

En relación con el *desempleo* –y en este contexto crítico–, el régimen de exportación se desarrolla en los artículos 63 a 65 del Reglamento (CE) núm. 883/2004 y en los artículos 55 y 56 del Reglamento (CE) núm. 987/2009. Nótese que en estos preceptos se ponen de manifiesto cómo la libre circulación de trabajadores y, por ende, los principios de conservación o mantenimiento de los derechos adquiridos en materia de Seguridad Social y de exportación de prestaciones, alcanzan no sólo a los trabajadores migrantes en activo que se desplacen a otros Estados miembros en búsqueda de empleo, sino también a las personas desempleadas que *retornen* a España para disfrutar de la protección por desempleo.

El presente trabajo tiene por objeto analizar los distintos Reglamentos comunitarios de coordinación de los sistemas de Seguridad Social para los trabajadores europeos, haciendo especial énfasis en el régimen (de Derecho social comunitario y nacional) de exportación de las *prestaciones por desempleo* de trabajadores retornados a España. Por lo que, se incide en cuestiones tan relevantes como el relativo a la determinación de hasta dónde podrá alcanzar la protección por desempleo, o si podrá o no el trabajador, que goza de la ciudadanía de la Unión (y ostentan, por tanto, los derechos anudados a dicha condición jurídico-política, artículos 18 y siguientes y 45 y siguientes del TFUE, incluida la expresa prohibición de toda discriminación por razón de la nacionalidad entre los trabajadores de los Estados miembros), disfrutar de los tres niveles previstos por nuestra legislación. Tras ello subyace la realidad normativa de la «territorialización» de la protección por desempleo. Todos estos problemas tratarán de ser resueltos en este trabajo. Finalmente, al marco normativo de referencia se le incorpora necesariamente la interpretación que para estas problemática han establecido, hasta la fecha, los numerosos pronunciamientos dictados por el Tribunal de Justicia de las Comunidades Europeas (TJCE).

2. PROBLEMÁTICA GENERAL: RETORNO Y CRISIS ECONÓMICA

Las migraciones son, a día de hoy, una realidad muy compleja que se sitúa cada vez más en el centro neurálgico de la acción política y jurídica a desarrollar por parte de todos los Estados. El modo de afrontarla y gestionarla resulta de difícil aplicación en el marco de una sociedad globalizada. Y es que, actualmente, no existe una infraestructura institucional y jurídica adecuada a nivel internacional, que otorgue una respuesta uniforme al conjunto de interrogantes que se plantean dentro de los sistemas normativos de los diferentes países.

Los constantes movimientos de salida, retorno o ambos conjuntamente que sufren las naciones occidentales mayoritariamente han motivado el establecimiento de una serie de mecanismos de control con la intención de salvaguardar sus mercados de trabajo. En este sentido, algunos Estados se han visto verdaderamente desbordados en los últimos años, principalmente, a causa de una entrada masiva de personas en busca de posibilidades vitales que a duras penas encontraban en sus países de origen. Ya sea debido a razones geográficas, políticas, económicas o incluso sociales, una inmensa cantidad de personas han saturado las costas mediterráneas de la Unión Europea. Esta situación ha motivado que los Estados y otros actores tomen conciencia de la gravedad del problema, de ahí que se hayan adoptado desde el ámbito comunitario una serie de medidas de política jurídica de control de flujos enfocada a la racionalización económica[1] e incluso a la laboralización de las políticas migratorias[2].

En concreto, la figura del retorno ha estado desde siempre presente en las medidas de política migratoria que se han adoptado a nivel europeo, aunque si bien de manera tangencial y limitada, pues muchas veces se ha asociado al fracaso del proyecto migratorio. En los últimos tiempos este fenómeno ha cobrado gran relevancia debido a la situación de crisis de empleo que viven los países receptores de esta mano de obra[3], entre los que se encuentra España.

---

1. MONEREO PÉREZ, J.L y TRIGUERO MARTÍNEZ, L.A: «El modelo de política jurídica de inmigración y mercado de trabajo en España», *Revista de derecho Migratorio y Extranjería*, n. 29, 2012, p. 12.

2. ROJO TORRECILLA, E y CAMAS RODAS, F: «Las reformas en materia de extranjería en el ámbito laboral: consolidación del modelo con reformulación de políticas», *Temas Laborales*, n. 104, 2010, p. 15.

3. CHARRO BAENA, P: «Retorno voluntario de extranjeros extracomunitarios: Configuración general y medidas adoptadas en el contexto de crisis económica: La capitalización del desempleo», *Revista del Ministerio de Empleo y Seguridad Social*, n. 105, 2013, p.70.

Lamentablemente, la respuesta entre los distintos países se ha hecho notar de una forma poco deseable, siendo así muy dispares las medidas adoptadas entre ellos. Así pues, mientras que algunos Estados han optado por favorecer el retorno otros, por el contrario, han sacado a la luz la fragilidad de sus mercados. Principalmente, éste último ha sido el caso de España en donde sus migrantes se han caracterizado por ocupar empleos poco cualificados y de carácter temporal[4], lo que ha motivado el surgimiento de la irregularidad y precariedad. Y es que, como en toda crisis, los estamentos más débiles han sido los más perjudicados, especialmente la porción poblacional que incluye a los emigrantes retornados. Esta crispada situación no sólo se ha traducido en un aumento del empleo sumergido, sino también en un crecimiento vertiginoso y de larga duración de los niveles de desempleo debido todo ello a la caída de la actividad productiva[5].

En este contexto, las bases que sostienen al sistema de Seguridad Social se encuentran cada vez más debilitadas debido al daño que el incremento de la economía sumergida está causando en todos los sectores que se encuentran legalmente constituidos. Deplorable es, quizás, el término que mejor define la situación de todas aquellas personas que se ven abocadas a vivir en una espiral de pobreza y trabajo irregular a la espera de un empleo digno, moviéndose así en un terreno movedizo entre la legalidad y el fraude al sistema de Seguridad Social. Y es que, a día de hoy, el empleo sumergido y el fraude constituyen elementos centrales que inciden en la crisis de financiación del sistema de Seguridad Social y, en particular, de protección de las prestaciones por desempleo[6].

3. POLÍTICAS DE RETORNO Y MARCO JURÍDICO: LA PROTECCIÓN POR DESEMPLEO

Si el retorno implica la vuelta al lugar o la situación en la que antes se estuvo[7], por emigrante retornado cabe entender la propuesta de

---

4. CHARRO BAENA, P: «Retorno voluntario de extranjeros extracomunitarios: Configuración general y medidas adoptadas en el contexto de crisis económica: La capitalización del desempleo»... op.cit., p. 71.

5. LÓPEZ INSUA, B.M: «El fraude en las prestaciones por desempleo», *Revista de Derecho de la Seguridad Social*, n. 3, 2° Trimestre de 2015, p. 124.

6. LÓPEZ INSUA, B.M: «La lucha contra la precarización en el empleo desde la perspectiva de la Seguridad Social: desempleo o supervivencia en un contexto de crisis "económica" y "social"», *Revista IUSLabor*, n.1, 2016, pp. 3-5.

7. MELÉNDEZ MORILLO-VELARDE, L: «La política de retorno para los emigrantes españoles. Reflexiones sobre la viabilidad de la exportabilidad del modelo español a otros Estados», *Revista del Ministerio de Empleo y Seguridad Social*, n. 105, 2013, p. 201.

definición que ofrece la División Estadística de la Organización de las Naciones Unidas.

Aquellas personas que regresan al país del que habían salido antes de ser inmigrantes internacionales (de larga o de corta duración) con la intención de quedarse en su propio país durante al menos un año (United Nations Division, 1998).

En este sentido, el retorno puede deberse a distintas circunstancias[8] siendo la más frecuente aquella que consiste en una decisión voluntaria de regreso desde el país de destino al de procedencia[9], sin que necesariamente tenga ésta un carácter definitivo.

Pese a que existe un derecho a emigrar reconocido en el artículo 13.2 de la Declaración Universal de Derechos Humanos de 1948 no se establece en esa legislación, en cambio, ninguna obligación de acogida. De forma que no cabe afirmar que se haya previsto una simetría entre el derecho a salir de un país y el derecho a entrar en otro Estado[10]. El resto de normas internacionales que recogen esta materia reiteran e insisten en esa misma idea de una forma programática, pero no concretan y desarrollan el contenido de este derecho como tal. En este sentido, cabe citarse dos grandes textos internacionales, de un lado, el Pacto Internacional de Derechos Civiles y Políticos de 1966 en su artículo 12 y, de otro lado, el artículo 8 de la Convención sobre los Derechos de los trabajadores migrantes y de sus familias de 1990. Pacto, éste último, en donde en su artículo 67 se prevé el deber de los Estados de adoptar medidas para fomentar el retorno de

---

8. CHARRO BAENA, P: «Retorno voluntario de extranjeros extracomunitarios: Configuración general y medidas adoptadas en el contexto de crisis económica: La capitalización del desempleo»... op.cit., p. 105. Señala Charro Baena que son múltiples los factores y formas de retorno. En primer lugar, se encuentra el retorno *decidido* o *escogido* que es aquél que se lleva a cabo de forma voluntaria y sin que medie medidas coercitivas. En segundo lugar, aparece el *retorno asistido*, esto es, el que operan los inmigrantes que desean volver a su país de origen, siempre que cumplan las condiciones previstas en un programa concreto y por el que reciben determinadas ayudas. En tercer lugar, está el *retorno incentivado* entendido éste como aquel en el que el migrante retornado se acoge a una prestación o subsidio, de duración diferente según el país de acogida y que tiene por finalidad cubrir los gastos de viaje, reinserción en el Estado de origen y, posterior, búsqueda de empleo o nueva emigración. En cuarto lugar, figura el *retorno forzoso* o llevado a cabo en el marco de acuerdos de regulación de flujos migrantes de temporada. Y, finalmente, se encuentra el *retorno espontáneo*, en virtud del cual la persona que desea retornar no se acoge a ningún programa institucional o marco normativo.

9. VILAR RAMÍREZ, J.B: «Retorno y retornados en las migraciones españolas a Europa en el Siglo XX: su impacto sobre la modernización del país. Una aproximación», *Anales de Historia Contemporánea*, n. 22, 2006, p. 188.

10. CHARRO BAENA, P: «Retorno voluntario de extranjeros extracomunitarios: Configuración general y medidas adoptadas en el contexto de crisis económica: La capitalización del desempleo»... op.cit., p. 71.

los emigrantes y sus familias, para lo cual cabe establecerse condiciones económicas adecuadas que garanticen el reasentamiento y reintegración de los retornados en sus países de origen[11].

En España, tras el fracaso de la Ley de Extranjería de 1985, pasa a abordarse el tema del retorno en el artículo 42 de la Constitución Española (CE) que encomienda al Estado la tarea de salvaguardar los derechos económicos y sociales de los trabajadores españoles en el extranjero, para lo cual los poderes públicos deberán orientar su política hacia el retorno. Tal y como indica la doctrina científica, este precepto no puede entenderse de forma aislada, sino como parte de un todo, pues esta previsión no es más que una expresión del Estado Social y democrático de Derecho que propugna la Carta Magna en su artículo 1.1[12]. El retorno no goza, por tanto, de las mismas garantías que se establecen para los derechos fundamentales, sino que se enuncia entre los principios rectores de la política social y económica en su art. 42 CE, de ahí que deba informar la legislación positiva, la práctica judicial y la actuación de los poderes públicos (tal y como establece el artículo 53.3 del Texto Constitucional). Por lo que, claramente, se diferencian aquí dos garantías para los emigrantes retornados que deberán ser observados y protegidos por el Estado, actuando como nexo común entre ellos el principio de igualdad de los trabajadores españoles en el extranjero y los ciudadanos que residen en territorio nacional. Ambos mandatos quedan vinculados al derecho de libertad de emigrar cuyo ejercicio efectivo requiere, de un lado, adoptar normas que no afecten a sus derechos y, de otro lado, eliminar los obstáculos y promulgar medidas que faciliten el regreso a su Estado de origen[13].

---

11. Al hilo de este deber se ha establecido en España, a través de la Disposición adicional octava de la Ley Orgánica 4/2000, de 11 de enero, sobre derechos y libertades de los extranjeros en España, la posibilidad de que Gobierno contemple anualmente la fijación de programas de retorno voluntario. Se trata de una disposición que ha sido introducida por la LO 14/2003, de 20 de noviembre, de Reforma de la Ley orgánica 4/2000, de 11 de enero, sobre derechos y libertades de los extranjeros en España y su integración social, modificada por la L.O. 8/2000, de 22 de diciembre; de la Ley 7/1985, de 2 de abril, Reguladora de las Bases del Régimen Local; de la Ley 30/1992, de 26 de noviembre, de Régimen Jurídico de las Administraciones Públicas y del Procedimiento Administrativo Común, y de la Ley 3/1991, de 10 de enero, de Competencia Desleal.

12. OLARTE ENCABO, S: «Los derechos económicos y sociales de los trabajadores españoles en el exterior y la política de retorno: el marco constitucional (art. 42 CE)», en AA.VV: *El Estatuto de la Ciudadanía Española en el Exterior. Comentario a la Ley 40/2006, de 14 de diciembre, del Estatuto de la Ciudadanía Española en el exterior*, Sempere Navarro (Dir) y P. Benlloch (Coord), Aranzadi, 2003, p. 134.

13. MELÉNDEZ MORILLO-VELARDE, L: «La política de retorno para los emigrantes españoles. Reflexiones sobre la viabilidad de la exportabilidad del modelo español a otros Estados»...op.cit., páginas 203-204.

A fin de cumplir con esta previsión se ha aprobado la Ley 40/2006, de 14 de diciembre, que regula el Estatuto de la Ciudadanía Española en el Exterior, y cuyo Título II aparece dedicado, por primera vez, a una *Política integral en materia de retorno*. Se trata esta ley de 2006 de una normativa que responde a una concepción muy estricta del concepto de retornado que se refiere, únicamente, a los ciudadanos de nacionalidad española que abandonen su país de origen para emigrar a otros lugares y a sus descendientes. No obstante, esta acepción quedará posteriormente ampliada gracias a la entrada en vigor de la Ley 52/2007, de 26 de diciembre, por la que se reconocen y amplían derechos y se establecen medidas en favor de quienes padecieron persecuciones o violencia durante la guerra civil y la dictadura. Así pues, en esta Ley de Memoria Histórica se contemplarán ahora dos supuestos más:

En primer lugar, a los voluntarios integrantes de las Brigadas internacionales, a los que se les permitirá acceder a la nacionalidad española sin necesidad de que renuncien a la que ostenten hasta este momento (art. 18); y, también, a las asociaciones ciudadanas que se hayan significado en la defensa de la dignidad de las víctimas de la violencia política a que se refiere esta Ley[14].

La aprobación de la Ley 40/2006 ha sido muy aclamada por la sociedad, pues la existencia de una legislación reguladora de los derechos de los emigrantes brillaba hasta ese momento por su ausencia. Junto a una serie de disposiciones de carácter general esta norma ha establecido un Título II que pretende acentuar, evidentemente, las características configuradoras de las políticas de retorno, su diseño y la configuración de los elementos específicos que conforman la protección del ciudadano español en el exterior[15]. En este contexto, las referencias a medidas específicas de protección de los emigrantes retornados no sólo se contienen en esta norma de 2006, sino que además aparecen otras a lo largo del ordenamiento jurídico español que buscan, igualmente, completar la protección en caso de retorno, en especial, en materia de protección social.

A pesar de lo expuesto, se comprueba cómo España todavía no ha sido capaz de tomar conciencia real de unas políticas adecuadas en materia

---

14. Véase la Exposición de motivos de la Ley 52/2007, de 26 de diciembre, por la que se reconocen y amplian derechos y se establecen medidas a favor de quienes padecieron persecución o violencia durante la guerra civil y la dictadura.

15. CHARRO BAENA, P Y SAN MARTÍN MAZZUCCONI, C: «Política integral en materia de retorno», en AA.VV: El Estatuto de la Ciudadanía Española en el Exterior. Comentario a la Ley 40/2006, de 14 de diciembre, del Estatuto de la Ciudadanía Española en el exterior, SEMPERE NAVARRO (DIR) Y P. BENLLOCH (Coord), Aranzadi, 2009, p. 575.

de retorno[16]. Y es que, sobre la base de que se trata éste de un país de emigración, la CE (siguiendo la tónica marcada por la normativa internacional y comunitaria) ha diseñado un marco jurídico que, ciertamente, se aleja de toda posibilidad real de protección para aquellos trabajadores españoles que retornan a su lugar de origen. Por lo que los poderes públicos abordan, con mayor o menor fortuna, esta materia desde el punto de vista de la inmigración, es decir, sobre la idea base de que los que vienen aquí lo hacen para quedarse y componer, junto al resto de nacionales, su proyecto de vida en el país de destino[17]. Y dentro de esta desregulación con vocación permanente y enfocada a adoptar medidas que incentiven el abandono de los extranjeros de la nación española[18] es en donde aparecen, paradójicamente, esbozadas las medidas públicas de retorno.

16. GÓMEZ-MILLÁN HERENCIA, M.ª J: *Colectivos destinatarios de las políticas selectivas de empleo*, Murcia, Laborum, 2010, p. 359.

17. Todas estas medidas tienen su razón de ser la Decisión 575/2007/CE, del Parlamento Europeo y del Consejo de 23 de mayo de 2007 y por la que se establecía el *Fondo Europeo para el retorno*. Como parte del programa general se determina aquí la obligación de promocionar la gestión del retorno a nivel nacional de una forma efectiva y sostenible, pudiendo emplearse múltiples medidas, a saber: como el pago anticipado y acumulado de la prestación por desempleo (RD 1800/2008, de 3 de noviembre). Ver CHARRO BAENA, P: «Retorno voluntario de extranjeros extracomunitarios: Configuración general y medidas adoptadas en el contexto de crisis económica: La capitalización del desempleo»... op.cit., p. 77.

18. Véase la Resolución de 20 de marzo de 2013, de la Dirección General de Migraciones, por la que se convocan subvenciones para programas de retorno voluntario de personas inmigrantes. A este respecto, recientemente, se han aprobado en la Comunidad Autónoma de Andalucía otras iniciativas para el retorno de los más jóvenes. En este sentido, cabe destacar por su especial relevancia la Ley 2/2015, de 29 de diciembre, de medidas urgentes para favorecer la inserción laboral, la estabilidad en el empleo, el retorno del talento y el fomento del trabajo autónomo (Boletín Oficial de la Junta de Andalucía de 12 de enero de 2016). En concreto, se trata ésta de una iniciativa que tiene como principal objetivo la creación de empleo en Andalucía. La crisis económica ha tenido graves repercusiones en el empleo y ha provocado desigualdades en las oportunidades laborales. Los efectos han sido asimétricos: han afectado, sobre todo, a los jóvenes, tanto a los que tenían un empleo como a las nuevas generaciones que no tienen oportunidades de tener un primer empleo. Uno de los problemas más graves de las crisis económicas duraderas es que sus efectos se trasladan a largo plazo al afectar a la inserción laboral de los jóvenes y, también, a personas con larga duración en el desempleo, que pierden buena parte de las cualificaciones alcanzadas. Andalucía dispone de una estrategia para luchar contra el desempleo: la Agenda por el empleo. Esta estrategia, aprobada por el Gobierno andaluz el 22 de julio de 2014, ha sido fruto del diálogo social con los agentes económicos y sociales más representativos de Andalucía (CeA, UGT-A y CC.OO. A), así como con las entidades representativas de autónomos, economía social y consumidores y usuarios. Su contenido también responde a la propia estrategia de la Comisión europea y de los fondos estructurales «Europa 2020: una estrategia para un crecimiento inteligente, sostenible e integrador». Las medidas que establece la presente Ley se concretan en ocho líneas de ayudas, estructuradas a lo largo de un Título Preliminar y cuatro Título, así como

3.1. LA COORDINACIÓN DE LOS SISTEMAS DE SEGURIDAD SOCIAL Y EL PRINCIPIO DE LIBRE CIRCULACIÓN DE PERSONAS

El Derecho de la UE, al igual que sucede con los convenios internacionales bilaterales o multilaterales sobre Seguridad Social, se fundamenta en la coordinación de los distintos sistemas de Seguridad Social de sus Estados miembros, por lo que rige aquí el principio de *coordinación* y no el de armonización o unificación legislativa[19].

La diferencia es nítida, mientras que la coordinación adopta las medidas necesarias para relacionar los Sistemas entre sí sin alterar los ordenamientos nacionales, la armonización incide precisamente en dichos ordenamientos nacionales y tiende a suprimir diferencias existentes entre ellos[20].

Por lo tanto, la finalidad de la UE consiste en aplicar normas comunes de coordinación a todo el colectivo comunitario, de forma que se respeten los elementos peculiares que conforman a los distintos sistemas nacionales de Seguridad Social. Con vistas a hacer efectivo este objetivo se publicó el Reglamento 883/2004, del Parlamento Europeo y del Consejo, de 29 de abril de 2004, sobre la coordinación de los sistemas de Seguridad Social[21] y el Reglamento 987/2009, del Parlamento Europeo y del Consejo,

---

un Título V, dedicado a la regulación del procedimiento administrativo de concesión de las distintas ayudas. La Ley tiene por objeto impulsar la creación de empleo en la Comunidad Autónoma de Andalucía. A tal fin, se aprueban entre otras medidas: el programa para el retorno del talento, para lo cual se ponen a disposición de los jóvenes una serie de incentivos. Para ser más exacta, esta ley establece como beneficiarios de estas medidas las personas físicas, las personas trabajadoras autónomas, las empresas, incluidas las de economía social, las entidades sin personalidad jurídica, los ayuntamientos andaluces y las entidades sin ánimo de lucro, así como organizaciones sindicales y empresariales y asociaciones profesionales del trabajo autónomo, que cuenten con centro de trabajo en el territorio de la Comunidad Autónoma de Andalucía.

19. ARRIETA IDIÁQUEZ, F.J: «La coordinación de los sistemas de Seguridad Social en el ámbito de la Unión Europea», en AA.VV: *La Seguridad Social aplicable a los españoles en el exterior y retornados*, Arrieta Idiakez, F.J (Coord), Aranzadi, 2014, p. 183.

20. RODRÍGUEZ GUTIÉRREZ, J: «Visión general de la Seguridad Social en el Derecho Comunitario Europeo», *Revista del Ministerio de Trabajo y Asuntos Social*, n° 2, 1997, pp. 111-112.

21. Reglamento que deroga al anterior Reglamento 1408/71 del Consejo de 14 de junio de 1971 relativo a la aplicación de los regímenes de seguridad social a los trabajadores por cuenta ajena y a sus familias que se desplazan dentro de la Comunidad . Sin embargo, la versión consolidada del Reglamento (CE) n° 883/2004 del Parlamento Europeo y del Consejo, de 29 de abril de 2004, sobre la coordinación de los sistemas de seguridad social, modificado por el Reglamento (CE) n° 988/2009, el Reglamento

de 16 de septiembre de 2009[22], por el que se adoptan las normas de aplicación del primero.

La coordinación comunitaria entre los distintos sistemas de Seguridad Social se encuentra conectada con el principio de libre circulación de trabajadores que rige dentro del ámbito comunitario, en la medida en que una correcta coordinación ayudará a eliminar los obstáculos que impiden la consecución de este objetivo. En esta línea, el Reglamento 883/2004 recuerda que la única forma de contribuir a la mejora del nivel de vida y condiciones de empleo será sólo mediante el establecimiento de normas de coordinación de la Seguridad Social. Por lo que, a fin de evitar la concurrencia de diversas legislaciones nacionales aplicables se deberá aplicar el principio de territorialidad, es decir, únicamente podrá someterse el trabajador a la legislación de un sólo Estado[23]. Para más inri, el artículo 48 del TFUE establece un mandato dirigido al Parlamento Europeo y al Consejo por el que, en materia de Seguridad Social, se deberán adoptar:

... las medidas necesarias para el establecimiento de la libre circulación de los trabajadores, creando en especial, un sistema que permita garantizar a los trabajadores migrantes por cuenta ajena y propia, así como a sus derechohabientes:

  a. la acumulación de todos los períodos tomados en consideración por las distintas legislaciones nacionales para adquirir y conservar el derecho a las prestaciones sociales, así como para el cálculo de éstas;

  b. el pago de las prestaciones a las personas que residan en los territorios de los Estados miembros.

Para ello, a través de los sistemas de coordinación de la Seguridad Social se establecen criterios de conexión entre las distintas legislaciones nacionales mediante la distribución de cargas, evitando así que los derechos de los trabajadores emigrantes se vean afectados por el simple hecho de que no coincidan, aún mismo tiempo, el lugar de residencia y el de empleo. Así pues, gracias al mecanismo de coordinación que prevén los citados Reglamentos de 2004 y 2009 los sujetos protegidos podrán beneficiarse de las prestaciones de Seguridad Social que les correspondan, sin que en ningún caso se vean limitados o disminuidos sus derechos

---

(UE) n° 1244/2010 de la Comisión, el Reglamento (UE) n° 465/2012 y el Reglamento (UE) n° 1224/2012 de la Comisión.

22. Este reglamento de 2009 deroga al antiguo Reglamento 574/72 del Consejo de 21 de marzo de 1972 por el que se establecen las modalidades de aplicación del Reglamento (CEE) n° 1408/71 relativo a la aplicación de los regímenes de seguridad social a los trabajadores por cuenta ajena y a sus familiares que se desplacen dentro de la Comunidad.

23. Ver Artículo 13 .1 del Reglamento 883/2004.

adquiridos a causa de que se han visto sometidos a uno o más sistemas de Seguridad Social de los Estados miembros a los que le son de aplicación estos reglamentos[24].

En lo que respecta a las prestaciones por desempleo el considerando 32 del Reglamento 883/2004 establece que: *Para fomentar la movilidad de los trabajadores, resulta especialmente oportuno facilitar la búsqueda de trabajo en los distintos Estados miembros. Por consiguiente, es menester velar por una coordinación más estrecha y eficaz entre los regímenes de seguro de desempleo y los servicios de empleo de todos los Estados miembros*

De esta manera, las cuestiones relativas a la coordinación de las prestaciones por desempleo quedarán reguladas por lo previsto por ambos reglamentos[25], sin que pueda ser de aplicación los convenios bilaterales de Seguridad Social suscritos entre los diferentes Estados miembros[26]. Quedará completado todo éste entramado con la interpretación que, a tal efecto, lleve a cabo en materia de desempleo el TJCE[27].

Las normas de Seguridad Social supeditan el derecho a la protección por desempleo al principio de territorialidad, por lo que se condiciona su aplicación al hecho de que sus destinatarios deban cumplir con los requisitos de nacionalidad, residencia o trabajo en el territorio de un Estado miembro; por lo que si se dan estas condiciones, las personas emigrantes tendrán derecho a diferentes prestaciones siempre y cuando no sean de la misma naturaleza[28]. Por lo tanto, no se atiende al criterio del *lugar* en donde se haya ejercido una actividad profesional, sino al criterio del vínculo que une al trabajador con un régimen de la Seguridad Social en un Estado en que ha cubierto los períodos de cotización. En este sentido, los Reglamentos de 2004 y 2009 pretenden extender el ámbito personal de aplicación no sólo a los nacionales de los Estados miembros, sino también a los

---

24. ARRIETA IDIÁQUEZ, F.J: «La coordinación de los sistemas de Seguridad Social en el ámbito de la Unión Europea»... op.cit., página 185.

25. Véase artículo 3.1 h) del Reglamento 883/2004 y artículos 55 a 56 del Reglamento 987/2009.

26. No obstante, se han previsto algunas excepciones en el artículo 8 del Reglamento 883/2004. Así por ejemplo, España tiene suscrito un convenio bilateral con Portugal que es de 11 de junio de 1969. Por medio de este convenio se ha realizado una reserva a favor del mantenimiento de la exportación de las prestaciones por desempleo (artículo 22).

27. GARCÍA VIÑA, J: «La coordinación de prestaciones por desempleo en el Reglamento 883/2004» en AA.VV: *La coordinación de los sistemas de Seguridad Social. Los Reglamentos 883/2004 y 987/2009*, Sánchez-Rodas Navarro, C (Dir), Laborum, 2010, pp. 258 y 259.

28. ARRIETA IDIÁQUEZ, F.J: «La coordinación de los sistemas de Seguridad Social en el ámbito de la Unión Europea»... op.cit., p. 188.

apátridas y refugiados residentes en uno de los Estados miembros[29] que estén o hayan estado sujetos a la legislación de uno o varios Estados comunitarios, así como a sus familias y a sus supérstites extracomunitarios.

3.2. LA PROTECCIÓN POR DESEMPLEO PARA TRABAJADORES EMIGRANTES RETORNADOS Y SU APLICACIÓN EN ESPAÑA

En orden a establecer una coordinación uniforme para toda la UE, el artículo 3.1 h) del Reglamento 883/2004 dispone que la prestación por desempleo será de aplicación a todos los Regímenes de la Seguridad Social tanto generales, como especiales y en su modalidad contributiva y asistencial[30]. Ello implica, en el caso de España, que los emigrantes retornados podrán disfrutar de los tres niveles previstos por nuestra legislación, siempre que cumplan con los requisitos que prevé la nación española. A este respecto, el Reglamento de 2004 señala las siguientes condiciones y límites:

a) la persona desempleada deberá haberse registrado como demandante de empleo antes de su salida del país y haber permanecido a disposición de los servicios de empleo del Estado miembro competente durante al menos cuatro semanas desde el inicio de su situación de desempleo. No obstante, los servicios o instituciones competentes podrán autorizar su salida antes de dicho plazo; b) la persona desempleada deberá registrarse como demandante de empleo en los servicios de empleo del Estado miembro al que se haya trasladado, someterse al procedimiento de control organizado en éste y cumplir los requisitos que establezca la legislación de dicho Estado miembro. Se considerará cumplido este requisito durante el período previo al registro si el interesado se registra dentro de los siete días posteriores a la fecha en que haya dejado de estar a disposición de los servicios de empleo del Estado miembro del que proceda. En casos excepcionales, los servicios o instituciones competentes podrán prorrogar este plazo; c) el interesado conservará el derecho a las prestaciones durante un período de tres meses a partir de la fecha en que haya dejado de estar a disposición de los servicios de empleo del Estado miembro del que proceda, a condición de que la duración total del período durante el cual se faciliten las prestaciones no supere la duración total del período de prestaciones a las que tenía derecho con arreglo a la legislación de dicho Estado; los servicios o instituciones competentes podrán prorrogar dicho período de tres meses hasta

---

29. GARCÍA DE CORTAZA Y NEBREDA, C: «El campo de aplicación del Reglamento 883/2004», *Ministerio de Trabajo y Asuntos Sociales*, n° 64, 2006, p. 51.

30. A este respecto, el TJCE ha incluido dentro de este listado el subsidio para mayores de 55 años. Ver STJCE de 20 de febrero de 1997, Asuntos acumulados Martínez Losada -88, -102 y 103/95 y STJCE de 25 de febrero de 1999, Asunto Ferreiro Alvite -320/95. Véase también GARCÍA VIÑA, J: «La coordinación de prestaciones por desempleo en el Reglamento 883/2004»... op.cit, p. 261.

un máximo de seis meses; d) las prestaciones serán facilitadas y sufragadas por la institución competente con arreglo a la legislación que aplique.

La prestación por desempleo se caracteriza por su naturaleza territorial, de ahí que no todos los Estados contemplen dicha prestación de la misma forma, condiciones y requisitos para acceder a ella, lo que provoca que la coordinación no sea fácil de solventar. El Reglamento 883/2004 ha previsto, para este caso, la determinación de la «*lex loci laboris*» aplicable en caso de conflicto entre los Estados miembros. Así pues y como dispone el artículo 11.3, como regla general, será de aplicación la legislación del Estado miembro de residencia en donde el trabajador emigrante estuvo empleado o cubrió período de seguro en último lugar. Por lo que no cabe reclamar una prestación por desempleo en un país en el que no se estaba asegurado inmediatamente antes de quedar en paro[31]. Por contra, para los agentes diplomáticos y consulares la prestación por desempleo que reciban será en virtud del Estado miembro de residencia[32]. Y para los funcionarios será de aplicación la legislación del Estado del que dependa la Administración que le ocupa[33].

Cuestión distinta es el desplazamiento de personas desempleadas a las que se refiere el artículo 65 del Reglamento de 2004, disposición que hace referencia a aquellos desempleados que residen en un Estado miembro distinto del Estado competente, diferenciándose aquí entre aquellas personas que se encuentran en desempleo parcial y aquellas que están en situación de desempleo total. El hecho de que existan rasgos diferenciadores entre ambas modalidades no debe implicar, en modo alguno, el establecimiento de criterios desiguales[34]. Comienza el artículo 65 del Reglamento regulando la situación de los desempleados parcial, estableciendo que:

Las personas en situación de desempleo parcial o intermitente que durante su último período de actividad por cuenta ajena o propia hayan residido en un Estado miembro distinto del Estado miembro competente deberán ponerse a disposición de su empresario o de los servicios de empleo del Estado miembro competente. Recibirán prestaciones con arreglo a la legislación del Estado miembro competente como si residieran en dicho Estado miembro. Estas prestaciones serán otorgadas por la institución del Estado miembro competente[35].

---

31. STJCE de 5 de febrero de 2015, Asunto C-655/13.
32. STJUE de 4 de febrero de 2015, Asunto C-647/13.
33. STJCE de 24 de marzo de 1994, Asunto Van Poucke (C-71/93).
34. MELLA MÉNDEZ, L: «La prestación por desempleo en el derecho Social comunitario», *Revista del Ministerio de Trabajo e Inmigración*, n° 77, 2008, página 33.
35. Ver el artículo 65.1 del Reglamento 883/2004.

Sin embargo, los trabajadores desempleados a tiempo completo o total deberán ponerse, en principio, a disposición de los servicios de Empleo del Estado miembro de residencia. Ahora bien, como medida complementaria podrá el trabajador ponerse a disposición de los servicios de empleo del país comunitario en el que hayan transcurridos sus últimos períodos de actividad por cuenta ajena o propia[36].

En España la protección por desempleo cuenta con una garantía constitucional explícita en el artículo 41 de la CE, el cual encomienda imperativamente a los poderes públicos mantener un régimen público de Seguridad Social para todos los ciudadanos que garantice una protección social suficiente frente a las situaciones de necesidad, especialmente, en caso de desempleo[37]. Como parte de la acción protectora que dispensa el sistema de Seguridad Social (artículo 42.1 TRLGSS[38]) se ha previsto la regulación de esta prestación en el Título III de la TRLGSS. Asimismo, hay que tener en cuenta la abundante normativa existente en esta materia y, en concreto, el RD 625/1985, por el que se desarrolla la Ley 31/1984, de 2 de agosto, de Protección por Desempleo (que ha sido objeto de diversas reformas legislativas). En cuanto a la actuación concreta del legislador español para coordinar el reconocimiento de las prestaciones por desempleo a emigrantes retornados a España cabe diferenciar tres niveles de protección: el contributivo, el asistencial y las rentas activas de inserción (RAI).

3.2.1. Prestaciones por desempleo a nivel contributivo

El artículo 267. 1, b), 2.° e) de la TRLGSS reconoce la situación legal de desempleo a:

.... *los trabajadores retornen a España por extinguírseles la relación laboral en el país extranjero, siempre que no obtengan prestación por desempleo en dicho país y acrediten cotización suficiente antes de salir de España.*

Para ello los trabajadores emigrantes deberán cumplir determinados requisitos: a) Tener cotizaciones por desempleo computables a la Seguridad Social española de, al menos, 360 días durante los seis años anteriores a la última salida de España; b) Acreditar la condición de emigrante retornado; c) Haber cesado en la relación laboral que se tenía en el país de emigración

---

36. Ver artículo 65.2 del Reglamento 883/2004.
37. MONEREO PÉREZ, J.L: «El derecho a la Seguridad Social» en AA.VV: *Comentario a la Constitución Socio-Económica de España*, MONEREO PÉREZ, J.L, MOLINA NAVARRETE, C y M.ª.N MORENO VIDA, M.ª.N (Dirs.) Granada, Comares, 2002, pp. 1425 y ss.
38. Aprobada por Real Decreto Legislativo 8/2015, de 30 de octubre, por el que se aprueba el Texto refundido de la Ley General de la Seguridad Social (BOE núm. 261 y 31 de octubre de 2015).

y no tener derecho a la protección por desempleo en dicho país; d) Inscribirse como demandante de empleo y solicitar la prestación en la Oficina de Empleo en los quince días hábiles siguientes al retorno. En la fecha de la solicitud deberá suscribir un compromiso de actividad consistente en la obligación que adquiere el beneficiario de buscar activamente empleo, aceptar una colocación adecuada y participar en acciones específicas de motivación, información, orientación, formación, reconversión o inserción profesional para incrementar su ocupabilidad y; e) No haber cumplido la edad ordinaria que se exija en cada caso para causar derecho a la pensión contributiva de jubilación, salvo que no se tenga acreditado el periodo de cotización necesario para ello[39].

Para la totalización de las cotizaciones por desempleo en los países de la UE o del Espacio Económico Europeo (Noruega, Islandia, Liechtenstein), Suiza y Australia, se deberán sumar aquellas a las efectuadas en España a efectos del acceso a la prestación por desempleo de nivel contributivo, siempre que el trabajador se emplee nuevamente en España tras su retorno y pierda su trabajo por una causa que genere una nueva situación legal de desempleo. El cómputo del tiempo trabajado en este caso, se realiza sumando los periodos cotizados dentro de los seis años anteriores a la finalización del último trabajo en España.

El derecho a la prestación nace al día siguiente de la fecha del retorno, siempre que la inscripción como demandante de empleo y la solicitud de la prestación por desempleo se formule dentro de los 15 días hábiles siguientes a dicha fecha. Siendo la duración de la prestación mínimo de 120 día y máximo de 720 días, para ello se tendrá en cuenta los periodos de ocupación cotizada correspondientes a los seis años anteriores a la salida de España, salvo cuando los trabajadores tengan cotizaciones efectuadas en el extranjero que sean computables para la obtención de la prestación, en cuyo caso el cómputo de los seis años se efectuará desde la fecha que finalice la relación laboral en España.

3.2.2. Subsidio por desempleo de nivel asistencial

El artículo 274.1 c) de la TRLGSS considera como situación de necesidad, a los efectos de reconocimiento del nivel asistencial en la prestación por desempleo, la del trabajador español *no* emigrante que, al retornar de un país no miembro de la UE o perteneciente al Espacio Económico Europeo (EEE) o con los que no exista convenio sobre protección por desempleo, no tenga derecho al nivel contributivo previsto para esta prestación.

---

39. Ver «Guía de retorno», Ministerio de Empleo y Seguridad Social, 2014, p. 24.

Entre los requisitos y elementos característicos se establecen los siguientes: 1) la acreditación de un período mínimo de carencia, aunque no de cotización a la Seguridad Social española. Ello se concreta en haber trabajador, como mínimo, doce meses en los últimos seis años en dichos países desde su última salida de España (Artículo 274.1 c) de la TRLGSS); 2) Si retorna de un país distinto a los indicados, o en el caso de haber trabajado un mínimo de seis meses, sin llegar a doce, y haber cumplido 45 años, podría optar a la Renta Activa de Inserción y 3) la duración del subsidio será de seis meses prorrogables por períodos semestrales hasta un máximo de dieciocho meses (Artículo 277.1 de la TRLGSS).

También podrá acceder a este nivel asistencia los trabajadores retornados mayores de 55 años (Artículo 274.4 de la TRLGSS) que cumplan con los siguientes requisitos: a) Estar desempleado; b) Tener cumplidos 55 o más años en la fecha de la solicitud; c) Cumplir todos los requisitos, salvo la edad, para acceder a la pensión contributiva de jubilación en el sistema de la Seguridad Social; d) Haber cotizado por desempleo un mínimo de seis años a lo largo de su vida laboral; e) Carecer de rentas de cualquiera naturaleza superiores, en cómputo mensual, al 75 % de la cuantía del salario mínimo interprofesional vigente, excluida la parte proporcional de las pagas extraordinarias (483,97 €); f) Ser emigrante retornado, habiendo trabajado como mínimo doce meses en el extranjero desde su última salida de España en países no pertenecientes a la Unión Europea, Espacio Económico Europeo, Australia y Suiza, sin derecho a prestación contributiva por desempleo; g) Estar inscrito durante un mes como demandante de empleo y suscribir el compromiso de actividad.

La duración del disfrute en la prestación por desempleo es, para este último caso, hasta que el trabajador alcance la edad ordinaria que se exija en cada caso para causar derecho a la pensión de jubilación.

Notas comunes a las prestaciones por desempleo de nivel contributivo y asistencial

Las prestaciones por desempleo en el nivel contributivo y asistencial podrán ser suspendidas cuando el emigrante pierda el requisito de residencia en España[40]. No obstante, éste requisito conoce de importantes excepciones que se recogen en el artículo 6.3 del Real decreto 625/1985, por el que se desarrolla la Ley 31/1984, de 2 de agosto, de

---

40. SÁNCHEZ-RODAS NAVARRO, C: *La residencia en España desde el prisma del derecho del Trabajo y de la Seguridad Social, Madrid,* Aranzadi, 2015, página 138.

Protección por Desempleo, a las que se le suman la causas introducidas en el artículo 271.1 f) de la actual TRLGSS tras las reformas operadas por el Real Decreto-ley 11/2013 y la Ley 1/2014:

En los supuestos de traslado de residencia al extranjero en los que el beneficiario declare que es para la búsqueda o realización de trabajo, perfeccionamiento profesional o cooperación internacional, por un período continuado inferior a doce meses, siempre que la salida al extranjero esté previamente comunicada y autorizada por la entidad gestora, sin perjuicio de la aplicación de lo previsto sobre la exportación de las prestaciones en las normas de la Unión Europea.

Ahora bien, en los supuestos de estancia en el extranjero durante un período, continuado o no de 90 días como máximo durante cada año natural, cuando la salida al extranjero esté previamente comunicada y autorizada por la entidad gestora:

No tendrá consideración de estancia ni de traslado de residencia la salida al extranjero por tiempo no superior a quince días naturales por una sola vez cada año, sin perjuicio del cumplimiento de las obligaciones establecidas en el artículo 272.1.

Para este último caso, el apartado f) del artículo 272.1 de la TRLGSS ha previsto la extinción del derecho a la prestación por desempleo[41].

3.2.3. La renta activa de inserción[42]

---

41. SÁNCHEZ-RODAS NAVARRO, C: *La residencia en España desde el prisma del derecho del Trabajo y de la Seguridad Social*, Madrid, Aranzadi, 2015, página 140.

42. Cabe decir que la inserción profesional de las personas más desfavorecidas ha constituido desde siempre un problema que ha preocupado al sistema comunitario. Sin embargo, no ha sido hasta la década de los años setenta cuando en la Comunidad Económica Europea (CEE) se han iniciado los primeros pasos en la lucha contra la pobreza a través de la promulgación del programa piloto conocido como «Pobreza 1» (desarrollado entre 1975 y 1981). Aunque sólo se trataba de una experiencia inicial, que resultó ser bastante deficiente y poco efectiva, en algunos Estados europeos (tal como: Dinamarca, Reino Unido, Bélgica, Irlanda, Alemania y Holanda) ya se habían implantado los sistemas de rentas mínimas, a los que siguieron otros ordenamientos comunitarios durante los años ochenta (a saber: Luxemburgo y Francia). En 1985 se aprobó el programa «Acción comunitaria especifica de lucha contra la pobreza 1985-1988» o también llamado «Pobreza 2». Y, posteriormente, en 1989 se publicó el «Programa a medio plazo de medidas para la integración económica y social de las categorías de personas económica y socialmente menos favorecidas, 1989-1994», conocido como «Pobreza 3». Los citados proyectos comunitarios de lucha contra la pobreza aunque no lograron alcanzar los efectos prácticos deseados, sí contribuyeron a ir precisando y desarrollando, conceptualmente, lo que a finales de los años 80 se empezó a denominar como «dimensión social» de la Comunidad. Se buscaba así lograr la cohesión social y económica de la CEE, al tiempo que se fijaban unos

En momentos de depresión económica, como la actual, la acción protectora de la Seguridad Social se erige en un plano prioritario convirtiendo

criterios comunes para la protección social y erradicación de las diferentes situaciones de exclusión social. El 24 de junio de 1992 el Consejo de la Comunidad Económica Europea marcó un hito importante en esta materia al aprobar la Recomendación (92/441/CEE) «sobre los criterios comunes relativos a recursos y prestaciones suficientes en los sistemas de protección social». Normativa ésta en la que quedó definida, por primera vez y con cierta concreción, la posición comunitaria sobre la exclusión social. En dicha recomendación no sólo se invitaba a todos los Estados miembros de la CEE a desarrollar un sistema de rentas mínimas para garantizar el acceso a unos recursos y a unos servicios adecuados que aseguren la dignidad de los ciudadanos, sino que además se determinaron los elementos fundamentales para configurar los sistemas de rentas mínimas. Se disponía que: «.... *Las personas que estén excluidas del mercado de trabajo, ya sea por no haber podido acceder a él, ya sea por no haber podido reinsertarse en el mismo, y que no dispongan de medios de subsistencia, deben poder beneficiarse de prestaciones y de recursos suficientes adaptados a su situación personal.... Considerando que la creación de una garantía de recursos y de prestaciones es tarea de la protección social; que corresponde a los Estados miembros calificar, a tal fin, la naturaleza jurídica de las disposiciones destinadas a proporcionar dicha garantía...»*. Posteriormente, en el *Libro Verde sobre Política Social Europea. Opciones para la Unión* [COM(93) 551 final], así como otras directrices, comunicaciones y orientaciones de la CEE (hoy Unión Europea), se vuelve de nuevo a perseverar en este propósito comunitario de garantizar unos ingresos mínimos para aquellos colectivos más vulnerables y en riesgo de exclusión social[783]. Por lo que no sólo se pretende poner en juego las medidas de políticas activas de empleo (formación, fomento del empleo, mejora del acceso al mercado de trabajo..., etcétera), sino que se persigue además conjugar esos mecanismos de activación con las políticas pasivas de empleo y los servicios de atención social a personas especialmente vulnerables. De modo que el recurso a los subsidios de desempleo sirva para cubrir las necesidades de aquellos más desvalidos, al tiempo que se mejora la capacidad de incorporación o retorno al sistema productivo. En esta línea, la actual Estrategia Europea de Empleo 2020 insiste en que esa cobertura ante la falta de rentas debe implicar, como condición para el acceso del beneficiario a la prestación por desempleo, su participación en actividades de inserción laboral que completen o corrijan sus dificultades o limitaciones para el acceso al empleo. Y es que, entiende la UE, que el objetivo primordial para combatir la exclusión social y asegurar mercados de trabajo inclusivos no es otro que el sistema de ayudas económicas al desempleo, a cuyo servicio se ha de poner a disposición los instrumentos de política de empleo y de protección social. Por lo que los distintos sistemas de Seguridad Social se enfrentan ahora al reto de «*combatir la pobreza para evitar los procesos de relegación o desafiliación de una parte de la población*»[783], lo que significa «*combinar políticas de inclusión social y de dispositivos garantizando una renta mínima*». En este sentido, la UE pretende evitar la diversidad de mecanismos de rentas activas configurados por el conjunto de Estados comunitarios mediante la creación de un sistema efectivo y coordinado a nivel europeo. En ese paso de las rentas mínimas de *Welfare* a los de mecanismos de *Workfare* es en donde deben entrar en escena la protección pasiva frente al desempleo, las medidas de políticas activas y los servicios de atención personal. Desde este enfoque se ha configurado en España, aunque tardíamente, frágil y de forma descoordinada, las rentas activas de inserción. Para un conocimiento más exhaustivo véase LÓPEZ INSUA, B.M:» La renta activa de inserción como instrumento de lucha contra la exclusión social» en AA.VV.: *La protección por desempleo en España*, Laborum, 2015, páginas 386 en adelante.

590

así al desempleo en la prestación estrella de todo el sistema de protección social. Precisamente es, en este contexto, en donde la generalización de los fenómenos de pobreza y exclusión social se reproducen de una forma inevitable ante la inoperancia o insuficiencia de los mecanismos sociales. Lo que, sin lugar a dudas, ha generado un intenso proceso de dualización y de desigualdad[43] entre los distintos grupos o estamentos que componen la sociedad. Como en toda crisis, los colectivos más débiles han sido precisamente los más perjudicados, especialmente la porción poblacional que incluye a aquellos trabajadores con riesgo de exclusión social (a saber: jóvenes, mujeres, migrantes, parados de larga duración mayores de 45 años, minusválidos, personas de edad avanzada y próximas a una edad de jubilación..., etc.).

En este sentido y conforme al artículo 2.2 del RD 1369/2006, de 24 de noviembre, por el que se regula el programa de renta activa de inserción para desempleados con especiales necesidades económicas y dificultad para encontrar empleo, podrán ser beneficiarios de este programa los trabajadores emigrantes que, habiendo retornado en los doce meses anteriores a su solicitud, hubieran trabajado, como mínimo, seis meses en el extranjero desde su última salida de España y estén inscritos como demandantes de empleo. No obstante, deberán además cumplir los siguientes requisitos a la fecha de solicitud de incorporación al programa de renta activa de inserción: a) ser mayor de 45 años y menor de 65. b) no tener derecho a las prestaciones o subsidios por desempleo o a la renta agraria; c) no tener ingresos propios superiores a 483,98 euros mensuales; d) que la suma de los ingresos mensuales obtenidos por todos los miembros de su unidad familiar, dividida por el número de miembros que la componen, no supere 483,98 euros mensuales[44].

4. CONCLUSIONES

A finales de la primera década de este siglo se produjo una grave crisis económica y financiera a nivel mundial. Obviando las causas y las pertinentes responsabilidades, son los efectos de la misma los que suponen el presente de la política social e internacional. El término más temido, pero a la vez más remarcable es el desempleo. Toda la UE ha sido azotada con esta lacra, lo que ha puesto en peligro la estabilidad política de la eurozona y su cohesión social. Como en toda crisis, los estamentos más débiles

---

43. MONEREO PÉREZ, J.L y MOLINA NAVARRETE, C: «Un nuevo derecho social de ciudadanía: modelos normativos de "rentas mínimas de inserción" en España y en Europa», *Revista de Trabajo y Seguridad Social. CEF,* n. 187/1998, p. 79.
44. Ver «Guía de retorno», Ministerio de Empleo y Seguridad Social, 2014 en su p. 34.

han sido los más perjudicados, especialmente la porción poblacional que incluye a los emigrantes retornados, quienes se han visto obligados a aceptar trabajos precarios e irregulares para poder sobrevivir. Aunque hay que reseñar, que si bien es cierto que todos los estados miembros han visto peligrosamente aumentado las cifras de paro, no todos han sufrido esta situación con la misma magnitud, lo que a la postre ha abierto comprometedoras grietas entre países que han corrido diferente suerte en este asunto.

La universalidad del problema ha suscitado una enorme preocupación a nivel comunitario, que ha tenido su respuesta en la adopción de diversas estrategias coordinadas entre los países miembros en materia de Seguridad Social. En relación con el *desempleo*, el régimen de «exportación» se desarrolla en los artículos 63 a 65 del Reglamento (CE) núm. 883/2004 y en los artículos 55 y 56 del Reglamento (CE) núm. 987/2009. Las normas de Seguridad Social supeditan el derecho a la protección por desempleo al principio de territorialidad, por lo que se condiciona su aplicación al hecho de que sus destinatarios deban cumplir con los requisitos que se establecen en cada uno de los Estados miembros. Ello ha planteado en la práctica multitud de conflictos entre los Estados miembros a la hora de determinar quién es el país competente para abonar dichas prestaciones, lo que ha limitado gravemente el principio de libre circulación al desincentivar a los migrantes a retornar por miedo a no poder obtener una prestación por desempleo que cubra sus necesidades básicas. La diversidad de reglas que se han establecido en ambos reglamentos, así como los contradictorios pronunciamientos del TJCE no han contribuido a solventar una problemática que me mantiene todavía latente en la sociedad. Pese a que se ha establecido a nivel comunitario un principio de igualdad de trato y no discriminación por razón de nacionalidad el TJCE ha olvidado, en alguno de sus pronunciamientos, este principio estructural de Derecho de la UE. Y es que, para que se pueda considerar violado el principio general de igualdad y, por lo tanto, pueda ser aplicado el principio de no discriminación por razón de nacionalidad en el acceso al empleo será necesario que se aplique una misma norma a situaciones diferentes o que a situaciones comparables se apliquen normas distintas, sin que exista para ello una justificación objetiva.

Las consecuencias más directas de estas directrices orientativas y coordinadoras de las políticas de empleo migratorias comunitarias han dado ya sus frutos en España. En efecto, nuestro país ha sido tierra fértil para el proceso de modificación de la normativa de extranjería e inmigración, donde todas las ayudas para el retorno se han dirigido básicamente a fomentar la salida de inmigrantes hacia sus países de origen, en lugar de incentivar el regreso de los nacionales emigrados. La principal dificultad que encuentran los nacionales españoles que retornan es su desconexión con el mercado de trabajo local, así como la ausencia de recursos suficientes para hacer frente a las necesidades vitales más elementales. Por esta razón considero que las medidas de empleo deberían ir dirigidas no solo a dispensar prestaciones (función de sustitución) o subsidios económicos (función de compensación), sino también y adicionalmente (en un enfoque «pro-activo») a facilitar el acceso o reinserción laboral en el mercado de trabajo a fin de favorecer su participación en la creación el producto social, al tiempo que se eliminan los obstáculos que dificultan su integración laboral plena en España[45]. Ciertamente, se precisa de una nueva normativa comunitaria que ordene adecuadamente y centre la orientación de esas políticas de empleo migratorias en un sentido más protector con los derechos de los trabajadores en situación de desempleo. De forma que se haga justicia y proteja, efectivamente, a los emigrantes retornados frente a cualquier carencia o estado de necesidad que sobrevenga a causa de la pérdida involuntaria de empleo.

---

45. MONEREO PÉREZ, J.L: «El modelo de protección por desempleo: configuración técnica y orientaciones de su reforma» en AA.VV: *La Seguridad Social a la luz de sus reformas pasadas, presentes y futuras. Homenaje al Profesor José Vida Soria*, Vida Soria, J, Monereo Pérez, J.L y Molina Navarrete, C y Moreno Vida, M.ª. N (Coords), Granada, Comares, 2008, páginas 1051 y siguientes.

Capítulo 23

Prestaciones y ayudas asistenciales de los españoles en el exterior y de los emigrantes retornados

JUAN ANTONIO FERNÁNDEZ BERNAT

Profesor Asociado Doctor de Derecho del Trabajo y de la Seguridad Social
Universidad de Granada

1. INTRODUCCIÓN

El objeto del presente capítulo no es otro que el análisis de las distintas vías arbitradas para la protección social de los españoles residentes en el exterior así como de los emigrantes retornados. De forma más específica, pretendo examinar el conjunto de prestaciones asistenciales a que hace referencia la Ley 40/2006 de 14 de diciembre, del Estatuto de la Ciudadanía Española en el Exterior. Esta norma, que impone al Estado la obligación de velar especialmente por la salvaguardia de los derechos económicos y sociales de los trabajadores españoles en el extranjero, contempla en el art. 19 un nivel de protección asistencial para la emigración, a través de lo que denomina como «prestaciones por razones de necesidad». Este precepto consagra el derecho de los españoles en el exterior que se hubieran trasladado por cualquier razón a recibir una prestación económica por razón de necesidad si, siendo mayores de 65 años o estando incapacitados para el trabajo, se encuentran en una situación de necesidad por carecer de rentas o ingresos suficientes para cubrir sus necesidades básicas. Junto a las anteriores prestaciones, existen otro tipo de prestaciones o ayudas que completan el nivel de protección asistencial para los españoles en el exterior. Nos referimos a las pensiones asistenciales para retornados, la prestación a favor de los «niños de la guerra» o el resto de ayudas económicas de carácter asistencial. A partir del análisis de dicho ámbito de protección social se quiere comprobar hasta qué punto el mismo atiende de forma satisfactoria las necesidades de los españoles residentes en el exterior así como de los emigrantes retornados. La nueva dinámica de emigración económica de trabajadores nacionales puede hacer que sea necesaria una revisión crítica de las ayudas y prestaciones asistenciales existentes en la actualidad.

2. EL MARCO REGULADOR GENERAL: DE LA LEY 33/1971, DE EMIGRACIÓN AL ESTATUTO DE CIUDADANÍA ESPAÑOLA EN EL EXTERIOR

El tratamiento jurídico sobre la emigración en nuestro país se ha caracterizado por su adaptación a la realidad de dicho fenómeno en cada momento. La primera Ley de emigración de 1907 como la actual Ley 40/2006, de 14 de diciembre del Estatuto de Ciudadanía española en el Exterior (ECEE) son buenos ejemplos de los cambios que ha experimentado la materia a lo largo de todos esos años. Las primeras intervenciones normativas tienen el objetivo de atender las demandas de un país que emigra, regulando los cauces en los que se produce la emigración. Sin embargo, en una segunda etapa y en la actualidad la finalidad no es otra que proteger los derechos de los que emigraron y aún emigran[1].

Lo mismo cabe decir en el terreno de la protección social, donde la evolución normativa se ha acompasado de mejor o peor manera con el escenario de la emigración en cada época. En un primer momento, y desde el marco normativo del sistema de Seguridad Social, la emigración española quedaba fuera del ámbito de aplicación de la LSS (1966), aunque se contemplaba de forma excepcional la posible aplicación de sus disposiciones a los españoles no residentes en el territorio nacional cuando resultara de disposiciones especiales establecidas con dicho objeto. Ello tenía su lógica si entendemos que el sistema de Seguridad Social que se instauraba tenía un carácter contributivo, aplicándose un principio de territorialidad en la prestación de los servicios laborales como requisitos para quedar comprendido en el campo de aplicación de aquél. El propio TRLGSS sigue la senda marcada por la norma precedente y prevé, sin más, la extensión de su acción protectora a los emigrantes y sus familiares (Disposición Adicional Primera). Extramuros de la legislación de Seguridad Social, la Ley 33/1971, de 21 de julio, de Emigración aborda el fenómeno de la emigración estableciendo medidas protectoras de carácter limitado (no

---

1. Goig Martínez, J. M.: «Derechos de la ciudadanía española en el exterior», *Revista de Derecho UNED*, núm. 7, 2010, p. 330.

se contempla de forma explícita, por ejemplo, la atención a las personas mayores).

Un país de emigración como era España a finales de los años 80, con más de un millón y medio de personas fuera de sus fronteras, exigía de una política de protección social más ambiciosa que atendiera con mayor interés las demandas de sus ciudadanos en el extranjero. De entre estos emigrantes, además, la mayoría de ellos se marcharon de España hace más de 30 años y, por tanto, en esa fecha estaban cerca de la edad de jubilación[2]. Con este objetivo, así como para dar adecuado cumplimiento a lo previsto en el art. 42 CE, la Ley 26/1990 modifica la redacción del anterior art. 7.4 TRLGSS delegando al Gobierno la facultad de establecer «medidas de protección social a favor de los españoles no residentes en España, de acuerdo con las características de los países de residencia». Fueron las limitaciones de residencia en el territorio español para la percepción de las prestaciones no contributivas de jubilación e invalidez lo que llevó a la Ley antes citada a introducir la facultad del Gobierno señalada[3].

Desde entonces se han sucedido una serie de intervenciones normativas que tienen por objeto la protección social de los españoles que viven en el extranjero. El Real Decreto 728/1993, de 14 de mayo (derogado en la actualidad por el RD 8/2008, de 11 de enero) por el que se establecieron las actuales pensiones asistenciales por ancianidad a favor de los emigrantes españoles, reconociendo un derecho subjetivo a la protección social a las personas mayores españolas en el extranjero. La Orden de 16 de febrero de 1994, que reguló programas de actuación en favor de los emigrantes. La Orden de 30 de diciembre de 1997, en la que se recogían las bases reguladoras para la concesión de ayudas públicas correspondientes a los programas de actuación a favor de los emigrantes españoles; continuadas por la Orden de 29 de agosto de 2000; de 14 de diciembre de 2001; la Orden TAS 236/2003, de 4 de febrero; la Orden TAS 281/2004, de 4 de febrero, la Orden 357/2005 y la Orden TAS/561/2006, de 24 de febrero. La Ley 3/2005, de 18 de marzo, por la que se reconoce una prestación económica a los ciudadanos de origen español desplazados al extranjero, durante su minoría de edad, como consecuencia de la Guerra Civil, y que desarrollaron la mayor parte de su vida fuera del territorio nacional. O, incluso, La

---

2. MADRIGAL MUÑOZ, A.: Atención a la Población Española Residente en el Extranjero Mayor de 65 años. Madrid, Portal Mayores, Informes Portal Mayores, n. 82. [Fecha de publicación: 10/04/2008]. <http://www.imsersomayores.csic.es/documentos/documentos/madrigal/atencion-01.pdf >

3. GARCÍA ÁLVAREZ, M. Y GARCÍA LÓPEZ, R.: «La protección de los derechos económicos y sociales de los emigrantes: una propuesta de reforma del Estatuto de Autonomía de Castilla y León», *Revista Jurídica de Castilla y León*, n. 8, 2006, p. 194.

Ley 39/2006, de 14 de diciembre, de Promoción de la Autonomía Personal y Atención a las Personas en Situación de Dependencia que en relación a la ciudadanía española en el exterior, contempla la posibilidad de que el Gobierno establezca medidas de protección a favor de los españoles no residentes en España, así como las condiciones de acceso al Sistema de Atención a la Dependencia de los emigrantes españoles retornados, previo acuerdo del Consejo Territorial, que es el órgano de cooperación del Ministerio de Trabajo y Asuntos Sociales y las Comunidades Autónomas para la puesta en marcha del Sistema.

Como se ha podido comprobar, la presión migratoria evidenciada por el número importante de ciudadanos españoles en el exterior y las circunstancias de edad de los mismos han obligado a los poderes públicos a instaurar ayudas y prestaciones dirigidas a atender las necesidades de aquéllos. Sin embargo, tras más de veinticinco años de aprobación de la CE no había un reconocimiento a nivel legal de los derechos de los emigrantes españoles, tal y como parecía sugerir el art. 42 CE. Dicho reconocimiento acaba produciéndose con la aprobación de la Ley 40/2006, de 14 de diciembre, del Estatuto de la Ciudadanía española en el exterior, con la que se establece el marco jurídico y los instrumentos básicos para garantizar a la ciudadanía española en el exterior el ejercicio de los derechos y deberes constitucionales, en términos de igualdad con los españoles residentes en el territorio nacional, así como reforzar los vínculos sociales, culturales, económicos y lingüísticos con España y con sus respectivas nacionalidades y comunidades de origen.

La importancia del ECEE está fuera toda duda por los siguientes aspectos señalados por la doctrina[4]. En primer lugar, porque junto a la proclamación por primera vez de la relación de derechos que asiste a los emigrantes, se declara que los mismos tendrán idéntico contenido y alcance que los que disfrutan los españoles residentes en el territorio nacional. Este reconocimiento de derechos con la intensidad explicitada se conecta con una política de protección integral del emigrante, especialmente en materia de retorno. En segundo lugar, porque la Ley establece, no sólo el ámbito de derechos de la ciudadanía española en el exterior, sino también, el marco de actuación y las medidas específicas que deberán desarrollarse por el Estado, y por las Comunidades Autónomas en el ámbito de sus respectivas competencias, para facilitar tanto la atención a los españoles en el exterior, como la integración social y laboral de aquellos españoles que decidan retornar a España, sin perjuicio del derecho a la libre circulación de trabajadores, ni de las competencias que ostenten las Comunidades

---

4.   GOIG MARTÍNEZ, J. M.: «Derechos...», *op. cit.,* p. 330.

Autónomas ni de sus leyes. Este aspecto resultaba fundamental si tenemos en cuenta que efectivamente buena parte de las Comunidades Autónomas recogen expresamente en sus Estatutos de Autonomía referencias en un sentido u otro a sus ciudadanos en el exterior, especialmente para el fomento de su retorno, pero también disponiendo el deber de atender sus necesidades en el exterior, habiendo establecido mecanismos de protección social de sus ciudadanos en el exterior, de muy diferente alcance e intensidad[5]. En tercer lugar, porque el ámbito subjetivo de aplicación que la Ley contempla supera el tradicional concepto de emigración recogido en la Ley 33/1971, de 21 de julio, englobando a todos los españoles en el exterior, tanto a los emigrantes y exiliados, como a los desplazados y a los familiares de ambos. Se trataría así, en suma, de una norma que, salvando las limitaciones de su inmediata predecesora, pretende regular el fenómeno migratorio, pero ahora utilizando un concepto más amplio del término emigración[6].

De forma más específica, el ECEE señala un ámbito de protección en materia de derechos sociales y prestaciones. Se trata del Capítulo II, en el que se reconoce el derecho a la protección de la salud (art. 17), derechos en materia de Seguridad Social (art. 18), prestaciones por razón de necesidad (art. 19), servicios sociales para mayores y dependientes (art. 20), acciones de información socio-laboral y orientación y participación en programas de formación profesional ocupacional (art. 21) y derechos en materia de empleo y ocupación (art. 22). En lo que aquí interesa, esto es, el modo en que el ECEE regula y ordena la protección social asistencial de los españoles en el exterior, cabe decir que el mismo no parte de cero, como ya se ha comprobado. Con esta norma no se configura un nuevo sistema de protección social para los emigrantes españoles ya que con anterioridad contábamos con intervenciones normativas de diferente signo. Pero, desde luego, lo que sí se ha conseguido con la aprobación de dicha Ley es crear un texto único en el que se sistematizan todo el elenco de derechos de los ciudadanos españoles en el exterior y, concretamente en lo que aquí interesa, los relativos a la amplia materia de protección social sirviendo así, por un lado, de anclaje a la normativa vigente en el momento de su promulgación en este ámbito material de protección y por otro lado, para apuntar las líneas de actuación u objetivos hacia los que debe orientarse la

---

5.   VICENTE PALACIO, A.: «La protección social de los españoles en el exterior y de los emigrantes retornados. Actuaciones normativas estatales y autonómicas», *Revista General de Derecho del Trabajo y de la Seguridad Social*, n. 23, 2011, p. 5.

6.   RON LATAS, R.: «Los aspectos laborales más destacables de la Ley 40/2006, de 14 de diciembre de 2006, del Estatuto de la Ciudadanía Española en el Exterior» (LA LEY 1724/2007).

actuación estatal y no sólo respecto de aquellas materias en las que el desarrollo normativo es menor (especialmente, la dependencia) sino incluso en materia de Seguridad Social y prestaciones asistenciales en las que ya existía una amplia regulación[7].

3. LAS MEDIDAS DE CARÁCTER ESTATAL EN MATERIA DE PROTECCIÓN SOCIAL DE LOS ESPAÑOLES EN EL EXTERIOR Y RETORNADOS

Tal y como hemos avanzado, la protección social pública a los españoles no sólo se extiende a los que residen en España, sino también a los que lo hacen fuera de nuestro territorio, según tiene previsto el art. 42 CE y concreta el art. 7 TRLGSS. Dicha protección se desarrolla a través de diferentes actuaciones que los poderes públicos están obligados a implementar y que el propio ECEE se ha encargado de señalar. Así, la primera de ellas, se vincula con el mandato legal recogido en el art. 18 ECEE de extender los beneficios de Seguridad Social contributiva a los ciudadanos españoles en el exterior. A pesar de que se trata de una previsión que reproduce, casi de forma literal, el contenido de la Disp. Adic. 2.ª TRLGSS y que se deriva de la aplicación de normas internacionales y comunitarias, lo cierto es que el precepto resulta bastante clarificador al haber sido capaz de recoger con carácter sistemático cuáles deben y pueden ser las líneas de actuación de la acción estatal para extender la acción protectora de la Seguridad Social a los trabajadores españoles que se trasladen al exterior por causas de trabajo y a sus familiares[8]. Aun cuando no trataremos esta cuestión aquí, cabe destacar que la misma no está exenta de cierta trascendencia, ya que tal medida puede llegar a suponer que determinados colectivos de trabajadores, pese a prestar sus servicios en el extranjero, podrían incorporarse al campo de aplicación del sistema de Seguridad Social; como por ejemplo, el caso de los trabajadores del mar emigrantes que prestan sus servicios en buques abanderados en pabellones de conveniencia, que se caracterizan por la precaria protección social que reciben de los Estados en los que se encuentran matriculadas las naves, por la ausencia de todo sistema de Seguridad Social o, más frecuentemente, por el carácter elemental de los mismos, por lo que buscan remedios para paliar tal situación, tales como la suscripción de convenios especiales, para poder gozar de determinada prestaciones de Seguridad Social[9].

---

7. VICENTE PALACIO, A.: «La protección social…», *op. cit.*, pp. 4-5.
8. *Ibidem*, p. 12.
9. RON LATAS, R.: «Los aspectos laborales…», *op. cit.*, p. 6.

La segunda de las medidas de protección social ha sido la más relevante al respecto, y es aquella que garantiza, a título de derecho subjetivo, un mínimo de subsistencia para los españoles de origen residentes en el extranjero o para retornados que carecen de recursos. A ella se refiere el art. 19 ECEE con el rótulo de «prestaciones por razón de necesidad». Dentro de las mismas deben mencionarse, por un lado, las prestaciones por ancianidad o incapacidad para los emigrantes españoles residentes en el extranjero y, por otro, las prestaciones por ancianidad para los emigrantes retornados. Como se ve, son dos los colectivos de beneficiarios: el primero se compone de españoles, emigrantes en el extranjero, que permanecen fuera de nuestras fronteras y que carecen de medios de subsistencia acomodados a las necesidades y nivel económico del Estado en que residen. El segundo colectivo es el de españoles de origen, nacidos o no en territorio español y que retornan a nuestro territorio.

En tercer lugar, las prestaciones de carácter asistencial establecidas por el Estado para los emigrantes no se agotan en las señaladas prestaciones por razón de necesidad. Existen otras prestaciones públicas, de carácter estatal, que atienden a especiales situaciones de necesidad de los emigrantes españoles en el exterior. Unas van a tener carácter general y otras, sin embargo, atienden a colectivos específicos, como es el caso de los llamados «niños de la guerra». Sobre estos últimos, es en 2005, en el marco del proceso de recuperación de la memoria histórica, cuando aparece en nuestro ordenamiento una norma de rango legal, la Ley 3/2005, de 18 de marzo, por la que se reconoce una prestación económica a los ciudadanos de origen español desplazados al extranjero, durante su minoría de edad, como consecuencia de la Guerra Civil, y que desarrollaron la mayor parte de su vida fuera del territorio nacional. Aunque de carácter extraordinario, estas prestaciones, al igual que las prestaciones por razón de necesidad, son un complemento a los ingresos del beneficiario, hasta alcanzar un límite máximo. Se trata de una regulación destinada a un colectivo muy concreto, pero que establece, como se ha podido decir, una protección tremendamente limitada[10].

Finalmente, el cuadro protector del emigrante se completa con las previsiones contenidas en el art. 20 ECEE en lo que se refiere a la adopción por parte de los poderes públicos de las medidas necesarias para potenciar la red de servicios sociales, fomentando, asimismo, la realización de actividades encaminadas a la consecución de su bienestar integral. Asimismo, en el marco de la regulación de la atención a la dependencia, se exige

---

10. GORELLI HERNÁNDEZ, J.: «Las prestaciones de los "niños de la guerra" (Ley 3/2005)» (BIB 2012/3484).

igualmente el desarrollo de medidas específicas, especialmente de carácter asistencial, sanitario y farmacéutico, encaminadas a la consecución del bienestar integral de la ciudadanía española en el exterior en situación de necesidad, en aras de alcanzar la gradual asimilación a las prestaciones vigentes del Sistema para la Autonomía y Atención a la Dependencia, conforme a lo que disponga la legislación vigente.

Junto a lo anterior, como se recordará, el ECEE hace referencia al derecho a la protección de la salud de los españoles en el exterior (art. 17), con la finalidad última de equiparar la que se concede a los residentes en el exterior con la que se presta por el Sistema Nacional de Salud en España. Así, los beneficiarios de la prestación por razón de necesidad van a tener derecho a la cobertura de la contingencia de asistencia sanitaria cuando carezcan de ella en el país de residencia o cuando su contenido y alcance fueran insuficientes. Por su parte, los pensionistas y los trabajadores por cuenta ajena españoles de origen residentes en el exterior, en sus desplazamientos temporales a España, pueden solicitar la prestación de asistencia sanitaria siempre que no tengan prevista esta cobertura de acuerdo con las disposiciones de la legislación de Seguridad Social española, las del Estado de procedencia o de las normas o Convenios Internacionales de Seguridad Social establecidos al efecto.

De entre las medidas de protección social apuntadas únicamente prestaremos especial atención a las prestaciones por razón de necesidad, ya que se trata del instrumento de protección de mayor alcance, si tenemos en cuenta la evolución de los beneficiarios y el importe destinado a estas pensiones desde su establecimiento en 1993[11]. Sobre estas últimas, precisamente, y antes de entrar en el examen de las mismas, convendría desentrañar, aunque sólo sea de forma superficial, la espinosa cuestión de su naturaleza jurídica. Y sobre este particular, lo cierto es que existe cierto consenso en calificarlas como prestaciones de carácter asistencial. En efecto, pese a las innegables semejanzas que presentan en relación con las prestaciones no contributivas, ya que las situaciones de necesidad protegidas y los requisitos exigidos son prácticamente un trasunto de aquéllas[12], parece más acertado postular su encuadramiento en el ámbito de la asistencia social. A nuestro juicio, existen suficientes elementos extraídos de su régimen jurídico que confirman tal aseveración: la propia financiación de las prestaciones con cargo a los Presupuestos del Estado; la inexigibilidad de cotización alguna; la vinculación del disfrute de la ayuda al

---

11. MUÑOZ ORIOL, M. A.: «Atención y apoyo a los españoles residentes en el exterior», *Revista del Ministerio de Trabajo y Asuntos Sociales*, n. 15, 1999, p. 165.
12. VICENTE PALACIO, A.: «La protección social...», *op. cit.*, p. 23.

estado de necesidad económica del solicitante, quien no podrá superar un determinado nivel de rentas o ingresos; o la previsión de que el importe se actualizará por la Ley estatal de Presupuestos de cada ejercicio económico[13]. Además, las citadas prestaciones y ayudas se insertarían en el marco de la asistencia social del Estado, ya que la gestión, reconocimiento y pago de aquéllas se han atribuido a la Dirección General de Emigración, dependiente del Ministerio de Trabajo y Asuntos Sociales (hoy Ministerio de Empleo y Seguridad Social).

3.1. PRESTACIONES ASISTENCIALES POR RAZÓN DE NECESIDAD

Las actuales prestaciones por razón de necesidad, cuyo amparo legal se encuentra en el art. 19 ECEE, son objeto de desarrollo reglamentario a través del RD 8/2008, de 11 de enero. Se trata de una norma que deroga expresamente el RD 728/1993, así como cuantas disposiciones de igual o inferior rango que se opongan a su contenido. La finalidad de estas nuevas prestaciones no difiere, en términos generales, de la contemplada por su inmediato precedente, ya que en ambos casos se trataba de establecer un mecanismo de protección que garantizase el derecho subjetivo a un mínimo de subsistencia para los españoles residentes en el exterior, perfeccionando y sustituyendo, de este modo, las ayudas económicas individuales de naturaleza asistencial y pago periódico que el antiguo Ministerio de Trabajo y Seguridad Social venía otorgando desde 1988 a favor de los emigrantes españoles ancianos, a través de sucesivas órdenes. No en vano, la situación socioeconómica que atravesaban las colectividades españolas en ultramar, especialmente en los países de Iberoamérica, y las carencias en los sistemas públicos de protección social de éstos hacía que un gran número de emigrantes ancianos careciesen de recursos suficientes para atender sus necesidades básicas, por lo que resultaba urgente e importante atender a su protección. El acceso de los españoles residentes en el exterior a los derechos de ciudadanía social estaba marcado por una diferencia entre América y Europa, sobre todo en el acceso a la jubilación: mientras que en Europa el acceso a las pensiones en los países de acogida tiene lugar de manera generalizada, por el contrario en América, los ancianos españoles, en la medida en que las colonias se habían estratificado socialmente, existía una franja notable de vulnerabilidad social[14].

---

13. CAVAS MARTÍNEZ, F.: «¿Hacia dónde camina el nivel no contributivo de la Seguridad Social?» (BIB 2007/1995).

14. FERNÁNDEZ ASPERILLA, A.: «Trabajo, emigración y ciudadanía», en VV.AA. (Liñares Giraut, X. A., coord.). *Ciudadanos españoles en el mundo. Situación actual y recorrido histórico*, Vigo, Grupo España Exterior, 2008, p. 212.

Pese a la existencia de un elemento de continuidad entre ambas normas, existen igualmente tres aspectos diferenciadores destacables. El primero está vinculado con el tratamiento unitario que el RD 2/2008 otorga tanto a la prestación económica por ancianidad como a la prestación económica por incapacidad, añadiendo igualmente la asistencia sanitaria. Es esto una novedad por cuanto la segunda de las prestaciones era objeto de regulación por normas de diverso rango, la última de ellas la Orden TAS/561/2006, de 24 de febrero, por la que se establecen las bases reguladoras de la concesión de ayudas asistenciales correspondientes a los programas de actuación a favor de los emigrantes españoles no residentes en España. El segundo rasgo a subrayar es la configuración mucho más amplia que la vigente norma reglamentaria realiza de su ámbito subjetivo de aplicación. Y es que se diseña una nueva dimensión de los beneficiarios, al equiparar a los cónyuges o parejas de hecho de los emigrantes al mismo nivel de protección, no quedando supeditados a la mera condición de familiares[15]. Finalmente, se aborda la prestación por ancianidad para el emigrante retornado, dedicando a la misma un capítulo específico, lo que en la anterior norma quedaba relegada a una Disp. Adicional. Esta era una cuestión de suma importancia ya que existía una preocupación real acerca de que las pensiones asistenciales dieran cobertura a través de las mismas a los beneficiarios de los que retornan a España hasta que alcanzasen el derecho a una pensión del sistema de Seguridad Social[16], ya que los estrictos requisitos que se exigen para acceder a las prestaciones no contributivas, especialmente el de residencia, dejaría al emigrante retornado sin posibilidad de acceder a unas –las previstas para los emigrantes en el extranjero– y a otras –las previstas para los españoles residentes en España–[17].

Entrando en el análisis general del régimen jurídico regulador de las citadas prestaciones vamos a distinguir en su tratamiento a los dos colectivos a los que se dirigen las mismas, esto es, a los españoles residentes en el exterior y a los españoles de origen retornados. En ambos casos queremos llamar la atención de algunos (no todos) aspectos sustanciales del mismo, dadas las limitaciones de este trabajo, por lo que no se trata aquí de realizar un examen exhaustivo de las prestaciones.

---

15. MELÉNDEZ MORILLO-VELARDE, L. y HIERRO HIERRO, F. J.: «Actuaciones en el ámbito de la Seguridad Social para el mantenimiento y la conservación de derechos y la nueva prestación por razón de necesidad», en VV.AA. (Sempere Navarro, A. V., dir.). *El Estatuto de la Ciudadanía Española en el Exterior*, Cizur Menor (Navarra), Thomson Aranzadi, 2009, p. 380.

16. MUÑOZ ORIOL, M. A.: «Atención y apoyo...», *op. cit.*, p. 165.

17. VICENTE PALACIO, A.: «La protección social...», *op. cit.*, p. 23.

En lo que respecta al primer grupo de destinatarios, varias cuestiones suscitan nuestro interés. La primera de ellas va referida tanto a la extensión personal como a los requisitos de acceso establecidos reglamentariamente. Y así, sobre este particular, resulta remarcable que conforme al art. 2 RD 8/2008 el potencial beneficiario de esta prestación va a ser aquel que haya emigrado de nuestro país por cualquier motivo, ya sea económico, laboral o de otro tipo (personal, cultural, familiar, etc.); lo que está consonancia con el enfoque que adopta el ECEE sobre el fenómeno de la emigración, enmarcándolo en el contexto socioeconómico y político de nuestro tiempo, ya que actualmente los movimientos migratorios, teniendo en cuenta, por un lado, el ejercicio del derecho a la libre circulación en el contexto de la Unión Europea, y por otro, la globalización de la economía, han alcanzado una dimensión y una significación distinta de la puramente laboral o económica[18].

A lo anterior, hay que añadir, como es obvio, el requisito de la nacionalidad española del emigrante, siempre que sea de origen, ya que se excluyen las vías derivativas de acceso a dicha condición. Esta distinción genera dudas, por discriminatoria, ya que se condiciona el derecho a la pensión al carácter originario de la nacionalidad española[19]. Es más, respecto a los españoles de origen no nacidos en territorio nacional se hace necesario acreditar un periodo de residencia en nuestro país de diez años previo a la presentación de la solicitud de la prestación y que durante todo ese período se hubiera ostentado la nacionalidad española. Hay, por tanto, un diferente tratamiento entre los españoles de origen nacidos en España y los que tienen la nacionalidad española por otras vías (filiación, etc.). Dicha exigencia parece justificarse en base a la necesidad de que el sujeto preceptor de las prestaciones mantenga cierto vínculo con el Estado que las abona y las sufraga, en consonancia con el mismo requisito exigido en la pensión no contributiva de jubilación (art. 369 TRLGSS). También el legislador parece estar pensando en los nuevos supuestos de acceso a la nacionalidad española de origen previstos en la Disp. Adic. 7.ª de la Ley 52/2007, la cual puede afectar a un millón y medio de nietos de exiliados, muchos de ellos en países donde tradicionalmente se han reconocido prestaciones de ancianidad, lo que se traduce en un importante condicionante para poder optar a las mismas.

Tanto para unos como para otros se exige el cumplimiento de los consabidos requisitos de edad, de residencia efectiva y de rentas. El primero

---

18. SEMPERE NAVARRO, A. V.: «El Estado social ante los ciudadanos expatriados», en VV.AA. (SEMPERE NAVARRO, A. V., dir.), *El Estatuto de la…*, *op. cit.*, p. 100.

19. GONZALO GONZÁLEZ, B.: *Introducción al Derecho Internacional Español de Seguridad Social*, Madrid, CES, 1995, p. 40.

de ellos, referido a la prestación económica por ancianidad, consiste en haber cumplido sesenta y cinco años de edad en la fecha de la solicitud. Se opta por imponer esta edad con independencia de lo previsto por el sistema público de protección social del país de residencia, el cual puede tener establecida una edad de jubilación distinta. Al contrario, lo aconsejable hubiera sido vincular el requisito de la edad a lo predispuesto por el ordenamiento legal vigente en el país donde reside el emigrante[20]. Respecto a la prestación económica de incapacidad, resulta obligado ser mayor de dieciséis y menor de sesenta y cinco años y, además, estar en situación de incapacidad permanente absoluta para todo trabajo en la fecha de la solicitud. El hecho de que la edad se reduzca de 18 –edad mínima para acceder a la prestación no contributiva de invalidez permanente– a 16 años hay que entenderla en el contexto de la falta de cobertura de las prestaciones familiares para los emigrantes y en que la edad de 16 años es la establecida como edad mínima para trabajar por nuestro ordenamiento jurídico[21].

En lo relativo a la situación de incapacidad, llama la atención que a diferencia de lo fijado para las pensiones no contributivas por invalidez, se imponga un criterio profesional para el reconocimiento de esta prestación ya que lo fundamental a estos efectos es que exista una inhabilitación absoluta para toda profesión u oficio y no tanto una anulación o modificación de la capacidad física, psíquica o sensorial de quienes la padecen, como así se exige en la invalidez no contributiva. Además, se establece un procedimiento de valoración de la situación de incapacidad *ad hoc* que difiere sustancialmente del previsto en el RD 1971/1999, de 23 de diciembre aplicable a la invalidez no contributiva, ya que frente al primero donde se establece un detallado baremo, en el segundo únicamente se exige una valoración global y subjetiva de esa inhabilitación para toda profesión u oficio en la que se tendrá en cuenta, expresamente, tanto la edad del beneficiario como sus posibilidades reales de integración en el mercado de trabajo del país de residencia (art. 19.2 RD 8/2008).

Más allá de la residencia legal y efectiva, que deberá acreditarse igualmente, cobra especial importancia en esta prestación el cumplimiento del requisito de carencia de rentas o ingresos. Es éste un requisito definitorio de toda prestación de naturaleza asistencial, tanto desde un punto de vista individual como del de la llamada unidad económica familiar[22]. A tal

---

20. García Álvarez, M. y García López, R.: «La protección de los derechos económicos...», *op. cit.*, p. 203.
21. Vicente Palacio, A.: «La protección social...», *op. cit.*, p. 24.
22. Maldonado Molina, J. A.: *La protección de la vejez en España. La pensión de jubilación.* Valencia. Tirant lo Blanch, 2002, p. 433.

606

efecto, se considerarán rentas o ingresos insuficientes las que, en cómputo anual de enero a diciembre, sean inferiores a la cuantía anual de la base de cálculo que se establezca para el país de residencia (art. 5.1 RD 8/2008). Claro que, aun no percibiendo renta o ingreso alguno, en el caso que el solicitante conviviese con otra u otras personas en una misma unidad económica familiar, únicamente se entenderá cumplido dicho requisito «cuando la suma de las rentas o ingresos computables a todos los integrantes de la unidad familiar, en los términos señalados, sea inferior a la cuantía de la base de cálculo en cómputo anual del país de residencia, más el resultado de multiplicar el 70 por 100 de dicha cifra por el número de convivientes menos uno» (art. 5.2 RD 8/2008). A la hora de comprobar o acreditar el cumplimiento de la carencia de rentas o ingresos, es el art. 6 RD 8/2008 el encargado de fijar los criterios de cómputo de las rentas o ingresos. Se trata de reglas que, en su conjunto, recuerdan la regulación establecida para el acceso a las prestaciones no contributivas del sistema de Seguridad Social.

Especial interés presenta el concepto de unidad económica familiar que maneja el RD 8/2008, dado que el mismo supone una plasmación de lo previsto en el ECEE, el cual contempla su aplicación a los familiares (...), «entendiendo por tales el cónyuge no separado legalmente o la pareja con la que mantenga una unión análoga a la conyugal, en los términos que se determinen reglamentariamente, y los descendientes hasta el primer grado, que tengan la condición de personas con discapacidad o sean menores de 21 años o mayores de dicha edad que estén a su cargo y que dependan de ellos económicamente» [art. 2.1.d)]. Pues bien, está referencia a la relación análoga a la conyugal queda incorporada al texto reglamentario, como no podía ser de otra manera, de modo que la pareja de hecho podrá ser considerada como miembro de la unidad económica familiar. Ahora bien, para que la misma surta efectos se hace necesario que dicha situación sea reconocida por la legislación vigente en el país de residencia y se acredite documentalmente. En definitiva, la pretendida identificación que la norma realiza entre matrimonio y pareja de hecho se hace depender de que el país de acogida reconozca legalmente estas últimas, con lo que es fácil suponer que se trata de una equiparación que en no pocas ocasiones puede llegar a quedar desvirtuada, con los inevitables agravios comparativos que de ello se derivan[23].

---

23. DANS ÁLVAREZ DE SOTOMAYOR, L.: «La protección asistencial por vejez de los emigrantes españoles en el exterior», en VV.AA., (Cabeza Pereiro, J; Ballester Pastor, M. A. y Fernández Prieto, M., coords.). *La relevancia de la edad en la relación laboral y de Seguridad Social*, Cizur Menor (Navarra), Thomson-Aranzadi, 2009, p. 285.

Dejando de lado aspectos como el procedimiento para el reconocimiento del derecho y la dinámica de la prestación, procede hacer alguna alusión a la cuantía. Al respecto, el RD 8/2008 señala que la misma será el resultado de restar a la base de cálculo establecida las rentas o ingresos anuales de que, en su caso, disponga el interesado. Por tanto, la cuantía de la prestación se hace depender de las prestaciones económicas computables del solicitante, de modo que si sus rentas o ingresos superan la base anual de cálculo para el país donde tiene la residencia, por mucho que cumpla el resto de requisitos exigidos por la norma legal, no podría percibir prestación alguna. Hay que tener en cuenta, igualmente, que, en parecidos términos a lo previsto para las pensiones no contributivas, el RD 8/2008 establece reglas especiales en caso de concurrencia en la misma unidad económica de varios beneficiarios con derecho a una prestación de la misma naturaleza así como reglas especiales para el caso de convivencia del beneficiario con personas no beneficiarias. También se contemplan un límite máximo y mínimo. El primero viene constituido por la cuantía de la prestación de jubilación no contributiva en España (art. 7.5) y el segundo por el 25 por 100 de la base de cálculo establecida, límite aplicable incluso aunque la aplicación de las reglas anteriores hubiera dado un resultado inferior a dicho porcentaje.

Finalmente, resulta obligado hacer referencia a la prestación por razón de necesidad para los emigrantes retornados, el segundo de los colectivos a los que la norma incluye como destinatarios. Pues bien, lo primero que cabría señalar al respecto es que esta prestación no resulta una novedad en nuestro ordenamiento jurídico ya que el artículo único del RD 667/1999, incorporando una Disposición Adicional Tercera al RD 728/1993, estableció la posibilidad de que los emigrantes españoles que retornasen a España pudieran mantener el derecho a la pensión asistencial por ancianidad hasta que alcanzasen el derecho a una pensión pública, prestación o subsidio de cualquier Administración pública española. La implantación de dicha medida estaba plenamente justificada ya que el acceso a las pensiones no contributivas en España requería cumplir con el requisito de residencia, lo que para el emigrante retornado resultaba imposible.

En el nuevo desarrollo reglamentario de las prestaciones por razón de necesidad para el colectivo de los emigrantes retornados, cabe destacar los siguientes aspectos. En primer lugar, únicamente se prevé el acceso a la prestación por ancianidad y no a la de incapacidad, que se mantiene para los españoles en el exterior. En segundo lugar, se insiste en la precariedad de los sistemas de protección social del país de donde proceda el emigrante retornado para otorgar la pensión asistencial de ancianidad. Ello hace pensar, como en el caso del colectivo de españoles residentes en el exterior, que los principales destinatarios de esta medida sean los emigrantes españoles sin recursos de los países de Iberoamérica, dado que no cuentan con un sistema de bienestar análogo al europeo, y de los países del Este de Europa y a los de Europa[24]. En tercer lugar, se vuelve a distinguir, en cuanto a los requisitos de acceso, a los españoles de origen nacidos en España de los que no han nacido en territorio nacional, de modo que a estos últimos se les impone la condición de acreditar un período de residencia en España de 8 años previo a la presentación de la solicitud de la prestación, siempre que durante ese periodo ostentara la nacionalidad española. En cuarto lugar, se opta por vincular el reconocimiento del derecho a la pensión asistencial al cumplimiento de los requisitos contenidos en el art. 167 TRLGSS (actual 369 TRLGSS) que regula la pensión de jubilación en su modalidad no contributiva, salvo el referido a los períodos de residencia en territorio español. También para la determinación de la cuantía de estas pensiones se toma como referencia lo dispuesto para la pensión de jubilación en su modalidad no contributiva del sistema de Seguridad Social, de modo que aquélla será la que se fije en la Ley de Presupuestos Generales del Estado, en cómputo anual y referida a 12 mensualidades. No obstante, en cuanto a los efectos económicos de esta pensión por ancianidad, habrá de estarse a la regulación propia de la prestación por razón de necesidad, frente a lo dispuesto en el TRLGSS.

4. VALORACIÓN DE CONJUNTO: UNA NUEVA EMIGRACIÓN Y NUEVA POLÍTICA ASISTENCIAL

La aprobación del ECEE ha supuesto un avance notable en el reconocimiento y sistematización de los derechos sociales de los españoles residentes en el exterior y retornados. La norma reúne en un solo texto derechos que antes aparecían dispersos o no habían sido específicamente reconocidos, tratando de igualar a los españoles independientemente del lugar de residencia y extendiendo beneficios sociales a los que se encuentran en situación de necesidad fuera de España[25]. Su desarrollo, además, se orienta en esta dirección, otorgando una mayor consideración desde todos los puntos de vista a aquellos españoles que por diversas circunstancias han tenido o tienen que abandonar nuestro país de modo temporal o definitivo.

---

24. Muñoz Oriol, M. A.: «Atención y apoyo...», *op. cit.*, p. 165.
25. Rodríguez Varona, R. I.: «Las prestaciones y ayudas para los españoles residentes en el exterior y retornados», en VV.AA. (Pérez Gálvez, J. F., dir.), *Manual Básico de Derecho y Ciudadanía Española en el Exterior*, Madrid, MTAS, 2008, p. 234.

Sin embargo, en lo que a la protección social de carácter asistencial se refiere, sus efectos siguen siendo limitados por diversas circunstancias que pasamos a desarrollar de forma muy breve. La primera de ellas está relacionada con la realidad migratoria a la que a día de hoy ha estado dirigida la política de asistencia social. En el caso de las prestaciones por razón de necesidad, éstas han estado diseñadas para su aplicación en países muy concretos donde los sistemas de protección social son bastante precarios. En efecto, desde la aprobación de estas prestaciones, los beneficiarios de las mismas se han focalizado en países de Iberoamérica (Argentina, Venezuela, Uruguay, Cuba, Brasil, etc.); del Este de Europa (Rusia y Ucrania) y Marruecos. La ausencia de países europeos, no obstante el numeroso colectivo español en dichos países, resulta lógica, debido a que estas prestaciones asistenciales están limitadas a aquellos países en los que la debilidad del sistema de protección social justifica la necesidad de esta protección al tratarse de prestaciones asistenciales, lo que no ocurre en el ámbito comunitario[26].

Asimismo, la regulación de las prestaciones asistenciales dispensa un trato discriminatorio a los españoles que hayan adquirido la nacionalidad frente a los que la ostentan de origen, al impedir a los primeros el acceso a las prestaciones por razón de necesidad. Lo más oportuno, desde el punto de vista de la extensión de los derechos a los españoles residentes en el exterior que propugna el ECEE, hubiera sido que cualquier forma de acceso a la nacionalidad –de origen o adquirida– pueda facilitar la percepción de la pensión[27]. Tampoco está justificado el requisito adicional de residencia que tienen que cumplir los españoles de origen no nacidos en territorio nacional para el acceso a la pensión. Se trata de un requisito de difícil o imposible cumplimiento para muchos de estos emigrantes y que presenta una evidente orientación racionalizadora del gasto público.

Las limitaciones en el acceso a la pensión asistencial no acaban aquí, ya que el legislador ha optado por establecer una única edad de jubilación, la de 65 años, cuando en muchos países de residencia de los emigrantes españoles existen jubilaciones a edades más tempranas, lo que puede resultar perjudicial para los intereses de éstos. Ello resulta paradójico si se compara con la ratio que inspira la norma que no es otra que tratar de cubrir las carencias de protección que en estos países suelen darse. Se podría haber optado por sustituir la edad anterior por la de jubilación forzosa establecida en el sistema de protección social del país de residencia.

---

26. VICENTE PALACIO, A.: «La protección social...», *op. cit.*, p. 7.
27. GONZALO GONZÁLEZ, B.: *Introducción al Derecho...*, *op. cit.*, p. 40.

Tampoco la norma toma en cuenta la situación de desamparo económico en la que puede quedar la familia más cercana del emigrante que venía percibiendo la pensión asistencial por ancianidad, en el momento de su fallecimiento. Al respecto, si bien es cierto que no cabe hablar de una continuidad en la percepción de la prestación asistencial por ancianidad, una vez fallecido su beneficiario, por tener aquélla un carácter personal e intransferible, también lo es que las Administraciones públicas españolas no debieran desentenderse absolutamente de la situación de necesidad en la que pudieran quedar los parientes más cercanos del emigrante (mujer o marido e hijos) que con él convivieran hasta su fallecimiento, y del que dependieran económicamente[28].

Las nuevas emigraciones que se están dando en nuestro país pueden suponer un buen momento para repensar la política de asistencia social adoptada hasta el momento, la cual ha estado muy vinculada a la realidad de la emigración económica anterior a la democracia. Quizás sea pronto para diseñar un conjunto de medidas asistenciales de acuerdo a las necesidades de una realidad migratoria todavía joven y poco consolidada. En todo caso, lo que sí resulta obligado de aquí en adelante es reformular una política asistencial que aunque ambiciosa sigue estando en exceso condicionada y limitada.

---

28. GARCÍA ÁLVAREZ, M. Y GARCÍA LÓPEZ, R.: «La protección de los derechos económicos...», *op. cit.*, p. 206.

Capítulo 24

El Tribunal de Estrasburgo como garante de la aplicación del orden comunitario sobre derechos sociales del emigrante

Carmen Sánchez Trigueros

M.ª Belén Fernández Collados

Universidad de Murcia

1. INTRODUCCIÓN

La realidad del fenómeno migratorio se caracteriza de un lado por su carácter principalmente económico-laboral[1], y de otro, por la ambivalencia de la política migratoria de la Unión Europea: entre la perspectiva defensiva de la seguridad y la política de integración a través de los derechos[2].

El Tribunal Europeo de Derechos Humanos (TEDH), ubicado en Estrasburgo, es el encargado de enjuiciar, bajo determinadas circunstancias, las posibles violaciones de los derechos reconocidos por los Estados parte del Convenio Europeo de Protección de los Derechos Humanos y de las Libertades Fundamentales (CEDH) y sus Protocolos[3]. Históricamente,

---

1. *Vid.* Monereo Pérez, J. L.: «Los derechos de Seguridad Social de los trabajadores migrantes: inmigración laboral y refugiados», *Revista de Derecho Migratorio y Extranjería*, n. 41, 2016, (BIB 2016, 760).

2. Triguero Martínez, L. A.: «II. Balance y perspectiva de las migraciones económico-laborales en España: insuficiencias y propuestas de revisión jurídico-políticas», *Revista de Derecho Migratorio y Extranjería*, n. 33, 2013, (BIB 2013, 14200).

3. Sobre el funcionamiento del TEDH *vid.* Pérez-Cruz Martín, A. J.: *Tribunal Europeo de Derechos Humanos*, Tratados y Manuales (Civitas), 2010 (BIB 2010, 7154), sobre su necesaria reforma *vid.* Hualde Manso, T.: «La reforma del Tribunal de Estrasburgo», *Revista Doctrinal Aranzadi Civil-Mercantil*, n. 11, 2014, (BIB 2014, 566), y sobre

613

la aproximación del TEDH a los temas vinculados a la extranjería se inició mediante una interpretación jurisprudencial de los artículos 3^4 y 8^5 del CEDH, que los configuró como límites a la ejecución de decisiones de deportación –en un sentido amplio: extradiciones, devoluciones, expulsiones– desde perspectivas distintas. Estas primeras líneas se han ido ampliando y junto a las clásicas cuestiones vinculadas a la expulsión, retención y detención, se ha dado paso a una reinterpretación del artículo 8, incorporando nuevos criterios interpretativos que permiten exigir a los Estados parte no solo obligaciones negativas para no afectar a la vida personal y familiar sino también obligaciones positivas que permitan el ejercicio efectivo de estos derechos[6]. De esta manera, el TEDH, indirectamente, a través de sus decisiones vinculadas a la prohibición de discriminación por razón de nacionalidad (art. 14 CEDH)[7], al derecho al respeto a la vida privada y familiar (art. 8 CEDH), o a la prohibición de la esclavitud y del trabajo forzado (art. 4 CEDH)[8], se está convirtiendo en el

---

la eficacia interna de sus sentencias *vid.* DE MIGUEL CANUTO, E.: «Eficacia interna de las sentencias del Tribunal Europeo de Derechos Humanos», *Revista Quincena Fiscal*, n.19, 2013, (BIB 2013, 2350).

4. Artículo 3 Prohibición de la tortura. «Nadie podrá ser sometido a tortura ni a penas o tratos inhumanos o degradantes».

5. Artículo 8 Derecho al respeto a la vida privada y familiar. «1. Toda persona tiene derecho al respeto de su vida privada y familiar, de su domicilio y de su correspondencia. 2. No podrá haber injerencia de la autoridad pública en el ejercicio de este derecho, sino en tanto en cuanto esta injerencia esté prevista por la ley y constituya una medida que, en una sociedad democrática, sea necesaria para la seguridad nacional, la seguridad pública, el bienestar económico del país, la defensa del orden y la prevención del delito, la protección de la salud o de la moral, o la protección de los derechos y las libertades de los demás».

6. BOZA MARTÍNEZ, D.: «Crónica de la jurisprudencia del Tribunal Europeo de Derechos Humanos y del Tribunal de Justicia de la Unión Europea durante el año 2014 en materia de inmigración y extranjería», *Revista de Derecho Migratorio y Extranjería*, n. 38, 2015, (BIB 2015, 913).

7. Artículo 14 Prohibición de discriminación «El goce de los derechos y libertades reconocidos en el presente Convenio ha de ser asegurado sin distinción alguna, especialmente por razones de sexo, raza, color, lengua, religión, opiniones políticas u otras, origen nacional o social, pertenencia a una minoría nacional, fortuna, nacimiento o cualquier otra situación».

8. Artículo 4 Prohibición de la esclavitud y del trabajo forzado. «1. Nadie podrá ser sometido a esclavitud o servidumbre. 2. Nadie podrá ser constreñido a realizar un trabajo forzado u obligatorio. 3. No se considera como "trabajo forzado u obligatorio" en el sentido del presente artículo: a) Todo trabajo exigido normalmente a una persona privada de libertad en las condiciones previstas por el artículo 5 del presente Convenio, o durante su libertad condicional. b) Todo servicio de carácter militar o, en el caso de objetores de conciencia en los países en que la objeción de conciencia sea reconocida como legítima, cualquier otro servicio sustitutivo del servicio militar obligatorio. c) Todo servicio exigido cuando alguna emergencia o calamidad amenacen la vida o el bienestar de la comunidad. d) Todo trabajo o servicio que forme parte de las obligaciones cívicas normales».

garante de la aplicación del Orden Comunitario sobre derechos sociales del emigrante.

Entre los pronunciamientos que lo hacen merecedor de tal calificación, ha de destacarse la sentencia dictada por el TEDH en el caso de *Bouraoui Dhahbi* contra Italia, con fecha 8 de abril de 2014 (TEDH 2014, 15), sobre las restricciones impuestas por Italia a los no nacionales de la Unión Europea para el acceso a una ayuda familiar. Igualmente, debe reseñarse la labor del TEDH como defensor de los emigrantes sometidos a trabajos forzados en condiciones laborales y de alojamiento incompatibles con la dignidad humana, en lo que se ha dado a conocer como la «esclavitud moderna», a través de la STEDH (Sección 2.ª) en el caso *Siliadin* contra Francia, de 26 de julio 2005 (TEDH 2005, 79), que constituyó un hito en esta materia, y a la que posteriormente le han seguido otras como la STEDH (Sección 5.ª) en el caso C.N. contra Francia, de 11 de octubre 2012 (JUR 2012, 330969) y la STEDH (Sección 4.ª) en el caso C.N. contra Reino Unido, con fecha de 13 de noviembre de 2012 (JUR 2012, 353910).

2. EL CASO DHAHBI CONTRA ITALIA

2.1. ASPECTOS PRELIMINARES

La sentencia dictada por el Tribunal Europeo de Derechos Humanos (TEDH) en el caso de Bouraoui Dhahbi contra Italia, con fecha 8 de abril de 2014 (TEDH 2014, 15), pone en cuestión hasta qué punto los intereses presupuestarios estatales constituyen un objetivo legítimo que justifique la diferencia de trato por razón de nacionalidad en el acceso a una prestación familiar. Lejos de incidir en la clásica distinción entre Seguridad Social y Asistencia Social para determinar los derechos sociales del emigrante, el TEDH cuestiona si la discriminación en razón de la nacionalidad en el acceso a la prestación familiar es una justificación objetiva y razonable cuando se trata de un extranjero regular. El Tribunal de Estrasburgo se erige así como garante de la aplicación del orden comunitario sobre derechos sociales del emigrante, y su pronunciamiento ante el caso concreto del Sr. Dhahbi determina la necesidad de revisar la doctrina judicial del TEDH a este respecto, sus consecuencias y su posible traslación al caso español.

2.2. SUPUESTO DE HECHO

El asunto *Dhahbi* contra Italia tiene su origen en la demanda presentada ante el TEDH contra la República italiana en virtud del art. 34 CEDH.

El demandante, *Boaroui Dhahbi*, alega la violación del art. 6.1 CEDH, porque el Tribunal de Casación no fundamentó la desestimación del planteamiento de una cuestión prejudicial al Tribunal de Justicia de la Unión Europea (TJUE), y del art. 14 CEDH en relación con el art. 8 CEDH, por haber sido víctima de discriminación basada en su nacionalidad.

El demandante era un ciudadano originariamente tunecino, casado y con cuatro hijos menores de edad, que trabajaba en Italia con un permiso de trabajo y un contrato de trabajo formal, cotizando a la Seguridad Social. *Dhahbi* solicita la prestación familiar (*assegno per nucleo familiare*) dispuesta en el art. 65 de la Ley núm. 448 de 1998, una prestación concedida por el Instituto Nacional de la Seguridad Social italiano (*Istituto Nazionale della Previdenza Sociale* –INPS) a las familias de ciudadanos italianos, trabajadores por cuenta ajena, empleados del servicio doméstico y temporeros del sector agrícola, que residiendo en Italia, con al menos tres hijos menores, tengan unos ingresos anuales inferiores a los señalados legalmente.

La prestación solicitada no se le concede al señor *Dhahbi* por carecer de la nacionalidad italiana, razón por la cual éste presentó un recurso ante el Tribunal de Marsala. El solicitante argumenta que aunque no posee la nacionalidad italiana, tiene derecho a dicha prestación en virtud del art. 65 del Acuerdo Euromediterráneo por el que se crea una asociación entre la CE y sus Estados miembros, por una parte, y la República de Túnez (Diario Oficial n° L 097 de 30/03/1998 p. 0002-0183), ratificado por Italia (Ley núm. 35 de 3 de febrero de 1997)[9]. Dicha argumentación es desestimada por el órgano judicial mencionado.

---

9.   El artículo 65 del Acuerdo Euromediterráneo señala que «1. Salvo lo dispuesto en los apartados siguientes, los trabajadores de nacionalidad tunecina y los miembros de su familia que residan con ellos se beneficiarán, en el sector de la seguridad social, de un régimen caracterizado por la ausencia de cualquier discriminación basada en la nacionalidad con respecto a los propios nacionales de los Estados miembros donde estén empleados. La noción de seguridad social cubre los aspectos de la seguridad social que se refieren a las prestaciones de enfermedad y maternidad, las prestaciones de invalidez, vejez y supervivencia, las prestaciones por accidente de trabajo y enfermedad profesional, los subsidios por defunción, las prestaciones por desempleo y las prestaciones familiares. No obstante, esta disposición no podrá tener por efecto convertir en aplicables las demás normas de coordinación previstas por la normativa comunitaria basada en el artículo 51 del Tratado CE, en condiciones distintas de las que establece el artículo 67 del presente Acuerdo. 2. Dichos trabajadores se beneficiarán de la totalización de los períodos de seguro, empleo o residencia cumplidos en los diferentes Estados miembros, en lo que respecta a las pensiones y rentas de vejez, invalidez y supervivencia, las prestaciones familiares, las prestaciones por enfermedad y maternidad, así como de la asistencia sanitaria para ellos mismos y su familia residente en la Comunidad. 3. Estos trabajadores se beneficiarán de las prestaciones familiares para los miembros de su familia que residan en la Comunidad. 4. Dichos trabajadores se beneficiarán de la libre transferencia hacia Túnez, según los tipos de

El interesado recurre ante el Tribunal de apelación de Palermo solicitando que se plantee una cuestión prejudicial ante el TJUE para que determine si el art. 65 del Acuerdo Euromediterráneo permite rechazar la prestación familiar solicitada. El Tribunal de apelación desestima la demanda esgrimiendo que la prestación solicitada aparece configurada como de Asistencia Social (*Assistenza Sociale*), mientras que el Acuerdo Euromediterráneo es aplicable a las prestaciones propias de Seguridad Social (*Prestazioni Previdenziali*).

El demandante recurre en casación, donde reitera su solicitud de remisión de una cuestión prejudicial ante el TJUE. El Tribunal de Casación desestima también el recurso arguyendo igualmente que el Acuerdo Euroomediterráneo únicamente se refiere a las prestaciones de Seguridad Social y no a las de Asistencia Social.

Finalmente, *Dhahbi* acude al TEDH donde, a tenor del art. 34 CEDH, esgrime fundamentalmente dos argumentos: la violación del derecho a un juicio equitativo (art. 6.1 CEDH)[10] y la discriminación por razón de nacionalidad para la obtención de la prestación familiar (art. 14 CEDH[11] en relación con el art. 8 CEDH) y solicita «una satisfacción equitativa» en aplicación del art. 41 CEDH[12].

---

cambio aplicados en virtud de la legislación del Estado miembro o de los Estados miembros deudores, de las pensiones y rentas de vejez, supervivencia y accidente de trabajo o enfermedad profesional, así como de invalidez, en caso de accidente de trabajo o enfermedad profesional, a excepción de las prestaciones especiales de carácter no contributivo. 5. Túnez otorgará a los trabajadores nacionales de los Estados miembros empleados en su territorio, así como a los miembros de su familia, un régimen análogo al previsto en los apartados 1, 3 y 4».

10. Art. 6. «Derecho a un proceso equitativo. 1. Toda persona tiene derecho a que su causa sea oída equitativa, públicamente y dentro de un plazo razonable, por un tribunal independiente e imparcial, establecido por la ley, que decidirá los litigios sobre sus derechos y obligaciones de carácter civil o sobre el fundamento de cualquier acusación en materia penal dirigida contra ella. La sentencia debe ser pronunciada públicamente, pero el acceso a la sala de audiencia puede ser prohibido a la prensa y al público durante la totalidad o parte del proceso en interés de la moralidad, del orden público o de la seguridad nacional en una sociedad democrática, cuando los intereses de los menores o la protección de la vida privada de las partes en el proceso así lo exijan o en la medida considerada necesaria por el tribunal, cuando en circunstancias especiales la publicidad pudiera ser perjudicial para los intereses de la justicia».

11. Art. 14. «Prohibición de discriminación. El goce de los derechos y libertades reconocidos en el presente Convenio ha de ser asegurado sin distinción alguna, especialmente por razones de sexo, raza, color, lengua, religión, opiniones políticas u otras, origen nacional o social, pertenencia a una minoría nacional, fortuna, nacimiento o cualquier otra situación».

12. Art. 41. «Arreglo equitativo. Si el Tribunal declara que ha habido violación del Convenio o de sus protocolos y si el derecho interno de la Alta Parte Contratante sólo

2.3. DERECHO A UN JUICIO EQUITATIVO: PLANTEAMIENTO DE CUESTIÓN PREJUDICIAL

2.3.1. Alegaciones del demandante

El demandante alega que el TJUE reconoce un efecto directo al principio de no discriminación en materia de Seguridad Social contenido en el acuerdo entre la UE y el Reino de Marruecos [y el resto de acuerdos firmados por la UE con los Países del Magreb –asunto *Kziber*, núm. C-18/90, STC 31/01/1991 (TJCE 1991, 124)–], que aunque se desarrolla inicialmente con respecto a los acuerdos de cooperación es plenamente extrapolable a los de asociación. También sostiene que la interpretación del concepto de Seguridad Social realizada por el TJUE es lo suficientemente amplia como para englobar las prestaciones asistenciales, por todo lo cual, requiere al Tribunal de Casación, en la medida en que estaba llamado a resolver como jurisdicción de última instancia, el planteamiento de una cuestión prejudicial en caso de duda en cuanto a la interpretación del derecho comunitario, o bien haber fundamentado su negativa.

Según el demandante, de un análisis de la legislación europea y de la jurisprudencia del TJUE se infiere que las prestaciones no contributivas y financiadas por el Estado no pueden ser automáticamente excluidas del ámbito de aplicación del régimen de no discriminación establecido por el acuerdo [asunto *Yousfi*, núm. C-58/93, STC 20/04/1994 (TJCE 1994, 57), relativo a la concesión de una pensión por incapacidad; Comisión contra Grecia, núm. C-185/96, STC 29/10/1998 (TJCE 1998, 261), sobre diferentes categorías de prestaciones en concepto de familia numerosa; asunto *Hugnes*, núm. C-78/91 STC 20/06/1990, relativa al «*family credit*» británico].

2.3.2. Alcance de la obligación de plantear cuestión prejudicial

El TEDH recuerda que en el asunto *Vergauwen* contra Bélgica, núm. 4832/04, de 10/04/2012, ya señaló que «el art. 6.1 carga sobre las jurisdicciones internas la obligación de motivar respecto al derecho aplicable las decisiones por las que rechazan plantear una cuestión prejudicial» y que «los órganos jurisdiccionales cuyas decisiones no son susceptibles de un recurso judicial en el derecho interno, deben, cuando rechazan plantear al TJCE una cuestión relativa a la interpretación de la legislación comunitaria presentada ante ellas, motivar su rechazo con respecto a las excepciones previstas por la jurisprudencia del Tribunal de justicia. Por lo

---

permite de manera imperfecta reparar las consecuencias de dicha violación, el Tribunal concederá a la parte perjudicada, si así procede, una satisfacción equitativa».

tanto, deberán indicar las razones por las que consideran que la cuestión no es pertinente o que la disposición de derecho comunitario en causa ya ha sido objeto de una interpretación por parte del TJCE o incluso que la correcta aplicación de la ley comunitaria se impone con tal evidencia que deja espacio para la duda razonable».

2.3.3. Negativa del Tribunal italiano al planteamiento de la cuestión

Sin embargo, el Tribunal de Casación italiano, pese a que sus decisiones no son susceptibles de recurso judicial interno, no motivó su rechazo a plantear la cuestión prejudicial a la vista de las excepciones previstas por la jurisprudencia del TJCE.

2.3.4. Criterio del TEDH

La posición del Tribunal Europeo acerca de esta cuestión es bien conocida y origen de una vasta polémica: «Los motivos de la sentencia no permiten establecer si esta cuestión fue considerada irrelevante, o como relativa a una disposición clara o ya interpretada por el TJCE, o si simplemente fue ignorada», lo que para el TEDH constata la violación del art. 6.1 CEDH.

Es decir: se considera que ha existido una vulneración del derecho a un proceso debido porque el Tribunal italiano omite la justificación de su negativa a plantear el recurso. Pero lo cierto es que su sentencia explica cumplidamente las razones por las que se considera que la prestación es de asistencia social; tales razones dimanan de una vasta jurisprudencia comunitaria, que se analiza y aplica. Dicho de otro modo: bien pudiera haberse pensado que se daba una explicación razonada (y razonable) de la justificación de referencia: que el Tribunal de Luxemburgo ya se ha pronunciado repetidamente sobre el particular.

2.4. DISCRIMINACIÓN POR RAZÓN DE NACIONALIDAD

2.4.1. Naturaleza de la prestación reclamada

Con base en la jurisprudencia del TEDH [*Petrovic* contra Austria, STC 27/03/1998 (TEDH 1998, 66); *Niedzwiecki* contra Alemania, núm. 58453/00, STC 25/10/2005 (TEDH 2005, 114); *Okpisz* contra Alemania, núm. 59140/00, STC 25/10/2005 (PROV 2005, 235170); *Weller* contra Hungría, núm. 44399/05, STC 31/03/2009 (PROV 2009, 151160); *Fawsie* contra Grecia, núm. 40080/07, STC 28/10/2010 (PROV 2010, 360205); y *Saidoun* contra Grecia, núm. 40083/07, STC 28/10/2010 (TEDH 2010, 106)], el demandante considera que la prestación familiar que solicita busca mejorar las prestaciones específicas concedidas a los trabajadores.

Aunque la prestación familiar reclamada no es una prestación puramente contributiva, es una medida de apoyo a las familias de los trabajadores por cuenta ajena, pagada directamente por el empleador, por cuenta del INPS, que percibe el trabajador conjuntamente con el pago de la retribución mensual. Es más, ya en enero de 2010 esta prestación es reconocida a los ciudadanos extranjeros titulares del estatuto de refugiado y desde agosto de 2013 a los ciudadanos extracomunicatarios con residencia de larga duración.

El TEDH, en numerosas ocasiones, ha declarado que «prestaciones sociales» similares, permitían al Estado «testimoniar su respeto por la vida familiar en el sentido del artículo 8» [*Stec* y otros contra el Reino Unido (TEDH 2006, 28)].

2.4.2. Prohibición de discriminación por nacionalidad

En el caso *Dhahbi*, el Gobierno italiano pretende justificar la denegación de la prestación familiar *assegno per nucleo familiare* a un trabajador extranjero en su carácter de prestación asistencial dependiente de una asignación presupuestaria.

El TEDH concluye la violación del art. 14 en relación al art. 8 CEDH, como consecuencia de la ausencia de una proporcionada justificación objetiva y razonable en la que se sostenga la exclusión de ciertas prestaciones a extranjeros legalmente establecidos, basándose exclusivamente en la nacionalidad.

2.4.3. Doctrina del TEDH

El TEDH reconoce que aunque la protección de los intereses presupuestarios del Gobierno constituye un objetivo legítimo, éste no sirve por sí solo para justificar la diferencia de trato denunciada, dado que ha de establecerse un nexo razonable de proporcionalidad entre el objetivo legítimo y los medios empleados, y la nacionalidad no constituye por sí sólo un criterio de distinción en causa.

El TEDH cuando se trata de prestaciones vinculadas a las contribuciones del trabajador emigrante, tradicionalmente, ha entendido que el requisito de la nacionalidad es discriminatorio:

- En el caso *Gaygusuz* contra Austria, en la sentencia de 16 de septiembre de 1996 (TEDH 1996, 40), que resuelve la demanda planteada por un nacional turco que tras catorce años de residencia legal, después de haber agotado el derecho al subsidio por desempleo, le fue denegada una pensión de emergencia por las autoridades austriacas. El Tribunal de Estrasburgo arguyó que la titularidad de este beneficio social está vinculada con las contribuciones al fondo del seguro por desempleo, y existe una relación entre el pago de impuestos u otras contribuciones y el derecho al cobro de la pensión de emergencia.

- Otro ejemplo referido a las prestaciones contributivas es el caso *Andrejeva* contra Letonia, sentencia de 18 de febrero de 2009, que versa sobre la denegación de parte de la pensión de jubilación por haber trabajado fuera de Letonia y no ser ciudadana letona.

- En el caso *Dhahbi* contra Italia, el TEDH no entra a valorar si se trata de una prestación que encaja en el concepto de Seguridad Social o de Asistencia Social, pero sí tiene presente que «el interesado no era un extranjero residiendo por una corta temporada o violando la legislación sobre emigración. No pertenecía, por lo tanto, a la categoría de personas, que por regla general no contribuyen a la financiación de los servicios públicos y para los que el Estado puede tener razones legítimas para restringir la utilización de servicios públicos costosos».

La doctrina sentada por el TEDH con el caso *Koua Poirrez* contra Francia, en la sentencia de 30 de septiembre de 2003 (TEDH 2003, 57), motivada por la negativa del Estado francés a conceder a un nacional de Costa de Marfil, residente en Francia y adoptado por un nacional francés, una ayuda económica en razón de su minusvalía del 80%, determina un cambio muy significativo en la doctrina judicial del TEDH con la equiparación de los residentes extranjeros con los nacionales en la percepción de ayudas y pensiones no contributivas, acercándolos más a un concepto común de ciudadanos, con la garantía de la no discriminación arbitraria basada en la diferencia de nacionalidad[13].

En este sentido pueden verse distintos pronunciamientos, como por ejemplo, el caso *Saidoum* contra Grecia, en la STEDH de 28 de octubre de 2010 (TEDH 2010, 106), sobre una ciudadana de nacionalidad libanesa, madre de cuatro hijos, con estatuto de refugiada política y residencia legal en Grecia, a la que se le deniega la prestación prevista en el art. 63 de

---

13. BOZA MARTÍNEZ, D.: «Un paso más contra la discriminación por razón de nacionalidad (Comentario a la sentencia del Tribunal Europeo de Derechos Humanos de 30 de septiembre de 2003 en el caso Koua Poirrez contra Francia)», *Repertorio Aranzadi del Tribunal Constitucional*, n. 7, 2005, p. 29.

la Ley 1892/1990, para las madres con tres o más hijos, por no ostentar ni ella ni sus hijos la nacionalidad griega, aduciendo el Gobierno griego que la medida se instituyó para afrontar el problema demográfico griego y que los ciudadanos de terceros países, aunque gocen de un permiso de residencia, pueden abandonar el país y no contribuirían al objeto de la prestación[14]. Justificación que el TEDH no considera «objetiva y razonable» y que por lo tanto constituye una violación del art. 8 en relación con el art. 14 del CEDH, igual que en el caso *Fawsie* contra Grecia, en la sentencia de 28 octubre 2010 (JUR 2010, 360205). Del mismo modo, en el caso *Niedzwiecki* contra Alemania, en la sentencia de 25 de septiembre de 2005 (TEDH 2005, 114), el TEDH no observa suficientes razones que justifiquen el trato diferente en relación con las prestaciones sociales por hijo a cargo de extranjeros en posesión de un permiso de residencia permanente con los que aún estando en situación regular no han alcanzado el estatus de residente permanente, igual que en el caso *Okpisz* contra Alemania, en la sentencia de 25 octubre 2005 (JUR 2005, 235170). Tampoco en el caso *Weller* contra Hungría, en la sentencia de 31 marzo 2009 (JUR 2009, 151160), el TEDH estima «objetiva y razonable» la diferencia de trato en la denegación de la prestación por maternidad (*anyasági támogatás*) a una ciudadana de nacionalidad rumana con permiso de residencia temporal (*engedély tartózkodási*).

Para el Tribunal de Estrasburgo toda desigualdad no implica necesariamente una discriminación. El artículo 14 CEDH no prohíbe cualquier diferencia de trato en el ejercicio de los derechos y libertades reconocidos, por ello la diferencia de trato por razón de la nacionalidad no siempre es discriminatoria. Para juzgar si la distinción de trato fundada en la nacionalidad es o no discriminatoria el TEDH contempla tres aspectos: si la discriminación tiene una justificación razonable y objetiva, si tal distinción de trato persigue una finalidad legítima, y si existe una relación de proporcionalidad entre los medios empleados y la finalidad perseguida. Los Estados gozan de un cierto margen de apreciación al valorar si, y

---

14. Caso distinto es el de *Efe* contra Austria, en la sentencia de 8 enero 2013 (TEDH 2013, 1), en el que el demandante de nacionalidad turca y con residencia en Austria denuncia un trato discriminatorio en razón de su nacionalidad al serle denegada una ayuda familiar porque sus hijos no residen en Austria. En este supuesto el TEDH señala que, dado que el sistema de seguridad social austriaco está especialmente diseñado para atender las necesidades de la población residente, no existe ningún tipo de discriminación, ya que la ayuda familiar se concede por parte del Estado austriaco con la intención de garantizar cierto nivel de vida mínimo a todos los niños residentes en Austria. Además, esta prestación familiar es concedida con el objeto de compartir con las familias la carga entre la población como una inversión en futuras generaciones en el contexto de «contrato intergeneracional» al que los niños viviendo fuera de Austria, como norma general, no contribuirían en un futuro.

hasta qué punto, diferencias en situaciones similares justifican un trato diferente[15], si bien, sólo unas consideraciones muy serias pueden llevar al Tribunal a considerar compatible con el convenio una diferencia de trato basada exclusivamente en la nacionalidad [*Koua Poirrez* contra Francia, sentencia de 30 de septiembre de 2003 (TEDH 2003, 57)].

El propio TEDH contempla el trato preferente hacia los nacionales de los Estados miembros de la UE como un estatuto concedido por ley a su propia ciudadanía, tal y como ha manifestado en el caso *Ponomaryovi* contra Bulgaria, sentencia de 21 de junio de 2011. El Estado tiene libertad para crear normas que diferencien a unos sujetos de otros distintos en razón de la nacionalidad, siempre que dicha discriminación tenga una justificación razonable y objetiva, persiga una finalidad legítima y exista una relación de proporcionalidad entre los medios empleados y la finalidad perseguida.

2.5. FALLO DEL TRIBUNAL

La delgada línea entre las prestaciones de Seguridad Social y de Asistencia Social es ciertamente difusa en cualquier Estado que encaje en la definición –no menos vaga– de Estado de Bienestar Social. Sin embargo, el TEDH para juzgar si el requisito de la nacionalidad italiana es discriminatorio, si existe una justificación objetiva y razonable para la diferencia de trato, no entra a valorar si se trata de una prestación que encaja en el concepto de Seguridad Social o de Asistencia Social.

Una vez constatada que la denegación de la prestación familiar supone la violación de los arts. 6.1 y 14 en relación con el art. 8 CEDH, el TEDH falla que el perjuicio material sufrido por el demandante corresponde al montante de la prestación no percibida desde su solicitud en primera instancia en 1999 hasta 2004 (año en el que se le concede la nacionalidad italiana), más los intereses legales, a lo que ha de sumarse una cantidad en concepto de daño moral.

2.6. LA SITUACIÓN EN ESPAÑA

En nuestro país no sería dable una situación similar a la ocasionada en el asunto *Dhahbi* contra Italia, dado que del juego de los arts. 10 y 14 de la Ley Orgánica 4/2000, de 11 de enero, sobre derechos y libertades de los extranjeros en España y su integración social (LOE, en adelante), pese

---

15. SEMPERE NAVARRO, A. (Dir.) VV.AA.: *Prontuario de Jurisprudencia Social del Tribunal Europeo de Derechos Humanos (1975-2009)*, Aranzadi, Thomson Reuters, 2009, pp. 247 y ss.

a su más que deficiente técnica legislativa[16], se infiere que los extranjeros en situación regular tienen derecho a las prestaciones y servicios de la Seguridad Social en su concepción más amplia (incluidas prestaciones contributivas, no contributivas, asistenciales y servicios sociales)[17] en las mismas condiciones que los españoles (art. 23.2.c LOE).

Además, el tenor literal del apartado 2 del art. 7 del Real Decreto Legislativo 8/2015, de 30 de octubre, por el que se aprueba el texto refundido de la Ley General de la Seguridad Social, señala que «también estarán comprendidos en el campo de aplicación del sistema de la Seguridad Social, a efectos de las prestaciones no contributivas, los extranjeros que residan legalmente en territorio español, en los términos previstos en la Ley Orgánica 4/2000, de 11 de enero, sobre derechos y libertades de los extranjeros en España y su integración social y, en su caso, en los tratados, convenios, acuerdos o instrumentos internacionales aprobados, suscritos o ratificados al efecto».

3. EL CASO SILIADIN CONTRA FRANCIA

3.1. ASPECTOS PRELIMINARES

Tal y como pone de manifiesto la Recomendación 1523 (2001) adoptada por el Consejo Europeo el 26 de junio de 2001, desde principios del siglo XXI ha aparecido en Europa una nueva forma de esclavitud: la esclavitud doméstica.

La esclavitud doméstica afecta a mujeres jóvenes africanas o asiáticas que buscan empleo en Europa y entran de forma irregular, piden prestado el dinero para costearse el viaje y una vez en el lugar de destino, el empleador les confisca el pasaporte y les obliga a trabajar en una situación cercana al secuestro, donde el aislamiento físico y afectivo en el que se encuentran, asociado al temor al entorno exterior, implica unos trastornos psicológicos que perduran tras su liberación, privándoles así de todos sus puntos de referencia.

---

16. MONEREO PÉREZ, J. L. y TRIGUERO MARTÍNEZ, L.A.: «Artículo 14. Derecho a Seguridad Social y a los servicios sociales», en MONEREO PÉREZ, J. L., FERNÁNDEZ AVILÉS, J. A. y TRIGUERO MARTÍNEZ, L. A. (Dir. y Coord.). *Comentario a la Ley y al Reglamento de Extranjería, Inmigración e Integración Social (LO 4/2000 y RD 557/2011). Actualizado con las novedades normativas de 2012*, Comares, 2012, pp. 259.

17. La complejidad del sistema español de protección social para extranjeros queda magníficamente estructurada y simplifica en GRANADOS ROMERA, M. I.: «Trabajadores extranjeros, servicios y asistencias sociales ¿un *mínimum* protector?», en MONEREO PÉREZ, J. L. (Dir.), FERNÁNDEZ AVILÉS, J. A. y TRIGUERO MARTÍNEZ, L.A. (Coord.): *Protección jurídico-social de los trabajadores extranjeros* Comares, 2010, pp. 307-319.

La Recomendación 1523 (2001) recuerda y afirma que el art. 4 CEDH condena la esclavitud y la servidumbre, lamenta que ninguno de los Estados miembros del Consejo de Europa reconozca expresamente la esclavitud doméstica como delito en su Código Penal y recomienda, por consiguiente, al Comité de Ministros solicitar a los Gobiernos de los Estados Miembros que:

«i. prevean en su Código Penal la tipificación como delitos de la esclavitud, la trata de seres humanos y el matrimonio forzado;

ii. refuercen el control en las fronteras y armonicen las políticas de cooperación policial, sobre todo en lo concerniente a los menores;

iii. protejan los derechos de las víctimas de la esclavitud doméstica:

    a. generalizando la concesión de un permiso de residencia temporal humanitaria y renovable;

    b. adoptando respecto a las víctimas unas medidas de protección y de asistencia social, administrativa y jurídica;

    c. tomando unas medidas que tiendan a la reintegración y a la rehabilitación de las víctimas, incluida la creación de centros de ayuda destinados concretamente a su protección;

    d. desarrollando unos programas específicos para su protección;

    e. previendo unos plazos de prescripción más largos para el delito de esclavitud;

    f. creando fondos de indemnización destinados a las víctimas; (...)».

Posteriormente, la Asamblea Parlamentaria del Consejo de Europa adoptó la nueva Recomendación 1663 (2004), de 22 de junio, en la que se señala que los esclavos de hoy son en su mayoría mujeres que trabajan la mayoría de las veces en casas particulares, a las que llegan como criadas inmigradas, «au pair», que llegan voluntariamente con la esperanza de mejorar su situación o escapar de la pobreza y de las condiciones de vida difíciles, pero algunas han sido engañadas por sus empleadores, las agencias u otros intermediarios, o se encuentran con deudas que pagar, o han sido incluso víctimas de la trata. Sin embargo, cuando se encuentran trabajando son vulnerables y están aisladas, lo que ofrece muchas veces la ocasión a los empleadores de transformarles en esclavas domésticas.

La Asamblea recomienda pues al Comité de Ministros:

«i. de forma general:

    a. llevar a término rápidamente las negociaciones relativas al proyecto de convenio del Consejo de Europa sobre la lucha contra la trata de seres humanos;

b. alentar a los Estados miembros a luchar urgentemente contra la esclavitud doméstica bajo todas sus formas y velar por que el mantenimiento de una persona bajo cualquier forma de esclavitud se considere un delito en todos los Estados miembros;

c. velar por que las autoridades competentes de los Estados miembros lleven a cabo una investigación profunda, diligente e imparcial sobre toda acusación de cualquier forma de esclavitud y persigan a los responsables;

ii. en cuanto a la esclavitud doméstica:

a. elaborar una carta de derechos de los trabajadores domésticos, como ya preveía la Recomendación 1523 (2001) sobre la esclavitud doméstica. Dicha carta, que podría adoptar la forma de una recomendación del Comité de Ministros o incluso de un convenio, debería garantizar a los trabajadores domésticos al menos los derechos siguientes:

  — el reconocimiento del trabajo doméstico en casas particulares como «verdadero trabajo», es decir, al que se aplican los derechos en materia de empleo y la protección social, incluido el salario mínimo (cuando exista), la indemnizaciones por enfermedad y maternidad, así como los derechos a pensión;

  — el derecho a un contrato de trabajo ejecutorio que indique el salario mínimo, el número de horas máximo y las responsabilidades;

  — el derecho al seguro de enfermedad;

  — el derecho a la vida familiar, inclusive a la salud, la educación y a los derechos sociales para los hijos de los trabajadores domésticos;

  — el derecho al tiempo libre y al tiempo para sí mismo;

  — el derecho de los trabajadores domésticos inmigrados a un estatuto de inmigración independiente de todo empleador, el derecho a cambiar de empleador y a circular en el país de acogida y a través de la Unión europea, y el derecho al reconocimiento de las calificaciones, de la formación y de la experiencia adquiridas en el país de origen; (…)».

A este respecto, debe recordarse que el TEDH enjuició por primera vez esta esclavitud doméstica a raíz del caso Siliadin contra Francia, de 26 de julio de 2005, asumiendo con éste y ulteriores pronunciamientos en la misma línea, una función de garante de la aplicación del Orden Comunitario sobre derechos sociales del emigrante.

3.2. SUPUESTO DE HECHO

El asunto *Siliadin* contra Francia tiene su origen en la demanda interpuesta por una ciudadana togolesa, *Siwa-Akofa Siliadin*, contra la República de Francia, en virtud del art. 34 CEDH. La demandante alega la violación del art. 4 CEDH por considerar que las disposiciones penales aplicables no le garantizaban una protección suficiente y efectiva contra la esclavitud a la que estaba sometida en la casa en la que trabajaba como asistente doméstica.

La demandante llegó a Francia en el año 1994 con un visado de turista, cuando contaba con tan sólo quince años y siete meses, junto con la señora D., una ciudadana francesa de origen togolés, con la que había convenido trabajar como asistente doméstica hasta que se pagase su billete de avión y que ésta se ocuparía de regularizar su situación administrativa y de escolarizarle. La señora D. le confiscó el pasaporte y la tuvo unos meses realizando de forma gratuita las tareas del hogar hasta que la «prestó» al matrimonio B, para que realizara las tareas del hogar y cuidara de los niños. Esta situación que parecía temporal, –hasta que la señora del matrimonio B diera a luz a su último hijo–, se convirtió en permanente tras dar a luz la señora B, de manera que *Siwa-Akofa Siliadin* se convirtió en su asistenta doméstica con un horario de 7,30 a 22,30h todos los días de la semana, sin día de descanso y con un único permiso de salida excepcional algunos domingos para asistir a misa. La demandante dormía en un colchón en el suelo en la habitación del bebé, del que debía ocuparse si se despertaba. Por tales tareas nunca le pagaron, salvo la señora B, que le dio uno o dos billetes de 500 francos.

En diciembre de 1995, la demandante se escapó gracias a la ayuda de una ciudadana haitiana que la hospedó durante cinco o seis meses y la tuvo cuidando de sus hijos con alojamiento y comida y un salario de 2.500 francos mensuales.

No obstante, obedeciendo a su tío paterno, regresó a la casa del matrimonio B porque le prometieron que le regularizarían su situación administrativa. Sin embargo, la situación siguió siendo la misma, trabajando todo el día, durmiendo en un colchón en el suelo del cuarto de los niños, en situación irregular, sin ir a clase y sin pagarle.

En una fecha no precisada, la demandante logró recuperar su pasaporte y se lo confió a un conocido que a su vez se lo entregó a una vecina que alertó al Comité contra la esclavitud moderna, que llevó el caso ante la Fiscalía.

El 28 de julio de 1998, la policía intervino el domicilio del matrimonio B y fueron enjuiciados por haber obtenido de una persona, de julio de 1995 a julio de 1998, abusando de su vulnerabilidad o de su situación de dependencia, unos servicios no retribuidos o a cambio de una retribución sin relación manifiesta con la importancia del trabajo realizado (art. 225-13 del Código Penal)[18], por haber sometido a una persona, abusando de su vulnerabilidad o de su situación de dependencia, a unas condiciones de trabajo o de alojamiento incompatibles con la dignidad humana (225-14 del Código Penal)[19], y por haber contratado y conservado a su servicio a una extranjera sin permiso de trabajo.

El Tribunal de Gran instancia de París dictó sentencia el 10 de junio de 1999 y concluyó que quedaba probado el delito previsto en el artículo 225-13 del Código Penal y que empleaba a una trabajadora sin permiso de trabajo, pero no estimó el delito previsto en el artículo 225-14 del Código Penal.

El matrimonio B. recurrió la sentencia y el 20 de abril de 2000, el Tribunal de apelación de París dictó una sentencia provisional ordenando un suplemento de información y el 19 de octubre de 2000 declaró inocente de todos los cargos al matrimonio B.

La demandante recurrió en casación, Tribunal que casa y anula la citada sentencia, pero únicamente en cuanto a las disposiciones civiles que deniegan a la demandante sus solicitudes de indemnización por los delitos previstos en los artículos 225-13 y 225-14 del Código Penal, manteniéndose

---

18. «El hecho de obtener de una persona, abusando de su vulnerabilidad o de su situación de dependencia, unos servicios no retribuidos o a cambio de una retribución sin relación manifiesta con la importancia del trabajo realizado, se sancionará con dos años de prisión y 500.000 francos de multa». Tras la modificación del Código Penal por Ley de 18 de marzo de 2003, las penas del art. 225-13 se incrementan a cinco años de prisión y 150.000 euros de multa.

19. «El hecho de someter a una persona, abusando de su vulnerabilidad o de su situación de dependencia, a unas condiciones laborales o de alojamiento incompatibles con la dignidad humana se sancionará con dos años de prisión y 500.000 francos de multa». Tras la modificación del Código Penal por Ley de 18 de marzo de 2003, las penas del art. 225-14 se elevan a cinco años de prisión y 150.000 euros de multa. Además, el art. 225-15 establece que «Los delitos definidos en los artículos 225-13 y 225-14 se sancionarán con siete años de prisión y 200.000 euros de multa si se cometen contra varias personas. Si se cometen contra a un menor, se sancionarán con siete años de prisión y 200.000 euros de multa. Si se cometen contra varias personas entre las que figuran uno o varios menores, se sancionarán con diez años de prisión y 300.000 euros de multa».

expresamente todas las demás disposiciones, para que se juzgue con arreglo a la Ley, dentro de los límites de la casación pronunciada.

El Tribunal de apelación de Versalles, al que se remitió la causa, dictó sentencia el 15 de mayo de 2003, entendiendo, como ya lo hiciera el tribunal de instancia que queda probado el delito previsto en el artículo 225-13, así como su empleo sin permiso de trabajo, pero no el delito de sometimiento de una persona vulnerable o en situación de dependencia a unas condiciones laborales y de alojamiento incompatibles con la dignidad humana

Es por ello que *Siliadin* demanda al Estado francés ante el TEDH, a tenor del art. 34 CEDH, por la violación del art. 4 CEDH, que prohíbe la esclavitud y el trabajo forzado.

3.3. PROHIBICIÓN DE LA ESCLAVITUD Y DEL TRABAJO FORZADO

3.3.1. La condición de víctima de la demandante

La demandante alega la vulneración por parte de Francia del art. 4 CEDH que prohíbe la esclavitud y el trabajo forzado.

Sin embargo, el Gobierno francés aduce que la demandante no puede considerarse víctima de una violación del CEDH porque no recurrió en primera instancia la sentencia que condenó a sus empleadores conforme al artículo 225-13 del Código Penal, pero no por el delito de sometimiento de una persona vulnerable o en situación de dependencia a unas condiciones laborales y de alojamiento incompatibles con la dignidad humana, y que en consecuencia se conformó con la condena pronunciada, por lo que no puede fundarse su demanda ante el TEDH en la ausencia de condena en virtud del artículo 225-14 del Código Penal. Además, señala el Gobierno francés que como el recurso de casación de la demandante seguía pendiente cuando presentó su demanda ante el TEDH y el Tribunal de apelación de París reconoció la situación de dependencia y vulnerabilidad de la demandante en el sentido del artículo 225-13 del Código Penal, esa decisión favorable le retira la calidad de víctima en la medida en que las autoridades internas han reconocido, explícitamente o en sustancia, y posteriormente reparado, la violación del Convenio, y que ha de considerarse que la sanción del Tribunal de apelación de Versalles permitía la reparación de la violación que alega la demandante ante el Tribunal, tanto más cuanto que ella no recurrió dicha sentencia en casación y que la Magistratura de trabajo de París le concedió unas sumas en concepto de salarios impagados y de indemnizaciones. Es más, finalmente se regularizó la situación administrativa de la demandante, razones todas ellas por las que el Gobierno estima que la demandante no puede seguir considerándose víctima de una violación del CEDH en el sentido del artículo 34.

Por su parte, la demandante, aunque no niega que se adoptasen algunas medidas y decisiones que le fueron favorables, sostiene que las autoridades internas en ningún momento reconocieron, explícitamente o en sustancia, la queja que ella fundaba en el incumplimiento, por el Estado, de su obligación positiva, inherente al artículo 4 CEDH, de asegurarle una protección concreta y efectiva contra las prácticas prohibidas por dicho precepto y que sólo se sancionó con una indemnización civil. Es más, alega que la redacción de los artículos 225-13 y 225-14 del Código Penal es tan abierta que no garantizan la protección efectiva y suficiente contra las prácticas de que había sido víctima.

Finalmente, el TEDH recuerda a las autoridades internas que a ellas les corresponde en primer lugar reparar la violación alegada del Convenio, que un demandante puede considerarse víctima de la violación del CEDH en todas las fases del procedimiento [Sentencia *Karahalios* contra Grecia de 11 de diciembre de 2003 (PROV 2004, 2736)], y que una sentencia o una medida favorable al demandante no es suficiente, en principio, para retirarle la condición de «víctima» salvo si las autoridades han reconocido, explícitamente o en sustancia y, posteriormente reparado, la violación del Convenio [Sentencia *Amuur* contra Francia de 25 de junio de 1996 (TEDH 1996, 29)].

3.3.2. Los márgenes del cumplimiento de la obligación estatal con respecto al art. 4 CEDH

La demandante considera que la explotación de la que fue víctima siendo menor constituye un incumplimiento de la obligación positiva que corresponde al Estado, en virtud del art. 1 en relación con el art. 4 CEDH, de establecer una legislación penal suficiente para prevenir y reprimir efectivamente a los autores de estas acciones, y recuerda detalladamente la jurisprudencia del TEDH en materia de obligación positiva en lo referente a los arts. 3 y 8, a falta de resoluciones en la materia en cuanto al art. 4 [Sentencias X e Y contra Países Bajos, de 26 de marzo de 1985 (TEDH 1985, 4) y A contra Reino Unido de 23 de septiembre de 1998 (TEDH 1998, 55)]. La demandante considera que los Estados tienen la obligación positiva, inherente al artículo 4 CEDH, de adoptar unas disposiciones penales concretas, que disuadan de cometer tales actos, basándose en un mecanismo de aplicación concebido para prevenir, constatar y sancionar sus violaciones. Además, recuerda que la Fiscalía general no creyó necesario recurrir en casación en nombre del interés general la absolución del matrimonio B. de los delitos previstos en los arts. 225-13 y 225-14 del Código Penal, por lo que el Tribunal de apelación al que se remitió la causa tras la casación no podía pronunciar la declaración de culpabilidad ni, «a fortiori», una pena, sino únicamente decidir la concesión de indemnizaciones civiles. En consecuencia, estima que por la mera constatación del hecho de que se reuniesen los elementos constitutivos del delito previsto en el art. 225-13 del Código Penal, la condena a una multa y al resarcimiento de daños y perjuicios no pueden considerarse un reconocimiento explícito o en sustancia de la violación del art. 4 CEDH.

Por su parte, el Gobierno francés, aunque reconoce las obligaciones positivas relativas al art. 4 CEDH, recuerda que los Estados disponen de cierto margen de apreciación cuando se trata de intervenir [Sentencias Calvelli y Ciglio contra Italia de 17 de enero de 2002 (TEDH 2002, 1); A, contra Reino Unido de 23 de septiembre de 1998 (TEDH 1998, 55)]; y Z. y otros contra Reino Unido de 10 de mayo de 2001 (TEDH 2001, 332)], que la vía penal no constituye el único recurso eficaz [Decisión dictada en el asunto G.G. contra Italia (núm. 34574/1997, 10 octubre 2002, sin publicar)], y que los arts. 225-13 y 225-14 del Código Penal permiten luchar contra el conjunto de fenómenos de explotación de una persona en el trabajo, en el sentido del art. 4 CEDH, subrayando que este dispositivo represivo ya había dado lugar, en el momento de los hechos denunciados por la demandante, a varias resoluciones penales que formaban una jurisprudencia, y ha dado lugar, a partir de entonces, a varias otras en el mismo sentido.

El TEDH recuerda que los Estados tienen una obligación positiva, por lo que el hecho de que el Estado se abstenga de vulnerar los derechos garantizados no es suficiente para concluir que ha cumplido con los compromisos que se derivan del art. 1 CEDH y así lo establece la jurisprudencia con respecto a los arts. 8 CEDH [Sentencias X. e Y. contra Países Bajos de 26 de marzo de 1985 (TEDH 1985, 4) y M. C. contra Bulgaria (PROV 2003, 253041)] y 3 CEDH [Sentencias A. contra Reino Unido de 23 de septiembre de 1998 (TEDH 1998, 55); Z. y otros contra Reino Unido (TEDH 2001, 332); y E. y otros contra Reino Unido de 26 de noviembre de 2002 (PROV 2002, 258985)]. Asimismo, ha señalado que «los niños y otras personas vulnerables, en particular, tienen derecho a la protección del Estado, bajo la forma de una prevención eficaz, poniéndoles a cobijo de formas tan graves de vulneración contra la integridad de la persona (ver, "mutatis mutandis", las Sentencias X e Y contra Países Bajos de 26 marzo 1985 [TEDH 1985, 4], serie A núm. 91, pgs. 11-13, aps. 21-27, y Stubbings y otros contra Reino Unido de 22 octubre 1996 [TEDH 1996, 47], Repertorio 1996-IV, pg. 1505, aps. 62-64, así como el Convenio de las Naciones Unidas relativo a los derechos de los niños, artículos 19 y 37)».

El TEDH recuerda al Gobierno francés sus compromisos con respecto a la esclavitud y el trabajo forzado a través de la firma del Convenio sobre el trabajo forzado, adoptado por la Organización Internacional del Trabajo el 28 de junio de 1930 y ratificado por Francia el 24 de junio de 1937[20], y de la Convención suplementaria sobre la abolición de la esclavitud, la trata de esclavos y las instituciones y prácticas análogas a la esclavitud, adoptada el 30 de abril de 1956 y en vigor en Francia desde el 26 de mayo de 1964[21]. Y en lo relativo más concretamente a los menores, la Convención sobre los derechos del niño de 20 de noviembre de 1989, vigente en Francia desde el 6 de septiembre de 1990[22].

Así pues, el TEDH concluye que limitar el cumplimiento del art. 4 CEDH únicamente a las actuaciones directas de las autoridades del Estado iría en contra de los instrumentos internacionales consagrados específicamente a este problema, y equivaldría a vaciar a éste de su contenido. En consecuencia, de esta disposición derivan necesariamente unas obligaciones positivas para los Gobiernos, al igual que en el caso del artículo 3 por ejemplo, de adoptar unas disposiciones en materia penal que sancionen

---

20. Art. 4.1 «Las autoridades competentes no deberán imponer o dejar que se imponga el trabajo forzoso u obligatorio en provecho de particulares, de compañías o de personas jurídicas de carácter privado».

21. «Cada uno de los Estados Partes en la Convención adoptará todas aquellas medidas legislativas o de cualquier otra índole que sean factibles y necesarias para lograr progresivamente y a la mayor brevedad posible la completa abolición o el abandono de las instituciones y prácticas que se indican a continuación, dondequiera que subsistan, les sea o no aplicable la definición de esclavitud que figura en el artículo 1 del Convenio sobre la Esclavitud, firmado en Ginebra en 25 de septiembre de 1926: (…) La servidumbre (…), toda institución o práctica en virtud de la cual un niño o un joven menor de dieciocho años es entregado por sus padres, o uno de ellos, o por su tutor, a otra persona, mediante remuneración o sin ella, con el propósito de que se explote la persona o el trabajo del niño o del joven».

22. Art. 19.1. «Los Estados Partes adoptarán todas las medidas legislativas, administrativas, sociales y educativas apropiadas para proteger al niño contra toda forma de perjuicio o abuso físico o mental (…), malos tratos o explotación, incluido el abuso sexual, mientras el niño se encuentre bajo la custodia de los padres, de un representantae legal o de cualquier otra persona que lo tenga a su cargo». Y art. 32 «1. Los Estados Partes reconocen el derecho del niño a estar protegido contra la explotación económica y contra el desempeño de cualquier trabajo que pueda ser peligroso o entorpecer su educación, o que sea nocivo para su salud o para su desarrollo físico, mental, espiritual, moral o social. 2. Los Estados Partes adoptarán medidas legislativas, administrativas, sociales y educacionales para garantizar la aplicación del presente artículo. Con ese propósito y teniendo en cuenta las disposiciones pertinentes de otros instrumentos internacionales, los Estados Partes, en particular: a) Fijarán una edad o edades mínimas para trabajar; b) Dispondrán la reglamentación apropiada de los horarios y condiciones de trabajo; c) Estipularán las penalidades u otras sanciones apropiadas para asegurar la aplicación efectiva del presente artículo».

las prácticas citadas por el artículo 4 y aplicarlas en la práctica [M. C. contra Bulgaria (PROV 2003, 253041)].

3.3.3. Concepto de trabajo forzado y servidumbre

La demandante parte de la idea de que el derecho proclamado en el art. 4 CEDH es un derecho absoluto y que para su definición cabe recurrir a los Convenios internacionales aplicables. En este sentido, recuerda que su situación se asemeja a tres de las cuatro instituciones o prácticas serviles citadas en el art. 1 de la Convención suplementaria de Ginebra de 30 de abril de 1956: la servidumbre por deudas; la entrega de un niño o un joven menor de dieciocho años a otra persona, mediante remuneración o sin ella, con el propósito de explotarle en el trabajo; y la servidumbre. Define su caso como una «entrega» de una menor por su padre con el propósito de explotar el trabajo de ésta, semejante a la práctica análoga a la esclavitud citada en el artículo 1 d) de la Convención suplementaria de las Naciones Unidas de 1956.

Señala, la demandante, que la legislación penal francesa no incluye tipificaciones específicas como delito de la esclavitud, la servidumbre, el trabajo forzado u obligatorio y menos aún una definición lo suficientemente precisa y flexible de estas tres nociones con el propósito de permitir una aplicación adaptada a sus formas contemporáneas y que los arts. 225-13 y 225-14 del Código Penal francés tienen un carácter general y atienden a nociones imprecisas, tal y como ha puesto de relieve la Asamblea nacional sobre las formas de la esclavitud moderna. Es más, el hecho de que el procedimiento penal tuviese como resultado la concesión de una indemnización, no es suficiente para absolver al Estado de su obligación de establecer un mecanismo represivo que sancione efectivamente a los autores de estas acciones y tenga un efecto disuasorio.

Por su parte, el Gobierno considera que las autoridades jurisdiccionales internas repararon la violación del Convenio al estimar que se reunían los elementos constitutivos del delito previsto en el artículo 225-13 del Código Penal.

El TEDH en primer lugar valora si la situación de la demanda encaja en el art. 4 CEDH, para ello, partiendo de los hechos probados, comprueba que hubo trabajo «forzado u obligatorio», ya que aunque la demandante no se encontraba bajo la amenaza de «una pena», sí estaba en una situación equivalente en cuanto a la gravedad de la amenaza que podía sentir al tratarse de una adolescente, en un país extranjero, en situación irregular, que temía ser detenida por la policía. También el TEDH estima que la demandante se encontraba en un estado de servidumbre o de esclavitud, entendiendo como tal una forma de negación de la libertad particularmente grave, que engloba, además, la obligación de proporcionar a otra persona ciertos servicios y la obligación para el «siervo» de vivir en la propiedad de otra persona y la imposibilidad de cambiar su condición (Informe de la Comisión en el asunto Van Droogenbroeck contra Bélgica de 9 de julio de 1980, serie B, vol. 44, pg. 30, aps. 78 a 80).

3.3.4. Violación del art. 4 CEDH

Una vez comprobado que la situación en la que se encontraba la demandante encaja en el concepto de trabajo forzado y servidumbre, teniendo presente las obligaciones positivas en materia del art. 4 CEDH, el Tribunal entra a valorar si la legislación francesa y la aplicación que de ella se hizo fallaron hasta el punto de implicar la violación del art. 4 CEDH.

El Tribunal recuerda que las conclusiones de la misión de información común sobre las diversas formas de la esclavitud moderna de la Asamblea Nacional francesa, señalan que la ambigüedad de la noción común a los arts. 225-13 y 225-14 del Código Penal de abuso de la vulnerabilidad o de la situación de dependencia de la persona, son perjudiciales para su aplicación, pues son susceptibles de recibir interpretaciones más o menos restrictivas. Además, estima que las penas son insuficientes para la gravedad de los hechos que caracterizan las situaciones de esclavitud moderna.

Para el Tribunal la esclavitud y la servidumbre no están como tales tipificadas como delito en la legislación penal francesa, pues los arts. 225-13 y 225-14 del Código Penal no hacen referencia específicamente a los derechos que garantiza el art. 4 CEDH, sino que aluden, de forma mucho más restrictiva, a la explotación por el trabajo y la sumisión a unas condiciones laborales o de alojamiento incompatibles con la dignidad humana.

El Tribunal constata que, en este caso, la demandante, sometida a tratos contrarios al art. 4 CEDH y mantenida en servidumbre, no vio que se condenase penalmente a los autores de los actos. De hecho, como el Fiscal general no recurrió en casación contra la Sentencia del Tribunal de apelación de 19 octubre 2000, el Tribunal de Casación no pudo conocer sino del aspecto civil de la causa y, de esta forma, devino definitiva la absolución del matrimonio B.

Las disposiciones no aseguraron a la demandante, que era menor de edad, una protección concreta y efectiva contra los actos de que fue víctima, y aunque se han producido cambios en la legislación, esas modificaciones, posteriores, no eran aplicables a la situación de la demandante. Es más, el creciente nivel de exigencia en materia de protección de los derechos humanos y de las libertades fundamentales implica, paralela e ineludiblemente, una mayor firmeza en la apreciación de los ataques a los valores fundamentales de las sociedades democráticas.

Por todo lo cual, el TEDH concluye que hubo violación de las obligaciones positivas que corresponden al Estado demandado en virtud del art. 4 CEDH.

3.4. FALLO DEL TRIBUNAL

El concepto clásico de esclavitud, conforme al Convenio de 1927, debe ser matizado tanto por la legislación actual como por la aplicación de las normas, sobre todo en lo concerniente a menores y mujeres emigrantes, que se ven abocados a una nueva forma de esclavitud.

Es por ello, que el TEDH, tras rechazar por unanimidad la excepción preliminar del Gobierno basada en la pérdida de la condición de víctima de la demandante, estima que, conforme a las normas y tendencias contemporáneas en la materia, procede considerar que las obligaciones positivas que recaen sobre los Estados miembros, en virtud del art. 4 CEDH, exigen la tipificación como delito y la represión efectiva de todo acto tendente a mantener a una persona en este tipo de situación, y que el Estado francés no ha cumplido con dichas obligaciones, por lo que declara que hubo violación del art. 4 CEDH.

3.5. LA SITUACIÓN EN ESPAÑA

En el Ordenamiento jurídico español el Código Penal, en el Título XV, bajo la rúbrica «De los delitos contra los derechos de los trabajadores», en su art. 311 prevé que «Serán castigados con las penas de prisión de seis meses a seis años y multa de seis a doce meses: 1.º Los que, mediante engaño o abuso de situación de necesidad, impongan a los trabajadores a su servicio condiciones laborales o de Seguridad Social que perjudiquen, supriman o restrinjan los derechos que tengan reconocidos por disposiciones legales, convenios colectivos o contrato individual» y en el artículo 311 bis, que «Será castigado con la pena de prisión de tres a dieciocho meses o multa de doce a treinta meses, salvo que los hechos estén castigados con una pena más grave en otro precepto de este Código, quien: a) De forma reiterada, emplee o dé ocupación a ciudadanos extranjeros que carezcan de permiso de trabajo, o b) emplee o dé ocupación a un menor de edad que carezca de permiso de trabajo».

Pero es el flamante art. 177 bis del Código Penal, ubicado en el Título VII bis, el que proscribe la trata de seres humanos y dispone que

«1. Será castigado con la pena de cinco a ocho años de prisión como reo de trata de seres humanos el que, sea en territorio español, sea desde España, en tránsito o con destino a ella, empleando violencia, intimidación o engaño, o abusando de una situación de superioridad o de necesidad o de vulnerabilidad de la víctima nacional o extranjera, o mediante la entrega o recepción de pagos o beneficios para lograr el consentimiento de la persona que poseyera el control sobre la víctima, la captare, transportare, trasladare, acogiere, o recibiere, incluido el intercambio o transferencia de control sobre esas personas, con cualquiera de las finalidades siguientes: a) La imposición de trabajo o de servicios forzados, la esclavitud o prácticas similares a la esclavitud, a la servidumbre o a la mendicidad. b) La explotación sexual, incluyendo la pornografía. c) La explotación para realizar actividades delictivas. d) La extracción de sus órganos corporales. e) La celebración de matrimonios forzados. Existe una situación de necesidad o vulnerabilidad cuando la persona en cuestión no tiene otra alternativa, real o aceptable, que someterse al abuso»[23].

Además, la LOE y su Reglamento de desarrollo prevén entre las autorizaciones de residencia temporal por circunstancias excepcionales: la autorización de residencia temporal por razones humanitarias, lo que supone que se podrá conceder una autorización de residencia a «los extranjeros víctimas de los delitos tipificados en los artículos 311 a 315, 511.1 y 512 del Código Penal, de delitos en los que haya concurrido la circunstancia agravante de comisión por motivos racistas, antisemitas o de otra clase de discriminación tipificada en el artículo 22.4 del Código Penal, o de delitos por conductas violentas ejercidas en el entorno familiar, siempre que haya recaído resolución judicial finalizadora del procedimiento judicial en la que se establezca la condición de víctima de tales delitos» (art. 126.1 Real Decreto 557/2011, de 20 de abril, por el que se aprueba el Reglamento de la Ley Orgánica 4/2000, sobre derechos y libertades de los extranjeros en España y su integración social, tras su reforma por Ley Orgánica 2/2009).

4. CONCLUSIONES

1. La doctrina de Estrasburgo está llevando la no discriminación por razón de nacionalidad a un terreno (prestaciones asistenciales o no contributivas) en el que apenas penetra el Derecho de la Unión.

---

23. Sobre este delito *vid.* RUBIO LARA, P. A. y PÉREZ ALBALADEJO, M.: «Delito de trata de seres humanos a la luz del derecho internacional y su influencia en la legislación española», *Revista Aranzadi Doctrinal*, n.5, 2016, (BIB 2016, 21181).

2. Previsiblemente, el criterio asumido por la STEDH en el caso de *Bouraoui Dhahbi* contra Italia debe ser asumido pacíficamente en España pues nuestro Derecho garantiza la no discriminación por razón de nacionalidad en favor de los extranjeros legalmente residentes, aunque se trate de beneficios de asistencia social.

3. El TEDH con el caso *Siliadin* contra Francia dio un paso muy importante en la lucha contra la esclavitud doméstica y los derechos de los emigrantes.

4. Los Estados parte del CEDH asumen una obligación positiva inherente al art. 4 CEDH que ha de asegurar una protección concreta y efectiva contra las prácticas prohibidas por dicho precepto.

Capítulo 25

Políticas de retorno para emigrantes españoles

MANUELA DURÁN BERNARDINO

Facultad de Ciencias del Trabajo
Universidad de Granada

1. INTRODUCCIÓN

La emigración española ha constituido un fenómeno político, social y económico que ha caracterizado nuestra historia, acentuándose desde la segunda mitad del siglo XIX hasta más allá de mediados del siglo XX, lo que se ha venido traduciendo, sin duda alguna, en una pérdida para el desarrollo económico, cultural y social de España, del cual, en sentido inverso, los países de acogida se han venido beneficiando con la formación académica, científica y profesional de los emigrantes españoles.

A partir de finales de la década de los setenta –con la llegada de la democracia–, comienza a producirse un fenómeno de signo contrario al de la emigración: el regreso o retorno de los españoles emigrantes y sus familias a nuestro país, debido, en gran medida, a la recesión económica que sufre Europa en los años setenta, así como a la crisis económica que atraviesan determinados países de Iberoamérica. Sin embargo, a pesar de que este proceso tiene lugar en un contexto económico favorable para España, no se adoptaron las medidas necesarias para atender integralmente dicho retorno[1].

En los últimos años los españoles han vuelto a ser emigrantes. La crisis económica ha provocado la destrucción masiva de empleo, cebándose

---

1. EGEA JIMÉNEZ, C., NIETO CALMAESTRA, J. A. y JIMÉNEZ BAUTISTA, F.: «El estudio del retorno», *Migraciones y exilios*, N.° 3, 2002, pp. 141-168.

especialmente con los jóvenes[2], que constituyen actualmente el 47,5% de parados[3], cifra que sería más elevada si no fuera por la fuerte emigración juvenil, alentada por la falta de oferta laboral.

Actualmente, la emigración de los jóvenes españoles ya no obedece sólo a motivaciones como la de ampliar las expectativas personales y profesionales o mejorar la calidad de vida, sino que se trata de una emigración forzada en la búsqueda de una oportunidad laboral. Además, los recortes que se han hecho en educación e investigación han convertido lo que antes era una oportunidad para formarse en el extranjero en una obligación, por lo que España se enfrenta a una auténtica «fuga de cerebros» que, sin duda, repercutirá a largo plazo en el país, tanto social como económicamente.

Así lo demuestran los datos estadísticos más recientes[4]. El número de personas con nacionalidad española que residen en el extranjero alcanzó los 2.305.030 a 1 de enero de 2016[5]. Por continente, el 63,1% de las personas inscritas tenía fijada su residencia en América, el 33,7% en Europa y el 3,2% en el resto del mundo. En el último año se ha producido un incremento del 5,6% (121.987 personas), concentrándose en América (70.798 inscritos más) y Europa (44.946).

Lo peor de esta situación es la incertidumbre, al no saber cuánto tiempo se va a prolongar esta situación y la constatación, según datos estadísticos, de que la cifra de españoles residentes en el extranjero retornados lejos de aumentar ha disminuido en los últimos años. Así es, en el año 2012 el número de extranjeros retornados disminuía a 27.675, un 18% menos con respecto al año 2011 (33.767)[6].

---

2. VV.AA. NAVARRETE MORENO, L. (Coord.): *La emigración de los jóvenes españoles en el contexto de la crisis. Análisis y datos de un fenómeno difícil de cuantificar*, Observatorio de la juventud de España. Disponible online en http://www.injuve.es/observatorio/economia-consumo-y-estilos-de-vida/emigracion-de-jovenes-en-la-crisis

3. Datos estadísticos de la Encuesta de Población Activa en España (EPA). Puede consultarse en http://www.datosmacro.com/paro-epa/espana

4. Téngase en cuenta que los datos oficiales sobre emigración española no son un indicador preciso ni de cuántos españoles se marchan ni de en qué momento lo hicieron. Son sólo una muestra pequeña y sesgada de la gente que se ha ido en los últimos años ya que están basados exclusivamente en las bajas padronales, que se producen solo si los emigrados se dan de alta en los consulados de España en el exterior. Véase el análisis realizado en GONZÁLEZ-FERRER, A.: «La nueva emigración española. Lo que sabemos y lo que no», *Zoom Político*, n. 18, 2013.

5. Instituto Nacional de Estadísticas. Estadística del Padrón de Españoles Residentes en el Extranjero (PERE) a 1 de enero de 2016. Puede consultarse en http://www.ine.es/jaxi/menu.do?type=pcaxis&path=%2Ft20%2Fp85001&file=inebase&L=0

6. Anuario 2012. Ministerio de Empleo y Seguridad Social. Bajas consulares de Españoles Residentes en el Extranjero (Españoles residentes en el extranjero retornados).

Ante esta realidad, convendría valorar si las políticas de retorno juegan un papel importante en esta decisión migratoria de los trabajadores españoles en el exterior, favoreciendo y promoviendo su retorno, o si, por el contrario, les resulta más ventajoso continuar en el país de acogida.

Aquellos que desean regresar a su tierra natal experimentan en su retorno una nueva emigración, con dificultades aún mayores de las que tuvieron en su día para salir al extranjero. Estas dificultades están motivadas, en parte, por los trámites administrativos que necesitan realizar y por el desconocimiento de sus derechos socio-laborales, por ello la importancia de las políticas de retorno.

Teniendo en cuenta los datos que preceden, el objetivo de este trabajo es profundizar en las principales políticas públicas de retorno dirigidas a emigrantes españoles que en su momento decidieron emigran con el objeto de encontrar la oportunidad laboral que no tuvieron dentro de nuestras fronteras.

A tal fin, se realizará, en primer lugar, el estudio de la normativa marco existente a nivel nacional, sobre la previsión de actuaciones dirigidas a facilitar la integración social y laboral de los retornados. En segundo lugar, el análisis –desde la perspectiva de su eficacia– de las medidas de carácter estatal y autonómicas, adoptadas en materia de empleo a tal fin, y la descripción del cuatro de protección del Sistema de Seguridad Social. En tercer lugar, el examen de las medidas adoptadas en el ámbito universitario dirigidas a la recuperación del talento y la reintegración de investigadores. Por último se valorarán, a modo de conclusión, las propuestas de mejora dirigidas a promover la aprobación de medidas concretas orientadas al fin anunciado, atenuar la vulnerabilidad del emigrante retornado.

2. MARCO LEGAL

A lo largo de la historia, la normativa española en materia de migraciones se ha venido centrando en el fomento de la emigración sin adoptarse políticas específicas de protección al emigrante ni siquiera[7], como se reconoce en la Ley 40/2006, de 14 de diciembre del Estatuto de la ciudadanía española en el exterior[8], en periodos de mayor retorno de emigrantes,

---

Puede consultarse en http://www.empleo.gob.es/estadisticas/ANUARIO2012/RER/index.htm

7. CALLEA, S.: «Different forms, reasons and motivations for return migration of persons who voluntarily decide to return to their countries of origen». *International Migration*, 24 (1), 1986, pp. 61-76.

8. BOE Núm. 299, de 15 de diciembre de 2006.

donde coincidían periodos de crisis económica en los países de destino con un repunte en la economía española (finales de los años 70).

Si atendemos a la última Ley en materia de emigración, Ley 33/1971, de 21 de julio, se comprueba que su orientación continúa centrada en el fomento de la emigración, manteniendo silencio sobre el exilio. No obstante, introduce diferentes ayudas de índole social, educativo y cultural, así como medidas de formación profesional e integración laboral dirigidas tanto a emigrantes como a retornados (arts. 17 y 18).

Todo ello, pese al mandato constitucional recogido en el artículo 42, donde se establece que «el Estado velará especialmente por la salvaguardia de los derechos económicos y sociales de los trabajadores españoles en el extranjero y orientará su política hacia su retorno».

No ha sido hasta 2006, con la aprobación de la Ley 40/2006, cuando se ha dado una regulación legal a este derecho a la protección del retorno de nuestros emigrantes. Concretamente, en su artículo 26.1 se insta al Estado a que, de forma coordinada con las Comunidades Autónomas y con las Corporaciones Locales, promueva una política integral para facilitar el retorno de los españoles de origen residentes en el exterior. Esta política incluye la remoción de obstáculos que dificulten a los españoles retornados el acceso a prestaciones o beneficios sociales existentes, en las mismas condiciones que los residentes en España, con la finalidad de facilitar el retorno de los españoles de origen residentes en el exterior (art. 26.2).

Las medidas van dirigidas a: facilitar la protección y retorno de las españolas residentes en el exterior, y, en su caso, sus hijos, víctimas de situaciones de violencia de género cuando el país de residencia no ampare de manera suficiente a las víctimas de estos delitos (art. 26.3); y a promover el acceso a la vivienda de los emigrantes retornados, teniendo en cuenta las necesidades específicas de este colectivo, a través de las administraciones competentes y en colaboración con las asociaciones de retornados (art. 26.4).

Para dar aplicación a estas previsiones, la Oficina Española de Retorno[9], en cada Consejería de Empleo y Seguridad Social, se ocupa de las políticas de retorno respecto de los emigrantes españoles en el país de

---

9.   El Estatuto de la Ciudadanía Española en el Exterior, Ley 40/2006, de 14 de diciembre, prevé la creación de una Oficina Española del Retorno que, en el ámbito del Ministerio, dé cumplida respuesta a los diversos aspectos relacionados con el hecho de retorno, coordinándose para ello con las otras instancias de ámbito autonómico o local a las que el fenómeno afecta de igual manera, de acuerdo con la actual distribución competencial y administrativa en nuestro país.

destino, así mismo, el Ministerio de Empleo edita una Guía del Retorno[10] con la que se pretende cubrir todos los aspectos a tener en cuenta para retornar (trámites civiles, ayudas económicas, asistencia sanitaria, protección social, educación, etc.) y, al mismo tiempo, las consejerías de las embajadas publican en sus webs otro tipo de guías de retorno.

El retorno también se protege con diferentes ayudas, como las que se describen a continuación:

a. Las ayudas extraordinarias para retornados, reguladas en el RD 1493/2007, de 12 de noviembre, por el que se aprueban las normas reguladoras de la concesión directa de ayudas destinadas a atender las situaciones de extraordinaria necesidad de los españoles retornados[11], cuyo objeto es la concesión de ayudas destinadas a atender las situaciones de extraordinaria necesidad de los españoles retornados por los gastos extraordinarios derivados del hecho del retorno, cuando se acredite insuficiencia de recursos en el momento de la solicitud de la ayuda, pudiendo ser beneficiarios de las mismas los españoles de origen retornados, dentro de los nueve meses siguientes a su retorno, siempre que quede acreditado que han residido en el exterior, de forma continuada, un mínimo de cinco años antes del retorno.

Se conceden a los retornados que se encuentren en situación de necesidad económica en relación con los gastos que deben afrontar en el momento del retorno, situación que se acreditará mediante informe de los Servicios Sociales del lugar de residencia del solicitante o, en su caso, mediante informe de las Áreas o Dependencias Provinciales de Empleo y Seguridad Social, de las Delegaciones y Subdelegaciones del Gobierno. Para valorar dicha situación de necesidad, se tendrán en cuenta, entre otras, las siguientes circunstancias: la percepción de ingresos mensuales, el número de personas a cargo del solicitante, las dificultades de inserción en el mercado laboral en función de la edad u otras circunstancias del solicitante, y los gastos por vivienda habitual.

Las ayudas serán de cuantía variable en función de las causas que generan la solicitud y de la situación económica y familiar de los interesados, pero en todo caso, se fija la cuantía máxima anual por cada beneficiario

---

10. Su amplio texto trata de resolver la mayor parte de las dudas generales que se les pueden plantear a las personas a las que antes nos referíamos al regresar a España, proporcionando asimismo indicaciones sobre las prestaciones económicas o, en su caso, ayudas a las que pudieran tener derecho con ocasión de ese retorno. Puede consultarse en http://www.ciudadaniaexterior.empleo.gob.es/es/horizontal/oficina-retorno/index.htm.

11. BOE núm. 283, de 26 de noviembre de 2007.

en el importe anual del Indicador Público de Rentas Múltiples (IPREM), correspondiente a 12 pagas del año en curso.

b. Programas de subvenciones, reguladas en la Orden ESS/1613/2012, de 19 de julio, por la que se establecen las bases reguladoras de la concesión de subvenciones destinadas a los programas de actuación para la ciudadanía española en el exterior y retornados[12].

Actualmente los programas de actuación regulados en la normativa vigente son seis: programa de Asociaciones, programa de Centros, programa de Proyectos e Investigación, programa de Comunicación, programa de Mayores y Dependientes y programa de Jóvenes, siendo la finalidad de este último la de Subvencionar iniciativas destinadas a favorecer la integración social y laboral de los jóvenes españoles residentes en el exterior mediante actuaciones específicas que les permitan continuar con su formación en el exterior o, en su caso, el aprovechamiento de su experiencia para el retorno a España (desarrollado en una Orden independiente, la 1650/2013, de 12 de septiembre, por la que se establecen las bases reguladoras y se convoca para 2013 la concesión de subvenciones destinadas al programa de Jóvenes de la Dirección General de Migraciones)[13].

Pueden solicitarlas las empresas y entidades sin fin de lucro, radicadas en el exterior y en España, que tengan entre sus fines la realización de las actividades objeto del programa.

3. APOYO A LA INTEGRACIÓN SOCIO-LABORAL DE LOS ESPAÑOLES RETORNADOS

3.1. MEDIDAS DE CARÁCTER ESTATAL

La Ley 40/2006, dedica su artículo 28 al fomento del empleo, estableciendo que el Estado y las Comunidades Autónomas promoverán el desarrollo de un servicio específico, que planifique acciones de información, orientación y asesoramiento encaminadas a facilitar la inserción social y laboral de los españoles retornados, a través de los correspondientes programas de ayudas o de convenios con entidades públicas o privadas que tendrá como objetivo su inserción en el mercado de trabajo apoyando muy especialmente las iniciativas de inserción laboral, proyectos de empleo y autoocupación que promoverán las Asociaciones de Emigrantes Retornados.

---

12. BOE núm. 174, de 21 de julio de 2012.
13. Entre sus objetivos figuran los programas que faciliten el retorno, así como la participación en proyectos emprendedores en España (art. 2.1.d).

644

A tal efecto, en el marco de la política de empleo, el Plan Nacional de Reformas, podrá considerar colectivo prioritario de actuación a los retornados y sus familiares, a fin de potenciar sus posibilidades de encontrar empleo y mejorar su ocupabilidad.

En este sentido, se llevarán a cabo especialmente, las reformas necesarias para simplificar los trámites relativos a la homologación de titulaciones académicas y profesionales y de los permisos de conducir, así como el acceso a las ofertas de empleo del Sistema Nacional de Empleo y de los Servicios Europeos de Empleo y la posibilidad de inscribirse como demandante de empleo.

Pese a este mandato, lo cierto es que actualmente no existen medidas concretas dirigidas a cumplir lo encomendado, atenuar la vulnerabilidad del emigrante retornado[14].

No obstante, existen otras ayudas para fomentar el empleo autónomo y la formación de cooperativas y sociedades anónimas laborales que gestionan y conceden tanto la Administración General del Estado como las Administraciones de las Comunidades Autónomas.

Estas ayudas, aunque no son específicas para emigrantes retornados, también pueden solicitarse por éstos. Consisten en una serie de subvenciones en concepto de: rentas de subsistencia, apoyo a la creación de nuevas actividades empresariales, reducción del principal o de los intereses de los créditos otorgados por las entidades de crédito, asistencia técnica y formación profesional o empresarial[15].

La protección social de los emigrantes retornados si ha sido objeto de tratamiento específico, pues el artículo 19 de la Ley 40/2006, de 14 de diciembre, donde se regulan las prestaciones por razón de necesidad, ha sido desarrollado en dos ocasiones.

a. Por la Orden TAS/1967/2005, de 24 de junio, por la que se establecen las disposiciones para el desarrollo y aplicación de la Ley 3/2005, de 18 de marzo, por la que se reconoce una prestación económica destinada a los ciudadanos de origen español que, durante su minoría de edad, fueron desplazados a otros países como consecuencia de la Guerra Civil[16], denominadas prestaciones para Niños de la Guerra.

---

14. En el mismo sentido, RIVAS VALLEJO, P.: «Migración española del siglo XXI y políticas migratorias públicas», *Revista General de Derecho del Trabajo y de la Seguridad Social*, n. 40, 2015, p. 140.

15. Así se recoge en la Guía del Retorno (Edición actualizada abril 2014). Ministerio de Empleo y Seguridad Social.

16. BOE núm. 151, de 25 de junio de 2005.

Para ser beneficiario es preciso ser ciudadano de origen español y haber sido desplazado al extranjero durante su minoría de edad, entre el 18 de julio de 1936 y el 31 de diciembre de 1939, así como haber desarrollado la mayor parte de su vida fuera del territorio nacional. Además hay que encontrarse en alguno de los siguientes supuestos: residir en el extranjero y percibir la prestación por razón de necesidad, residir en territorio español y ser perceptor de una pensión de jubilación no contributiva, ser perceptor de pensión del extinguido Seguro Obligatorio de Vejez e Invalidez o no tener derecho a las pensiones anteriores por disponer de rentas o ingresos superiores al límite establecido para acceder a las mismas pero de cuantía inferior a 7.147,51 euros anuales.

Se establece teniendo en cuenta la pensión y los ingresos del solicitante con un límite máximo que, para 2014, fue fijado en 7.147,51 € anuales.

b. Por el Real Decreto 8/2008, de 11 de enero, por el que se regula la prestación por razón de necesidad a favor de los españoles residentes en el exterior y retornados[17], cuya finalidad es la de garantizar un mínimo de subsistencia para los españoles mayores de 65 años o incapacitados, que carezcan de recursos y vivan en países donde los sistemas públicos de protección social no cubran sus necesidades básicas. La prestación por razón de necesidad contemplada comprende la prestación económica por ancianidad, la prestación económica por incapacidad absoluta para todo tipo de trabajo y la asistencia sanitaria.

Podrán ser beneficiarios tanto los españoles de origen nacidos en territorio nacional que, por motivos económicos, laborales o de cualquier otra naturaleza, salieron de España y establecieron su residencia en un país donde el sistema de protección social sea insuficiente y justifique la prestación, como los españoles de origen no nacidos en España que residan en alguno de estos países y acrediten un período de residencia en España de 10 años previo a la presentación de la solicitud de la prestación, siempre que ostentaran durante todo ese periodo la nacionalidad española. La cuantía dependerá de la protección social de cada país y de las rentas o ingresos anuales de los que disponga el beneficiario o la unidad familiar.

También se reconoce una pensión asistencial por ancianidad para españoles de origen retornados cuando hayan residido en países donde la precariedad del sistema de protección social justifique la existencia de la prestación por razón de necesidad cuando retornan a España. Así, serán beneficiarios de esta pensión: los españoles de origen nacidos en territorio

---

17.   BOE núm. 21, de 24 de enero de 2008.

nacional que, por motivos económicos, laborales o de cualquier otra naturaleza, salieron del país y establecieron su residencia en el extranjero; y los españoles de origen no nacidos en España que acrediten un período de residencia en nuestro país de 8 años previo a la presentación de la solicitud de la prestación, siempre que ostentaran durante todo ese período la nacionalidad española.

Se reconocerá siempre que acrediten los requisitos para tener derecho a una pensión de jubilación en su modalidad no contributiva del sistema español de Seguridad Social, salvo el referido a los períodos de residencia en territorio español.

La cuantía será la misma que para la pensión de jubilación en su modalidad no contributiva del sistema de Seguridad Social.

3.2. CUADRO DE PROTECCIÓN DEL SISTEMA DE SEGURIDAD SOCIAL

Cabe advertir que la relación de ayudas que a continuación se analizan no son ayudas específicamente dirigidas a emigrantes retornados, sino que tiene como destinatarios a colectivos con especiales necesidades económicas y con gran dificultad para encontrar empleo, entre los que pueden encontrarse los emigrantes retornados, siendo posibles beneficiarios de las mismas.

Para ello, será necesario disponer de certificado de emigrante retornado expedido por las Áreas o Dependencias de Trabajo y Asuntos Sociales de las Delegaciones o Subdelegaciones del Gobierno en el que conste la fecha de retorno y el tiempo trabajado en el país de emigración.

3.2.1. Subsidio para emigrantes retornados

Se trata de una prestación asistencial que tiene como objeto complementar la protección por desempleo. Su ámbito protector es muy reducido ya que tan solo podrán solicitarlo los españoles que hayan trabajado en países no pertenecientes al Espacio Económico Europeo o con los que no exista Convenio sobre protección por desempleo (actualmente, los países con los que existe convenio sobre protección por desempleo son Suiza y Australia) y quienes no tengan derecho a la prestación contributiva por haber cotizado por desempleo menos de 360 días en los 6 años anteriores a su salida de España. Además, se han de reunir los siguientes requisitos:

- Estar desempleado.

- Permanecer inscrito durante un mes como demandante de empleo, el llamado «mes de espera» (a partir del cual nace el derecho al subsidio) y mantener dicha inscripción durante todo el período de percepción del subsidio sin haber rechazado oferta de empleo adecuada ni haberse negado a participar, salvo causa justificada, en acciones de promoción, formación o reconversión profesionales.

- Suscribir el compromiso de actividad[18].

- Haber trabajado como mínimo 12 meses en los últimos seis años desde su última salida de España, en países no pertenecientes al Espacio Económico Europeo, Australia o Suiza.

- Carecer de rentas, de cualquier naturaleza, superiores al 75 % del Salario Mínimo Interprofesional (fijado en 655,20 euros mensuales para el año 2016), excluida la parte proporcional de dos pagas extraordinarias.

Los requisitos citados deberán reunirse en el momento del hecho causante y, además, en el de la solicitud del subsidio, así como en el de la solicitud de sus prórrogas o reanudaciones y durante toda la percepción del subsidio.

Esta ayuda se concede durante seis meses, prorrogables por otros dos períodos de igual duración, hasta un máximo de 18 meses, si se mantienen los requisitos.

El importe que se percibe es el 80% del Indicador Público de Renta de Efectos Múltiples (IPREM) mensual vigente en cada momento (fijado en 532,51 euros mensuales para el año 2016).

3.2.2. Renta activa de inserción para emigrantes retornados

La Renta Activa de Inserción es una ayuda extraordinaria que tiene por objeto incrementar las oportunidades de inserción en el mercado de trabajo de personas desempleadas con especiales necesidades económicas

---

18. Es el compromiso que adquiere la persona solicitante o beneficiaria de las prestaciones, de buscar activamente empleo, aceptar una colocación adecuada y participar en acciones específicas de motivación, información, orientación, formación, reconversión o inserción profesional para incrementar las posibilidades de obtener un puesto de trabajo, obligándose a cumplir todas aquellas obligaciones previstas en la normativa que regula las prestaciones por desempleo. Su incumplimiento se sancionará con infracción leve.

y con gran dificultad para encontrar empleo, pudiendo ser beneficiarios de las mismas los emigrantes retornados.

Para ello, se han de reunir un conjunto de requisitos, entre los que se encuentran:

- Ser persona desempleada y estar inscrita como demandante de empleo y suscribir el compromiso de actividad.

- Tener 45 o más años de edad y ser menor de 65 años.

- No tener derecho a la prestación contributiva ni al subsidio por desempleo.

- No tener ingresos propios superiores al 75 % del Salario Mínimo Interprofesional.

- No haber sido beneficiario del Programa de Renta Activa de Inserción en los 365 días naturales anteriores a la fecha de solicitud del derecho a la admisión del programa, salvo en el caso de víctimas de violencia de género o violencia doméstica y personas con discapacidad.

- No haber sido beneficiario de tres Programas de Renta Activa de Inserción anteriores (la RAI se puede cobrar como máximo tres períodos).

- Haber trabajado al menos 6 meses en el extranjero desde la última salida de España y haber retornado en los 12 meses anteriores a la solicitud.

La ayuda se puede cobrar durante 11 meses como máximo y se comienza a percibir desde el día siguiente al de la solicitud.

El importe que se percibe es el 80% del IPREM mensual vigente en cada momento.

Aquellas personas que no tengan derecho a percibir la renta activa de inserción por no reunir los requisitos exigidos a nivel estatal, podrían ser beneficiarios de los programas autonómicos de inserción socio-laboral, donde los requisitos son menos exigentes. Así es, en las Rentas Mínimas autonómicas (RAI), se contempla como colectivo beneficiario a los emigrantes retornados, incluso en ocasiones, considerándolos perceptores preferentes si se reúnen los requisitos establecidos en la convocatoria. En cualquier caso, los beneficiarios de esta prestación han de ser españoles, residir y estar empadronados dentro de la Comunidad que otorga la renta[19].

3.2.3. Subsidio por desempleo para emigrantes retornados mayores de 55 años

El subsidio por desempleo también está contemplado en el caso de aquellos que hayan trabajado en el extranjero y tengan más de 55 años en el momento de volver a España. Para tener derecho a este subsidio se han de reunir los mismos requisitos exigidos en el subsidio para emigrantes retornados, y además:

- Cumplir todos los requisitos, salvo la edad, para acceder a cualquier tipo de pensión contributiva de jubilación en el Sistema de la Seguridad Social española.

- Haber cotizado por desempleo un mínimo de 6 años a lo largo de la vida laboral.

- Tener cumplida la edad de 55 años en el momento de poder acceder al subsidio de emigrante retornado o cumplirla durante la percepción del mismo.

La duración será hasta que la persona trabajadora alcance la edad para acceder a cualquier tipo de pensión contributiva de jubilación en Sistema de Seguridad Social española y la cuantía mensual será igual al 80 % del IPREM vigente.

3.2.4. Prestación por desempleo del emigrante retornado que cotizó en España antes de emigrar

Los trabajadores a los que se les extinga la relación laboral y retornen a España, podrán percibir prestación por desempleo en España, siempre que reúnan los siguientes requisitos:

---

19. En este sentido, hay disparidad a nivel autonómico ya que hay Comunidades Autónomas que no exigen permanencia alguna, como es el caso de Galicia (Art. 9.1.c Ley Gallega 9/1991, de 2 octubre), Asturias (Art. 7 Ley Asturiana 4/2005, de 28 de octubre, de Salario Social Básico) y Cantabria (Art. 29.3 Ley Cántabra 2/2007, de 27 de marzo, de Derechos y Servicios Sociales); otras que exigen un año, como Extremadura (Decreto Extremeño 28/1999, de 23 de febrero por el que se regulan las Ayudas para la Integración en Situaciones de Emergencia Social) o Castilla y León (art. 8 Decreto Castellano y Leonés 126/2004, de 30 diciembre); y Comunidades que llegan a exigir hasta residencia de 3 años en los últimos 5 años, como sucede en Canarias (Art.7.1.a Ley Canaria 1/2007, de 17 de enero).

- Encontrarse en situación legal de desempleo.

- Inscribirse como demandante de empleo, permanecer inscrito durante la percepción de la prestación y acreditar disponibilidad para buscar activamente empleo y para aceptar una colocación adecuada y suscribir un compromiso de actividad.

- Tener cubierto en España un periodo mínimo de cotización de 360 días dentro de los seis años anteriores a la fecha de emigración, siempre que éstas no hayan sido computadas para el nacimiento de un derecho anterior.

- No estar percibiendo la prestación por desempleo en ningún otro Estado del Espacio Económico Europeo o Suiza.

- No haber cumplido la edad ordinaria que se exija en cada caso para causar derecho a la pensión de jubilación española, salvo que el trabajador no tuviera derecho a ella por falta de acreditación del período de cotización requerido.

Su duración dependerá de las cotizaciones realizadas en los últimos 6 años anteriores a la salida de España, salvo cuando el trabajador tenga cotizaciones computables en el extranjero, en cuyo caso los 6 años hacia atrás se calcularán desde la fecha en que finalice la relación laboral.

El importe diario de la prestación por desempleo durante los seis primeros meses es el 70% de la base reguladora, calculado según las bases de contingencias profesionales de los 180 últimos días cotizados, exceptuando las horas extraordinarias y el 50% a partir de dicho período[20].

3.2.5. Ayudas extraordinarias para retornados

Son ayudas destinadas a atender las situaciones de necesidad de los españoles retornados, por los gastos extraordinarios derivados del hecho del retorno, cuando se acredite insuficiencia de recursos en el momento de solicitud de la ayuda.

3.3. MEDIDAS DE CARÁCTER AUTONÓMICO

No todas las Comunidades Autónomas han aprobado y promovido políticas de retorno para la inserción laboral de los emigrantes retornados.

---

20. La cuantía máxima y mínima de la prestación variará en función de los hijos a cargo. A tales efectos, serán considerados hijos a cargo los menores de 26 años o mayores con discapacidad o menores acogidos que convivan con el beneficiario y no tengan rentas mensuales superiores al Salario Mínimo Interprofesional.

En este apartado se destacarán las mejores prácticas en esta materia, destacando las políticas de retorno más representativas a nivel autonómico. Previamente, cabe destacar algunos aspectos compartidos por la mayoría de las Comunidades Autónomas[21], como son sus objetivos principales, centrados en la ciudadanía y en la protección económica y social de su retorno, a través de la concesión de ayudas o subvenciones a emigrantes retornados para sufragar los primeros gastos de estancia y manutención derivados del retorno al país de origen[22]. Éste es el caso de las ayudas para traslado de enseres y desplazamiento de retornados, prestadas por todas las Comunidades Autónomas aunque en desigual cuantía, con la finalidad de cubrir los primeros gastos de estancia y manutención[23] así como los derivados de la integración social y laboral[24].

Del mismo modo, son comunes las medidas de actuación (prestaciones económicas o de servicios), que se materializan a través de «Guías de retorno» (Madrid, Galicia, Andalucía, Asturias, Castilla y León, entre otras), de similar contenido que la Guía de retorno elaborada por el Ministerio de Empleo y Seguridad Social, con las que se pretende orientar a los emigrantes en su proceso de retorno a España proporcionándoles información sobre los trámites previos y posteriores al retorno, la asistencia sanitaria, políticas (pasivas) de empleo, sistema de pensiones, sistema educativo, dependencia y otras ayudas y programas.

En términos generales, no se puede afirmar actualmente que el eje central de las políticas autonómicas de retorno sea el fomento y promoción de la inserción socio-laboral en el país de origen, salvando algunas excepciones que se analizan en lo que sigue:

El Estatuto de Autonomía de Andalucía, en su artículo 12 establece como objetivo la superación y creación de las condiciones indispensables

---

21. RIVAS VALLEJO, P.: «Migración española del siglo XXI y políticas migratorias públicas», *Revista General de Derecho del Trabajo y de la Seguridad Social*, n. 40, 2015, p. 142.
22. Este es el caso, por ejemplo, de Canarias. El Comisionado de Acción Exterior del Gobierno de Canarias concede ayudas a emigrantes canarios retornados con el fin de sufragar los primeros gastos de estancia y manutención derivados del retorno a las Islas. Sus características y cuantía se aprueban con carácter anual y se debe acreditar la insuficiencia de recursos en el momento de la solicitud. Puede consultarse en www.gobiernodecanarias.org.
23. ORDEN 4/2006, de 1 de septiembre, por la que se regulan las ayudas extraordinarias a riojanos residentes en el extranjero y retornados a la Comunidad Autónoma de La Rioja (BOR núm. 117, de 5 de septiembre de 2006).
24. ORDEN PRE/285/2016, de 7 de abril, por la que se establecen las bases reguladoras para la concesión de ayudas dirigidas a emigrantes castellanos y leoneses para facilitar su retorno e integración en la Comunidad de Castilla y León, *BOCYL núm.*71, 14 de Abril, pp.15558-155566.

para hacer posible el retorno de los emigrantes andaluces. En una misma línea, el artículo 15 de la Ley 8/2006, de 24 de octubre, del Estatuto de los Andaluces en el mundo dispone que la Administración de la Junta de Andalucía, en el ámbito de sus competencias, desarrollará actuaciones específicas para facilitar el regreso y la integración social de las personas retornadas, en cuyo desarrollo se aprobó el I Plan Integral para los Andaluces en el Mundo (PIPAM)[25], que dedica su Título V a medidas sociales para facilitar el retorno de los andaluces en el exterior. En lo que respecta al empleo, la Junta de Andalucía podrá adoptar medidas tendentes a facilitar el retorno como: programas especiales para facilitar el establecimiento de empresas; fijar incentivos para aquellas empresas que contraten a personas retornadas y establecer facilidades para estudiantes andaluces en el exterior y personas de origen andaluz que decidan cursar estudios en Andalucía; y promover el retorno del personal investigador (art. 49).

En Andalucía cabe destacar, por su relevancia en el tema tratado, el Programa de Retorno de Talento Joven[26], cuyo objeto es el de facilitar el regreso de personas andaluzas que estén desarrollando su actividad laboral en el extranjero y deseen incorporarse al mercado laboral en Andalucía[27].

A tal fin, se establecen dos tipos de ayudas para facilitar el retorno:

a. Incentivos a la contratación dirigidos a empresas que contraten a personas andaluzas que se encuentren trabajando y residiendo en el extranjero. Serán beneficiarias las empresas que contraten con carácter indefinido y a jornada completa a personas trabajadoras andaluzas que reúnan los siguientes requisitos: hasta 45 años de edad, título universitario oficial de grado o equivalente, situación de alta laboral en la categoría correspondiente a su titulación o equivalente, residencia en el extranjero durante al menos los dos últimos años inmediatamente anteriores a la fecha de formalización del contrato[28], residencia habitual en Andalucía a consecuencia de la contratación.

---

25. Disponible en http://www.juntadeandalucia.es/salud/export/sites/csalud/galerias/documentos/c_4_c_5_andaluces_en_el_mundo/estatuto_andaluces_en_el_mundo_2006.pdf

26. Regulado por la Ley 2/2015, de 29 de diciembre, de medidas urgentes para favorecer la inserción laboral, la estabilidad en el empleo, el retorno del talento y el fomento del trabajo autónomo, modificada por el Decreto-Ley 2/2016, de 12 de abril.

27. Siempre que se encuentren en los ámbitos de oportunidad incluidos en las prioridades de especialización de la Estrategia de Innovación de Andalucía 2020. Puede consultarse en http://ris3andalucia.es/wp-content/uploads/2015/02/Documento-Ris3-version-final-8-27-02-15.pdf

28. La gran mayoría de las Comunidades Autónomas exigen un periodo de residencia en el extranjero como condición indispensable para tener derecho a las ayudas de retorno. Éste es el caso de Galicia, donde se exige haber residido legalmente en el

b. Ayuda al traslado de residencia para las personas contratadas con cargo del Programa, siendo su cuantía de un máximo de 22.000 euros por los siguientes conceptos: gastos de desplazamiento, gastos de alojamiento (generados durante los primeros 12 meses de vigencia del contrato de trabajo), gastos de escolarización (para primer ciclo de educación infantil durante los doce primeros meses de vigencia del contrato)

En el plano social, el I Plan Integral para los Andaluces en el Mundo (PIPAM) establece el acceso a prestaciones educativas, sanitario-asistenciales y de asistencia social de las personas retornadas (art. 48.1) y facilidades para los retornados en la adjudicación de viviendas (art. 48.2). Del mismo modo, en Extremadura se convocan anualmente ayudas para facilitar el retorno a Extremadura de los extremeños en el exterior y sus familias[29].

En esta materia, los extremeños y comunidades extremeñas en el exterior y la administración regional cuentan con el Estatuto de los Extremeños en el Exterior (Ley 6/2009, de 17 de diciembre), como marco jurídico que regula, entre otras, la concesión de ayudas para facilitar el retorno a Extremadura de los extremeños en el exterior y de los familiares a su cargo que integren la unidad familiar. En su artículo 7, relativo al derecho de retorno, establece, a mero título informativo que «la Junta de Extremadura adoptará, cuando las circunstancias lo aconsejen, medidas específicas para favorecer el retorno de extremeños residentes en el exterior y con el fin de que fijen su residencia en el territorio de la Comunidad Autónoma de Extremadura», por su parte, el artículo 14, relativo al empleo, reconoce a los extremeños residentes en el exterior el derecho a participar en programas de empleo de la Junta de Extremadura, así como a conocer las ofertas de empleo que gestione su servicio público de empleo y a acceder a las mismas en condiciones de igualdad con respecto a los ciudadanos residentes en Extremadura, mediante el Certificado acreditativo de la condición de extremeño retornado y extremeño en el exterior.

---

extranjero un mínimo de 3 años ininterrumpidos inmediatamente anteriores a la fecha de su retorno a España. Se trata de cuantías mínimas y residuales, oscilando de los 50.0000€ a los 70.000€ para el ejercicio de 2016. RESOLUCIÓN de 15 de febrero de 2016, de la Secretaría General de la Emigración, por la que se aprueban las bases reguladoras para la concesión de las ayudas extraordinarias a personas emigrantes gallegas retornadas, y se procede a su convocatoria para el año 2016, DOG núm. 41 de 1 de marzo de 2016, pp. 7700-7718.

29. Véase la ORDEN de 9 de diciembre de 2014 por la que se convocan ayudas para facilitar el retorno a Extremadura de los extremeños en el exterior y sus familias, para el ejercicio 2015.

Al igual que otras Comunidades Autónomas, entre las que se encuentran Asturias y Galicia, Extremadura cuenta con un programa de atención al emigrante retornado, el cual fue aprobado por Decreto 26/2011, de 18 de marzo, por el que se regula la organización y el funcionamiento del Consejo de Comunidades Extremeñas en el Exterior y la expedición de certificados de Extremeños Retornados y Extremeños en el Exterior.

No se puede considerar que en estas previsiones de carácter programático e informativo se contengan auténticas medidas con las que se promueva la integración social y laboral de los extremeños retornados, sino más bien un enaltecimiento del derecho a la igualdad en el acceso al empleo entre españoles residentes en España y españoles residentes en el exterior.

Unas políticas más orientadas al retorno se han desarrollado en Galicia, Asturias y País Vasco[30]. La guía del retorno editada por la Secretaría General de Emigración de la Junta de Galicia pretende guiar a todos los emigrantes gallegos en su proceso de retorno a España, facilitando una amplia información relativa a trámites administrativos de retorno, sistema de pensiones, ayudas o prestaciones a las que podrían acogerse tanto de carácter asistencia (vivienda) como económico. En su capítulo IV, orientado al empleo, se limita a recoger la definición de empleo y del Servicio Público de Empleo de Galicia, centrándose a continuación en describir las políticas pasivas de empleo, de responsabilidad del Sistema Público de Empleo Estatal, desarrolladas para proteger las situaciones de desempleo. No se contempla ninguna política activa de empleo, lo que hubiera sido destacable, máxime si se dirigieran a mejorar las posibilidades de acceso al empleo de los gallegos/as emigrantes que tiene la intención de retornar a su país, por las especiales dificultades que tienen para encontrar un trabajo en España que les facilite y permita el retorno.

Al igual que Asturias[31], cuenta con un Plan integral de emigración 2014-2016[32], con diferentes áreas de actuación, entre las que cabe resaltar el área de retorno, con dos líneas de actuación; una centrada en las ayudas de retorno (26), con carácter general, y otra dedicada a las ayudas de autoempleo y actividad emprendedora de los retornados (27). Las primeras van dirigidas a aliviar la carencia de recursos de emigrantes gallegos

---

30. Véase el análisis realizado por Rivas Vallejo, P.: «Migración española del siglo XXI y políticas migratorias públicas», *Revista General de Derecho del Trabajo y de la Seguridad Social*, n. 40, 2015, pp. 144 y 145.

31. Puede consultarse en www.emigrastur.es/bibliotecas/download/nuevo-plan-de-emigración

32. Puede consultarse en http://emigracion.xunta.gal/files/publicacion/2014/09/23819-plan-integral-emigracion-2014-2016.pdf

retornados y sus familias, y las segundas son subvenciones destinadas a promover el autoempleo y la actividad emprendedora en la Comunidad Autónomo gallega de las personas gallegas retornadas, mediante su constitución como trabajadores/as autónomos/as a sabiendas de que el éxito en el proceso de retorno de los emigrantes depende en gran medida de que se produzca su efectiva integración en el mundo laboral, por lo que se considera de gran importancia contribuir, por un lado, a hacer realidad las iniciativas empresariales de los emigrantes gallegos y, por otro lado, el desarrollo del tejido empresarial gallego. Por ello, con esta línea de actuación se fomenta la cultura y actividad emprendedora prestando ayuda en las fases iniciales del proyecto empresarial.

La Guía de retorno para la emigración asturiana facilita información sobre ayudas y prestaciones a las que el emigrante retornado puede acogerse en territorio español, entre las que se encuentran las ayudas individuales para emigrantes retornados y el salario social básico. En su Plan integral de emigración 2013-2016 se apoya a la población emigrante retornada facilitando información y asistencia.

En Castilla y León, la Ley 8/2013, de 29 de octubre, de la Ciudadanía Castellana y Leonesa en el Exterior, dedica los Capítulos IV y V al empleo y al retorno sucesivamente. Concretamente, el artículo 21, titulado «política integral de retorno», establece que los poderes públicos promoverán una política integral para facilitar el retorno y removerán los obstáculos que dificulten su integración social y laboral, prestando especial atención a las situaciones de especial necesidad, a los menores desprotegidos y a las víctimas de violencia de género (art. 21.1). Las previsiones se centran en proporcionar asesoramiento y orientación sobre la política integral de retorno a la Comunidad (art. 21.2) y establecer medidas y programas de apoyo, que serán especificadas en el plan estratégico plurianual, para facilitar el retorno de aquellos que se encuentren en situación de especial necesidad por razones socioeconómicas, de edad o de salud (art. 22.3). Sin embargo, solo se trata de medidas meramente programáticas en las que no se contempla de forma expresa ninguna ayuda económica de la comunidad de Castilla y León, sino que su contenido económico-asistencia forma parte del marco estatal de protección del retorno.

En Cataluña, la Ley 25/2002, de 25 de noviembre, de medidas de apoyo al regreso de los catalanes emigrados y sus descendientes, regula el Plan de Ayuda al Retorno (PAR)[33], cuyo objetivo es el de apoyar a los emigrantes catalanes y descendientes que quieran regresar a Cataluña y que

---

33. Puede consultarse en http://web.gencat.cat/es/tramits/tramits-temes/Pla-dAjuda-al-Retorn-PAR-reconeixement-i-prestacions

se encuentren en situación de necesidad o desprotección, para atender sus necesidades básicas y favorecer su integración social y laboral. A tal fin, se facilita información y orientación sobre un conjunto de actuaciones, entre las que destacan: la inserción laboral, mediante el Servicio de Ocupación de Cataluña, y el acceso a planes de ocupación; el trabajo por cuenta propia y el autoempleo mediante cooperativas y sociedades laborales en Cataluña; y las acciones formativas establecidas por la Ley 10/2010, de 7 de mayo, de acogida de las personas inmigradas y de las regresadas a Cataluña.

La previsión más destacable en el ámbito de empleo se encuentra en la Disposición Adicional cuarta, en la que se establece una reserva de puestos de trabajo. Concretamente, se encomienda al Gobierno, con carácter obligatorio, «reservar un 5% de los puestos de trabajo enmarcados en las ayudas destinadas a la contratación de trabajadores desocupados para ejecutar obras y servicios de interés general y social, para la subvención de los costes salariales de los trabajadores que lo deseen y que cumplan los requisitos fijados por la presente Ley para acogerse al Plan de ayuda al regreso o bien que ya disfruten de la condición de regresado o regresada». Sin embargo, se ha venido demostrando que este mandato al ejecutivo no se está cumplido de forma rigurosa, lo que sería deseable para facilitar la contratación de quienes, reuniendo las condiciones exigidas para ser beneficiarios, lo deseen[34].

A nivel provincial, cabe destacar en Barcelona, el proyecto «Welcome Back Reloaded», de fomento del retorno del talento, desarrollado por la Fundación Cecot Persona i Treball, que cuenta con la financiación de la Secretaria General de Inmigración y Emigración, dependiente del Ministerio de Empleo y Seguridad Social.

Tiene por finalidad dar respuesta a las inquietudes de las personas jóvenes –16 a 35 años– de nacionalidad española residentes en el extranjero, y que se plantean el retorno, a sabiendas de que sus necesidades son muy parecidas a las de un inmigrante, ya que aunque se conozca el idioma y la cultura, hay elementos que se han modificado durante la estancia en el exterior. En referencia al ámbito laboral, la red de contactos así como sus conocimientos previos se habrán modificado considerablemente, requiriéndose una actualización. Redescubrir y recopilar datos útiles en torno al mercado de trabajo requiere de tiempo y en este sentido una orientación profesional adquiere una vital importancia.

---

34. RIVAS VALLEJO, P.: «Migración española del siglo XXI y políticas migratorias públicas», *Revista General de Derecho del Trabajo y de la Seguridad Social*, n. 40, 2015, p. 147.

El proyecto proporciona información sobre el mercado laboral (sectores emergentes, con demanda de personal, etc.), información sobre los servicios privados y públicos para la búsqueda de trabajo, y conocimientos y recursos para el emprendimiento y la creación de empresas. Para ello, se ofrece recepción de newsletter periódica con información en torno al mercado de trabajo, capacitación sobre emprendimiento y creación de empresas.

4. MEDIDAS PARA LA RECUPERACIÓN DEL TALENTO Y LA REINTEGRACIÓN DE INVESTIGADORES

Conseguir empleo en plena crisis resulta muy difícil para los jóvenes sin experiencia, pero en el caso de los investigadores alcanzar esa meta se hace prácticamente imposible. Es por ello que miles de jóvenes investigadores españoles decidieron emigrar en busca de la oportunidad que su país no les ofrecía y sigue sin ofrecerle, siendo complicado encontrar jóvenes especialistas residentes en España a consecuencia de ello.

La pérdida de capital humano desplazado a otros países ha afectado notoriamente al sistema de la ciencia, tecnología e innovación de nuestro país, situación que ha sido motivada por los recortes, la gestión y el «abandono» de las políticas de ciencia e innovación. Esto ha supuesto una importante reducción en el número de científicos y la ausencia de oportunidades para muchísimos jóvenes investigadores que no han podido iniciar o continuar con su carrera científica.

Ahora, tras el tímido repunte económico, es el momento de replantear esta cuestión y saldar la deuda con aquellos que encontraron en otro país mejores oportunidades de las que su propio país supo proporcionarle. Y es que en el ámbito académico, la «fuga de celebros» requiere una atención especial, debiéndose adoptar políticas de apoyo a los investigadores españoles para motivar su retorno a España y no la permanencia en el país de acogida[35].

Ya se han producido los primeros pronunciamientos políticos al respecto.

A principios de año, se presentó una proposición no de ley[36] para intentar revertir esta situación y poder recuperar, incorporar y consolidar a los

---

35. Rivas Vallejo, P.: «Migración española del siglo XXI y políticas migratorias públicas», *Revista General de Derecho del Trabajo y de la Seguridad Social*, n. 40, 2015, p. 140.
36. Iniciativa del Partido socialista Obrero español (PSOE) presentada al Congreso de los Diputados el día 21 de enero de 2016. Puede consultarse el documento en http://www.socialistasdelcongreso.es/opencms/export/sites/default/gps/resources/

más de 10.000 jóvenes investigadores españoles que se encuentran trabajando en el extranjero, a sabiendas de que existe una imperiosa necesidad de recuperar el talento científico y profesional. Y es que el proyecto, denominado «Plan de retorno del talento científico y profesional», aunque tenga como principales destinatarios a los profesionales del ámbito científico, también persigue motivar el retorno de diversos profesionales cualificados que, por distintos motivos, decidieron radicarse fuera del país.

En este proyecto se incluyen propuestas laborales para que los jóvenes puedan continuar con su carrera en su país natal y, además, colaborar con el desarrollo del país en las distintas temáticas en las que se especializan. Su puesta en marcha se realizaría a través de dos programas: uno dirigido a promover el retorno de jóvenes investigadores, a desarrollar con el apoyo de distintas instituciones públicas y privadas vinculadas a la investigación científica; y otro de Talento Profesional enfocado en el personal directivo y técnico joven con experiencia laboral obtenida en el extranjero, con el objeto de ponerlo a disposición del mercado español.

Para garantizar el acceso pleno de los jóvenes a las ofertas de empleo, se incentivará a las empresas privadas para su contratación, creándose con las mismas convenios de colaboración.

Como alternativa a este Plan de retorno, desde otras instancias políticas[37] se propone desarrollar el Programa Estatal de Promoción del Talento y su Empleabilidad en I+D+i, recogido en el Plan Estatal, para todas las etapas del personal investigador, es decir, formación predoctoral, formación postdoctoral y contratos de incorporación al sistema público de I+D+i y al sector privado.

La finalidad no es otra que la de retener a los jóvenes investigadores que estuvieran desarrollando su actividad en España, incluidos estudiantes de doctorado y personal docente investigador, así como la de facilitar su retorno ofreciéndoles empleos de calidad. Para su consecución sería necesario incrementar las inversiones en I+D+i y desarrollar mecanismos de cofinanciación por parte de la UE y de actores públicos y privados.

Además, para su implementación se requiere la colaboración de las universidades, así como de aquellas instituciones públicas y privadas que promuevan, fomenten y desarrollen la investigación científica en cualquier ámbito de actuación.

Prensa/Documentos/PNL_aprobacixn_PLan_retorno_talento_cientxfico_y_profesional_270116.pdf

37. Plan de retorno científico propuesto por el Partido popular.

5. CONCLUSIONES

La crisis económica que azota a España desde el año 2008 ha tenido un fuerte reflejo demográfico, apreciándose una clara inversión en el ciclo migratorio. Tras el boom inmigratorio (2000-2009), las entradas de extranjeros se fueron ralentizando al mismo tiempo que los flujos de salida se intensificaban, no solo protagonizadas por extranjeros sino también por Españoles que no han dejado de salir al exterior, forzados por la situación económica de los últimos años[38].

El objetivo migratorio no es otro que el de encontrar un trabajo que les proporcione estabilidad económica y la posibilidad de iniciar un proyecto de vida, con la intención inicial de regresar en un tiempo no muy lejano al país de origen, una vez que la situación económica haya mejorado y contando con un curriculum más amplio en el que no solo destaque la cuantiosa y valiosísima formación académica sino también la experiencia profesional y las múltiples habilidades y competencias personales y profesionales adquiridas en su desarrollo.

Sin embargo, los datos estadísticos evidencian una llamativa realidad, y es que cada vez son menos los españoles que retornan y ello se debe a que las perspectivas del mercado de trabajo y las condiciones laborales que España les ofrece no son mucho mejores que las que disfrutan en el país de acogida. A ello se le suma, como se ha podido comprobar, la inexistencia de políticas públicas dirigidas a facilitar y promover el retorno de los emigrantes españoles y por ende, su integración social y laboral.

Debe tenerse en cuenta que los españoles que se plantean su retorno a España se encuentran en una situación muy similar a la de un inmigrante ya que aunque se conozca la cultura y el idioma, durante el tiempo de residencia en el exterior hay muchos aspectos que cambian, teniendo que enfrentarse a ellos, tanto en el ámbito social como en el laboral. Respecto a este último, la red de contactos y referencias cambian considerablemente, siendo necesaria una actualización y recopilación de información útil en torno al mercado laboral, cuestión nada desdeñable si además tenemos en cuenta la distancia.

Por este motivo, las políticas de retorno para emigrantes españoles juegan un papel fundamental en este sentido, como propulsoras y facilitadoras del retorno e integración social y laboral[39] de aquellos españoles que,

---

38. GONZÁLEZ-FERRER, A.: «La nueva emigración española. Lo que sabemos y lo que no», *Zoom Político*, n. 18, 2013, p. 2.

39. BENEDICTO, J., FERNÁNDEZ DE MOSTEYRIN, L., GUTIÉRREZ SASTRE, M., MARTÍN PÉREZ, A., MARTÍN COPPOLA, E. Y MORÁN, M.ª. L.: *Transitar a la intemperie. Jóvenes en*

en la mayoría de los casos, con una altísima formación académica *tuvieron* que emigrar en la búsqueda de un empleo donde poder desarrollar sus competencias y habilidades, ante las escasas posibilidades que su país les ofrecía.

El gran sacrificio personal y social invertido en su altísima formación (en la mayoría de los casos) y en su huida forzada a otro país con economías más florecientes, merece que nuestras instituciones y nuestras políticas migratorias promuevan su retorno a España, siendo de justicia facilitar a todos aquellos emigrantes españoles que así lo quieran, construir su proyecto individual en España, con lo que a su vez se contribuirá al desarrollo de nuestra economía y de nuestra sociedad.

Actualmente las políticas migratorias se encuentran en una fase incipiente, centradas principalmente en el estatus de nuestros ciudadanos en el exterior, olvidándose de la tutela económico-social a su retorno, lo que evidencia una importante carencia de respaldo público a nuestros nuevos emigrantes. Ante este escenario, resulta necesario y urgente diseñar y ejecutar una política de retorno integral, para lo que será indispensable el compromiso de las instituciones y organismos de empleo nacional, sin dejar recaer todo el peso en los gobiernos autonómicos a sabiendas de que disponen de un marco de disposición estrecho en materia de empleo y atención social.

En definitiva, lo fundamental, es la voluntad política de visibilizar y entender el fenómeno, así como de intervenir sobre él. Proporcionar información sobre el mercado laboral, sobre los servicios para la búsqueda de empleo, incentivar la contratación de personas retornadas y facilitar y mejorar los conocimientos y recursos para el emprendimiento y la creación de empresas, parecen mejoras razonables a sabiendas de que el éxito en el proceso de retorno de los emigrantes depende en gran medida de que se produzca su efectiva integración en el mundo laboral.

---

busca de integración, Observatorio de la juventud de España. Disponible online en http://www.injuve.es/observatorio/valores-actitudes-y-participacion/transitar-a-la-intemperie-jovenes-en-busca-de-integracion.